Leonore Ansorg

Politische Häftlinge im Strafvollzug der DDR:
Die Strafvollzugsanstalt Brandenburg

Schriftenreihe der Stiftung Brandenburgische Gedenkstätten, Band 15

Leonore Ansorg

Politische Häftlinge im Strafvollzug der DDR:
Die Strafvollzugsanstalt Brandenburg

METROPOL

Ansorg, Leonore :
Politische Häftlinge im Strafvollzug der DDR : Die Strafvollzugsanstalt Brandenburg
Berlin : Metropol Verlag, 2005
Schriftenreihe der Stiftung Brandenburgische Gedenkstätten, Band 15

ISBN 3-938690-21-6

Umschlagbild:
Zuchthaus Brandenburg-Görden 1950
Quelle: Stiftung Brandenburgische Gedenkstätten

Gedruckt mit freundlicher Unterstützung
der Stiftung zur Aufarbeitung der SED-Diktatur

© 2005 Metropol Verlag
Kurfürstenstr. 135
D–10785 Berlin
www.metropol-verlag.de
Alle Rechte vorbehalten
Druck:Pacla-Druck, Berlin

Inhalt

Einleitung 7

I. Mit äußerster Härte:
Der Strafvollzug in der Haftanstalt Brandenburg 1950 bis Ende der 1950er-Jahre 23

1. Die Auseinandersetzung um die Zuständigkeit für den Strafvollzug   23
2. Zur Vorgeschichte der Strafvollzugsanstalt   36
3. Die kurze Phase eines reformierten Strafvollzugs   45
4. Die Übernahme der Strafanstalt Brandenburg
   in die Verwaltung des MdI   50
5. Gefangene in Brandenburg-Görden   57
6. Der 17. Juni 1953 in der Strafvollzugsanstalt
   Brandenburg-Görden   99
7. Die Strafverfolgung nach dem neuen Strafrechtsergänzungsgesetz 107
8. Über der Kapazitätsgrenze:
   Die Haftbedingungen in Brandenburg-Görden   110
9. Die Gefangenenarbeit in der Strafvollzugsanstalt   136

II. Erziehen statt Ausschließen:
Anfang der 60er- bis Anfang der 70er-Jahre   147

1. Die Prinzipien des Strafvollzugs in der geschlossenen Gesellschaft ... 147
2. Die Haftbedingungen in der StVA Brandenburg
   im Kontext des Umerziehungsprozesses   157
3. „Erziehung durch Arbeit":
   Die Ausbeutung der Strafgefangenen durch Häftlingsarbeit   172
4. Disziplinarmaßnahmen im Strafvollzug   182
5. Politische Gefangene nach dem Mauerbau   188

III. Von der Willkür zur scheinbaren Gesetzlichkeit:
Mitte der 70er- bis Ende der 80er-Jahre   210

1. Der Strafvollzug im Kontext
   der internationalen Öffnung der DDR   210
2. Der „Schwerverbrecherknast Brandenburg":
   Die Gefangenenstruktur in den siebziger Jahren   223

3. Der Strafvollzug unter internationaler Kontrolle –
   die Bedeutung von Amnesty International 237
4. Verurteilt wegen Flucht und Ausreiseantrag 241
5. Die Haftbedingungen
   nach Einführung des Strafvollzugsgesetzes 1977 261
6. Politischer Widerstand
   in der Strafvollzugseinrichtung Brandenburg 282
7. Die Überbelegung der Haftanstalt in den achtziger Jahren 287
8. Der Produktionskomplex Strafvollzugseinrichtung 299
9. Politische Gefangene der 80er-Jahre in der StVE Brandenburg –
   Fallbeispiele 307
10. Das Verhältnis zwischen „Politischen" und „Kriminellen" 329
11. Die Staatssicherheit in der Strafvollzugseinrichtung Brandenburg 339
12. Die revolutionären Ereignisse
    erfassen die Strafvollzugseinrichtung 353

IV. Die juristische Verfolgung von Straftaten ehemaliger Angehöriger der Strafvollzugsanstalt Brandenburg nach 1989 370

Literaturverzeichnis 389
Chronik der Haftanstalt Brandenburg von 1945 bis 1989 403
Abkürzungsverzeichnis 408

Einleitung

Die Strafvollzugseinrichtung Brandenburg war zu DDR-Zeiten berüchtigt und gefürchtet. Auch wenn über den Strafvollzug allgemein ein Mantel des Schweigens gehüllt war, so existierten doch Gerüchte über die harten Haftbedingungen des Zuchthauses. Aber Genaues wusste man nicht. Denn die entlassenen Häftlinge sahen sich der Gefahr einer erneuten Strafverfolgung ausgesetzt, wenn sie die Zustände in den Strafvollzugsanstalten öffentlich anprangerten. „Und das Schlimmste war, dass man in all den Jahren nach der Haft nicht darüber sprechen konnte",[1] so erinnert sich ein ehemaliger politischer Gefangener, der in den sechziger Jahren im Zuchthaus Brandenburg inhaftiert war. Häufig wurden nicht einmal die nächsten Angehörigen – schon um sie zu schützen – in die Erlebnisse im Strafvollzug eingeweiht. Für viele ehemalige Gefangene bedeutete dieses Geheimhalten eine schwere psychische Belastung. Auch diejenigen unter ihnen, die die DDR verließen, fanden in der Bundesrepublik sehr selten ein offenes Ohr für ihre oft traumatischen Erfahrungen. Wenn, dann wurden vor allem spektakuläre Fälle von den Medien aufgegriffen, bei denen es vorwiegend um die Gründe der politischen Verfolgung, die widerrechtliche Inhaftierung und weniger um Zustände in den Haftanstalten ging. Insgesamt war in Ost und West daher die Kenntnis über den Strafvollzug in der DDR gering.

Die demokratische Revolution von 1989 bedeutete auch in dieser Hinsicht einen Akt der Befreiung. Seither können die Opfer politischer Strafverfolgung zu Wort kommen, sich organisieren und ihre Interessen vertreten. Die von der DDR-Opposition erkämpfte Öffnung der Archive ermöglicht es, anhand der nun zugänglichen Akten dieses Kapitel der politischen Repression in der DDR zu schreiben. Ebenso wichtig aber ist es, die Erfahrungen ehemaliger politischer Häftlinge einzubeziehen – denn sie bilden ein Korrektiv zu jenen schriftlichen Quellen, die letztlich die Perspektive der Herrschenden wiedergeben.

Erstaunlicherweise ist die Thematik des Strafvollzugs in der zeithistorischen Forschung bisher wenig beachtet worden. Dies betrifft auch die westdeutsche DDR-Forschung vor 1989. Eine Ausnahme bilden dabei die Untersuchungen von Karl Wilhelm Fricke, der sich intensiv mit der Problematik befasste. Lange vor der Wende sammelte er Berichte von ehemaligen Häftlingen, befragte Zeitzeugen, beobachtete und analysierte die Rechtspraxis in der DDR und verfasste zahlreiche kenntnisreiche Publikationen. Nach 1989 standen im Kontext der Diskussion um den „Unrechtsstaat DDR" zunächst die Beschäftigung mit dem politischen Strafrecht und der Strafjustiz im

---

[1] Interview der Verf. mit Johannes Rink am 3. 7. 2000.

Vordergrund, wozu zahlreiche Publikationen erschienen sind.[2] Ein weiterer Schwerpunkt bestand in der Aufdeckung der Praktiken des Ministeriums für Staatssicherheit, insbesondere der Repression in den Untersuchungshaftanstalten des MfS.[3] Vor allem die Landesbeauftragten für die Unterlagen des Staatssicherheitsdienstes der ehemaligen DDR förderten entsprechende Untersuchungen und gaben Betroffenen eine Öffentlichkeit.

Der „gewöhnliche Strafvollzug"[4] an politischen Gefangenen blieb dagegen weitgehend unterbelichtet. Auch die Opfer thematisierten eher die Untersuchungshaft und die dort erlebte Repression, die einen grundlegenden Bruch in ihrer Biografie markierte. Zugleich zeigten sich in diesem Bereich die menschenverachtenden Praktiken des MfS besonders deutlich. Demgegenüber verhieß der Strafvollzug wenig Spektakuläres. Gleichwohl mussten die Verurteilten dort eine viel längere Zeit verbringen. Der Haftalltag mit den erlebten Diskriminierungen und Schikanen war nicht weniger entwürdigend und ließ viele Häftlinge ob der Willkür und Ohnmacht verzweifeln.

---

2   Hier nur eine Auswahl: Karl Wilhelm Fricke, Zur politischen Strafrechtsprechung des Obersten Gerichts, Heidelberg 1994; Hubert Rottleutner (Hrsg.), Steuerung der Justiz in der DDR. Einflußnahme der Politik auf Richter, Staatsanwälte und Rechtsanwälte, Köln 1994; Rudi Beckert, Die erste und letzte Instanz. Schau- und Geheimprozesse vor dem Obersten Gericht der DDR, Goldbach 1995; Falco Werkentin, Politische Strafjustiz in der Ära Ulbricht. Vom bekennenden Terror zur verdeckten Repression, Berlin 1997; Ulrich Baumann/Helmut Kury (Hrsg.), Politisch motivierte Verfolgung: Opfer von SED-Unrecht, Freiburg i. Br. 1998; Roger Engelmann/Clemens Vollnhals (Hrsg.), Justiz im Dienste der Parteiherrschaft. Rechtspraxis und Staatssicherheit in der DDR, Berlin 1999; Johannes Raschka, Justizpolitik im SED-Staat. Anpassung und Wandel des Strafrechts während der Amtszeit Honeckers, Köln/Weimar/Wien 2000; Hermann Wentker, Justiz in der SBZ/DDR 1945-1953. Transformation und Rolle ihrer zentralen Institutionen, München 2001; Dieter Pohl, Justiz in Brandenburg 1945-1955. Gleichschaltung und Anpassung, München 2001.
3   Vgl. z. B. Johannes Beleites, „Feinde bearbeiten wir!" Die Haftbedingungen im Untersuchungshaftvollzug des MfS, in: Deutschland Archiv (DA) 32 (1999), S. 787-798; ders., Schwerin, Demmlerplatz. Die Untersuchungshaftanstalt des Ministeriums für Staatssicherheit in Schwerin, hrsg. v. d. Landesbeauftragten für Mecklenburg-Vorpommern für die Unterlagen des Staatssicherheitsdienstes der ehemaligen DDR, Schwerin 2001; Hubertus Knabe, Die deutsche Lubjanka. Das zentrale Untersuchungsgefängnis des DDR-Staatssicherheitsdienstes in Berlin-Hohenschönhausen, in: DA 35 (2002), S. 74-81; Sascha Möbius, „Grundsätzlich kann von jedem Beschuldigten ein Geständnis erlangt werden." Die MfS-Untersuchungshaftanstalt Magdeburg-Neustadt von 1957 bis 1970, hrsg. v. Ministerium des Innern des Landes Sachsen-Anhalt, Magdeburg 1999; Alexander Sperk, Die MfS-Untersuchungshaftanstalt „Roter Ochse" Halle/Saale von 1950-1989, hrsg. v. Ministerium des Innern des Landes Sachsen-Anhalt, Magdeburg 1998; Annette Weinke/Gerald Hacke, U-Haft am Elbhang. Die Untersuchungshaftanstalt der Bezirksverwaltung des Ministeriums für Staatssicherheit in Dresden 1945-1989/90, Dresden 2004.
4   Dieser Terminus ist gewählt, um die Strafverbüßung gegenüber derjenigen in der Sonderhaftanstalt unter MfS-Kontrolle Bautzen II, in der sich vor allem politische Gefangene befanden und die besonderen Bedingungen unterlag, abzugrenzen und zugleich auf den gemeinsamen Strafvollzug mit kriminellen Häftlingen zu verweisen.

Einleitung

Eine formale Trennung zwischen dem Strafvollzug an politischen und kriminellen Gefangenen existierte nicht. Da die DDR offiziell keine politischen Gefangenen kannte, gab es folglich auch keinen speziell auf sie zugeschnittenen Strafvollzug mit besonderen Normen und Regelungen. Will man die Praxis der Strafverbüßung von politischen Häftlingen beschreiben, muss daher der gesamte Strafvollzug in der DDR in den Blick genommen werden, um die Frage zu klären, ob und in welchem Maße „Politische" speziellen Haftbedingungen ausgesetzt waren. Es gehörte zur besonderen Perfidität der SED-Politik, politische Gefangene als kriminelle Straftäter zu diskreditieren und sie entsprechend zu behandeln. Die Anweisung von Justizminister Max Fechner aus dem Jahr 1951, wonach derjenige, der die „antifaschistisch-demokratische Ordnung" angreife, wegen seiner „verbrecherischen Taten" bestraft werde und folglich ein kriminelles Verbrechen begangen habe, gab die bis zum Ende der DDR gültige Argumentationslinie vor.[5] So findet sich in den Unterlagen zum Strafvollzug fast durchgängig eine Gleichsetzung von „Staatsverbrechern" mit kriminellen Straftätern.

Gemäß den „Thesen über Grundfragen des Strafvollzuges" von 1959 richtete sich das Strafrecht „in erster Linie mit aller Schärfe gegen konterrevolutionäre Anschläge auf das System und die ökonomischen Grundlagen der Arbeiter- und Bauern-Macht (z. B. Terrorakte, Spionage, Sabotage, Diversion, staatsfeindliche Agitation u. ä.) und gegen andere besonders gefährliche Angriffe auf die gesellschaftliche und staatliche Ordnung sowie das gesellschaftliche Zusammenleben der Bürger (wie z. B. Mord, Totschlag, Vergewaltigung und andere schwere Sittlichkeitsverbrechen ...)".[6] Bezeichnend ist die Reihenfolge der Aufzählung, wonach die „Staatsverbrechen" noch vor den kriminellen Straftaten rangierten.

Die vom Ministerium des Innern vorgegebene unterschiedliche Gewichtung der Straftaten hatte Auswirkungen auch auf die Praxis in den Strafvollzugsanstalten. Politische Häftlinge des Zuchthauses Brandenburg haben berichtet, dass das Aufsichtspersonal ihre „Verbrechen" für weitaus gefährlicher als z. B. die Taten von Mördern hielt, denn sie hätten immerhin den Weltfrieden gefährdet und die Existenz des DDR-Staates aufs Spiel gesetzt, wogegen ein Mörder ja „nur" das Leben eines Einzelnen bedroht habe.[7] Die moralische Diskreditierung von politischen Gegnern als Kriminelle bildete eine Konstante in der politischen Strafverfolgung und im Strafvollzug der DDR.

---

5 In der Rundverfügung Nr. 125/51 des Ministers der Justiz vom 5. 9. 1951 hieß es: „Heute wird niemand seiner Gesinnung wegen inhaftiert, wer unsere antifaschistisch-demokratische Ordnung angreift, wer den Aufbau unserer Friedenswirtschaft stört, begeht eine strafbare Handlung und wird seiner verbrecherischen Taten wegen bestraft. Die Strafgefangenen dieser Art sind deshalb auch keine ‚politischen' Gefangenen, sondern kriminelle Verbrecher." BLHA, Rep. 203, LBDVP, Nr. 311.
6 Verwaltung Strafvollzug: Thesen über Grundfragen des Strafvollzuges in der Deutschen Demokratischen Republik vom 7. 8. 1959, SAPMO-BArch, DY 30/IV2/12/97, Bl. 152.
7 Vgl. u. a. die Interviews mit Peter Moeller, Horst Härtel und Gisela Härtel.

Obwohl es offiziell keine politischen Gefangenen gab, wurde intern sehr wohl eine Unterscheidung nach den Straftaten vorgenommen, die auch in der Differenzierung des Strafvollzugs zum Ausdruck kam. So war nach dem Rechtspflegeerlass des Staatsrates vom April 1963 die Kategorie I für jene Strafgefangenen vorgesehen, „die wegen der Schwere ihrer friedens- und staatsfeindlichen Handlung zu einer Freiheitsstrafe von 3 Jahren und mehr verurteilt" oder die wegen „anderer Straftaten" zu mehr als 5 Jahren verurteilt worden waren, sowie für Rückfalltäter.[8] Die politischen Straftaten wurden hier ebenfalls an erster Stelle angeführt und wogen offenbar schwerer als die kriminellen Verbrechen, auch wenn sie zu einer Kategorie gehörten. Dies änderte sich auch nach der Einführung des Strafvollzugsgesetzes 1977 nicht, das bis zum Ende der DDR Gültigkeit besaß und das die Vollzugsarten auf zwei Kategorien begrenzte, wobei die politischen Gefangenen in der Regel mit dem strengeren, dem allgemeinen Vollzug bestraft wurden.[9]

Das Zuchthaus Brandenburg nimmt in dieser Hinsicht eine besondere Stellung ein. Es war nicht nur eine der größten Haftanstalten in der DDR, in ihm befanden sich auch die zu langjährigen Freiheitsstrafen verurteilten politischen und kriminellen Gefangenen, die einen besonders harten Strafvollzug erfahren sollten. In der Geschichte der DDR war Brandenburg-Görden für den strengsten Strafvollzug vorgesehen. Damit wies es auch eine spezielle Gefangenenstruktur auf: Zunehmend mussten sich die politischen Gefangenen ihre Zelle mit Schwerstkriminellen, Mördern und Sittlichkeitsverbrechern teilen. Dennoch fielen die Erfahrungen der politischen Häftlinge mit dem Strafvollzug in den 40 Jahren DDR höchst unterschiedlich aus. Diejenigen, die in den 50er-Jahren inhaftiert waren, erlebten einen anderen Strafvollzug als die in den 80er-Jahren Inhaftierten. Diese Veränderungen in den Strafvollzugsregimes müssen im Kontext der DDR-Entwicklung insgesamt, der Wandlungen in der Strafverfolgungspolitik und des Umgangs der Herrschenden mit den politischen Gegnern gesehen werden. Die Durchsetzung des Herrschaftsanspruchs der SED in Gestalt der Strafverfolgung ihrer Gegner war abhängig von der innenpolitischen Situation, dem Klima des Kalten Krieges sowie den internationalen Beziehungen.

Der Strafvollzug vollzog jeden Kurswechsel der SED-Führung nach. In besonders zugespitzter Weise spiegelte er das Verhältnis des Staates zu seinen Bürgern. Die Anfang der 50er-Jahre erfolgte Unterstellung des Strafvollzugs unter die Verantwortung des Ministeriums des Innern nach sowjetischem Vorbild gewährleistete eine militärisch organisierte Repression, deren Ziel in der Disziplinierung der Gefangenen, der Brechung ihres Willens und der Zerstörung ihres Selbstbewusstseins bestand. Die „Erziehung" im Strafvollzug war damit anderen Institutionen bzw. Erziehungsträgern in der DDR nicht unähnlich, hier jedoch wurde sie in besonders entwürdigender Weise und mit besonderer Härte praktiziert.

8 Vgl. Rechtspflegeerlass vom 4. April 1963, GBl. Teil I, Nr. 3, S. 42.
9 Vgl. Gerhard Finn/Karl Wilhelm Fricke, Politischer Strafvollzug in der DDR, Köln 1981, S. 10.

Einleitung

Dieser Zusammenhang verweist darauf, dass der Strafvollzug keine untypische Institution war, die abseits der gesellschaftlichen Verhältnisse stand.[10] Vielmehr war er das letzte Glied in der Kette der Unterdrückungsinstrumente des SED-Staates, dessen Funktion sich bereits in der Androhung verwirklichen konnte. Um diese abschreckende Wirkung zu erzielen, musste der Strafvollzug ein hohes Maß an Härte aufweisen. Die Vorstellung von Vergeltung, die sich damit einreiht in die lange Geschichte des Strafensystems,[11] scheint immer wieder in den Dokumenten der damit befassten Abteilung des Ministeriums des Innern auf. Dazu gehörte auch die Beibehaltung der Trennung in Gefängnis- und Zuchthausstrafe, die bis in die 60er-Jahre Gültigkeit hatte. Sie sollte die Schwere der Straftat unterstreichen, die nur durch besonders harte Buße gesühnt werden konnte.[12] Aus dieser Sicht wurde der nach dem Krieg unter der Verantwortung der Justiz stehende Strafvollzug als „falsch verstandene Humanität"[13] kritisiert und entschieden bekämpft. Bis zum Ende der DDR änderte sich an der Auffassung, dass der Strafvollzug prinzipiell durch Härte gekennzeichnet sein und repressiv wirken sollte, nichts. Sie bildete das Kontinuum über den gesamten Zeitraum der Existenz der DDR, auch wenn sich die Haftbedingungen im Einzelnen änderten.

Die Untersuchung zum Strafvollzug an politischen Gefangenen im Zuchthaus Brandenburg fragt einerseits nach den Zuständen in der Haftanstalt und den Haftbedingungen, denen die politisch Verfolgten ausgesetzt waren und die sich im Verlauf der 40-jährigen Geschichte änderten. Andererseits geht es um die politischen Gefangenen selbst, die im Zuchthaus ihre Strafe verbüßen mussten. Aus welchen Gründen sind sie verurteilt worden? Wie war ihr Lebensweg und wie kam es zu ihrer Verurteilung? Wie erging es ihnen im Zuchthaus Brandenburg? Exemplarisch werden einzelne Schicksale von politischen Gefangen vorgestellt, mit denen die Verfasserin Interviews geführt hat. Sie decken keinesfalls das Spektrum von politischer Gefangenschaft im Zuchthaus ab, jedoch werden hinter den abstrakten Gefangenenzahlen konkrete Biografien von politisch Verfolgten sichtbar. An ihrem Beispiel kann gezeigt werden, wie sich innerhalb von 40 Jahren die Kategorie der politischen Gefangenen des Zuchthauses in Abhängigkeit von der Strafverfolgungspolitik der DDR veränderte, wie bestimmte Verfolgungsgründe in den Vordergrund rückten, andere zurücktraten. Dabei hat die Verfasserin bewusst auf prominente Fälle verzichtet.

---

10 Dieser Zusammenhang zwischen Strafvollzug und Gesellschaft stellt allerdings keine Besonderheit der DDR dar, sondern gilt für jede Staatsform. Auf das Gefängnis als „totale Institution" verweist Erving Goffman, Asyle, Frankfurt a. M. 1997.
11 Vgl. dazu Michel Foucault, Überwachen und Strafen. Die Geburt des Gefängnisses, Frankfurt a. M. 1977.
12 In der Praxis erlangte diese Trennung zwischen Gefängnis- und Zuchthausstrafe allerdings keine Bedeutung, es ging vielmehr um die abschreckende Wirkung.
13 Diese Auffassung findet sich u. a. im „Bericht der Hauptabteilung Strafvollzug über die Arbeit auf dem Gebiet des Strafvollzugswesens im allgemeinen sowie Darlegung der Wesenszüge des neuen, demokratischen Strafvollzugs im besonderen" vom 25. 8. 1951, BArchB, Do 1/11.0/1508, Bl. 101–115.

Vorab ist jedoch der dieser Untersuchung zugrunde liegende Begriff des politischen Gefangenen zu klären. Die Frage, wer politischer Gefangener in der DDR war, hat in der Vergangenheit eine lebhafte Diskussion entfacht. Waren es Regimegegner, Widerständler, Oppositionelle oder nur in Distanz zum Staat Stehende, die lediglich dem Staat den Rücken kehren wollten, etwa gar keine politischen, vielmehr wirtschaftliche Gründe hatten?[14] Worin bestanden die Motive, die zu ihrer „Straftat" und politischen Gefangenschaft führten, befanden sie sich tatsächlich in bewusster Dissidenz zum DDR-Staat?

Die Diskussion über diese Frage spitzt sich in der Regel am Problem der so genannten Ausreiser zu, die wegen ungesetzlicher Verbindungsaufnahme, staatsfeindlicher Hetze oder anderen Paragrafen verurteilt worden waren.[15] Johannes Raschka kommt aufgrund einer Untersuchung zu verurteilten Ausreisern aus der DDR zu dem Schluss, dass es sich bei ihnen trotz einer vielschichtigen Motivlage vor allem um persönliche Gründe gehandelt habe. Zwar behaupteten Übersiedlungswillige ihre Individualität „gegenüber dem allumfassenden Lenkungsanspruch des SED-Staats",[16] doch könne man dies weder als Widerstand noch als Opposition bezeichnen. Vielmehr handle es sich um „Resistenz durch Sich-Entziehen". Dies sei im Hinblick auf die Wirkung „die konsequenteste Form der Verweigerung" gewesen, die schließlich zum Untergang der SED-Herrschaft beigetragen habe.[17] Der Unterstellung von vornehmlich persönlichen Motiven widerspricht Bernd Eisenfeld entschieden, der überhaupt eine Trennung von persönlichen und politischen Motiven ablehnt. Er argumentiert dagegen, dass es sich dabei um einen „hochgradigen politischen Akt" gehandelt habe, der der Forderung nach Selbstbestimmung und Freiheit gleichkomme.[18] Welche Konsequenzen ergeben sich aus der Entscheidung für die eine oder andere Auffassung? Teilen sich – nach Raschka – die verurteilten Ausreiser in politische und unpolitische Gefangene? Oder stellten sie – nach Eisenfeld – letztlich die konsequenteste politische Opposition dar?

Die individuelle Motivlage zur Grundlage zu nehmen führt in eine Sackgasse. Das zeigt sich zum Beispiel bei den Strafverfahren in den fünfziger Jahren, die nicht unbedingt als Staatsverbrechen, sondern als Wirtschaftsvergehen geführt wurden. Dies betraf u. a. die im Zuge der Zwangskollektivierung verurteilten Bauern, die diesen

---

14 Vgl. zum Stand der Diskussion um die Opposition in der DDR den zusammenfassenden Beitrag von Corey Ross, Grundmerkmal oder Randerscheinung? Dissens und Opposition in der DDR, in: DA 35 (2002), S. 747–760.
15 Vgl. dazu auch Kapitel III.4.
16 Johannes Raschka, Die Ausreisebewegung – eine Form von Widerstand gegen das SED-Regime?, in: Ulrich Baumann/Helmut Kury (Hrsg.), Politisch motivierte Verfolgung: Opfer von SED-Unrecht, Freiburg i. Br. 1998, S. 273.
17 Ebenda, S. 273 f.
18 Bernd Eisenfeld, Gründe und Motive von Flüchtlingen und Ausreiseantragstellern aus der DDR, in: DA 37 (2004), S. 104.

Einleitung

Schritt nicht mitvollziehen wollten, oder Gewerbetreibende, die um ihren Besitz gebracht werden sollten, wie bei der „Aktion Rose", als die Hotel- und Pensionsbetreiber an der Ostsee enteignet wurden.[19] Auch hier hilft die Ergründung der Motive nicht weiter. All jene, die nicht mit der Kategorie „Staatsverbrechen" erfasst wurden, sondern z. B. wegen Wirtschaftsverbrechen verurteilt worden waren, befanden sich nicht unbedingt im Widerstand gegen den SED-Staat, aber der Staat fand sie hinderlich bei der Durchsetzung seiner politischen und ökonomischen Interessen. Mit konstruierten Anklagepunkten wurden sie verurteilt und ihres Besitzes beraubt. Auch die Zeugen Jehovas, die in ungebrochener Kontinuität zum NS-System auch in der DDR verfolgt wurden, mussten sich nicht im Widerstand zur DDR befinden, um aus politischen Gründen verurteilt zu werden. Sie verhielten sich lediglich darin „eigensinnig", dass sie ihrer religiösen Überzeugung nicht abschwören wollten.

Diese Beispiele zeigen, dass die Motivlage des Einzelnen kein Kriterium für die Bewertung als politischer Gefangener sein kann. Vielmehr war es der diktatorisch verfasste Staat, der unabhängig davon das Handeln der Personen als politisch erklärte. Ihm kam die Deutungshoheit darüber zu, was als Verbrechen gegen den Staat zu definieren sei. Er befand, ob das Verhalten eines Bürgers oder von Gruppen ihm schaden und seine Macht untergraben könnte. Die Beurteilung der Staatsgefährlichkeit veränderte sich dabei im Lauf der Zeit durchaus, weshalb unterschiedliche Strafmaße für die gleichen Delikte zu verschiedenen Zeiten ausgesprochen wurden.[20] Konsequenterweise gingen die Herrschenden im Prozess der Etablierung ihrer Macht besonders rigide gegen die tatsächlichen oder vermeintlichen politischen oder ökonomischen Gegner vor, weshalb die Strafmaße äußerst hart ausfielen und nicht selten die Todesstrafe zur Anwendung kam. In der Phase der Konsolidierung ihrer Macht konnte die politische Strafverfolgung etwas zurückgenommen werden, weil sie auch das Ziel einer abschreckenden Wirkung zum großen Teil erreicht hatte.

Mit den Ausreisern der 70er- und 80er-Jahre wuchs der SED-Führung massenhaft ein neues Gefahrenpotenzial zu. Denn unabhängig von den individuellen Gründen stellten sie mit ihrem Begehren den Staat insgesamt in Frage. Durch ihren Weggang rüttelten sie an den Grundfesten des Systems, der in einem Massenexodus enden konnte, wie die Herrschenden richtig erkannten. Daher musste im Interesse des Machterhalts der „ungesetzliche Grenzübertritt" aufs Schärfste verfolgt werden, weshalb sich die Justiz in den 70er-Jahren nicht selten des Spionageparagrafen bediente und

---

19 Vgl. dazu Werkentin, Politische Strafjustiz in der Ära Ulbricht, S. 56–64.
20 Dies traf z. B. für das „Verbrechen" der Kontaktaufnahme mit dem „Klassenfeind" in der Bundesrepublik in Gestalt unterschiedlichster Institutionen und Organisationen in den fünfziger Jahren zu, das häufig als Spionage mit Freiheitsstrafen von acht Jahren bis hin zur Todesstrafe geahndet wurde, wohingegen in den achtziger Jahren das gleiche Delikt der „ungesetzlichen Verbindungsaufnahme" mit einer Verurteilung von zwei bis drei Jahren enden konnte.

hohe Strafmaße verhängte. Aufgrund des internationalen Drucks sowie des steigenden Ausreisebegehrens nahm die SED-Führung zwar nicht die Strafverfolgung zurück, allerdings die Höhe der gefällten Freiheitsstrafen. Insgesamt versuchte sie zunehmend, dem Problem präventiv durch den Ausbau des Staatssicherheitsdienstes zu begegnen. Bei all diesen Verurteilten handelte es sich – nach dem dieser Studie zugrunde liegenden Verständnis – um politische Gefangene, denn sie waren wegen ihres angeblich staatsgefährdenden Verhaltens der Strafverfolgung aus politischen Gründen ausgesetzt.

Konsens besteht selbstverständlich darüber, dass es sich bei denjenigen, die Widerstand gegen das DDR-Regime leisteten, um politische Gefangene handelte. Sie machten jedoch im Verlauf der DDR-Entwicklung nur einen – immer geringer werdenden – Teil der politischen Häftlinge aus. Das Spektrum politischer Gefangener reichte vielmehr von aktiven Oppositionellen über ökonomische und weltanschauliche Gegner bis hin zu Antragstellern auf Ausreise oder Anhängern einer jugendlichen Subkultur. Dabei ist es unerheblich, ob sich der einzelne politische Häftling auch als solcher verstanden hat, ob seine Motive und Absichten politisch begründet waren, vielmehr schrieb ihm der Staat eine politische Gegnerschaft zu. Damit existierte also durchaus ein Spannungsverhältnis zwischen Fremdbestimmung des Staates und Selbstbestimmung des Verfolgten.

Macht man die Motivlage von politischen Häftlingen zum Gegenstand der Untersuchung, müssen ihr Selbstverständnis, ihr subjektives Wollen und Handeln in den Blick genommen werden. Für die Differenzierung von politischer Gefangenschaft ist dies bedeutsam, für die begriffliche Fassung jedoch unerheblich.

Eine ähnliche Auffassung vertritt Karl Wilhelm Fricke, der die politischen Häftlinge der DDR als Personen definiert, „die wegen ihrer Gesinnung und ihrem daraus sich ergebenden Verhalten, wegen ihrer Zugehörigkeit zu einer sozialen Schicht oder Klasse oder wegen ihrer politisch oder religiös begründeten Gegnerschaft zum Kommunismus in Haft genommen und verurteilt wurden".[21] Fricke versucht damit bei seiner Einteilung eine Gratwanderung zwischen einerseits den Absichten der Gegner des SED-Staates und andererseits der Verfolgung durch soziale Zugehörigkeit, womit er Letztere von der subjektiven Überzeugung abtrennt. Zudem mussten sich die politisch Verfolgten nicht unbedingt als Gegner des Systems verstehen – wie etwa zahlreiche verhaftete SED-Mitglieder –, weshalb Fricke zu Recht eine Unterscheidung zwischen Gesinnung und Gegnerschaft trifft. Letztlich bilden auch für ihn die Verfolgungsgründe des Staates das entscheidende Kriterium für politische Gefangenschaft.

Demgegenüber schränkt die Menschenrechtsorganisation Amnesty International, die sich auch um Häftlinge in der DDR kümmerte, die Definition und damit Anerkennung

---

21 Karl Wilhelm Fricke, Politik und Justiz in der DDR, Zur Geschichte der politischen Verfolgung 1945–1968, Köln 1979, S. 8.

Einleitung

von politischen Gefangenen ein. Danach gilt als politischer Gefangener, wer wegen seiner Wahrnehmung des Rechts auf Gedanken-, Gewissens-, Meinungs- und Religionsfreiheit, wie sie in Artikel 18 und 19 der Allgemeinen Erklärung der Menschenrechte verankert sind, inhaftiert wurde.[22] Zugleich ist die Gewaltlosigkeit des Widerstands ein entscheidendes Kriterium, um von Amnesty International (AI), wie es heißt, adoptiert zu werden.[23] Abgesehen davon, dass AI nicht die Bedingungen der DDR im Blick hatte, ist die Anwendung dieser Begriffsbestimmung auf die DDR-Verhältnisse wenig praktikabel, denn sie schließt die Verfolgung aus weitergehenden Gründen wie etwa der sozialen Zugehörigkeit, aber auch den gewaltsamen Widerstand aus. So war z. B. das Durchbrechen der Staatsgrenze der DDR ein gewaltsamer Akt, der von der Justiz mit dem Paragrafen 101 geahndet wurde, ohne dass Menschen zu Schaden kommen mussten. Dagegen wird die Definition von Karl Wilhelm Fricke den Verhältnissen in der DDR viel eher gerecht; sie erfasst die Differenziertheit in der Strafverfolgung, weshalb sich die vorliegende Untersuchung auf sie bezieht.

Auch wenn letztlich nur einige wenige Personen aus der Vielzahl der politisch Verurteilten, die im Zuchthaus Brandenburg zu verschiedenen Zeiten inhaftiert waren, in der Studie vorgestellt werden können, stehen sie doch exemplarisch für die Gründe der Verfolgung und die Haftbedingungen. Keineswegs konnte hier eine Vollständigkeit des Spektrums politischer Gefangenschaft angestrebt werden, vielmehr musste eine Auswahl, die durch die Möglichkeiten des Zugangs zu den Betroffenen und ihre Bereitschaft zu den Interviews bestimmt war, getroffen werden. An diesen Biografien aus den fünfziger bis achtziger Jahren wird zugleich deutlich, wie sich die Strafverfolgung von tatsächlichen oder vermeintlichen Gegnern des SED-Regimes wandelte.

In der vorliegenden Untersuchung wird der Strafvollzug an politischen Gefangenen im Zuchthaus Brandenburg in drei Phasen unterteilt, die sich in der Strafvollzugspolitik, der Gefangenenstruktur sowie in den Haftbedingungen voneinander unterscheiden. Dadurch können die Veränderungen über den Zeitraum von 40 Jahren im Kontext der gesellschaftlichen Entwicklung in der DDR aufgezeigt, aber auch die Kontinuitäten herausgearbeitet werden. Jeder Phase ist daher ein Überblick über die Strafverfolgungspolitik der SED jener Jahre vorangestellt, um den Strafvollzug im Zuchthaus Brandenburg entsprechend einzuordnen. Dieses Verfahren wurde gewählt, um die Situation der politischen Gefangenen und ihre konkreten Haftbedingungen im Strafvollzug in Beziehung zu den gesellschaftlichen Veränderungen dieser Zeit zu stellen,

---

22 Vgl. Anja Mihr, Amnesty International in der DDR. Der Einsatz für Menschenrechte im Visier der Stasi, Berlin 2002, S. 16.
23 In der Satzung von AI wird ausdrücklich darauf hingewiesen, dass es sich um verfolgte Personen handeln muss, die „Gewalt weder angewendet noch befürwortet haben". Vgl. Satzung AI, Sektion der BR Deutschland, Auflage 1992.

auch wenn damit Wiederholungen – denn verschiedene Bedingungen blieben konstant – verbunden sind.

Diese Phasen umfassen folgende Zeiträume, die zugleich den einzelnen Kapiteln entsprechen:
1. 1950 bis Ende der 50er-Jahre
2. Anfang der 60er- bis Anfang der 70er-Jahre
3. Mitte der 70er- bis Ende der 80er-Jahre.

Dabei handelt es sich nicht um deutliche Zäsuren, sondern um grobe Einteilungen, die nicht mit einem konkreten Datum verbunden werden können, da die Übergänge zu der jeweils anderen Phase des Strafvollzuges fließend sind. Allerdings bedeutete die Unterstellung der Haftanstalt unter das Ministerium des Innern im Juli 1950 einen deutlichen Bruch zum bisherigen Strafvollzug unter der Verantwortung der Justiz, der sich von dem darauf folgenden Polizeivollzug erheblich unterschied. Neben einem Überblick über die Nachkriegsjahre, in denen sich die Anstalt in den Händen der sowjetischen Besatzungsmacht befand, wird im ersten Kapitel auf diese kurze Zeit der Unterstellung der Haftanstalt unter die Verwaltung der Justiz von 1949 bis 1950 eingegangen. Sie ist auch insofern von Interesse, als hier der Versuch der Umsetzung von Reformvorstellungen aus der Zeit der Weimarer Republik mit dem Ziel der Demokratisierung des Strafvollzugs unternommen wurde, wenngleich dieses Projekt mit vielen Abstrichen versehen werden muss.

Beide Phasen – Strafvollzug unter sowjetischer Besatzung und unter der Justizverwaltung der DDR – bedürfen noch einer intensiven, gesonderten Forschung, die auch den Zugang zu Quellen in russischen Archiven voraussetzt. Dagegen nimmt die Beschreibung der Hintergründe für die Übernahme des Strafvollzugs im Allgemeinen und des Zuchthauses Brandenburg im Besonderen durch das Ministerium des Innern im Jahr 1950 einen relativ breiten Raum ein. Mit der Zuweisung der Verantwortung für den Strafvollzug an das Ministerium des Innern nach sowjetischem Vorbild war der weitere Weg des Strafvollzugs in der DDR vorgezeichnet. Von nun an prägten militärischer Drill, menschenverachtender Umgang mit den Gefangenen, Willkür und Schikane den Haftalltag. Die verschärften Bedingungen waren auch auf die Besonderheiten der Häftlingsgesellschaft in Brandenburg zugeschnitten, die sich Anfang der 50er-Jahre aus Verurteilten der sowjetischen Besatzungsmacht, aus Verurteilten im Rahmen der Entnazifizierung sowie aus so genannten Staatsverbrechern, die als tatsächliche oder vermeintliche Gegner des Regimes ausgeschaltet werden sollten, zusammensetzte. Diese verschiedenen Häftlingsgruppen werden einer differenzierten Betrachtung unterzogen, lagen bei ihnen doch sehr unterschiedliche Strafverfolgungsgründe zugrunde. So verbargen sich hinter den Gefangenen, die die Sowjetischen Militärtribunale (SMT) verurteilt hatten, Personen, die wegen Kriegsverbrechen, aber auch in zunehmendem Maße wegen Straftaten gegen das sich etablierende politische

System bestraft worden waren. Obwohl gemeinsam als SMT-Verurteilte erfasst, müssen sie deutlich voneinander getrennt und unterschiedlich bewertet werden.

Exemplarisch werden einige Fälle von politisch Verurteilten, die in dieser Zeit im Zuchthaus Brandenburg inhaftiert waren, vorgestellt. Sie zeigen, auf welche Weise sich die SED – flankiert von der sowjetischen Besatzungsmacht – im Prozess der Durchsetzung ihres Führungsanspruchs ihrer tatsächlichen oder auch nur vermeintlichen Gegner entledigte und höchste Strafmaße durch die Justiz verhängen ließ. Diese „Schwerstverbrecher" sollten einen harten Strafvollzug erfahren. Was die Verantwortlichen darunter verstanden, wird in der Beschreibung der Haftbedingungen deutlich, für die das Prinzip der „Sicherheit"[24] als ausschlaggebendes Kriterium galt.

Nur kurzzeitig wurde der harte Strafvollzug in seinen Grundfesten erschüttert. Die Ereignisse um den 17. Juni 1953 blieben auch für das Zuchthaus nicht ohne Folgen, sondern führten zu erheblicher Verunsicherung des Anstaltspersonals. Die Stadt Brandenburg bildete immerhin einen Schwerpunkt des Arbeiteraufstandes, von dem auch Forderungen nach Freilassung der politischen Gefangenen ausgingen. Zu einer Stürmung der Strafvollzugsanstalt kam es jedoch nicht. Nach dem Arbeiteraufstand wurden die Zügel wieder angezogen, die Haftbedingungen verschärft. Die nächste kurzzeitige Lockerung trat im Zusammenhang der „Abrechnung mit dem Personenkult" 1956 ein, die nach dem Volksaufstand in Ungarn rasch ihr Ende fand.

Der Strafvollzug folgte damit jeder kurzfristigen Änderung des politischen Kurses, allerdings kam es zu keinen wesentlichen Erleichterungen der Haftbedingungen. Interessanterweise wurden Forderungen nach Veränderungen in den Haftbedingungen sowohl 1953 als auch 1956 jeweils von der Generalstaatsanwaltschaft, die eine (begrenzte) Aufsicht über die Strafvollzugsanstalten besaß, erhoben. Sie scheiterten regelmäßig an den „Hardlinern" des MdI, die sich der Rückendeckung durch die SED-Führung sicher sein konnten. Von dieser Auseinandersetzung blieb jedoch die Strafvollzugsanstalt unberührt. Sie widersetzte sich allen „Liberalisierungstendenzen" und pochte auf einen harten Strafvollzug, auch wenn das äußerst rigide Vorgehen des Strafvollzugspersonals gegenüber den Häftlingen aus der Zeit Anfang der 50er-Jahre, das nicht selten in gewalttätigen Übergriffen mündete, zurückgenommen worden war.

Obwohl ab Mitte der 50er-Jahre die Mehrzahl der von Sowjetischen Militärtribunalen und der im Rahmen der Entnazifizierung Verurteilten entlassen wurde, führte dies nicht zu einer entscheidenden Reduzierung der Gefangenenzahl im Zuchthaus Brandenburg. Vielmehr sorgte das 1957 verabschiedete Strafrechtsergänzungsgesetz auch weiterhin für eine rege Einweisungspraxis von politischen Gefangenen, wenngleich der Stand von Anfang der 50er-Jahre nicht mehr erreicht wurde.

---

24 Damit war die Abschirmung nach außen, insbesondere die Verhinderung von Ausbruchsversuchen gemeint, um die Gesellschaft vor angeblichen Straftätern zu schützen.

Wie sich der SED-Staat zunehmend der Gefangenen als Arbeitskräfteressource bediente und den Volkseigenen Betrieben zwecks Ausbeutung zur Verfügung stellte, damit befasst sich der letzte Abschnitt dieses Kapitels, der die Gefangenenarbeit im Zuchthaus Brandenburg zum Gegenstand hat. Es wird gezeigt, wie sich die Volkseigenen Betriebe, die im Zuchthaus entsprechende Produktionsbereiche ansiedelten, die entrechtete Stellung der Häftlinge zunutze machten, indem sie deren Arbeitskraft extensiv einsetzten und dabei ihren physischen und psychischen Verschleiß in Kauf nahmen.

Das zweite Kapitel befasst sich mit der Zeit von Anfang der 60er-Jahre bis Anfang der 70er-Jahre. Diese Phase des Strafvollzugs in Brandenburg ist mit einem Strategiewechsel in der Strafvollzugspolitik verbunden: Sie setzte nicht mehr allein auf Buße und Abschreckung durch Haft, sondern machte die „Umerziehung" zu ihrer wesentlichen Aufgabe. Obwohl bereits in den 50er-Jahren der Erziehungsgedanke formal betont wurde, kam diesem Aspekt angesichts geschlossener Grenzen und der Notwendigkeit der Integration der Haftentlassenen in die Gesellschaft verstärkt Bedeutung zu. Auch in der Strafvollzugspolitik gewann die Erkenntnis, dass sich ein neuer Staat nicht allein auf Terror gründen ließ, an Gewicht. Allerdings setzte nach dem 13. August 1961 zunächst eine massive Strafverfolgung derjenigen ein, die sich mit dem Mauerbau nicht abfinden wollten, Fluchtversuche unternahmen, planten oder sich lediglich über den „antifaschistischen Schutzwall" in einer begrenzten Öffentlichkeit abschätzig äußerten. Diese Verurteilungspraxis ließ die Häftlingszahlen auch in Brandenburg sprunghaft ansteigen. Beispielhaft stehen dafür die Fälle von zwei politischen Gefangenen des Zuchthauses, die in diesem Zusammenhang vorgestellt werden.

Nach dieser Kurskorrektur war es das Ziel des nunmehr modifizierten Strafvollzugs, auf die Gefangenen einzugehen und je nach Verurteilungsgründen und Schwere der Tat entsprechende Erziehungsmaßnahmen einzuleiten. Diese Umorientierung markiert nicht zuletzt der Rechtspflegeerlass von 1963. Auch in der Haftanstalt Brandenburg wurden nun Offiziere als so genannte Erzieher eingesetzt und Erziehungsbereiche gebildet, für die sie die Verantwortung trugen. Die Gefangenen erhielten Unterricht zur „staatsbürgerlicher Erziehung". Insgesamt sollten die Haftbedingungen ganz im Zeichen des Umerziehungsprozesses stehen. Dass in der Praxis damit keineswegs eine grundlegende Veränderung für die politischen Häftlinge eingetreten war, zeigt die genauere Untersuchung ihrer Haftbedingungen. Bei Disziplinarmaßnahmen wie etwa dem strengen Arrest kam es häufig zu Willkürakten und Übergriffen seitens des Strafvollzugspersonals.

Ein „Kernstück des Erziehungsprozesses" sollte die für den Staat profitable Gefangenenarbeit darstellen, die zu einem unverzichtbaren Wirtschaftsfaktor wurde. Um die Produktivität der Häftlinge zu steigern, wurde die Gewährung von Vergünstigungen von der Erfüllung der Arbeitsleistung abhängig gemacht. Die Arbeitsergebnisse entschieden somit unmittelbar über die Qualität der Haftbedingungen. Da die politischen Häftlinge der Gefangenenarbeit sehr ambivalent gegenüberstanden, aus politischen Gründen Arbeitszurückhaltung übten oder die Arbeit ganz verweigerten, hatten diese „Erziehungsmaßnahmen" entsprechende Auswirkungen auf ihre Haftbedingungen, wie im Einzelnen gezeigt wird.

Diese zweite Phase im Strafvollzug in Brandenburg ist nicht nur durch eine Veränderung in der Strafvollzugspolitik gekennzeichnet, sondern auch durch einen Wandel in der Gefangenenstruktur. Durch den seit Ende der 50er-Jahre steigenden Anteil von kriminellen Straftätern, die wegen schwerer Gewaltverbrechen verurteilt worden waren, veränderte sich die Situation der politischen Häftlinge entscheidend. Abgesehen von der psychischen Belastung und den teilweise physischen Gefährdungen verloren die politischen Gefangenen ihre Funktionen in den Produktionsbereichen sowie in der „Häftlingsverwaltung". Damit hatte die Leitung der Strafvollzugsanstalt eindeutige Prioritäten in der Behandlung der Häftlinge gesetzt.

In der Phase von Mitte der 70er-Jahre bis zum Ende der DDR, mit der sich das dritte Kapitel beschäftigt, ist zwar das Ziel der Erziehung der Strafgefangenen nicht aufgegeben worden, jedoch wurde jetzt eine neue Priorität gesetzt: die Verrechtlichung des Strafvollzuges. Während dieser Zeit hatte sich Brandenburg endgültig zum „Schwerverbrecherknast" entwickelt, in dem die politischen Häftlinge nur noch eine Minderheit darstellten. Damit spiegelte die Strafvollzugsanstalt den allgemeinen Trend des Rückgangs an politischen Verurteilungen in der DDR wider. Dieser lag in dem unter Honecker eingeschlagenen Kurs einer präventiven Repression mittels Ausbau des Staatssicherheitsapparates begründet. Durch die stärkere internationale Einbindung der DDR sah sich die SED-Führung gezwungen, den Strafvollzug teilweise zu reformieren und ihn den Mindeststandards der UNO zur Behandlung von Gefangenen anzupassen.

Diese Entwicklung fand ihren Ausdruck in der Einführung des Strafvollzugsgesetzes von 1977, das Rechtssicherheit schaffen, die Willkür einschränken sowie Erleichterungen in den Haftbedingungen herbeiführen sollte. Untersucht wird, wie die Umsetzung des Strafvollzugsgesetzes in der Praxis der Haftanstalt Brandenburg erfolgte, ob und in welcher Weise sich die Haftbedingungen für politische Gefangene danach veränderten. Angesichts der Zunahme von verurteilten Ausreisern bzw. „Republikflüchtigen", von denen einzelne Fälle vorgestellt werden, vor allem aber aufgrund der sich ausweitenden Freikaufspraxis durch die Bundesrepublik erwies sich das Strafvollzugsgesetz mit seinem Anspruch auf Umziehung der Strafgefangenen und dem Ziel der Wiedereingliederung in die DDR als wenig wirksam. Für die meisten politischen Gefangenen stellte diese Zielstellung ohnehin eine Zumutung dar, wollten sie doch weder umgezogen noch in die DDR entlassen werden. Nicht selten begehrten sie gegen die damit verbundenen und vom leitenden Anstaltspersonal veranlassten Erziehungsmaßnahmen auf bzw. protestierten gegen unzumutbare Haftbedingungen und Willkürakte, auch wenn die Widerstandsaktionen nicht mehr das Ausmaß der 50er-Jahre erreichten. Dies lag nicht zuletzt an der Vereinzelung der politischen Häftlinge, die in den Zellen in der absoluten Minderheit waren und darauf bedacht sein mussten, sich nicht in gewalttätige Auseinandersetzungen hineinziehen zu lassen.

Dem angespannten Verhältnis zwischen „Politischen" und „Kriminellen" widmet sich ein weiterer Abschnitt, wobei auch hier Differenzierungen angebracht sind. Immerhin stellte die Gruppe der kriminellen ebenso wie die der politischen Gefangenen keine homogene Masse dar, kam es im Haftalltag doch auch auf Verhaltensweisen wie Solidarität, Unterstützung, Mitgefühl und andere Eigenschaften an, die nicht unbedingt an die Zugehörigkeit zu einer der beiden Gruppen gebunden waren. Gleichwohl erlebten viele „Politische" den Umgang mit den kriminellen Häftlingen als Bedrohung, vor allem in physischer Hinsicht, aber auch in Bezug auf deren Spitzeldienste für die Staatssicherheit. Das MfS bediente sich bevorzugt der kriminellen Gefangenen als Inoffizielle Mitarbeiter, um mit ihrer Hilfe „feindlich-negative" Handlungen aufzuklären. Wie die Staatssicherheit, die mit einer Operativgruppe vor Ort in der Strafvollzugsanstalt Brandenburg präsent war, dabei vorging, Operative Vorgänge einleitete, Zersetzungsmaßnahmen beschloss und auf die Haftbedingungen Einfluss nahm, wird im Abschnitt 12 dieses Kapitels untersucht. Trotz ihres Überwachungsapparates vermochte die Staatssicherheit es nicht, die Zuspitzung der Konflikte am Ende der 80er-Jahre in ihrer explosiven Wirkung zu erkennen und ihnen effektiv zu begegnen.

Ein besonderes Kapitel in der Geschichte des Zuchthauses Brandenburg stellt die Gefangenenerhebung im Herbst 1989 dar, während der politische und kriminelle Häftlinge gleichermaßen ihren Protest gegen das bestehende Strafvollzugssystem formulierten, auf menschenwürdige Haftbedingungen drängten und eine Demokratisierung des Staates und seiner Institutionen einforderten. Es ist bemerkenswert, wie in dieser revolutionären Situation vielen Gefangenen Fähigkeiten und Kräfte zuwuchsen, wie sie sich in demokratischen Regeln übten und damit auf ihre Weise zum Sturz des diktatorischen Systems beitrugen. Auch wenn nicht alle Forderungen in Erfüllung gingen, so hatten sie immerhin erreicht, dass alle „Politischen", aber auch viele kriminelle Gefangene durch eine Amnestie freikamen, die Selbstvertretungsorgane anerkannt wurden und sich die Haftbedingungen entscheidend veränderten.

Für die ehemaligen politischen Häftlinge wurde nach der demokratischen Revolution von 1989 eine Frage bedeutsam: Wie können die Täter der einstigen Diktatur auf der Führungsebene, in der Justiz, aber auch im Strafvollzug zur Verantwortung gezogen werden? Viele erhofften sich von der juristischen Aufarbeitung eine grundsätzliche Auseinandersetzung und Abrechnung mit dem Strafvollzug in der DDR. Sie verstanden die juristische Aufarbeitung als einen Teil der Wiedergutmachung. Ist dieses

Einleitung 21

Vorhaben geglückt? Dieser Frage geht das abschließende Kapitel nach. Auf der Grundlage von Unterlagen der Staatsanwaltschaft „Schwerpunktabteilung DDR-Justizunrecht" des Landes Brandenburg sowie der Zentralen Erfassungsstelle der Landesjustizverwaltungen in Salzgitter, inzwischen bei der Generalstaatsanwaltschaft Braunschweig, werden die Verfahrensweisen der ermittelnden Behörden beschrieben und einige Anklagen gegen Bedienstete der Strafvollzugsanstalt Brandenburg vorgestellt. Letztlich aber ist zu konstatieren, dass sich die Erwartungen der ehemaligen Häftlinge nicht erfüllt haben und die juristische Verfolgung von DDR-Unrecht höchst unbefriedigend geblieben ist.

***

Die vorliegende Studie versteht sich als Beitrag zur Aufarbeitung des DDR-Strafvollzugs an politischen Häftlingen. Nicht beabsichtigt war, die gesamte Geschichte des Zuchthauses nach 1945 zu beschreiben. Der Fokus der Untersuchung richtet sich vielmehr auf die Situation von politischen Häftlingen in der Strafvollzugsanstalt, die Veränderungen ihrer Haftbedingungen über den Zeitraum von 40 Jahren sowie ihre Stellung innerhalb der Häftlingsgesellschaft, in der sie sich von einer Mehrheit zu einer Minderheit entwickelten.

Die Untersuchung erfolgte auf der Basis unterschiedlicher schriftlicher und mündlicher Quellen. Ausgewertet wurden u. a. für die Zeit bis 1950 Akten des Ministeriums der Justiz des Landes Brandenburg, für den folgenden Zeitraum Unterlagen des Ministeriums des Innern und der Bezirksbehörde der Deutschen Volkspolizei Potsdam, die seit 1957 für die Strafvollzugsanstalt die Verantwortung trug, sowie des Ministeriums für Staatssicherheit.

Um die Perspektive der Herrschenden, die diese Quellen widerspiegeln, durch die der Beherrschten und Opfer von politischer Repression zu brechen, führte die Verfasserin von 2001 bis 2004 zahlreiche Interviews mit ehemaligen politischen Gefangenen der Strafvollzugsanstalt Brandenburg durch, von denen nicht alle in der Studie vorgestellt werden und zu Wort kommen konnten. Die Interviewpartner stellten z. T. Aufzeichnungen, Berichte sowie die vom MfS angefertigten Unterlagen zu ihrer Person zur Verfügung. So konnten für die dargestellten Fälle Anklageschriften oder Gerichtsurteile herangezogen werden, aus denen z. T. längere Passagen zitiert wurden, da diese Aufschluss über die Strafverfolgungspolitik, deren Absichten und Hintergründe geben. Für die von Sowjetischen Militärtribunalen Verurteilten standen dagegen keine derartigen Unterlagen zur Verfügung. Im Übrigen wurden den politisch Verurteilten ihre Anklageschriften und Gerichtsurteile erst nach 1989 ausgehändigt. Dass die schriftlichen und mündlichen Aussagen quellenkritisch ausgewertet wurden, versteht sich von selbst.

Hinzuweisen ist darauf, dass in der Studie die Abkürzungen StVA oder StVE für die Strafvollzugsanstalt bzw. Strafvollzugseinrichtung zu finden sind. Sie werden synonym gebraucht, aber in den offiziellen Dokumenten ist ab Ende der 60er-Jahre vorwiegend von der Strafvollzugseinrichtung (StVE) die Rede. Gleichzeitig benutzte die Justiz anfangs die Bezeichnung Brandenburg-Görden für die Haftanstalt, die das Ministerium des Innern dagegen vermied. Da diese Benennung in der NS-Zeit üblich war, in der zahlreiche politische Gefangene im Zuchthaus ihre Strafe verbüßen mussten, wollten die Verantwortlichen keine Analogien aufkommen lassen. Überdies wurde Brandenburg-Görden zum Mythos eines vorwiegend kommunistisch geprägten Antifaschismus erhoben, zumal Erich Honecker dort seine Haftzeit verbüßte. Deshalb sollte Brandenburg-Görden allein für die nationalsozialistische Haft stehen. Die vorliegende Studie plädiert jedoch für die Aufarbeitung der zweifachen Geschichte der Haftanstalt und verwendet daher auch diese Bezeichnung.

Abschließend ist besonders den ehemaligen politischen Gefangenen, die sich für die Befragungen zur Verfügung stellten, für die Unterstützung des Projekts zu danken.

I. Mit äußerster Härte:
Der Strafvollzug in der Haftanstalt Brandenburg 1950 bis Ende der 1950er-Jahre

1. Die Auseinandersetzung um die Zuständigkeit für den Strafvollzug

Nach den Erfahrungen mit der unmenschlichen Verfolgungs- und Strafvollzugspraxis in der NS-Zeit keimten in den neu besetzten Justizverwaltungen der Länder und Provinzen und der von der SMAD geschaffenen Deutschen Zentralverwaltung für Justiz (DJV) zunächst Hoffnungen auf einen grundlegenden Neuanfang. Nie wieder sollten Rechtlosigkeit und Menschenverachtung in deutschen Gefängnissen Einzug halten. Es galt, einen entschiedenen Bruch mit der jahrhundertealten Tradition von „Sühne" und „Vergeltung" durch Strafverbüßung zu vollziehen und sich auf Werte eines humanen Strafvollzugs zu besinnen. Obwohl die Repressionspraktiken der sowjetischen Besatzungsmacht in der Nachkriegszeit, die mit Willkür, Gesetzlosigkeit, brutaler Erpressung von Geständnissen sowie einer Maßlosigkeit in den Strafurteilen verbunden waren, nichts Gutes für die Zukunft ahnen ließen, ging die an die Reformen in der Weimarer Republik anknüpfende deutsche Justizverwaltung in der SBZ daran, die Grundlagen für einen neuen Strafvollzug zu legen.[1]

Im Folgenden wird die Auseinandersetzung zwischen der Justiz und der Deutschen Innenverwaltung, später Ministerium des Innern der DDR, in der Frage der Zuständigkeit für den Strafvollzug beschrieben, die schließlich zugunsten eines Polizeivollzugs entschieden wurde. Sie ist insofern bedeutsam, als sich damit unterschiedliche Konzepte in Hinblick auf Charakter und Ziel der Strafverbüßung verbanden.

Im Zuge der Umsetzung des SMAD-Befehls Nr. 17 vom 27. Juli 1945 erfolgte die Schaffung einer eigenen Abteilung Strafvollzug innerhalb der deutschen Justizverwaltung. Obwohl der Strafvollzug entsprechend der föderalen Struktur Angelegenheit der Länder- bzw. Provinzialverwaltungen war (1947 wurden diese ebenfalls in Länder umgewandelt), kam der Zentralinstanz die Aufgabe der Lenkung und Koordinierung zu.[2] Auf den Chefsessel gelangte der bereits in der Weimarer Republik

---

[1] Die Sowjetjustiz mit ihrer Praxis der Internierungslager ist nicht Gegenstand dieser Untersuchung und bleibt daher weitgehend außerhalb der Betrachtung. Dazu liegt bereits umfangreiche Literatur vor.

[2] Dennoch war die Aufgabenstellung unbestimmt gehalten, weshalb es über die Jahre bis zur endgültigen Gleichschaltung der Justizverwaltungen der Länder Ende der 1940er-Jahre immer wieder zu Kompetenzstreitigkeiten kam. Vgl. dazu Wentker, Justiz in der SBZ/DDR, S. 79–102.

sich für Reformen im Strafvollzug engagierende ehemalige Ministerialrat des preußischen Justizministeriums und von den Nationalsozialisten aus diesem Posten entlassene Dr. Werner Gentz.[3] In dieser Funktion versuchte er, an die in der Weimarer Republik entwickelten Reformvorschläge, darunter seine eigenen, in Hinblick auf eine Humanisierung des Strafvollzugs anzuknüpfen.[4] Diese fanden Einzug sowohl in die „Richtlinien für den Strafvollzug", die bereits am 16. Oktober 1945 an alle Landes- und Provinzialverwaltungen[5] versandt und damit zum offiziellen Kurs der Deutschen Justizverwaltung erhoben wurden, als auch in das von ihm ebenfalls im Oktober erarbeitete Strafvollzugsprogramm.[6]

Mit dem Rückgriff auf reformerische Konzepte der Weimarer Republik stand die deutsche Justizverwaltung, in der sich vorwiegend Juristen mit sozialdemokratischer Tradition sammelten, nicht allein. Eine ähnliche Entwicklung vollzog sich zu gleicher Zeit u. a. auch auf dem Gebiet des Bildungswesens, das ebenfalls eine Hochburg der Sozialdemokraten darstellte. In Abkehr vom nationalsozialistischen Gedankengut sowie den preußischen Erziehungsmethoden versuchten sie, reformpädagogische Ansätze umzusetzen, die eine Demokratisierung der Schule zum Ziel hatten. Ebenso wie in Teilen der Justiz herrschte nach dem Krieg auch unter Pädagogen eine gewisse Aufbruchstimmung, in einer neuen Gesellschaft ihre demokratischen Vorstellungen verwirklichen zu können. Die Justiz wie auch die Pädagogik gehörten in der Weimarer Republik nicht zu den bevorzugten Betätigungsgebieten der Kommunisten, weshalb nach der Befreiung vom Nationalsozialismus vor allem Sozialdemokraten diese Felder besetzen und sich als Experten ausweisen konnten. Dies war gewiss nicht zufällig, fußten ihre Reformvorschläge doch auf sozialpädagogischen und sozialfürsorgerischen Ideen, die die Individualität des Einzelnen und seine Vervollkommnung zum Wohle der Gemeinschaft und durch dieselbe in den Mittelpunkt ihrer Bestrebungen stellten. Die demokratische Mitwirkung des Einzelnen in einem Gemeinwesen und seine gesellschaftliche Teilhabe gehörten zu den Grundpfeilern eines solchen Gesellschaftsmodells, das sich grundlegend von dem der bolschewisierten KPD unterschieden hatte. Bezeichnenderweise griff Gentz bei der Ausarbeitung seines Reformprogramms daher nicht auf Vorschläge kommunistischer Abgeordneter aus der Weimarer Republik, sondern auf die Ergebnisse seiner eigenen Arbeit sowie die seiner Kollegen zurück.[7]

---

3   Auf seinen Lebenslauf wird hier nicht ausführlich eingegangen. Vgl. dazu ebenda, S. 203 ff.
4   Vgl. u. a. Werner Gentz, Der moderne Strafvollzug, in: Zeitschrift für die gesamte Strafrechtswissenschaft 46 (1925), S. 129–153.
5   Rundschreiben DJV, IV A. 23.45 – an alle Landes- und Provinzialverwaltungen, vom 16. 10. 1945, veröffentlicht im Verordnungsblatt der Provinzialverwaltung Mark Brandenburg 1946, S. 83 ff.
6   Das Strafvollzugsprogramm, 24. 10. 1945, Angaben siehe Wentker, Justiz in der SBZ/DDR, S. 205.
7   Ebenda.

In mehreren Ausarbeitungen legte Gentz seine Auffassungen über einen modernen Strafvollzug dar. Grundsätzlich beinhaltete ein solcher Strafvollzug die Abkehr jeglicher „Vergeltungs-, Rache- und Sühnegedanken", denn die Gesellschaft trage eine Mitverantwortung für die Entwicklung eines Menschen zum Straftäter. Damit stellte er auch die Schuldfrage zur Disposition, obwohl er den Straftäter nicht von persönlicher Verantwortung freisprach. Für die Isolierung des Straftäters sei nicht der Vergeltungsgedanke, sondern allein dessen Gefährlichkeit ausschlaggebend. Nicht jeder Rechtsbruch erfordere daher eine Isolierung. Sie sei lediglich dann angesagt, wenn entweder die Gesellschaft vor dem Straftäter geschützt oder dieser selbst „vor dem Absinken in eine endgültig gesellschaftswidrige Grundhaltung" geschützt werden müsse.[8] Reklamiert wurde die soziale Verantwortung der Gesellschaft für die Straftaten und die Entwicklung des Menschen zum Straftäter. Die Aufgabe des Strafvollzugs bestehe deshalb nicht darin, den Verurteilten körperlich zu quälen oder psychisch zu erniedrigen, vielmehr galt es, ihn für die Gesellschaft zu gewinnen, indem Einfluss auf seine Persönlichkeit genommen würde.

Die von Gentz entwickelte Reform des Strafvollzugs bestand folglich in einem Paradigmenwechsel weg von der Straftat und hin zum Straftäter, um mit einem auf ihn zugeschnittenen pädagogischen Konzept seine Besserung zu bewirken. Gentz setzte daher auf einen pädagogischen Strafvollzug, der sich aufs engste mit der Sozialfürsorge und der Sozialpädagogik verband. Der Gefangene sollte im Strafvollzug gefördert und gefordert werden, und zwar durch eine sinnvolle Betätigung, die auch die produktive Arbeit bei angemessener Entlohnung einschloss. Zu den Kernpunkten des Erziehungsvollzugs gehörte die Übernahme von sozialer Verantwortung im Rahmen der Gefangenenselbstverwaltung, in der die Häftlinge über die eigenen Angelegenheiten mitentscheiden konnten. Auf diese Weise sollten sie zu Mitträgern des Vollzugs werden, denn Hausordnungen und Regelungen, an denen sie selbst mitgearbeitet hätten, würden von ihnen besser angenommen und akzeptiert. Schließlich: „Demokratie im Anstaltsgefüge erzieht zum Gedanken der Demokratie überhaupt."[9] Deshalb sei eine Gefangenenvertretung notwendig, die Kritik gegenüber der Anstaltsleitung üben, Mängel zur Sprache bringen, in Anordnungen Einblick nehmen und an der Gestaltung des Vollzugs teilnehmen könne. Um einen solchen Strafvollzug zum Erfolg zu führen, war eine Klassifizierung der Gefangenen nach verschiedenen Kategorien, z. B. nach Erst- oder Rückfalltätern, Alter, Geschlecht, Straftätern mit günstiger oder ungünstiger Entwicklungsprognose usw. vorzunehmen.

Entschieden wandte sich Gentz gegen eine Sonderung von Zuchthaus- und Gefängnishäftlingen, die als Brandmarkung diene, obgleich es keinen Unterschied in

---

8 Werner Gentz, Reform des Strafvollzuges, in: Max Fechner (Hrsg.), Beiträge zur Demokratisierung der Justiz, Berlin (Ost) 1948, S. 235.
9 Ebenda, S. 245.

den Strafen gebe.[10] Gleichzeitig trat er für die Umwandlung der Freiheitsstrafe in eine Bewährungsstrafe durch Arbeit ein, um möglichst vielen Menschen das Gefängnis zu ersparen. In zahlreichen Fällen genüge es, den Täter zur Wiedergutmachung anzuhalten. Dieser Grundsatz konnte zumindest für die zu geringen Freiheitsstrafen Verurteilten teilweise in die Praxis umgesetzt werden und fand in der „Verordnung über Arbeitsverwendung zu Freiheitsstrafen verurteilter Personen" vom 1. September 1947 seinen Niederschlag.[11]

Der Verwirklichung dieses Strafvollzugskonzepts standen jedoch erhebliche Hindernisse entgegen. Sie bestanden nicht nur in den schlechten materiellen Voraussetzungen in den Haftanstalten, angefangen bei den räumlichen Bedingungen, mangelnden Arbeitsmöglichkeiten bis hin zur teilweise katastrophalen Ernährungslage nach dem Krieg. Darüber hinaus fehlte es an qualifiziertem Personal in den Haftanstalten. Das richtungweisende Programm eines modernen Strafvollzugs stellte ganz andere Anforderungen an das bisher vom Unteroffiziersgeist geprägte Personal. Bereits in den Richtlinien für den Strafvollzug vom Oktober 1945 hieß es: „Die Arbeit des Strafvollzugsbeamten erfordert ein großes Maß von Opferwilligkeit, Menschenliebe, Geduld und gesundem Menschenverstand. Wer diese Eigenschaften nicht aufbringt, taugt nicht für den Strafvollzugsdienst und muß ihn verlassen." Und weiter: „Beamte, die den Gefangenen als minderwertigen Menschen betrachten, den man nach Laune und Belieben grob anfahren darf und der zu parieren hat, werden im Strafvollzugsdienst künftig nicht mehr geduldet werden."[12] Dass Gentz dies als das „schwierigst zu lösende Problem"[13] ansah, ist auch angesichts der weiteren Entwicklung nur zu verständlich.

Aber nicht nur von dieser Seite drohte die Strafvollzugsreform zu scheitern. Vor allem lagen die Hindernisse auf Seiten der sowjetischen Besatzungsmacht, die in allen Fragen der zukünftigen Entwicklung in ihrer Zone das letzte und entscheidende Wort hatte. Entsprechend ihrer eigenen Praxis in der Sowjetunion hätte sie den Strafvollzug von vornherein lieber der Deutschen Verwaltung des Innern (DVdI) übertragen, ließ aber die DJV zunächst gewähren und verhielt sich abwartend. Die DJV und das Justizwesen auf dem Gebiet der SBZ standen, so Wentker, nicht im Mittelpunkt der sowjetischen Besatzungspolitik der Jahre 1945 bis 1948, auch wenn sie von den kommunistischen Machtansprüchen nicht unberührt blieben.[14] Daher war der Spielraum auf diesem Gebiet, abgesehen von den Personalfragen, größer als in anderen

10 Vgl. ebenda, S. 239–249.
11 Ebenda, S. 237. Die Verordnung wurde im Zentralverordnungsblatt 1947, S. 173–176, veröffentlicht.
12 Richtlinien für den Strafvollzug vom 16. Oktober 1945, zit. nach Gentz, Reform des Strafvollzuges, S. 250.
13 Ebenda, S. 249.
14 Wentker, Justiz in der SBZ/DDR, S. 25.

Teilbereichen des politischen Systems. So gesehen waren auch für die Strafvollzugsreformer die Grenzen ihres Vorhabens noch nicht endgültig abzusehen.

In einer Stellungnahme für die SMAD vom Februar 1946 gab die Deutsche Justizverwaltung eine Begründung für den Verbleib des Strafvollzugs in der Verantwortung der Justiz ab, in der sie auch die modernen Auffassungen auf dem Gebiet des Justizwesens zur Sprache brachte. Geschickt wurde auf die unterschiedlichen Zuständigkeiten für den Strafvollzug in anderen Ländern und auf die in der Weimarer Republik bestehende Unterstellung unter das Justizministerium verwiesen. „Jetzt den Strafvollzug wieder von der Justizverwaltung abzutrennen, würde den Interessen der Rechtspflege schweren Abbruch tun; denn Strafen verhängen und Strafen vollziehen ist ein einheitliches organisches Geschehen, das nicht ohne Schaden auseinandergerissen werden kann." Eine Abtrennung des Gefängniswesens von der Justiz verfolge das Schuld- und Vergeltungsprinzip, wonach der Gefangene büßen müsse und es dem Richter gleichgültig wäre, was mit dem Verurteilten weiterhin geschähe. Aber der moderne Richter stehe vor einer anderen Aufgabe. „Wenn er Strafe verhängt, so ist es seine Absicht, die Gesellschaft vor einem ihr zur Zeit gefährlichen Gliede dadurch zu schützen, daß dieses Glied, der Täter, aus diesem gesellschaftlichen Zusammenhang herausgenommen wird und nun während einer dafür vorgesehenen Zeit einer seiner Persönlichkeit angemessenen Behandlung unterworfen wird, deren Ziel es ist, [...] ihn für die Wiedereingliederung in die Gesellschaft in einer dafür geeigneten Weise vorzubereiten; ihn, wie wir zu sagen pflegen, zu resozialisieren."[15] Die Strafe könne dabei nicht starr betrachtet werden, sondern der Täter könne bei entsprechender Resozialisierung aus der Haft entlassen werden. Deshalb müssten Richterspruch und Strafvollzug in ständiger Wechselwirkung stehen, was nur unter einer Verwaltung möglich sei. Unter Verweis auf die gleichen Zuständigkeitsregelung in den anderen Besatzungszonen erbat der Minister, „daß auch in Zukunft der Strafvollzug bei der Justizverwaltung verbleibt und damit meiner Aufsicht untersteht".[16]

Dabei blieb es auch zunächst. Kaum Verständnis brachte die SMAD allerdings für die Humanisierung des Strafvollzugs auf. Die SMAD-Rechtsabteilung warf Gentz vor, er wolle aus den Strafanstalten „Erziehungs- und Heilanstalten" machen. Auch die Überfüllung der Haftanstalten stellte sich für sie nicht als Problem dar, vielmehr würde die DJV dabei übertreiben. Völliges Unverständnis zeigte die SMAD für die Praxis der vorzeitigen Haftentlassung aus gesundheitlichen Gründen. Wentker zitiert in diesem Zusammenhang den Ausspruch von Oberstleutnant Jakupow auf einer Konferenz der Generalstaatsanwälte im April 1947: „Welch merkwürdige Methode

---

15 Deutsche Justizverwaltung an die SMAD-Rechtsabteilung, Betr. Strafvollzug (Gefängniswesen) vom 11. 2. 1946, BArchB, DO 1/11.0/1586, Bl. 2.
16 BArchB, DO 1/11.0/1586, Bl. 3

des Strafvollzugs, einen Menschen aus diesem Grunde zu befreien"[17] – angesichts der Strafvollzugspraxis in der UdSSR ein einigermaßen verständliches Urteil. Ferner untersagte die SMAD der Justizverwaltung ganz entschieden, die Ernennung, Versetzung und Entlassung von Anstaltsleitern zur Durchführung eines reformierten Strafvollzugs vorzunehmen. Nicht einmal ein Mitbestimmungsrecht bei der Ernennung von Anstaltsleitern wurde ihr zugestanden.[18] In Personalfragen behielt sich die SMAD die unumschränkte Entscheidungsbefugnis vor. Auch die Aufhebung der Teilung in Zuchthaus- und Gefängnishäftlinge, die zum Konzept der Strafvollzugsreform gehörte, hielt die SMAD nicht für sinnvoll. Dagegen signalisierte sie Zustimmung in der Frage der Gefangenenarbeit, deren Nutzen sie aus eigener Erfahrung zu schätzen wusste. Dass die Vertreter einer Strafvollzugsreform damit andere Ziele verfolgten, interessierte sie dabei weniger. Zunehmend drängte die SMAD die Deutsche Justizverwaltung, das Arbeitspotenzial der Strafanstalten für den Wiederaufbau der Wirtschaft nutzbar zu machen.

Die Reformbestrebungen der DJV in Hinblick auf einen humanen Strafvollzug erfolgten z. T. auch in Absprache mit den Ländern der westlichen Besatzungszonen, eine Tatsache, die bald den Unwillen der Sowjets erregte und schließlich zur weitgehenden Unterbindung der Kontakte führte.[19] Demgegenüber konnten sich die Beziehungen zu den östlichen Ländern und Provinzen in der SBZ relativ ungehindert von sowjetischer Bevormundung entwickeln, wo es teilweise zu einer Zusammenarbeit mit der DJV in der Frage der Strafvollzugsreform kam. Das galt insbesondere für die Provinz (später Land) Brandenburg. Die dortige Justizverwaltung setzte sich aus Vertretern des bürgerlichen Lagers sowie Sozialdemokraten zusammen.[20] Der Leiter der brandenburgischen Justizabteilung Walter Hoeniger hatte sich in seiner beruflichen Laufbahn vor 1933 zum reformierten Strafvollzug bekannt und versuchte – auch durch die persönliche Bekanntschaft mit dem Leiter der Abteilung Strafvollzug in der DJV Werner Gentz –, einige Reformvorhaben umzusetzen.[21] Dies betraf insbesondere die bereits erwähnte Einführung der Bewährungsarbeit, wodurch gering verurteilte Straftäter die Strafe durch Arbeit ableisten konnten. „Bewährungseinsatz statt Strafvollzug" war das Motto dieses reformorientierten Ansatzes.[22]

17 Wentker, Justiz in der SBZ/DDR, S. 218 f.
18 Ebenda, S. 216.
19 Vgl. Brigitte Oleschinski, Die Abteilung Strafvollzug der Deutschen Zentralverwaltung für Justiz in der Sowjetischen Besatzungszone, in: Zeitschrift für Strafvollzug und Straffälligenhilfe 41 (1992), S. 83–90, hier S. 84.
20 Vgl. Pohl, Justiz in Brandenburg, S. 20 ff., 45 ff., 107 ff.
21 Vgl. ebenda, S. 21, und Wentker, Justiz in der SBZ/DDR, S. 213 u. 224 ff.
22 Vgl. die von Gentz vorgetragenen Überlegungen zur konsequenten Durchführung des Bewährungseinsatzes, der Entlassung von kurzfristig Verurteilten usw. auf der Dienstbesprechung vom 19. 1. 1950, BLHA, Rep. 212, MdJ, 1190. Begünstigt wurde die Einführung des Bewährungseinsatzes durch den allgemeinen Mangel an Haftraum.

Die Widerstände gegen einen solchen Strafvollzug kamen jedoch nicht nur von Seiten der SMAD, insbesondere ihrer Innenverwaltung. Zunehmend wurde die Justiz von der SED-Führung attackiert, härter durchzugreifen. Zum Anlass nahm man die hohe Zahl von Entweichungen aus dem Strafvollzug. In der Folge wurden von der Justiz immer wieder Berichte über die Zahl der Fluchtfälle aus den Strafanstalten angefordert. Die Deutsche Verwaltung des Innern, seit Juli 1948 mit Kurt Fischer als deren Präsidenten besetzt, der neben Ulbricht als Hardliner und Vertreter des russischen Kurses galt,[23] sah ihre Stunde gekommen, die Justiz aus der Verantwortung für den Strafvollzug zu drängen. Sie übergab der SMAD immer wieder Meldungen mit angeblichen Mängeln im Justiz-Strafvollzug, um sich als zuverlässigere Institution darzustellen. Besonders die Vorstellungen über einen humanen Strafvollzug stießen bei ihr auf Ablehnung. Auf Druck der Deutschen Verwaltung des Innern erklärte Max Fechner als Vorsitzender der Deutschen Justizverwaltung im Juni 1949 schließlich, nunmehr werde die Humanisierung des Strafvollzugs der vordringlichsten Aufgabe der Sicherheit der Anstalten untergeordnet. Trotz dieses Zurückweichens warf die DVdI weiterhin den Justizorganen Unfähigkeit bei der Verhinderung von Entweichungen aus den Gefängnissen vor und erhielt dabei Rückendeckung von der SED-Führung. In einer Stellungnahme wies Max Fechner anhand statistischer Angaben nach, dass die Entweichungen im Gegenteil sukzessive abgenommen hätten und im Sommer 1949 auf einen Tiefststand gesunken seien.[24] Dennoch gab Fechner wiederum dem Druck nach. Er zeigte sich nunmehr bereit, zu „gegebener Zeit" den Strafvollzug der DVdI zu übertragen, jedoch müsse im Moment aus politischen Gründen dem Eindruck im Westen entgegengewirkt werden, das Gefängniswesen entziehe sich der Kontrolle durch die Justiz.[25]

Nach der Gründung der DDR sollten die Interventionen des Ministeriums des Innern endgültig zum Erfolg führen. Anlass war die von der sowjetischen Regierung geplante Auflösung der NKWD-Speziallager in der DDR[26] und die damit verbundene Übergabe von etwa 15 000 Internierten zur weiteren Verwahrung an die DDR-Behörden. Die Inhaftierten kamen aus den Lagern Sachsenhausen, Buchenwald und Bautzen. Davon waren 3432 Gefangene noch von deutschen Gerichten zu verurteilen. Die Strafverbüßung sollte, da es sich um ehemalige Nationalsozialisten sowie um vermeintliche oder tatsächliche politische Gegner des neuen Regimes handelte, die nach Ansicht der Besatzungsmacht ein Sicherheitsrisiko darstellten und deshalb einem

---

23 Wentker, Justiz in der SBZ/DDR, S. 370.
24 Ebenda, S. 378 f.
25 Vgl. Fechner an das Zentralsekretariat der SED, Abt. Justiz, vom 23. 8. 1949, zit. nach ebenda, S. 379.
26 Vgl. zu dieser Thematik u. a. Sergej Mironenko/Lutz Niethammer/Alexander von Plato (Hrsg.), Sowjetische Speziallager in Deutschland 1945 bis 1950, Bde. 1 und 2, Berlin 1998.

harten Strafvollzug zu unterwerfen waren, dem MdI, Hauptverwaltung Deutsche Volkspolizei (HVDVP), übertragen werden. Zu diesem Zweck hatte das Justizministerium dafür in Frage kommende Haftanstalten zur Verfügung zu stellen. Das MdI erwartete entsprechende Vorschläge.[27] Da dem Justizministerium aber ein tiefes Misstrauen in dieser Frage entgegengebracht wurde, wollte das MdI selbst eine Inspektion der größten Haftanstalten vornehmen. Gentz als Abteilungsleiter Strafvollzug argwöhnte seinerseits, dass diese Inspektion die Übernahme des gesamten Strafvollzugs durch das MdI vorbereiten sollte; er erteilte deshalb zunächst keine Genehmigung dazu und schaltete den Justizminister ein. Ähnlich dachte aber auch Max Fechner, der betonte, er habe in einer Kabinettssitzung die Frage der Übernahme des Strafvollzugs durch die HVDVP abgelehnt, da er den Zeitpunkt für verfrüht halte. Im Übrigen habe er von dieser Frage die Übernahme des Justizministeriums abhängig gemacht.[28] Erst auf die Versicherung hin, „daß der Zweck der Informationen nichts mit dieser Angelegenheit zu tun" hätte, erhielt die Hauptverwaltung der Deutschen Volkspolizei des MdI die Genehmigung des Justizministers.[29]

Nach dieser Inspektionsreise wurden vier Haftanstalten ausgewählt, die von der Justiz zur Übernahme der Häftlinge aus den Speziallagern freizumachen wären. Das waren die Strafanstalten Brandenburg-Görden, Waldheim, Torgau und Untermaßfeld. In diesen Haftanstalten saßen insgesamt 3772 durch die Justiz verurteilte Häftlinge ein. Damit waren diese Strafanstalten ausgelastet. Die Beauftragten der Volkspolizei veranschlagten jedoch eine Kapazität „bei höchstmöglicher Ausnutzung" der Anstalten von 10 750 Häftlingen.[30] Dies veranschaulicht, welche Haftbedingungen die DVP den Gefangenen zumuten wollte. Gleichzeitig unterbreiteten sie bereits Personalvorschläge für die zukünftigen Leiter dieser Anstalten.

Der Leiter der Hauptabteilung Strafvollzug im Ministerium der Justiz, Gentz, reagierte empört. Er verwahrte sich dagegen, vor vollendete Tatsachen gestellt zu werden. Dies würde „sein gesamtes Strafvollzugswesen über den Haufen" werfen.[31] „Gelähmt" seien die Pläne zur Fortentwicklung des Strafvollzugs mit der Klassifizierung der Anstalten, dem Ausbau der Arbeitsmöglichkeiten im Strafvollzug sowie der Hebung des kulturellen Niveaus.[32] Er lehnte eine Entscheidung ab und wandte sich

27 Betr. Übernahme der bereits verurteilten und der noch nicht verurteilten Häftlinge aus dem Gewahrsam der Besatzungsmacht in das Gewahrsam der Deutschen Volkspolizei, BArchB, DO 1/11.0/1587, Bl. 18.
28 Vermerk über die Besprechung im Justizministerium zwecks Erteilung einer Ermächtigung zum Besuch bestimmter Strafanstalten, vom 20. 12. 49, BArchB, DO 1/11.0/1479, Bl. 10.
29 Ebenda.
30 Vermerk der Hauptabteilung X vom 12. 1. 1950, BArchB, DO 1/11.0/1587, Bl. 18.
31 Vermerk Hauptabteilung HS (Haftsachen) vom 18. 1. 1950, BArchB, DO 1/11.0/1587, Bl. 12.
32 Niederschrift über die Dienstbesprechung der HA Strafvollzug und Anstaltsverwaltung des Deutschen Justizministeriums in Berlin ... vom 19. 1. 1950, BLHA, Rep. 212, MdJ, 1190.

Der Strafvollzug in der Haftanstalt Brandenburg 1950 bis Ende der 1950er-Jahre

an den Justizminister Fechner. Der erklärte, dass er von einem Regierungsbeschluss zur Übernahme dieser Haftanstalten durch die Volkspolizei nichts wisse. Dennoch brachte er zwei andere Haftanstalten ins Gespräch, um der DVP entgegenzukommen. Nach einigem Hin und Her und auf Druck von sowjetischer Seite wurde schließlich beschlossen, dass die Anstalten Torgau, Untermaßfeld, Hoheneck und Luckau dem MdI zu übergeben seien. Brandenburg-Görden konnte von der Justiz erfolgreich verteidigt werden und blieb in deren Hand. Das Justizministerium argumentierte, dass auf die Anstalt Brandenburg-Görden keinesfalls verzichtet werden könne, da in ihr Verurteilte aus dem SMAD-Befehl 201, der sich auf Kriegsverbrecher bzw. Funktionäre von faschistischen Organisationen bezog,[33] untergebracht werden müssten.[34] Auf Druck musste schließlich auch die Strafanstalt Waldheim zur Verfügung gestellt werden.[35]

Damit hatte das Ministerium des Innern einen entscheidenden Sieg errungen. Ab dem 15. Februar 1950 verfügte es – nachdem die Übernahmeaktion aus den Speziallagern abgeschlossen war –, über sechs Haftanstalten (einschließlich der Haftanstalt Bautzen, die direkt von der sowjetischen Militärverwaltung an die VP übergeben wurde). Den nunmehr nebeneinander bestehenden Strafvollzug sowohl unter der Verwaltung des MdI als auch des MdJ zum Anlass nehmend, versuchte Innenminister Fischer einen erneuten Vorstoß zur Übernahme des gesamten Strafvollzugs. Er schlug dem Politbüro vor, diesen unter der Leitung der HVDVP zu vereinen, wozu er Rückendeckung von der Sowjetischen Kontrollkommission erhalten hatte.[36] Am 15. Mai 1950 beschloss das Sekretariat der SED zunächst „die Unterstellung des Strafvollzugs an den nach Befehl 201 verurteilen Personen [...] mit allen Einrichtungen, mit ihren Stellenplänen und Haushaltsmitteln" unter die HVDVP.[37] Von dieser Entscheidung war folglich das Zuchthaus Brandenburg unmittelbar betroffen.

Zunächst wehrte sich Gentz gegen die Übernahme der Strafanstalt durch die HVDVP mit dem Argument, dass mit der Übergabe der Gefangenen noch nicht die Übergabe der Anstalt verbunden sein müsse, jedoch fiel ihm der zuständige Anstaltsleiter mit der Bemerkung in den Rücken, dass es falsch sei, sich gegen die Entwicklung zu stemmen. Und in einer darauf folgenden Sitzung war auch Justizminister Fechner „umgefallen". Er, der vormals die Übernahme des Ministerpostens von seiner Zuständigkeit für den Strafvollzug abhängig gemacht hatte, war plötzlich ebenfalls dafür,

---

33 Vgl. dazu ausführlich die Abschnitte 2 bis 4.
34 Niederschrift über die Dienstbesprechung der HA Strafvollzug und Anstaltsverwaltung des Deutschen Justizministeriums in Berlin ... vom 19. 1. 1950, BLHA, Rep. 212, MdJ, 1190.
35 Vgl. Zwischenbericht der Hauptabteilung HS vom 6. 2. 1950, BArchB, DO 1/11.0/1587, Bl. 23 f.
36 Wentker, Justiz in der SBZ/DDR, S. 383.
37 Protokoll der Sekretariatssitzung des Parteivorstandes der SED vom 15. 5. 1950, SAPMO-BArch, DY 30 IV J 2/3/107.

„daß die 201-Gefangenen mit samt der Anstalt den Organen der Inneren Verwaltung übergeben werden" sollten.[38] Am 1. Juli 1950 wurde Brandenburg-Görden von der Deutschen Volkspolizei übernommen. Damit war der Weg für die weitere Einführung eines Polizeivollzugs geebnet. Obwohl der Strafvollzug bisher in die Zuständigkeit der Länder fiel, wurden die sieben unter Polizeiverantwortung stehenden Strafanstalten zentral der HVDVP unterstellt. Berichtspflicht bestand demnach nicht gegenüber der Landesbehörde, sondern gegenüber der zentralen Verwaltung. Auch die Anweisungen erfolgten von dort.

Und der Sieg des MdI setzte sich weiter fort. Am 22. August 1950 billigte das Politbüro der SED die Übertragung des Strafvollzugs an das Innenministerium. Am 16. November 1950 erließ die Regierung der DDR – in Ausführung dieses Beschlusses – eine entsprechende Verordnung.[39] Obwohl es sich dabei um eine sehr grundsätzliche Entscheidung handelte, die in die Struktur der Länder eingriff, wurde dennoch lediglich eine Verordnung und nicht ein Gesetz erlassen. Die SED-Führung befürchtete, dass es bei den Blockparteien im Zuge des Gesetzgebungsprozesses zu Diskussionen in der Volkskammer um die Rechtmäßigkeit dieses Verfahrens kommen könnte.[40]

In einer ersten Phase wurden zunächst nur die Strafvollzugseinrichtungen von der HVDVP übernommen. Dazu wurde die „Hauptabteilung Strafvollzug" als Teil der im MdI angesiedelten Hauptverwaltung Deutsche Volkspolizei (HVDVP) geschaffen. Sie blieb bis 1955 bestehen. Danach wurde sie aus der HVDVP ausgegliedert und mit Wirkung vom 1. 1. 1956 in eine selbstständige Verwaltung Strafvollzug (VSV) des MdI umgebildet.

Eine zweite Durchführungsbestimmung vom 5. Mai 1952 regelte den Übergang sämtlicher Justizgefängnisse, Haftkrankenhäuser und Jugendhäuser auf das MdI.[41] Zum Schluss hatte sogar Fechner auf eine schnelle Übernahme gedrängt, da er sich der Verantwortung endgültig entledigen wollte. Allerdings benötigte dieser Vorgang mit seinem hohen Verwaltungsaufwand doch etwas längere Zeit, weshalb erst im Jahr 1952 die noch verbliebenen Justizhaftanstalten, darunter die Untersuchungsgefängnisse, in die Verantwortung der Deutschen Volkspolizei übergingen.

Nunmehr wurde ein anderes Kapitel des Strafvollzugs aufgeschlagen. Die Hauptverwaltung Strafvollzug der DVP erließ bereits im April 1951 eine „vorläufige Strafvollzugsordnung", in der „abgewichen [wurde] von der falschen Humanität, die in der Nachkriegszeit in steigendem Maße in den Strafvollzugsanstalten einzog und

---

38 Vgl. Aktenvermerk HVDVP vom 2. Juni 1950, BArchB, DO 1/11.0/1586, Bl. 29.
39 Vgl. Gesetzblatt der DDR, 1950, Nr. 133, S. 1165.
40 Vgl. dazu Wentker, Justiz in der SBZ/DDR, S. 385.
41 Vgl. 2. Durchführungsbestimmung zur Verordnung zur Übertragung der Geschäfte des Strafvollzuges auf das Ministerium des Innern der DDR vom 5. 5. 1952, MinBl. 1952, S. 47.

Der Strafvollzug in der Haftanstalt Brandenburg 1950 bis Ende der 1950er-Jahre

die geeignet war, den Gedanken des Strafvollzugs zu verwässern".[42] Demgegenüber rückten die Frage der Isolierung der Gefangenen und die Sicherheit der Anstalten in den Vordergrund.

Ein Strafvollzug unter solchen Prämissen verlangte ein dafür geeignetes Personal. Bestand zunächst beim MdJ noch die Hoffnung, dass das Justizpersonal übernommen würde, so musste diese sehr schnell begraben werden. Denn die Überprüfung des Justizpersonals hatte ergeben, dass 95 Prozent der Beschäftigten nicht den Einstellungskriterien der Deutschen Volkspolizei entsprachen. Daher sollte ein fast völliger Austausch des Anstaltspersonals erfolgen.[43] Ersetzt wurde es von Angehörigen der Deutschen Volkspolizei, zumeist aus den Kreisämtern. Den zur Entlassung stehenden Justizangestellten wurde in diesem Zusammenhang vorgeworfen, „tendenziöse Gerüchte" unter den Gefangenen über den besonders strengen und harten Strafvollzug der Volkspolizei verbreitet zu haben, wodurch es in einigen Strafanstalten zu „Unruhe" und Hungerstreiks infolge der Übernahme durch die Volkspolizei gekommen sei.[44] Dass die Gefangenen nicht auf Gerüchte angewiesen waren, sondern sehr wohl die Absicht eines Polizeivollzugs erkannten und entsprechende Erfahrungen mit diesem Personal vorlagen, wurde dabei nicht in Erwägung gezogen.

Von Anfang an war mit der Übertragung des Strafvollzugs an das Innenministerium die Absicht verbunden, eine Kontrolle „von außen" zu verhindern.[45] Dies geschah auf zwei Wegen. Zum einen wurden Initiativen zur Bildung eines Strafvollzugsausschusses in der Volkskammer, wie sie zum Teil auf Landesebene bestanden, von der SED erfolgreich unterbunden. Den Hintergrund bildeten Beschwerden über unzumutbare Zustände in den Haftanstalten, die an die Länderverwaltungen gerichtet waren. Diesen fehlte jedoch die Möglichkeit, die Beschwerden zu überprüfen, da es sich um Haftanstalten handelte, die zentral dem MdI unterstellt waren. Das betraf insbesondere die Haftanstalt Bautzen.[46] Der Landtagspräsident des Landes Sachsen, Otto Buchwitz (LDP), leitete dieses Begehren an den Ministerpräsidenten Grotewohl weiter.[47] Die daraufhin eingeleitete Überprüfung wurde bezeichnenderweise von der HVDVP selbst durchgeführt und ergab erwartungsgemäß keine Beanstandungen, statt-

---

42 Bericht der Hauptabteilung Strafvollzug über die Arbeit auf dem Gebiet des Strafvollzugswesens ..., o. D., BArchB, DO 1/11.0/1508, Bl. 107.
43 BArchB, DO 1/11.0/1508, Bl. 105.
44 Ebenda.
45 Als der Strafvollzug noch der Justiz unterstand, sah die Sache allerdings anders aus. Zu dieser Zeit war die SED der Auffassung der DJV über die Einrichtung von Strafvollzugsausschüssen in den Landtagen gefolgt. Dazu existierte ein Justizbeschluss vom Januar 1948 zum „Aufbau der demokratischen Kontrolle des Strafvollzuges". Vgl. Wentker, Justiz in der SBZ/DDR, S. 394.
46 Brief an den LDP-Landesvorstand Sachsen vom 13. 7. 1951, SAPMO-BArch, DY 4090/440, Bl. 133 ff.
47 Brief von Buchwitz an Grotewohl vom 5. 9. 1951, SAPMO-BArch, DY 4090/440, Bl. 112.

dessen hagelte es harsche Vorwürfe von Seiten des Ministerpräsidenten Otto Grotewohl an die LDP.[48] Nochmalige Vorstöße zur Einrichtung eines Strafvollzugsauschusses auf Volkskammerebene blieben erfolglos. Das Politbüro der SED wie auch der Ministerrat lehnten das Ansinnen 1951 endgültig ab.[49]

Damit war dem von Gentz proklamierten Grundsatz der demokratischen Kontrolle des Strafvollzugs eine eindeutige Absage erteilt worden. Warnend hatte er erklärt: „Es gibt keinen Ort, wo Gewalt so viel Unheil anrichten kann, wie eine Strafanstalt, weil kein Mensch so wenig Möglichkeiten hat, sich ihrer zu erwehren, wie ein Gefangener. Allein deshalb schon bedürfen die Anstalten wachsamster demokratischer Kontrolle."[50] Denn: „Zum Wesen der Demokratie gehört eine gesunde Portion Mißtrauen gegenüber dem Apparat, dessen sie sich notwendigerweise bedienen muß."[51] Mit der Auflösung der Länder 1952 hatte sich das Problem der Kontrolle des Strafvollzugs durch die Parlamente endgültig erledigt.

Gleichzeitig versuchte die SED-Führung, die Kompetenzen der Staatsanwaltschaft zu beschneiden. Mit Beschluss des Ministerrates vom 27. 3. 1952 wurde der Staatsanwaltschaft – nach sowjetischem Vorbild – die Aufsicht über alle Haft- und Strafvollzugsanstalten übertragen. Im Vorfeld dieses Beschlusses fand eine Aussprache mit einem Vertreter der Generalstaatsanwaltschaft und Mitarbeitern der Hauptabteilung SV der DVP statt. Ein Streit entbrannte darüber, ob der Generalstaatsanwaltschaft eine Anordnungsbefugnis bei Feststellen von „Mängeln und Schwächen" im Strafvollzug übertragen werden solle. Innenminister Maron, der Nachfolger von Fischer, lehnte dies gegenüber dem Generalstaatsanwalt der DDR Melsheimer strikt ab, da dies „unzweckmäßig" sei. Die Beseitigung der „Mängel" wollte man nicht der Staatsanwaltschaft überlassen. Demgegenüber forderte er, dass von der Kontrollbefugnis diejenigen Anstalten auszuschließen seien, die der HVDVP direkt unterstünden. Denn darin würden sich bestimmte Kategorien von Häftlingen befinden, die besonderen Bedingungen des Strafvollzugs unterlägen.[52] Im letzteren Fall konnte sich das Innenministerium nicht durchsetzen, aber bei der Anordnungsbefugnis zog die Generalstaatsanwaltschaft den Kürzeren.[53] Obwohl die haftaufsichtführende Staatsanwaltschaft zur SED-treuen Gefolgschaft zu zählen war, entbrannten in der Folge immer wieder Auseinandersetzungen um die Entwicklung des Strafvollzugs. Insbesondere

---

48 Stellungnahme der Hauptabteilung Strafvollzug zum Schreiben des Präsidenten des Sächsischen Landtags vom 5. 9. 1951, SAPMO-BArch, DY 4090/440, Bl. 93–97, und Brief von Grotewohl an Buchwitz, o. D., ebenda, Bl. 109.
49 Vgl. dazu auch Wentker, Justiz in der SBZ/DDR, S. 395 f.
50 Gentz, Reform des Strafvollzuges, S. 255.
51 Ebenda, S. 254.
52 Vgl. Schreiben von Innenminister Maron an den Generalstaatsanwalt der DDR, Dr. Melsheimer vom 5. 3. 1952, BArchB, DO 1/11.0/1589.
53 Vgl. Rundverfügung Nr. 10/52 vom 31. 3. 1952; Wentker Justiz in der SBZ/DDR, S. 397.

Der Strafvollzug in der Haftanstalt Brandenburg 1950 bis Ende der 1950er-Jahre

Staatsanwalt Leim kritisierte des Öfteren den Zustand im Strafvollzug, weshalb man ihm reformistisches Gedankengut aus der Zeit der Weimarer Republik vorwarf. Dabei ging es vor allem um die ungenügende kulturelle Erziehung der Strafgefangenen und die extensive Ausnutzung ihrer Arbeitskraft.[54] Die Vertreter der Hauptabteilung Strafvollzug der DVP betonten demgegenüber, dass es nicht Aufgabe des Strafvollzugs sei, die Gefangenen zu „bewußten Gliedern" der Gesellschaft zu erziehen, sondern sie – auch durch Zwang – zur Arbeit zu verpflichten und ihnen „die Autorität des Staates vor Augen zu führen".[55] Ein Jahr später monierten die Haftstaatsanwälte erneut, dass sie nicht ausreichend Informationen von den SV-Dienststellen bekämen und ihre Kontrollen ergäben, dass das VP-Personal im Strafvollzug nicht genügend qualifiziert sei, um die Aufgaben im Sinne der Umerziehung der Gefangenen durchzuführen.[56] Das leitende Strafvollzugspersonal reagierte empört und warf den Staatsanwälten vor, sie hätten keine Ahnung von den konkreten Bedingungen des Strafvollzugs. Insgesamt fühlten sich die Mitarbeiter des Strafvollzugs durch die Kritik unter Druck gesetzt und versuchten daher, die Kontrolltätigkeit der Staatsanwälte zu beschneiden. Als es nochmals im Jahr 1956 zu Auseinandersetzungen kam, auf die weiter unten eingegangen wird, wurden schließlich die leitenden Staatsanwälte abgesetzt bzw. diszipliniert. Fortan kümmerten sich die Haftstaatsanwälte im Wesentlichen nur noch um die fristgerechte Einhaltung von Entlassungsterminen der Strafgefangenen. Die Justiz hatte damit keinen Einfluss mehr auf die Entwicklung des Strafvollzugs.

Den Richtern war ohnehin der Einblick in die Haftanstalten verwehrt. Im Februar 1953 wurden überdies den Rechtsanwälten von der Staatsanwaltschaft ausgestellte Verteidigerausweise eingezogen. Die in den Anstalten vorsprechenden Rechtsanwälte – so selten dies auch vorkam – bedurften nunmehr einer besonderen Genehmigung durch die Staatsanwaltschaft.[57] Auch wenn von der inzwischen gleichgeschalteten Justiz wenig an grundsätzlichen Einwänden zu erwarten war, so wollte das Ministerium des Innern doch den Strafvollzug als interne Angelegenheit behandelt wissen und jeglichen Einblick von außen verhindern. Daher wehrte es sich auch erfolgreich gegen eine Strafvollzugsordnung mit Gesetzescharakter. Stattdessen arbeitete die Deutsche Volkspolizei nach internen Dienstanweisungen und Richtlinien, die sie auf nichts festlegten und keine einklagbaren Rechtsbestimmungen enthielten. Damit war der Willkür im Strafvollzug Tür und Tor geöffnet.

---

54 Vgl. Aktenvermerk über eine Besprechung beim ZK der SED bezüglich der Argumentation des Gen. Staatsanwalt Leim über die Durchführung des Strafvollzuges vom 9. 8. 1954, BArchB, DO 1/11.0/1589.
55 Ebenda.
56 Aktenvermerk über eine Besprechung der Haftstaatsanwälte bei der Obersten Staatsanwaltschaft am 16. 8. 1955, BArchB, DO 1/11.0/1589.
57 Vgl. Generalstaatsanwalt von Groß-Berlin, vom 3. 2. 1953, betreffs Regelung der Sprecherlaubnis für Rechtsanwälte, BArchB, DO 1/11.0/1589.

Im Zuge der Beseitigung der Länderstruktur 1952 und der Bildung von 14 Bezirken in der DDR erfolgte die Unterstellung der Haftanstalten unter die Bezirksbehörden der Deutschen Volkspolizei, die einen Bereich Strafvollzug besaßen. Sie erhielten ihre Anweisungen von der HVDVP bzw. VSV der DVP und stellten diese nach unten, den Haftanstalten, durch. Gleichzeitig bestand Rechenschaftspflicht „nach oben". Ausgenommen von diesem Zuständigkeitsverhältnis waren die bis 1956 zentral unterstellten Strafvollzugsanstalten, in denen die wegen Kriegsverbrechen Verurteilten und die so genannten Staatsverbrecher konzentriert wurden. Dazu gehörte auch Brandenburg-Görden.

2. Zur Vorgeschichte der Strafvollzugsanstalt

Das Zuchthaus Brandenburg war in der DDR einschlägig bekannt, galt es doch als antifaschistische Erinnerungsstätte, in der die SED-Führung periodisch mit Gedenkfeiern der Opfer nationalsozialistischer Verfolgung gedachte. Vor allem mit dem Machtantritt Erich Honeckers, des einstigen Häftlings des Zuchthauses, wurde die Ehrung insbesondere der kommunistisch Verfolgten propagandistisch für die DDR-Öffentlichkeit in Szene gesetzt. Sie diente zugleich als Legitimierung für den SED-Staat, der sich als antifaschistisches und damit demokratisches Staatswesen präsentieren wollte. Der Bezug auf den Antifaschismus sollte die DDR als den „besseren" deutschen Staat ausweisen. Da der antifaschistische Widerstand aufgrund der Legitimationsfunktion für die SED-Herrschaft in erster Linie als kommunistisch definiert wurde, war auch die staatlich inszenierte Erinnerungskultur entsprechend einseitig geprägt. Das Zuchthaus Brandenburg-Görden wurde damit zum Ort des vorwiegend kommunistischen Leidens und Kampfes. Zahlreiche Erinnerungsberichte ehemaliger kommunistischer Häftlinge sollten diese Auffassung stützen. An einer wissenschaftlichen Aufarbeitung der NS-Geschichte des Zuchthauses war die SED-Führung nicht interessiert, hätte sie doch u. U. andere Ergebnisse zu Tage gefördert. Ein entsprechender Versuch, der von dem ehemaligen nichtkommunistischen Häftling Walter Hammer gleich nach der Befreiung unternommen wurde, endete im Februar 1950 mit dem Verbot einer geplanten Ausstellung über die Opfer des nationalsozialistischen Zuchthauses. Eine hochkarätig besetzte SED-Delegation aus Berlin befand, dass der kommunistische Widerstand nicht an herausragender Stelle gewürdigt worden sei. Walter Hammer selbst rettete sich durch Flucht in den Westen.[58] So blieb die Geschichte der

---

58 Vgl. dazu Jürgen Kolk, Zwei Übergangsphasen ostdeutscher Kulturpolitik. Das Beispiel „Forschungsinstitut Brandenburg" – Verdrängung und Wiederentdeckung Walter Hammers. Magisterarbeit, Hamburg 1992.

Strafanstalt weitgehend unerforscht.[59] Als Reaktion auf die Veröffentlichung von ehemaligen kommunistischen Häftlingen in der DDR erschien in der Bundesrepublik eine Publikation ebenfalls von ehemaligen Häftlingen, die ihre Sichtweise darstellten.[60] Einiges kann daher an dieser Stelle zusammengetragen werden.

Die Strafanstalt Brandenburg wurde bereits in der Weimarer Republik als eine der modernsten und größten Anstalten Deutschlands geplant. In ihr wollte man einen humanen Strafvollzug praktizieren, der sich entschieden von dem preußischen Haftregime, das Zucht, Ordnung und Sühne in den Vordergrund stellte, abgrenzte. Die Bedingungen des Strafvollzugs sollten so gestaltet sein, dass sie die Entwicklung der Persönlichkeit des Gefangenen positiv beeinflussten und eine Wiedereingliederung in die Gesellschaft ermöglichten. Entsprechend großzügig war die Strafanstalt angelegt, mit deren Bau 1927 begonnen wurde. Sie bestand aus vier Verwahrhäusern und einem Haftkrankenhaus auf einem 43 Hektar großen, von Wald umgebenem Gelände, abseits der Stadt auf dem „Görden" gelegen. Es verfügte über verschiedene Produktionsstätten, in denen die Gefangenen einer sinnvollen Beschäftigung nachgehen und die ihnen einen angemessenen Verdienst ermöglichen sollten. Zugleich war die Anstalt auf Selbstversorgung ausgerichtet. Die Insassen betrieben unter Aufsicht eine Bäckerei, Fleischerei, Küche, Wäscherei, Schlosserei und andere Werkstätten. Angegliedert war eine große Gärtnerei, die der Versorgung des Zuchthauses diente. 1800 Strafgefangene sollten in der Haftanstalt mit dem Ziel ihrer Besserung untergebracht werden. Der Bau des Anstaltskomplexes zog sich jedoch hin und konnte erst 1935 endgültig fertig gestellt werden.

Inzwischen hatten sich die Prämissen des Strafvollzugs geändert, die NS-Ideologie hielt nunmehr Einzug in die Gefängnismauern. Mit der Machtübernahme der Nationalsozialisten bevölkerte zudem ein anderes als das ursprünglich erwartete Klientel die Haftanstalt. Zunehmend wurden Gefangene eingewiesen, die wegen ihrer politischen Gesinnung vor NS-Gerichten gestanden hatten. Gleichwohl gelang es der NS-Justiz noch nicht, das Anstaltspersonal konsequent auszutauschen, was sich entsprechend auf die Anstaltsatmosphäre auswirkte. 1938 wurde die Strafanstalt in Zuchthaus Brandenburg-Görden umbenannt, womit der alte preußische Geist in neuem, nationalsozialistischen Gewand endgültig Einzug hielt. Neben politischen Gefangenen befanden sich zu langjährigen Zuchthausstrafen verurteilte kriminelle Straftäter,

---

59 Daran änderte auch die 1988 auf Initiative Erich Honeckers gegründete „Nationale Mahn- und Gedenkstätte Brandenburg" nichts. Erst 1990 konnte mit einer eilig erarbeiteten Ausstellung der Blick auf die verschiedenen Opfergruppen, die im Zuchthaus Brandenburg inhaftiert und von denen zahlreiche Verurteilte hingerichtet worden waren, gelenkt werden. Diese Mahn- und Gedenkstätte wurde – auch aufgrund der Zusammensetzung des Personals – 1992 abgewickelt.
60 Vgl. Walter Uhlmann (Hrsg.), Sterben um zu leben. Politische Gefangene im Zuchthaus Brandenburg-Görden 1933–1945, Köln 1983. Darin kommen auch nichtkommunistische Häftlinge zu Wort, in der Absicht, das breite Spektrum politischer Gefangenschaft zu erfassen.

so genannte Sicherungsverwahrte, Untersuchungs- und Kriegsgefangene und zunehmend Juden, Sinti und Roma sowie ausländische Gefangene in der Haftanstalt. Für viele Gefangene bildete das Zuchthaus die Durchgangsstation zum Konzentrationslager. Bei einer ursprünglich geplanten Kapazität von 1800 Haftplätzen stieg die Zahl der Häftlinge zeitweise auf 4000 an. Entsprechend katastrophal waren die Haftbedingungen sowie die Ernährungslage. Ab 1940 wurde das Zuchthaus zur zweitgrößten Hinrichtungsstätte der NS-Justiz in Norddeutschland. Zudem war es ab 1944 zuständig für die Vollstreckung von Strafen des Volksgerichtshofes. Insgesamt fanden über 2000 offiziell registrierte Exekutionen statt, davon 1789 an politischen Häftlingen. Darunter befanden sich Kommunisten, Sozialdemokraten, Christen und andere verfolgte Antifaschisten, Widerständler des 20. Juli 1944 sowie viele ausländische Staatsbürger.[61] Das Zuchthaus Brandenburg entwickelte sich bis 1945 zu einer der berüchtigtsten NS-Strafanstalten. Während dieser Zeit versuchten politische Gefangene, illegale Strukturen aufzubauen, um andere Häftlinge zu unterstützen oder vor Übergriffen seitens des Aufsichtspersonals zu schützen, aber auch Informationen zu gewinnen und weiterzugeben und sich auf eine mögliche Befreiung vorzubereiten. Ob den Kommunisten dabei – wie die in der DDR erschienenen Erinnerungsberichte nahe legen[62] – tatsächlich eine Führungsrolle zukam, ist zwar aufgrund ihrer insgesamt guten Organisierung wahrscheinlich, jedoch noch nicht wissenschaftlich untersucht. Tatsache ist, dass die Wachmannschaften unmittelbar vor Einnahme des Zuchthauses durch die Rote Armee entwaffnet werden konnten, woraufhin eine friedliche Übergabe am 27. April 1945 erfolgte.

Am 28. April wurde das Zuchthaus auf Veranlassung der Roten Armee wegen zu erwartender Kampfhandlungen geräumt, da sich die Wehrmacht noch in der Stadt Brandenburg befand, die Rote Armee aber auf dem Gördn kämpfte. Überstürzt flohen etwa 3500 Häftlinge aus dem Zuchthaus.[63] Nur einige Insassen des Haftkrankenhauses blieben zurück. Nach der Beendigung der Kampfhandlungen war das Zuchthaus verschiedenen Plünderungen ausgesetzt, unter anderem durch zurückkehrende ehemalige kriminelle Häftlinge. Der bereits erwähnte politische Häftling Walter Hammer, von Beruf Journalist, versuchte, Dokumente und Akten des Zuchthauses zu retten, die als Grundlage sowohl für eine aufzubauende Auskunftsstelle als auch für sein künftiges Forschungsinstitut dienen sollten.

---

61 Vgl. zur Geschichte des Zuchthauses: Uhlmann (Hrsg.), Sterben um zu leben; Max Frenzel/Wilhelm Thiele/Artur Mannbar, Gesprengte Fesseln. Ein Bericht über den antifaschistischen Widerstand und die Geschichte der KPD im Zuchthaus Brandenburg-Görden von 1933–1945, Berlin (Ost) 1976; Das Zuchthaus – eine Ausstellung über das faschistische Zuchthaus, Berlin 1990.
62 Vgl. Frenzel/Thiele/Mannbar, Gesprengte Fesseln.
63 Vgl. dazu Kolk, Zwei Übergangsphasen ostdeutscher Kulturpolitik, S. 57 f.

Der Strafvollzug in der Haftanstalt Brandenburg 1950 bis Ende der 1950er-Jahre

Am 24. Mai 1945 wurde auf Vorschlag des Brandenburger Oberbürgermeisters ein Direktor namens Johannes Buchholz vom sowjetischen Stadtkommandanten zur Verwaltung des Zuchthauses eingesetzt, der ihm das Haus IV zur Verfügung stellte, um die kriminellen Gefangenen dort unterzubringen. Buchholz versuchte, einen Überblick über das Inventar des Zuchthauses zu bekommen und Ordnung herzustellen. Allerdings wurde er bereits im November vom Präsidenten der Provinzialverwaltung Brandenburg von seiner Funktion entbunden, da er der NSDAP sehr nahe gestanden habe und nur aufgrund seiner Zugehörigkeit zur Freimaurerloge nicht Mitglied der Nazi-Partei gewesen sei.[64] Ob es sich dabei um eine gezielte Denunziation[65] oder aber um die Wahrheit handelte, kann nicht belegt werden. Buchholz wurde jedenfalls wenige Tage später verhaftet.

Im Juni 1945 nahm die Rote Armee die Anstalt in Beschlag. Obwohl das Zuchthaus im Sommer 1945 „von den Russen vollkommen besetzt ist und zur Zeit eine Belegung mit Strafgefangenen nicht stattfinden kann",[66] ging die Deutsche Justizverwaltung im Herbst 1945 noch davon aus, dass das Zuchthaus von ihr übernommen werde könne. So kündigte Ministerialrat Werner Gentz als Leiter der Abteilung Strafvollzug der DJV für Ende Oktober eine Besichtigung der Anstalt an, um sich über den Zustand des Zuchthauses zu informieren.[67] Unter Begleitung von sowjetischen Offizieren nahm die Abordnung die Anstalt in Augenschein und vermerkte einen durchweg guten Zustand der Gebäude, sodass diese ohne großen Aufwand wiederherzustellen seien. Die Kommandantur stellte eine baldige Übernahme in Aussicht, da die seit Sommer inhaftierten russischen Zivilgefangenen zum großen Teil bereits abtransportiert worden waren.[68]

Da die Anstalt ab November 1945 ohne Leitung war, drängte die Provinzialverwaltung Brandenburg die DJV auf Einsetzung eines Direktors. Im Dezember betraute man schließlich den Wirtschaftsinspektor Püschel aus Finsterwalde mit der Leitung des Zuchthauses, ohne dass allerdings ein Strafvollzug stattfand.[69] In der gesamten Zeit wurde das Zuchthaus von Plünderungen, auch durch die Bevölkerung, heimgesucht. Angesichts dessen beschwerte sich Walter Hammer bei der Provinzial-

---

64 Vgl. Schreiben des Präsidenten der Provinzialverwaltung an Herrn Buchholz, November 1945, BLHA, Rep. 212, MfJ, 1249.
65 In den Archivunterlagen befindet sich ein Protokoll, in dem eine Frau Clara Graefe diese Vorwürfe gegenüber dem Anstaltsdirektor Buchholz erhebt. Protokoll vom 17. 11. 1945, BLHA, Rep. 212, MfJ, 1249.
66 Schreiben des Vorstandes des Zuchthauses, Buchholz, an den Präsidenten der Provinz Mark Brandenburg vom 7. 9. 1945, BLHA, Rep. 212, MfJ, 1249.
67 Chef der Deutschen Zentralen Justizverwaltung für das Gebiet der SBZ an den Präsidenten der Provinzialverwaltung der Mark Brandenburg vom 23. 10. 1945, BLHA, Rep. 212, MfJ, 1249.
68 Aktenvermerk vom 1. 11. 1945, BLHA, Rep. 212, MfJ, 1249.
69 Mitteilung der Provinzialverwaltung vom 20. 12. 1945, BLHA, Rep. 212, MfJ, 1249.

verwaltung über die herrschenden Zustände und drang auf polizeiliches Eingreifen. So entfernte beispielsweise im Januar 1946 die Rote Armee 72 Webstühle aus der Strafanstalt und stellte sie der Stadt zur Verfügung.

Die Provinzialverwaltung bemühte sich wegen der nicht ausreichenden Haftkapazitäten in Brandenburg unermüdlich, das Zuchthaus überantwortet zu bekommen, aber die sowjetische Besatzungsmacht hatte keine Eile damit. Inzwischen nutzte sie es für sowjetische Gefangene, vornehmlich der Kollaborationsverbände, darunter der Wlassow-Armee. Das NKWD führte es als Lager 226.[70] Zeitweise befanden sich auch Untersuchungsgefangene von sowjetischen Militärtribunalen in einem Teil des Gebäudekomplexes. Der vor Ort zuständige russische Kommandeur verhielt sich etwas schlitzohrig, indem er verwundert bemerkte, dass die Rote Armee das Zuchthaus besetzt habe, da sie der Meinung gewesen sei, die Justizverwaltung wolle es nicht verwenden, denn es habe ja nach der Befreiung leer gestanden. Jetzt aber würden die russischen Truppen die Anstalt benötigen.[71]

Die russische Seite verhielt sich zunehmend abweisend gegenüber den Vorstößen der Provinzialverwaltung. Ab Mai 1946 durfte der mit der Leitung betraute Wirtschafts-Inspektor das Zuchthaus nicht mehr betreten. Im Oktober 1946 unternahm die DJV erneut einen Vorstoß bei der Sowjetischen Militäradministration (SMA) in Potsdam, um über die Freigabe des Zuchthauses zu verhandeln. Aber es tat sich nichts. Ein Jahr später argumentierte der Ministerpräsident des Landes Brandenburg gegenüber der SMA, dass die in Ausführung des Befehls 201 wegen Kriegsverbrechen durch deutsche Gerichte zu verurteilenden Personen[72] auf Anweisung gesondert unterzubringen seien, aber entsprechender Haftraum fehle. Dafür biete sich das Zuchthaus Brandenburg geradezu an.[73] Daraufhin schien die SMA gewillt, das Zuchthaus zu übergeben, allerdings nicht an die Justiz, sondern an das Ministerium des Innern des Landes Brandenburg. Dies hing mit den besonderen Verfahren der nach Befehl 201 angeklagten Personen zusammen, denen man wegen ihrer „Gefährlichkeit" einen besonders strengen Strafvollzug angedeihen lassen wollte.

---

70 Vgl. Vertrag zwischen dem Kommandanten des Lagers 226 und dem Ministerium des Innern des Landes Brandenburg vom Februar 1948, BLHA, Rep. 203 LBDVP 311, Bl. 4. Vgl. dazu auch Natalja Jeske, Die Repressionspraxis der sowjetischen Besatzungsmacht in Berlin-Brandenburg 1945–1949, in: Günter Morsch/Sylvia de Pasquale, Perspektiven für die Dokumentationsstelle Brandenburg, Münster 2004, S. 166.

71 Schreiben von Wirtschafts-Inspektor Püschel an die Provinzialverwaltung in Potsdam, Abt. IV – Justiz – vom 28. 2. 1946, BLHA, Rep. 212, MfJ, 1249.

72 Der Befehl 201, der im April 1947 von der SMAD erlassen wurde, richtete sich gegen belastete NS-Täter, die einer Bestrafung vor DDR-Gerichten zugeführt werden sollten. Vgl. dazu ausführlich Abschnitt 5.

73 Schreiben des Ministerpräsidenten des Landes Brandenburg an den Chef der Sowjetischen Militäradministration vom 22. Oktober 1947, BLHA, Rep. 212, MdJ, 1249.

Der Strafvollzug in der Haftanstalt Brandenburg 1950 bis Ende der 1950er-Jahre

Am 27. Januar 1948 sollte zumindest ein Teil des Zuchthauses dem Ministerium des Innern, Abteilung Polizei, übergeben werden, die Übergabeverhandlungen waren allerdings erst am 18. Februar abgeschlossen, da ein Teil der Anstalt noch immer durch das NKWD genutzt wurde. Der Chef des Stabes des Lagers Brandenburg, Oberst Trunin, machte die Übergabe davon abhängig, dass ein Abtrennungszaun zwischen dem sowjetischen Lager und dem Zuchthaus (entlang der Eisenbahnschienen) gezogen wurde.[74] Nach dieser Vereinbarung übernahm die Polizei die Verwahrhäuser 1 und 2, das Verwaltungsgebäude, das Wirtschaftsgebäude und sämtliche Werkstätten, Arbeitshallen und Garagen. Diese Gebäude befanden sich in einem relativ guten baulichen Zustand, allerdings fehlte sämtliches Inventar. Die Russen hatten demnach die Verwahrhäuser 3 und 4 sowie das Haftkrankenhaus zu ihrer Verfügung.[75] Nunmehr sollten unter der Verwaltung der Abt. Polizei des Ministerium des Innern des Landes Brandenburg nach Befehl 201 Verurteilte mit einem Strafmaß von über drei Jahren in der Haftanstalt untergebracht werden,[76] die man mit Instandsetzungs- und Aufräumarbeiten betrauen wollte.[77]

Im Mai änderte sich jedoch plötzlich die Beschlusslage. Es hatte sich insofern eine neue Entwicklung ergeben, als inzwischen das Lager 226 vom NKWD geräumt worden war und jetzt das gesamte Zuchthaus zur Verfügung stand. Nach erneuter Besichtigung des Geländes durch die Deutsche Justizverwaltung in Berlin sowie die Deutsche Verwaltung des Innern entbrannte wiederum ein Streit über die Verfügung der Anstalt. Die Überlegung von Gentz, kranke Strafgefangene im Haftkrankenhaus und 201-Verurteilte in den anderen Verwahrhäusern unterzubringen, wurde von der Innenverwaltung auf das heftigste abgelehnt. Eine gemeinsame Unterbringung von Justiz- und Polizeigefangenen komme auf keinen Fall in Frage.[78] So blieb eine Entscheidung vorerst in der Schwebe. Die unter der Regie der Polizei erfolgten Instandsetzungsarbeiten wurden eingestellt. Nichts tat sich. Schließlich fand am 25. September 1948 wiederum eine Besichtigung des Zuchthauses unter Anwesenheit eines Vertreters der SMA Brandenburg statt „zwecks Klärung der endgültigen Verwaltung dieses Gebäudekomplexes". Jetzt wurde festgelegt, dass nur kriminelle Straftäter nach Brandenburg-Görden einzuweisen waren, weshalb das Ministerium der Justiz die Verwaltung übernehmen sollte.

---

74 Schreiben betreffs Übernahme des Zuchthauses Brandenburg-Görden v. 18. 2. 1948, BLHA, Rep. 203, LDVP, 311, Bl. 2.
75 An dieser Stelle sei darauf hingewiesen, dass sich die Nummerierung der Verwahrhäuser mehrmals änderte.
76 Telex des Präsidenten der DVDI, Reschke, vom 3. 4. 1948, BLHA, Rep. 203, LDVP, 311, Bl. 16.
77 Bericht über das Zuchthaus Görden betr. Unterbringungsmöglichkeit ... vom 23. 4. 1948, BLHA, Rep. 203, LDVP, 311, Bl. 20 f.
78 Verfügung Landesregierung Brandenburg, Minister der Justiz, Strafvollzug, vom 17. 6. 1948, BLHA, Rep. 212, MdJ, 1250.

DER MINISTER DES INNERN
LANDESREGIERUNG BRANDENBURG

001

Potsdam, den 27.1.48

Bescheinigung
=================

Hiermit übernimmt das Ministerium des Innern, Abt.Polizei, das ehemalige Zuchthaus Görden bei Brandenburg zu seiner eigenen Verfügung.

```
                                                                 040
    Die Polizeidirektion         Brandenburg (Havel), 27. Sept. 1948
    Brandenburg (Havel)


                          Übergabeverhandlung
                          -------------------

    Zwischen der Landesregierung Brandenburg - Minister des
    Innern - Abteilung Polizei, vertreten durch den Polizeirat
    S c h w e r k e   und dem Justizministerium -Abteilung
    Strafvollzugsamt - vertreten durch Herrn Staatsanwalt
    S a w a d e ,  wird folgende Übergabeverhandlung getätigt:

         Das Ministerium des Innern übergibt am 27. September
    1948 dem Justizministerium das ehemalige Zuchthaus
    Brandenburg - Görden und zwar alles was innerhalb der
    Einfriedungsmauer des Zuchthauses an Gebäuden und Inventar
    vorhanden ist. Der Zustand vorgenannter Dinge ist durch
    Besichtigung klargelegt und bekannt. Die Beamtenwohnhäuser
    und das Gelände an der Vorderfront des Zuchthauses werden
    nicht übergeben.

    Vorstehende Übergabeverhandlung ordnungsgemäss getätigt
    und unterschrieben:

           (Schwerke)                      (Sawade)
           Polizeirat                      Staatsanwalt.
```

Quelle: BLHA, Rep. 203, LBDVP, Nr. 311

Nach dieser Entscheidung sollte die Anstalt kriminelle Straftäter aus dem Zuchthaus Luckau, das sehr überfüllt war, aufnehmen. Am 27. September 1948 erfolgte daraufhin die Übergabe vom Ministerium des Innern an das Justizministerium des Landes Brandenburg.[79] Kaum übergeben, wurde auch diese Entscheidung wieder gekippt. Zu dieser Zeit hatte sich die Justizverwaltung, wie oben beschrieben, durchgesetzt, um die Strafvollstreckung der nach Befehl 201 Verurteilten zu übernehmen. In diesem Zusammenhang war jetzt beabsichtigt – laut Anordnung der SMAD in Berlin-Karlshorst –, Brandenburg-Görden als zentrale Zonenhaftanstalt für diese Personen einzurichten. Wie Unterlagen belegen, gab es in der SBZ 2080 nach Befehl 201 Verurteilte, sodass die gesamte Anstalt dafür in Anspruch hätte genommen werden müssen.[80] Die Verwaltung sollte durch das Strafvollzugsamt des Justizministeriums in Potsdam erfolgen. Zunächst wollte man etwa 150 nach Befehl 201 Verurteilte, die von Beruf Handwerker waren, nach Brandenburg-Görden verlegen. Das Anstaltspersonal sollte möglichst nicht aus ehemaligen Beamten des Zuchthauses bestehen, sondern aus Angehörigen der Vereinigung der Verfolgten des Naziregimes (VVN), die für die neuen Aufgaben zu schulen seien. Ein Anstaltsleiter war auch schon ins Auge gefasst. Es handelte sich dabei um den Regierungsrat Bullerjahn, der zu dieser Zeit in Gräfentonna als Anstaltsleiter tätig war und als politischer Häftling selbst im Zuchthaus Brandenburg-Görden während der NS-Zeit eingesessen hatte.[81]

Im November/Dezember 1948 trafen die ersten handwerklich begabten 201-Verurteilten in Brandenburg ein, um Instandsetzungsarbeiten vorzunehmen.[82] Nachdem das Land Brandenburg wegen fehlender Finanzen die Bauarbeiten zwischenzeitlich eingestellt hatte, erhielt die Deutsche Wirtschaftskommission nunmehr von der SMAD die Anweisung, die entsprechenden Mittel zur Verfügung zu stellen, da die Strafanstalt bis zum 1. April für die Aufnahme von ca. 3000 201-Häftlingen vorzubereiten sei.[83] Jetzt drängte auch die SMA zur Eile. Wiederholt wurde der Fortgang der Arbeiten in Augenschein genommen. Aber sie gingen schleppend voran, sodass an eine Aufnahme von Gefangenen in dieser Größenordnung noch nicht zu denken war. Aufgrund der Bedeutung, die die Strafanstalt Brandenburg nun erhielt, wurde sie im Februar 1949 direkt der DJV unterstellt.[84] Die Justizverwaltung in Berlin ermächtigte den

---

79 Übergabeverhandlung vom 27. 9. 1948, BLHA, Rep. 203, LDVP, 311, Bl. 40.
80 Besprechung zwischen SMAD und DJV vom 16. November 1948, BArchB, DO 1/11.0/1589, Bl. 9.
81 BArchB, DO 1/11.0/1589, Bl. 10 ff.
82 Schreiben der Landesregierung Brandenburg, Minister der Justiz, vom 14. 12. 1948, BLHA, Rep. 121, MdJ, 1250.
83 Schreiben an den Ministerpräsidenten des Landes Brandenburg vom 5. 1. 1949, BLHA, Rep. 121, MdJ, 1250.
84 Wentker, Justiz in der SBZ/DDR, S. 371.

nunmehr eingesetzten Anstaltsleiter, Oberregierungsrat Locherer, sich selbst in anderen Strafanstalten nach handwerklich begabten 201-Verurteilten umzusehen.[85] Andere Haftanstalten wurden zur Hilfestellung aufgefordert. Jetzt trafen immer mehr Strafgefangene ein. Insbesondere im Zuge der Räumung derjenigen Anstalten, die zur Aufnahme von SMT-Verurteilten aus den Speziallagern vorgesehen waren, gelangten 201-Verurteilte nach Brandenburg-Görden.[86] Bis Ende Juni 1949 stieg die Zahl auf 377 Gefangene an, für die 35 Aufsichtskräfte zur Verfügung standen. Bis Ende September erhöhte sich die Gefangenenzahl auf 726.[87] Im Dezember war die Haftanstalt bereits mit 1047 Gefangenen belegt. Von den einsitzenden Häftlingen waren ca. 20 Prozent zu einer Freiheitsstrafe von über drei Jahren verurteilt. Aus den Reihen der überwiegend mit niedrigeren Freiheitsstrafen bedachten 201-Verurteilten wurden laufend Entlassungen vorgenommen.[88] Bis zur Übernahme der Strafanstalt durch das MdI im Juli 1950 lag die Gefangenenzahl knapp unter der Kapazitätsgrenze von 1900 Haftplätzen. Bemerkenswert ist dabei, dass die festgelegte Kapazität der Strafanstalt während der Zeit der Verwaltung durch die Justiz zu keiner Zeit voll ausgeschöpft wurde. Hingegen kam es unter der Regie des MdI zu hoffnungslosen Überfüllungen. Dies lag schon an den entsprechenden Berechnungen der Deutschen Volkspolizei. Von ihr wurde eine Belegungskapazität von 2845 Plätzen anvisiert, reichte doch ihrer Meinung nach ein Luftraum von 5–8 Kubikmeter pro Gefangenen aus.[89]

3. Die kurze Phase eines reformierten Strafvollzugs

Obwohl die nach Befehl 201 Verurteilten nach Ansicht der sowjetischen Besatzungsmacht und folglich auch der SED-Führung einem besonders harten Strafvollzug ausgesetzt werden sollten, sah die Praxis unter der Verwaltung der Justiz doch anders aus. Dies war offenbar auch ein Grund, den Strafvollzug so rasch wie möglich aus dem Justizressort herauszulösen und dem MdI zu überantworten. Denn auch für die nach Befehl 201-Verurteilten sollten nach Meinung der Justiz humane Strafvollzugsmethoden angewandt werden. Dies begann schon bei der Transportfrage für die Überführung

---

85 Betrifft Gefangenenbedarf der Vollzugsanstalt Brandenburg-Görden, vom 19. 5. 1949, BLHA, Rep. 212, MdJ, 1250. Der ursprünglich für die Leitung der Strafanstalt vorgesehene Oberregierungsrat Bullerjahn war Anfang 1949 schwer erkrankt und konnte deshalb für diese Tätigkeit nicht mehr eingesetzt werden.
86 Vgl. Niederschrift über die Dienstbesprechung der HA Strafvollzug und Anstaltsverwaltung des Deutschen Justizministeriums in Berlin ... vom 19. 1. 1950, BLHA, Rep. 212, MdJ, 1190.
87 Statistisches Material der Dokumentationsstelle Brandenburg, ohne Signatur.
88 HA X, Bericht über die durchgeführte Informationsreise vom 22. 12. 1949, BArchB, DO 1/ 11.0/1479, Bl. 9.
89 Ebenda.

der Gefangenen in die Haftanstalt Brandenburg-Görden. Das Ministerium der Justiz, namentlich Dr. Gentz, wies an, dass die Anstaltsleitungen dafür Sorge zu tragen hätten, dass bei dem Gefangenentransport genügend Decken zum Schutz vor der Kälte, Strohsäcke für die Waggons sowie ausreichende Marschverpflegung vorhanden sein müssten und entsprechende hygienische Maßnahmen zu treffen seien. Keinesfalls dürfe es zu einer Überfüllung der Waggons kommen. Der Anstaltsleiter von Brandenburg-Görden solle selbst in die entsendenden Anstalten fahren und die Transporte überwachen.[90] Hintergrund für diese Forderungen bildeten ganz offensichtlich die unmenschlichen Zustände der Gefangenentransporte während der NS-Zeit. Solche Analogien wollte die Abteilung Strafvollzug unter allen Umständen vermeiden; unter der Verantwortung einer nach ihrem Selbstverständnis demokratischen Justiz hatten andere Maßstäbe zu gelten.

Über den Justiz-Strafvollzug in Brandenburg-Görden gibt es bisher nur wenige Erkenntnisse. Er bedarf einer gesonderten Forschung, die in diesem Rahmen nicht zu leisten war, zumal die Quellenlage dazu sehr dürftig ist. Einige Bruchstücke sollen aber hier zusammengetragen werden.

Erklärtermaßen sollte sich Brandenburg-Görden wieder zu einer der modernsten Haftanstalten entwickeln. Trotz ungünstiger materieller Voraussetzungen wurde unter dem im Frühjahr eingesetzten Oberregierungsrat Locherer der Versuch eines reformierten Strafvollzugs unternommen, der sich an der von Gentz ausgearbeiteten Richtlinie für den Strafvollzug, die in Brandenburg 1946 im Verordnungsblatt erschienen war,[91] orientierte. Möglich war dies durch die bereits erwähnte enge Verbindung zwischen dem für den Strafvollzug des Landes Brandenburg Verantwortlichen Walther Hoeniger und dem Ministerialrat Werner Gentz von der Deutschen Justizverwaltung, die beide für einen reformierten Strafvollzug eintraten. Rückendeckung erhielt Hoeniger durch den Justizminister des Landes Brandenburg Ernst Stargardt, einen CDU-Mann, der eine von der SED unabhängige Justizpolitik verfolgte und 1950 als Minister abgelöst wurde. Ebenso wie in den anderen Ländern der SBZ war die Justiz auch hier anfänglich keineswegs kommunistisch dominiert.[92]

Zunächst ging man in Brandenburg-Görden daran, die materiellen Haftbedingungen zu verbessern. Im Vorfeld der Übernahme der Anstalt durch die Justiz waren mit der SMAD die Haftbedingungen erörtert worden, wie z. B. die Ausstattung der Räumlichkeiten und Zellen, die Bekleidung der Gefangenen u. a. Die von der Justiz geäußerten Vorstellungen gingen dem Vertreter der SMAD insgesamt zu weit. Er erhob Einspruch, da diese „nicht dem Zweck der Bestrafungen aus dem Befehl 201"

---

90 Niederschrift über die Dienstbesprechung ... vom 19. 1. 1950, BLHA, Rep. 212, MdJ, 1190.
91 Verordnungsblatt der Provinzialverwaltung Mark Brandenburg 1946, S. 83 ff.
92 Vgl. zur Justiz in Brandenburg ausführlich: Pohl, Justiz in Brandenburg 1945–1955, insbesondere S. 36–83. Darin Angaben zu Ernst Stargardt S. 52 f.

entsprächen. Die in Brandenburg-Görden unterzubringenden Gefangenen sollten nicht besser behandelt werden als in anderen Anstalten.[93]

In kürzester Frist sollte das Haftkrankenhaus wiederhergestellt werden und eine angemessene Ausstattung erhalten, die nach der Belegung durch das NKWD abhanden gekommen war. Ein Operationssaal wurde eingerichtet, die Röntgen- und Zahnstation reaktiviert. Ein hauptamtlich tätiger Arzt versah den medizinischen Dienst, dem drei zu langjährigen Freiheitsstrafen verurteilte Mediziner assistierten. Zugleich sollten die Gefangenen möglichst rasch Arbeitsmöglichkeiten erhalten und die Produktionsstätten wiederhergestellt werden. Die bereits existierende Tischlerei und Schneiderei wurde wieder in Betrieb genommen. Ein Teil der Gefangenen war in Außenkommandos zunächst für den Aufbau des Stahlwerkes Brandenburg eingesetzt. Im Dezember 1949 befanden sich von den 1047 Häftlingen ca. 180 in Außenkommandos, und zwar überwiegend im Stahl- und Walzwerk Brandenburg und der Thälmann-Werft. Dafür erhielten sie eine Entlohnung von 50 Pfennigen pro Tag.[94] Auch für die Arbeiten zur Wiederherstellung des ursprünglichen Zustandes der Strafanstalt wurden Häftlinge eingesetzt und mit Tagessätzen von 30 bis 50 Pfennigen entlohnt.[95] Darüber hinaus arbeiteten sie u. a. in der anstaltseigenen Bäckerei, Küche und Wäscherei. Um nach der Haftverbüßung eine günstige Wiedereingliederung in die Gesellschaft zu ermöglichen, begann man, Unterrichts- und Schulräume zur beruflichen Qualifizierung der Gefangenen einzurichten.

Ab 15. Mai 1950 regelte eine Rundverfügung des Ministeriums der Justiz den Besuchs- und Briefverkehr der Gefangenen. Danach erhielten die Gefangenen die Möglichkeit, alle zwei Monate Besuch zu empfangen. Das Recht auf Besuch konnte nur eingeschränkt werden, wenn dadurch die Ordnung und Sicherheit beeinträchtigt wurden. Der Briefverkehr sollte nicht seltener als alle sechs Wochen und in der Regel nicht häufiger als alle zwei Wochen ermöglicht werden. Eingaben, Geschäftsbriefe u. ä. bedurften keiner besonderen Genehmigung.[96] Die Gefangenen konnten Pakete von den Angehörigen empfangen, was eine notwendige Ergänzung zur Anstaltsverpflegung darstellte. Nachdem die Gefangenen nach normalen Lebensmittelkarten-Rationen verpflegt wurden, schränkte man den Paketverkehr auf besondere Gelegenheiten wie Feier- und Geburtstage etwas ein.[97]

93 Besprechung zwischen der SMAD und den Vertretern der Justiz vom 16. 11. 1948, BArchB, DO 1/ 11.0/1589, Bl. 12. Dies wirft allerdings ein bezeichnendes Licht auf die anderen Haftanstalten.
94 HA X, Bericht über die durchgeführte Informationsreise vom 22. 12. 1949, BArchB, DO 1/ 11.0/1949, Bl. 9.
95 Ebenda.
96 Rundverfügung vom 15. Mai 1950 des Ministeriums der Justiz, Berlin, Betr. Besuchs- und Briefverkehr der Gefangenen, BLHA, Rep. 212, MdJ, 1174.
97 Vgl. Eckart Giebeler, Hinter verschlossenen Türen. Vierzig Jahre als Gefängnisseelsorger in der DDR, 1992, S. 12 ff. Zur Person Giebelers vgl. 2. Kapitel, Abschnitt 2, S. 163 f.

Die Strafanstalt beschäftigte einen Kulturreferenten, der für die kulturelle Erziehung der Gefangenen Sorge zu tragen hatte. Dabei ging es um die Verwaltung der Anstaltsbibliothek, den Bezug von Zeitungen, die Organisierung von Schulungen für die Gefangenen, die Betreuung des Anstaltsorchesters und eines hundertköpfigen Gefangenenchores sowie die gelegentliche Vorführung von Spielfilmen. Freizeitbeschäftigungen auf den Zellen wie Brett- und Kartenspiele waren erlaubt. Auch die Zellen konnten nach den Vorstellungen der Strafgefangenen „verschönert" werden.[98]

Zugleich wurden die Gefangenen seelsorgerisch betreut. Regelmäßig fanden in der Strafanstalt Brandenburg evangelische und katholische Gottesdienste statt. Den Gefangenen war es gestattet, den Pfarrer zu Einzelgesprächen aufsuchen. Vom Minister der Justiz des Landes Brandenburg wurde die Gefangenenseelsorge zunächst in einem Rundschreiben so weit gefasst, dass sie in die Kritik der Deutschen Justizverwaltung in Berlin geriet, die wiederum dem Einspruch der SMAD folgte. Ursprünglich sah die brandenburgische Regelung vor, dass nicht nur regelmäßige Gottesdienste stattfinden sollten, sondern jeder, der einer Konfession angehörte, dem Geistlichen zu melden war. Zugleich war es den Geistlichen gestattet, die Gefangenen in der Anstalt aufzusuchen und mit ihnen einzeln zu sprechen.[99] Die DJV dagegen argumentierte, dass dies nicht im Einklang mit der Kontrollratsdirektive Nr. 19 stehe, nach der nur derjenige eine Seelsorge erhalten sollte, der dieses Begehren ausdrücklich bekräftigt hatte. Zugleich sei es nicht gestattet, dass die Seelsorger die Gefangenen in ihren Räumen aufsuchten. Der Minister des Landes Brandenburg wurde daher aufgefordert, die Rundverfügung entsprechend abzuändern.[100] Dahinter stand wahrscheinlich auch die Befürchtung, dass die Kirchen die Strafanstalten und Gefängnisse als Rekrutierungsfeld von Gläubigen für ihre Zwecke nutzten.[101]

Als wesentliches Element eines reformierten Strafvollzugs galt die Einführung einer Gefangenenselbstverwaltung. Auch diese Reformvorstellung wurde in Brandenburg-Görden umgesetzt. Nicht nur, dass die Gefangenen dadurch an den verschiedenen Angelegenheiten des Haftalltags beteiligt waren, auch bestimmte Entscheidungen konnten auf diese Weise von ihnen selbst gefällt werden. So existierte ein Gefangenenausschuss, bei dem Anträge auf Gewährung von Vergünstigungen, auf Mängelbeseitigung oder Vorschläge bezüglich des Haftalltags usw. eingingen, die dann im

---

98 Ebenda, S. 12 ff.
99 Rundschreiben des Ministers der Justiz der Landesregierung Brandenburg Nr. 129/49 vom 7. Mai. 1949, BLHA, Rep. 212, MdJ, 1432.
100 Chef der DJV an den Minister der Justiz des Landes Brandenburg vom 20. Juni 1949, BLHA, Rep. 212, MdJ, 1432.
101 Entsprechend wurde das Rundschreiben geändert. Nunmehr waren den Geistlichen nur die Namen von denjenigen Gefangenen mitzuteilen, die dies ausdrücklich wünschten. Auf den anderen Teil des beanstandeten Textes reagierte der Minister nicht. Vgl. Rundschreiben Nr. 291/49 vom 14. 11. 1949, BLHA, Rep. 212, MdJ, 1432.

Der Strafvollzug in der Haftanstalt Brandenburg 1950 bis Ende der 1950er-Jahre

Gottesdienst in Brandenburg-Görden. Der Kirchenraum wurde später auch als Saal für kulturelle Veranstaltungen genutzt. Quelle: Justizvollzugsanstalt Brandenburg.

Zusammenwirken mit der Anstaltsleitung entschieden wurden. Dies galt auch für die Abfassung von Beurteilungen von Häftlingen oder die Verhängung von Hausstrafen, bei denen der Gefangenenausschuss mitzureden hatte.[102] Angesichts der ansonsten rigiden Strafverfolgungspolitik in der SBZ und der auf Etablierung einer neuen Diktatur gerichteten Entwicklung unter den Bedingungen der sowjetischen Besatzungsmacht erscheint die Umsetzung von Teilen des von Gentz entwickelten Strafvollzugsprogramms bemerkenswert. Kaschiert wurde diese neue Praxis offenbar dadurch, dass die Anstaltsleitung sehr sichtbar die Bildnisse der neuen Führer (einschließlich Stalins) präsentierte und Linientreue nach außen hin demonstrierte.[103]

Es verwundert jedoch nicht, dass diese Keime einer Demokratisierung des Strafvollzugs sehr schnell erstickt wurden. Der Strafvollzug konnte sich nicht von der gesamtgesellschaftlichen Entwicklung abkoppeln, die auf die Unterdrückung jeglicher demokratischer Bestrebungen und die Konstituierung einer neuen Diktatur gerichtet

102 Vgl. Giebeler, Hinter verschlossenen Türen S. 13. Seine Schilderungen sind insofern glaubwürdig, als sie tatsächlich dem damaligen Reformkonzept für den Strafvollzug entsprechen und diese Strafvollzugspraxis später aufs Schärfste durch das MdI kritisiert wurde.
103 Daran nimmt Giebeler in seinen Ausführungen heftig Anstoß, wobei es vielleicht die einzige Möglichkeit war, nicht sofort den Argwohn der Sowjets oder von linientreuen Kommunisten zu erregen.

war. Für eine solche Insel der Reformen war daher kein Platz mehr. So blieben auch die Versuche, die Strafvollzugsreform in den Rang eines Gesetzes zu erheben, ergebnislos. Auf Druck des Innenministeriums nahm Justizminister Fechner Anfang 1950 davon Abstand. Das Ministerium des Innern hatte bereits die Pläne zur Übernahme des Strafvollzugs durch das MdI in der Schublade und wollte sich keineswegs auf einen gesetzlich geregelten Strafvollzug einlassen.[104] Diejenigen, die versucht hatten, den Strafvollzug nach demokratischen Prinzipien zu organisieren, wurden sehr schnell abserviert. Das betraf z. B. den Leiter der Abteilung Strafvollzug in der DJV, später MdJ, Dr. Werner Gentz, der im Zuge einer Parteiüberprüfung 1951 in Bedrängnis geriet und nur knapp einem Ausschluss aus der SED entging. Da er beharrlich an seinen Vorstellungen zu einem reformierten Strafvollzug festhielt, musste er schließlich 1952 aus dem Ministerium der Justiz ausscheiden.[105] Die harte Repression hatte endgültig mit der Übernahme der Haftanstalten durch das MdI die Oberhand gewonnen. Fortan unterlagen die Haftbedingungen je nach den politischen Kursänderungen der SED verschiedenen Schwankungen. Kurzzeitige Lockerungen wurden teilweise wieder zurückgenommen, wenngleich sich in der Tendenz Ende der fünfziger Jahre leichte Verbesserungen abzeichneten.

4. Die Übernahme der Strafanstalt Brandenburg in die Verwaltung des MdI

Am 1. Juli 1950 wurde die Strafanstalt Brandenburg vom Ministerium des Innern, Hauptverwaltung Deutsche Volkspolizei, übernommen. Den Hintergrund für die schließlich rasche Übergabe bildete nicht nur die oben erwähnte Bestimmung als zentrale Haftanstalt für die nach Befehl 201 Verurteilten, sondern dafür gab es noch einen weiteren Anlass. Die Kapazitäten für den Polizeivollzug waren zu diesem Zeitpunkt vollkommen erschöpft.[106] So befanden sich in der Haftanstalt Bautzen I, die bereits im Februar vom NKWD der Deutschen Volkspolizei übergeben worden war, über 6000 Gefangene bei einer Platzkapazität von ca. 1600 Personen. Teilweise wurden 400 Mann in einem Saal zusammengepfercht. Es handelte sich bei ihnen um Gefangene, die von Sowjetischen Militärtribunalen verurteilt worden waren und die nun in den Gewahrsam der Deutschen Volkspolizei übergingen. Diese Übernahme in den Polizeivollzug bedeutete in diesem Fall eine Verschlechterung ihrer Lage. So hatten

---

104 Vgl. Wentker, Justiz in der SBZ/DDR, S. 376 f. Den gleichen Weg nahm im Übrigen auch die Strafvollzugsordnung, auf deren Ausarbeitung zunächst die SMAD und die SKK als ihr Nachfolger gedrängt hatte. Auch sie wurde sang- und klanglos beerdigt.
105 Ebenda, S. 390 f.
106 Vgl. Schreiben der HVDVP vom 12. 6. 1950, BArchB, DO 1/11.0/1589.

Der Strafvollzug in der Haftanstalt Brandenburg 1950 bis Ende der 1950er-Jahre

sich die Essensrationen drastisch verringert, weshalb Hunger und Krankheit unter den Gefangenen grassierten. Infolge der Überfüllung und der schlechten Ernährungslage gab es eine Vielzahl von Tbc-Fällen. Da diese nicht entsprechend behandelt wurden, starben die Menschen massenhaft. Diese Bedingungen führten im März 1950 zu Protestaktionen und Hungerstreiks der Inhaftierten.[107] Mit großer Brutalität ging die vom Anstaltspersonal zu Hilfe gerufene Bereitschaftspolizei gegen die Gefangenen während der letzten Hungerdemonstration am 31. März 1950 vor, sodass zahlreiche Verletzte zu beklagen waren. Das Problem der katastrophalen Haftbedingungen ließ sich jedoch allein mit Gewalt nicht lösen. Die hoffnungslose Überfüllung der Anstalt musste sukzessive abgebaut werden.[108]

Auch die Strafvollzugsanstalt Waldheim war mit den 3432 von den sowjetischen Behörden übergebenen Internierten aus den Speziallagern mit dem Ziel ihrer Aburteilung vor DDR-Gerichten absolut überfüllt.[109] Ab Juni 1950 fanden in Waldheim vor den Strafkammern des Landgerichts Chemnitz, die auf der Grundlage des SMAD-Befehls 201 gebildet worden waren, öffentliche Prozesse gegen die „faschistischen Verbrecher" statt. Darunter befanden sich KZ-Kommandeure und hohe Nazifunktionäre, die sich wegen Verbrechen gegen die Menschlichkeit schuldig gemacht hatten, aber auch Personen, bei denen die Tatvorwürfe höchst zweifelhaft waren, zumal die individuelle Schuld nicht im Einzelnen nachgewiesen werden musste. Diese Prozesse wurden auch inszeniert, um der Öffentlichkeit – insbesondere der westlichen Seite – zu demonstrieren, wie grundlegend der Entnazifizierungsprozess in der DDR betrieben wurde.[110]

---

107 Vgl. dazu die Schilderungen ehemaliger Häftlinge in: Bautzen Komitee (Hrsg.), Das gelbe Elend, Bautzen-Häftlinge berichten 1945–1956, Halle 1992; vgl. auch Karl-Wilhelm Fricke, Politik und Justiz in der DDR. Zur Geschichte der politischen Verfolgung 1945–1968. Bericht und Dokumentation, Köln 1979, S. 536–544; ders., Der Strafvollzug in Bautzen während der realsozialistischen Diktatur (1950 bis 1989), in: ders., Humaner Strafvollzug und politischer Mißbrauch. Zur Geschichte der Strafvollzugsanstalten in Bautzen 1904 bis 2000 (= Schriftenreihe des Sächsischen Staatsministeriums für Justiz, Bd. 10), Dresden 1999, S. 133–137; Bert Pampel/ Cornelia Liebold, Hunger – Kälte – Isolation. Erlebnisberichte und Forschungsergebnisse zum sowjetischen Speziallager Bautzen, Dresden 1997.

108 Mit der Übernahme durch die DVP hatte sich die Situation der Häftlinge sogar im Vergleich zu der unter sowjetischer Kontrolle verschlechtert. Allerdings schien die Polizei bei der Übergabe der Anstalt selbst überrascht, denn ihr war von der SKK mitgeteilt worden, dass sie 1300 Häftlinge übernehmen sollte. Bei der Übergabe stellte sich jedoch heraus, dass es in Wahrheit über 6000 Häftlinge waren, womit die Volkspolizei schließlich die Verschlechterung der Ernährungslage zu begründen versuchte. Vgl. dazu auch Fricke, Politik und Justiz, S. 149.

109 Über die genaue Zahl der übergebenen Internierten existieren unterschiedliche Angaben. Das Neue Deutschland operierte in seiner Ausgabe vom 17. 1. 1950 mit der o. g. Zahl. Werkentin zitiert aus dem Abschlussbericht der HVDVP vom 14. 7. 1950, in der die Zahl mit 3442 angegeben wird. Vgl. Werkentin, Politische Strafjustiz in der Ära Ulbricht, S. 164.

110 Vgl. dazu den folgenden Abschnitt 5.

Für die verurteilten Strafgefangenen musste nunmehr nach Unterbringungsmöglichkeiten in anderen Haftanstalten Ausschau gehalten werden. So wurde die Haftanstalt Brandenburg-Görden zum Ziel der Begehrlichkeiten. In einem Schreiben der Hauptabteilung Strafvollzug hieß es dazu: „Mit der Übergabe der Strafanstalt Brandenburg-Görden werden die Strafanstalten Bautzen und Waldheim um einen gewissen Prozentsatz erleichtert werden können, da in Brandenburg-Görden die Einweisung von noch ca. 1300 – evtl. auch 1460 – Personen möglich ist."[111]

Nur eine Woche nach der Übernahme der Anstalt gingen sieben Transporte mit SMT-Verurteilten von Bautzen nach Brandenburg. Ebenfalls im Juli 1950 trafen Gefangenentransporte aus Waldheim in Brandenburg ein. Sprunghaft stieg die Gefangenenzahl in der Strafvollzugsanstalt von 1722 zum Zeitpunkt der Übernahme durch die DVP um 1000 auf 2741 im Frühjahr 1951.[112] Sie explodierte nur deshalb nicht, weil bereits vorher 201 Verurteilte mit geringen Strafen auf Bewährung entlassen worden waren.[113]

Nach eigenem Bekunden übernahm die deutsche Volkspolizei „mit der Durchführung des Strafvollzugs an den Feinden der demokratischen Ordnung und an den Menschen, die wegen Verbrechen gegen die Menschlichkeit, wegen Kriegs- oder anderer Verbrechen verurteilt wurden, eine Aufgabe, zu deren Lösung sie keine besonderen Erfahrungen mitbrachte".[114] Bezeichnenderweise rangierten die „Feinde der demokratischen Ordnung" noch vor den Kriegsverbrechern. Obwohl die Volkspolizei also keine Erfahrung auf diesem Gebiet hatte, wurde sofort ein umfassender Personalaustausch eingeleitet. Auch in Brandenburg-Görden entsprach die Mehrheit der Justizangestellten nicht den Sicherheitskriterien der Deutschen Volkspolizei und wurde folglich nicht übernommen. Die nunmehr eingesetzten Volkspolizisten kamen zum überwiegenden Teil aus den Polizeikreisämtern des Landes Brandenburg. Es handelte sich dabei vor allem um sehr junges Personal: 40 Prozent gehörten der Altersgruppe unter 20 bis 25 Jahren an.[115] Von diesen Volkspolizisten waren 70 % Mitglieder

---

111 Schreiben der HVDVP vom 12. 6. 19560, BArchB, DO 1/11.0/1589. Dies war allerdings sehr großzügig gerechnet, hatte doch die Strafanstalt unter der Verwaltung der Justiz eine Kapazität von 1900 Haftplätzen. Nach Meinung der HVDVP könnte diese aber auf 3000 Haftplätze gesteigert werden. Vgl. Aktenvermerk Betr. Übergabe der Strafanstalt Brandenburg-Görden vom 7. 6. 1950, BArchB, DO 1/11.0/1586, Bl. 33.
112 Vgl. Statistik der Dokumentationsstelle, ohne Signatur.
113 Eine wirkliche Entlastung der anderen Haftanstalten trat allerdings dadurch nicht ein, da die Neueinweisungen den Abgang wieder wettmachten. Ende 1951 wies die StVA Bautzen I eine Belegung von 6030 Gefangenen, die StVA Waldheim von 5097 Gefangenen, gefolgt von Brandenburg mit 2627 Gefangenen auf. Vgl. Gefangenenstand vom 25. 12. 1951, BArchB, DO 1/11.0/1578, Bl. 12.
114 Bericht der Hauptabteilung Strafvollzug über die Arbeit auf dem Gebiet des Strafvollzugswesens ..., 1951, BArchB, DO 1/11.0/1508, Bl. 106.
115 StVA Brandenburg, Personalabteilung, Betr. Quartalsbericht I. Quartal 1952, vom 3. 4. 1952. Die Statistik bezieht sich auf den Dezember 1951. BLHA, Rep. 203, LBVP, 311, Bl. 58.

bzw. Kandidaten der SED, und von den 10 diensthabenden Offizieren verfügte nur einer nicht über das Parteibuch der SED.[116] Ihnen wurde allerdings von der eigenen Behörde attestiert, dass ihr „politisches Bewußtsein" bis auf einzelne Ausnahmen „nur schwach entwickelt" sei.[117]

Mit der Übernahme der Haftanstalt begann sofort der Aufbau einer SED-Grundorganisation, der bereits Anfang August abgeschlossen war.[118] Auch der ehemalige Leiter der Strafanstalt Locherer wurde sofort ersetzt, weil er als politisch nicht zuverlässig galt. Mit dem bis dahin stellvertretenden Anstaltsleiter Bergelt, der jetzt zum VP-Kommandeur avancierte, war eine Interimslösung gefunden worden. Ab 1. September 1950 bis zum Jahr 1954 übernahm der VP-Inspektor Marquardt die Leitung der Strafvollzugsanstalt. Dem Leiter der StVA unterstand ein „Stellvertreter Allgemein", dem die praktische Durchführung des Strafvollzugs oblag, sowie ein „Stellvertreter Politkultur (Pk)", der für die politischen Schulungen des Anstaltspersonals sowie dessen „kulturelle Erziehung" – später auch die der Gefangenen – verantwortlich war.

Ein Bericht von Ende 1951 wirft ein bezeichnendes Licht auf die Qualität des Anstaltspersonals. Darin wird moniert, dass verschiedene VP-Angehörige in die Strafvollzugsanstalt von anderen Dienststellen abkommandiert wurden, weil sie disziplinarisch vorbestraft waren. Man hatte vor allem solche VP-Angehörigen versetzt, die man in den anderen Dienststellen loswerden wollte.

Der Strafvollzug änderte sich ab 1950 grundlegend. Unter der Verantwortung des Ministeriums des Innern wurden die sichere Verwahrung sowie die militärische Disziplin und Ordnung zum obersten Prinzip erhoben. Das hieß konkret, dass man sämtliche Regelungen der Justiz außer Kraft setzte, die nicht diesem Ziel der strengsten Isolierung dienten. Die Strafe als Sühne hielt, wenn auch nicht so formuliert, aber der Sache nach, wieder Einzug in den Strafvollzug. Die Strafanstalt wurde erneut – wie im Nationalsozialismus – zum Zuchthaus Brandenburg. In Abgrenzung zur bisherigen Praxis der Justiz forderte die Hauptabteilung Strafvollzug: „Entgegen den in den Strafvollzugsanstalten unmittelbar nach Beendigung des Krieges vertretenen, falschen humanitären Gedanken vertritt die Hauptabteilung SV die Meinung, dass aus den Strafvollzugsanstalten alles das verschwinden muß, was dem Vergnügen und der Unterhaltung der Gefangenen dient; und dass alles das eingeführt werden muß, was geeignet erscheint, ihn für ein gesetzmäßiges Leben in der Freiheit wiederzugewinnen."[119]

---

116 Betr. Monatlicher Informationsbericht des Stellvertr. PK der Strafanstalt Brandenburg a. H. vom 29. 8. 1950, BLHA, Rep. 203, LBVP, 311, Bl. 91.
117 Ebenda, Bl. 90.
118 Ebenda, Bl. 91.
119 Bericht der Hauptabteilung Strafvollzug über die Arbeit auf dem Gebiet des Strafvollzugswesens ..., 1951, BArchB, DO 1/11.0/1508, Bl. 107.

Die Polizei machte jedoch nicht Front gegen „falsche humanitäre Gedanken", sondern ihr war im Strafvollzug eine humanitäre Behandlung an sich fremd. Der Strafvollzug sollte von Härte geprägt sein. So hieß es weiter: „Entgegen der früheren, falsch verstandenen humanitären Form des Strafvollzuges ist es dem Strafgefangenen nicht gestattet, persönliches Eigentum in seinem Besitz zu haben."[120] Dies bezog sich sowohl auf sehr persönliche Gegenstände wie Fotos von Angehörigen, Andenken usw. als auch auf Utensilien, die die Zelle „verschönern" sollten, z. B. Blumentöpfe, Bilder, Gardinen. Weiterhin wurde der Kontakt der Gefangenen zur Außenwelt wesentlich eingeschränkt. Dies betraf den Brief- und Paketverkehr, den Besuchsempfang wie auch das Lesen von Zeitungen, das zunächst gänzlich verboten wurde. Auch jegliche kulturelle Betätigung war strengstens untersagt.[121] Der Besitz von Schreibutensilien, und sei es nur eine kurze Bleistiftmine, wurde disziplinarisch streng geahndet.[122] Gedanklich knüpfte der Polizeistrafvollzug damit wieder an den preußischen Zuchtgedanken des 18./19. Jahrhunderts an. Er hatte damit letztlich eine Entindividualisierung der Gefangenen zum Ziel, was durchaus im Einklang mit dem weitgehend von der Sowjetunion übernommenen Menschenbild einer zukünftigen Gesellschaft stand. Die Anleihen machte der Polizeivollzug in der DDR daher sowohl bei dem vom Untertanengeist geprägten preußischen Strafvollzug als auch beim sowjetischen Gefängniswesen. Ausgelöscht waren die fortschrittlichen Bestrebungen der Sozialreformer, die auf die Entfaltung und Förderung der Persönlichkeit des Gefangenen und die Demokratisierung des Strafvollzugs gerichtet waren.

Bezeichnend sind in diesem Zusammenhang die Worte des neuen Leiters der Haftanstalt Brandenburg-Görden, mit denen er das Aufsichtspersonal einschwor: „Wir müssen lernen, die Gefangenen zu hassen. Wir wollen wieder aus diesem Haus ein Zuchthaus machen und kein Sanatorium."[123] Nunmehr sollte ein anderer, militärischer Ton Einzug halten. Daher wurde z. B. ein VP-Oberwachtmeister gerügt, der die Strafgefangenen während der Arbeit mit „Kameraden" angeredet hatte.[124]

Bei der Durchsetzung einer „straffen Ordnung und Disziplin" sowie eines „wirksamen Systems der Beobachtung und Kontrolle der Strafgefangenen" machte man sich auch die Hafterfahrungen aus dem Nationalsozialismus zunutze. So sollten aus

---

120 BArchB, DO 1/11.0/1508, Bl. 110.
121 Niederschrift vom 9. 8. 1950, Strafvollzugsanstalt Brandenburg, BLHA, Rep. 203, LDVP, 311, Bl. 50. Zu den Haftbedingungen vgl. ausführlich Abschnitt 8.
122 StVE Brandenburg: Darstellung der Entwicklung der Strafvollzugseinrichtung Brandenburg seit der Übernahme durch das Ministerium des Innern, vom 1. 12. 1982, im Besitz der StA Neuruppin, Az 60/4 Js16/193, S. 5.
123 Zit. nach Gerhard Finn, Die politischen Häftlinge der Sowjetzone, Pfaffenhofen 1960, Nachdruck 1989, S. 170.
124 Betr. Monatlicher Informationsbericht des Stellvertr. PK der Strafanstalt Brandenburg a. H. vom 29. 8. 1950, BLHA, Rep. 203, LDVP, 311, Bl. 92.

Der Strafvollzug in der Haftanstalt Brandenburg 1950 bis Ende der 1950er-Jahre 55

Zellentrakt. Quelle: Stiftung Brandenburgische Gedenkstätten.

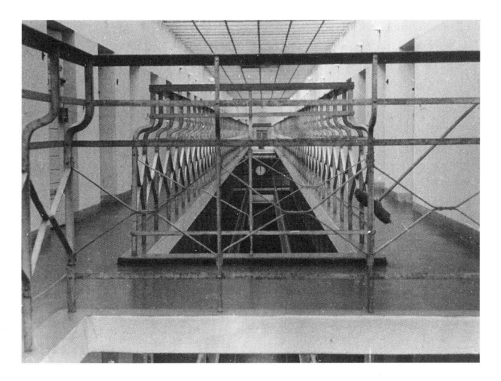

Blick von der so genannten Kanzel. Quelle: Justizvollzugsanstalt Brandenburg.

Sicherheitsgründen sämtliche Hausarbeiter und Kalfaktoren vierteljährlich abgelöst und durch andere ersetzt werden. „Ein solches Vorgehen ergab sich aus den Erfahrungen, die im antifaschistischen Widerstandskampf in den Zuchthäusern und Konzentrationslagern des Hitlerreiches gewonnen worden waren und sich nun als nützlich und zweckmäßig für die Sicherheit der Strafvollzugseinrichtung erwiesen."[125]

Das Sicherheitskonzept mit seiner Abschirmung des Strafvollzugs nach außen machte auch vor den Toten nicht halt. Es entwickelte sich ein umfangreicher Schriftverkehr zur Behandlung der Sterbefälle von SMT- und Waldheim-Verurteilten. So durften nach Anweisung des Innenministers Karl Maron die Angehörigen eines Verstorbenen erst nach dessen Einäscherung in einem nahe gelegenen Krematorium von seinem Tod verständigt werden. Die Urnen bekamen sie nicht ausgehändigt. Argumentiert wurde damit, dass diese Gefangenen einer Ausnahmebestimmung unterlägen.[126] Diese Regelung blieb im Übrigen bis 1956 bestehen.

Die Organisation des Strafvollzugs richtete sich nach den baulichen Gegebenheiten der Anstalt. Jedes Verwahrhaus stellte ein Kommando dar, das von einem Leiter geführt wurde. Da es vier Häuser gab, existierten also vier Kommandos. Der Kommandoleiter unterstand direkt der Leitung der Strafvollzugsanstalt. Die Etagen der Häuser wurden als Stationen bezeichnet, für die wiederum ein Stationsleiter die Verantwortung trug. Dieser hatte sich um Ordnung, Disziplin und Sauberkeit sowie die Durchführung von Disziplinarmaßnahmen zu kümmern. Da die Verwahrhäuser aus drei Stockwerken bestanden, verfügte jedes Haus dementsprechend über drei Stationen. Die Stationen waren unterschiedlich belegt, je nach der Größe der Zellen. Nach Angaben der Anstaltsleitung umfasste eine Station zu dieser Zeit zwischen 200 und 300 Strafgefangenen.[127] In der Mehrzahl handelte es sich um Gemeinschaftszellen. Erst später wurden sie zu größeren Zellen umgebaut. Im Haus III richtete man 1951 ein Ausbildungs- und Schulungsobjekt ein. 1952 befand sich dort die Zentralschule Strafvollzug. Das Haus IV, das etwas abseits von den anderen Häusern gelegen war, spielte zeitweise eine Sonderrolle, auf die später eingegangen wird.

Für die Durchführung des Strafvollzugs standen 1951 insgesamt 325 Polizeikräfte im Dienst des Zuchthauses. Davon waren 137 im Wachdienst, 130 im Aufsichtsdienst, 9 in der Zensur-Aufsicht und 58 in der Verwaltung beschäftigt. Hinzu kam ein Arzt für die Krankenstation.[128] Aufgrund der Zunahme der Gefangenen wurde die

---

125 StVE Brandenburg, Darstellung der Entwicklung der Strafvollzugseinrichtung Brandenburg seit der Übernahme durch das Ministerium des Innern vom 1. 12. 1982, S. 3.
126 Betr. Sterbefälle in den Strafvollzugsanstalten vom 1. 11. 1951, BArchB, DO 1/11.0/1578, Bl. 135.
127 Vgl. StVE Brandenburg, Darstellung der Entwicklung der Strafvollzugseinrichtung Brandenburg seit der Übernahme durch das Ministerium des Innern vom 1. 12. 1982, S. 5.
128 Bericht der HA SV über die Arbeit auf dem Gebiet des Strafvollzugswesens ... vom 25. 8. 1951, BArchB, DO 1/11.0/1505, Bl. 138.

Zahl der Planstellen im 1. Quartal 1952 auf 435 erhöht,[129] die jedoch aus Personalmangel nicht vollständig besetzt werden konnten. Trotz hoher Belegung der Strafvollzugsanstalt sank der Personalstand im Juli 1953 auf 281 SV-Angehörige. Im Jahr 1955 waren es nur noch 265.[130] Grund hierfür war der dramatische Kadermangel in diesem Bereich der DVP. Viele der jungen Polizisten im Strafvollzug ließen sich wieder entpflichten oder fanden Aufstiegsmöglichkeiten in anderen Bereichen, weshalb auch die Alterspyramide sich sukzessive zugunsten der Älteren verschob. Ein besonderer Mangel bestand an Kräften für den Aufsichtsdienst, die mit dem unmittelbaren Vollzug befasst waren, sowie für den Wachdienst, der für die äußere Sicherheit zuständig zeichnete.

Letztere sicherten die Strafvollzugsanstalt, die von einer sechs Meter hohen Umwehrungsmauer umgeben und mit vier Ecktürmen versehen war, von denen die Anstalt überblickt werden konnte. Zwischen Mauer und einem Stacheldrahtzaun wachten Hunde, die jede Annäherung signalisierten. An den Verwahrhäusern I und II befanden sich Kanzeln, auf denen bewaffnete Wachtmeister die Höfe beaufsichtigen konnten. Insgesamt war die Strafvollzugsanstalt gut gesichert, sodass Ausbruchversuche wenig Erfolg hatten, auch wenn sie immer wieder unternommen wurden. Das Zuchthaus galt als eine sichere Festung.

5. Gefangene in Brandenburg-Görden

Die Strafvollzugsanstalt Brandenburg unterstand mit der Übernahme durch das Ministerium des Innern aufgrund der besonderen Gefangenenstruktur direkt der Hauptverwaltung der Deutschen Volkspolizei, Hauptabteilung Haftsachen. Sie gehörte gemeinsam mit den sechs weiteren Haftanstalten zu den Spezialstrafanstalten der Kategorie I.[131]

In dem einem Jahr seit Bestehen des Polizeivollzugs hatte sich die Zahl der Gefangenen bereits auf 2945 erhöht, bei einer Kapazität von 1900 Haftplätzen.[132] Und der

129 Strafvollzugsanstalt Brandenburg, Personalabteilung: Quartalsbericht, I. Quartal 1952, vom 3. 4. 1952, BLHA, Rep. 203, VP, Nr. 311, Bl. 58.
130 Stellenpläne VA Brandenburg, BLHA, Rep. 404/15/064, S. 1–11. Das Personal setzte sich 1955 im Einzelnen zusammen aus: dem Leiter, dem Stellvertreter Allgemein, dem Stellvertreter PA (PolitArbeit), 3 Mitarbeitern der Geschäftsstelle, 6 Mitarbeitern der Polit-Abteilung (einschließlich Parteisekretär), 3 Mitarbeitern der Personalabteilung, 14 Mitarbeitern der Intendantur, 17 Mitarbeitern der Technischen Dienste, 12 Mitarbeitern im Gesundheitswesen, 7 Mitarbeitern für den Arbeitskräfteeinsatz, 14 Mitarbeitern der Vollzugsgeschäftsstelle, 125 Mitarbeitern für den Aufsichtsdienst (einschließlich 3 Mitarbeiterinnen für die Frauenstation), 49 Mitarbeitern des Wachdienstes, 11 Mitarbeitern der Hundestaffel. Ebenda.
131 Vgl. Vorschlag für die Übernahme des gesamten Strafvollzuges in den Aufgabenbereich der HV DVP (HA HS) vom 24. 10. 1950, BArchB, DO 1/11.0/1586.
132 Aufstellung über Belegungsfähigkeit und Belegung der Dienststellen der HA SV vom 25. 8. 1951, BArchB, DO 1/11.0/1578, Bl. 5.

Gefangenenbestand stieg weiter an. Allein von Anfang 1952 bis Ende 1952 erhöhte sich die Zahl der Häftlinge um 23,2 Prozent.[133] Zum 1. Juli 1953 verzeichnete Brandenburg-Görden eine Belegung von 3359 Häftlingen.[134] Mit dieser dramatischen Entwicklung stand Brandenburg-Görden jedoch nicht allein.

In der DDR lag 1950 die Zahl bei 37 500 Strafgefangenen,[135] davon saßen allein in den vom MdI übernommenen sieben Haftanstalten, in denen vorwiegend SMT- und nach Befehl 201 Verurteilte inhaftiert waren, 17 009 Gefangene ein, bei einer Kapazität von 8900 Haftplätzen.[136] Bis zum Herbst 1951 stieg die Zahl der Strafgefangenen auf 42 000 an. Obwohl sich zum Ende des Jahres u. a. aufgrund des Gnadenaktes des Präsidenten der DDR anlässlich des 2. Jahrestages der Republik deren Zahl auf 35 500 verringerte, waren die Strafvollzugsanstalt Bautzen Ende 1951 mit 6030 Gefangenen bei einer Kapazität von 1500 Plätzen wie auch die StVA Waldheim mit 5097 Gefangenen bei einer Kapazität von 1980 Verwahrplätzen hoffnungslos überbelegt.[137] Im 1. Quartal 1952 stiegen die Gesamtzahlen der verurteilten Häftlinge erneut an und erreichten am Ende des Jahres einen Höhepunkt von 45 000 Strafgefangenen.[138] Ende April 1953 wurde ein Höchststand von über 60 000 Gefangenen, darunter 42 000 Strafgefangene gemeldet.[139] Sämtliche Strafvollzugsanstalten in der DDR waren überfüllt.[140] Der Innenminister schilderte die Lage dramatisch: Verwahrräume, in denen normalerweise ein Strafgefangener unterzubringen wäre, seien derzeit mit drei bis fünf und mehr Gefangenen belegt.[141] Hintergrund dieser Entwicklung bildete die ausufernde Verurteilungspraxis der Sowjetischen Militärtribunale und die der deutschen Gerichte in der SBZ/DDR.

Im Folgenden sollen die im Zuchthaus inhaftierten Gefangenengruppen der fünfziger Jahre genauer betrachtet werden. Dabei handelte es sich zunächst um einen großen Teil von Häftlingen, die aufgrund von begangenen Verbrechen unter dem NS-Regime sowohl von Sowjetischen Militärtribunalen als auch deutschen Gerichten in der SBZ/DDR verurteilt worden waren. Die Verfolgung nationalsozialistischer Verbrechen vollzog sich zunächst im Einklang mit den Alliierten in den westlichen Besat-

---

133 Informatorischer Bericht vom 19. 1. 1953, BArchB, DO 1/11.0/1578, Bl. 107.
134 Entwicklung des Gefangenenbestandes vom 1. 7. 1953, BArchB, DO 1/11.0/1578, Bl. 60.
135 Vgl. Tabelle bei Werkentin, Politische Strafjustiz in der Ära Ulbricht, S. 378.
136 Betr. Überblick über die Entwicklung und den Stand des Strafvollzuges vom 13. 9. 1953, BArchB, DO 1/11.0/1484, Bl. 310.
137 Vgl. Gefangenenstand vom 25. 12. 1951, BArchB, DO 1/11.0/1578, Bl. 12.
138 Vgl. Werkentin, Politische Strafjustiz in der Ära Ulbricht, S. 379.
139 Informatorischer Bericht über die Entwicklung des Gefangenenstandes im Bereich der HA SV seit Übernahme vom 26. 8. 1953, BArchB, DO 1/11.0/1578, Bl. 50. In diesen Angaben waren die Zahlen des VP Präsidiums Berlin nicht einmal enthalten.
140 Vgl. Aufstellung über Kapazität und Belegung sowie Soll- und Iststärke der VP in den SV-Dienststellen vom 1. Juli 1953, BArchB, DO 1/11.0/1578, Bl. 60.
141 Betr. Überblick über die Entwicklung und den Stand des Strafvollzuges vom 13. 9. 1953, BArchB, DA 1/11.0/1484, Bl. 311.

zungszonen. Die nationalsozialistischen Straftäter waren sowohl im Interesse der Sicherheit der Besatzungsmächte als auch in Hinblick auf die Auseinandersetzung mit dem NS-System und die bis dahin nicht vorstellbaren Verbrechen zur Verantwortung zu ziehen. Im Chaos des Kriegsendes und der unmittelbaren Nachkriegszeit gerieten zwangsläufig auch minder Belastete oder z. T. auch Unschuldige ins Visier der Strafverfolgung, was letztlich den Umständen und den Folgen des von Deutschland ausgegangenen Vernichtungsfeldzuges geschuldet war. Zu kritisieren aber ist, dass sich die Strafpraxis der SMT sowie der deutschen Gerichte in der SBZ/DDR mit stalinistischem Terror verband und außerhalb jeglicher Rechtsgrundsätze erfolgte, wie im Weiteren gezeigt wird. Folter, Geständniserpressung, Fehlen eines Rechtsbeistandes, unzureichender oder fehlender Nachweis von individueller Schuld und politische Instrumentalisierung der Prozesse haben diese Strafverfolgung delegitimiert. „Diese Grundmängel haben verhindert, dass die UdSSR legitime Interessen, wie sie die Sicherheit der Besatzungstruppen oder Reparationslieferungen, die Zerschlagung von Militarismus und Nazismus oder die Verfolgung nationalsozialistischer Kriegs- und Gewaltverbrechen darstellten, in rechtsstaatlich begründeten oder überzeugenden Verfahren verfolgte und durchsetzte."[142] Damit soll nicht bezweifelt werden, dass viele der als Kriegsverbrecher Verurteilten zu Recht einsaßen, jedoch wurde durch die Ignorierung rechtsstaatlicher Prinzipien die Berechtigung der Strafverfolgung – und damit letztlich die auf diese Weise erfolgte Entnazifizierung – diskreditiert.

Darüber hinaus hat die sowjetische wie die deutsche Justiz in der SBZ/DDR die Strafverfolgung unter dem Deckmantel der Entnazifizierung dazu genutzt, die tatsächlichen oder vermeintlichen politischen Gegner des neuen Regimes auszuschalten. Dabei gerieten auch viele Unschuldige in die Fänge der Verfolgungsbehörden. Somit verbergen sich hinter den in diesem Rahmen Verurteilten sehr unterschiedliche Haftschicksale.

SMT-Verurteilte

Die Sowjetischen Militärtribunale waren 1945 ursprünglich mit dem Ziel gebildet worden, Verbrechen gegen die Menschlichkeit, Kriegsverbrechen und Verbrechen gegen die Besatzungsmacht in der SBZ zu ahnden.[143] Sehr rasch aber dehnten sie

142 Andreas Hilger/Mike Schmeitzner, Einleitung: Deutschlandpolitik und Strafjustiz. Zur Tätigkeit sowjetischer Militärtribunale in Deutschland 1945–1955, in: Andreas Hilger/Ute Schmidt/Mike Schmeitzner (Hrsg.), Sowjetische Militärtribunale, Bd. 2: Die Verurteilung deutscher Zivilisten 1945–1955/57 (= Schriften des Hannah-Arendt-Instituts für Totalitarismusforschung, Bd. 24), Köln/Weimar/Wien 2003, S. 30 f.
143 Die Geschichte der Sowjetischen Militärtribunale ist inzwischen gut dokumentiert, weshalb hier nicht näher darauf eingegangen wird. Vgl. dazu vor allem: Sergej Mironenko/Lutz Niethammer/Alexander Plato (Hrsg.), Sowjetische Speziallager in Deutschland 1945 bis 1950, 2 Bde., Berlin 1998; Andreas Hilger/Mike Schmeitzner/Ute Schmidt (Hrsg.), Sowjetische Militärtribunale, 2 Bde., Köln/Weimar/Wien 2003.

ihre Verfolgungen auf tatsächliche oder vermeintliche Gegner der sich neu etablierenden Ordnung aus. Sie übernahmen damit die Funktion, den Herrschaftsanspruch der SED zu verwirklichen und einer neuen Diktatur unter sowjetischer Kontrolle zum Durchbruch zu verhelfen.[144]

Militärtribunale befanden sich außer ihrem Hauptsitz Berlin in sämtlichen Ländern der SBZ/DDR. Verfahren, die wegen Kriegsverbrechen und Verbrechen gegen die Menschlichkeit geführt wurden, waren durch das alliierte Kontrollratsgesetz Nr. 10 vom 20. Dezember 1945 sowie die Kontrollratsdirektive Nr. 38 gedeckt. Die Verurteilungen von Straftaten, die während der NS-Zeit begangen wurden, betrafen sowohl hohe Naziführer in verantwortlichen Positionen als auch kleinere Mitläufer. Nicht immer musste die Schuld im Einzelnen nachgewiesen sein, es reichte auch die „Kollektivschuld" aus, weshalb nicht selten auch Unbeteiligte von den SMT erfasst wurden.

Als herausragendes öffentliches Verfahren – die es nur selten gab – kann der so genannte Sachsenhausen-Prozess im Jahr 1947 angesehen werden, in dem Verantwortliche für die Morde im gleichnamigen Konzentrationslager zur Verantwortung gezogen und abgeurteilt wurden.[145] Im Übrigen standen vor einem sowjetischen Militärtribunal auch 30 Wachbeamte aus dem Zuchthaus Brandenburg-Görden, die wegen Übergriffen auf Häftlinge während der NS-Zeit angeklagt waren.[146]

Verfahren, die „konterrevolutionäre Verbrechen" nach 1945 betrafen, stützten sich dagegen auf Artikel 58 des Strafgesetzbuches der Russischen Föderativen Sowjetrepublik, das 14 politische Straftatbestände umfasste.[147] Sie waren somit nicht durch die Alliierten Kontrollratsgesetze gedeckt. In kurzen Prozessen und ohne Rechtsbei-

---

144 Vgl. Fricke, Politik und Justiz, S. 100–154.
145 Vgl. zum Sachsenhausen-Prozess u. a. Günther Wieland, Der sowjetische Sachsenhausen-Prozeß 1947, in: Günter Agde (Hrsg.), Sachsenhausen bei Berlin, Speziallager Nr. 7, 1945–1950, Berlin 1994, S. 238 ff.; Winfried Meyer, Ein stalinistischer Schauprozeß gegen KZ-Verbrecher? Der Berliner Sachsenhausen-Prozeß im Oktober 1947, in: Dachauer Hefte 13 (1997), S. 153–180.
146 Vgl. Pohl, Justiz in Brandenburg, S. 90. Auch der Leiter der „Euthanasie"-Anstalt Brandenburg, Heinze, wurde von einem Sowjetischen Militärtribunal verurteilt. Ebenda.
147 Der Artikel 58 des Strafgesetzbuches der Russischen Föderativen Republik vom 22. 11. 1926 umfasste folgende Straftatbestände: Landesverrat (Abs. 1), bewaffneter Aufstand (Abs. 2), Verbindung mit ausländischen Mächten in konterrevolutionärer Absicht (Abs. 3), Unterstützung sowjetfeindlicher Organisationen (Abs. 4), Veranlassung fremder Staaten zu unfreundlichen Akten gegenüber der UdSSR (Abs. 5), Spionage (Abs. 6), Wirtschaftsschädigung (Abs. 7), Terrorismus (Abs. 8), Zerstörung oder Schädigung von Staatseigentum (Abs. 9), antisowjetische Propaganda und die Verbreitung, Herstellung oder Aufbewahrung antisowjetischer Schriften (Abs. 10), organisierte Tätigkeit in konterrevolutionärer Absicht (Abs. 11), Nichtanzeige in Vorbereitung befindlicher konterrevolutionärer Verbrechen (Abs. 12), gegen die revolutionäre Bewegung gerichtete Tätigkeit im Dienst des Zaren oder konterrevolutionärer Regierungen während des Bürgerkriegs (Abs. 13), Sabotage (Abs. 14). Zit. nach: Mironenko/Niethammer/Plato (Hrsg.), Sowjetische Speziallager, Bd. 2, S. 65. Vgl. dazu auch Fricke, Politik und Justiz, S. 106–109.

stand wurden die Angeklagten in der Regel zu hohen Haftstrafen, nicht selten auch zum Tode verurteilt.[148]

Den SMT ging es dabei nicht um die Wiederherstellung des Rechts im Nachkriegsdeutschland, sondern sie verfolgten gnadenlos jedwede Störungen des Besatzungsregimes.[149] Die neueste Forschung geht bislang von insgesamt 35 000 bis 40 000 zwischen 1945 und 1955 verurteilten Zivilisten in der SBZ/DDR aus.[150] Ab 1946 wurden zunehmend Personen wegen des Verdachts auf Bildung politischer Widerstandsgruppen oder „Spionage und Agententätigkeit" von den SMT verurteilt. Wie die Untersuchungen des Hannah-Arendt-Instituts für Totalitarismusforschung bestätigen, handelte es sich ab diesem Zeitpunkt vor allem um die Verfolgung „konterrevolutionärer Verbrechen", die mit dem Art. 58 des Strafgesetzbuches der RSFSR geahndet wurden. Das waren fast 72 Prozent der Verurteilten. Demgegenüber lagen Verurteilungen wegen Kriegsverbrechen und Verbrechen gegen Frieden und Menschlichkeit bei unter 10 Prozent. Diese Verurteilungsgründe spielten zudem ab 1947 eine immer geringere Rolle.[151] Somit dienten die Militärtribunale vor allem als Verfolgungsinstrument von Andersdenkenden, die sich nicht kritiklos dem neuen System unterwerfen wollten. Nach Fricke ahndeten die SMT folgende „konterrevolutionäre Verbrechen": jugendlicher Widerstand, Opposition und Widerstand ehemaliger Sozialdemokraten sowie bürgerlicher Politiker von CDU und LDP, studentischer Widerstand, Machtkämpfe innerhalb der SED, Spionage für westliche Geheimdienste, Sabotage, Teilnahme am Aufstand des 17. Juni 1953 sowie die Nichtanzeige dieser Verbrechen.[152] Unter den wegen dieser Delikte Verurteilten befand sich zudem eine Reihe von Personen, die im Sinne der Anklage völlig unschuldig waren, da sie wissentlich solche „Verbrechen" nie begangen hatten.

Die von den SMT bis 1949 Verurteilten verbüßten ihre Strafe, wenn sie nicht in die Sowjetunion deportiert wurden, in den so genannten Speziallagern des NKWD, gemeinsam mit nicht verurteilten Deutschen. Bemerkenswert ist, dass die sowjetische Führung, wie Forschungen belegen, kein Konzept besaß, wie im Weiteren mit den Gefangenen in den Speziallagern zu verfahren sei.[153] Viele von ihnen starben in den Lagern. Nach der Gründung der DDR übergab die sowjetische Besatzungsmacht ca. 10 500 SMT-Verurteilte im Januar/Februar 1950 zur weiteren Strafverbüßung an die deutschen Behörden, behielt sich jedoch die Entscheidung über die weitere Strafver-

---

148 Vgl. dazu Peter Erler, Zur Tätigkeit der Sowjetischen Militärtribunale (SMT) in der SBZ/DDR, in: Mironenko/Niethammer/Plato (Hrsg.), Sowjetische Speziallager, Bd. 1, S. 172–187.
149 Vgl. Ralph Possekel, Einleitung: Sowjetische Lagerpolitik in Deutschland, in: ebenda, Bd. 2, S. 109.
150 Vgl. Hilger/Schmeitzner, Einleitung: Deutschlandpolitik, S. 18; Erler, Zur Tätigkeit der Sowjetischen Militärtribunale, S. 173.
151 Hilger/Schmeitzner, Einleitung: Deutschlandpolitik, S. 21 f.
152 Fricke, Politik und Justiz, S. 113.
153 Vgl. Possekel, Sowjetische Lagerpolitik, S. 73 ff.

büßung der Inhaftierten vor. Es sollte noch bis Ende 1954 dauern, ehe die sowjetische Regierung eine Entscheidung über die inhaftierten SMT-Verurteilten fällte.

Bis 1947 besaßen die Sowjetischen Militärtribunale das Monopol für fast alle politischen Prozesse, dann gaben sie die Verantwortung allmählich im Zuge der Gleichschaltung der Justiz in der SBZ/DDR ab. Als die DDR-Justiz endgültig auf sowjetischen Kurs gebracht war und ihre Funktion zur Durchsetzung der Herrschaftsinteressen der SED-Führung erfüllte, konnte sich die sowjetische Militärjustiz nach und nach zurückziehen. Bis etwa 1955 zog sie jedoch noch politische Verfahren an sich.[154] Mit der per Vertrag besiegelten „völligen Souveränität" der DDR[155] beendeten die Militärgerichte ihre Tätigkeit auf deutschem Boden.

Ein Beispiel dafür, wie eine Zivilperson zufällig in die Fänge des NKWD und vor ein Sowjetisches Militärtribunal geraten konnte, zeigt der folgende Fall.

Zum Beispiel Joachim Gringmuth

Joachim Gringmuth, 1926 geboren, befand sich nach dem Krieg zunächst in Gefangenschaft der amerikanischen Besatzungsmacht in Regensburg.[156] Nach seiner Entlassung 1946 fand er dort eine Anstellung als Zivilarbeiter. Da beunruhigende Nachrichten über angebliche Kämpfe in Bautzen zu ihm drangen, begab er sich illegal über die Grenze und suchte seine Eltern in seiner Heimatstadt Bautzen auf. Obwohl seine Eltern ihn überredeten, bei ihnen zu bleiben, verließ er die Stadt, da er dort keine Arbeitsmöglichkeit finden konnte. Nun versuchte er sein Glück in Bremen, wo er bei Verwandten eine Anstellung erhoffte. Dort stellte sich heraus, dass diese mit unbekanntem Ziel verzogen waren. Ohne Arbeit aber gab es keine Lebensmittelkarte. Auf der Suche nach Arbeit pendelte Gringmuth zwischen den Besatzungszonen hin und her. Schließlich versuchte er am 2. September 1948 wieder sein Glück in der SBZ und fuhr nach Görlitz. Ein Bekannter, der sich ebenfalls dort ansiedeln wollte, hatte ihm einen Zettel mit 20 Fragen mitgegeben, die er vor Ort klären sollte. Diese Fragen waren auf die Erkundung der Wohnverhältnisse, die Arbeitsmöglichkeiten, Anwesenheit der Russen, Währung u. a. gerichtet. Bei einer Überprüfung im Zug durch die sowjetische Besatzungsmacht wurde dieser Zettel gefunden und Joachim Gringmuth sofort verhaftet. Er kam vor ein Sowjetisches Militärtribunal in Bautzen, das ihn im Schnellverfahren am 25. Oktober 1948 zu einer Haftstrafe von 25 Jahren wegen Spionage nach Paragraf 58-6, Abs. I des Gesetzbuches der RSFSR verurteilte. Unterstellt wurde ihm, im Auftrage eines ausländischen

---

154 Das letzte Urteil eines SMT wurde in Brandenburg 1954 gesprochen. Vgl. Pohl, Justiz in Brandenburg, S. 94.
155 Nach Regierungsverhandlungen in Moskau wurde am 20. 9. 1955 die „volle Souveränität" der DDR bestätigt (bereits am 25. 1. 1955 hatte die Sowjetunion die Beendigung des Kriegszustandes mit Deutschland erklärt) und ein Beistandspakt abgeschlossen.
156 Interview Joachim Gringmuth, Dezember 2001.

Urteilsauszug

Vom Militärtribunal _Sch.A-Jachöm._

Akten Nr: _64717_ nach der Anklage _Spionage_

BStÜ 000010

1. Familien-, Vor- und Vatersname (ausführlich schreiben) _Gringmut, Günther Joachim_
2. Geburtsjahr und Geburtsort _1926 in Bautzen_
3. Heimatanschrift _Bautzen_
4. Nationalität _deutsch._ 5. Staatsangehörigkeit _D.R._
6. Schulbildung _mittlere_ 7. Parteizugehörigkeit _p/l._
8. Beruf _Kellner_ 9. Familienstand _ledig._
10. Beschäftigung vor der Haft _Ohne Arbeit._

Verurteilt:

Familien-, Vor- und Vatersname _Gringmut, Günther Joachim_
laut den Artikeln _58-6 Abs.1 Strl.d. RSFSR._
Genau angeben wofür _Spionage zugunsten eines ausländischen Nachrichtendienstes_
Strafmass _25 Jahre Arbeitslager_
~~Mit oder~~ ohne Eigentumsbeschlagnahme _Ohne_
Strafverbüssung rechnet ab _2. Sept. 1948._
_1.9.1958 T.E_

Original mit den gehörigen Unterschriften der Tribunalzusammensetzung

Auszug beglaubigt: _(Unterschrift)_

(Feldpoststempel)

„_27._" _Januar_ 1950

Quelle: BStU, G-SKS, 300002.

Geheimdienstes „Angaben polizeilichen, ökonomischen und militärischen Charakters gesammelt" zu haben.[157] Ob Joachim Gringmuth, der seinem Bekannten einen Gefallen erweisen wollte, in eine Falle geriet, ist unklar. Zumindest war er sich keiner Schuld bewusst, und eine Unschuldsvermutung stellte das SMT gar nicht erst an.

Nach seiner Verurteilung kam er zunächst in das Speziallager des NKWD nach Bautzen, das vollkommen überfüllt war. Dort erlebte er im Frühjahr 1950 die Hungerrevolten, zu denen es gekommen war, als sich nach der Übernahme des Lagers durch das Innenministerium der DDR die Verpflegung rapide verschlechterte. Viele der Gefangenen erkrankten, insbesondere an Tbc, und starben. Mit Wasserwerfern ging die Polizei gegen sie vor, es folgte ein Spießrutenlauf mit Prügelorgien. Mit den ersten Gefangenentransporten, die Bautzen entlasten sollten, kam Joachim Gringmuth im Juli 1950 nach Brandenburg-Görden.

Ende 1954 drangen Nachrichten über bevorstehende Entlassungen von SMT-Verurteilten in die Haftanstalt. Es herrschte Unruhe unter den Gefangenen, da einige entlassen wurden, andere wiederum nicht. Am 16. November 1956 war es auch für Joachim Gringmuth so weit. Der Präsident der DDR hatte in einem Gnadenentscheid vom 4. Oktober 1956 seine Strafe auf 10 Jahre herabgesetzt und eine bedingte Strafaussetzung mit Wirkung vom 16. November 1956 beschlossen. Die relativ späte Entscheidung hing vermutlich auch mit den negativen Führungsberichten über Joachim Gringmuth zusammen, denn die Entlassungen sollten auch von der politischen Einstellung des Betreffenden abhängig gemacht werden. Gringmuth wurde 1954 als „Gegner der DDR und SU" charakterisiert, der in Diskussionen seine feindliche Einstellung kundtue. Dies zeige sich u. a. auch an seiner Beteiligung an der illegalen Gruppenbildung in der Tischlerei.[158] Nachdem die DDR wegen der schleppenden Entlassungsaktionen unter Druck geraten war, verfuhr man offenbar großzügiger. Knapp zwei Jahre später wurde Joachim Gringmuth plötzlich bescheinigt, dass er kein Gegner „unserer DDR" sei; er äußere sich sehr offen über Dinge, „die ihn verärgern und nicht richtig sind".[159] Daraufhin entschied der I a Strafsenat des Bezirksgerichts Potsdam nach einer Überprüfung, „dass der erzieherische Zweck der Strafe bei dem Verurteilten erreicht scheint", woraufhin die restliche Strafe zur Bewährung von zwei Jahren ausgesetzt wurde.[160] Nach acht Jahren Haft konnte Gringmuth schließlich im November 1956 im Alter von 30 Jahren die Gefängnismauern hinter sich lassen.

157 Militärtribunal der SMA Sachsen: Urteil im Namen des Volkes der Union der Sozialistischen Sowjetrepubliken vom 25. 10. 1948, Akte Nr. 0760. Abgefasst in russischer Sprache, Kopie im Besitz der Verf.
158 StVA Brandenburg, Führungsbericht Gringmuth, Joachim, vom 27. 12. 1954, BStU, G-SKS, 300002, Bl. 56.
159 StVA Brandenburg, Führungsbericht vom 9. 9. 1956, in: ebenda, Bl. 74.
160 Beschluss des Ia Strafsenats des Bezirksgerichts Potsdam vom 23. 10. 1956, in: ebenda, Bl. 83.

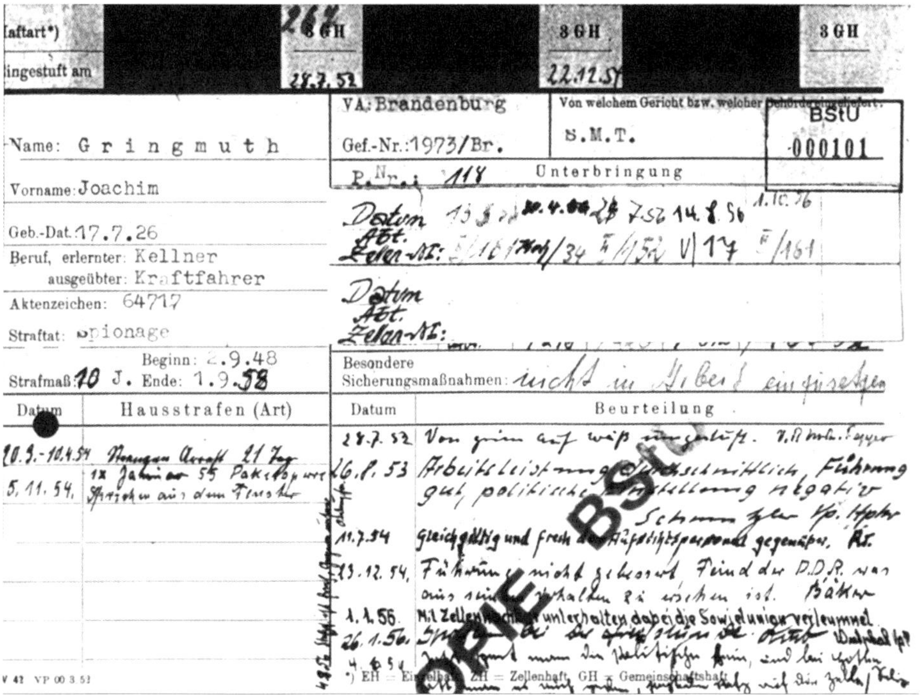

Quelle: BStU, G-SKS, 13103.

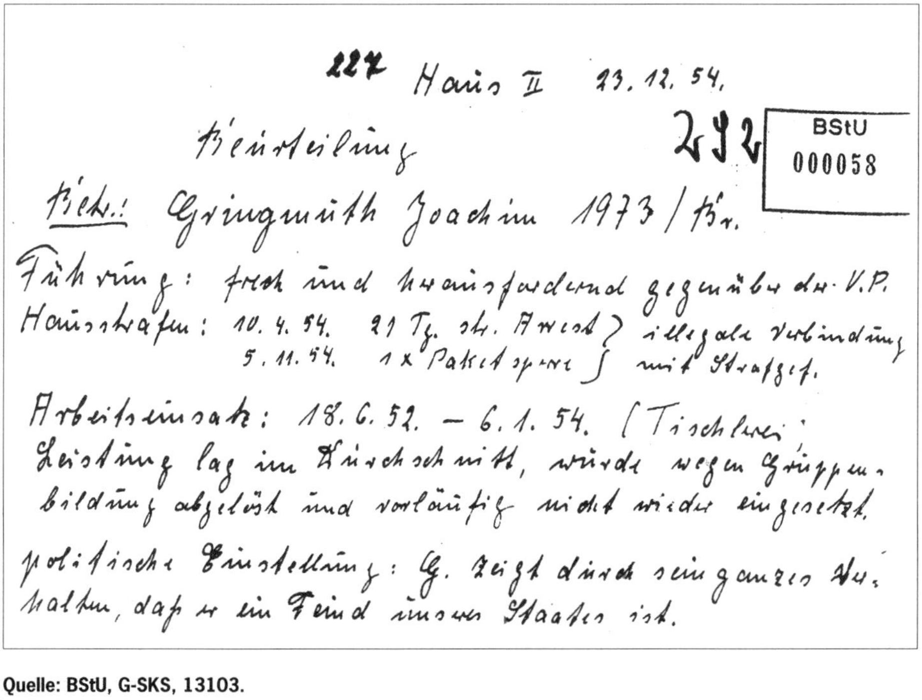

Bemerkenswert ist, dass vor allem Jugendliche den Argwohn der sowjetischen Besatzungsmacht erregten. Zum einen wurde bei ihnen die Zugehörigkeit zur „Werwolf"-Organisation vermutet, da die Besatzungsmacht von einer nahezu flächendeckenden Mitgliedschaft ausging, was jedoch nicht den Tatsachen entsprach. Dennoch wurden viele Jugendliche ohne entsprechende Beweise verurteilt.[161] Pohl spricht von einer regelrechten „Werwolf-Hysterie".[162] Zum anderen unterstellte man offensichtlich vielen Jugendlichen per se Oppositionsgeist und widerständiges Verhalten. Die sowjetischen Militärtribunale verurteilten viele Jugendliche grundlos bzw. wegen nichtiger Delikte zu langen Haftstrafen, um damit eine abschreckende Wirkung zu erzielen. Dabei, so stellt Possekel fest, war es ihnen völlig gleichgültig, dass sich infolgedessen das Entfremdungsverhältnis zwischen Bevölkerung und Besatzungsmacht noch weiter steigerte. Sie sahen durch Jugendproteste ihre Besatzungsherrschaft gefährdet und urteilten allein aus ihrem überzogenen Sicherheitsbedürfnis.[163]

Auch von den in Brandenburg-Görden einsitzenden SMT-Verurteilten war mindestens die Hälfte wegen Delikten nach 1945 verurteilt worden. So hatte man von den im August 1953 in der Strafvollzugsanstalt inhaftierten 1567 SMT-Häftlingen 785 wegen Kriegsverbrechen und Verbrechen gegen die Menschlichkeit verurteilt. Alle anderen saßen wegen Spionage (351 Gefangene), antisowjetischer Agitation bzw. Flugblätterverteilung (135 Gefangene), Aufrufs zum Aufstand und Mitwirkung an antisowjetischen Organisationen und Gruppen (58 Gefangene), illegalen Waffenbesitzes (81 Gefangene), Schädlingsarbeit, Sabotage (29 Gefangene), Verheimlichung oder Mitwisserschaft (18 Gefangene), sonstige Verbrechen u. a. Tatbestände (81 Gefangene).[164] Von diesen Verurteilten verbüßten 593 eine Strafe von 25 Jahren und 569 eine lebenslängliche Haftstrafe.[165] Diese Strafen zeigen, wie hart und maßlos die Urteile von Sowjetischen Militärtribunalen ausfielen. Von den Ende 1953 in Brandenburg-Görden einsitzenden 3479 Häftlingen waren also knapp die Hälfte SMT-Verurteilte.[166]

Insgesamt befanden sich im August 1953 insgesamt 11785 SMT-Verurteilte in den Strafvollzugsanstalten der DDR. Kaum mehr als ein Viertel von ihnen war wegen Kriegsverbrechen verurteilt worden.[167] Ohne diese Straftäter verharmlosen zu wol-

---

161 Vgl. Günter Agde, Die Greußener Jungs. Hitlers Werwölfe, Stalins Geheimpolizei und ein Prozeß in Thüringen, Berlin 1995; Kurt Schilde, Jugendliche unter „Werwolf"-Verdacht. Anmerkungen zu einem schwierigen Thema, in: Norbert Haase/Brigitte Oleschinski (Hrsg.), Das Torgau-Tabu. Wehrmachtstrafsystem, NKWD-Spezriallager, DDR-Strafvollzug, Leipzig 1993, S. 176–188.
162 Vgl. Pohl, Justiz in Brandenburg, S. 84.
163 Vgl. Possekel, Einleitung: Sowjetische Lagerpolitik, S. 63.
164 Aufstellung über die Zahl der einsitzenden SMT-Verurteilten gemäß Anforderung von der SKK, Stand 30. 8. 1953, BArchB, DO 1/11.0/1578, Bl. 41.
165 170 Gefangene verbüßten eine Strafe von bis zu 10 Jahren, 113 von 10 bis 15 Jahren, 122 von 15 bis 25 Jahren. Ebenda.
166 Gefangenenstatistik vom 25. 11. 1953, BArchB, DO 1/11.0/1578, Bl. 33.
167 In absoluten Zahlen waren das 3215 SMT-Verurteilte. BArchB, DO 1/11.0/1578, Bl. 39.

len, ist jedoch auch bei der Beurteilung der Fälle Vorsicht geboten, da nicht unbedingt die individuelle Schuld von den Militärgerichten nachgewiesen werden musste.[168] Fast 75 Prozent der Verurteilten waren demnach wegen „Verbrechen" nach 1945 inhaftiert.

Die Strafverfolgung der Sowjetischen Militärtribunale richtete sich dementsprechend besonders gegen Kritiker des neuen Systems, wovon wiederum besonders viele Sozialdemokraten betroffen waren, die sich entweder der Zwangsvereinigung oder aber dem Kurs der SED widersetzten.[169] Dafür steht folgender Fall.

Zum Beispiel Hermann Kreutzer

Hermann Kreutzer, 1924 in Saalfeld geboren, kam aus einem sozialdemokratischen Elternhaus.[170] Sein Vater war langjähriges SPD-Mitglied und beteiligte sich aktiv am Widerstand in der NS-Zeit. Sein Haus wurde illegaler Treffpunkt von Gegnern des NS-Regimes. In dieser Tradition wuchs Hermann Kreutzer auf. Er wurde als Kind Mitglied der sozialdemokratischen Kinderorganisation, der Nestfalken, und später der SPD, in der er auch in der Illegalität während der Nazizeit aktiv blieb. Während des Krieges wurde er eingezogen und kam als Soldat nach Frankreich, wo er Kontakt zur Résistance aufnahm und schließlich desertierte. Von der Wehrmacht aufgegriffen, wurde er wegen „Wehrkraftzersetzung" zu 10 Jahren Haft verurteilt. Er konnte jedoch fliehen.

Mit der amerikanischen Armee kam er zurück nach Deutschland. In seiner Heimatstadt Saalfeld wurde er zunächst von den Amerikanern als Chef des Ernährungsamtes im Landkreis eingesetzt. Als Thüringen in die Sowjetische Besatzungszone überging, überantwortete man ihm die Funktion eines Abteilungsleiters für Kommunalpolitik. Gemeinsam mit seinem Vater und mit Gleichgesinnten betrieb er 1945 die Reorganisation der SPD im Landkreis. Hermann Kreutzer wurde Mitglied im Kreis- und Landesvorstand der SPD. Die 1946 vollzogene Zwangsvereinigung mit der KPD lehnte er ab. Sein Vater wie auch seine Verlobte verließen aus Protest die Partei. Hermann Kreutzer versuchte nun gemeinsam mit anderen Sozialdemokraten, innerhalb der SED Einfluss

---

168 Da zahlreiche wegen Kriegsverbrechen Verurteilte nach 1990 von der russischen Militärstaatsanwaltschaft rehabilitiert wurden, liegt diese Annahme nahe. Die Urteile, die gegen Zivilisten ergangen sind, weisen eine Rehabilitierungsquote von 90 Prozent auf. Vgl. Klaus-Dieter Müller, „Jeder kriminelle Mörder ist mir lieber ..." Haftbedingungen für politische Häftlinge in der Sowjetischen Besatzungszone und der Deutschen Demokratischen Republik und ihre Veränderungen von 1945–1989, in: ders./Annegret Stephan (Hrsg.), Die Vergangenheit lässt uns nicht los. Haftbedingungen politischer Gefangener in der SBZ/DDR und deren gesundheitliche Folgen, Berlin 1998, S. 40 f.
169 Fricke, Politik und Justiz, S. 117. Vgl. auch Beatrix Bouvier, Ausgeschaltet! Sozialdemokraten in der Sowjetischen Besatzungszone und in der DDR 1945–1953, Bonn 1996.
170 Interview Hermann Kreutzer Januar 2003.

zu erlangen und sozialdemokratische Auffassungen durchzusetzen. Man traf sich illegal in verschiedenen Wohnungen von Sozialdemokraten und besprach die Strategie und Taktik der politischen Arbeit. Dies betraf z. B. die Einflussnahme bei der Aufstellung von Kandidatenlisten bei den Kommunal- und Landtagswahlen, die Verbreitung sozialdemokratischer Schriften, die Herstellung und Verteilung von Flugblättern. Gleichzeitig hielt er Kontakte zum Ostbüro der SPD und unterrichtete dieses über die Zustände in der SBZ, u. a. über Korruption unter kommunistischen Funktionsträgern, die allgemeine Misswirtschaft sowie über die Verhaftungen in der SBZ. Er hoffte, durch Veröffentlichung dieser Berichte im Westen angesichts der noch bestehenden Durchlässigkeit der Grenze eine Rückwirkung auf die Meinungsbildung im Osten erzielen zu können.

Diese Aktivitäten blieben nicht unbemerkt, das NKWD wurde auf die Tätigkeit der Sozialdemokraten aufmerksam. 1948/49 breitete sich eine Verhaftungswelle über das Land Thüringen aus, der viele Sozialdemokraten zum Opfer fielen. Hermann Kreutzer wurde gemeinsam mit fünf anderen Saalfelder Sozialdemokraten (darunter sein Vater und seine Verlobte) am 4. April 1949 vom NKWD verhaftet und vor ein Sowjetisches Militärtribunal gestellt. Dieses verurteilte ihn nach Paragraf 58 des Gesetzbuches der RFSFR zu 25 Jahren Freiheitsentzug wegen konterrevolutionärer Tätigkeit, illegaler Gruppenbildung, antisowjetischer Propaganda und Spionage. Er kam zunächst in das Speziallager nach Bautzen, von dort 1952 nach Berlin-Hohenschönhausen in das Lager X der Staatssicherheit. 1954 wurde er in die Strafvollzugsanstalt Brandenburg eingeliefert. Während der Haft behielt er seinen politisch wachen Blick, machte aus seiner Überzeugung keinen Hehl und versuchte, sozialdemokratisches Gedankengut zu verbreiten. Am 31. Mai 1956 wurde Hermann Kreutzer entlassen. Er ging sofort nach Westberlin und engagierte sich weiterhin in verschiedenen Funktionen und Tätigkeiten für die SPD und kümmerte sich um das Schicksal von politischen Häftlingen.

Mit diesen politischen Verfahren griff die sowjetische Besatzungsmacht massiv in den Aufbau der neuen Ordnung ein und ebnete der SED-Führung den Weg zu ihrer unumschränkten Macht. Tausende von Verurteilten waren der Preis für die Etablierung des stalinistischen Systems auf deutschem Boden.

Die Verurteilungspraxis führte dazu, dass die betreffenden Strafvollzugsanstalten mit SMT-Verurteilten völlig überbelegt waren. Entsprechend einem Beschluss des Politbüros des ZK der KPdSU vom 31. Oktober 1949 sollten keine Entlassungen von SMT-Verurteilten ohne die Einwilligung der Sowjetischen Kontrollkommission (SKK) erfolgen.[171] Nur selten kam es zu einzelnen Begnadigungen, so z. B. 1951 anlässlich des 75. Geburtstages des Präsidenten der DDR oder des 2. Jahrestages der DDR am 7. Oktober 1951. Nicht betroffen von diesen Gnadenakten waren „Verbrechen und

---

171 Erler, Zur Tätigkeit der Sowjetischen Militärtribunale, S. 185.

Vergehen gegen die antifaschistisch-demokratische Ordnung".[172] Auch aus dem Zuchthaus Brandenburg wurden nur wenige SMT-Verurteilte entlassen, so z. B. im Oktober 1951 etwa 18 SMT-Verurteilte.[173] Es handelte sich lediglich um einzelne Fälle.

Erst 1954 änderte sich die Situation. Im Januar 1954 hatte sich die sowjetische Regierung entschieden, ca. 6000 SMT-Häftlinge in die Freiheit zu entlassen. Diese Aktion, die für die Strafvollzugsverwaltung völlig überraschend kam, war am 21. Januar 1954 abgeschlossen. Dennoch bewirkte sie nach Feststellung der Hauptverwaltung Strafvollzug keine wirkliche Entlastung der Strafvollzugsanstalten, da sie erstens doppelt bis dreifach überbelegt waren und zweitens die Zahl der Verurteilungen wegen „antidemokratischer Handlungen" durch DDR-Gerichte anstieg.[174]

Immer noch befanden sich im Herbst 1954 in den Zuchthäusern der DDR 5628 SMT-Verurteilte.[175] Im Oktober 1954 hatte der Hohe Kommissar der UdSSR dem Ministerrat der DDR mitgeteilt, dass die DDR fortan für das weitere Schicksal der SMT-Verurteilten verantwortlich sei. Es wurden zwei Kommissionen vom Politbüro der SED eingesetzt, die nunmehr Entscheidungskriterien für die Entlassung von SMT-Verurteilten entwickeln sollten. Danach bildeten die soziale Herkunft der Täter sowie deren Einstellung zur DDR die wesentliche Grundlage für deren Entlassung. Bis zum Juli 1955 kamen von den 5442 Überprüften nunmehr 1093 Personen frei, bei 3637 Personen wurde die Strafe gemindert, die Verbleibenden erhielten keine Begnadigung.[176] Die Entlassungen erfolgten jeweils schubweise. Ab September 1955 geriet nach Ansicht Werkentins die SED-Führung infolge des Besuches Adenauers in Moskau, der über die Rückführung der letzten Kriegsgefangenen verhandelte, massiv unter Druck. Die DDR kam in Zugzwang. So veranlasste der Staatssekretär im MfS, Erich Mielke, eine Überprüfung von weiteren SMT-Verurteilten, in deren Folge auf Beschluss des Ministerrates vom 22. 12. 1955 2616 Gefangene entlassen wurden. Diese „Aktion Schmetterling" war im Februar 1956 abgeschlossen.[177]

Von diesen Entlassungsschüben war auch die Strafvollzugsanstalt Brandenburg betroffen. Im Rahmen der „Sonderaktion" vom Januar 1954 gab es einige Entlassungen von SMT-Verurteilten aus Brandenburg,[178] es folgten weitere im Verlauf des glei-

---

172 Rundverfügung des Ministers der Justiz vom 18. 10. 1951 (Nr. 143/51), BArchB, DO 1/11.0/ 1591.
173 Schreiben der HV DVP an den Leiter der StVA Brandenburg vom 22. 10. 1951, BArchB, DO 1/ 3506.
174 HA SV: Quartalsbericht für das I. Quartal 1954 vom 20. 4. 1954, BArchB, DO 1/3737, S. 10.
175 Erler, Zur Tätigkeit der Sowjetischen Militärtribunale, S. 186.
176 Werkentin, Politische Strafjustiz in der Ära Ulbricht, S. 342 f.
177 Ebenda, S. 343 f.
178 Vgl. HA SV: Kontrollbericht vom 19. 1. 1954, BArchB, DO 1/11.0/1486, Bl. 24 f. Daraus geht allerdings nicht die genaue Zahl der Entlassenen hervor.

chen Jahres.[179] Diese Entlassungsaktion brachte vor allem eine Entlastung anderer Haftanstalten, so der StVA Halle, Waldheim und Luckau, die anschließend für die Einweisung anderer Strafgefangener freigegeben wurden. Die Tribunal-Verurteilten konzentrierte man fortan in den Haftanstalten Brandenburg, Torgau, Hoheneck und Bautzen.[180] Erst die 1955 eingesetzten Kommissionen brachten für viele SMT-Verurteilte in Brandenburg die Freiheit.[181] Im Vorfeld musste die Anstaltsleitung für jeden Häftling eine kurze Einschätzung verfassen, auf deren Grundlage dann eine Kommission über seine Entlassung entschied. So hieß es z. B. über einen zu 25 Jahren Freiheitsstrafe Verurteilten: „Führung und Disziplin gut. Arbeitsleistungen im Durchschnitt. Ist mit Politik der DDR einverstanden. Diskutiert positiv. Leumund der Ehefrau ist gut."[182] Oder bei einem zu 20 Jahren Haft Verurteilten: „Gute Führung, willig und gewissenhaft. Verurteilt den Faschismus. Berücksichtigt wurde das positive Verhalten seiner Ehefrau, welche eine sehr fleißige Genossenschaftsbäuerin ist."[183] Die Entlassung der SMT-Verurteilten wurde folglich nicht nur von der politischen Einstellung des Inhaftierten, sondern auch seiner Angehörigen abhängig gemacht.

Neben den Gnadenerweisen des Präsidenten der DDR, die zu Haftentlassungen führten, erfolgte 1955 auch eine umfangreiche Überprüfung der Verurteilten, in deren Folge die Strafmaße herabgesetzt wurden. In Brandenburg-Görden betraf dies 665 SMT-Verurteilte, für die sich die Strafe minderte.[184] Eine große Entlassungsaktion erfolgte aus der Strafvollzugsanstalt Brandenburg im August 1956, die ca. 800 Gefangenen die Freiheit brachte.[185]

Mit der Überprüfung der Strafgefangenen kam es auch zu Verwechslungen von Personen. Dies betraf z. B. eine Frau, die in der Haftanstalt Brandenburg als SMT-Verurteilte einsaß. Daraufhin erging folgender Befehl:

„Auf Grund des Beschlusses des Obersten Gerichtes der UdSSR ist der Strafgefangene [sic!] Holdt, Karin geb. 11. 6. 1928 in Stuttgart, die zu verbüßende Reststrafe erlassen worden. Die unter dem Namen Holt von einer sowjetischen Dienststelle übernommene Person gibt an, Krakow, Hanna zu heißen, in Hundisburg geboren und unter dem Namen Holt verurteilt worden zu sein. Auf Grund der Unstimmigkeit zur Person befehle ich:

---

179 Im Juli 1954 wurden ca. 80 SMT-Verurteilte aus der StVA Brandenburg entlassen. Vgl. Befehl Nr. 73/54 vom 8. 7. 1954, BArchB, DO 1/3506, Bl. 21.
180 HA SV: Quartalsbericht für das I. Quartal 1954 vom 20. 4. 1954, BArchB, DO 1/3737, S. 9.
181 Am 23. 12. 1955 wurden aus der StVA Brandenburg 127 SMT-Verurteilte entlassen. Vgl. Befehle des Leiters der Verwaltung Strafvollzug Nr. 1 b/55–3a/55 vom 23. 12. 1955, BArchB, DO 1/3506, Bl. 43–49 (namentliche Aufstellung).
182 Listenaufstellung von Strafgefangenen StVA Brandenburg vom 18. 3. 1955, BArchB, DO 1/3506, Bl. 125.
183 Ebenda.
184 Listenaufstellung, BArchB, DO 1/3506, Bl. 159–198.
185 Ebenda.

Der Strafvollzug in der Haftanstalt Brandenburg 1950 bis Ende der 1950er-Jahre

1. Der Strafgefangene Holt, Karin alias Krakow, Hanna ist die von einem sowjetischen Militärtribunal verhängte restliche Freiheitsstrafe zu streichen.
2. Die Person ist von der StVA Brandenburg-Görden dem VPKA Brandenburg, Abteilung K, zur Einleitung eines Personenfeststellungsverfahrens zu übergeben. Chef der VP, Maron."[186]

Diese Verwechslung schien sich bestätigt zu haben, da in den Entlassungslisten schon ihr richtiger Name auftaucht. Vermutlich hatte diese Frau viele Jahre ihres Lebens unschuldig hinter Gittern zubringen müssen. Ganz offensichtlich waren vorher alle Versuche fehlgeschlagen, eine Überprüfung zu erreichen.

Auch nach der großen Entlassungswelle befanden sich immer noch 72 SMT-Verurteilte im Zuchthaus Brandenburg,[187] anfang 1960 waren es immer noch 57.[188] Darunter befand sich z. B. auch ein 39-jähriger Gefangener, der 1948 vom SMT Sachsen zu 15 Jahren Freiheitsentzug wegen Spionage verurteilt worden war und damit bereits 12 Jahre Haft verbüßte. Er wurde schließlich Ende 1960 entlassen.[189] Obwohl die Gnadenaktionen des Staatsrates vom 5. Oktober 1960 und 4. Oktober 1964 weitere SMT-Verurteilte betrafen, saßen 1966 noch immer 6 SMT-Verurteilte in Brandenburg ein.[190] Um welche Personen es sich dabei handelte und ob sie überhaupt aus dem Zuchthaus entlassen wurden oder darin verstarben, konnte bisher nicht festgestellt werden.

Insgesamt beläuft sich die Zahl der in Brandenburg-Görden inhaftierten SMT-Verurteilten auf 4838 Gefangene, wie die Häftlingskartei belegt.[191] Dabei konnte deren Aufenthaltsdauer sehr unterschiedlich sein, bildete doch für einige Verurteilte das Zuchthaus eine Durchgangsstation in eine andere Haftanstalt. In der Mehrzahl aber befanden sie sich für viele Jahre in der Strafvollzugsanstalt.

Die Gruppe der „Schwerstkriegsverbrecher"

An dieser Stelle soll auf eine spezielle Gruppe von durch sowjetische Militärgerichte Verurteilten eingegangen werden, die nach den Prozessen in die Sowjetunion verbracht worden waren und im Zuge der letzten großen Rückkehraktion von Kriegsgefangenen 1955 an die DDR bzw. die BRD zur weiteren Strafverbüßung überstellt wurden. Die Geschichte dieser Strafverfolgung ist bisher noch kaum aufgearbeitet worden. Ein ehemaliger Häftling hat diese Geschichte nach 1989 anhand der jetzt zugänglichen Unterlagen zu rekonstruieren versucht, eine umfangreiche Aktenrecherche

---

186 Befehl des Chefs der DVP Nr. 9/54 vom 17. 1. 1954, BArchB, DO 1/11.0/3506, Bl. 12.
187 Gefangenenstatistik vom 31. 3. 1957, BLHA, Rep. 404/15.1/709, Bl. 2.
188 Gefangenenstatistik vom 31. 3. 1960, BLHA, Rep. 404/15.1/709, Bl. 44.
189 BStU, -ZA, AS 135/63, Bd. 2, Bl. 21 f.
190 Gefangenenstatistik vom 31. 3. 1966, BLHA, Rep. 404/15.1/710, Bl. 60.
191 Die Häftlingskartei der SMT-Verurteilten wurde gesondert geführt und bildet daher einen einheitlichen Bestand. Sie befindet sich in Kopie in der Stiftung Brandenburgische Gedenkstätten.

betrieben und die Ergebnisse in einer Broschüre veröffentlicht.[192] Die folgenden Ausführungen stützen sich sowohl auf die Erkenntnisse von Günther Kowalczyk, der der Verfasserin darüber hinaus einige Unterlagen zur Verfügung gestellt hat, sowie auf Unterlagen des Bundesarchivs.

Neben den 8877 verurteilten deutschen Kriegsgefangenen, die 1955 aus der Sowjetunion entlassen wurden, übergab die UdSSR 749 „Kriegsverbrecher", die aufgrund der Schwere ihrer Tat nicht amnestiert worden waren, den deutschen Behörden. Die Auslieferung richtete sich jeweils nach dem Wohnort der Betroffenen. Am 17. Dezember 1955 wurden dem DDR-Innenministerium „266 männliche und 3 weibliche Kriegsverbrecher" in Frankfurt/Oder übergeben.[193] Die männlichen Gefangenen kamen zunächst in die Strafvollzugsanstalt Bautzen, später wurden ca. 40 Personen nach Brandenburg-Görden überstellt.[194] Die weiblichen Gefangenen gelangten in das Zuchthaus Hoheneck. Bis heute ist unklar, wie die 749 Personen auf die Liste der Schwerkriegsverbrecher kamen, denn die Sowjetunion machte offenbar keinen Unterschied zwischen Kriegsgefangenen, Zivilinternierten und Personen, die die Militärjustiz wegen Verbrechen gegen die Besatzungsmacht verurteilt hatte. Die Durchsicht der Listen ergab, dass es sich bei 105 Personen nicht um Kriegsgefangene, sondern um Personen handelte, die nach Kriegsende in Deutschland verhaftet und von sowjetischen Gerichten abgeurteilt worden waren. In dem gesamten Kontingent befanden sich wiederum 113 Personen, die bei Kriegsende noch nicht das 21. Lebensjahr, 18 noch nicht das 18. Lebensjahr und 5 noch nicht das 14. Lebensjahr erreicht hatten.[195] Damit soll nicht behauptet werden, dass es tatsächlich keine Kriegsverbrecher unter den Überstellten gegeben hätte. Immerhin befanden sich unter ihnen auch 5 ehemalige Aufseher aus dem KZ Sachsenhausen. Aber die Tatsache, dass eine Reihe von Personen nach Kriegsende wegen angeblicher Straftaten in der SBZ verurteilt worden war, wirft ein differenzierteres Bild auf die als Kriegsverbrecher Verurteilten und stellt Fragen hinsichtlich der Rechtmäßigkeit der Verurteilungen sowie der Zuordnung als „Verbrechen gegen die Menschlichkeit".[196] So war z. B. Günther Kowalczyk im Januar

---

192 Günther Kowalczyk, „749 Schwerst-Kriegsverbrecher" – ein Kapitel deutschen Leidens unter der Stalin-Justiz, Eigenverlag 2001.

193 MdI, Minister Maron: Betr. Übernahme der Kriegsverbrecher aus der Sowjetunion vom 24. 12. 1955, BArchB, DO 1/11.0/1571, Bl. 190. In anderen Schreiben wird von 275 übergebenen Personen gesprochen. Auf diesen Widerspruch weist auch Kowalczyk hin.

194 Diese Häftlinge wurde auf der Sonderstation im Haus IV untergebracht. Vgl. Gerhard Finn/Karl Wilhelm Fricke, Politischer Strafvollzug in der DDR, Köln 1981, S. 35.

195 Kowalczyk, „Schwerstkriegsverbrecher", S. 35. Von den 269 den DDR-Behörden Überstellten waren bei Kriegsende 46 Personen jünger als 21 Jahre, 16 jünger als 18 Jahre und 5 jünger als 14 Jahre. Ebenda, S. 94.

196 Unter diesen Nichtamnestierten befand sich z. B. auch der ehemalige Generalsekretär der LDPD, Günter Stempel, der am 8. August 1950 in Ost-Berlin verhaftet worden war. Vgl. Fricke, Politik und Justiz, S. 152.

1950 wegen Spionage, illegaler Gruppenbildung und antisowjetischer Propaganda von einem sowjetischen Militärtribunal in Halle/Saale zu 25 Jahren Zwangsarbeit in der Sowjetunion verurteilt worden. Als Beweis für diese Straftaten galt einzig eine bei ihm gefundene Westberliner Tageszeitung.[197] Er kam in das Strafarbeitslager in Workuta, in dem die Inhaftierten vor allem zur Arbeit in den Kohlenschächten eingesetzt wurden. Unter den 105 wegen Straftaten nach dem Krieg Verurteilten kam die Hälfte aus eben diesem Straflager, die andere Hälfte aus drei anderen Lagern in Sibirien.[198]

Die in die Bundesrepublik Überstellen erhielten mit Ausnahme der ehemaligen KZ-Aufseher im Januar 1956 die Freiheit. Diejenigen, die in der DDR ihre Strafe verbüßten, ohne dass ihr Fall nochmals untersucht worden war, mussten zunächst ausharren und wurden in den Strafvollzugsanstalten isoliert und mit dem Stigma des Schwerverbrechers versehen. Die Mehrzahl von ihnen, nämlich 225 Personen, wurde dann im April 1956 entlassen. Anschließend konzentrierte man die in der Haft Verbliebenen in der Strafvollzugsanstalt Brandenburg; zwei dieser Gefangenen waren bei ihrer Verurteilung noch nicht einmal 18 Jahre alt. Nach 1958 waren noch 47 aus dem DDR-Kontingent in Haft. Einige von ihnen verbüßten noch bis 1962/63 ihre Freiheitsstrafe.[199] Die Letzten wurden mit der Amnestie von 1964 entlassen.[200]

Ob und in welchem Umfang es sich bei den 170 Häftlingen, die wegen Straftaten vor 1945 verurteilt worden waren, tatsächlich um Kriegsverbrecher handelte, bleibt der weiteren Forschung vorbehalten. Nach Befragungen Betroffener kann angenommen werden, dass auch hier von Verfahren nach Grundsätzen der Rechtsstaatlichkeit kaum gesprochen werden kann.[201] Sowohl bei den Verfahren gegen deutsche Zivilis-

---

197 Kowalczyk, „Schwerstkriegsverbrecher", S. 14.
198 Ebenda, S. 90.
199 Vgl. namentliche Aufstellung über die am 17. 12. 55 von der UdSSR an die DDR übergebenen „Schwerstkriegsverbrecher", nach Aktenrecherchen zusammengestellt von Günther Kowalczyk. Kopie im Besitz der Verf.
200 Vgl. Fricke, Politik und Justiz, S. 153 f.
201 Vgl. Kowalczyk, „Schwerstkriegsverbrecher", S. 75–78. Das deutsche Rote Kreuz hatte zurückgekehrte deutsche Kriegsgefangene aus der UdSSR seit 1954 in der Bundesrepublik über die Umstände und Gründe ihrer Verurteilung anhand von Befragungsbögen vernommen. Die statistische Auswertung aus dem Jahre 1955 ergab folgendes Ergebnis: „In 62,85 % waren die Vernehmungsmethoden nicht einwandfrei. In 82,71 % wurden keine Zeugen verhört. In 83,64 % stand kein Verteidiger zur Verfügung. In 92,07 % war die Verhandlung nicht öffentlich. In 85,87 % erfolgte die Verurteilung zu 25 Jahren Besserungsarbeitslager. In 74,72 % ergingen Kollektiv-Verurteilung. In 77,71 % wurden eingelegte Rechtsmittel zurückgewiesen. In keinem Falle erfolgte ein Freispruch." Vgl. Aufzeichnung. Betr. Besprechung mit Vertretern der sowjetischen Regierung, hier: Deutsche Kriegs- und Zivilgefangene in der Sowjetunion vom 25. 6. 1955, Politisches Archiv des Auswärtigen Amtes, Abt. 2/20 Ref. 204, Az. 202-514-01/76/1986/55, Kopie im Besitz von Günther Kowalczyk. Auch wenn quellenkritisch bemerkt werden muss, dass es sich um Angaben von Betroffenen handelt, zeigt sich zumindest in der Tendenz eine rechtlich fragwürdige Anklage- und Verurteilungspraxis, die auch durch die neuesten Forschungen belegt wird.

ten als auch gegen deutsche Kriegsgefangene kamen keine rechtsstaatlichen Prinzipien zur Anwendung, wie die neuesten Forschungen zu dieser Thematik belegen. „In allen Fällen wurden Ermittlungs- und Gerichtsverfahren durch Folter, die undifferenzierte Härte der Strafen, die Vagheit vieler Rechtsnormen, die zudem durch außerlegale Akte und punktuelle Befehle ergänzt wurden, das heißt durch die allgegenwärtige politische Instrumentalisierung der Justiz enorm belastet."[202] Obwohl die Sowjetunion angesichts der auf ihrem Boden verübten nationalsozialistischen Gewalt- und Kriegsverbrechen unbedingt berechtigt war, diese Personen einer angemessenen Bestrafung zuzuführen, hat sie durch die Ignorierung von Rechtsgrundsätzen die Strafverfolgung delegitimiert. Die sowjetischen Prozesse, so Hilger und Schmeitzner, erbrachten zudem kaum jemals einen Nachweis individueller Schuld. „Eine gelungene Realisierung der Strafverfolgung scheiterte", so das Resümee der beiden Autoren. „Sie scheiterte an den verheerenden rechtsstaatlichen Unzulänglichkeiten, und sie scheiterte vor allem an der ideologischen und machtpolitischen Durchdringung der Ermittlungen und Prozesse."[203]

Der Befehl 201 der SMAD

Bereits unter der Verantwortung des Ministeriums der Justiz war die Haftanstalt für die nach Befehl 201 der SMAD von deutschen Strafkammern in der SBZ/DDR Verurteilten vorgesehen, von denen ein großer Teil fortan ihre Freiheitsstrafe in Brandenburg-Görden verbüßte. Dieser Befehl gründete sich auf die vom alliierten Kontrollrat erlassenen Direktiven Nr. 24 und Nr. 38, die die Bestrafung von belasteten Nationalsozialisten zum Ziel hatten. Mit dem Erlass eines eigenen Befehls am 16. August 1947 im Rahmen des Entnazifizierungsprozesses verließ die SMAD jedoch die Gemeinsamkeit des Alliierten Kontrollrates und ging eigene Wege.[204] Diese besonderen Strafkammern, die an den Landgerichten zu bilden waren, bestehend aus einem Berufsrichter und zwei Schöffen bzw. je nach Schwere der Verbrechen zwei Richtern und drei Schöffen (kleine und große Strafkammern genannt) wurden unter der Kontrolle der SMAD mit „zuverlässigen Kadern" bzw. SED-Mitgliedern besetzt. Die Untersuchung der Straftaten wurde der Deutschen Verwaltung des Innern übertragen, die sich dafür ein Organ, die so genannte Abteilung K 5 der Kriminalpolizei, schuf. Vor die 201-Strafkammern gelangten vornehmlich die an deutschen Opfern verübten NS-Straftaten. Entgegen den Direktiven des Alliierten Kontrollrats kamen auf der Basis

---

202 Hilger/Schmeitzner, Einleitung: Deutschlandpolitik und Strafjustiz, S. 30 f.
203 Ebenda, S. 31.
204 Vgl. ausführlich zum Befehl 201 und seiner Entstehungsgeschichte Wentker, Justiz in der SBZ/DDR, S. 399–432, sowie Christian Meyer-Seitz, Die Verfolgung von NS-Straftaten in der Sowjetischen Besatzungszone, Berlin 1998.

Der Strafvollzug in der Haftanstalt Brandenburg 1950 bis Ende der 1950er-Jahre

des Befehls 201, der insbesondere die Verfahrensweise hinsichtlich des Entnazifizierungsprozesses regelte, auch mittlere und kleine Funktionsträger nationalsozialistischer Organisationen zur Anklage, ohne dass sie sich persönlicher Verfehlungen schuldig gemacht haben mussten. Hier galt die angenommene Kollektivschuld. Für die nach Befehl 201 Angeklagten sprachen die Gerichte sehr unterschiedliche Strafmaße aus: Sie reichten von einem Jahr bis zu 15 Jahren Zuchthaus, vereinzelt wurde auch die Todesstrafe ausgesprochen. Zum überwiegenden Teil blieben aber die Strafmaße gering.[205]

So hatten von den 1047 im Dezember 1949 in Brandenburg-Görden einsitzenden Häftlingen 80 Prozent eine Freiheitsstrafe unter drei Jahren zu verbüßen.[206] Mit der Gründung der DDR erfolgte jedoch in dieser Hinsicht ein Kurswechsel, ging es doch um die Integration auch der Mitläufer des Nationalsozialismus in das neue gesellschaftliche System. Dabei hatte sich als problematisch erwiesen, dass es sich bei den 201-Verurteilten „leider zum größten Teil um Angehörige der Arbeiterklasse handelt, die man doch keineswegs als Gegner der ‚antifaschistisch-demokratischen Ordnung' betrachten" könne.[207] Infolgedessen ging die Zahl der nach Befehl 201 durchgeführten NS-Verfahren von 1950 bis 1955 deutlich zurück.[208] Zunehmend wurde der Befehl 201 dazu genutzt, tatsächliche oder vermeintliche Gegner des neuen Systems auszuschalten. Dabei berief man sich auf den in der Kontrollratsdirektive Nr. 38, Artikel III, A III, recht schwammig formulierten Passus, der die zu verurteilenden Aktivisten des NS-Regimes definierte: „Aktivist ist auch, wer nach dem 8. Mai 1945 durch Propaganda für den Nationalsozialismus oder Militarismus oder durch Erfindung und Verbreitung tendenziöser Gerüchte den Frieden des deutschen Volkes oder den Frieden der Welt gefährdet oder möglicherweise noch gefährdet." Dieser gegen die Verbreitung von NS-Propaganda gerichtete Artikel wurde nun umfunktioniert und generell zur Verfolgung abweichender Anschauungen und abweichenden Verhaltens genutzt.

---

205 Vgl. dazu Meyer-Seitz, Die Verfolgung von NS-Straftaten. In der Regel handelte es sich um geringe Haftstrafen, auch wurden viele der Verurteilten auf Beschluss der SMAD vom März 1948 amnestiert, weshalb die Zahl der im Jahresdurchschnitt einsitzenden Häftlinge relativ gering war. Zwischen 1947 bis Ende 1950 wurden insgesamt 8321 Personen als NS-Täter verurteilt, davon 5 als Kriegsverbrecher, 2405 als Hauptschuldige, 5638 als Belastete und 273 als Minderbelastete. Ebenda, S. 231. In den Zahlen sind nicht die Waldheim-Verurteilten inbegriffen. Die 201-Strafkammern verhängten in 23 Fällen die Todesstrafe. In 3660 Fällen wurden Freiheitsstrafen von einem bis drei Jahren und in 1674 Fällen Freiheitsstrafen unter einem Jahr ausgesprochen. Zahlen ausführlich in: ebenda, S. 319.
206 Bericht über die durchgeführte Informationsreise vom 22. 12. 1949, BArchB, DO 1/11.0/1479, Bl. 9.
207 Aktenvermerk, Betr.: Ergebnisse der bisherigen 201 Rechtsprechung, 26. 10. 1949, zit. nach Wentker, Justiz in der SBZ/DDR, S. 422 f.
208 Von 1951 bis 1955 gab es nur noch rund 500 Verurteilungen. Genaue Zahlen bei Meyer-Seitz, Die Verfolgung von NS-Straftaten, S. 231.

Handelte es sich bis 1950 zu 90 Prozent tatsächlich um NS-Verfahren,[209] so wurde der Befehl 201 zunehmend zu einem wesentlichen Instrument der politischen Strafjustiz in den Anfangsjahren der DDR.

Wie bereits erwähnt, war das Zuchthaus Brandenburg als zentrale Zonenhaftanstalt für die nach Befehl 201-Verurteilten auserkoren. Obwohl dessen Kapazität für sämtliche Verurteilte nicht ausreichte, da deren Zahl angestiegen war,[210] wurde dennoch ein großer Teil von ihnen in Brandenburg inhaftiert. Im Juni 1950, kurz vor Übergabe der Strafanstalt an das MdI, waren es 1667 Häftlinge. Durch die in der Mehrzahl nicht sehr hohen Strafmaße verblieben sie auch nicht lange in den Haftanstalten – im Gegensatz zu den SMT-Verurteilten. So saßen im Dezember 1951 insgesamt 574 nach Befehl 201 Verurteilte in der DDR ein, demgegenüber aber gab es 15 291 SMT-Verurteilte, die verschiedene Haftanstalten füllten.[211] Diejenigen, die zu hohen Haftstrafen verurteilt worden waren, kamen fast sämtlich nach Brandenburg-Görden. Doch trotz geringer werdender Verurteilungen waren im Herbst 1955 immer noch insgesamt 436 nach Befehl 201 Verurteilte in Haft.[212] Die 1955 gebildete „Kommission der Regierung der DDR zur Überprüfung der von deutschen Gerichten nach Befehl 201 Verurteilten", der die Ministerin für Justiz Hilde Benjamin, Generalstaatsanwalt Melsheimer und MfS-Staatssekretär Mielke angehörten, entschied über die vorzeitige Haftentlassung der noch verbliebenen Strafgefangenen. In Brandenburg-Görden wurden 114 Häftlinge überprüft, die alle zu sehr hohen Freiheitsstrafen bis zu 15 Jahren verurteilt worden waren. Dabei handelte es sich fast ausschließlich um wegen NS-Verbrechen Verurteilte, was den Befund von Meyer-Seitz bezüglich der vor 1950 Verurteilten bestätigt. Darunter befanden sich auch einige ehemalige SA-Angehörige, die an der Köpenicker Blutwoche beteiligt waren. Aber es gab vereinzelt auch andere Fälle wie z. B. den des 74-jährigen F., der im Jahre 1952 verurteilt worden war, weil er Jugendliche geworben habe, die in der Folge „Hetzschriften in die DDR einschleusten und Sabotage verüben sollten. F. wusste zum Teil um die getätigten und geplanten Verbrechen".[213]

Im Zuge der durch die Kommission vorgenommenen Überprüfungen wurden bis auf sieben, unter ihnen vier an der Köpenicker Blutwoche Beteiligte, sämtliche nach Befehl 201-Verurteilten 1956 aus dem Zuchthaus Brandenburg entlassen.

209 Vgl. dazu Christian Meyer-Seitz, Justizielle Aufarbeitung des NS-Unrechts in der Sowjetischen Besatzungszone, in: Günter Morsch/Sylvia de Pasquale (Hrsg.), Perspektiven für die Dokumentationsstelle Brandenburg, Münster 2004, S. 179–187. Vgl. generell zur Problematik der Verfolgung von NS-Verbrechen: Annette Weinke, Die Verfolgung von NS-Tätern im geteilten Deutschland. Vergangenheitsbewältigungen 1949–1969, Paderborn 2002.
210 Vgl. Meyer-Seitz, Die Verfolgung von NS-Straftaten, S. 231.
211 Gefangenenstand vom 25. 12. 1951, BArchB, DO 1/11.0/1578, Bl. 6.
212 Werkentin, Politische Strafjustiz in der Ära Ulbricht, S. 343.
213 Namentliche Aufstellung der 201-Verurteilten aus der StVE Brandenburg-Görden, die der Kommission zur Überprüfung vorgelegt wurde, vom 14. 1. 1956, BArchB, DO 1/11.0/3506, Bl. 105.

Wie der Befehl 201 zugleich genutzt wurde, um die Opposition in der DDR auszuschalten, zeigt das Verfahren gegen Güstrower Oberschüler im Jahr 1950. Sie mussten sich vor der „Großen Strafkammer des Landgerichts Schwerin für Befehl 201" verantworten, obwohl sie nichts mit Kriegs- oder NS-Verbrechen zu tun hatten.[214] Das Urteil stützte sich dann aber auf den Verfassungsartikel 6 und die Kontrollratsdirektive 38.

Zum Beispiel Peter Moeller

Peter Moeller, 1931 geboren, verbrachte seine Kindheit und Jugend in Güstrow. Er besuchte nach dem Krieg das Gymnasium in Güstrow.[215] Nicht zuletzt durch sein Elternhaus war er frühzeitig politisiert. Im Herbst 1948 trat er in die LDP ein, die in dieser Stadt eine recht starke Partei war. Er fühlte sich von den Ideen der LDP in Hinblick auf die Demokratisierung der Gesellschaft, die besonders im Landesvorstand vertreten wurden, angezogen. Dafür wollte er sich aktiv einsetzen. Die Diskrepanz zu den realen Vorgängen in der SBZ/DDR bewirkte bei Peter Moeller eine zunehmende oppositionelle Einstellung. Vor allem, als im Herbst 1949 eine Verhaftungswelle von LDP-Funktionären durch Mecklenburg zog, in deren Folge drastische Urteile von Sowjetischen Militärtribunalen ausgesprochen wurden, darunter auch die Todesstrafe, schlug seine kritische Distanz in aktiven Widerstand um. Gemeinsam mit anderen Jugendlichen, die ebenfalls der LDP angehörten, verteilte er beispielsweise zum Deutschlandtreffen der FDJ im Mai 1950 in Berlin Flugblätter, die sie von der Kampfgruppe gegen Unmenschlichkeit (KgU) erhalten hatten und zu der sie weiterhin Kontakt unterhielten.[216] Sie nahmen in den von der Nationalen Front inszenierten Versammlungen in Vorbereitung der Wahlen im Oktober 1950[217] öffentlich gegen die Einheitslisten Stellung. Gleichzeitig verteilten und klebten sie Flugblätter in den einzelnen Stadtteilen von Güstrow.

Bei einer solchen Aktion am 16. September 1950 wurde er gemeinsam mit fünf anderen Gleichgesinnten verhaftet. Sie kamen auf die Kreispolizeidienststelle und nach nächtlichen Verhören anschließend in das Gerichtsgefängnis in Güstrow. Am 27. September 1950 wurde das Verfahren gegen acht Jugendliche vor der Großen Strafkammer

---

214 Die Strafsache gegen Peter Moeller und seine Mitstreiter wurde auf der Grundlage des Befehls 201 vor der Großen Strafkammer für Befehl 201 beim Landgericht Schwerin in Güstrow am 26. 9. 1950 geführt. Vgl. Urteil der Großen Strafkammer, Geschäftsnummer: St. Ks 66/50, Kopie im Besitz der Verf.
215 Interview Dr. Peter Moeller April 2002.
216 Vgl. Zur Organisation „Kampfgruppe gegen Unmenschlichkeit": Karl Wilhelm Fricke/Roger Engelmann, „Konzentrierte Schläge". Staatssicherheitsaktionen und politische Prozesse in der DDR 1953–1956, Berlin 1998, S. 80–89.
217 Es handelte sich um die Wahlen zur Volkskammer, den Landtagen, Kreistagen und den Gemeindevertretungen.

für Befehl 201 beim Landgericht Schwerin in Güstrow als Schauprozess unter Beteiligung der örtlichen Bevölkerung eröffnet. Bereits während ihrer Haft hatten sie große Solidarität der Einwohner von Güstrow erfahren.

Zum Prozess sollten möglichst viele Zuschauer erscheinen, weshalb das größte Hotel in Güstrow mit einem entsprechenden Saal angemietet worden war. Die Angeklagten wurden beschuldigt,

„a) nach dem 8. 5. 1945 durch Erfindung und Verbreitung tendenziöser Gerüchte den Frieden des deutschen Volkes gefährdet zu haben, und in Tateinheit

b) des Verbrechens gegen den Frieden durch Teilnahme an einem gemeinsamen Plan bzw. einer Verschwörung zum Zweck der Ausführung des Verbrechens der Planung und Vorbereitung eines Krieges und der Verletzung von Internationalen Verträgen, Abkommen und Zusicherungen (insbesondere des Londoner Abkommens vom 8. 8. 45 – Potsdamer Abkommen – hinsichtlich der Stellung Deutschlands als eines friedliebenden demokratischen Staates), und in der Tateinheit

c) der Boykotthetze gegen demokratische Einrichtungen und Organisationen, der Bekundung von Völkerhass sowie Kriegshetze und der Unterwühlung der Blockpolitik als sonstige Handlung, die sich gegen die Gleichberechtigung richtet, ohne dabei in Ausübung demokratischer Rechte im Sinne der Verfassung der DDR, zu handeln."[218]

Die Angeklagten wurden in allen Punkten für schuldig befunden und auf der Grundlage der Kontrollratsdirektive 38, Artikel III A/III sowie der Verfassung der DDR, Artikel 6, verurteilt. Peter Moeller und zwei der Mitangeklagten wurden zu einer Zuchthausstrafe von 15 Jahren verurteilt. Die übrigen Angeklagten erhielten Strafen zwischen 5 bis 12 Jahren.[219]

Obwohl die Anklage vor einer 201-Strafkammer erfolgte, wurde das Urteil nicht auf dieser Grundlage gesprochen, sondern man griff auf den Artikel 6 der Verfassung der DDR zurück (dazu weiter unten), der dem Gericht dann doch wohl für diese Strafsache geeigneter erschien. Dieser Prozess gehört zu den Ersten, in denen sich DDR-Gerichte auf den Verfassungsartikel 6 beriefen.[220]

---

218 Urteil der Großen Strafkammer des Landgerichts Schwerin, S. 2.
219 Vgl. dazu auch Peter Moeller, ... sie waren noch Schüler. Repressalien – Widerstand – Verfolgung an der John-Brinckmann-Schule in Güstrow 1945–1955, hrsg. v. Verband ehemaliger Rostocker Studenten (VERS), Rostock 1999, S. 22–95.
220 Bisher wurde der Prozess gegen die Zeugen Jehovas als erster auf der Grundlage des Artikels 6 geführter angegeben, bei dem das Urteil im Oktober 1950 gesprochen wurde. Vgl. z. B. Hans Hermann Dircksen, „Keine Gnade den Feinden unserer Republik". Die Verfolgung der Zeugen Jehovas in der SBZ/DDR 1945–1990, Berlin 2001; Gerald Hacke, Die Zeugen Jehovas in der DDR. Verfolgung und Verhalten einer religiösen Minderheit (= Berichte und Studien, hrsg. v. Hannah-Arendt-Institut für Totalitarismusforschung, Nr. 24), Dresden 2000. Das Urteil gegen die Güstrower Oberschüler wurde jedoch schon im September 1950 gefällt.

Nach einem Zwischenaufenthalt in der Strafvollzugsanstalt Bützow-Dreibergen kam Peter Moeller mit anderen Verurteilten des Prozesses in das Zuchthaus Brandenburg. Als Einziger erhielt er Einzelhaft, in der er – als 19-Jähriger – ein halbes Jahr ohne irgendeine Beschäftigung zubringen musste. Danach wurde er in eine Gemeinschaftszelle verlegt und nach ca. zwei Jahren für die Arbeit in der Schneiderei, dem Burger Bekleidungswerk, eingeteilt, in der er u. a. Uniformen für die Kasernierte Volkspolizei und später für die NVA nähen musste. Dadurch und nicht zuletzt durch den Aufstand vom 17. Juni 1953 waren die Haftbedingungen etwas erträglicher geworden. Mitte der 50er-Jahre keimten allmählich Hoffnungen auf eine vorzeitige Entlassung auf, da erstmals größere Gruppen von Gefangenen aus der Haftanstalt freikamen. Am 20. November 1956 war es endlich – nach sechs Jahren Haft – auch für Peter Moeller so weit. Trotz der Wiedersehensfreude mit seiner Familie blieb er in seiner Heimatstadt Güstrow nur einen Monat, dann kehrte er der DDR für immer den Rücken.

Waldheim-Verurteilte

Anfang 1950 waren, wie bereits erwähnt, 3432 Internierte aus den Speziallagern von den sowjetischen Behörden an das Ministerium des Innern mit dem Ziel der Verurteilung durch DDR-Gerichte übergeben worden. Sie sollten wegen ihrer schweren nationalsozialistischen Verbrechen hart bestraft werden. Grundlage für diese Verfahren bildete ebenfalls der Befehl 201 der SMAD, jedoch sind diese als Waldheimer Prozesse in die Geschichte eingegangen.[221] Auch von den DDR-Behörden wurden die Verurteilten unter eigenen Kategorien geführt. Ein Teil dieser Verurteilten kam nach den Prozessen, die im Mai/Juni 1950 vor den Strafkammern des Landgerichts Chemnitz in Waldheim geführt worden waren, nach Brandenburg-Görden.[222] Wie hoch deren Zahl genau war, konnte bislang noch nicht festgestellt werden. Bemerkenswert ist, dass in den Gefangenenstatistiken die Waldheim-Häftlinge jeweils separat aufgeführt wurden. Das zeigt, welche Bedeutung die SED-Führung dieser Gefangenengruppe zumaß und sich wohl auch bewusst darüber war, dass diese durch die inszenierten Schauprozesse im Rampenlicht standen.

Diese Schauprozesse, die insgesamt gut dokumentiert sind und deshalb hier nicht noch einmal ausführlich rekapituliert werden sollen, hatten zwar die Bestrafung von NS-Tätern zum Ziel, in der Realität gerieten jedoch auch minder oder gar nicht Belastete in

---

221 Vgl. dazu Wolfgang Eisert, Die Waldheimer Prozesse. Der stalinistische Terror 1950. Ein dunkles Kapitel der DDR-Justiz, München 1993; Werkentin, Politische Strafjustiz in der Ära Ulbricht, S. 161–183.
222 Ein Hinweis darauf findet sich durch die Erwähnung der Transporte aus Waldheim auf der Dienstbesprechung vom 2. 8. 1950, Vgl. BLHA, Rep. 203, LDVP, 311, Bl. 45.

das Räderwerk der Justiz. Vor allem aber fielen die in Waldheim gesprochenen Urteile insgesamt sehr willkürlich aus.[223] Die Prozesse sollten propagandistisch ausgeschlachtet werden, um die Entnazifizierungsbemühungen der DDR zu unterstreichen. Deshalb wurden sie auf höchster Ebene, dem Zentralsekretariat der SED, vorbereitet und kontrolliert. Staatsanwälte und Richter – alle SED-Mitglieder – waren handverlesen und eigens durch das Sekretariat des ZK bestätigt. Ihnen wurde bedeutet, dass eine konkrete Schuld den Angeklagten nicht unbedingt nachgewiesen werden müsse, denn „die bevorstehende Arbeit [darf] keinesfalls vom formal-juristischen Standpunkt aus betrachtet werden, sondern nur vom politischen".[224] Auf jeden Fall sollten die Beschuldigten zu hohen Strafen verurteilt werden. „Sie dürfen keinesfalls niedriger ausfallen, als die Urteile, die unsere Freunde bei gleichen Tatbeständen ausgeworfen haben", lautete die Devise. Damit waren die sowjetischen Militärtribunale gemeint, deren Strafmaße sich in der Regel zwischen 15 Jahren und lebenslänglich bewegten bzw. die auch Todesurteile verhängten. „Dabei darf keine Rücksicht genommen werden, welches Material vorhanden ist, sondern man muß die zu verurteilende Person ansehen, Urteile unter 10 Jahren dürfen nicht gefällt werden."[225]

Die Genossen in der DDR hatten ihre Lektion gut gelernt. Damit war das Gericht entsprechend eingestimmt. Tatsächlich spielte denn auch in den Verfahren der Nachweis individueller Tatbeteiligung an Verbrechen nur eine untergeordnete Rolle. Das war auch häufig gar nicht möglich bei den Schnellverfahren, deren Dauer manchmal unter einer Stunde lag.[226] Diesen Sachverhalt belegt auch eine vom Ministerium des Innern vorgenommene Kategorisierung. Danach erfasste das MdI in der Kategorie I „1426 Strafgefangene, welche unmittelbar Verbrechen begingen", und in der Kategorie II „1659 Strafgefangene, welche aufgrund ihrer Tätigkeit und Stellung die Verbrechen gegen die Menschlichkeit förderten oder unterstützen".[227] In die Kategorie I fielen immerhin 56 Verurteilungen wegen „antisowjetischer Propaganda nach 1945" und 60 Verurteilungen wegen „illegaler Organisation nach 1945" (davon zwei mit lebenslänglichen Haftstrafen).[228] Insgesamt wurden, den Vorgaben entsprechend, äußerst harte Urteile gefällt. Die gut vorbereitete Inszenierung in Waldheim endete mit nur vier Freisprüchen, dagegen erhielten 32 Angeklagte die Todesstrafe und 1965 wurden mit Freiheitsstrafen zwischen 15 Jahren bis zu lebenslänglich bedacht. Die

---

223 Vgl. dazu Werkentin, der verschiedene Fälle dokumentiert hat: Politische Strafjustiz in der Ära Ulbricht, S. 173 ff.
224 Betr. Bericht über die Besprechung zwischen Herrn Reblin und den Staatsanwälten, Richtern und Leitern des U. Organs vom 28. 4. 1950, BArchB, Do 1/11.0/1589.
225 Ebenda.
226 Vgl. Werkentin, Politische Strafjustiz in der Ära Ulbricht, S. 171.
227 Schreiben an die SKK, Leiter der Abteilung für administrative Angelegenheiten, Betr. Zahlenmäßige Aufstellung von Strafgefangenen, vom 31. Mai 1952, BArchB, DO 1/11.0/1481, Bl. 204.
228 Vgl. Listen an SKK, BArchB, DO 1/11.0/1481, Bl. 249.

Der Strafvollzug in der Haftanstalt Brandenburg 1950 bis Ende der 1950er-Jahre

übrigen Strafmaße blieben darunter.[229] Von den Angeklagten waren 102 Personen wegen Krankheit nicht verhandlungsfähig, weitere 60 waren inzwischen verstorben.[230]

Die politische Steuerung der Waldheimer-Prozesse stellte die Überprüfung der Verantwortlichkeit für begangene NS-Verbrechen und deren Bestrafung in Frage. Insofern muss in diesem Kontext die juristische Abrechnung mit NS-Verbrechen in der DDR als höchst problematisch und letztlich nicht gelungen bewertet werden.

Einige der zum Tode Verurteilten gelangten auch nach Brandenburg-Görden, sie wurden jedoch nach bisherigem Kenntnisstand nicht im Zuchthaus hingerichtet. Speziell für sie gab es eine Dienstanordnung, die von der Anstaltsleitung in Ausführung einer Anweisung der HVDVP in Berlin erlassen worden war. Danach mussten die Zellen der Todeskandidaten alle zehn Minuten bei Tag und Nacht kontrolliert werden, worüber ein Kontrollbuch anzulegen war, das Licht hatte nachts ständig zu brennen, die Oberbekleidung und sämtliche Gegenstände mussten vor dem nächtlichen Einschluss vor der Zellentür abgelegt werden, beim Öffnen der Zellen hatten mindestens 3 VP-Angehörige zugegen zu sein.[231] Man vermutete bei ihnen sowohl Fluchtabsichten als auch Suizidversuche.

Im Rahmen einer von der Sowjetunion veranlassten Gnadenaktion anlässlich des 3. Jahrestages der DDR 1952 wurde für 157 Waldheim-Verurteilte in Brandenburg-Görden die Freiheitsstrafe gemindert.[232] Dennoch ist davon auszugehen, dass die Zahl dieser Inhaftierten in Brandenburg höher lag. Fortan gab es einige Gnadenerweise, die Waldheim-Verurteilte betrafen. So z. B. im Jahr 1952, in dem 997 von ihnen entlassen wurden, im Jahr 1954, in dem 920 freikamen,[233] sowie Ende 1955/Anfang 1956, als auf Beschluss des Ministerrates 675 Waldheim-Verurteilte die Freiheit erlangten.[234] Unter ihnen befanden sich 146 Personen aus der Strafvollzugsanstalt

---

229 Vgl. BArchB, DO 1/11.0/1481, Bl. 249 f., sowie Werkentin, Politische Strafjustiz in der Ära Ulbricht, S. 179. Danach waren 32 Angeklagte zum Tode verurteilt worden, 24 Urteile wurden im November 1950 vollstreckt, 146 Angeklagte erhielten eine lebenslängliche Freiheitsstrafe, 1829 waren zwischen 15 und 25 Jahren, 916 zu 10 bis 15 Jahren, 371 zu 5 bis 10 Jahren verurteilt worden. Lediglich 14 Angeklagte bekamen eine Freiheitsstrafe bis zu 5 Jahren. 84 Fälle wurden wegen Verhandlungsunfähigkeit der Angeklagten vertagt.
230 Bericht der HA SV über die Arbeit auf dem Gebiet des Strafvollzugswesens ..., o. D., BArchB, DO 1/11.0/1505, Bl. 103.
231 Dienstanordnung über Behandlung von zu Tode verurteilten Strafgefangenen, StVA Brandenburg vom 16. 8. 1950, BLHA, Rep. 203, LDVP, 311, Bl. 57.
232 Betr. Gnadenaktion 1952, BArchB, DO 1/11.0/1591, Bl. 190. Werkentin verweist darauf, dass diese Aktion auf Veranlassung der Sowjetunion geschah: Politische Strafjustiz in der Ära Ulbricht, S. 179.
233 Ebenda, S. 339, 342 f.
234 Betr. Vorzeitige Entlassung von Strafgefangenen auf Grund des Beschlusses des Ministerrates vom 22. 12. 1955, Schreiben an Minister Maron v. 13. 1. 1956, BArchB, DO 1/11.0/1577, Bl. 219.

Brandenburg.[235] Ab 1956 konzentrierte man die restlichen Waldheim-Verurteilten aus den Strafvollzugsanstalten zur weiteren Strafverbüßung in Brandenburg-Görden. 1957 saßen dort noch 15 Waldheim-Verurteilte ein.[236] Trotz verschiedener Gnadenakte befanden sich 1959 immer noch neun Waldheim-Verurteilte in der Strafvollzugsanstalt, Ende 1962 waren es noch 3, 1966 noch einer.[237]

Nach Artikel 6 Verurteilte

Da die Aburteilung von tatsächlichen oder potenziellen Gegnern der neuen Ordnung durch die DDR-Gerichte zur Zufriedenheit der sowjetischen Besatzungsmacht ausfiel, konnte sie dazu übergehen, immer mehr politische Verfahren an diese abzugeben. Nach welchem Prinzip dies geschah, bleibt allerdings bis heute im Dunkeln. Zum Beispiel konnten Verfahren wegen illegaler Flugblattverteilung, staatsfeindlicher Propaganda bis hin zur Vorbereitung einer Verschwörung und damit „Gefährdung des Weltfriedens" sowohl vor einem sowjetischen Militärtribunal als auch vor einem DDR-Gericht stattfinden. Weil die DDR zu Beginn noch nicht über ein politisches Strafrecht verfügte, wurden politische Delikte nun häufig nach Artikel 6 der Verfassung geahndet. Er lautete: „Boykotthetze gegen demokratische Einrichtungen und Organisationen, Mordhetze gegen demokratische Politiker, Bekundung von Glaubens-, Rassen-, Völkerhaß, militaristische Propaganda sowie Kriegshetze und alle sonstigen Handlungen, die sich gegen die Gleichberechtigung richten, sind Verbrechen im Sinne des Strafgesetzbuches." Da in der Verfassung Strafmaße für diese Verbrechen nicht vorgesehen waren, konnten sie willkürlich, entsprechend den politischen Notwendigkeiten, festgelegt werden. Wie die Praxis zeigte, waren alle Strafmaße bis hin zur Todesstrafe möglich. Neben dem „Gesetz zum Schutz des Friedens"[238] hatte sich damit der SED-Staat ein geeignetes Instrument zur Verfolgung seiner politischen Gegner geschaffen. Entsprechend häufig wurde der Verfassungsartikel angewandt.

Die Zahl der von DDR-Gerichten Verurteilten stieg rasant an. Dies war nicht zuletzt auf das im September 1952 verabschiedete „Gesetz zum Schutz des Volkseigentums" zurückzuführen, das drastische Strafen für Diebstahl an staatlichem oder

---

235 Vgl. Namensliste von Waldheim-Verurteilten aus der StVA Brandenburg, die von der Kommission 1955/56 begnadigt wurden. BStU, AS 140/63, Bd. 1, Bl. 440–448 und Bl. 471.
236 Gefangenenstatistik vom 31. 3. 1957, BLHA, Rep. 404/15.1/709, Bl. 12.
237 Gefangenenstatistik für das IV. Quartal 1962, ebenda, Bl. 74 und für das I. Quartal 1966, BLHA, Rep. 404/15.1/710, Bl. 61.
238 Im § 5 des Gesetzes zum Schutz des Friedens hieß es z. B.: „Wer im Dienste der Kriegshetze die Bewegung für die Erhaltung und Festigung des Friedens verächtlich macht oder herabwürdigt oder gegen Teilnehmer am Kampf für den Frieden wegen ihrer Tätigkeit hetzt oder sie verfolgen lässt, wird mit Gefängnis, in schweren Fällen mit Zuchthaus bestraft."

genossenschaftlichem Eigentum vorsah. Danach wurde die Entwendung eines Stücks „staatlicher" Kernseife mit einem Jahr Zuchthaus bestraft, es war das unterste Strafmaß. Das Gesetz sah Strafen von einem bis fünf Jahren Zuchthaus vor, in schweren Fällen bis zu 25 Jahren Haft.[239]

Die Gefängnisse füllten sich. Saßen im II. Quartal 1952 37 000 Strafgefangene ein, so waren es ein Jahr später 43 000. Wie bereits erwähnt, war im Mai 1953 ein Höchststand von Straf- und Untersuchungsgefangenen von insgesamt 61 377 Häftlingen erreicht.[240] Der Justizterror wütete blind. Die Hauptabteilung Strafvollzug in Berlin registrierte, dass auch 1953 die Zahl der wegen „antidemokratischer Handlungen" verurteilten Personen in den Strafvollzugsanstalten weiter angestiegen sei.[241] Ende 1953 waren 34,6 Prozent der Strafgefangenen in den StVA aufgrund des Artikels 6 oder des Gesetzes zum Schutz des Friedens verurteilt, bei einem Gefangenenbestand von bereits 39 916 Personen. Im I. Quartal 1954 stieg die Zahl auf 35,8 Prozent.[242] Dieser Anteil blieb 1954 konstant. Die Zahl belief sich bis Ende 1956 immer auf etwa 35 Prozent. Daran änderten auch die großen Entlassungswellen nichts. Im III. Quartal 1956 lagen die staatsgefährdenden Delikte immer noch bei fast 40 Prozent.[243] Dabei ist zu berücksichtigen, dass hier nur die einschlägigen politischen Paragrafen ausgewiesen wurden. Diejenigen, die aus politischen Gründen verurteilt, aber für die andere Paragrafen herangezogen wurden, wie z. B. ein großer Teil der wegen Wirtschaftsdelikten Verurteilten, fielen aus der Statistik der Staatsverbrechen heraus.

Hintergrund dieser rigiden Verfolgungspraxis bildete die so genannte Verschärfung des Klassenkampfes. Abgeurteilt wurden einerseits diejenigen, die sich dem Aufbau des diktatorischen Systems politisch widersetzten, gegen den Führungsanspruch der SED, undemokratische Wahlen, Willkür usw. aufbegehrten und abweichende Meinungen vertraten. Andererseits wurden Personen verfolgt, die aus ökonomischen Gründen bei der Schaffung von „Volkseigentum" hinderlich waren. Die SED-Führung setzte alles daran, die Enteignung des Mittelstandes und der so genannten Großbauern mittels Strafverfolgung voranzutreiben. Dafür bediente sich die Justiz u. a. des Gesetzes zum Schutz des Volkseigentums, mit dessen Hilfe auch die Zwangskollektivierung forciert werden sollte.[244] Der Terror gegen die Bevölkerung, verbunden

---

239 Vgl. Gesetz zum Schutz des Volkseigentums, GBl., S. 892.
240 Vgl. Schreiben an Innenminister Stoph vom 13. 9. 1953: Überblick über die Entwicklung und den Stand des Strafvollzuges, BArchB, DO 1/11.0/1484, Bl. 310. Dazu auch Werkentin, Politische Strafjustiz in der Ära Ulbricht, S. 379.
241 HV SV: Quartalsbericht für das I. Quartal 1954 vom 20. 4. 1954, BArchB, DO 1/3737, S. 16.
242 BArchB, DO 1/3737, S. 17.
243 Quartalsbericht für das III Quartal 1956 vom 18. 10. 1956, BArchB, DO 1/11.0/1472, Bl. 104.
244 Vgl. dazu die entsprechenden Verfahren bei Werkentin, Politische Strafjustiz in der Ära Ulbricht, S. 45–91.

mit der unzureichenden Lebenslage, die nicht zuletzt durch die Reparationsleistungen an die Sowjetunion hervorgerufen wurde, ließ den Unmut vieler Menschen mit dem Herrschaftssystem weiter wachsen und mündete schließlich im Aufstand am 17. Juni 1953.[245] Der Unzufriedenheit der Bevölkerung begegnete die SED-Führung stets mit verschärfter politischer Strafverfolgung.

Für die Ausschaltung des politischen Widerstandes bediente sich die Justiz des Artikels 6 häufig in Verbindung mit der Kontrollratsdirektive 38. Damit erweckte die Strafverfolgung den Anschein, als wäre sie durch das Alliiertenrecht politisch gedeckt.

Auf welche Tatbestände der Artikel 6 angewendet wurde, dokumentieren die folgenden Fälle von Inhaftierten, die in der Strafvollzugsanstalt Brandenburg ihre Haft verbüßen mussten. Das Verfahren gegen Horst Härtel, der in Brandenburg-Görden von 1952 bis 1957 inhaftiert war, ist ein typisches Beispiel für die Verurteilungspraxis dieser Zeit.

Zum Beispiel Horst Härtel

Horst Härtel, 1927 in Schlesien geboren, nahm nach Abschluss der Volksschule eine Lehre als Mechaniker auf, die er jedoch durch die Einberufung zur Wehrmacht nicht abschließen konnte.[246] Während des Krieges wurde er verwundet, geriet in Gefangenschaft, aus der er 1946 freikam. Er heiratete und zog zu seiner damaligen Frau in die Uckermark. Nach einem kurzen Intermezzo in der Landwirtschaft fand er 1949 in Templin eine Anstellung als Kreisjugendsekretär der SED. Zu dieser Zeit wurde massiv für den Uranbergbau der Wismut, die der sowjetischen Besatzungsmacht unterstand, geworben. Auch auf ihn wurde Druck ausgeübt, eine Arbeit dort aufzunehmen. So ging er durch „freiwilligen Zwang", wie er sagte, 1950 nach Aue zur Wismut. Nach einer tätlichen Auseinandersetzung im Bergwerk mit einem Russen, der dort die Aufsicht führte, floh er aus Angst vor einer Verfolgung nach Westberlin. Seine Einstellung zu dem neuen Staat hatte sich inzwischen gewandelt; er stand ihm jetzt ablehnend gegenüber. In Westberlin nahm er Kontakt zum Bund Deutscher Jugend (BDJ) auf, nicht zuletzt deshalb, weil er sich materielle Unterstützung davon versprach, denn er war zu dieser Zeit wohnungs- und mittellos und wollte zu seinen Eltern nach Essen reisen, wofür ihm aber das Geld fehlte. Im Auftrag des BDJ verteilte er mehrmals Flugblätter im Ostsektor Berlins. Aufgrund einer Denunziation wurde er am 10. März 1951 verhaftet, obwohl er an diesem Tag keine Flugblätter bei sich hatte.

Härtel kam in das Stasi-Untersuchungsgefängnis Berlin-Hohenschönhausen und wurde dort in den meist nächtlichen Verhören immer wieder zum Bund Deutscher

---

245 Vgl. dazu den Abschnitt 6.
246 Interview Horst Härtel, April 2002.

Der Strafvollzug in der Haftanstalt Brandenburg 1950 bis Ende der 1950er-Jahre 85

Jugend befragt, der sich in Berlin im Aufbau befand. Offensichtlich vermutete die Staatssicherheit in ihm einen wichtigen Akteur dieser Organisation. Obwohl seine Beweisaufnahme im August 1951 abgeschlossen war, brachte er 11 Monate in der Untersuchungshaft zu. Das MfS konstruierte nun eine Verbindung zu einer Gruppe, die angeblich im Auftrag des BDJ agierte. Deren Mitglieder, mit denen Härtel nichts zu tun hatte, waren erst später festgenommen worden, und die Beweiserhebung in diesem Fall nahm noch längere Zeit in Anspruch. Willkürlich wurde er nun in einen Prozess gegen die so genannte Terrorgruppe Bluthunde hineingezwungen. Von den 15 Angeklagten kannte er nur drei, nämlich diejenigen, mit denen er die Flugblätter verteilt hatte. Am 27. Februar 1952 begann der Schauprozess vor dem 1. Strafsenat des Obersten Gerichts unter dem Vorsitz von Hilde Benjamin. Die „Bluthundebande" – die Bezeichnung war eine Erfindung der Justiz – wurde als eine verbrecherische Organisation eingestuft, die Hetze und Spionage gegen die DDR betrieben habe. Der Zorn richtete sich vor allem auf den Bund Deutscher Jugend, der sich angeblich diese Bande zur Untergrabung der Souveränität der DDR geschaffen habe. Am 29. Februar 1952 wurde er wegen Verbrechens nach Artikel 6 der Verfassung der DDR in Verbindung mit der Kontrollratsdirektive 38 zu acht Jahren Zuchthaus verurteilt. Die Mehrzahl der Angeklagten erhielt Freiheitsstrafen zwischen zehn Jahren und lebenslänglich.[247]

Liest man die Gerichtsakte, so gewinnt man den Eindruck, dass es sich bei allen anderen Angeklagten ebenfalls nur um zufällige Bekanntschaften und keineswegs um eine gemeinsam agierende „Bande" handelte. Ihnen ist lediglich gemeinsam, dass sie Kontakt zum Bund Deutscher Jugend hatten. Diese Organisation zu diskreditieren war das eigentliche Ziel der abschreckenden Urteile. Denn der Bund Deutscher Jugend habe sich ebenso wie die „Kampfgruppe gegen Unmenschlichkeit" oder der „Untersuchungsausschuß freiheitlicher Juristen"[248] dem Kampf gegen die Anhänger des Friedens und die DDR verschrieben. Der BDJ sei „auf Hetze gegen die Deutsche Demokratische Republik, Untergrabung der in ihr bestehenden Ordnung und Vorbereitung eines neuen Weltkrieges gerichtet. Zur Durchführung des Kampfes auf diesem Gebiet hat der BDJ die volle Unterstützung der amerikanischen Kreise, der westlichen Besatzungsmächte und Spionageagenturen, der Bonner Regierung und besonders des Ministeriums Kaiser".[249]

Die Urteilsbegründung, in der es vor allem um die Brandmarkung der „verbrecherischen Organisation" BDJ und deren Förderung durch faschistische und angloamerikanische Kreise ging, ist im besten Stil des Kalten Krieges verfasst. Außer der

---

247 Urteil des Obersten Gerichts der DDR, 1 Zst (I) 1/52, BStU, ZA, Gerichtsakte, 45/52, Bl. 7.
248 Vgl. zu den Aufgaben dieser und anderer Organisationen im Kalten Krieg: Fricke/Engelmann, „Konzentrierte Schläge" S. 61–97, sowie Frank Hagemann, Der Untersuchungsausschuß Freiheitlicher Juristen 1949–1969, Frankfurt a. M. 1994.
249 Urteil des Obersten Gerichts der DDR, 1 Zst (I) 1/52, BStU, ZA, Gerichtsakte, 45/52, Bl. 10.

Verteilung von „Hetzmaterial" (Flugschriften mit Losungen wie „Freiheit gefährdet", „NKWD hört mit", „Verhaftung droht" – Losungen, die nach Meinung des Gerichts einen Angriff auf die DDR, die Sowjetunion und das Friedenslager insgesamt bedeuteten) und der Vernichtung von Transparenten aus dem Ostsektor Berlins konnten den Angeklagten keine konkreten Taten nachgewiesen werden. Deshalb entwickelte das Oberste Gericht eine umfangreiche und umständlichen Begründung, warum schon die Absicht zu einer verbrecherischen Handlung eine schwere Straftat im Sinne des Artikel 6 darstellte. Und es kam zu dem Schluss: „Nach dieser Auffassung bedeutet aber der Eintritt in eine Organisation, deren Ziel die Begehung von Verbrechen gegen dieses Gesetz ist, eine Handlung, die die Begehung eines solchen Verbrechens vorbereitet. Selbst wenn ein Angeklagter keine weitere Handlung begeht, als einer solchen Organisation beizutreten, hat er damit ein Verbrechen nach Artikel 6 begangen. Dieser Handlung haben sich, da die Bande ‚Bluthunde' eine solche Organisation darstellt, alle Angeklagten schuldig gemacht."[250]

Wohlgemerkt: Die „Bluthunde" waren eine Konstruktion der DDR-Justiz, und diese vermeintliche Gruppe war schon dadurch verbrecherisch, weil sie Verbindung zu einer anderen „verbrecherischen Organisation", dem BDJ, hatte. Staatsgefährdende und terroristische Taten hatten die Angeklagten ebenfalls nicht ausgeführt und auch nicht geplant. Die Unterstellungen, z. B. die angebliche Liquidierung des Präsidenten der DDR, waren absurd und höchstens durch die psychische (vielleicht auch physische) Folter in der Untersuchungshaft erpresst. Horst Härtel erklärte, dass man in der Untersuchungshaft so fertig gemacht worden sei, dass man schließlich alles unterschrieb. Der Schauprozess gegen die angebliche Blutbande war daher eine einzige Farce und diente vor allem zur Abschreckung der Bevölkerung, sich mit westlichen „Feindorganisationen" einzulassen. Aus dieser überhöhten Bedeutung des Prozesses machte das Gericht auch gar keinen Hehl: „Bei der Ausmessung der Strafe hatte das Gericht zu beachten, dass die Handlungen der Angeklagten in schwerstem Maße gegen das Lebensinteresse des deutschen Volkes gerichtet waren. Ihre Handlungen müssen in dem dargelegten großen politischen Zusammenhängen betrachtet werden. Die Angeklagten handelten im Interesse der Imperialisten für deren Ziele, Westberlin als einen ständigen Unruheherd wirken zu lassen, das Streben des deutschen Volkes um Einheit und Frieden zu bekämpfen, die Deutsche Demokratische Republik zu schädigen und zum Kriege zu treiben."[251]

Das Urteil gegen Horst Härtel mit dem Strafmaß von acht Jahren Zuchthaus ohne Anrechnung der Untersuchungshaft wurde mit seiner „Kriegs- und Boykotthetze" sowie der Anwerbung anderer Personen zur „Agententätigkeit" begründet,

---

250 Ebenda, Bl. 45.
251 Ebenda, Bl. 48.

Der Strafvollzug in der Haftanstalt Brandenburg 1950 bis Ende der 1950er-Jahre

obwohl ihm bis auf die Verteilung der Flugblätter sowie einem Diebstahl von gelagerten Eisenbahnschienen nichts nachgewiesen werden konnte. Letzteres habe er in dem Bewusstsein getan, den Eisenbahnverkehr im demokratischen Sektor zu stören.[252] Tatsächlich wollte er sich damit ein paar Mark verdienen.

Nach dem Prozess wurde Horst Härtel, wie auch die anderen männlichen Verurteilten der angeblichen Bande, ins Zuchthaus Brandenburg überstellt. Dort kam er zunächst in die Anstaltsschlosserei als Mechaniker, um Nähmaschinen zu reparieren. Nachdem er einen Mithäftling vor einem Spitzel gewarnt hatte, der ihn deswegen denunzierte, geriet er in Einzelhaft.[253] Nach 13 Monaten in der Absonderungszelle kam er in die Schneiderei, wo er als Näher am Band eingesetzt wurde. Er nähte Uniformjacken für die Volksarmee, so genannte Ausgangsparadejacken. Neun Monate hintereinander arbeitete er mit anderen Häftlingen nur nachts – so die Aussage Horst Härtels –, da dies geheim gehalten werden sollte, denn die NVA stand erst vor ihrer Gründung. Nach einiger Zeit – 1956 – stieg Härtel zum Bandleiter auf. Damit war aber der berufliche Aufstieg im Zuchthaus beendet.

Während der Haft stellte er immer wieder Gnadengesuche. So richtete er im November 1954 ein Gesuch an die Generalstaatsanwaltschaft der DDR, in dem er nochmals seine Unschuld beteuerte und um Anrechnung der Untersuchungshaft bat. Dies wurde ihm mit Hinweis auf die Schwere seiner Tat verwehrt. Im Dezember 1956 stellte er erneut ein Gesuch mit der Bitte um Überprüfung seines Urteils. Ohne Erfolg. Erst Ende März 1957 wurde ihm eine bedingte Strafaussetzung gewährt, in deren Folge er am 1. April 1957, nach sechs Jahren Haft, freikam. Horst Härtel verließ sofort die DDR und reiste nach Westdeutschland zu seinen Eltern aus.

Der Artikel 6 der Verfassung bot sehr breite Auslegungsmöglichkeiten, mit denen unterschiedliche „Straftatbestände" geahndet werden konnten. Zum ersten Mal wurde er in einem Schauprozess vor dem Obersten Gericht gegen die Zeugen Jehovas im Oktober 1950 angewandt.[254] Zuvor war dessen Praktikabilität bereits in Schauprozessen in der Provinz erprobt worden, wie der beschriebene Fall von Peter Moeller vor dem Landgericht Schwerin beweist. Dem großen Prozess gegen die Zeugen Jehovas ging ein Verbot der Glaubensgemeinschaft am 31. August 1950 wegen „Friedensgegnerschaft", Spionage und verfassungswidriger Handlungen voraus. In einer republikweiten Verhaftungswelle wurden fast 400 Gläubige festgenommen.[255] Dieser Schauprozess bildete den Auftakt und das Vorbild für alle folgenden Prozesse gegen

---

252 Ebenda, Bl. 37.
253 Vgl. dazu die Beschreibung im Abschnitt 8.
254 Vgl. Hacke, Zeugen Jehovas in der DDR, S. 45.
255 Gerald Hacke, Zwei Diktaturen – Ein Feind. Die Verfolgung der Zeugen Jehovas im nationalsozialistischen Deutschland, in: Günther Heydemann/Heinrich Oberreuter (Hrsg.), Diktaturen in Deutschland – Vergleichsaspekte. Strukturen, Institutionen und Verhaltensweisen, hrsg. v. d. Bundeszentrale für politische Bildung, Bonn 2003, S. 293.

die Zeugen Jehovas.²⁵⁶ Sieben Angeklagte erhielten eine lebenslängliche Zuchthausstrafe und 42 weitere Angehörige der Glaubensgemeinschaft Strafen von durchschnittlich zehn Jahren Freiheitsentzug.²⁵⁷

Unnachgiebig verfolgte der SED-Staat diese relativ kleine religiöse Gruppe und sprach härteste Strafmaße aus. Er scheute sich nicht, an die unselige Tradition der Verfolgung der Zeugen Jehovas unter dem Nationalsozialismus anzuknüpfen. Obwohl sie als Opfer des Faschismus anerkannt worden waren, setzte sich die Verfolgung der in der NS-Zeit als Bibelforscher titulierten Gläubigen fast nahtlos in der DDR fort.²⁵⁸ Den Hintergrund bildete die distanzierte Haltung der Zeugen Jehovas zur SED-Herrschaft in der DDR, da sie keine weltliche, sondern nur die Macht Gottes anerkannten. Infolgedessen ließen sie sich nicht in das politische System einbinden, lehnten eine Mitwirkung in Parteien ab und beteiligten sich nicht an den Wahlen in der DDR wie insgesamt an den politischen Bekundungen zum SED-Staat. Ansonsten verhielten sie sich dem System gegenüber gleichgültig und eigentlich unpolitisch. Allerdings erweckte auch die Tatsache den Argwohn der Staatsmacht, dass sich die Zentrale der Zeugen Jehovas in den Vereinigten Staaten befand und sie von dort Nachrichten empfingen als auch dorthin übermittelten sowie Zeitschriften und Bücher aus den USA erhielten, darunter ihr bekanntes Organ „Wachtturm". Aus diesen Gründen unterstellte man den Angeklagten z. T. Spionagetätigkeit. Nach Ansicht der Generalstaatsanwaltschaft handelte es sich bei den Zeugen Jehovas nicht um eine religiöse Vereinigung, sondern um eine „Agenten- und Spionage-Zentrale des anglo-amerikanischen Imperialismus".²⁵⁹

Anfang der 50er-Jahre lagen die Verurteilungen in der Regel über fünf Jahren Zuchthaus, nicht wenige zwischen 10 und 15 Jahren. Von 1950 bis 1962 wurden in der DDR insgesamt 2253 Verurteilungen gegen Zeugen Jehovas ausgesprochen, danach ging deren Strafverfolgung zurück.²⁶⁰

256 Zur Verfolgung der Zeugen Jehovas in der DDR vgl. auch die sehr aufschlussreiche und umfassende Publikation von Hans-Hermann Dirksen, „Keine Gnade den Feinden unserer Republik". Die Verfolgung der Zeugen Jehovas in der SBZ/DDR 1945–1990, Berlin 2001, sowie Waldemar Hirch, Die Glaubensgemeinschaft der Zeugen Jehovas während der SED-Diktatur. Unter besonderer Berücksichtigung ihrer Oberservierung und Unterdrückung durch das Ministerium für Staatssicherheit, Frankfurt a. M. 2003.
257 Vgl. Hacke, Zwei Diktaturen – Ein Feind, S. 294.
258 Vgl. zu dieser Problematik auch Gerhard Besier/Clemens Vollnhals, Repression und Selbstbehauptung. Die Zeugen Jehovas unter der NS- und der SED-Diktatur, Berlin 2003.
259 So Generalstaatsanwalt Melsheimer am 25. 9. 1950, zit. nach Hacke, Zeugen Jehovas in der DDR, S. 46.
260 Als Glaubensgemeinschaft wurden sie bis 1966 verfolgt. Mit der Einführung der allgemeinen Wehrpflicht in der DDR 1962 machte man ihnen vor allem wegen Wehrdienstverweigerung den Prozess. Sie lehnten auch den waffenlosen Dienst als so genannte Bausoldaten wegen dessen Einbindung in die militärischen Strukturen ab. Zu den Verurteilungen vgl. Dirksen, „Keine Gnade den Feinden unserer Republik", S. 866–871. Bis 1985 wurden 2700 Zeugen Jehovas wegen der Nichterfüllung ihrer militärischen Pflicht abgeurteilt. Vgl. auch Hacke, Zwei Diktaturen – Ein Feind, S. 297.

Der Strafvollzug in der Haftanstalt Brandenburg 1950 bis Ende der 1950er-Jahre

Obwohl es sich im Einzelnen um ganz unauffällige Personen handelte, wurde ihnen allein die Tatsache, dass sie sich einer anderen Macht und einem anderen Glauben verpflichtet fühlten und danach ihr Leben ausrichteten, zum Verhängnis. Viele der zu hohen Haftstrafen Verurteilten kamen nach Brandenburg-Görden. Nach Angaben der Glaubensgemeinschaft saßen in den 1950er-Jahren insgesamt 220 Zeugen Jehovas im Zuchthaus Brandenburg ein.

Dazu zählt auch Georg Rabach, der dort sieben Jahre seines Lebens zubrachte.

Zum Beispiel Georg Rabach

Georg Rabach, 1920 in Brandenburg geboren, war durch die Erlebnisse des Krieges schwer erschüttert.[261] Als Soldat der Wehrmacht kam er u. a. an der Ostfront in Russland zum Einsatz, wo er dreimal verwundet wurde. Diese Erfahrungen führten ihn zum christlichen Glauben, wie er von den Zeugen Jehovas mit ihren Verheißungserwartungen vertreten wurde. Nur in dieser Glaubensgemeinschaft fand er Trost und eine innere Ruhe.[262] In Gruppen studierten sie ihre Bibel, was ab 1950, nach dem Verbot der Organisation, zu einer illegalen Tätigkeit avancierte. Georg Rabach, der vor dem Krieg einen kaufmännischen Beruf erlernt hatte, war, nachdem er 1947 aus Westdeutschland in sein Geburtshaus nach Brandenburg zurückgekehrt war, als Buchhalter im Umschlaghafen (DSU) tätig. Wegen seiner gewissenhaften Arbeit stieg er zum Oberbuchhalter auf. Als man ihn aufforderte, in die SED einzutreten, lehnte er mit dem Hinweis auf die Freiwilligkeit der Mitgliedschaft ab.

Er verrichtete seine Arbeit zuverlässig und engagiert, der Politik gegenüber verhielt er sich gleichgültig. In der Freizeit trafen sich die Zeugen Jehovas in ihren Wohnungen und verständigten sich über die Auslegung der Bibel, lasen den „Wachtturm" und leiteten daraus ihre Verhaltensregeln ab. Georg Rabach gehörte als Bibelstudiendiener zum Dreibrüderkomitee der Zeugen Jehovas in Brandenburg/Havel. Die Verfolgung ihrer Glaubensbrüder und -schwestern, die vielen Verurteilungen in dieser Zeit, schweißten sie als Gemeinschaft noch enger zusammen. Nun wollten sie erst recht weitermachen. Immer wieder kam es Anfang der 50er-Jahre zu Verhaftungswellen, die auch zahlreiche Gläubige aus Brandenburg trafen. Georg Rabach, seine Frau, die ebenfalls zur Glaubensgemeinschaft gehörte, sowie seine Mitstreiter rechneten ständig mit ihrer Verhaftung. Am 23. April 1954 wurden sieben Glaubensbrüder aus Brandenburg verhaftet. Georg Rabach war nicht darunter, weshalb er nach einiger Zeit auch nicht mehr mit seiner Verhaftung rechnete.

---

261 Interview Georg Rabach, November 2002.
262 Dieses Motiv spielte häufig nach dem Zusammenbruch des NS-Staates und den Erfahrungen des Krieges eine entscheidende Rolle für den Eintritt in die Glaubensgemeinschaft, weshalb es zu einem starken Mitgliederzuwachs kam. Vgl. Hacke, Zwei Diktaturen – Ein Feind, S. 292.

Doch am 28. Mai 1954 brachen frühmorgens Mitarbeiter der Staatssicherheit in die Wohnung der Eheleute Rabach ein und standen vor deren Betten. Es folgte eine Hausdurchsuchung, bei der sie jedoch nichts Belastendes fanden. Georg Rabach wurde trotzdem festgenommen und in das Stasi-Untersuchungsgefängnis in der Lindenstraße in Potsdam überstellt. Die Vernehmer versuchten während der Verhöre, einen Anklagepunkt wegen der Beteiligung am 17. Juni 1953 zu konstruieren. Doch Rabach war einer der wenigen, die sich nicht am 17. Juni in Brandenburg beteiligt hatten. Da in seiner Bibel geschrieben stand: „Fürchte Gott, ehre den König und menge dich nicht unter die Aufrührer", blieb er dem Aufstand fern. Auch hatte er in weiteren Bibeltexten gelesen, dass man nicht gegen die Obrigkeit Gewalt anwenden solle. Als die Arbeiter ihn aufforderten, sich an dem Streik zu beteiligen, lehnte er daher ab. Als Einziger blieb er in seinem Betrieb am Arbeitsplatz und fuhr pünktlich zum Arbeitsschluss mit seinem Fahrrad nach Hause. Die Staatssicherheit war irritiert. Die Absicht, Rabbach in Zusammenhang mit dem 17. Juni zu bringen, musste erfolglos bleiben. Sein Verhalten macht die eigentlich unpolitische Einstellung von Georg Rabach deutlich und zeigt, dass die Herrschenden von den Zeugen Jehovas keinen aktiven Widerstand gegen das System zu erwarten hatten.

Dennoch wurde Georg Rabbach angeklagt. Am 20. und 21. Juli 1953 fand ein Prozess gegen neun Zeugen Jehovas vor dem Bezirksgericht Potsdam statt, darunter eine Frau. In der Anklageschrift wurde ihnen vorgeworfen, „die demokratischen Grundlagen unseres Arbeiter- und Bauernstaates durch Boykott- und Kriegshetze angegriffen zu haben, was den Frieden des deutschen Volkes gefährdet. Alle Beschuldigten haben auch nach dem Verbot der im Auftrage des amerikanischen Monopolkapitalismus tätigen Spionageorganisation Sekte ‚Zeugen Jehovas' in Brandenburg/Havel an der Restaurierung des zerschlagenen Agentennetzes aktiv in den Funktionen von Gruppendienern, Hilfsgruppendienern, Studienleitern und Verkündern gearbeitet und Irrlehren im Dienste des amerikanischen Imperialismus verbreitet".[263] Weiterhin wurde ihnen die illegale Einführung und Verbreitung ihrer Zeitschrift „Wachtturm" vorgeworfen. Das Gericht folgte der Argumentation dieser Anklage.

Georg Rabach wurde wegen Verbrechens nach Artikel 6 der Verfassung der DDR in Verbindung mit Abschnitt II Art. III A III der Kontrollratsdirektive 38 zu einer Zuchthausstrafe von neun Jahren verurteilt.[264] In der Urteilsbegründung baute das Gericht den Vorwurf der Gefährdung des Weltfriedens durch die „von Amerika gesteuerte Sekte" noch umfangreich aus. Es ließ sich sogar zu einer Bibelexegese hinreißen

---

263 Anklageschrift der Staatsanwaltschaft Potsdam vom 29. Juni 1954, S. 2 f. Kopie im Besitz von Georg Rabach.
264 Urteil des Bezirksgerichts Potsdam vom 21. Juli 1954, im Besitz von Georg Rabach. 5 Angeklagte erhielten eine Zuchthausstrafe zwischen 8 und 10 Jahren, die restlichen drei Angeklagten zwischen 5 und 6 Jahren.

Der Strafvollzug in der Haftanstalt Brandenburg 1950 bis Ende der 1950er-Jahre

Quelle: BStU, Kopie im Besitz von Georg Rabach.

und warf der Sekte vor, die biblischen Texte völlig falsch auszulegen. „So wird z. B. in dem Wachtturm die Bibel dahingehend ausgelegt, dass eine große Weltschlacht bevorstehe, die durch Menschenhand ausgelöst und von ‚Jehovas' weiter geleitet wird. Diese große angeblich bevorstehende Weltschlacht führe dazu, dass alle Nationen vernichtet werden und nur die Anhänger der Sekte Zeugen Jehovas überbleiben. Es sei daher völlig zwecklos, irgendwelche Konferenzen oder Verhandlungen zu führen, die zu einer Entspannung in der weltpolitischen Lage führen können [...]. Diese Auslegung der Bibel liegt im Sinne der westlichen Kriegstreiber."[265] Damit wurde schon allein die Auffassung über die Bibeltexte zu einer strafbaren Handlung erklärt. Da Georg Rabach angeblich für die Ausarbeitung von Studienplänen, die Anleitung der Studienleiter und die Herausgabe bestimmter Richtlinien des oben geschilderten Inhalts mitverantwortlich war, wurde dieses hohe Strafmaß über ihn verhängt.

Im August 1954 kamen alle männlichen Verurteilten in das Zuchthaus Brandenburg, wo schon zahlreiche Glaubensbrüder einsaßen. Zunächst wurden sie in Einzelhaft gehalten. Georg Rabach verbrachte ein dreiviertel Jahr in einer Einzelzelle. Damit lag er im „unteren Bereich", denn einige Zeugen Jehovas aus anderen Prozessen saßen z. T. fünf oder sechs Jahre in Einzelhaft. Rabach wurde anschließend in eine Gemeinschaftszelle verlegt, in der sich bereits drei Glaubensbrüder befanden. Mit ihnen teilte er sich eine ehemalige Einzelzelle: Einer von ihnen schlief auf dem Bett, die anderen mit Matratzen auf dem Boden. Tagsüber wurden die Matratzen auf das Bett gelegt.

Nach einiger Zeit erhielt er Arbeit in der Schneiderei, schließlich in der Buchhaltung der Tischlerei. Da immer wieder Bibelsprüche bei ihm gefunden wurden, die er heimlich auf Zeitungsränder geschrieben und an andere Glaubensbrüder weitergereicht hatte, verhängte man mehrmals eine Arreststrafe über ihn. Er erlebte zahlreiche Schikanen und auch Denunziationen während der Haft. Wiederholt wurde von Seiten der Leitung der Strafvollzugsanstalt der Versuch einer Umerziehung der Zeugen Jehovas unternommen. Weil Georg Rabach dazu aber nicht bereit war, wurden sämtliche Gnadengesuche seiner Frau auf vorzeitige Haftentlassung abgelehnt. „Da der Str.-Gef. Rabach bisher aus seiner Strafe noch keine Lehren gezogen hat und gewillt ist, seine feindliche Tätigkeit fortzusetzen, schlagen wir vor, den Str.-Gef. R. nicht in den Genuß des Gnadenerweises des Staatsrates der DDR vom 1. 10. 1960 kommen zu lassen, da der Umerziehungsprozeß beim Str.-Gef. R. noch nicht als erreicht angesehen werden kann."[266]

---

265 Ebenda, S. 3.
266 StVE Brandenburg: Beurteilung des Strafgefangenen Georg Rabach vom 12. 10. 1960, Kopie im Besitz von Georg Rabach. Siehe auch Führungsbericht, Dokument S. 93.

StVA-Brandenburg Brandenburg, den 24. Mai 1957
Akz.: 40.20.15 Kö.-2

BStU
000098

Führungsbericht
-.-.-.-.-.-.-.-.-.-.-.-.-.

R a b a c h, Georg   geb. am 11.2.20 in Brandenburg
Soziale Herkunft:a   Arbeiter
Beruf vor der Haft: Oberbuchhalter
Anschrift d.n.Angehörigen: Ehefr.: Gerda Rabach
                            Brandenburg/H. Havellerstr. 4
Voraus. Entlassungsanschr.: wie oben
Verurteilendes Gericht: Bezirksgericht Potsdam
Aktenzeichen: I Ks 256/54
Tag der Verurteilung: 21.7.54
Delikt: Art. 6
Strafmaß: 9 Jahre Zuchthaus
Strafbeginn: 21.7.54
Strafende: 27.5.63

Der Obengenannte befindet sich seit dem 23.8.54 in der hiesigen Strafvollzugsanstalt zur Strafverbüßung.
Die Führung des Genannten läßt oftmals zu wünschen übrig. Gegenüber dem Aufsichtsdienst verhält er sich vorlaut und hat an allem etwas auszusetzen. Desweiteren versucht er beim Besuch die Anordnungen zu hintergehen. Wegen Verstoß gegen die Hausordnung erhielt er im Dezember 1955 eine Arreststrafe. Aufgrund des Verfalls wurde er gleichzeitig von der Schneiderei abgelöst.

Im Mai 1956 wurde R. erneut zur Arbeit eingesetzt. Er ist in der Tischlerei im Büro tätig. Er vollbringt dort gute Arbeitsleistungen. Im Januar 1957 wurde er mit einer Geldprämie ausgezeichnet.

Der Strafgefangene Rabach ist Anhänger der Sekte "Zeuge Jehova". Er versucht ständig mit anderen "Zeugen Jehovas" Verbindungen aufzunehmen. R. ist in dieser Beziehung unbelehrbar. Obwohl der Genannte im Besitz von Eigengeld ist, hält er sich keine Tageszeitung. Er interessiert sich nicht für Politik. Der Genannte hat aus der bisherigen Strafverbüßung noch keine Lehren gezogen. Desweiteren hat er noch nicht die Hälfte der Strafe verbüßt. Eine bedingte Strafaussetzung nach § 346 der StPO wird von hieraus abgelehnt.

Leiter der Strafvollzugsanstalt

( )
Oberrat

Die sechseinhalb Jahre bereits verbüßter Strafe waren offenbar noch nicht genug. Stattdessen überstellte man ihn in ein Haftarbeitslager in Stalinstadt (heute Eisenhüttenstadt). Dort musste er in einem Arbeitskommando Betonfertigteile für das Eisenhüttenkombinat herstellen. Erst am 18. April 1961, nach sieben Jahren Haft, kam er endlich frei. Die Grenze war zu dieser Zeit noch offen, da er aber sofort Arbeit in einer Fischereigenossenschaft fand, entschloss er sich, in der DDR zu bleiben. Bis zum Ende der DDR wurde er jedoch immer wieder von der Staatssicherheit wegen seiner Zugehörigkeit zu den Zeugen Jehovas vorgeladen und unter Kontrolle genommen. Bis zum Schluss sah der SED-Staat die Glaubensgemeinschaft als bedrohlich für das Herrschaftssystem an.

Frauen im Zuchthaus Brandenburg

Brandenburg-Görden galt im Allgemeinen als Männerhaftanstalt. Für eine begrenzte Zeit waren allerdings auch Frauen untergebracht, und zwar von 1951 bis 1956. Es handelte sich dabei vor allem um SMT- und nach Artikel 6 Verurteilte. Ende 1951 befanden sich 42 Frauen in der Haftanstalt,[267] Anfang 1953 ging deren Zahl auf 13 Gefangene zurück,[268] danach erhöhte sie sich auf ca. 40 inhaftiere Frauen. Die Zahlen schwankten infolge von Entlassungen vor allem der SMT-Verurteilten. Insgesamt saßen bis 1956 wahrscheinlich zwischen 50 und 60 Frauen in Brandenburg-Görden ein. Genauere Angaben sind bis jetzt nicht möglich. Fest steht aber, dass mindestens 36 Frauen als SMT-Verurteilte im Zuchthaus Brandenburg inhaftiert waren.[269] Die übrigen Angaben beruhen auf Aussagen von Zeitzeugen. Unklar ist auch, worin die Gründe für die Einweisung von Frauen in die Haftanstalt Brandenburg liegen. Im Mai 1956 wurde die Frauenstation aufgelöst.

Eine der Frauen, die in Brandenburg ihre Strafe verbüßen musste, war Gisela Härtel, geb. Reimer. Auch ihre Verurteilung erfolgte auf der Grundlage des Artikels 6 der Verfassung der DDR. Sie wurde Anfang 1953 in das Zuchthaus eingeliefert und verbüßte dort ihre Haft bis 1956.

Zum Beispiel Gisela Reimer

Gisela Reimer, geboren 1929 in Frankfurt/Oder, erlernte nach dem Krieg den Beruf einer Verkäuferin.[270] Aufgrund des geringen Verdienstes bei der HO wechselte sie zu den Frankfurter Verkehrsbetrieben und war nach entsprechender Ausbildung als

---

267 Gefangenenstand am 25. 12. 1951, BArchB, DO 1/11.0/1578, Bl. 2.
268 Zusammenstellung über die Strafreste der in den der HA SV nachgeordneten Dienststellen einsitzenden Strafgefangenen vom 25. 3. 1953, BArchB, DO 1/11.0/1578, Bl. 89.
269 Übergabeliste Frauen aus der Strafvollzugsanstalt Brandenburg, SMT-Verurteilte, 2 Bündel, BArchB, DO 1/3756.
270 Interview Gisela Härtel, geb. Reimer, April 2002.

Straßenbahnfahrerin tätig. Ihre Einstellung zur sowjetischen Besatzungsmacht war sehr kritisch und durch die schlechten Erfahrungen ihres Vaters mit den sowjetischen Behörden geprägt. Während ihrer Arbeit bei der Straßenbahn fiel sie wegen ihres negativen Verhaltens gegenüber den Russen auf. Schließlich wechselte sie zur Deutschen Reichsbahn, wo sie die Güterzüge technisch kontrollieren musste („Achsbaukolonne"). Bevor die Güterzüge in die Sowjetunion fuhren, wurden sie in Frankfurt/Oder nochmals gewartet und technisch überprüft. Viele Güterzüge kamen aus Aue von der Wismut und waren mit Uran beladen; die Fracht war als Heilerde deklariert.

Während dieser Zeit fuhr Gisela Reimer nach Westberlin, um einen Bekannten zu treffen und sich nach einem Freund zu erkundigen. Dies wurde ihr später als Verbindungsaufnahme zu einem Agenten des amerikanischen Geheimdienstes ausgelegt. Unabhängig davon – aufgrund eines Tipps einer Arbeitskollegin – fuhr sie im Oktober 1952 nach Westberlin zum Sender RIAS und bot dort Informationen an, um sich ein paar DM zu verdienen, die sie für die Besorgung von Medikamenten für ihren kranken Vater benötigte. Sie erzählte, wo sie arbeite und worin ihre Tätigkeit bestehe. Daraufhin wurde sie gebeten, Angaben über die Gütertransporte in die Sowjetunion zu übermitteln. Wieder zurück, notierte sie gemeinsam mit der Kollegin Waggonnummern, Frachtarten und Gewichtsangaben von Zügen, die in die Sowjetunion fuhren. Am 18. Oktober 1952 machte sie sich auf den Weg nach Westberlin, um diese Informationen dem RIAS zu überbringen. Bereits wenige Stationen nach Frankfurt/Oder wurde sie aus der Eisenbahn heraus verhaftet, nachdem sie sehr gezielt durchsucht worden war. Deshalb vermutet sie, dass sie bespitzelt und wahrscheinlich von ihrer Kollegin verraten worden ist.

Gisela Reimer kam in das Untersuchungsgefängnis der Staatssicherheit in Frankfurt/Oder. Nach vielen Verhören wurde sie plötzlich am 2. Januar 1953 zum Prozess geführt, ohne dass sie eine Anklageschrift erhielt. Daher wusste sie nicht, auf welchen Anklagepunkten das Verfahren beruhte und mit welcher Strafe sie zu rechnen hatte. Im Gericht bekam sie einen Pflichtverteidiger zugewiesen, der ihr völlig unbekannt war und der auch während des Verfahrens nicht zu ihren Gunsten eingriff. Erst im Gerichtssaal erfuhr sie, dass sie wegen Spionage nach Artikel 6, KD 38, II A III angeklagt war. Der Staatsanwalt plädierte auf eine Freiheitsstrafe von acht Jahren Zuchthaus. Darüber war sie so fassungslos, dass sie im Gerichtssaal zu lachen anfing. Dies wurde ihr vermutlich derart übel genommen, dass das am nächsten Tag verkündete Urteil tatsächlich in dieser Höhe ausfiel. In der Urteilsbegründung hieß es: „Die Angeklagte hat sich für ein Verbrechen zu verantworten, welches sie zu einer Zeit beging, wo der Kampf des deutschen Volkes gegen die amerikanischen Kriegsbrandstifter und für die Erhaltung der nationalen Existenz des deutschen Volkes sowie der Erhaltung des Friedens in ein besonderes Stadium getreten war." Das amerikanische Monopolkapital bediene sich zur Vorbereitung eines neuen Krieges des „amerikanisch besoldeten Hetzsenders RIAS" zur Anwerbung von Spionen und Verbreitung von Lügen, um Unruhe unter der Bevölkerung der DDR zu stiften und die Regierung zu diffamieren. „Das Entwicklungsbild der Angeklagten sowie ihre Handlungsweise am 1. 10. 1952 zeigt, dass die Angeklagte eine feindliche Einstellung, die zugleich politisch und moralisch äußerst verwerflich ist, gegenüber unserer volksdemokratischen Ordnung besitzt. Sie hat amerikanischen Kriegsvorbereitern Material in die Hände gespielt, damit diese den von ihnen geplanten Angriff gegen die Deutsche Demokratische Republik und alle anderen friedliebenden Völker gut vorbereiten können. Sie hat somit durch ihre Handlungsweise aktive Hilfe bei der Durchführung der Kriegsvorbereitungspläne des amerikanischen Imperialismus geleistet, und damit Kriegshetze im Sinne des Art. 6 der Verf. der Deutschen Dem. Republik sowie militaristische Propaganda im Sinne dieser gesetzlichen Bestimmungen vorgenommen."[271] Typisch für diese Zeit ist die völlig überzogene Argumentation des Gerichts, nach der der Einzelne der Gefährdung des Weltfriedens bezichtigt wurde, die aus der Straftat gar nicht abzuleiten war. Ihre Verbindung zum RIAS wertete man a priori als Kontaktaufnahme mit einer amerikanischen Agentenorganisation, um deren Nachweis sich das Gericht allerdings nicht bemühte.

Gleichzeitig wurde ihr ein Vorsatz unterstellt, ein „kaltblütiges und gerissenes Vorgehen und das alles, um persönliche Vorteile zu erlangen".[272] Dieser persönliche Vorteil wirkte sich nicht etwa strafmildernd aus, da es ihr ja nicht um die Anzettelung eines dritten Weltkrieges ging. Im Gegenteil begründete allein ihre kritische Einstellung zu diesem Staat eine Strafverschärfung. Wegen der Schwere der Tat rechnete das Gericht nicht einmal die Untersuchungshaft auf die Zuchthausstrafe an.

Einen Tag nach der Urteilsverkündung erfuhr Gisela Reimer nebenbei, dass ihr Vater bereits im November verstorben war. Das bedeutete für sie einen schweren Schlag, da sie glaubte, ihre Verhaftung habe seinen Tod beschleunigt. Zugleich war sie empört, dass ihr die Nachricht vom Ableben ihres Vaters nicht in der Untersuchungshaft überbracht worden war.

Von Frankfurt/Oder aus ging sie gemeinsam mit anderen Frauen, die man zur gleichen Zeit verurteilt hatte, auf Transport in das Zuchthaus Brandenburg. Dort kam sie auf eine Zelle mit vier Frauen, auf die Sonderstation des Hauses IV. Wie die männlichen Gefangenen auch erhielten sie die übliche blaue Gefangenenkleidung – ausrangierte Polizeiuniformen –, versehen mit roten Streifen. Auch in der Behandlung gab es keinen Unterschied.[273] Während der gesamten Zeit waren sie streng von den

---

271 Urteilsbegründung in der Strafsache Gisela Reimer vom 3. 1. 1953, BStU, ASt. Frankfurt/Oder. AU 182/52, Band I, Gerichtsakte, Bl. 54 u. 56.
272 Ebenda, Bl. 57.
273 Vgl. zu den Haftbedingungen der Frauen Abschnitt 8.

männlichen Insassen isoliert. Dennoch lernte Gisela Reimer während der Haft ihren zukünftigen Ehemann – zunächst per Kassiber – kennen.

Besonders schwer war für Gisela Reimer die Beschäftigungslosigkeit zu ertragen. Nur vorübergehend konnten sie auf der Zelle Stickereiarbeiten verrichten. Erst ab 1954 wurden sie regelmäßig zur Arbeit eingesetzt. In einer Arbeitszelle mussten sie nun aus alten Regenmänteln Gummischürzen nähen. Das war eine sehr schwere Arbeit, wobei sich Gisela Reimer eine akute Sehnenscheidenentzündung zuzog, unter der sie noch lange Zeit zu leiden hatte.

Während der Haft stellte Gisela Reimer einen Antrag auf Anrechnung ihrer Untersuchungshaftzeit. Mit der lapidaren Begründung, sie hätte nach ihrem Prozess deshalb in Berufung gehen müssen (was im Übrigen die Aufgabe des Anwalts gewesen wäre), wurde ihr Antrag abgelehnt.[274] Am 11. Mai 1956 mussten die Frauen plötzlich ihre Sachen packen. Man verlud sie auf zwei LKW und transportierte sie in die Srafvollzugsanstalt nach Halle. Am 15. September 1956 wurde sie ohne Vorankündigung in eine Einzelzelle verbracht, untersucht und überraschend entlassen. Auch die Angehörigen waren nicht informiert worden, weshalb sie plötzlich zu Hause vor ihrer fassungslosen Mutter stand. Dennoch hielt sie es nicht länger in der DDR: Einen Monat später verließ sie illegal die DDR und reiste zu den zukünftigen Schwiegereltern nach Westdeutschland. Dort wartete sie auf ihren späteren Ehemann, der allerdings erst 1957 aus Brandenburg entlassen wurde.

Der folgende Fall ist ein Beispiel für eine Inhaftierung, für die nicht einmal ein Anlass für eine Strafverfolgung vorlag. Ähnliche Fälle waren in dieser Zeit nicht gerade selten.

Zum Beispiel Ingrid Bröcker

Ingrid Bröcker, 1925 in Güstrow geboren, war in einer gegen den Nationalsozialismus eingestellten Familie aufgewachsen.[275] Nach dem Krieg studierte sie an der Universität Rostock und bewohnte dort gemeinsam mit ihrem Bruder eine kleine Wohnung. Eines Tages, im Jahr 1948, erhielten sie Besuch von einem jungen Mann. Da Ingrid Bröcker (später verheiratete Kalischer) zur Vorlesung an die Universität eilen musste, verließ sie die Wohnung schon nach einer halben Stunde. Später, 1949, wechselte sie nach Berlin, um an der Humboldt-Universität Kunstgeschichte zu studieren. Am frühen Morgen des 31. Oktober 1949 wurde sie aus ihrer Wohnung von der Polizei verhaftet und kam in das Frauengefängnis in der Barnimstraße in Berlin. Sie wusste nicht, wie das geschehen konnte, und meinte, es würde sich alles rasch aufklären.

---

274 Vgl. Schreiben des Staatsanwaltes an Leiter der StVA Brandenburg vom 20. 7. 1955, BStU, Ast. Frankfurt/Oder, AU 182/52, Handakte, Bl. 32.
275 Interview Ingrid Kalischer, geb. Bröcker, Januar 2004.

Nach einer Woche wurde sie in ein NKWD-Gefängnis nach Schwerin überstellt. Dort erfolgten ständig Verhöre, in der Regel nachts, in denen sie nach Namen von Personen befragt wurde. Immer noch war sie ahnungslos, worum es dabei ging. Schließlich wurde sie dem jungen Mann, der sie in Rostock aufgesucht hatte, gegenübergestellt, bei dem es sich angeblich um einen Spion handelte. Sie gab zu, ihn flüchtig zu kennen.

Daraufhin wurde sie im Januar 1950 gemeinsam mit ihrem Bruder und vier weiteren Personen von einem sowjetischen Militärtribunal verurteilt. Sie erhielt eine Freiheitsstrafe von 15 Jahren, die Männer jeweils 25 Jahre. Nach der Verurteilung kam sie in das NKWD-Lager nach Bautzen. Als dieses Lager der Deutschen Volkspolizei übergeben wurde, ging im Februar 1950 ein Transport von Frauen in die Strafvollzugsanstalt Hoheneck. Dort herrschten ein scharfer Ton und insgesamt harte Strafvollzugsbedingungen. Im Zusammenhang mit dem 17. Juni 1953 wurden die Haftbedingungen etwas gelockert. Als jedoch das SV-Personal sicher war, dass es zu keinen politischen Veränderungen in der DDR kommen würde, zog das Haftregime erneut an, und die Bedingungen verschlechterten sich massiv. Daraufhin beschlossen die Frauen zu streiken und die Nahrung zu verweigern.[276]

Ingrid Bröcker war sich jedoch nicht sicher, ob das der richtige Weg sei, denn sie vertrat die Auffassung, sie würden dabei den Kürzeren ziehen. Aber als alle streikten, war sie mit dabei. Der Streik zog sich mehrere Tage hin, dann griff das Personal hart durch und isolierte die so genannten Rädelsführer. Sie gehörte zwar nicht dazu, aber da sie eine „Studierte" war, selbstbewusst auftrat, sich nichts gefallen ließ – ebenso wie ihr Vater bei den gelegentlichen Besuchen –, nahm man nun an ihr Rache. Als „Rädelsführerin" wurde sie gemeinsam mit über 20 Frauen im Oktober 1953 aus disziplinarischen Gründen in das Zuchthaus Brandenburg überstellt. Tatsächlich erlebte sie die Haftbedingungen im Zuchthaus als sehr hart, zumal sie sofort von den anderen weiblichen Gefangenen isoliert wurde (in Hoheneck waren sie in großen Sälen mit weit über 100 Personen untergebracht), keine Beschäftigung hatte und ein scharfer Ton herrschte. Eines Morgens im Januar hieß es für sie, die Sachen zu packen. Man teilte ihr mit, sie würde nunmehr entlassen. Sie glaubte jedoch, man mache sich mit ihr einen Scherz. Unverhofft wurde sie am 20. Januar 1954 aus Brandenburg-Görden entlassen. Ingrid Bröcker war zufällig unter einen Gnadenerweis für SMT-Verurteilte gefallen, zehn weitere weibliche SMT-Verurteilte blieben jedoch in Brandenburg in Haft. Von ihrer Heimatstadt Güstrow aus ging sie nach Westberlin, um ihr Studium wieder aufzunehmen. Anschließend zog sie nach Westdeutschland. Der DDR hatte sie den Rücken gekehrt.

276 Vgl. dazu auch Ulrich Schacht (Hrsg.), Hohenecker Protokolle. Aussagen zur Geschichte der politischen Verfolgung von Frauen in der DDR, Frankfurt a. M. 1989.

Der Justizterror der 50er-Jahre führte zu einem ständigen Anwachsen der Häftlingszahlen. Die Gefängnisse waren überfüllt. Anfang Juni 1953 verzeichnete das Zuchthaus Brandenburg eine Belegung von 3269 Häftlingen.[277] Die Situation spitzte sich nicht nur in der Strafvollzugsanstalt zu.

6. Der 17. Juni 1953 in der Strafvollzugsanstalt Brandenburg-Görden

Das Zuchthaus Brandenburg stellte zwar eine gut gesicherte Festung dar, die jedoch gegenüber den Ereignissen des 17. Juni nicht undurchlässig war. Nicht nur durch die Aufseher, sondern auch durch das Außenarbeitskommando, das im Stahl- und Walzwerk Brandenburg eingesetzt war, gelangten Informationen in die Haftanstalt.

Die Unzufriedenheit der Bevölkerung hatte im Frühjahr 1953 ihren Höhepunkt erreicht. Seit Herbst 1952 gab es massive Versorgungsprobleme, die Lebenslage verschlechtere sich zusehends. Nachdem die Westmächte die so genannte Stalin-Note abgelehnt hatten, die den Eintritt der BRD in die (West)-Europäische Verteidigungsgemeinschaft verhindern sollte und dafür die Schaffung eines militärisch neutralen Deutschlands in Aussicht stellte, verordnete die SU überraschend der DDR ein industrielles und militärisches Aufrüstungsprogramm. Dies war in der SED-Wirtschaftsplanung nicht einkalkuliert, die Ressourcen dafür standen nicht zur Verfügung. Massiv wurde nun auf Kosten der Konsumgüterproduktion in die Schwerindustrie investiert, der staatliche Sektor in Folge immer weiter ausgebaut. Die damit einhergehenden Rekrutierungsmaßnahmen für den Aufbau einer „Nationalarmee", der KVP, entzogen der Wirtschaft zehntausende junge und vor allem qualifizierte Facharbeiter, was die Arbeitskräftesituation zusätzlich prekär gestaltete.[278] Hinzu kam, dass durch die Zwangskollektivierung und die hohen Abgabenforderungen an die Bauern, bei deren Nichtbefolgung mit Gefängnis zu rechnen war, eine Massenflucht der bäuerlichen Bevölkerung in den Westen einsetzte. Dadurch verschärfte sich die Ernährungslage zusätzlich.

Dieser Wirtschaftskrise begegnete die SED-Führung mit massiven Preiserhöhungen in den HO-Läden, Rationierungen von Lebensmitteln, Anhebung der Steuerbelastungen, Einsparungen im Konsumbereich, Aufhebung von Fahrpreisermäßigungen und nicht zuletzt der Heraufsetzung der Arbeitsnormen, was zu erheblichen Lohneinbußen führte. Begleitet wurde diese Politik von einer Kampagne der „Verschärfung des Klassenkampfes", die in einer Verhaftungswelle gegen Mittelständler und Aufmüpfige ihren Ausdruck fand. Der Tod Stalins im März 1953 führte zu einer teilweisen

---

277 Aufstellung über den Gefangenenstand in den der HA SV nachgeordneten Dienststellen, Stand 10. 6. 1953, vom 23. 6. 1953, BArchB, DO 1/11.0/1578, Bl. 80.
278 Bis Mitte 1953 wurden 110 000 Männer für die KVP rekrutiert. Vgl. Ilko-Sascha Kowalczuk, 17. 6. 1953: Volksaufstand in der DDR, Bremen 2003, S. 44.

Kurskorrektur. Die sowjetische Führung verordnete angesichts der sich zuspitzenden Situation die Rücknahme verschiedener Maßnahmen, einschließlich der bisherigen Verstaatlichungspolitik, sowie die Beendigung des Justizterrors gegen die Bevölkerung. Aber die Normerhöhung für die Arbeiter blieb erhalten. Die SED musste öffentlich Fehler eingestehen, einen Rücktritt der Regierung aber schloss sie aus, obwohl ihre Politik Bankrott erlitten hatte. Die Bevölkerung war empört, die Wut, wie mit ihr umgegangen wurde, machte sich Luft, entzündete sich nun an der Normenfrage und mündete schließlich in politischen Forderungen. Schwerpunkte der Aufstände bildeten die Industriezentren der DDR. Dazu zählte auch die Stadt Brandenburg. Hier fanden die heftigsten Proteste und Demonstrationen innerhalb des Bezirkes Potsdam statt, wo mehr als 10 000 Menschen in Demonstrationszügen in die Innenstadt zogen. Sie gingen maßgeblich von der Bau-Union aus, die u. a. eine Baustelle im Stahl- und Walzwerk Brandenburg unterhielt. Die Arbeitsniederlegung dort wirkte als Signal für alle anderen Betriebe in der Stadt.[279]

Bereits im Vorfeld war es zu verschiedenen Protestaktionen gekommen, so z. B. am 12. Juni 1953 vor der Untersuchungshaftanstalt in der Stadt Brandenburg.[280] Entsprechend alarmiert war man in der Strafvollzugsanstalt, sodass die Offiziere und Wachmannschaften sich auf ähnliche Vorkommnisse einstellten. Als am 16. Juni die ersten Demonstrationen in Berlin begannen, wurde eine verstärkte Bewaffnung der VP-Genossen in der Haftanstalt angeordnet. Am 17. Juni waren dennoch 450 Strafgefangene als Außenkommando in das Stahl- und Walzwerk geführt worden. Nachdem es am Morgen zu flächendeckenden Arbeitsniederlegungen in diesem Betrieb gekommen war, wurde das Außenkommando sofort auf verschiedenen Umwegen zurückgeführt. Obwohl die Bewachungskräfte schwach waren, begehrten die Strafgefangenen nicht auf. Zu vermuten ist, dass es sich bei ihnen um Häftlinge handelte, die kurz vor der Entlassung standen, sonst wären sie nicht einem Außenkommando zugeteilt worden. Die Leitung der StVA erhielt Meldungen von „Genossen des Stahlwerkes", dass „feindliche Elemente die Arbeiter versuchen aufzuhetzen zu einer Demonstration vor der Strafanstalt mit der Absicht sogenannte politische Gefangene mit Gewalt herauszuholen." Aufgrund dieser „bedrohlichen Situation" wurden die Anstaltsbetriebe sofort stillgelegt und die Strafgefangenen eingeschlossen, auch die Kalfaktoren und sonstige Funktionshäftlinge. Die VP-Angehörigen bewaffneten sich und bereiteten sich auf eine Verteidigung der Anstalt vor. Feuerwehrschläuche wurden angelegt, um einen Arbeiteraufmarsch vor dem Tor zu bekämpfen.[281]

---

279 Vgl. Burghard Ciesla (Hrsg.), Freiheit wollen wir! Der 17. Juni 1953 in Brandenburg, Berlin 2003, S. 34.
280 Die folgende Beschreibung ist dem Bericht der Strafvollzugsanstalt entnommen. Vgl. Anlage zum Quartalsbericht vom 4. 7. 1953, BArchB, DO 1/11.0/1512, Bl. 66 ff.
281 StVA Brandenburg, Anlage zum Quartalsbericht, vom 4. 7. 1953, BArchB, DO 1/11.0/1512, Bl. 66.

Von verschiedenen Betrieben in Brandenburg zogen Demonstrationszüge in die Stadt. Bereits um 9.00 Uhr versammelten sich Tausende vor der Untersuchungshaftanstalt, wo es zu heftigen Protesten kam. Eine Delegation der Demonstranten stürmte den Zellentrakt und verlangte die Entlassung aller politischen Häftlinge. Daraufhin legte ein Kreisrichter die Untersuchungsakten der Häftlinge vor, anhand derer die Delegation entschied, wer freizulassen sei: insgesamt 42 Häftlinge. Anschließend wurde der Richter in Handschellen vor das Gebäude geführt und verprügelt. Gegen 10.00 Uhr stürmten Demonstranten die SED-Kreisleitung. Akten und Mobiliar flogen aus den Fenstern. Auch vor der FDJ-Kreisleitung, den Gebäuden von FDGB und Rat des Kreises kam es zu ähnlichen Aktionen. Der Demonstrationszug bewegte sich durch die Stadt, dabei immer wieder politische Forderungen rufend. Die Leitung der Strafvollzugsanstalt wurde von den Genossen der SED-Kreisleitung laufend über die Ereignisse informiert und forderte Unterstützung. Mit dem Argument, dass alle Kräfte benötigt würden, um das Objekt zu verteidigen, lehnte man das Ansinnen ab. Den verantwortlichen Offizieren wurde der Befehl erteilt, notfalls auch mit Waffengewalt das Eindringen in die Strafvollzugsanstalt zu verhindern.[282]

Am späten Vormittag griffen Kampfverbände der sowjetischen Armee in das Geschehen ein und versuchten, die Menge zu zerstreuen. Aber schon mittags gingen die Demonstrationen weiter. Um 12.30 Uhr unternahmen Arbeiter den Versuch, mit einem Volkspolizei-Mannschaftswagen zur Strafvollzugsanstalt nach Görden zu fahren, um politische Gefangene aus der Haft zu befreien. Einer von ihnen machte zunächst einen umgestürzten VP-Transportwagen fahrtüchtig und begab sich auf den Weg. Da es der Fahrer aber plötzlich mit der Angst zu tun bekam, täuschte er eine Panne vor und machte den Motor unbrauchbar. Damit stand das Fahrzeug auch für die Polizei nicht mehr zur Verfügung, was allerdings von ihm beabsichtigt war.[283]

Gegen 13.00 Uhr versammelten sich erneut fast 10 000 Demonstranten vor dem Volkspolizeikreisamt. Aus dem Gebäude heraus gaben die Polizisten Warnschüsse ab, woraufhin die Aufständischen das Gebäude mit Steinen bewarfen. Sowjetische Einheiten griffen erneut ein.[284]

Um 13.00 Uhr beschlossen Arbeiter des Walzwerkes Kirchmöser, politische Häftlinge aus dem Zuchthaus Brandenburg zu befreien, da einige ihrer Kollegen dort einsaßen. Gleichzeitig forderten sie die Herabsetzung der Normen, die Durchführung freier Wahlen, die Einheit Deutschlands sowie die Freilassung sämtlicher politischer Häftlinge.[285]

---

282 Ebenda, Bl. 67.
283 Vernehmungsprotokoll des Beschuldigten ... v. 24. 6. 1953, BStU, BVfS Potsdam, AU 241/53, STA 4409, Bl. 98 f. Der Angeklagte erhielt im Übrigen eine Freiheitsstrafe von drei Jahren Zuchthaus.
284 Kowalczuk, Volksaufstand in der DDR, S. 185 f.
285 Vgl. dazu auch ebenda, S. 186.

Eine Gruppe von Arbeitern begab sich zur Strafvollzugsanstalt Brandenburg und verlangte, Verhandlungen mit dem Leiter der StVA zu führen. Auf dessen Weisung wurden sie auch eingelassen, aber in der Durchfahrt der Hauptwache zwischen Tor und Scherengitter festgenommen.[286] Weitere Gruppen setzten sich mit Fahrrädern in Richtung Brandenburg-Görden in Bewegung. Eine dieser Gruppen, bestehend aus neun Mann, wurde gegen 15.00 Uhr in der Anton Saefkow-Allee von einer Einsatzgruppe der KVP festgenommen. Die anderen Gruppen fuhren daraufhin auf der Plauer Landstraße direkt nach Brandenburg weiter.[287]

Um 17.00 Uhr besetzten sowjetische Truppen mit Panzern in weitem Umkreis das Gelände der Anstalt. Alle Personen ohne Personalausweis wurden festgenommen. Inzwischen war der Ausnahmezustand verhängt worden. Um 18.00 Uhr trafen drei Lastwagen der Kasernierten Volkspolizei ein, um das Objekt zu sichern. Danach blieb es ruhig. In der Nacht vom 18. zum 19. Juni nahmen die „sowjetischen Freunde" zwei Männer fest, die mit einem genauen Plan des Zuchthauses dorthin unterwegs waren. Am 23. Juni wurde schließlich die Alarmbereitschaft aufgehoben.

In der Anstalt selbst kam es am 20. Juni zu einem kleinen Streik in der Schneiderei, den die Polizisten aber sofort mit Gummiknüppeln unterbanden. Die 12 Gefangenen wurden von den anderen getrennt und kamen in ein anderes Verwahrhaus in den Einzelarrest. Man drohte ihnen schwerste Folgen an, sollten sie eine Meuterei beginnen.[288]

Die Hauptabteilung Strafvollzug konstatierte, dass die Stimmung unter den Gefangenen, die wegen politischer Delikte einsaßen, schlecht sei. Sie verlangten eine Überprüfung ihrer Urteile, zumal der Justizminister „entlarvt" sei.[289] Max Fechner war jedoch aus der SED ausgeschlossen und am 16. Juli 1953 verhaftet worden, weil er sich für die Straffreiheit von Streikenden mit ökonomischen Forderungen ausgesprochen hatte, da das Streikrecht durch die Verfassung garantiert sei. Insgesamt wollte er eine harte Strafverfolgung vermeiden. Fechner wurde 1955 zu acht Jahren Zuchthaus verurteilt und kam zur Verbüßung seiner Strafe 1955 von Hohenschönhausen nach Brandenburg-Görden.[290]

Das Zuchthaus Brandenburg blieb also von den massiven Befreiungsaktionen unberührt. Dies hing sicherlich auch mit der geografischen Lage, abseits des Zentrums

---

286 StVE, Brandenburg: Darstellung der Entwicklung der Strafvollzugseinrichtung Brandenburg seit Übernahme durch das Ministerium des Innern, vom 1. 12. 1982, S. 7, StA Neuruppin, Az 60/4 Js 16/193.
287 StVA Brandenburg, Anlage zum Quartalsbericht vom 4. 7. 1953, BArchB, DO 1/11.0/1512, Bl. 67.
288 Ebenda.
289 Vgl. Quartalsbericht der HA SV für das II. Quartal 1953, BArchB, DO 1/11.0/1468, Bl. 264.
290 Max Fechner wurde am 26. April 1956 amnestiert und entlassen. Vgl. Die Parteien und Organisationen der DDR. Ein Handbuch, hrsg. v. Gerd-Rüdiger Stephan/Andreas Herbst/Christine Krauss/Detlef Nakath, Berlin 2002, S. 930.

des Aufstandes in Brandenburg zusammen. Insgesamt zeigte sich, dass vor allem die Untersuchungshaftanstalten von Demonstranten gestürmt wurden. Sie lagen zentraler am Geschehen, waren nicht so gut gesichert und die vorausgegangenen Verhaftungen dürften noch frisch im Gedächtnis der empörten Bevölkerung gewesen sein. Immerhin kam es vor mindestens 22 Haftanstalten in der DDR zu Protesten; aus 12 Anstalten wurden knapp 1400 Häftlinge befreit.[291]

Nach dem 17. Juni setzte die größte Verhaftungswelle in der Geschichte der DDR ein.[292] Allein bis zum 6. Juli 1953 wurden ca. 10 000 Personen festgenommen. Aber auch die sowjetische Besatzungsmacht nahm schätzungsweise zwischen 1000 und 2000 Verhaftungen vor. Die Festnahmen im Zusammenhang mit dem 17. Juni erstreckten sich allerdings über Wochen und Monate. Neueste Forschungen gehen von insgesamt 13 000 bis 15 000 Verhafteten aus.[293] Die Kapazitäten in den Untersuchungshaftanstalten waren schnell erschöpft. Infolgedessen wurde auch im Zuchthaus Brandenburg vorübergehend eine Untersuchungshaftabteilung eingerichtet.[294]

Der Arbeiteraufstand hatte die Herrschenden jedoch in ihrer Machtausübung grundlegend erschüttert. Dies wirkte sich auch auf ihre Strafverfolgungspolitik aus. Zum einen ließ die SED-Führung, wie mit dem „neuen Kurs" angekündigt, die Urteile der politischen Häftlinge aus der Zeit vor dem 17. Juni überprüfen. Daraufhin wurden bis Ende 1953 24 000 Personen vorzeitig aus der Haft entlassen.[295] Zum anderen führte die Verhaftungswelle nach dem 17. Juni nicht zu einer Strafverurteilung in der entsprechenden Größenordnung. Bis zum Sommer 1954 wurden dennoch gegen 3430 Personen Verfahren im Zusammenhang mit dem 17. Juni eingeleitet. Von ihnen erhielten zwei Personen die Todesstrafe, drei wurden zu lebenslänglichem Zuchthaus verurteilt, 13 Personen erhielten eine Freiheitsstrafe zwischen 10 und 15 Jahren, 98 zwischen 5 bis 10 Jahren, 791 zwischen einem und fünf Jahren und 534 Personen wurden mit einer Freiheitsstrafe bis zu einem Jahr belegt. 1288 Verfahren waren eingestellt worden.[296]

Einige dieser Verurteilten kamen ins Zuchthaus Brandenburg. Unter den Inhaftierten befand sich auch Karl Heinz Pahling.

---

291 Allerdings waren schon Ende des Monats 1200 wieder in Haft. Kowalczuk, Volksaufstand in der DDR, S. 104.
292 So ebenda, S. 244.
293 Ebenda.
294 StVE, Brandenburg: Darstellung der Entwicklung der Strafvollzugseinrichtung Brandenburg seit Übernahme durch das Ministerium des Innern vom 1. 12. 1982, S. 7, StA Neuruppin, Az 60/4 Js 16/193.
295 Kowalczuk, Volksaufstand in der DDR, S. 249.
296 Analyse des Berichts über die Tätigkeit der Staatsanwaltschaft in den Bezirken und Kreisen der DDR für das II. Halbjahr 1953 v. 19. 7. 1954, SAPMO-BArch, NY 4090, Bestand Grotewohl, Bl. 294.

Zum Beispiel Karl Heinz Pahling

Karl Heinz Pahling, 1927 in der Altmark geboren, fand nach seiner Entlassung aus amerikanischer Kriegsgefangenschaft zunächst eine Anstellung bei einem Karusselunternehmer in Westdeutschland.[297] 1951 ging er zurück zu seinen Eltern nach Stendahl und war dann in verschiedenen Betrieben als Arbeiter tätig. Im Juni 1953 nahm er eine Beschäftigung als Gleisbauer bei der Bau-Union der Deutschen Reichsbahn auf. Als er und seine Kollegen am 17. Juni zur Arbeit fuhren, diskutierten sie über die Ereignisse in Berlin und beschlossen, ebenfalls zu streiken, da sie mit den Forderungen der Streikenden unbedingt einverstanden waren. Ein älterer Arbeiter meinte, um einen Streik zu organisieren, benötige man ein Streikkomitee. Die Belegschaft beschloss daraufhin, ein Streikkomitee, bestehend aus vier Personen, in das auch Karl Heinz Pahling gewählt wurde, zu bilden. Anschließend zog die Belegschaft durch den Ort Niemegk und forderte die Arbeiter anderer Betriebe sowie die Bevölkerung auf, sich an der Demonstration und dem Streik zu beteiligen. Sie versammelten sich auf dem Marktplatz, einige Arbeiter ergriffen das Wort, auch Karl Heinz Pahling hielt eine Rede. Ihre Forderungen beinhalteten die Beseitigung des Normensystems und den Einsatz von Normbearbeitern, die Freilassung von zwei Kollegen aus der Haft, die aus politischen Gründen verurteilt worden waren, die Beseitigung des Spitzelsystems, die Auflösung der Betriebsparteiorganisation der SED, die sofortige Freilassung sämtlicher Steuerschuldner sowie derjenigen Bauern, die durch die Gerichte wegen Nichterfüllung ihres Abgabensolls verurteilt wurden, den Schutz der Organisatoren der Streikbewegung vor den staatlichen Organen, die Absetzung der jetzigen Regierung, die Beseitigung der Zonengrenzen, die Durchführung freier und geheimer Wahlen und die Senkung der HO-Preise um 40 Prozent.[298]

Die Arbeiter und Teile der Bevölkerung versammelten sich mittags am Bahnhof Niemegk, um nach Belzig zu fahren und gemeinsam mit ihren Kollegen dort zu demonstrieren. Sie wollten das dortige Streikkomitee unterstützen und ihre Forderungen vor den staatlichen- und SED-Behörden vorbringen. Mit dem Bahnhofsvorsteher verhandelten sie um Überlassung eines Eisenbahnzuges. Da dieser ängstlich war, spannte ein Kollege eine Lokomotive vor einen Güterzug, und auf diese Weise ging es nach Belzig. Dort formierte sich ein geschlossener Demonstrationszug in Richtung Rat des Kreises. Dem stellten sich einige sowjetische Soldaten entgegen, die Warnschüsse abgaben. Sie woll-

---

[297] Die folgenden Angaben basieren auf einem Interview, das Prof. Friedhelm Boll mit Karl Heinz Pahling am 5. 7. 1995 im Rahmen eines Biografieprojektes des Instituts für Sozialgeschichte e. V. Braunschweig-Bonn in Zusammenarbeit mit der Friedrich-Ebert-Stiftung führte und das der Verf. zur Verfügung gestellt wurde, sowie auf Unterlagen des MfS, in die die Familie Karl Heinz Pahlings der Verf. Einsicht gewährte.
[298] Vernehmungsprotokoll von Karl-Heinz Pahling durch die Staatssicherheit vom 26. 6. 1953, BStU, ASt. Magdeburg, AU 307/53, Bl. 40.

ten die Demonstration auflösen. Die Menge reagierte aufgebracht und rief ihnen zu, sie sollten sich nicht einmischen, denn das sei eine Angelegenheit zwischen ihnen und ihrer Regierung.[299] Der Demonstrationszug bewegte sich weiter. Vor dem Gebäude des Rates des Kreises forderte die Menge, dessen Vorsitzenden zu sprechen. Als dieser sich der Masse stellte, wurde er jedoch wiederholt in seiner Rede unterbrochen, woraufhin sich eine Kommission aus den Protestierenden bildete, darunter Karl Heinz Pahling, die dem Vorsitzenden des Kreises die Forderungen übergab. Sie verlangten von ihm auch den Schutz des Demonstrationszuges. In einer Rede vor den Demonstranten trug Karl Heinz Pahling nochmals die Forderungen vor.

Am Nachmittag des 17. Juni wurde auch in Belzig der Arbeiteraufstand durch die sowjetische Besatzungsmacht niedergeschlagen. Nun begann man Karl Heinz Pahling als „Rädelsführer" zu suchen. Es gelang ihm zunächst unterzutauchen. Doch am 26. Juni 1953 wurde er aufgespürt und verhaftet. Er kam in die Untersuchungshaftanstalt der Staatssicherheit in Potsdam. Während der Verhöre auf die auch von ihm vertretene Forderung nach dem Sturz der Regierung angesprochen, gab er zur Antwort, er sei der Meinung, wenn ein Arbeiter in einem Betrieb Fehler mache, würde er entlassen, und wenn die Regierung Fehler mache, müsse auch etwas geschehen. Er habe deshalb kein Verbrechen begangen, zumal eine Arbeiterregierung auch ein Arbeiterwort ertragen könne.[300]

Am 19. August 1953 fand vor dem 1. Strafsenat des Bezirksgerichts Potsdam der Prozess gegen Karl Heinz Pahling statt. Wegen Verbrechen nach Artikel 6 der Verfassung der DDR in Verbindung mit der Kontrollratsdirektive 38 Abschnitt II Artikel III A III wurde er zu zehn Jahren Zuchthaus verurteilt. Der Angeklagte habe durch seine Handlungen einen Bürgerkrieg in Deutschland auslösen wollen, „damit der Faschismus erneut in Deutschland hereinbrechen und die Werktätigen unterdrücken könnte. Hätte der Angeklagte sein schmutziges Ziel erreicht, so wäre über Deutschland zweifellos ein ungeheures Elend hereingebrochen, da die Verwirklichung der Pläne der Kriegsverbrecher in Westdeutschland, die auch die Pläne des Angeklagten waren, einen dritten Weltkrieg in der Folge gehabt hätte". Das vergleichsweise hohe Strafmaß begründete das Gericht außerdem damit, dass „der Angeklagte deshalb eine längere Zeit der Umerziehung zu einem demokratischen Bürger eines neuen Deutschland [brauche]. Das Gericht hielt deshalb eine Zuchthausstrafe von 10 Jahren für erforderlich, um dieses Ziel zu erreichen".[301]

Nach dem Prozess kam Karl Heinz Pahling in das Zuchthaus Brandenburg. Dort machte er aus seiner politischen Meinung keinen Hehl. Gemeinsam mit anderen

---

299 Vgl. BStU, ASt. Magdeburg, AU 307/53, Bl. 41.
300 Vernehmungsprotokoll Karl Heinz Pahling vom 30. 6. 1953, BStU, ASt. Magdeburg, AU 307/53, Bl. 16.
301 Urteilsbegründung, S. 5. Im Besitz der Ehefrau.

politischen Häftlingen schloss er sich zu illegaler Arbeit zusammen. Er gehörte zu den Mitgliedern der Widerstandsgruppe in der Tischlerei des Burger Holzverarbeitungswerkes.[302] Erst nach sieben Jahren, am 19. November 1960, wurde er aus dem Strafvollzug in Brandenburg entlassen. Er blieb in der DDR und erlernte nochmals einen neuen Beruf in der Landwirtschaft. Im Alter von 50 Jahren nahm er ein Fernstudium als Agraringenieur auf. Im Herbst 1989 gehörte er zu den Demonstranten und Mitbegründern des Neuen Forums in Stendal und trat dann der Sozialdemokratischen Partei bei. Er machte sich um die Aufarbeitung von politischer Verfolgung in der DDR verdient und wurde Vorsitzender des Bundes Stalinistisch Verfolgter (BSV) in Sachsen-Anhalt. Karl Heinz Pahling starb 1999.[303]

Etwa 80 der in den Justizprozessen Verurteilten kamen zur Strafverbüßung in das Zuchthaus Brandenburg.[304] Einige von ihnen hatten „vor Ort" in der Stadt Brandenburg am Aufstand teilgenommen. Darunter war z. B. ein Arbeiter aus dem Exelsiorwerk in Brandenburg, der am 17. Juni die Arbeiter seines Betriebes zur Teilnahme an der Streikbewegung aufgerufen hatte. Gemeinsam formierten sie einen Demonstrationszug und verkündeten vor der SED-Parteischule, dem FDGB-Kreisbüro und dem Lokal der Nationalen Front ihre Forderungen. Dabei kam es z. T. zu Verwüstungen der entsprechenden Büros und zur Vernichtung von Akten, woran sich der Angeklagte aber nicht beteiligt hatte. Am nächsten Tag, dem 18. Juni, wurde er in seinem Betrieb in eine Schlichtungskommission gewählt, die eine Resolution ausarbeitete, die u. a. die Absenkung der Normen, eine 40-prozentige Preissenkung der HO-Waren und die Zulassung freier Wahlen enthielt. Diese Resolution wurde dem Betriebsleiter übergeben und sollte, auch in Absprache mit der BGL, in fünf anderen Betrieben in Brandenburg verteilt werden. Zur Durchsetzung der Forderungen sollte der Streik weitergeführt werden. Der betreffende Arbeiter aus dem Exelsiorwerk suchte die einzelnen Betriebe auf. Als er im Schlepperwerk ankam, um für die Resolution zu werben, verhaftete man ihn. Er wurde wegen Verbrechens und Vergehens nach Art. 6 in Verbindung mit Abschn. II Art. III A III der KD 38 zu acht Jahren Zuchthaus verurteilt und kam nach Brandenburg-Görden.[305] 1955 reichte seine Frau ein Gnadengesuch ein, da ihr Ehemann zu 70 Prozent schwerbeschädigt sei und sich sein Zustand während der Haft rapide verschlechtert habe, sodass er arbeitsunfähig sei. Dieses Gnadengesuch

---

302 Vgl. Abschnitt 8.
303 Seiner Initiative ist es im Übrigen zu verdanken, dass vor der Justizvollzugsanstalt Brandenburg, unterstützt vom Ministerium für Wissenschaft, Forschung und Kultur des Landes Brandenburg ein Gedenkstein zur Erinnerung an die Opfer der politischen Verfolgung in der DDR 1996 eingeweiht wurde.
304 Die exakte Zahl konnte bisher nicht ermittelt werden.
305 Im Übrigen ging der Verurteilte in Berufung, die vor dem Obersten Gericht insofern Erfolg hatte, als seine Strafe auf vier Jahre Zuchthaus reduziert wurde. Vgl. BStU, BVfS Potsdam, AU 326/53, STA 4343, Bd. I, Bl. 71–74.

wurde wegen der „Uneinsichtigkeit" des Verurteilten bezüglich seiner „Straftat" sowie wegen angeblicher Disziplinverletzungen (zwei Hausstrafen) abgelehnt. Obwohl er während der Haft einen Schlaganfall erlitt, wurde er erst 1956 auf Bewährung entlassen.[306]

Mit den Verurteilungen im Zusammenhang mit dem 17. Juni füllte sich infolgedessen auch die Haftanstalt Brandenburg. Sie wies mit Stand vom 25. November 1953 eine Gefangenenzahl von 3479 Häftlingen aus.[307] Die Polizisten des Zuchthauses Brandenburg waren allerdings zunächst verunsichert. Es kam zu vorübergehenden Lockerungen in den Haftbedingungen, da für das Personal noch nicht absehbar war, ob fortan Härte oder Milde im Strafvollzug walten sollten.[308]

Der 17. Juni bildete für die SED-Führung ein traumatisches Ereignis, das u. a. zum Ausbau des Staatssicherheitsapparates führte. Im Dezember 1953 wurde eine Dienstanweisung erlassen, in der die Aufgaben der Abteilung VII im Staatssekretariat für Staatssicherheit bezüglich der Bearbeitung der HVDVP festgelegt wurden und die sich ausführlich mit der Arbeit in den Strafvollzugsanstalten beschäftigte.[309] Auch für das Zuchthaus Brandenburg wurden „Lehren" gezogen, indem man für den Ernstfall Sicherheitsvorkehrungen traf und sich für eine entsprechende Bewaffnung rüstete. Der 17. Juni habe gezeigt, „dass der Gegner die Insassen der Strafanstalten als eine Reserve für sich ansieht, auf deren Befreiung er den größten Wert legt", so der Leiter des Zuchthauses.[310]

7. Die Strafverfolgung nach dem neuen Strafrechtsergänzungsgesetz

Mit den letzten Gnadenerweisen von 1956 leerte sich auch die Strafvollzugsanstalt Brandenburg.[311] Die Zahl der Gefangenen ging bis Frühjahr 1957 auf 1628 zurück. Darunter waren 923 nach Artikel 6, 72 SMT- und 15 Waldheim-Verurteilte. Rechnet man die verschiedenen politisch motivierten Urteile, die z. B. nach dem Gesetz zum Schutze des Volkseigentums, der Wirtschaftsstrafordnung oder wegen illegalen Waffenbesitzes gefällt wurden, hinzu, so machten diese über drei Viertel der Verurteilungen

306 Vgl. ebenda, Bd. II, Bl. 59–79.
307 Vgl. Gefangenenbestand vom 25. 11. 1953, BArchB, DO 1/11.0/1578, Bl. 27.
308 Vgl. zu den Haftbedingungen im Zuchthaus Brandenburg Abschnitt 8.
309 Vgl. Regierung der DDR, Ministerium des Innern, Staatssekretariat für Staatssicherheit, Dienstanweisung Nr. 42/53, vom 8. 12. 1953. Vgl. dazu auch Kapitel III, Abschnitt 11.
310 Vgl. StVA Brandenburg, Anlage zum Quartalsbericht vom 4. 7. 1953, BArchB, DO 1, 11.0/1512, Bl. 68. Danach sollten die polizeitaktische Ausbildung verbessert, die Waffenkammer verlegt, die Turmposten mit automatischen Waffen ausgerüstet werden usw.
311 Die Zahl der Gefangenen ging insgesamt in der DDR 1957 auf 22 760 Strafgefangene zurück (bei 27 745 Häftlingen insgesamt). Werkentin, Politische Strafjustiz in der Ära Ulbricht, S. 378.

aus. Die Verbrechen wider das Leben sowie Sittlichkeitsdelikte blieben mit 266 Fällen in der absoluten Minderzahl.[312] Ende 1958 aber füllte sich die Anstalt wieder, die Gefangenenzahl stieg um 600 Inhaftierte an. Immer noch saßen 922 nach Artikel 6 Verurteilte in Brandenburg ein, jedoch kamen nunmehr 221 Fälle von „anderen staatsgefährdenden Delikten" und 78 Fälle von „Passvergehen" hinzu.[313]

Der Grund dafür lag in dem erneut scharfen Vorgehen gegen die vermeintlichen oder tatsächlichen Gegner des diktatorischen Regimes. Nach dem Ungarn-Aufstand vom November 1956 erfolgte eine weit reichende Abrechnung mit den angeblich „revisionistischen Tendenzen" in der SED, aber auch den Massenorganisationen in der DDR, die eine umfangreiche Säuberungswelle nach sich zog. Auch in der DDR hatte sich in der kurzen Zeit des „Tauwetters", insbesondere nach der „Abrechnung mit dem Personenkult" auf dem XX. Parteitag der KPdSU 1956, vor allem in Intellektuellenkreisen die Hoffnung auf einen „menschlichen Sozialismus" ausgebreitet. Das Eingeständnis der SED-Führung, in der Vergangenheit zu scharf gegen die „Abweichler" in ihren eigenen Reihen vorgegangen zu sein, was nun entsprechende Rehabilitierungsverfahren nach sich zog, sowie keinen Meinungsstreit zugelassen zu haben, führte jetzt zu zaghaften Versuchen einer nachholenden Diskussion um den „richtigen Weg" zum Sozialismus.

Die sowjetischen Panzer in Ungarn beendeten die Illusion. Die Lehre aus den Ungarn-Ereignissen hieß für die SED erneut, die Zügel fest im Griff zu behalten und keine Abweichungen von ihrer Linie zuzulassen. Schon im Keime sollte jeglicher Widerspruchsgeist erstickt werden. Dafür schuf sich die SED-Führung mit dem im Dezember 1957 verabschiedeten Strafrechtsergänzungsgesetz ein geeignetes politisches Strafrecht, das die undifferenzierte Ahndung nach Artikel 6 beseitigte. Zudem war die Berufung auf die Kontrollratsdirektiven und deren Missbrauch für die politische Strafverfolgung durch die förmliche Entlassung der DDR in die Souveränität seitens der Sowjetunion hinfällig geworden. Das StEG, das zum 1. Februar 1958 in Kraft trat, definierte nun die „gesellschaftsgefährlichen Handlungen", die sich „störend oder hemmend auf den gesellschaftlichen Entwicklungsprozeß" auswirkten und die bestehenden gesellschaftlichen Verhältnisse angriffen, dezidiert.[314]

Im Einzelnen ahndete das Gesetz solche staatsgefährdenden Verbrechen wie Staatsverrat (§ 13), Spionage sowie die Sammlung von Nachrichten und die Verbindung zu staatsfeindlichen Organisationen (§§ 14–16), Terrorhandlungen und Angriffe gegen

---

312 Gefangenenstatistik vom 31. 3. 1957, BLHA, Rep. 404/15.1/709, Bl. 10. Einen Tiefstand erreichte die Strafvollzugsanstalt mit 1533 Gefangenen im Dezember 1957. Ebenda.
313 Gefangenenstatistik vom 31. 12. 1958, BLHA, Rep. 404/15.1/709, Bl. 28. Es erhöhten sich allerdings auch die kriminellen Delikte wie „Sittlichkeitsvergehen" und „Verbrechen wider das Leben". Sie blieben dennoch immer noch erheblich unterrepräsentiert.
314 Zit. nach Fricke, Politik und Justiz, S. 371.

örtliche Organe der Staatsmacht (§§ 17, 18), staatsgefährdende Propaganda und Hetze sowie Staatsverleumdung (§§ 19, 20), Verleitung zum Verlassen der DDR (§ 21) und schließlich Diversion, Schädlingstätigkeit und Sabotage (§§ 22, 23).[315] Diese Straftatbestände wurden in der Strafvollzugsstatistik fortan unter „Verbrechen gegen die DDR" summarisch erfasst. Da man die Flucht aus der DDR nicht als Staatsverbrechen werten wollte, schuf die SED-Justiz mit einem separaten Passgesetz, das mit dem Strafrechtsergänzungsgesetz erlassen wurde, die entsprechende Grundlage für die Verfolgung von „Republikflucht", die zuvor ebenfalls nach Artikel 6 oder dem bisherigen Passgesetz von 1954 bestraft worden war. Die seit 1955 kontinuierlich hohen Zahlen von Republikflucht – weit über 200 000 jährlich[316] – veranlasste die SED-Führung, mit harten Repressionsmaßnahmen gegenzusteuern. Diese Verstöße gegen das Passgesetz konnten mit einer Freiheitsstrafe bis zu drei Jahren geahndet werden, hingegen wurden die Staatsverbrechen mit höchsten Strafmaßen bis hin zur Todesstrafe belegt.

Die Abwesenheit jeglicher rechtsstaatlicher Prinzipien kam im StEG auch darin zum Ausdruck, dass als Staatsverbrechen nicht nur die vollzogene Handlung, sondern bereits die vermuteten oder vorbereitenden Aktivitäten gewertet wurden. Eine Differenzierung nach Vorbereitung, Versuch und Vollendung war auf Initiative der Justizministerin Hilde Benjamin nicht eingeführt worden.[317] Somit konnte allein die Absicht zu einer drastischen Verurteilung führen, die darüber hinaus nicht selten unterstellt wurde. Allein die gedankliche Beschäftigung mit einer widerständigen Tat, irgendwo verbal geäußert, hatte möglicherweise eine Anklage wegen Staatsverbrechen zur Folge. Das Einschüchterungspotenzial dieses Gesetzes auf die Bevölkerung war enorm.

Dieser verschärfte Justizkurs, der sich auf alle Gebiete strafrechtlicher Verfolgung bezog, deren Erörterung hier unberücksichtigt bleiben muss, ließ erneut die Häftlingszahlen anwachsen. Sie stiegen 1958 zeitweise auf über 42 000 Gefangene an, davon 33 000 Strafgefangene.[318]

Von dieser Entwicklung blieb das Zuchthaus Brandenburg nicht unberührt. Ab Mitte 1958 stieg die Zahl der Neuzugänge der wegen Staatsverbrechen Verurteilten bis 1960 um fast 400 in Brandenburg-Görden an. Bis Anfang 1960 hatte sich die Zahl der Gefangenen auf insgesamt 2218 erhöht.[319] Sie alle waren wegen schwerer Verbrechen verurteilt worden.

---

315 Vgl. StEG, GBl. I, 1957, S. 643.
316 Vgl. Hermann Weber, DDR. Grundriß der Geschichte 1945–1990, Hannover 1991, S. 297–301.
317 Vgl. Rita Sélitrenny, Doppelte Überwachung. Geheimdienstliche Ermittlungsmethoden in den DDR-Untersuchungshaftanstalten, Berlin 2003, S. 50.
318 Werkentin, Politische Strafjustiz in der Ära Ulbricht, S. 379.
319 Gefangenenstatistik vom 31. 3. 1960, BLHA, Rep. 404/15.1/709, Bl. 45.

Zu den nach dem StEG Verurteilten gehörten z. B. auch die Mitglieder des studentischen Eisenberger-Kreises, denen im September 1958 der Prozess wegen „schweren Staatsverrates" gemacht worden war. Thomas Ammer als „geistiger Kopf" und „aktivstes" Mitglied der Gruppe erhielt eine Zuchthausstrafe von 15 Jahren,[320] die er bis zu seiner Entlassung 1964 in der Strafvollzugsanstalt Brandenburg verbüßte.[321] Von der Verhängung einer Todesstrafe hatte das Gericht großzügig abgesehen.[322]

8. Über der Kapazitätsgrenze: Die Haftbedingungen in Brandenburg-Görden

Obwohl in der Strafvollzugsanstalt durchgängig ein hartes Haftregime herrschte, gab es Phasen der Verschärfung, dann wieder zeitweiser Lockerungen. Sie lagen in den politischen Kurswechseln der SED begründet, die sich unmittelbar im Strafvollzug niederschlugen. In der insgesamt rigiden Strafverfolgungspolitik kam es zu kurzzeitigen Rücknahmen, die sich auch auf die Haftbedingungen in Brandenburg-Görden auswirkten, wie im Folgenden gezeigt werden soll.

In den 1950er-Jahren ging es nach eigenem Bekunden des Ministeriums des Innern darum, „die Schädlinge der Gesellschaft zu isolieren und ihnen die Beeinträchtigung der gesellschaftlichen Entwicklung, des Aufbaus der Grundlagen des Sozialismus unmöglich zu machen".[323] Die Haftbedingungen sollten sich am sowjetischen Vorbild orientieren, weshalb das Vollzugspersonal auch zunächst mit Schulungsmaterial aus der Sowjetunion versorgt wurde.

Die „Unschädlichmachung" hatte häufig strengste Isolierung der Gefangenen und Unterbringung z. T. in Einzelzellen zur Konsequenz. Viele der Häftlinge, die aus Bautzen, Waldheim oder aus anderen Strafvollzugsanstalten Anfang der 50er-Jahre in Brandenburg-Görden eintrafen, kamen zunächst „auf Rot", wie es umgangssprachlich hieß. Die Anstaltskleidung wurde mit roten Streifen an Ärmeln und Hosenbeinen versehen, um sie nach außen kenntlich zu machen. Damit waren sie als besonders gefährlich eingestuft und wurden deshalb in eine Einzelzelle eingewiesen. Dabei handelte es sich nicht etwa um die ursprünglichen, vor 1945 existierenden und baulich dafür vorgesehenen Einzelzellen, sondern um so genannte Kammkästen. Das waren Schlafzellen für diejenigen Gefangenen gewesen, die tagsüber außerhalb arbeiteten

---

320 Gerichtsurteil, 1. Strafsenat des Bezirksgerichts Gera, Gz: 1 BS 92/58, S. 40, Kopie im Besitz von Thomas Ammer. Die übrigen vier Angeklagten erhielten Zuchthausstrafen von 14, 8 und 3 Jahren. Vgl. zum Eisenberger Kreis vor allem Patrik von zur Mühlen, Der Eisenberger Kreis. Jugendwiderstand und Verfolgung in der DDR 1953–1958, Bonn 1995.
321 Thomas Ammer, Strafvollzug in der Strafvollzugsanstalt Brandenburg, in: Deutschland Archiv 35 (2002), S. 1006 ff.
322 Gerichtsurteil, S. 41.
323 Jahresbericht der HVDVP 1959, vom 4. 2. 1960, BArchB, DO/11.0/1476, Bl. 98.

Der Strafvollzug in der Haftanstalt Brandenburg 1950 bis Ende der 1950er-Jahre

und nur zum Schlafen die Zelle nutzten. Entsprechend eng war der Raum bemessen, in dem man sich fast nicht bewegen konnte. In diesen Kammkästen musste der eingewiesene Strafgefangene nun Wochen, Monate, manchmal sogar Jahre zubringen. Die ursprünglichen Einzelzellen dagegen wurden mit drei Strafgefangenen belegt. Darin befanden sich ein Klappbett und zwei Strohsäcke auf dem blanken Fußboden. Tagsüber wurden die Strohsäcke auf das Klappbett gelegt und hochgeklappt.

In der Einzelhaft herrschte völliges Kontaktverbot, jedwede Beschäftigung war untersagt. So blieb den Häftlingen lediglich, die enge Zelle abzulaufen. Peter Moeller, der am 29. Oktober 1950 als 19-Jähriger nach Brandenburg überführt wurde und dort sofort in eine Kammzelle kam, schildert: „Ich bin in dieser Einzelhaft soviel hin und her gelaufen, dass meine Socken innerhalb von wenigen Tagen keine Fußsohlen mehr hatten. Abgelaufen! Aber was soll der Mensch machen? Schon vor Kälte läuft man. Hinlegen war ja verboten. Das Bett musste hochgeklappt bleiben. Es hatte so eine kleine Kette und an einem Haken wurde es festgemacht. Sie können also nichts machen, gar nichts. Das ist das Schlimmste, was es gibt … Es ist sehr grausam. Kein Wort, gar nichts. Wenn draußen gebrüllt wurde auf dem Flur, war es schon schlimm. Aber wenn man von innen so in der Türnische steht, und draußen ist absolute Stille, Totenstille, dann ist das einfach furchtbar. Da denkt man, man ist begraben. Nichts regt sich, gar nichts. Die Türen waren ja innen alle mit Blech beschlagen. Hin und wieder geht dann mal der Spion auf. Guckt da irgendjemand rein und geht wieder … Was macht der Mensch, wenn er nichts tun kann? Man spinnt irgendwie. Man spinnt dann so lange, bis man denkt, ‚Jetzt bin ich verrückt!' Man erzählt sich selbst Geschichten, man denkt sich Geschichten aus. Jetzt schreibe ich mal einen Roman. Dann fantasiert man Tage lang daran herum, bis diese Fantasie sich langsam zur Realität zu entwickeln droht. Oder man versucht, etwas aus seiner Erinnerung zu holen, z. B. in der Schule gelernte Gedichte. Die können aber zum Trauma werden, wenn man eine Stelle erreicht, wo man nicht weiter kommt. Das kann zur Qual werden … Das geht nicht lange gut. Man wird blöd dabei. Also, man steht am Rande der noch lebensfähigen Existenz. Du wirst mit System zum Idioten gemacht."[324]

Von dieser Menschenverachtung waren die Haftbedingungen insgesamt geprägt. Wurde z. B. in der Isolierhaft die Zelle geöffnet, musste sich der Häftling mit dem Gesicht zum Fenster stellen, den Rücken zur Tür. Erst auf Kommando durfte er sich umdrehen. Er meldete sich mit seiner Gefangenennummer, einen Namen besaß er für das Strafvollzugspersonal nicht. Abends musste die Bekleidung auf einen Schemel gelegt und vor die Zellentür gestellt werden. Geschlafen wurde mit den Händen auf der Decke. Auch im Winter, in dem die Zelle kaum geheizt war, durften die Hände nicht unter die Decke gesteckt werden.

324 Interview Peter Moeller, S. 9 f.

Die Bekleidung bestand anfangs aus blauer Drillichhose und -jacke, einem blau-weiß gestreiften Hemd, einem Paar Wollstrümpfen und Holzpantoffeln. Später erhielten die Gefangenen die ausrangierten blauen VP-Uniformen, die entsprechend mit roten oder grünen Streifen versehen wurden. Grüne Streifen bedeutete, dass man auf einer Gemeinschaftszelle untergebracht war und nicht zu den „gefährlichen Elementen" gehörte. Gleichzeitig konnten „Grüne" für die Arbeit eingesetzt werden. Allerdings war die Einstufung recht willkürlich, denn obwohl z. B. die Güstrower Schüler alle wegen des gleichen Deliktes verurteilt worden waren, gelangte nur Peter Moeller „auf Rot", dagegen erhielten seine Gefährten eine grüne Kennzeichnung und kamen in eine Gemeinschaftszelle.

Auch in den Gemeinschaftszellen, die unterschiedlich entweder mit drei (die ehemaligen Einzelzellen) oder mit bis zu 16 Gefangenen belegt wurden, waren die Häftlinge anfangs zur Untätigkeit verdammt. Es gab keinerlei Abwechslung und Beschäftigung für sie. Daher galt es schon als eine Vergünstigung, für die so genannte Kübelkolonne eingeteilt zu werden. Ein großer Teil der Zellen war zu dieser Zeit noch mit Kübeln ausgestattet. Durch die Arbeit in der Kübelkolonne konnten die Häftlinge wenigstens morgens und abends ihre Zellen verlassen und Kontakte – wenn auch in begrenztem Umfang – zu anderen herstellen. Dafür nahmen sie die unangenehmen Seiten dieser Arbeit in Kauf. Gleichzeitig waren sie für das Zurechtschneiden der Zeitungen für den entsprechenden Zweck zuständig und kamen auf diese Weise an Informationen heran, mit denen sie auch andere Gefangene versorgten. Als „Entlohnung" erhielten sie für diese Arbeit einen Nachschlag beim Essen.[325]

Die einzige Abwechslung gab es durch die Freistunde, die allerdings nur eine halbe Stunde betrug und schweigend im Kreis und in gebührender Entfernung voneinander auf dem Hof zu absolvieren war. Anfangs standen in den oberen Ecken bewaffnete Polizisten, die die Einhaltung der Regeln überwachten. Dennoch gelang es Häftlingen, sich untereinander zu verständigen. Sie perfektionierten sich darin, zu sprechen, ohne die Lippen zu bewegen.

Die Ernährung der Häftlinge war schlecht und bestand häufig nur aus dünnen Suppen, „wo mehr Augen reinguckten als rausguckten". Gleichwohl musste nach Ansicht der befragten ehemaligen Häftlinge niemand verhungern. In der anstaltseigenen Bäckerei wurde von den Häftlingen Brot gebacken, womit eine Grundversorgung gesichert war. Allerdings war das Brot häufig klitschig und von minderer Qualität – ein Zustand, der noch bis Anfang der 60er-Jahre andauern sollte und der zu unangenehmen Folgeerscheinungen für Magen und Darm führte. Auch wenn die Gefangenen nicht verhungern mussten, bedeutete dies nicht, dass sie nicht gehungert hätten. So

---

325 Interview Joachim Gringmuth, S. 2, der in einer Kübelkolonne „gedient" hatte. Diese Tätigkeit war offenbar begehrt und es galt als Auszeichnung, in diese Gruppe aufgenommen zu werden.

Der Strafvollzug in der Haftanstalt Brandenburg 1950 bis Ende der 1950er-Jahre

Innenansicht Gemeinschaftszelle 1950. Quelle: Justizvollzugsanstalt Brandenburg.

wurde das Fantasieren über Kochrezepte zu einem häufigen Gegenstand der Unterhaltung. Nach Angaben eines ehemaligen „Politischen" erhielten die Gefangenen 1952 pro Tag 25 Gramm Fett, zwei bis drei Scheiben Brot, einen Liter Suppe und jeden dritten Tag einen Esslöffel Marmelade. Während des Arrests reduzierte sich die Nahrung auf 1/8 Liter Getreidekaffee und zwei Scheiben Brot jeweils morgens und abends. Nur jeden dritten Tag gab es eine warme Suppe. Anhand dieses Verpflegungsrhythmus konnten die Häftlinge die Tage im Arrest zählen.[326]

Nicht nur in der Einzelhaft, sondern generell hatten sich die Gefangenen mit ihrer Nummer zu melden. Dies entsprach der Absicht, die Häftlinge zu entpersönlichen und sie zu erniedrigen. Gleiches gilt für das Verhalten der Aufseher. Im Haus I war nach Meinung von Peter Moeller der Ton der Aufseher besonders scharf. In der Regel wurden sie angeschrien und gedemütigt. Es herrschte eine „totale Feindlichkeit" und „lebensbedrohende Situation", weil die Aufseher zu Gewalttätigkeiten neigten.[327]

Diese verschärften Haftbedingungen galten besonders in der Anfangszeit von 1950 bis 1952. Beschäftigungen wie Lesen oder Schreiben waren in dieser Zeit untersagt. Lediglich das Verfassen eines Briefes pro Monat von 15 Zeilen im DIN A 5 Format an die nächsten Angehörigen wurde den Häftlingen zugestanden. Die Adresse musste bei der Einlieferung in das Zuchthaus angegeben werden. Der Brief war leserlich, möglichst

[326] Haftbericht Horst Bode, im Besitz der Verf., S. 7 f.
[327] Interview Peter Moeller, S. 16.

in Blockschrift, zu schreiben, da der Inhalt von den Vollzugsbediensteten kontrolliert wurde. Er durfte keine Angaben zum Gerichtsprozess, den Strafvollzugsbedingungen, dem Aufsichtspersonal und anderen Interna enthalten. Eine häufige Schikane bestand darin, den Brief als unleserlich zu deklarieren und ihn nicht weiterzuleiten. Häufig wurden die Gefangenen darüber nicht informiert und sie wunderten sich, warum keine Reaktion der Angehörigen auf ihren Brief erfolgte. Die Angehörigen konnten wiederum einen Brief im Monat absenden. Ab Mitte der 50er-Jahre durften dann Briefe im DIN A 4 Format mit 20 Zeilen verfasst werden.

Die Möglichkeit, Verwandte zu empfangen, beschränkte sich auf einen Besuch im Vierteljahr, wobei die Sprechzeit 30 Minuten nicht überschreiten durfte. Allerdings war den Anstaltsleitern anheim gestellt worden, politische Gefangene, die als besonders gefährlich galten, wie z. B. Spione oder Agenten, von der Besuchserlaubnis auszuschließen.[328] Diese „Empfehlung" wurde in Brandenburg bis 1952 auch konsequent befolgt. Da Verurteilungen wegen Spionage bei den SMT- und bei den nach Artikel 6 Verurteilten geradezu inflationär ausgesprochen worden waren, betraf diese willkürliche Handhabung einen nicht gerade kleinen Personenkreis. Das bedeutete für viele Häftlinge, die aus den Speziallagern kamen, dass sie ihre Angehörigen über mehrere Jahre nicht zu sehen bekamen.

Pakete konnten von den Angehörigen einmal monatlich mit einem Gewicht von drei Kilogramm geschickt werden, da auf diese Weise auch die Anstaltsversorgung entlastet wurde. Der Inhalt der Pakete wurde strengstens kontrolliert. Zugelassen waren nur bestimmte Lebensmittel, auf keinen Fall durften sich darin Dosen oder andere Behältnisse befinden, in denen man Briefe oder Gegenstände hätte verstecken können. Eine nicht selten angewandte Schikane der Kontrolleure bestand in der Zerlegung der Esswaren, die auf diese Weise kaum noch genießbar waren.

Als einzigen persönlichen Besitz durfte der Strafgefangene den letzten Monatsbrief in der Zelle aufbewahren. Die restlichen Briefe kamen zu den Effekten. Auch Bilder von Angehörigen waren Anfang der 50er-Jahre nicht erlaubt. Die Gefangenen sollten keine Objekte besitzen, die ihnen die Inhaftierung in irgendeiner Weise erleichtern und ihnen Trost spenden konnten.

Anfangs war auch das Rauchen untersagt. Erst ab 1952 konnte außerhalb der Zelle und nur nach ausdrücklicher Genehmigung des Wachtmeisters eine Zigarette geraucht werden. Die Anzahl der Zigaretten pro Häftling und pro Tag wurde genau festgelegt und unterlag der willkürlichen Entscheidung des Polizeibediensteten.

Zu den schikanösen Handlungen, die den Haftalltag unerträglich machten, gehörten auch die so genannten Filzungen, bei denen die Zellen z. T. völlig verwüstet

---

328 Aktenvermerk vom 13. 10. 1950, Betr. Besprechung bei Oberstleutnant Wlassow am 12. 10. 1950, BArchB, DO 1/11.0/1577, Bl. 2.

wurden. Die Polizeibediensteten (unter denen sich immer mindestens ein Offizier befand) beförderten den Inhalt der Schränke auf den Fußboden, worunter sich auch wertvolle Esswaren aus den Paketen der Häftlinge befanden, und richteten ein allgemeines Chaos an. Danach sollten die Gefangenen wieder Ordnung in der Zelle herstellen. Nicht selten wurde der Vorgang mehrmals hintereinander wiederholt, bis die Aufseher keine Lust mehr zu dieser Aktion hatten. Ohnmächtige Wut und Verzweiflung ergriff die Häftlinge.

Bezeichnend für die Haftbedingungen der Gefangenen in Brandenburg-Görden war der Ausspruch des VP-Oberwachtmeisters Schulz aus dem Jahre 1958, der rückblickend räsonierte: „Gebt uns doch die Freiheit von 1950/51 wieder, dann werden wir die Strafgefangenen schon richtig mit dem Gummiknüppel erziehen!"[329] Die gewalttätigen Übergriffe auf die Gefangenen gehörten in dieser Zeit offenbar zu den vorherrschenden Disziplinierungsmethoden.

Die Belegungssituation in der Strafvollzugsanstalt hatte sich Anfang 1953 enorm zugespitzt. Die Zahl der Gefangenen erhöhte sich bis zum 31. März 1953 auf 3889.[330] Die Haftbedingungen wurden unerträglich. Die Kapazitäten der Haftanstalten waren der Strafverfolgungspolitik in der DDR nicht mehr gewachsen. Im Mai 1953 wiesen die Strafvollzugsanstalten eine Überbelegung von 140 Prozent auf.[331] Der Anfang Juni von der sowjetischen Führung verordnete Kurswechsel sollte eine Wende in der Politik der SED einleiten.[332] Der am 9. Juni 1953 vom SED-Politbüro verkündete „neue Kurs" sah auch Veränderungen in der Strafpolitik vor. Der Ministerrat der DDR erklärte, „alle Verhaftungen, Strafverfahren und Urteile zur Beseitigung etwaiger Härten sofort zu überprüfen".[333] Diese Kurskorrektur blieb nicht ohne Wirkung auf den Strafvollzug. So meldeten Staatsanwälte, die die Haftanstalten zu beaufsichtigen hatten, Kritik an den Haftbedingungen an. Sie verlangten, dass die Rechtsanwälte nicht am Verkehr mit den Gefangenen zwecks Einlegung von Rechtsmitteln behindert werden dürften. Auch monierten sie, dass den Gefangenen häufig die Freistunden nicht gewährt würden oder ihnen untersagt war, Zeitungen zu beziehen.[334]

---

329 Kontrollbericht über die StVA Brandenburg vom 22. 11. 1958, BArchB, DO 1/11.0/1489, Bl. 201.

330 Statistik Dokumentationsstelle Zuchthaus Brandenburg, unpaginiert.

331 In dem Bericht der HVDVP hieß es dazu: „Die StVA Bautzen, Hoheneck, Luckau, Brandenburg-Görden und Halle I haben eine doppelte Überbelegung, die StVA Torgau fast eine dreifache und die StVA Waldheim eine 3 1/2-fache Überbelegung zu verzeichnen. Eine Veränderung dieses Zustandes ist auch heute auf Grund besonderer Kategorien der einsitzenden Strafgefangenen nicht möglich." Stellungnahme zur Entwicklung des Strafvollzuges, vom 27. 8. 1953, BArchB, DO 1/11.0/1505, Bl. 89.

332 Vgl. Abschnitt 6.

333 Ministerratsbeschluss vom 11. 6. 53, dokumentiert in: Karl Wilhelm Fricke/Ilse Spittmann (Hrsg.), 17. Juni – Arbeiteraufstand in der DDR, Köln 1988, S. 203 ff.

334 Bericht über die Durchführung der neuen Justizgesetze vom 16. 5. 1953, SAPMO-BArch, NY/4090, Bl. 137.

Darüber hinaus sei die kulturelle Betreuung der Gefangenen unzureichend und müsse mehr in den Vordergrund gerückt werden. Die Hauptabteilung Strafvollzug in Berlin sah sich angesichts der veränderten Lage gezwungen, neue Aufgaben „zur Durchführung des neuen Kurses von Partei und Regierung" zu formulieren. Diese sollten die „Gewährleistung der Rechtssicherheit und der demokratischen Gesetzlichkeit" durch Einhaltung der Verordnungen und Richtlinien beinhalten. Das betraf zum Beispiel die Einhaltung der Bestimmungen für den Besucherverkehr, eine großzügigere Regelung hinsichtlich der Freizeit der Gefangenen sowie die bessere Behandlung der Gefangenen selbst.[335] Damit wurde indirekt eingestanden, dass mehr oder weniger große Willkür in den Haftanstalten an der Tagesordnung war. Diese halbherzigen Vorsätze waren jedoch nur von kurzer Dauer.

Der 17. Juni selbst erschütterte auch die Strafvollzugsanstalten. In der Folge kam es dann zu einigen Erleichterungen im Zuchthaus Brandenburg. Nach Aussagen ehemaliger Gefangener war die Verunsicherung unter den Polizeikräften groß, immerhin hatten die Aufständischen zum Sturm auf die Haftanstalten geblasen. Das Anstaltspersonal war sich nicht sicher, ob nunmehr eine gemäßigtere Behandlung der Gefangenen angesagt wäre. Ein ehemaliger Häftling berichtet, dass „das Wachpersonal freundlicher wurde, selbst die größten Reuden. Das änderte sich erst im Spätherbst wieder, nachdem die Lage sich gefestigt hatte". Und er verallgemeinert aus seiner über fünfzehnjährigen Haftzeit: „Je ungünstiger die politische Lage der Kommunisten, desto besser die Behandlung. Die Behandlung verschärfte sich immer dann, wenn die VP sich sicher fühlte."[336] Nicht nur der Ton änderte sich gegenüber den Gefangenen, auch die Kontrollen wurden etwas nachlässiger bzw. großzügiger gehandhabt. So übersahen die Aufsichtskräfte schon mal, wenn sich in einem Paket Zigaretten oder andere verbotene Dinge befanden. Oder die Rauchpausen konnten überzogen werden, die Kontaktaufnahme unter den Häftlingen war eher möglich, die Schikane ließ insgesamt nach.

Erleichterungen gab es auch im Hinblick auf den Bezug von Zeitungen und Zeitschriften, der bis 1952 verboten war. Erst dann konnten diejenigen Strafgefangenen, die über ein Konto verfügten (was wiederum nur einen kleinen Teil betraf), die „Tägliche Rundschau" oder die „Berliner Zeitung" beziehen. Nach dem 17. Juni war der Bezug von Zeitungen und Zeitschriften wesentlich erweitert worden. Auf eigene Kosten bzw. sofern die Angehörigen das Geld dafür aufbrachten, konnten auch die DDR-Zeitschriften „Neue deutsche Literatur", „Wissen und Leben", „Wissenschaft und Fortschritt", die „Einheit", das „Börsenblatt des deutschen Buchhandels", „Natur

---

335 Vgl. Hauptaufgaben der HA SV zur Durchführung des neuen Kurses von Partei und Regierung vom 9. 7. 1953, BArchB, DO 1/11.0/1468, Bl. 185.
336 Haftbericht Dietrich Hübner, S. 14. Das Manuskript befindet sich im Archiv des Hannah-Arendt-Instituts für Totalitarismusforschung Dresden.

Der Strafvollzug in der Haftanstalt Brandenburg 1950 bis Ende der 1950er-Jahre

und Heimat", die „Wirtschaft", die „Finanzwirtschaft" abonniert werden. Tatsächlich sollte nun die kulturelle Betreuung der Strafgefangenen mehr Aufmerksamkeit erfahren. Beabsichtigt war, die Gefangenenbibliothek mit schöngeistiger Literatur sowie Lehr- und Fachbüchern zur Weiterbildung anzureichern sowie Vorträge und Filmvorführungen zu organisieren.[337] Letztere fanden nunmehr regelmäßig in Brandenburg-Görden statt, wobei die Teilnehmerzahlen sich ich Grenzen hielten.[338] Neben propagandistischen Filmen wurden durchaus auch künstlerisch anspruchsvolle Filme gezeigt.

Diese Phase der Lockerungen in den Haftbedingungen währte jedoch nur kurz und machte relativ rasch wieder einer harten Repression Platz, wenn auch nicht mehr der katastrophale Zustand der beiden Anfangsjahre erreicht wurde. Was allerdings die Gefangenenzahl anbetraf, so blieb sie mit 3479 Häftlingen Ende November 1953 nach wie vor außerordentlich hoch und führte zu einer insgesamt angespannten Lage. Nicht zuletzt deshalb war Brandenburg-Görden das Ziel verstärkter Kontrollen seitens der Hauptverwaltung Strafvollzug in Berlin. Sie widmete sich den „Sicherheitsfragen", die angeblich zu wünschen übrig ließen, sowie den „Mängeln und Schwächen" in der Arbeit der Strafvollzugsanstalt.[339]

Zunächst war die Möglichkeit des Rauchens wieder eingeschränkt worden. „Gerade die Zurverfügungstellung von Rauchwaren ist mit eines der wesentlichsten Erziehungsmittel der Gefangenen."[340] Nur bei entsprechender Führung und besonderer Arbeitsleistung sei das Rauchen zu gewähren.[341] Es folgte die Reglementierung des Bezugs von Zeitungen und Zeitschriften. Dies würde eine Vergünstigung darstellen und könne nicht jedem Strafgefangenen gestattet werden.[342] Bei Gewährung eines Abonnements war allerdings damit nicht garantiert, dass die Zeitungen auch regelmäßig und vollständig in den Besitz des Gefangenen gelangten. Immer wieder wurden Exemplare wegen bestimmter Inhalte einbehalten und Artikel ausgeschnitten.

---

337 Vgl. Brief von Maron an Minister des Innern Stoph vom 13. 9. 1953: Überblick über die Entwicklung und den Stand des Strafvollzuges, BArchB, DO 1/11.0/1484, Bl. 314.
338 Haftbericht Dietrich Hübner, S. 10.
339 HVDVP, Kontrollbericht: Kontrolle der Strafvollzugsanstalt Brandenburg, vom 22. 12. 1953, BArchB, DO 1/11.0/1485.
340 Überblick über die Entwicklung und den Stand des Strafvollzuges, vom 13. 9. 1953, BArchB, DO 1/11.0/1484, Bl. 314.
341 So hatte ein Offizier die Zigarettenzuteilung für die in der Heizungsanlage beschäftigten Strafgefangenen von 150 auf 90 Zigaretten monatlich reduziert, in der Meinung, damit eine „Maßnahme gegen das Versöhnlertum" eingeleitet zu haben. HVDVP, HA SV, Kontrollbericht StVA Brandenburg, vom 24. 6. 1954, Bl. 387.
342 Bericht über das Ergebnis der Durchführung einer Nachkontrolle in der StVA Brandenburg v. 10. 4. 1954, BArchB, DO1 /11.0/1486, Bl. 292 f. So kritisierte die Hauptabteilung Strafvollzug der HVDVP, dass z. B. der Strafgefangene Nr. 4168 Zeitungen und Zeitschriften für einen monatlichen Betrag von 19,95 DM beziehe und der Strafgefangene Nr. 2234 sogar 25,10 DM dafür aufwende. Dies sei in jedem Fall zu reduzieren. Vgl. ebenda.

Groteskerweise gehörte dazu auch alles, was sich auf Haftbedingungen oder Umgangsweisen von politischen Gefangenen während der NS-Zeit bezog. So wurde z. B. aus der „Berliner Zeitung" der in Forstsetzungen abgedruckte Roman von Bruno Apitz „Nackt unter Wölfen", der sich mit dem Widerstand im KZ Buchenwald befasste, aus der Zeitung entfernt.[343] Diese Verfahrensweise betraf auch die Gefangenenbibliothek. So wurde in einem Kontrollbericht moniert, dass die Häftlingsbücherei noch nicht von bestimmten Büchern gesäubert war. Dies bezog sich u. a. auf Literatur von Antifaschisten, die über ihre Haft in den nationalsozialistischen Strafanstalten berichteten.[344] Offenbar fürchtete man, dass sich durch die Lektüre Parallelen zur jetzigen Haftsituation ergeben könnten.

Schließlich wurde auch der Paketempfang drastisch eingeschränkt. Nunmehr konnten die Gefangenen nur noch zu besonderen Anlässen, am Geburtstag und zu Weihnachten, ein Paket mit einem Gewicht von 3 kg erhalten. Der Paketempfang stellte jetzt eine Vergünstigung dar, die sehr schnell dem Häftling verweigert werden konnte, wenn dieser kein Wohlverhalten zeigte.

Darüber hinaus wurde die Anstaltsleitung angewiesen, die Kalfaktoren alle drei Monate abzulösen, um eine zu große Einsicht in den Strafvollzug zu verhindern und die Herstellung fester Kontakte zu den Häftlingen zu erschweren.[345]

Im Zusammenhang mit der Überprüfung der Strafvollzugsanstalt durch die HV DVP in Berlin geriet auch der Leiter des Zuchthauses, VP-Inspektor Marquardt, unter Beschuss. Ihm wurde vorgeworfen, dass er „wenig Vertrauen" bei den „Genossen VP-Angehörigen" besitze. Zudem kümmere er sich nicht ausreichend um deren Probleme und entscheide vieles außerhalb des Kollektivs. Auch bestehe keine genügende Zusammenarbeit zwischen ihm und dem Parteisekretär. Gleichfalls gebe es zu viele Disziplinarverstöße von Mitarbeitern des Strafvollzugs, so lauten einige der Vorwürfe gegen ihn.[346] Nachdem auch noch ein VP-Angehöriger desertierte und einem Strafgefangenen die Flucht aus der Anstalt gelang, war das Maß für die Hauptverwaltung Strafvollzug voll. Der Anstaltsleiter von Brandenburg-Görden wurde wegen „Schlamperei" abgelöst.[347]

---

343 Haftbericht von K.-H. Fischer von 1968, im Besitz der Verf. Dieser Haftbericht wurde der Verf. von Karl Wilhelm Fricke dankenswerterweise zur Verfügung gestellt.
344 Vgl. Kontrollbericht vom 2. 7. 1954, BArchB, D01/11.0/1486, Bl. 447.
345 Ebenda.
346 Vgl. die Kontrollberichte vom 22. 12. 1953, vom 18. 2. 1954, vom. 10. 4. 1954 und vom 2. 7. 1954, BArchB, DO 1/11.0/1486. Nicht zuletzt habe sich das mangelnde Vertrauen der VP-Angehörigen in den Anstaltsleiter auch während der Wahl der Parteileitung gezeigt, bei der er erst nach Erhöhung der Kandidatenzahl in die Parteileitung gewählt worden sei und auch dann nur eine knappe Mehrheit der Stimmen erhalten habe. Zwischenbericht Nr. 14/54 über den Instrukteureinsatz bei der HA/SV, Polit-Abteilung vom 29. 3. 1954, BArchB, DO 1/11.0/1486, Bl. 200.
347 Bericht über den durchgeführten Einsatz einer Instrukteurbrigade ... vom 13. 7. 1954, BArchB, Do 1/11.0/1560, Bl. 311.

Rückblickend bescheinigte man dem neuen Anstaltsleiter, VP-Oberrat Schroetter, der zum 1. September 1954 seine Tätigkeit aufnahm, dass sich mit ihm der „politisch-moralische Zustand der Dienststelle" gebessert habe und sich der Dienstbetrieb „reibungslos und diszipliniert" vollziehe.[348]

Den Strafgefangenen gegenüber sollte nun ein anderer Ton angeschlagen werden. In den „SV-Objekten" waren Dienstversammlungen mit dem Thema „Kampf dem Versöhnlertum gegenüber den Häftlingen" durchzuführen.[349]

Verschärfte Haftbedingungen herrschten in dem separat gelegenen Haus IV, in dem seit 1953 ein Sonderkommando existierte, das „faktisch vom Vollzugsgeschehen in der übrigen Strafvollzugseinrichtung abgetrennt" war.[350] Hier befanden sich besonders „schwere Staatsverbrecher", die streng voneinander in Einzelzellen isoliert wurden. Für den Aufsichts- und Vollzugsdienst hatte man sehr zuverlässige und „politisch bewusste Genossen" ausgewählt. Im Sonderblock sollten höchste Sicherheit und Disziplin herrschen. Die Gefangenen konnten weder arbeiten noch irgendeiner kulturellen Beschäftigung nachgehen. Die Freistunde wurde in der Regel einzeln durchgeführt. Zu den Gefangenen gehörten u. a. der Außenminister der DDR, Georg Dertinger, der Staatssekretär im Ministerium der Justiz, Dr. Dr. Helmut Brandt, der Minister für Handel und Versorgung, Dr. Karl Hamann, der Ministerialdirektor im Ministerium für Wirtschaft und Verkehr von Sachsen-Anhalt, Prof. Willi Brundert, der Minister für Arbeit und Sozialfürsorge und CDU-Landesvorsitzende von Sachsen-Anhalt, Dr. Leo Herwegen, der Minister für Justiz, Dr. Max Fechner, das Mitglied des Politbüros der SED, Paul Merker, sowie kurzzeitig auch der entführte Journalist Karl-Wilhelm Fricke, der sich bis heute um die Aufarbeitung der politischen Strafverfolgung in der DDR verdient macht. Mit der Einrichtung der unter MfS-Kontrolle geführten Sonderhaftanstalt Bautzen II im Jahre 1956 wurden zahlreiche Strafgefangene des Hauses IV dorthin überführt. Ein Sondertransport verbrachte in der Nacht vom 8. zum 9. August 124 Gefangene aus Brandenburg-Görden als so genannte Erstbelegung nach Bautzen II.[351] In dem Haus IV befand sich zeitweise auch die Frauenstation des Zuchthauses.[352]

Mit den Entlassungen, die Mitte der 50er-Jahre auch in Brandenburg-Görden spürbar wurden, schöpften die zurückbleibenden Häftlinge einige Hoffnung. Nach

---

348 Kontrollbericht vom 6. 7. 1956, BArchB, DO 1/11.0/1488, Bl. 170.
349 Arbeitsplan der Abt. SV der BDVP für das III. Quartal 1954 vom 21. 7. 1954, S. 1, BLHA, Rep. 404/15/115.
350 StVE Brandenburg, Darstellung der Entwicklung der Strafvollzugseinrichtung seit der Übernahme durch das Ministerium des Innern vom 1. 12. 1982, StA Neuruppin, Az: 60/4 Js 16/193, S. 8.
351 Vgl. Karl Wilhelm Fricke/Silke Klewin, Bautzen II. Sonderhaftanstalt unter MfS-Kontrolle 1956–1989. Bericht und Dokumentation, Leipzig 2001, S. 265.
352 StVE Brandenburg, Darstellung der Entwicklung der Strafvollzugseinrichtung seit der Übernahme durch das Ministerium des Innern" vom 1. 12. 1982, StA Neuruppin, Az: 60/4 Js 16/193, S. 8.

Meinung von Peter Moeller wurden dadurch auch die Haftbedingungen erträglicher: „Es änderte sich etwas, weil man merkte, dass auch Leute rauskommen. Und vielleicht hat auch die Polizei daran gedacht, dass ihr Verhalten im Zuchthaus nun nach außen dringen konnte. Vorher waren sie sich ja völlig sicher, dass nichts von ihren Handlungen in die Öffentlichkeit gelangen konnte. Aber als jetzt größere Entlassungen erfolgten, musste mancher doch fürchten, dass irgendetwas über ihre Methoden und über die Verhältnisse im Zuchthaus draußen bekannt werden könnte. Das hat sich schon auf uns ausgewirkt."[353]

Gleichfalls trug die Ausweitung der Gefangenenarbeit dazu bei, dass sich die Haftbedingungen verbesserten. Zum einen wurde der Haftalltag strukturierter, er teilte sich in Arbeits- und Freizeit, auch wenn es sich letztlich um unzulängliche Arbeitsbedingungen handelte. Zum anderen konnte etwas Geld verdient werden, um sich Nahrungsmittel- und Genussmittel zu kaufen, die eine notwendige Ergänzung zur Grundversorgung in der Haftanstalt darstellten. Nach der Arbeit konnte gelesen, manchmal Schach gespielt werden. „Nach der Schicht durfte man sich aufs Bett legen. Das war natürlich ein Rückzug in die Individualität, sich aufs Bett legen und ein Buch nehmen und lesen. Dann vergisst man die Welt."[354] Gelegentlich konnten die Inhaftierten auch Volleyball spielen[355] oder – in großen Abständen – Filmveranstaltungen besuchen. Aber es gab keine Verlässlichkeit: „Es konnte im nächsten Moment alles wieder umkippen. Im nächsten Moment konnte wieder die grausamste Ungerechtigkeit eintreten."[356] So war stets damit zu rechnen, dass der HO-Verkauf untersagt, der Briefempfang verboten, der Besuch untersagt wurde. „Disziplinarische Maßnahmen" konnten zu dieser Zeit noch von einfachen Wachtmeistern verhängt werden.

Die Willkür war eine Tatsache, mit der die Häftlinge stets rechnen mussten. Das zeigt auch folgender Fall: Horst Härtel, der einen anderen Mithäftling vor einem Spitzel gewarnt hatte, wurde denunziert und kam zur Absonderung in Einzelhaft. In Abständen wurde er von dem zuständigen Offizier gefragt, warum er diese Disziplinarmaßnahme erhalten habe. Härtel antwortete, dass er dies nicht wisse. „Dann bleiben Sie hier, bis Sie es wissen", wurde ihm entgegnet. Da er immer wieder diese Antwort gab, verbrachte er 13 Monate in Einzelhaft: ohne Arbeit, ohne Briefverkehr, ohne Besuchserlaubnis und Beschäftigung und mit Rauchverbot belegt. Schließlich kapitulierte er und antwortete, dass er wohl vor einem Spitzel gewarnt habe. Daraufhin konnte er seine Sachen nehmen und kam wieder auf eine Gemeinschaftszelle.[357]

353 Interview Peter Moeller, S. 14.
354 Ebenda, S. 13.
355 Dabei entstand die absurde Situation, dass während der Freistunde das Sprechen untersagt war – schweigend mussten sie auf Abstand im Kreis laufen –, aber während des Volleyballspiels der Kontakt zu den Mitgefangenen hergestellt werden konnte. Ebenda.
356 Ebenda, S. 21.
357 Interview Horst Härtel, S. 15.

Auf diese Weise versuchte das SV-Personal, das Selbstwertgefühl der Häftlinge zu untergraben und seine Macht zu demonstrieren.

Demütigend war auch die Behandlung der Zeugen Jehovas in Brandenburg-Görden. Als Georg Rabach 1954 in die StVA Brandenburg eingeliefert wurde, kam er zunächst für ein dreiviertel Jahr in Einzelhaft, ein Schicksal, das er mit den meisten Zeugen Jehovas teilte. Sie sollten isoliert werden, da man ihren Einfluss auf andere Häftlinge befürchtete. Mit dem weiteren Ausbau der Gefangenenarbeit gestaltete sich der Umgang mit dieser Häftlingsgruppe ambivalent. Einerseits wollte man ihre Missionstätigkeit unterbinden, andererseits war man an der Ausnutzung ihrer Arbeitskraft interessiert. Die Zeugen Jehovas hielten untereinander biblische Vorträge, schrieben verbotenerweise Texte aus ihrer Bibel auf und verbreiteten sie untereinander.[358] Sobald sie während der Arbeit dabei erwischt wurden, hatten sie härteste Strafen zu befürchten. Die Haftzeit von Georg Rabach war daher von wiederholten Arreststrafen, Absonderungen, Hausstrafen wie Paket- oder Schreibverbot geprägt. Auch die gewissenhafte Arbeit in der Lohnbuchhaltung der Tischlerei – immerhin hatte er im zivilen Leben eine entsprechende Tätigkeit ausgeübt – schützte ihn nicht vor derartigen Bestrafungen. Man war bereit, auf seine Arbeitskraft zu verzichten und nach seiner Ablösung fehlerhafte Arbeitsleistungen in Kauf zu nehmen. Die an Bestrafungen reiche Haftzeit hat er nur deshalb relativ gut bewältigt, weil es einen starken Zusammenhalt zwischen den Zeugen Jehovas gab und sie Trost in ihrem Glauben fanden.[359] Eine weitere Schikane des Strafvollzugspersonals bestand in der gelegentlichen Verabreichung von Blutwurst zu den Mahlzeiten, die die Zeugen Jehovas aus Glaubensgründen ablehnten. Die anderen Gefangenen bekamen stattdessen nur Leberwurst. Es war also eine beabsichtigte Aktion. Die Zeugen Jehovas ließen dieses Essen zurückgehen und wurden daraufhin von den Wachtmeistern mit den Worten angeschrien, es gehe ihnen wohl zu gut in Brandenburg. Verschiedentlich versuchten andere Gefangene auf illegalem Wege, ihnen die Wurst einzutauschen und sich solidarisch zu verhalten.[360] Für die Zeugen Jehovas setzte sich damit die schikanöse Behandlung während der NS-Zeit auch im Strafvollzug der DDR fort.

Die bis 1956 im Zuchthaus Brandenburg untergebrachten Frauen auf der Sonderstation erlebten keinen wesentlich anderen Strafvollzug als die männlichen Häftlinge. Es gab keine Unterschiede in den Haftbedingungen und im Umgang mit ihnen. Zunächst

---

358 Ähnlich beschreibt auch Hacke die Haftbedingungen der Zeugen Jehovas, die besonderen Schikanen ausgesetzt waren. Sie sollten einerseits voneinander getrennt untergebracht werden, da man ihre gemeinsamen Bibelbetrachtungen unterbinden wollte, andererseits fürchtete man ihren Einfluss in Form der Missionstätigkeit auf die übrigen Häftlinge, weshalb sie häufig in Absonderungshaft gehalten wurden. Vgl. Hacke, Zeugen Jehovas in der DDR, S. 49.
359 Interview Georg Rabach.
360 Interview Richard Beier, November 2003, S. 18.

waren die weiblichen Häftlinge im oberen Trakt des Hauses 4 untergebracht.[361] Die kleinen Zellen waren mit vier bis fünf Frauen belegt. Als immer mehr männliche „Staatsverbrecher" in das Sonderkommando des Hauses 4 zur Strafverbüßung eingewiesen wurden, mussten die ca. 30 Frauen das Haus räumen und kamen in das Haus 3 in die zweite Etage. Dort wurden sie teilweise mit Näharbeiten beschäftigt. Beaufsichtigt wurden sie ebenfalls von Frauen. Nachdem im Herbst 1953 ein größerer Transport mit ca. 20 bis 25 Frauen aus der StVA Hoheneck, die von Sowjetischen Militärtribunalen verurteilt worden waren, nach Brandenburg gelangte, wurden sie gemeinsam in das Haus 2 verlegt. Dort waren sie z. T. zu zwölft auf einer Zelle.

Gisela Härtel erinnert sich, dass auch sie anfangs nur mit ihrer Häftlingsnummer angesprochen wurden. Ihre Zellen filzte man ebenso wie die der Männer, mehrmaliges „Bettenbauen" gehörte zu den häufigen Schikanen. Auch während der täglichen Freistunde durften sie sich nicht unterhalten, sondern mussten im gebührenden Abstand hintereinander gehen. Die „Freizeit" verbrachten sie mit Schachspielen, Zeitunglesen, gegenseitigen Vorträgen oder Englischlernen – was selbstverständlich illegal war –, um die Langeweile zu vertreiben. Während ihrer fast vierjährigen Haftzeit in Brandenburg kann sich Gisela Härtel nur an einen einzigen Kinobesuch erinnern. Vermutlich verhinderte die schwer zu bewerkstelligende Separierung der weiblichen von den männlichen Häftlingen eine häufigere Teilnahme an den Kulturveranstaltungen. Auch der Ton unterschied sich nicht von dem der männlichen Aufseher. In Anspielung auf ihre politischen Strafurteile, in denen man sie meist der Gefährdung des Weltfriedens und der Existenz der DDR bezichtigte, wurden sie z. B. von einer Schließerin mit den Worten beschimpft: „Ihr seid ja schlimmer als die Mörder, denn ihr wolltet ja ein ganzes Volk ermorden!" Das weibliche Strafvollzugspersonal begegnete ihnen meist ebenso mit Hass und Einschüchterungsversuchen, wie es die männlichen Häftlinge gewohnt waren. Auch Ingrid Kalischer, die mit dem Transport aus Hoheneck kam, erinnert sich an den ausgesprochen harten Umgangston der Aufseherinnen. Im Vergleich empfand sie die Haftbedingungen in Brandenburg unerträglicher als in Hoheneck, zumal die Frauen in diesen Monaten, bis Anfang 1954, ohne Beschäftigung blieben.[362]

Die ständige Überfüllung der Anstalt machte die ohnehin schon prekären Haftbedingungen unerträglich. Der politische Gefangene Richard Beier erinnert sich, dass sie zu sechst als „Nichtarbeiter" auf einer Einzelzelle gelegen hätten. Darin befand

---

361 Die folgenden Angaben beruhen im Wesentlichen auf den Aussagen von Gisela Härtel, mit der ich im April 2002 ein Interview geführt habe. Ob der „Umzug" in diese Verwahrhäuser tatsächlich so stattfand, muss offen bleiben. Belegt ist allerdings, dass die Frauenstation zumindest bis Herbst 1953 sich im Haus IV befand. Vgl. StVE Brandenburg, Darstellung der Entwicklung der Strafvollzugseinrichtung seit der Übernahme durch das Ministerium des Innern vom 1. 12. 1982, StA Neuruppin, Az: 60/4 Js 16/193, S. 8.
362 Interview Ingrid Kalischer.

sich lediglich ein Bett, die übrigen fünf Gefangenen mussten auf Strohsäcken auf dem blanken Boden nächtigen, oder sie einigten sich, um mehr Platz zu haben, das Bett hochzuklappen und auf dem Boden zu schlafen. Am Morgen wurden die Strohsäcke in das Treppenhaus, das mit Netzen bespannt war, geworfen, weshalb man dann auch keinen „eigenen" Strohsack besaß. Beier schildert auch, welche katastrophalen hygienischen Bedingungen aufgrund der ständigen Überfüllung der Anstalt noch Ende der fünfziger Jahre herrschten, die durch das SV-Personal zumindest zu lindern gewesen wären. Obwohl einige Zellentrakte bereits in den dreißiger Jahren mit separaten Toiletten und Waschräumen ausgestattet waren, existierte auf mehreren Stationen noch immer ein so genanntes Kübelsystem. Die Kübel in den Gemeinschaftszellen wurden jeweils nur zweimal am Tag geleert. Das war eine unerträgliche Situation, wurde doch in der Zelle gegessen, geschlafen und die Freizeit verbracht. Ein Gefangener stellte eines Tages im Sommer aus Verzweiflung den Antrag, die Leerung dreimal täglich vorzunehmen. Als er abgewiesen wurde, verlangte er den Anstaltsleiter zu sprechen. Als dieser erschien, habe er wütend reagiert, den Gefangenen beschimpft und eine Woche Arrest über ihn verhängt. Geändert hatte sich nichts. Richard Beier resümiert: „Und so ist es ja gewesen, sie waren ja mit Beginn der Haft den Launen dieser Leute ausgesetzt."[363]

Eine erneute Wende im Strafvollzug zeichnete sich im Zuge der auf dem XX. Parteitag der KPdSU im Februar 1956 erfolgten Abrechnung mit dem Personenkult um Stalin ab. Die Auseinandersetzung mit dem stalinistischen Terror und den diktatorischen Herrschaftsmethoden ließ im gesamten Herrschaftsbereich der Sowjetunion, auch in der DDR, Forderungen nach einer Demokratisierung der Gesellschaft laut werden. Überprüft werden sollte die bisherige Justizpolitik und Strafverfolgungspraxis. Justizminister und Generalstaatsanwaltschaft begründeten die „Überspitzungen" in der Justizpolitik damit, dass die These von der Verschärfung des Klassenkampfes bisher zu schematisch und starr in der Praxis angewandt worden sei.[364] Immerhin hatte sich die Zahl der Gefangenen 1955 auf 48 411 Häftlinge, davon 42 180 Strafgefangene erhöht.[365] Diese Zahl blieb bis Anfang 1956 etwa konstant.[366] Am 19. April 1956 bildete die SED-Führung eine hochkarätig besetzte Kommission mit Walter Ulbricht an der Spitze zur Überprüfung der bisherigen strafrechtlichen Urteile.[367]

---

363 Interview Richard Beier, S. 17.
364 Vgl. dazu Werkentin, Politische Strafjustiz in der Ära Ulbricht, S. 347.
365 Quartalsbericht für das I. Quartal 1955 vom 22. 4. 1955, S. 12, BArchB, DO 1/11.0/1471.
366 Vgl. Werkentin, Politische Strafjustiz in der Ära Ulbricht, S. 379.
367 Die Kommission „veranlasste die Überprüfung der Urteile von mehr als 400 Blockparteifunktionären, die Entlassung von 691 ehemaligen SPD-Angehörigen, die unter dem Vorwurf der Agententätigkeit verurteilt worden waren, und kümmerte sich schließlich auch um verhaftete Mediziner, Ingenieure, Konstrukteure, Erfinder und sonstige Angehörige der Intelligenz. Schließlich veranlasste sie die Freilassung der Genossen und Staatsfunktionäre aus der eigenen Partei, unter ihnen Max Fechner, Paul Merker und Paul Baender". Ebenda, S. 346.

Umfangreiche Entlassungsaktionen waren die Folge dieses „Umdenkens". Bis Herbst 1956 brachte es 25 000 Häftlingen die vorzeitige Entlassung aus der Strafhaft.[368]

Angesichts der Kursänderung trat erneut Verunsicherung im Strafvollzug ein. Die Staatsanwaltschaft wünschte nun mehr Freizügigkeit in den Strafvollzugsanstalten und titulierte den Strafvollzug als zurückgeblieben.[369] Obwohl sich die Verwaltung Strafvollzug in Berlin gegen diese Einschätzung verwahrte, sah sie sich doch gezwungen, „in Auswertung der III. Parteikonferenz"[370] einige „Maßnahmen" im Strafvollzug durchzuführen und ihre bisherige Praxis zu korrigieren. Dazu gehörte das Recht der Gefangenen, Eingaben und Gesuche unbeschränkt einzureichen. Die willkürliche Einbehaltung von Briefen von den und an die Gefangenen sowie die Untersagung des Briefschreibens sollten der Vergangenheit angehören. Die Anstaltsleiter wurden aufgefordert zu prüfen, ob Gefangene vorzeitig zur Entlassung aus der Haft vorgeschlagen werden könnten. Zudem gab es Überlegungen, die Freistunde auf über 30 Minuten auszudehnen, die Besucherräume in den Haftanstalten freundlicher zu gestalten und die Zwischenwände auf den Sprechtischen zu beseitigen sowie die hygienischen Bedingungen zu verbessern. Bei lebensgefährlich erkrankten Strafgefangenen sollten jetzt die Angehörigen benachrichtigt werden können. Bezüglich der in der Haft verstorbenen SMT- und Waldheim-Verurteilten erging die Anweisung, nunmehr die Urnen den Angehörigen auszuhändigen.[371]

Schon an dieser Aufzählung ist bemerkenswert, was die oberste Verwaltungsbehörde des Strafvollzugs hier als „Fortschritt" verkaufte. Alles in allem handelte es sich bei diesen Maßnahmen und Überlegungen um minimale Verbesserungen, die keinesfalls dazu angetan waren, eine grundlegende Veränderung im Strafvollzug herbeizuführen. Dennoch ging man mit der vorpreschenden Staatsanwaltschaft hart ins Gericht, die sich in die Angelegenheiten des Strafvollzugs einmischen und in die „Befugnisse des Ministers des Innern oder des Leiters der VSV" eingreifen wolle. So hätten Staatsanwälte gegenüber den „Genossen in den SV-Dienststellen" einige Anweisungen und Befehle des Ministers des Innern in Zweifel gezogen und deren Unrichtigkeit nachzuweisen versucht. Zudem würden Staatsanwälte Mitwirkungsrechte der Gefangenen, eine größere Freizügigkeit beim Bezug von Literatur, die Aufhebung des Paketverbots u. a. fordern. Gleichzeitig hätten sie sich gegen die militärische

---

368 Ministerium des Innern, Adjutantur an Gen. Minister Maron, vom 27. 10. 1956, Betreff: Entlassung von Inhaftierten aus den Strafanstalten der DDR in der Zeit vom 1. 1.–1. 10. 56, SAPMO-BArch, NY/4090, Bl. 163. Hinzu kamen ca. 10 000 termingemäße Entlassungen. Mit Stichtag 1. 10. 1956 befanden sich in den Strafanstalten der DDR noch 23 674 Strafgefangene. Ebenda. Vgl. auch Werkentin, Politische Strafjustiz in der Ära Ulbricht, S. 347.
369 VSV: Stellungnahme zu einigen Fragen der Entwicklung des Strafvollzuges bis zum heutigen Tage vom 6. 12. 1956, BArchB, DO 1/11.0/1469, Bl. 224.
370 Die III. Parteikonferenz der SED hatte im März 1956 stattgefunden und den neuen Kurs eingeleitet.
371 VSV: Stellungnahme zu einigen Fragen der Entwicklung des Strafvollzuges bis zum heutigen Tage, vom 6. 12. 1956, BArchB, DO 1/11.0/1472, Bl. 225–229.

Kommandosprache gegenüber den Strafgefangenen gewandt. Sogar der Oberstaatsanwalt Haid habe die Auffassung vertreten, dass den Strafgefangenen „menschliche Werte" anzuerziehen seien und insgesamt die ideologische und kulturelle Erziehung im Vordergrund stehen müsse. Dafür aber sei der Strafvollzug nicht zuständig, so der Leiter der Verwaltung Strafvollzug. Vielmehr gehe es darum, die Gefangenen zur Arbeits- und Staatsdisziplin anzuhalten.[372] Die Forderungen der Staatsanwaltschaft wurden insgesamt als „der Zeit vorauseilend" abgelehnt.[373] Ob dieses unbotmäßigen Verhaltens sollten Aussprachen mit der Staatsanwaltschaft zwecks Klärung der Fragen geführt werden. Alles in allem habe sich in den letzten Monaten „im Verhältnis des Strafvollzugs zur Obersten Staatsanwaltschaft ein Zustand entwickelt, der weder einer gedeihlichen Entwicklung des Strafvollzugs, noch einer ordnungsgemäßen Zusammenarbeit zwischen der Obersten Staatsanwaltschaft und der Verwaltung Strafvollzug dienlich ist".[374]

Diese Auseinandersetzung ist deshalb erwähnenswert, weil sie ein bezeichnendes Licht auf die Auffassungen des VSV und deren Strafvollzugspraxis wirft. In die Kritik der Staatsanwaltschaft geriet insbesondere die Strafvollzugsanstalt Brandenburg, in der es – so der Vorwurf – keinerlei Erziehungsarbeit in Bezug auf die Gefangenen gebe.[375] Verärgert reagierte auch der Generalstaatsanwalt, dass der Leiter der StVA Brandenburg die Begnadigung des Strafgefangenen Dr. Leo Herwegen, ehemaliger Minister für Arbeit und Sozialfürsorge und CDU-Landesvorsitzender von Sachsen-Anhalt,[376] ablehnte, da er sich nicht reuevoll zu seiner angeblichen Tat verhalte. Auch sein fortgeschrittenes Alter würde für seine Begnadigung sprechen, was aber in der Einschätzung des Anstaltsleiters nicht berücksichtigt worden sei. Der Generalstaatsanwalt befürwortete gegenüber dem Justizminister die Begnadigung von Herwegen.[377] Der Leiter der Verwaltung Strafvollzug protestierte allerdings gegen die „Behauptungen" des Generalstaatsanwaltes bezüglich der Haftanstalt Brandenburg und verwahrte sich gegen Eingriffe in seine Befugnisse.[378]

372 Ebenda, Bl. 233 f.
373 Ebenda, Bl. 234.
374 Ebenda, Bl. 214.
375 Ebenda, Bl. 240.
376 Herwegen war im Schauprozess gegen die Deutsche Continentale Gas AG (DCGG) im April 1950 zusammen mit Prof. Willi Brundert, Ministerialdirektor im Ministerium für Wirtschaft und Verkehr von Sachsen Anhalt, verurteilt worden, da sie angeblich die Vermögenswerte der 1947 enteigneten DCGG verschoben hätten. In Wahrheit sollten durch diesen Prozess weitere Unternehmensenteignungen vorbereitet und die „aggressive Rolle des Monopolkapitals" demonstriert werden. Auch ging es um die Entmachtung von widerständigen Politikern der bürgerlichen Parteien und deren Gleichschaltung. Vgl. dazu die Darstellung von Willi Brundert, Es begann im Theater, Berlin/Hannover 1958. Willi Brundert saß ebenfalls in der StVA Brandenburg ein.
377 Vgl. Verwaltung SV, Bericht über die Tätigkeit der Haftstaatsanwälte vom 21. September 1956, BArchB, DO 1/11.0/1598, Bl. 277.
378 Der Generalstaatsanwalt wurde im Zuge der Säuberungen 1958 abgelöst, der Leiter der Verwaltung Strafvollzug dagegen überlebte im Amt.

Aber die Verwaltung Strafvollzug erkannte ihrerseits nicht die Zeichen der Zeit, denn kurzfristig hatte sich, wie beschrieben, der strafpolitische Kurs der SED geändert. Sie musste schließlich einräumen, dass es einige Verstöße „gegen die demokratische Gesetzlichkeit" im Strafvollzug gegeben habe. So gestand sie zu, dass der Bearbeitung von Bitten und Beschwerden „nicht immer die notwendige Beachtung geschenkt" wurde und es zu einer willkürlichen Einschränkung der Rechte der Inhaftierten gekommen sei. Durch den neuen Parteikurs in Richtung auf die „Einhaltung der Gesetzlichkeit" sei „eine Überprüfung der herausgegebenen Dienstanweisungen und Vorschriften erforderlich, um zu verhindern, dass bereits durch unzweckmäßige Weisungen Fehler in der Dienstdurchführung entstehen".[379] Mit anderen Worten: Schon die Dienstanweisungen missachteten die Rechte der Gefangenen, wobei damit aber verschleiert wurde, dass überhaupt keine gesetzlich fixierten Rechte für Gefangene existierten. Gemeint war hier lediglich, den Gefangenen Zugeständnisse einzuräumen, die jetzt willkürlich entsprechend dem neuen Kurs festgelegt wurden. Bei einer erneuten Änderung der Parteilinie konnten diese ebenso schnell wieder rückgängig gemacht zu werden.

Tatsächlich kam es in dieser Zeit zu einigen Erleichterungen der Haftbedingungen in den Strafvollzugsanstalten. Da nunmehr die „Einhaltung der Gesetzlichkeit" zum neuen Kurs erhoben worden war, hatte sich Verunsicherung unter dem SV-Personal eingestellt, das sich, um nichts falsch zu machen, zu größeren Zugeständnissen gegenüber den Gefangenen durchrang. So wurde in Brandenburg-Görden der Bezug von Zeitungen und Zeitschriften wieder möglich und sogar das Sortiment erweitert. Auch die Kinoveranstaltungen fanden wieder regelmäßig, wenn auch nur für einen begrenzten Kreis, statt. Zum Teil durften auch „Nichtarbeiter" an den Kinovorführungen teilnehmen.[380] Kulturelle Veranstaltungen, die etwa vierteljährlich stattfanden, wurden von Gefangenen für Gefangene gestaltet. Dafür war z. B. eine Kulturgruppe von Häftlingen der Tischlerei (des Burger Holzverarbeitungswerkes) gegründet worden, die musikalische Darbietungen und Lesungen veranstaltete. Es existierten zudem ein Chor und eine Kapelle. Volleyballspiel war wieder möglich und wurde freizügiger gehandhabt. Auch konnten sich die Strafgefangenen für eine bestimmte Zeit in andere Zellen einschließen lassen, um dort Mitgefangene aufzusuchen. Gleichzeitig gab es Verbesserungen des HO-Einkaufs in Qualität und Quantität der Waren. Das Warensortiment unterschied sich in der Qualität kaum noch von den HO-Verkaufsstellen außerhalb der Zuchthausmauern.[381]

Diese Phase eines gelockerten Vollzugs währte wiederum nur kurz, und zwar so kurz, dass einige angedachte Veränderungen der Verwaltung Strafvollzug nicht zur

---

379 Jahresbericht der Verwaltung Strafvollzug für 1956 vom 23. 1. 1957, BArchB, DO 1/11.0/ 1472, Bl. 168.
380 Vgl. Haftbericht Dietrich Hübner, S. 10.
381 Ebenda, S. 15.

Umsetzung gelangten. Mit der blutigen Niederschlagung des Volksaufstandes in Ungarn durch die sowjetische Armee wurden die bisherigen Machtverhältnisse im Ostblock wieder klargestellt. Die Hardliner in der SED erhielten erneut Oberwasser und nahmen beginnend mit dem 30. Plenum des ZK der SED im Februar 1957 eine erneute Kurskorrektur vor. Diese führte zu einer umfassenden Verhaftungswelle gegen die so genannten Revisionisten und angeblichen Verräter der Arbeiter- und Bauernmacht.

Damit kam auch die Verwaltung Strafvollzug wieder zum Zuge, die sich in ihren schon immer vertretenen Positionen eines harten Strafvollzugs bestärkt fühlte. Scharf ging sie mit den von der Justiz vertretenen Auffassungen einer angeblich liberalen Strafpolitik ins Gericht und machte sie für die „Demoralisierungen" in den Strafvollzugsanstalten verantwortlich. Sie beklagte die großzügigen Entlassungsaktionen, durch die „schwerste Verbrecher" entlassen worden seien, was die Genossen in den Haftanstalten stark verunsichert habe.[382] Der Chef der Verwaltung SV fasste zusammen: „Wir sind durch diese Entwicklung in eine Bewegung geraten, dass die Frage der Durchführung der demokratischen Gesetzlichkeit in verschiedenen Dingen in Liberalität ausgeartet ist. Die Aufweichung des Gegners hat Erfolg gehabt."[383] Diese „Liberalisierungstendenzen" sah der Leiter VSV in der Betonung des Erziehungsgedankens im Strafvollzug, einschließlich der kulturellen Betreuung der Gefangenen, wohingegen doch bei ihnen die unbedingte Staats- und Arbeitsdisziplin durchzusetzen sei. Man habe auch „viel von den ‚Rechten' der Strafgefangenen gesprochen, ja sogar davon, dass sie gesetzlich festgehalten seien. Das ist aber nicht so."[384]

Die leitenden Genossen wussten schon sehr genau, warum sie sich einer gesetzlichen Fixierung von Rechten und Pflichten der Gefangenen im Strafvollzug widersetzten. Auf diese Weise konnten sie mit den Vergünstigungen oder Bestrafungen willkürlich umgehen, einklagbare Rechte existierten wohlweislich nicht. Und der Leiter VSV beklagte: „Manchmal könnte man der Auffassung sein, dass die Genossen die Grenze nicht mehr sehen zwischen einem Strafvollzug und einem Erholungsheim, und das ist eine Folge dieser Entwicklung."[385] Angesichts des immer noch harten Haftregimes war dies eine an Zynismus kaum zu überbietende Wertung und ließ Rückschlüsse auf die Vorstellungen der Leitung der VSV über den von ihr angestrebten Strafvollzug zu. So forderte der Leiter VSV auch: „Wir haben die Aufgabe so rasch wie möglich die Liberalisierungserscheinungen zu beseitigen. Die Strafgefangenen müssen spüren, dass sie sich in einer Strafvollzugsanstalt befinden."[386]

---

382 Vgl. Verwaltung Strafvollzug, Protokoll der Tagung der Genossen Polit-Stellvertreter der BVSV, vom 10. 5. 1957, BArchB, Do 1/11.0/1474, Bl. 331.
383 Ebenda.
384 Ebenda, Bl. 332.
385 Ebenda, Bl. 331.
386 Ebenda, Bl. 332.

Damit wurde das SV-Personal wieder auf einen harten Strafvollzug eingeschworen und das „versöhnlerische Verhalten einzelner Genossen" scharf kritisiert. Ihnen müsse klar gemacht werden, „dass die Arbeit im Strafvollzug Klassenkampf ist".[387] Folglich wurden die kurzfristig bestehenden Erleichterungen der Haftbedingungen umgehend rückgängig gemacht. Schon das Auftreten der SV-Angehörigen gegenüber den Gefangenen in den Einführungsgesprächen habe nicht das eines „väterlichen Freundes" zu sein. Vielmehr müsse ihnen bewusst gemacht werden, dass sie sich gegenüber der Gesellschaft strafbar gemacht hätten und dementsprechend auch so behandelt würden. Bekräftigt wurde die Notwendigkeit der – von der Staatsanwaltschaft ursprünglich kritisierten – Durchsetzung der Kommandosprache gegenüber den Gefangenen.[388] Zugleich sollten die materiellen Haftbedingungen erneut verschärft werden. So wurde z. B. per Durchführungsanweisung der Einkauf der Gefangenen neu geregelt, da das angebotene Warensortiment in der zurückliegenden Zeit angeblich zu breit gewesen sei und daher nicht dem „Erziehungszweck" entsprochen habe. Das betraf z. B. Mangelwaren, die jetzt den Strafgefangenen generell nicht mehr angeboten werden durften. Laut dieser Anweisung konnten Strafgefangene u. a. keine Butter, Konfitüre, Salate, Südfrüchte, kosmetische Erzeugnisse usw. von ihrem Eigengeld erwerben. Insgesamt wurde der Einkauf streng reglementiert, die Auswahl beschnitten und für nicht arbeitende Strafgefangene ganz untersagt.[389]

Die von Werkentin getroffene Einschätzung, dass die Justiz trotz der von ihr erhobenen Anklagen wegen Staatsverbrechen sich nach dem Volksaufstand in Ungarn relativ zurückhaltend verhalten habe,[390] kann für die Funktionäre des Strafvollzugs im Ministerium des Innern nicht gelten. Sie hatten schon immer jegliche Aufweichungstendenzen und Lockerungsversuche im Strafvollzug mit Argwohn betrachtet. Der von ihnen verfolgte harte Kurs war von deutlichem Hass auf die angeblichen Staatsverbrecher getragen. Sie sollten für ihre Taten unnachgiebig zur Verantwortung gezogen werden. Jegliche Abweichung von dieser Position wurde von ihnen als Versöhnlertum denunziert. Deshalb waren auch die zugestandenen Lockerungen im Strafvollzug 1956 äußerst halbherzig erfolgt. Die Rückkehr zu den alten Positionen ging folglich bei ihnen besonders rasch und unkompliziert vonstatten, ideologische Verrenkungen brauchten sie nicht anzustellen. In diesem Sinne schulte man das SV-Personal in den Strafvollzugsanstalten und hielt es zur Unerbittlichkeit gegenüber den politischen Häftlingen an. Auf einer Dienstversammlung in der StVA Brandenburg wurde daran erinnert, dass der Minister des Innern an unzähligen Beispielen aufge-

---

387 Hinweise über Schwerpunktfragen des Strafvollzuges ... vom. 13. Mai 1957, BArchB, DO 1 11.0/ 1489, Bl. 12.
388 Ebenda, Bl. 13.
389 Durchführungsanweisung des Leiters der Verwaltung Strafvollzug vom 15. 5. 1957, BArchB, DO 1/11.0/3517.
390 Werkentin, Politische Strafjustiz in der Ära Ulbricht, S. 348.

zeigt habe, „wie gefährlich und wie groß und scharf ihr [der Strafgefangenen] Klassenkampf gegen uns ist. Wir dürfen uns nicht in die Defensive drängen lassen, sondern wenden uns offensiv gegen unsere Klassenfeinde. Wir müssen in jedem Strafgefangenen einen Menschen sehen, der unsere Klasseninteressen geschädigt und verletzt hat und mit einem Auftrag von den Spionage- und Agentenorganisationen in unsere Anstalten kommt, um dort seine Tätigkeit fortzuführen".[391]

Wichen die aufsichtführenden Kräfte im SV von diesem Kurs ab, waren auch sie von harten Disziplinarmaßnahmen betroffen, die bis hin zum Arrest reichten. Teilweise bestrafte man sie mit der Versetzung auf den Wachturm, einer höchst unbefriedigenden Tätigkeit. Regelmäßig präsentierte man auf den Dienstversammlungen warnende Beispiele für ein zu liberales Verhalten gegenüber den Strafgefangenen, um eine abschreckende Wirkung zu erzielen. Mit Entlassungen konnten sie allerdings weniger drohen, ließen sich doch viele SV-Angehörige von sich aus entpflichten, nicht zuletzt, weil der Dienst sehr anstrengend (Schichtdienst) und mit starken Reglementierungen verbunden war.[392] Zudem besaß die Arbeit im Strafvollzug nicht gerade ein hohes Prestige.[393] Wie bereits erwähnt, sammelten sich im Strafvollzug häufig von anderen Dienststellen oder auch der NVA aussortierte Mitarbeiter, die den dortigen Anforderungen nicht mehr genügten, weshalb der Strafvollzug als so genannter Kaderfriedhof angesehen wurde. Entsprechend hoch war der Altersdurchschnitt der SV-Angehörigen[394] und entsprechend niedrig ihr Bildungsniveau. Letzteres war eine Ursache für die häufigen „Vergehen im Amt", aber auch außerhalb ihres Amtes, die sich in einer „unmoralischen Lebensweise" (Trunksucht, Diebstahl bis hin zum Mord)[395] nie-

391 Protokoll über die am 14. 4. 1958 stattgefundene Dienstversammlung, Referat des Major Junge, StVA Brandenburg, BLHA, Rep. 404/15/118, S. 6.
392 Das betraf z. B. das Kontaktverbot zu im Westen lebenden Verwandten oder Bekannten, aber auch die Anforderungen an das „moralische Verhalten" der SV-Bediensteten. So kam es allein im Jahr 1956 zu 1365 Entpflichtungen aus dem Strafvollzugsdienst. Vgl. Jahresbericht der Kaderabteilung der Verwaltung Strafvollzug für 1956 vom 26. 1. 1957, BArchB, DO 1/11.0/1472, Bl. 185–192.
393 So wird im Bericht der StVE Brandenburg für das I. Quartal 1957 vom 31. 3. 1957 von großen Problemen hinsichtlich der Entpflichtungen von SV-Angehörigen gesprochen. Diese ließen sich nicht weiter verpflichten und schieden aus. Es gebe akuten Personalmangel. Gleichzeitig hätten die Werbungsaktionen der VP im Kreis Brandenburg nur wenig Erfolg. Lediglich eine Neueinstellung habe es gegeben. Vgl. BLHA, Rep. 404/15/117, Bl. 10.
394 So waren von den insgesamt im Jahr 1959 im Strafvollzug Beschäftigten 20 Prozent älter als 50 Jahre, also jeder fünfte. Vgl. Bericht der Verwaltung Strafvollzug über die Lage im Dienstzweig Strafvollzug vom 4. 10. 1960, BArchB, DO 1/11.0/1476, Bl. 153.
395 Für die StVA Brandenburg wurden Disziplinarvergehen „bis hin zum Mord" registriert. Vgl. Politische Verwaltung, Instrukteurgruppe SV: Einige Fakten des politisch-moralischen Zustandes im SV vom 12. 6. 1959, BArchB, DO 1/11.0/1474, Bl. 195. Auch wies der Leiter der StVE Brandenburg, Ackermann, darauf hin, dass die Gefangenen, die vielfach intelligent und in Gruppen zusammen seien, die Meinung verträten, „daß viele Genossen nicht einmal ihre Kinder erziehen könnten, aber erwachsene Rechtsbrecher erziehen wollen". Tagung der Leiter der SV-Dienststellen und Parteisekretäre v. 2. 10. 1959, BLHA, Rep. 404/15/118, Bl. 286. Das Verdikt der „unmoralischen Lebensweise" bezog auch das „Fremdgehen" von verheirateten Genossen ein.

derschlugen. Die penibel geführten Disziplinarstatistiken geben einen beredten Einblick in den Zustand der SV-Dienststellen.[396] Aus diesen Gründen hatten es die Verantwortlichen im Strafvollzug sowohl mit brutalen Übergriffen auf die Gefangenen als auch mit „liberalistischen Tendenzen" zu tun.[397] Beide Erscheinungen bestanden nebeneinander, jeweils in unterschiedlichem Maße ausgeprägt, weshalb auch in den Zeitzeugenberichten beides erinnert wird, allerdings Letzteres in weniger ausgeprägter Weise.

Thomas Ammer differenziert für die Zeit von Ende der 50er- bis Mitte der 60er-Jahre das Aufsichtspersonal in drei Gruppen: eine kleine Gruppe von Scharfmachern, die zur Gewalttätigkeiten neigten, eine große Gruppe gleichgültiger, bequemer Wachtmeister von mäßiger Intelligenz, für die der Knastausdruck „Schlüsselknecht" durchaus zutraf, und eine kleine Gruppe von korrekten und entgegenkommenden Aufsehern, die z. T. für die Gefangenen illegal Hilfsdienste leisteten, sie mit Lebensmitteln versorgten, Kassiber weiterleiteten, Informationen übermittelten. Letztere hätten dazu beigetragen, die Härten des Gefangenendaseins wenigstens teilweise zu mildern.[398]

Den unmittelbaren Anlass für die erneute Verschärfung der Haftbedingungen in Brandenburg-Görden bot offenbar eine Inspektion des Leiters der Verwaltung Strafvollzug, Generalmajor der VP August Mayer, im Herbst 1957. In deren Folge wurde die Freistunde, die vorher relativ zwanglos ablief, wieder stark reglementiert. Die Gefangenen mussten einzeln in Reihe laufen und es galt ein absolutes Sprechverbot.[399]

Gleichzeitig hatte es eine zentrale Anweisung gegeben, von der „bisherigen Methode des allgemeingültigen Rechts der Gefangenen" auf Filmbesuch, Kultur- und Sportarbeit sowie den HO-Einkauf abzugehen, die auch sofort in der StVA Brandenburg umgesetzt wurde.[400] Solche Rechte wurden nunmehr als Vergünstigungen angesehen

---

396 Z. B. wurden 1956 insgesamt 1618 disziplinarische Bestrafungen ausgesprochen, davon 675 wegen schlechter Dienstdurchführung und Verstößen gegen die Wachvorschrift, 334 wegen moralischer Verfehlungen und Trunkenheit, 130 wegen der Nichtausführung von Befehlen, 86 wegen „versöhnlerischen Verhaltens" gegenüber Strafgefangenen. Vgl. Jahresbericht der Polit-Abteilung der VSV vom 26. 1. 1957, BArchB, DO 1/11.0/1472, Bl. 170–177. 1958 wurden 20,5 Prozent aller SV-Angehörigen disziplinarisch bestraft, d. h. jeder Fünfte. Bei den Offizieren lagen die Bestrafungen bei fast 12 Prozent. Vgl. Jahresbericht für 1958, BArchB, DO 1/3702, S. 16. Im I. Quartal 1959 mussten „392 Genossen, davon 27 Offiziere disziplinarisch bestraft werden". Politische Verwaltung, Instrukteurgruppe SV: Einige Fakten des politisch-moralischen Zustandes im SV vom 12. 6. 1959, BArchB, DO 1/11.0/1474, Bl. 198.

397 So brächten einige „Genossen" Achtung vor den Arbeitsleistungen der Strafgefangenen in der StVE Brandenburg auf. Darüber hinaus würden einige von ihnen mit Strafgefangenen paktieren und sich diesen gegenüber „versöhnlerisch" verhalten. Vgl. Analyse des Zustandes im SV 1958, BLHA, Rep. 404/15/117, Bl. 124.

398 Thomas Ammer, Strafvollzug in der Strafvollzugsanstalt Brandenburg. Ergänzungen zum Beitrag von Leonore Ansorg, in: Deutschland Archiv 35 (2002), S. 1006 f.

399 Vgl. Haftbericht Dietrich Hübner, S. 17.

400 Vgl. Protokoll der Arbeitsberatung mit den Leitern der UHA sowie Stellvertretern Allgemein der StVA Brandenburg ... vom 20. 12. 1957, BLHA, Rep. 404/15/118, Bl. 441.

und waren nur dann zu gewähren, wenn die Gefangenen sehr gute Arbeitsleistungen erbrachten, sich diszipliniert verhielten und die an sie gestellten Anforderungen erfüllten.[401] Es sollte „keine selbstverständlichen Rechte" der Gefangenen mehr geben.[402] Die „Einschränkung von Vergünstigungen" betraf auch den Bezug von Literatur aus der Gefangenenbibliothek. Die Häftlinge sollten keine Bücher mehr erhalten, die ihrer Weiterbildung dienten oder mit denen sie ihre „feindliche Ideologie" stärken konnten. Letzteres bezog sich interessanterweise auch auf ausgewählte Schriften der Klassiker des Marxismus-Leninismus,[403] die theoretisches Material für eine kritische Auseinandersetzung mit dem angeblich sozialistischen System des Ostblocks lieferten.

Eingeschränkt wurde vorübergehend auch die Versorgung der Zellen mit Licht, wofür nicht zuletzt Ersparnisgründe ausschlaggebend waren. Strafgefangene in Einzelhaft sollten grundsätzlich nur zum „Zählapell" Beleuchtung erhalten. Arbeitende Strafgefangene wurden lediglich zum Essen und zum Zeitunglesen mit Licht versorgt.[404] Diese Umsetzung in die Praxis bestätigt auch Richard Beier. Zwischen 19.30 und 20.00 Uhr wurde das Licht ausgeschaltet. Dann hieß es: „Einschluss". Die Zellentür wurde zum zweiten Mal abgeschlossen, wodurch das Sicherheitsschloss betätigt wurde. Bettruhe bestand aber in der Normalschicht erst ab 22.00 Uhr.[405]

In diesem Kontext erneuter Verschärfung des Strafvollzugs ist auch die Entfernung von „Staatsverbrechern" aus den Schlüsselpositionen des Zuchthauses zu sehen.[406] Argumentiert wurde, „dass man Klassenfeinde nicht in Funktionen bringen darf, die es ihnen ermöglichen, uns mit ihren Verbrechen in den Rücken zu fallen. Es dürfen keine Gruppierungen von Gefangenen mit gleichem Delikt (Art. 6) geduldet werden".[407] Hintergrund dafür bildeten einerseits die damit verbundenen besseren Haftbedingungen, andererseits die Nutzung der herausgehobenen Stellung für den Aufbau von Netzwerken. Denn die „gefährlichsten Verbrecher" hätten es verstanden, sich in zentralen Positionen festzusetzen und ein Informationssystem aufzubauen. Ins Visier der Strafvollzugsbehörde geriet dabei das Konstruktionsbüro in der Strafvollzugsanstalt Brandenburg. Dort seien ausnahmslos zu hohen Zuchthausstrafen verurteilte

---

401 Ergänzung zum Jahresperspektivplan 1958 vom 12. 9. 1958, BLHA, Rep. 404/15/115, S. 9.
402 Bezirksbehörde Deutsche Volkspolizei, Abteilung Strafvollzug: Die Lage im Strafvollzug vom 25. August 1958, BLHA, Rep. 404/15/117, Bl. 90.
403 In einem Bericht hieß es dazu, viele Genossen verträten den Standpunkt, dass „bewußte Feinde unseres Staates keine marxistische Literatur und kein Neues Deutschland erhalten dürfen, weil sie befürchten, daß sie deren Inhalt falsch auslegen". Jahresbericht, Betr.: Bericht über die Haftstättenaufsicht für das Jahr 1959, BLHA, Rep. 404/15/117, Bl. 154/155.
404 Protokoll der Arbeitsberatung mit den Leitern der UHA sowie Stellvertretern Allgemein ... am 13. 12. 1957 vom 20. 12. 1957, BLHA, Rep. 404/15/118, Bl. 141.
405 Interview Richard Beier, S. 35.
406 Monatsbericht für Juli 1959 vom 30. 9. 1959, BarchB, DO 1/11.0/1489, Bl. 388.
407 Protokoll der Arbeitsberatung mit den Leitern der UHA sowie Stellvertretern Allgemein der StVA Brandenburg ... vom 20. 12. 1957, BLHA, Rep. 404/15/188, Bl. 441.

Staatsverbrecher beschäftigt, die über ein hohes Eigengeld verfügten, was sie in eine bessere Lage versetze.[408] Zudem gebe es bei ihnen Anzeichen einer „konzentrierten Feindtätigkeit".[409] Sie hätten ein eigenes Nachrichtennetz aufgebaut und stünden hinter Sabotageakten in der Haftanstalt.

Die Entfernung von politischen Gefangenen aus den Schlüsselfunktionen führte insbesondere im Zuchthaus Brandenburg zu akuten Problemen, da hier vor allem politische Gefangene mit langen Haftstrafen einsaßen, die „leichteren Fälle" blieben in der Minderzahl. So musste für die StVA konstatiert werden, dass ca. 200 Strafgefangene für die Besetzung von Hausarbeiterstellen und anderen Schlüsselfunktionen fehlten.[410] Die vorgegebenen Kriterien für deren Besetzung entsprachen nicht den Gegebenheiten in dieser Haftanstalt. Erst mit der zunehmenden Einweisung von kriminellen Straftätern konnten diese Probleme gelöst werden. Ab Ende der fünfziger Jahre gelangten verstärkt zu langjährigen Haftstrafen verurteilte Mörder, Sittlichkeitsverbrecher, Raubmörder und wegen schwerer Eigentumsdelikte Verurteilte in die Haftanstalt, da sie als eine der sichersten galt. Gleichzeitig ging durch die Entlassungen von SMT-, 201- und nach Artikel 6 Verurteilten im Rahmen der Überprüfungen von 1956 die Zahl der Gefangenen in Brandenburg-Görden zurück.[411] Anfang 1957 war die Strafvollzugsanstalt nur noch mit 1628 Gefangenen belegt.[412] Diese Zahl reduzierte sich weiter auf 1533 Gefangene [413] Ende 1957.

Mit Wirkung vom 1. September 1957 wurde die Strafvollzugsanstalt Brandenburg, die bisher als Spezialstrafanstalt direkt der Hauptverwaltung Deutsche Volkspolizei (HVDVP), dann der Verwaltung Strafvollzug unterstellt war, der Bezirksbehörde der Deutschen Volkspolizei Potsdam zugeordnet.[414] Dies war ein verwaltungsmäßiger Akt, der die Haftbedingungen der Gefangenen an sich nicht berührte.

---

408 Vgl. Bericht über die Lage im Strafvollzug, insbesondere über den Stand der Erziehungsarbeit vor dem Kollegium des MdI am 28. 8. 1959, BArchB, DO 1/11.0/1476, Bl. 100.
409 Lagebericht für den Monat November 1959 der BVDVP, Abt. SV vom 9. 12. 1959, BArchB, DO 1/11.0/1476, Bl. 202.
410 Einschätzung der Lage im Strafvollzug im Bezirk Potsdam vom 23. Mai 1960, BLHA, Rep. 404/15/117, Bl. 167.
411 Infolge der Entscheidung der Überprüfungskommission kamen ca. 280 Verurteilte frei. Im August 1956 wurden ca. 800 SMT-Verurteilte aus der StVA Brandenburg entlassen. Vgl. Angaben dazu im Bestand Otto Grotewohl, SAPMO-BArch, NY/4090.
412 Gefangenenstatistik 1. 1. 1957–31. 3. 1957, BLHA, Rep. 404/15.1/709, Bl. 2.
413 BLHA, Rep. 404/15.1/709, , Bl. 10.
414 Obwohl bereits im November 1955 die Bezirksbehörden der Deutschen Volkspolizei das Kontrollrecht für die Haftanstalten erhielten, war die Strafvollzugsanstalt Brandenburg wegen ihrer Bedeutung noch weiterhin zentral unterstellt. Schließlich kam es zu einigen Kompetenzreibereien, woraufhin die Bezirksbehörde eine eindeutige Entscheidung wünschte, die dann mit der Dienstanweisung mit Wirkung zum 1. 9. 1957 erfolgte. Vgl. Dienstanweisung VSV vom 30. 8. 1957, BArchB, DO 1/11.0/3743.

Der Strafvollzug in der Haftanstalt Brandenburg 1950 bis Ende der 1950er-Jahre

Mit der Leitung des Strafvollzugs im Zuchthaus Brandenburg wurde ab 1. Oktober 1958 der Major der VP Fritz Ackermann betraut, der als besonders zuverlässiger und durchsetzungsfähiger Kader galt und von sich selbst behauptete, der „strengste Anstaltsleiter in der DDR" zu sein.[415] Er regierte selbstherrlich über die Haftanstalt und ließ sich von anderen Dienststellen nicht in seine Arbeit hineinreden. Dienstanweisungen wurden des Öfteren von ihm ignoriert. Seine Tätigkeit war häufig von Willkür sowohl gegenüber den Strafgefangenen als auch den SV-Angehörigen geprägt. Auch zu den MfS-Mitarbeitern in der StVA Brandenburg versuchte er Distanz zu halten und ihnen möglichst wenig Einblick in seine Arbeit zu geben. Deshalb kam es des Öfteren zu Aussprachen der übergeordneten Dienststellen mit ihm; die erste fand bereits knapp drei Monate nach der Übernahme seiner Funktion in Brandenburg-Görden statt. Neben der Kritik an seiner Nichteinhaltung von Dienstanweisungen ging es auch um ungerechtfertigte Anwendungen von Disziplinarmaßnahmen gegenüber den Gefangenen. So verordnete er z. B. Strafgefangenen einen Kahlschnitt als Bestrafung, oder er ließ sämtliche Bücher und Brettspiele einziehen, um dem Verfasser einer „Hetzlosung" auf die Spur zu kommen. Am Heiligabend ließ er umfangreiche Filzungen der Zellen durchführen.[416]

Wesentlicher für die Kritik an ihm dürfte jedoch seine ungenügende Zusammenarbeit mit dem MfS gewesen sein. Dennoch konnte sich Ackermann bis 1982 auf seinem Posten halten. Schließlich hatte er die Haftanstalt „im Griff". Er galt als anerkannte Autorität mit antifaschistischer Vergangenheit, erhielt Rückendeckung durch die in Brandenburg stationierten Sowjets und förderte darüber hinaus maßgeblich die Produktion in den Arbeitseinsatzbetrieben. Auf jeden Fall hatte er mit den 1958 von der Verwaltung Strafvollzug formulierten Thesen zum Wesen des Strafvollzugs, in denen eine DDR-spezifische Auffassung von Humanismus zum Leitfaden für den Strafvollzug proklamiert wurde, keine Probleme. „Unter Humanismus im Strafvollzug ist nicht zu verstehen, den Rechtsbrechern während der Haftzeit möglichst viele Vergünstigungen zu gewähren und den Haftbedingungen ihre Härte zu nehmen [...]. Der humanitäre Gehalt liegt gerade darin, dass der Strafvollzug als Klasseninstrument der Arbeiterklasse deren Willen vollstreckt, den Widerstand der Feinde des Volkes mit aller Konsequenz bricht, mit den Mitteln des staatlichen Zwangs die sich im Verbrechen widerspiegelnden Erscheinungen der Zersetzung, der Fäulnis und des Parasitentums

---

415 Vgl. zur Person Fritz Ackermanns ausführlich Tobias Wunschik, Die Haftanstalt Brandenburg-Görden unter der Leitung von Fritz Ackermann, in: Historischer Verein Brandenburg (Havel) e. V., Jahresbericht 2000–2001, S. 28–45, hier zit. S. 33. Ackermann war zuvor Leiter der Strafvollzugsanstalt Bützow-Dreibergen.
416 Vgl. Protokoll über die Besprechung in der BDVP Potsdam zu Fragen des Arbeitsstils und Einhaltung von Befehlen und Anweisungen der Leitung der StVA Brandenburg vom. 7. 1. 1959, BLHA, Rep. 404/15/118, Bl. 178–187.

als Ausdruck der kapitalistischen Unmoral bekämpft."⁴¹⁷ Ein harter, von deutlichem Hass getragener Strafvollzug als Ausdruck des Humanismus in der DDR – das war eine nicht zu überbietende Auslegung des aufklärerischen Begriffs.

Gerade weil die politischen Gefangenen der 50er-Jahre Demütigungen, Ausgrenzungen und unmenschliche Behandlungen erlebten, gab es einen großen Zusammenhalt unter ihnen in der Abwehrhaltung gegenüber den Zumutungen des Strafvollzugs. Sie waren mit aller Härte von dem neuen diktatorischen System verfolgt und unter Missachtung rechtsstaatlicher Prinzipien angeklagt und verurteilt worden. Dieses erlebte Unrecht führte zu einem starken Zusammenhalt unter ihnen, zu einem gegenseitigen solidarischen Einstehen.⁴¹⁸ Immer wieder kam es zu Arbeitsverweigerungen und bewussten Störungen der Produktion, zur Verbreitung von „Hetzlosungen", Flugblättern und anderen Widerstandshandlungen.

Der Protest gegen den Staat und gegen das Strafvollzugsregime äußerte sich auf unterschiedlichste Weise. So erinnert sich der Sozialdemokrat Hermann Kreutzer an eine Begebenheit im Jahr 1954. Im Juni fand die Fußballweltmeisterschaft in Bern statt. Es kam dort zu der entscheidenden Begegnung zwischen der ungarischen und der westdeutschen Mannschaft. Da das Strafvollzugspersonal davon ausging, dass die sozialistische Mannschaft siegen würde, ließ es sich zu der Vergünstigung herab, dass die Gefangenen die Radioübertragung des Fußballspiels auf den Stationen verfolgen konnten. Aber die Mannschaft der Bundesrepublik siegte und wurde Weltmeister. „Jetzt entstand etwas von ganz alleine. Der ganze Bau sang Deutschland, Deutschland über alles. Die wussten ja noch nicht, dass man in der Bundesrepublik nur noch die dritte Strophe sang. Und aus voller Identifikation mit dem Sieg der deutschen Mannschaft sang jetzt jeder kräftig nach Herzenslust das Deutschlandlied. Also, die Posten sind gerannt und schrien: ‚Aufhören, aufhören!' Die Türen wurden zugeschlossen und zugesperrt. Die Übertragung war natürlich sofort beendet worden. Aber das Lied wurde zu Ende gesungen, von fast 4000 Gefangenen im Juni 1954 an einem Sonntag."⁴¹⁹ Dies war eine Form der öffentlichen Demonstration gegen den SED-Staat im Strafvollzug, auch wenn der Anlass ein sportlicher war. Der Sieg der westdeutschen Mannschaft hatte in ganz Deutschland – Ost wie West – nationalistische Emotionen ausgelöst. In der DDR verwandelte sich jedoch die Feier dieses Sieges zu einem Protest gegenüber der SED-Führung.⁴²⁰ Diese Umfunktionierung blieb also

---

417 Thesen zum Thema: Funktion und Wesen des Strafvollzuges in der DDR vom 6. 8. 1958, BArchB, DO 1/11.0/1489, Bl. 209.

418 Allerdings existierte ein sehr distanziertes Verhältnis zu den Kriegsverbrechern. Sie wurden in der Regel gemieden, man wollte mit ihnen nichts zu tun haben. Ganz ähnlich die Aussage von Fricke, Politik und Justiz, S. 535 f.

419 Interview Hermann Kreutzer, S. 13.

420 Vgl. dazu Georg Wagner-Kyora, „Wenn man die Ohren in der Masse aufmacht und in ihr Bewusstsein blickt ..." Fragen nach dem Selbstverständnis von Generationen in IM-Berichten

nicht auf den Strafvollzug beschränkt. In Folge dieses Ereignisses wurden allerdings keine Radiosendungen mehr im Zuchthaus übertragen.

Darüber hinaus versuchten politische Gefangene, sich illegal zu organisieren. So bildete sich im Herbst 1956 eine Widerstandsgruppe in der Tischlerei des Holzverarbeitungswerkes, die sich später auf andere Arbeitsbereiche der Strafvollzugsanstalt erstreckte. Ihr Ziel bestand zunächst in der Aufklärung und Unterstützung neu eingelieferter politischer Häftlinge, in der materiellen Hilfeleistung für arbeitsunfähige politische Häftlinge sowie dem Kampf um die Durchsetzung von sozialen Maßnahmen. In alle entscheidenden Bereichen innerhalb des Holzverarbeitungswerkes konnten Mitglieder dieser Gruppe platziert werden.

Ab 1958 – nach internen Auseinandersetzungen – erreichte die Gruppe eine neue Qualität und auch Quantität. Nunmehr ging es nicht mehr nur um die gegenseitige Unterstützung und den Informationsaustausch, sondern um die Organisierung von Widerstand. Es wurden Flugblattaktionen geplant (mit handgeschriebenen bzw. aus Zeitungen ausgeschnittenen Texten), Absprachen zur Arbeitszurückhaltung getroffen, ein Streik ausgerufen, der jedoch mangels genügender Beteiligung abgebrochen werden musste, Sabotageakte verübt – eine sehr wirkungsvolle Aktion – sowie eine regelmäßige Verbindung zwecks Nachrichtenübermittlung in die Bundesrepublik (vor allem über Kassiber und verschlüsselte Terminbriefe) geschaffen. Letzteres betraf u. a. die Übermittlung von Informationen aus dem Zuchthaus heraus, wie z. B. die Zahl der politischen Gefangenen, die Namen von Aufsehern, die Zustände im Zuchthaus.

Obwohl der Schwerpunkt der Widerstandstätigkeit weiterhin das Holzverarbeitungswerk blieb, konnte sie auf die Arbeitsbereiche des Burger Bekleidungswerkes sowie des Brandenburger Traktorenwerkes ausgedehnt werden. Der Kontakt untereinander wurde vornehmlich über die Kulturgruppe in der Haftanstalt sowie zwei Hauselektriker und einen Arbeiter im Kesselhaus – Strafgefangene, die Verbindung zu allen Kommandos hatten – hergestellt. Der Kern der Widerstandsgruppe bestand im Holzverarbeitungswerk aus 20 Mitgliedern, im Burger Bekleidungswerk aus acht und im Brandenburger Traktorenwerk aus vier Mitgliedern.[421] Ende 1958 wurden nach einer Flugblattaktion sämtlichen Strafgefangenen in der Tischlerei für mehrere Wochen der HO-Einkauf sowie die Bücherausleihe und der Kinobesuch verboten. Diese Disziplinarmaßnahmen sollten so lange aufrechterhalten werden, bis sich die

---

über die Karbidarbeiter der BUNA-Werke Schkopau, in: Hermann-J. Rupieper/Friederike Sattler/Georg Wagner-Kyora (Hrsg.), Die mitteldeutsche Chemieindustrie und ihre Arbeiter im 20. Jahrhundert, Halle (Saale) 2005, S. 352–357.
421 Vgl. Haftbericht Dietrich Hübner, S. 18 f., Haftbericht von F. Politische Widerstandsbewegung in der StVA Brandenburg, unveröff. Manuskript, im Besitz der Verf., und Fricke, Politik und Justiz, S. 547 f.

Verantwortlichen der Aktion meldeten bzw. von anderen denunziert wurden. Um entsprechenden Druck auszuüben, wurden darüber hinaus einzelne Gefangene isoliert und kamen in Einzelhaft. Dennoch hielten die Gefangenen zusammen, sodass die Anstaltsleitung schließlich kapitulieren musste, da ansonsten die Produktion gefährdet war. Immerhin sank in dieser Zeit die Küchenproduktion um die Hälfte.[422] Durch gezielte Sabotage entstanden große Produktionsausfälle auch in den Bereichen des Burger Bekleidungswerkes und des Traktorenwerkes.[423] Mit ständigen „Filzungen" und Bespitzelungen versuchte die Anstaltsleitung, diese widerständigen Aktivitäten zu unterbinden. Dennoch existierte die Gruppe bis 1964, dann löste sie sich infolge der großen Entlassungswelle durch die Amnestie im gleichen Jahr auf.[424]

9. Die Gefangenenarbeit in der Strafvollzugsanstalt

Die Ausnutzung der Arbeitskraft der Gefangenen für die Produktion geschah in Brandenburg-Görden unter der Verwaltung des MdI erst allmählich. Dies hing nicht nur mit den fehlenden Beschäftigungsmöglichkeiten zusammen, sondern lag auch in der Besonderheit der Gefangenenstruktur begründet. War des Bestreben der Strafvollzugsreformer in der Justiz darauf gerichtet, die Gefangenen sinnvoll zu beschäftigen, um sie nicht dem Stumpfsinn zu überlassen, sondern im Gegenteil Anregung und Bestätigung zu geben, so spielte dieser persönlichkeitsbildende Aspekt mit der Übernahme der Strafanstalt durch das MdI überhaupt keine Rolle. Vielmehr sollten die Gefangenen für ihre angeblich schwerwiegenden Verbrechen büßen und den Strafvollzug als harte Bestrafung erleben. Als oberstes Prinzip galt nunmehr die Sicherheit, der alle anderen Aspekte untergeordnet waren. Aus „Sicherheitsgründen" wurde ein großer Teil der Häftlinge in Einzelhaft gehalten und nicht zur Arbeit herangezogen.

Mit der Übernahme der Strafanstalt waren die schon während der NS-Zeit existierende Schneiderei, Tischlerei, Schlosserei und Wäscherei in Betrieb genommen worden. In der Schneiderei wurden Ende August 1950 49 Gefangene mit der Herstellung von Sporthosen beschäftigt. In der Tischlerei waren 76 Gefangene für hausinterne Arbeiten eingesetzt, hinzu kam die Herstellung von Spielzeug. Weiterhin beschäftigte man 33 Gefangene mit der Dachsteinproduktion im Rahmen des Neubauernhilfsprogramms zur Errichtung von Neubauerngehöften. Einige Gefangene waren für anstaltsinterne Arbeiten eingesetzt, u. a. in der Gärtnerei und der Schlosserei. 139 Gefangene kamen in ein Außenkommando, das Stahl- und Walzwerk Brandenburg,

---

422 Vgl. Haftbericht Dietrich Hübner, S. 18 f.
423 Genaue Angaben dazu finden sich im Haftbericht von F., Politische Widerstandsbewegung.
424 Fricke, Politik und Justiz, S. 548.

Der Strafvollzug in der Haftanstalt Brandenburg 1950 bis Ende der 1950er-Jahre 137

und weitere Gefangene arbeiteten in der Thälmann-Werft sowie im Schlepperwerk.[425] Angesichts einer Belegung von fast über 2700 Strafgefangenen im Frühjahr 1951 war dies eine höchst geringe Beschäftigung. Aus „Sicherheitsgründen" sollte dabei der Einsatz in Außenkommandos möglichst vermieden, vielmehr die Produktion in der Anstalt selbst angesiedelt werden. Die SMT- sowie Waldheim-Verurteilten durften zunächst überhaupt nicht arbeiten. Sie kamen „auf Rot", d. h. in Sicherheitsverwahrung. Daneben gab es die als „gefährliche Schwerverbrecher" eingestuften und nach Artikel 6 Verurteilten, zu denen z. B. Peter Moeller und andere gehörten. Auch die Zeugen Jehovas sollten zunächst aus „Sicherheitsgründen" nicht arbeiten.

Der Arbeitseinsatz der Strafgefangenen folgte – nach sowjetischem Vorbild – einem rein wirtschaftlichen Kalkül. So hieß es in den „Grundsätzen über die Beschäftigung von Strafgefangenen von 1953: „Die stürmische industrielle Entwicklung in der Deutschen Demokratischen Republik, vor allem in der Grundstoff- und Schwerindustrie, verlangt Maßnahmen, um eine weitere verstärkte Heranführung von Arbeitskräften zu gewährleisten."[426] Insofern erforderten die weiteren Aufgaben beim planmäßigen Aufbau der Grundlagen des Sozialismus in der DDR auch die Heranziehung Strafgefangener. Diese könnten durch ihre Arbeit „den Beweis erbringen, dass sie das Schädliche ihrer strafbaren Handlung gegen die demokratische Staatsordnung und die Gesellschaft einsehen und gewillt sind, am Aufbau eines neuen, schöneren Deutschlands mitzuarbeiten".[427] Dass daran politische Gefangene nicht unbedingt interessiert waren, liegt auf der Hand. Insofern ist die Produktionsarbeit von den Gefangenen durchaus ambivalent betrachtet worden. Für viele Häftlinge bedeutete die Arbeit eine willkommene Abwechslung, um dem Stumpfsinn des Haftalltags zu entfliehen. Auch konnten sie sich dadurch ein wenig Geld verdienen, um ihre Verpflegung zu ergänzen. Andererseits wollten sie sich nicht mittels ihrer Arbeitsleistung an der Stärkung des SED-Staates beteiligen. Viele entschieden sich daher von Fall zu Fall, vor allem in Abhängigkeit von der Herstellung der Produktionsgüter. Manche aber verweigerten die Arbeit generell, auch wenn das mit empfindlichen Strafen verbunden war, wie weiter unten gezeigt werden wird.

Angesichts der zunächst knappen Arbeitsmöglichkeiten in Brandenburg-Görden wurde die Zuteilung von Arbeit noch bis Mitte der 50er-Jahre vom Strafvollzugspersonal als Vergünstigung bzw. Belohnung eingesetzt.

Hermann Kreutzer erinnert sich, dass es bei Normerfüllung eine Zigarette gab, bei fünf Prozent Übererfüllung zwei Zigaretten und bei 10 Prozent – was kaum jemand

---

425 Monatlicher Informationsbericht des Stellvertreter PK der Strafanstalt Brandenburg vom 29. 8. 1950, BLHA, Rep. 203, LDVP, 311, Bl. 94 f.
426 Grundsätze über die Beschäftigung von Strafgefangenen vom 21. 3. 1953, BArchB, DO 1/11.0/1581, Bl. 34
427 Ebenda.

geschafft habe – drei Zigaretten. Nach der Arbeit hieß es dann „raustreten", und dann wurden die Zigaretten vergeben und konnten geraucht werden. Danach mussten die Kippen wieder abgegeben werden. Für diese Vergünstigung hätten sich manche Gefangene ziemlich abgerackert in der Produktion.[428]

Der Arbeitseinsatz von Strafgefangenen wurde durch eine Verordnung vom 3. April 1952 geregelt. Obwohl es darin in § 4 hieß: „Die aufgrund dieser Verordnung beschäftigten Strafgefangenen werden nach den Lohnsätzen der geltenden Kollektivverträge entlohnt", und in § 5 formuliert war: „Der Strafgefangene kann ein Viertel des ihm nach Abzug der Haftkosten zustehenden Lohnes für seinen persönlichen Bedarf verwenden",[429] ist diese Regelung nie eingehalten worden.[430] Stattdessen erfolgte die Entlohnung willkürlich und für die Strafgefangenen nicht durchschaubar. Für acht Stunden Arbeit erhielten sie in Brandenburg-Görden zwischen 30 und 50 Pfennig bei Erfüllung der Norm.[431] Auf einer Tagung der Hauptabteilung Strafvollzug im April 1953 in Torgau hatte man auf Hinweis der „sowjetischen Freunde" sich auch deren Auffassung angeschlossen, dass die Strafgefangenen „aufgrund ihres Vergehens viel gut zu machen haben". Deshalb sollten sie nicht mehr die „hohen Lohnsummen" ausbezahlt bekommen, sondern nur noch Pauschalsummen.[432] Damit war die Kopplung an tarifliche Löhne völlig ad absurdum geführt.

Zwei Jahre später wurde mit einer neuen Verordnung die Regelung des Arbeitseinsatzes der Strafgefangenen in die Verantwortung des Ministeriums des Innern gelegt.[433] Nach wie vor hatten die Gefangenen für die Haftkosten aufzukommen, die vom tariflich gezahlten Lohn seitens der volkseigenen Arbeitseinsatzbetriebe an die Strafvollzugsanstalt abgezogen werden sollten.

Für die Häftlinge bestand prinzipiell Arbeitspflicht, unabhängig davon, ob genug Arbeit für alle vorhanden war. Dagegen existierte kein Recht auf Arbeit, das von den Strafgefangenen durchsetzbar gewesen wäre. Denn auch 1953 herrschte in Brandenburg-Görden noch keine Vollbeschäftigung. So befanden sich im Frühjahr 1953 in der StVA Brandenburg insgesamt 1354 Strafgefangene im Arbeitseinsatz. Davon waren in der Schneiderei (VEB Burger-Bekleidungswerk), in der vor allem Uniformteile für die sowjetische Armee hergestellt wurden, 721 Gefangene beschäftigt, in der Tischlerei, die nunmehr Küchen vor allem für den Export in die Sowjetunion produzierte (Burger Holzverarbeitungswerk) waren 126 Gefangene tätig. Weitere 99 Gefangene arbeiteten in der Schlosserei, die für den VEB Präzisionsfabrik Magdeburg produzierte.

---

428 Interview Hermann Kreutzer, S. 15.
429 Verordnung über die Beschäftigung von Gefangenen vom 3. April 1952, GBl. 1952, S. 275.
430 Vgl. Finn/Fricke, Politischer Strafvollzug in der DDR, S. 84.
431 Ebenda.
432 Bericht über die Tagung der HA SV am 9. Und 10. 4. 1953 in Torgau, BLHA, Rep. 404/15/119, S. 1.
433 Verordnung über den Arbeitseinsatz von Strafgefangenen vom 10. Juni 1954, GBl. 1954, S. 567.

Gefangenenarbeit in der Tischlerei. Quelle: Justizvollzugsanstalt Brandenburg.

106 Gefangene waren im Außenkommando für Schachtarbeiten der VEB Bau-Union eingesetzt, 38 im Stahl- und Walzwerk Brandenburg, die restlichen Gefangenen waren mit anstaltseigenen Aufgaben befasst.[434] Bei einer Zahl von fast 4000 Häftlingen hatte folglich nur etwa jeder Dritte eine Beschäftigung. Dagegen waren in der DDR im Juni 1953 von den insgesamt 40 920 Häftlingen über die Hälfte, nämlich 23 477, im Arbeitseinsatz.[435] Dies verweist auf die besondere Situation in Brandenburg-Görden. So kamen auch aufgrund der Ereignisse um den 17. Juni 1953 und den damit verbundenen Befürchtungen um die „Sicherheit" der Anstalt vorübergehend gar keine Außenkommandos zum Einsatz.

Vor allem die SMT-, Waldheim- und nach Artikel 6 Verurteilten wurden erst zuletzt zur Arbeit herangezogen. Jedoch brachten ökonomische Erwägungen dieses Prinzip langsam ins Wanken. Immerhin war die Ausbeutung der Strafgefangenen eine lukrative Einnahmequelle für den Staat. Da diese Gefangenen aus Sicherheitsgründen auf keinen Fall für Außenarbeiten eingesetzt werden sollten, ging die Anstaltsleitung

[434] Aufstellung über die vorhandenen Werkstätten, Produktionsart und Anzahl der eingesetzten SG in der StVA Brandenburg vom 25. 3. 1953, BArchB, DO 1/11.01581, Bl. 52 f.
[435] Bericht über die Entwicklung und den Stand des Strafvollzuges, vom 7. 9. 1953, BArchB, DO 1/11.0/1571, Bl. 167.

sukzessive dazu über, die Produktionskapazitäten in der Haftanstalt auszubauen sowie neue Betriebe anzusiedeln. Diese Produktionsstätten waren Teil der Volkseigenen Betriebe, d. h. auch die Gefangenen waren Bestandteil ihrer Arbeitskräfteplanung. Für sie galt ebenso der Staatsplan wie für die Stammbetriebe auch.

Für das Jahr 1956 war der Einsatz von Strafgefangenen in folgenden Produktionsbereichen geplant:

245 Gefangene für das Burger Holzverarbeitungswerk (Produktion von Klein- und Küchenmöbeln

459 Gefangene für das Burger Bekleidungswerk (Herstellung von Uniformen für die NVA und Berufsbekleidung)

463 Gefangene für das Brandenburger Traktorenwerk

50 Gefangene für den VEB Blechverarbeitung

31 Gefangene für das Projektierungsbüro der Hauptabteilung Strafvollzug

22 Gefangene für den VEB Schlossfabrik.

Insgesamt sah der Plan den Einsatz von 1264 Arbeitskräften für die Produktionsbetriebe vor. Die Gefangenen sollten durch ihre Arbeit einen Wert von 3 226 500,– Mark erbringen.[436]

Die in der Produktion tätigen Gefangenen waren zu Arbeitsbrigaden aus etwa 10 bis 30 Arbeitskräften zusammengefasst. Ihnen stand ein Brigadier vor, der selbst Gefangener war. Die Aufsicht über die Brigade hatte ein Meister, bei dem es sich um einen Zivilangestellten des jeweiligen Volkseigenen Betriebes handelte. Dieser war zuständig für die Organisation der Produktion, die Anleitung und Kontrolle der Brigadiere, die Erfüllung und Durchsetzung der Arbeitsnormen, die Planerfüllung usw. Der Produktionsbereich existierte relativ abgeschottet von dem übrigen durch die VP kontrollierten Haftregime. Die Aufgabe der Wachtmeister bestand vor allem darin, die Häftlinge in die Produktionsbereiche zu führen bzw. wieder in die Zellen einzuschließen. Ansonsten hielt sich das VP-Personal nicht in den Werkstätten der Arbeitseinsatzbetriebe auf. Jedoch griff es bei besonderen Vorkommnissen in der Produktion wie Arbeitsverweigerung, tätlichen Auseinandersetzungen oder illegaler Herstellung von Genussmitteln ein. Auch bei der Auswahl für Funktionen in der Produktion, der Prämierung oder Bestrafung von Strafgefangenen hatten die zuständigen Offiziere das entscheidende Wort.

Die Zivilangestellten waren ein steter Unsicherheitsfaktor im Getriebe des Zuchthausalltags, hing doch von ihrer Einstellung zu den Gefangenen die Gewährleistung eines harten Haftregimes ab. Nicht selten entwickelten sich zwischen ihnen und den Gefangenen geschäftliche Beziehungen, so z. B. bei der privaten Produktion von

---

436 Vgl. Auswertung der Betriebspässe der StVA Brandenburg, Januar 1956, BLHA, Rep. 404/15/120, Bl. 39.

Gütern, dem Schmuggel von begehrten Waren in die Haftanstalt für entsprechende Gegenleistung. Aber auch uneigennützige Hilfe wurde mitunter geleistet, wie die Weiterleitung von Informationen nach draußen, die Übergabe von Kassibern usw. Entsprechend streng war das Auswahlverfahren der Zivilangestellten für diese Tätigkeit im Strafvollzug. Da die Arbeit in der Haftanstalt jedoch nicht zu den begehrten in den Volkseigenen Betrieben zählte, mussten die Kontrollbehörden sich auf Kompromisse einlassen.

Der Arbeitseinsatz der Strafgefangenen erfolgte in so genannten A-, B- und C-Betrieben – eine Struktur, die bis zum Ende des Strafvollzugs in der DDR bestand. Die Niederlassungen der Volkseigenen Betriebe im Strafvollzug wurden als A-Betriebe bezeichnet. In den B-Betrieben arbeiteten die Gefangenen nach „Lohnaufträgen" sowohl für die Haftanstalt als auch für andere Betriebe. Zu diesen B-Betrieben gehörte die Wäscherei, Gärtnerei, Schuhmacherei, die HO-Verkaufsstelle im Zuchthaus usw., in denen 1956 insgesamt 126 Strafgefangene in Brandenburg-Görden tätig waren. Darunter befanden sich auch 30 weibliche Gefangene, die in einer großen Gemeinschaftszelle Näharbeiten verrichteten.[437] Die Gefangenen der so genannten C-Betriebe, in denen 1956 310 Häftlinge beschäftigt waren, verrichteten Arbeiten zur Unterhaltung der Strafvollzugsanstalt, wie z. B. Tätigkeiten in Hauswerkstätten, der Bäckerei, dem Krankenhaus u. a.

Insgesamt sollten 1956 somit 1700 Strafgefangene in der Haftanstalt beschäftigt werden,[438] gegenüber 1354 im Jahre 1953.[439] Der Einsatz der Arbeitskräfte schwankte durch die im Zuge der Gnadenerweise vorgenommenen Entlassungen. Beklagt wurde, dass aufgrund dessen eine „große Lücke" von qualifizierten Facharbeitern entstanden sei, die durch Verlegungen aus anderen Haftanstalten nach Brandenburg-Görden geschlossen werden müsse.[440] Allerdings galt für die „politischen Schwerstverbrecher" im Sonderblock des Hauses IV, die in absoluter Isolierung gehalten wurden, generelles Arbeitsverbot.

Auch wenn die Gefangenenarbeit Abwechslung in den Haftalltag brachte, war für einige Häftlinge der Inhalt ihrer Arbeit aus politischen Gründen kaum zu vertreten. Dies betraf z. B. die Herstellung von Uniformen sowohl für die sowjetische als auch die DDR-Armee in der Schneiderei, die für das Burger Bekleidungswerk produzierte. So weigerte sich der politische Gefangene Dietrich Hübner gemeinsam mit zwei weiteren Mithäftlingen 1953, solche Uniformen zu nähen. Daraufhin kam er zurück auf die Zelle und durfte zweieinhalb Jahre keine Arbeit aufnehmen. Danach

---

437 Ebenda.
438 Ebenda.
439 Aufstellung über die vorhandenen Werkstätten, Produktionsarten und Anzahl der eingesetzten Strafgefangenen in der StVA Brandenburg vom 25. 3. 1953. BArchB, DO 1/11.0/1581, Bl. 53.
440 Bericht I. Quartal 1956, Referat Produktion, BLHA, Rep. 404/15/120, Bl. 25.

wurde er im September 1955 wieder für die Arbeit in der Schneiderei eingeteilt. Als diese einen Monat später erneut mit der Produktion von Uniformen begann, legte er sofort die Arbeit nieder. Jetzt kam er in Einzelhaft, in der ihm jede Beschäftigung, auch das Lesen, untersagt war. Nach acht Monaten wurde er schließlich in der Tischlerei eingesetzt, in der die Strafgefangenen Küchenmöbel herstellten.[441]

Der Arbeitseinsatz war einerseits für viele politische Häftlinge ein Problem, zumal mit dem Ausbau der Arbeitsmöglichkeiten die Anstaltsleitung den Druck auf die Gefangenen erhöhte und Arbeitsverweigerung streng bestrafte. Andererseits boten sich dabei Möglichkeiten von konspirativer Arbeit, da die Strafgefangenen in den Produktionsstätten nicht im gleichen Maße der strengen Kontrolle durch das Aufsichtspersonal unterlagen und sich freizügiger bewegen konnten, auch wenn das nicht erlaubt war. Gleichzeitig war die Produktionsarbeit ein geeignetes Feld, den Staat an einer empfindlichen Stelle zu treffen und den Produktionsprozess spürbar zu stören. So übten beispielsweise Häftlinge Arbeitszurückhaltung, um Druck zur Durchsetzung von Forderungen zu erzeugen. Gefangene der StVA Brandenburg drohten z. B. an, bei Ausbleiben einer Amnestie zum 10. Jahrestag der DDR in der Arbeitsleistung nachzulassen.[442] Ihre Hoffnung wurde jedoch enttäuscht. Allerdings lag im Strafvollzug auch nicht die Entscheidungskompetenz in einer so grundlegenden Frage. Wie bereits erwähnt, gehörten Produktionsstörungen zu den wichtigen Aktionen der Widerstandsgruppe. Die Ausschussquote nahm zeitweise rapide zu. So wurde 1959 allein im Traktorenwerk ein Ausschuss in einer Größenordnung von 10 000,– Mark „produziert". Auch im Konstruktionsbüro, in dem es nach Ansicht der Leitung eine „konzentrierte Feindtätigkeit" gebe, da hier vor allem Staatsfeinde eingesetzt seien, wurde Arbeitszurückhaltung geübt.[443]

Arbeitszurückhaltung aus politischen Gründen war eine individuell häufig praktizierte Methode. Die Gefangenen sahen zu, dass sie immer knapp unter der Normerfüllung lagen. Hermann Kreutzer hat z. B. die Normen immer nur zu 96 bis 98 Prozent erfüllt, „damit man noch seine Ruhe hatte. Denn bei 90 Prozent und darunter gab es Ärger, da wurde man notfalls schon mal weggeschlossen. Und ich wollte meine Ruhe haben". Dafür bekam er dann zwar weniger Geld, nach seinen Angaben ca. 15,– Mark, wofür er sich die „Berliner Zeitung", eine bisschen Kunsthonig, ein Stück „Gummiwurst" und anderes kaufte.[444]

Obwohl die Gefangenenarbeit volkswirtschaftliche Bedeutung erlangte, wurden die Häftlinge mit einem „Trinkgeld" abgespeist. Die Betriebe hatten zwar die Arbeit

---

441 Haftbericht Dietrich Hübner, S. 14 f.
442 Lagebericht für den Monat September 1959 v. 5. 10. 1959, BLHA, Rep. 404/15/117, Bl. 148.
443 Informationsbericht für den Monat November 1959 vom 3. 12. 1959, BLHA, Rep. 404/15/117, Bl. 151.
444 Interview Hermann Kreutzer, S. 15.

der Gefangenen nach den üblichen Lohntarifen zu entgelten, doch behielt die Strafvollzugsanstalt erst einmal generell 75 Prozent des Nettolohns ein. Dieses Geld war zur Begleichung der dem Staat vorgeblich entstandenen Haftkosten gedacht und an die Verwaltung Strafvollzug abzuführen. Von den verbliebenen 25 Prozent sollten 65 Prozent für den Unterhalt der Familie, Gerichtskosten und Forderungen des Staates usw. verwendet werden, 5 Prozent wurden als so genannte Rücklage für die Zeit nach der Entlassung hinterlegt. War keine Unterstützung für Familienangehörige zu leisten, wurde es der Rücklage zugeschlagen. Die restlichen 30 Prozent waren schließlich für den „Eigenverbrauch" gedacht.[445] Im Durchschnitt konnten die Gefangenen ab Mitte der fünfziger Jahre über 20,- bis 30,- Mark „Eigengeld" verfügen. In der HO-Verkaufsstelle in der Haftanstalt waren dafür Grundnahrungsmittel, Obst, Tabakwaren u. a. erhältlich. Anfangs wurde der Einkauf nur über eine Bestellliste geregelt, später konnte in der Verkaufsstelle eingekauft werden.

Die Verfügung über das Eigengeld war den Strafgefangenen nicht ohne weiteres möglich, wurden sie doch teilweise monatelang über ihren „Kontostand" im Unklaren gelassen.[446] Zudem war die Sperrung des Eigengeldes aus disziplinarischen Gründen jederzeit möglich. Auch auf diesem Gebiet herrschte Willkür, ein durchsetzbarer Rechtsanspruch existierte nicht. Bemerkenswert ist dabei auch, dass in dieser Zeit nicht von Arbeitsentgelt oder Lohn die Rede war, sondern das verdiente Gefangenengeld als „Arbeitsbelohnung" bezeichnet wurde, wodurch eine tarifliche Anspruchsberechtigung schon von vornherein begrifflich den Häftlingen abgesprochen wurde. Denn eine Belohnung kann willkürlich gehandhabt werden und unterliegt nicht klaren Bestimmungen. Daran wird auch deutlich, dass die Zuteilung von Arbeit und damit die Möglichkeit des Erwerbs von Eigengeld als Vergünstigung begriffen wurde. Dies änderte sich erst mit dem flächendeckenden Einsatz der Gefangenen in den Produktionsbetrieben.

Insgesamt waren in den Strafvollzugsanstalten der DDR Ende 1957 15 073 Gefangene in der Produktion eingesetzt, bei einer Gefangenenzahl von 22 760. Im 2. Halbjahr 1958 wurde der Arbeitseinsatz auf 22 603 Häftlinge gesteigert. Ein flächendeckender Arbeitseinsatz war damit noch nicht erreicht. Fast 30 Prozent der Gefangenen konnten aus Sicherheitsgründen, Arbeitsmangel oder bedingter Tauglichkeit nicht beschäftigt werden. Aber immerhin erarbeiteten die Strafgefangenen im Jahr 1958 einen Gesamtwert von 483 Millionen DDR-Mark.[447]

Mit der Einsetzung des neuen Anstaltsleiters in der Strafvollzugsanstalt Brandenburg, Major der VP Fritz Ackermann, im Jahre 1958 erhielt die Arbeit der Straf-

---

445 Vgl. auch Uwe Bastian/Hildigund Neubert, Schamlos ausgebeutet. Das System der Haftzwangsarbeit politischer Gefangener des SED-Staates, hrsg. v. Bürgerbüro e. V., Berlin 2003, S. 67.
446 Vgl. Finanzrevision in der StVE Brandenburg vom 26. 2. 1959, BArchB, DO 1/11.0/3517, S. 9.
447 Vgl. Jahresbericht 1958 vom 19. 1. 1959, BArchB, DO 1/11.0/1474, Bl. 187.

gefangenen in den so genannten Arbeitseinsatzbetrieben (AEB) hohe Priorität. Unter dem Schlagwort „Erziehung durch Arbeit"[448] versuchte man die Ausbeutung der Arbeitskraft zu verschleiern. Nicht nur, dass die Betriebe von den billigen Arbeitskräften profitierten, auch die Haftanstalt konnte damit ihre Einnahmesituation verbessern. So standen 1958 laut Haushaltsplan den Ausgaben der Anstalt von 99,2 Prozent bereits Einnahmen von 109,0 Prozent gegenüber, die durch die Erweiterung des Arbeitseinsatzes der Strafgefangenen möglich geworden waren.[449] Kein Wunder also, wenn die Haftanstalten selbst ein ausgeprägtes Interesse an der Ausnutzung der Arbeitskraft der Strafgefangenen entwickelten.

Gleichzeitig versuchte man, den Produktionsprozess in der Haftanstalt wie in einem normalen Betrieb zu organisieren. So wurden Wettbewerbe zur Planerfüllung zwischen den einzelnen Brigaden geführt, der Plan sollte für jeden Strafgefangenen aufgeschlüsselt werden, so genannte Höchstleistungsschichten waren zu absolvieren, Maschinen waren in persönliche Pflege zu nehmen und in der Tischlerei sollte nach der so genannten Mamai-Methode gearbeitet werden.[450] Wie in den Volkseigenen Betrieben üblich, wollte man auch im Zuchthaus auf diese Weise die Arbeitsproduktivität steigern. Der Zugriff auf die von außen nicht kontrollierbare Gefangenenarbeit sicherte den Volkseigenen Betrieben häufig ihre Planerfüllung, nicht zuletzt deshalb, weil sich die Normen von denen in den Stammbetrieben unterschieden. Die Festsetzung der Normen blieb für die Gefangenen undurchsichtig. Nach Bekunden der Abteilung Strafvollzug der BDVP sollte in Fragen der Normen, Prämien usw. keine Gleichsetzung mit den „freien Arbeitern" erfolgen.[451] So wurden beispielsweise ab 1957 die Normen in einzelnen Arbeitseinsatzbetrieben ständig erhöht, was in der Konsequenz zu einem geringeren Verdienst führte. Der ehemalige Strafgefangene Hübner berichtet, dass bei gleicher Arbeitsleistung in der Tischlerei des Burger Holzverarbeitungswerkes durch die Normerhöhung der Geldwert der Arbeit pro hundert Stück gefertigter Produkte um etwa 35 Prozent sank. Gegenüber den Gefangenen wurden die höheren Normen im Vergleich zu den „freien Arbeitern" damit begründet, dass sie sich ja um nichts weiter als die Arbeit zu kümmern hätten und frei von familiären Verpflichtungen seien.[452] Hinzu kam, dass die Häftlinge häufig zu Überstunden angehalten wurden, vor allem, wenn die Planerfüllung der VEB ins Wanken geriet. Nicht selten erhielten die Strafgefangenen für diese Überstunden keine Bezahlung, wogegen sie sich nicht entsprechend wehren konnten. Manchmal mussten sie sogar mehrere Sonntage

---

448 Vgl. Die gemeinsame produktive Arbeit, das Kernstück der Erziehung im Strafvollzug, hrsg. von der Hauptverwaltung Deutsche Volkspolizei, Verwaltung Strafvollzug, Berlin 1961.
449 Vgl. Finanzrevision in der StVE Brandenburg vom 26. 2. 1959, BArchB, Do 1/11.0/3517, S. 2.
450 Halbjahresbericht 1958 vom 29. 7. 1958, BLHA, Rep. 404/15/117, Bl. 86.
451 BDVP, Die Lage im Strafvollzug, vom 25. 8. 1958, BLHA, Rep. 404/15/117, Bl. 90.
452 Haftbericht Dietrich Hübner, S. 16.

hintereinander arbeiten, ohne dass sie dafür entsprechend vergütet wurden. Urlaub erhielten sie nie. Das Resultat waren Erschöpfungszustände oder Magen-Darm- sowie Herz-Kreislauferkrankungen.[453]

Um die vorhandenen Produktionsanlagen effektiv auszunutzen, wurde in vielen Arbeitseinsatzbereichen Schichtarbeit eingeführt. Bereits Ende 1950 arbeiteten die Strafgefangenen in der Tischlerei im 2-Schichtsystem.[454] Auch die Schneiderei des Burger Bekleidungswerkes ging aufgrund des Arbeitsanfalls alsbald zum Schichtsystem über. Für die Uniformen bestand hohe Nachfrage. Horst Härtel erinnert sich, dass sie neun Monate hintereinander in Nachtschichten gearbeitet haben, weil sie die Uniformen für die noch zu gründende Nationale Volksarmee schneiderten. Tagsüber schliefen sie über den Werkstätten, in denen aber auch am Tag gearbeitet wurde. 140 Industriemaschinen hätten so gerattert, dass man kaum schlafen konnte. Aber nach einiger Zeit gewöhnten sich die Strafgefangenen auch daran – mit den entsprechenden gesundheitlichen Folgen.[455]

Auch wenn die Gefangenenarbeit volkswirtschaftlich immer bedeutsamer wurde, räumte man dem Sicherheitsgedanken oberste Priorität ein. Lieber wollte man „aus Sicherheitsgründen" auf einen Spezialisten oder Facharbeiter in der Produktion verzichten und diesen durch einen ungelernten Arbeiter ersetzen, auch wenn dadurch Verluste entstanden.[456] Diese Prämisse befolgte man z. B. bei Georg Rabach, den man wie bereits erwähnt aus der Lohnbuchhaltung in der Tischlerei ablöste, weil bei ihm Bibeltexte gefunden worden waren. Da Rabach im zivilen Beruf Hauptbuchhalter war, lief die Arbeit dort perfekt, er brachte seine Erfahrungen ein, sodass die Lohn- und Haushaltsabrechnungen insgesamt rationalisiert werden konnten. Das wurde auch von den Vorgesetzten anerkannt. Aber es half nichts, die Bibeltexte der Zeugen Jehovas schienen zu gefährlich zu sein, als dass man darüber hätte hinwegsehen können. Georg Rabach kam in den Arrest und wurde danach auch nicht mehr für diese Tätigkeit eingesetzt.[457]

Der gleichen Logik folgend wurde ab der 2. Hälfte der 50er-Jahre im Strafvollzug damit begonnen, politische Gefangene aus Funktionen in den Arbeitseinsatzbetrieben abzulösen. In der StVA Brandenburg wurde dieser Prozess bereits 1957 eingeleitet.[458]

---

453 Haftbericht K.-H. F., Oktober 1968, S. 14, im Besitz der Verf. Der Haftbericht wurde der Verf. von Karl Wilhelm Fricke dankenswerterweise zur Verfügung gestellt.
454 Auszug aus dem Stenogramm über die am 15. 11. 1950 stattgefundene Sekretariats-Sitzung der SED-Betriebsgruppe in der Strafanstalt Brandenburg, vom 6. 11. 1950, BLHA, Rep. 203, VP, 311, Bl. 299.
455 Interview Horst Härtel, S. 7.
456 Vgl. Rede des Abteilungsleiters des SV, Major Schmidt, auf der Tagung der Leiter der SV-Dienststellen und Parteisekretäre, vom 2. 10. 1959, BLHA, Rep. 404/15/118, Bl. 274.
457 Interview Georg Rabach, S. 12 ff.
458 Haftbericht K.-H. F., Oktober 1968.

Auf einer Tagung der Leiter der Strafvollzugsanstalten hieß es: „Auch beim Einsatz von Strafgefangenen in verantwortlichen Funktionen, wie Brigadier und anderen Spezialisten muß man sich vom Klassenstandpunkt leiten lassen und nicht die Kräfte einsetzen, die schon durch ihr ganzes Leben bewiesen, dass sie der Arbeiterklasse fremd gegenüberstehen."[459] Dadurch wollte man auch verhindern, dass politische Häftlinge größere Einblicke in das Produktionssystem der Haftanstalt erhielten. Im Oktober 1959 konnte die Leitung der StVA melden, dass sämtliche Strafgefangene, die nach Artikel 6 verurteilt worden waren, aus den Schlüsselpositionen entfernt seien.[460] Diese Maßnahme ließ sich deshalb realisieren, weil zunehmend kriminelle Gefangene in das Zuchthaus eingewiesen wurden, die diese Funktionen übernahmen. Die Gefangenenstruktur veränderte sich.

---

[459] Diskussionsbeitrag für die Tagung in der StVA Hoheneck vom 21. 2. 1956, BLHA, Rep. 404/15/118, Bl. 48.
[460] Lagebericht für den Monat September 1959, vom 5. 10. 1959, BLHA, Rep. 404/15/117, Bl. 148.

II. Erziehen statt Ausschließen:
Anfang der 60er- bis Anfang der 70er-Jahre

1. Die Prinzipien des Strafvollzugs in der geschlossenen Gesellschaft

Der Mauerbau 1961 bildete wie für die Gesellschaft insgesamt, so auch für den Strafvollzug eine entscheidende Zäsur. Unter den politischen Häftlingen in den DDR-Gefängnissen machte sich Hoffnungslosigkeit breit. Das Gefühl des Eingesperrtseins bezog sich nicht mehr allein auf die Gefängnismauern, sondern ein Entkommen aus dem ungeliebten Staat schien ein für allemal unmöglich. Immer wieder hatten politische Häftlinge in Brandenburg-Görden gehofft, die Verhandlungen der Außenminister in Genf 1959 oder die Erörterungen über einen Abschluss eines Friedensvertrags zwischen der Bundesrepublik und der DDR würden ihre Entlassung aus dem Strafvollzug nach sich ziehen. Schließlich erwarteten sie, dass zumindest der 10. Jahrestag der Gründung der DDR 1959 ihnen die Freiheit bringen würde.[1] Monat für Monat kursierten Gerüchte, inwieweit die SED zu Zugeständnissen bereit wäre und in welcher Weise die Westmächte ihren Verhandlungsdruck erhöhen könnten.

Aber alle Hoffnungen wurden enttäuscht. Zwar erließ der Staatsrat zum 4. Oktober 1960 einen Gnadenakt, der sich aber vor allem auf Strafgefangene mit einem Strafmaß bis zu drei Jahren erstreckte. Solch geringe Urteile waren jedoch bei politischen Gefangenen die Ausnahme. Allerdings konnten Häftlinge, die zwei Drittel ihrer Haftzeit verbüßt hatten, amnestiert werden. Von den immerhin 15 621 entlassenen Häftlingen waren ca. ein Fünftel Gefangene, die wegen „Verbrechen gegen den Staat und die Tätigkeit seiner Organe" verurteilt worden waren.[2] Aus der Strafvollzugsanstalt Brandenburg fielen 381 unter die Amnestie.[3]

Begründet wurde der Gnadenerweis mit der weiteren Festigung der sozialistischen Gesellschaftsordnung. „In steigendem Maße werden die Reste des egoistischen, menschenfeindlichen Denkens und Handelns aus der kapitalistischen Zeit überwunden und es entwickeln sich neue, sozialistische Beziehungen der Menschen. Durch diese Entwicklung wird dem Verbrechen und Vergehen gegen die Gesetze immer mehr der

---

1   Vgl. die monatlichen Lageberichte der BDVP Potsdam, Abteilung Strafvollzug, für die Monate Februar bis November 1959, BLHA, Rep. 404/15/117.
2   Vgl. Abschlussbericht über die Durchführung des Beschlusses des Staatsrats der Deutschen Demokratischen Republik über die Gewährung von Straferlass durch Gnadenerweis vom 1. 10. 1960, 9. 12. 1960, BArchB, DO 1/3788, S. 9.
3   Gefangenenstatistik vom 31. 10.–31. 12. 1960, BLHA, Rep. 404/15/1/709, Bl. 52. Etwa die Hälfte waren politische Gefangene.

Boden entzogen und die bewußte Einhaltung der sozialistischen Gesetzlichkeit gefördert."[4] Der tiefere Grund indes war wohl, dass die Gefangenenzahlen enorm hoch und die Strafvollzugsanstalten völlig überfüllt waren, weshalb nur eine Amnestie Entlastung schaffen konnte. Dafür spricht, dass diese Amnestie zu dem weniger bedeutenden „Höhepunkt", wie es der 10. Jahrestag der DDR gewesen wäre, verkündet wurde.[5] Wie wenig die sozialistische Gesellschaft gefestigt war, sollte sich kurze Zeit später mit dem Mauerbau zeigen.

Bereits im Vorfeld hatte die SED-Führung versucht, an den „guten Willen" der Bürger zu appellieren, um sie für den Aufbau der neuen Ordnung zu gewinnen. Allmählich hatte sich bei den Herrschenden die Erkenntnis durchgesetzt, dass sich allein auf Terror keine neue Gesellschaft gründen ließ. Verheißungen eines baldigen wirtschaftlichen Wohlstandes sollten die Bürger der DDR an den SED-Staat binden. Bis 1961 wollte man die Bundesrepublik ökonomisch „überholen ohne einzuholen". Der Pro-Kopf-Verbrauch an allen wichtigen Lebensmitteln und Konsumgütern sollte höher liegen als in Westdeutschland.[6] Zudem hatte der V. Parteitag der SED das Ziel formuliert, die Erziehung des „neuen Menschen" nach den „10 Grundsätzen der sozialistischen Moral" fortan in den Mittelpunkt ihrer Politik zu stellen.

Auch in der Strafrechtspolitik kehrte 1960 eine leichte Entspannung ein, indem die Staatsanwälte und Richter zu einer gewissen Zurückhaltung in der Strafpraxis angemahnt wurden. Mit dem „Beschluß des Staatsrates der DDR über die weitere Entwicklung der Rechtspflege" vom 30. Januar 1961 wollte man stärker auf die „komplizierte Bewusstseinsentwicklung" des Einzelnen Rücksicht nehmen, sodass strafbare Handlungen differenzierter zu beurteilen seien.[7] Nicht in jedem Fall sei eine strafrechtliche Verfolgung angebracht, oftmals würden schon eine bedingte Verurteilung oder ein öffentlicher Tadel genügen. Die Straftatbestände sollten demzufolge individuell beurteilt werden.

Von dieser Entwicklung blieb auch der Strafvollzug nicht unberührt. So sollte in der Strafvollzugspolitik nunmehr nach „antagonistischen und nichtantagonistischen Widersprüchen, die den Verbrechen zugrunde liegen", unterschieden werden,[8] woraus ein differenziertes Handeln abzuleiten sei. Diese neue Leitlinie der stärkeren Differenzierung führte im Strafvollzug u. a. zur Einteilung in vier Kategorien von Gefangenen,

---

4   Zentrale Kommission Gnadenerweis des Ministeriums der Justiz, der Obersten Staatsanwaltschaft und des Ministerium des Innern vom 9. 12. 1960, S. 1, BArchB, DO 1/3788.
5   Im September 1960, kurz vor der Amnestie, betrug die Gesamtzahl 35 160 Gefangene, davon 29 046 Strafgefangene. Statistischer Jahresbericht der Verwaltung Strafvollzug 1960 vom 15. 3. 1961, S. 4, BArchB, DO 1/3768.
6   Vgl. V. Parteitag der SED, Juli 1958, in: Dokumente der SED, Bd. VII, Berlin (Ost) 1961, S. 259.
7   Vgl. dazu Werkentin, Politische Strafjustiz in der Ära Ulbricht, S. 225 ff.
8   Thesen über die Grundfragen des Strafvollzuges in der Deutschen Demokratischen Republik vom 7. 8. 1959, SAPMO-BArchB, DY 30/IV 2/12/97, Bl. 146.

die in die dafür vorgesehenen Haftanstalten mit entsprechender Klassifizierung eingewiesen wurden.[9] Das Verfahren erwies sich jedoch in der Praxis als viel zu kompliziert, weshalb man es bald darauf korrigierte und auf drei Kategorien reduzierte.

Neben der Isolierung der Strafgefangenen, ihrer strengen Aufsicht und Kontrolle hatte nun „der Staat in Gestalt des Strafvollzuges während der Strafhaft jede Möglichkeit [zu nutzen], im positiven Sinne auf den Strafgefangenen einzuwirken, um diesen zu einem der sozialistischen Gesellschaft entsprechenden Verhalten zu erziehen".[10] Die 1960 vom MdI formulierten „Grundfragen des Strafvollzuges" markierten nicht nur eine Wende hin zur Differenzierung des Strafvollzugs, sondern betonten auch dessen Erziehungsaufgabe, die insgesamt ein größeres Gewicht erhalten sollte. Die Erziehung hatte dementsprechend auf drei Säulen zu basieren: Ordnung und Disziplin, gemeinsame produktive Arbeit sowie politisch-kulturelle Erziehungsarbeit.[11] Fortan sollten VP-Angehörige für die Erziehungsarbeit mit den Strafgefangenen geschult und ausgebildet werden. Dies stellte ein enormes Problem dar, war doch nach eigener Einschätzung deren niedriges Bildungsniveau wenig für eine solche Aufgabe geeignet.[12] Gleichzeitig sollten – basierend auf individuellen Erziehungsgesprächen mit den Strafgefangenen – so genannte Erziehungsakten angelegt werden, um deren Bewusstseinsstand und Entwicklung im und durch den Strafvollzug zu dokumentieren.[13]

Trotz dieser Veränderungen und einer scheinbaren Liberalisierung der DDR-Gesellschaft blieb die Stimmung in der Bevölkerung schlecht. Statt der versprochenen Verbesserung der Lebensbedingungen spitzten sich die wirtschaftlichen Schwierigkeiten zu. Der als „Sieg des sozialistischen Frühlings auf dem Lande" verkaufte Abschluss der Kollektivierung der Landwirtschaft wuchs sich zu einer enormen Versorgungskrise aus. Die Fluchtbewegung in den Westen erreichte Mitte 1961 einen weiteren

---

9   Danach war die Kategorie I für erstbestrafte Gefängnis-Verurteilte mit einem Strafmaß bis zu drei Jahren sowie erstbestrafte Zuchthaus-Verurteilte bis unter zwei Jahren vorgesehen. Die Kategorie II bezog sich auf alle nicht in Kategorie I erfasste Gefängnis-Verurteilte bis zu zwei Vorstrafen sowie Zuchthaus-Verurteilte bis unter drei Jahren Strafmaß und bis zu zwei Vorstrafen. Die Kategorie III war für Gefängnis-Verurteilte mit drei und mehr Vorstrafen und Zuchthaus-Verurteilte unter drei Jahren Strafmaß mit drei und mehr Vorstrafen vorgesehen. Die Kategorie IV bezog sich auf Zuchthaus-Verurteilte mit einem Strafmaß von drei und mehr Jahren sowie mehrmals Vorbestrafte. Vgl. VSV: Disposition für die Dienstversammlung am 11. 7. 1960 vom 7. 7. 1960, BArchB, DO 1/11.0/1460, Bl. 291.
10 Thesen über die Grundfragen des Strafvollzuges in der Deutschen Demokratischen Republik vom 7. 8. 1959, SAPMO-BArchB, DY 30/IV 2/12/97, Bl. 156.
11 Ebenda, Bl. 160.
12 VSV, Lageeinschätzung vom 30.9. 1960, BArchB, DO 1/11.0/1476, Bl. 122.
13 Diese Erziehungsakten lösten die bisherigen Führungsberichte ab, in denen ebenfalls eine Einschätzung der Person des Strafgefangenen vorgenommen, sein Verhalten im Strafvollzug sowie seine politische Überzeugung bewertet worden waren. Vgl. dazu auch: Verwaltung Strafvollzug, Betr. Anfertigung von Führungsberichten über Strafgefangene vom 10. 1. 1957, BArchB, DO 1/11.0/1460, Bl. 61 f.

Höhepunkt.¹⁴ Den Ausweg sahen die Herrschenden in der Schließung der Grenze. Nach Auffassung der SED-Führung sollte sich die sozialistische Gesellschaft nunmehr auf ihren eigenen Grundlagen und ohne permanentes „Störfeuer" seitens des „Klassengegners" entwickeln. Dazu leitete sie erst einmal eine neue Phase der politischen Verfolgung ein, die sich vor allem gegen diejenigen richtete, die sich mit der Existenz des eingemauerten Staates nicht abfinden wollten. Gleichzeitig sollte auf diese Weise die Disziplinierung der übrigen Bevölkerung erreicht werden. Allein zwischen dem 1. und 2. Halbjahr 1961 stiegen die Verurteilungen wegen Staatsverbrechen von 1 521 auf 7 200, wegen Staatsverleumdung (§ 20 StEG) von 904 auf 4 566 und die wegen des Verstoßes gegen das Passgesetz von 2 017 auf 6 531 an. Insgesamt produzierte die DDR-Justiz allein bis Ende 1961 18 297 neue Fälle von politischen Verurteilungen.¹⁵ Darunter befand sich eine große Anzahl von versuchter Republikflucht. Die Gefängnisse füllten sich in kürzester Zeit. Im Laufe des Jahres 1961 hatten die Strafvollzugsanstalten insgesamt 37 948 Neuzugänge aufzunehmen.¹⁶ Hinsichtlich der Zusammensetzung der Häftlinge machte die Deliktgruppe „Verbrechen gegen die DDR" den größten Anteil aus.¹⁷

Im April 1962 war die Zahl der Strafgefangenen trotz der regulären Entlassungen wieder auf 35 494 angestiegen.¹⁸ Angesichts der Überfüllung der Haftanstalten sah sich das Politbüro der SED gezwungen, erneut eine Entlassungsaktion vorzunehmen, bei der verstärkt der § 346 der Strafprozessordnung (bedingte Strafaussetzung mit Bewährungsfrist) Anwendung finden sollte. Am 17. April 1962 verabschiedete das Politbüro eine „Vorlage zur Durchsetzung des Staatsratsbeschlusses über die weitere Entwicklung der Rechtspflege", der die Entlassung von 15 758 Strafgefangenen (45 Prozent aller Strafhäftlinge) zur Folge hatte. Davon war die Mehrzahl wegen politischer Delikte verurteilt worden.¹⁹

Obwohl danach eine Entspannung im Gefangenenbestand eintrat, der sich bis Ende 1962 auf 19 671 Strafgefangene reduzierte,²⁰ blieb der Anteil der politisch Verurteilten nach wie vor hoch. Im Durchschnitt des Jahres 1962 lagen die Verurteilungen wegen „Verbrechen gegen die DDR" bei 31,3 Prozent, die „Verbrechen nach § 20 StEG" bei 5,5 Prozent, die „Verbrechen gegen die Tätigkeit der Staatsorgane und gegen die allgemeine Sicherheit" bei 17,2 Prozent. Diese Deliktgruppen machten

---

14 1960 flüchteten erneut 199 188 Bürger der DDR in den Westen. Vom 1. 1. bis zum 13. 8. 1961 waren es allein 159 730 Personen. Vgl. Weber, DDR, S. 304 f.
15 Vgl. Werkentin, Politische Strafjustiz in der Ära Ulbricht, S. 248.
16 Statistischer Jahresbericht der Verwaltung Strafvollzug 1961 vom 5. 6. 1962, S. 4, BArchB, DO 1/3768.
17 Der Anteil betrug 28,2 Prozent. Ebenda, S. 5.
18 Statistischer Jahresbericht der Verwaltung Strafvollzug für 1962 vom 1. 3. 1963, BArchB, DO 1/3768, S. 2a.
19 Werkentin, Politische Strafjustiz in der Ära Ulbricht, S. 355.

damit den höchsten Anteil der Verurteilungen (53,8 Prozent) aus.[21] Um dieser für das SED-Regime besorgniserregenden Entwicklung entgegenzuwirken, war vorübergehend eine gemäßigtere Behandlung von politischen Vergehen angesagt. Die SED-Führung lockerte erneut die Zügel.

In der Hoffnung, dass innerhalb geschlossener Grenzen ein freierer Umgang mit den Problemen der Gesellschaft möglich wäre und neue Wege beschritten werden könnten, hatten sich auf vielen Gebieten die Spielräume erweitert. In der Kultur erlaubte man sich einen kritischeren Umgang mit der DDR-Wirklichkeit. In der Wissenschaft übte man den demokratischen Meinungsstreit. In der Jugendpolitik gab es Ansätze eines weniger dogmatischen Umgangs mit den Bedürfnissen Jugendlicher. Auch in der Wirtschaftspolitik kam es zu Neuerungen, die in der 1963 beschlossenen Neuen Ökonomischen Politik (NÖP) ihren Niederschlag fanden und die den Betrieben eine größere Selbstständigkeit einräumten. Die Justiz proklamierte zum wiederholten Mal die Einhaltung der Gesetzlichkeit.

Dieser neue Kurs fand seinen Ausdruck in dem Rechtspflegeerlass des Staatsrates „über die grundsätzlichen Aufgaben und die Arbeitsweise der Organe der Rechtspflege" vom 4. April 1963. Der Rechtspflegeerlass, der Gesetzescharakter besaß, regelte die Struktur, Organisation und die Kompetenzen der Justizorgane mit dem Ziel, sie durchschaubarer und wirksamer zu machen. Er enthielt auch Aussagen zu den Aufgaben des Strafvollzugs und betonte dessen Erziehungsfunktion. Die Umerziehung sollte durch den Einsatz der Strafgefangenen zu gesellschaftlich-nützlicher Arbeit, durch die Anwendung eines „differenzierten Systems der materiellen Interessiertheit" zur Festigung von Arbeitsdisziplin und Arbeitsmoral, durch Berufsausbildung und Qualifizierung sowie durch „vielfältige und differenzierte Formen der politisch-kulturellen Einwirkung" erreicht werden.[22] Regelmäßig war zu prüfen, ob das Ziel des Strafvollzuges – die Umerziehung – erreicht worden sei. In diesem Sinne erhielt der Rechtspflegeerlass zugleich Festlegungen für die Wiedereingliederung der aus der Haft Entlassenen in die sozialistische Gesellschaft.

Wie für die Justiz verkündete der Rechtspflegeerlass auch für den Strafvollzug die Einhaltung der Gesetzlichkeit, definierte jedoch keine rechtlichen Regelungen für die Strafgefangenen, weshalb die Durchführung im Nebulösen blieb. Gleichzeitig fasste er die Kategorien für den Strafvollzug neu und in umgekehrter Reihenfolge. Denn das bisherige differenzierte System der Kategorisierung hatte dazu geführt, dass ständig

---

20 Vgl. Statistischer Jahresbericht der Verwaltung Strafvollzug 1962 vom 1. 3. 1963, BArchB, DO 1/3768, S. 2 a.
21 Ebenda, S. 15 a.
22 Vgl. Erlass des Staatsrates der Deutschen Demokratischen Republik über die grundsätzlichen Aufgaben und die Arbeitsweise der Organe der Rechtspflege vom 4. April 1963, GBl. Teil I Nr. 3 vom 25. 4. 1963, S. 42.

Gefangenentransporte unterwegs waren, was aus der Sicht der Bediensteten den Strafvollzugsablauf enorm belastete. So wurden allein im Jahr 1961 ca. 82 000 Verlegungen von Gefangenen durchgeführt.[23] Im Zusammenhang mit dem Rechtspflegeerlass des Staatsrates von April 1963 mit Wirkung zum 1. 1. 1964 wurde daher dieses System vereinfacht und auf drei Kategorien reduziert.

Danach war die Kategorie I für Strafgefangene vorgesehen, „die wegen der Schwere ihrer friedens- und staatsfeindlichen Handlung zu einer Freiheitsstrafe von 3 Jahren und mehr verurteilt worden" waren sowie wegen anderer Straftaten mehr als 5 Jahre verbüßen mussten. Die Kategorie II bezog sich auf „Strafgefangene, die aus einer feindlichen Einstellung Straftaten gegen die Arbeiter- und Bauern-Macht, ihre Organe oder Funktionäre begangen haben und zu Freiheitsstrafen bis zu 3 Jahren verurteilt worden sind", sowie Strafgefangene anderer Deliktgruppen mit Strafen zwischen zwei bis fünf Jahren. Die Kategorie III war für weniger schwere Straftaten vorgesehen.[24] Bezeichnend ist, dass die politischen Straftaten jeweils an erster Stelle angeführt wurden und daher schwerer wogen als die kriminellen Verbrechen. Die Strafvollzugsanstalt Brandenburg war fortan in erster Linie für die erste, in minderem Maße für die zweite Kategorie zuständig.

In diese Entwicklung der Bekräftigung der Rechtsstaatlichkeit und eines insgesamt gelockerten politischen Kurses reihte sich auch der Amnestieerlass vom 2. Oktober 1964 ein, der als Geste der Entspannung an die Bevölkerung gedacht war. Die sozialistische Gesellschaft habe sich in der DDR so weit gefestigt, dass die Entwicklung dem Staatsrat der DDR erlaube, zum 15. Jahrestag der Gründung der DDR eine Amnestie zu erlassen.[25] Die Amnestie erstreckte sich auch auf jene, die vor dem 13. August 1961 Straftaten gegen die DDR begangen hatten. Deren Strafe konnte herabgesetzt werden, was in vielen Fällen einer Entlassung gleichkam. Ausgeschlossen waren aber Personen, die „im Dienste der imperialistischen Geheimdienste und Agentenor-ganisationen besonders schwerwiegende Verbrechen" gegen die DDR begangen hätten.[26] Entlassen wurden 7680 Strafhäftlinge, davon 1485 Gefangene, die wegen Verbrechen gegen den Staat, seine Organe und die allgemeine Sicherheit verurteilt worden waren. Darunter befand sich wiederum ein großer Teil, deren Fluchtversuch misslungen war.[27]

Wie schon in der Vergangenheit währte dieser scheinbare Entspannungskurs nur kurz. Die größere Freizügigkeit in Kultur, Wissenschaft, Jugendpolitik und Wirtschaft ging der SED-Führung zu weit. Die Entwicklungen schienen sich ihrer Kontrolle zu entziehen und ihr Machtmonopol in Frage zu stellen. Sie sah ihren Herrschaftsan-

---

23 Statistischer Jahresbericht der Verwaltung Strafvollzug für 1961 vom 5. 6. 1962, BArchB, DO 1/3768, S. 4.
24 Ebenda.
25 Vgl. Amnestieerlass des Staatsrates der DDR vom 3. 10. 1964, Gbl. Teil I, Nr. 13, S. 135.
26 Ebenda, S. 136.
27 Werkentin, Politische Strafjustiz in der Ära Ulbricht, S. 358.

spruch bedroht. Zudem hatte sich die Stimmung in der Bevölkerung seit dem Mauerbau nicht grundlegend gewandelt. Der Lebensstandard war nicht in dem gewünschten Maße gestiegen, der Abstand zur Bundesrepublik, die bereits eine 5-Tage-Arbeitswoche eingeführt hatte, nicht verkleinert worden. Die z. T. öffentlich bekundete Unzufriedenheit der Bevölkerung mit den gesellschaftlichen Zuständen ließ bei der SED-Führung die Alarmglocken schrillen. Angesichts dieser Entwicklungen schlug sie eine härtere Gangart ein und ging erneut auf Konfrontationskurs.

Den Auftakt bildete dabei das so genannte Kahlschlag-Plenum des ZK der SED, das mit den vorgepreschten kritischen DDR-Künstlern abrechnete.[28] Es folgte eine harte Auseinandersetzung mit den sich in der Gesellschaft angeblich ausbreitenden „schädlichen Liberalisierungstendenzen".[29] Diese erneute politische Wende spiegelte sich nicht zuletzt in der Strafjustiz sowie in den Häftlingszahlen wider, die schon ein Jahr später wieder den Stand der Zeit vor der letzten Amnestie erreichten.[30] Ins Visier der Strafverfolgung geriet nun vor allem eine aufbegehrende Jugend, die sich an der westlichen Kultur orientierte, Bevormundungen der greisen Staatsführung ablehnte und sich ihre Lebensweise nicht vorschreiben lassen wollte. Viele von ihnen wurden von der Staatsmacht unter dem Verdikt des Rowdytums und der Asozialität vor Gericht gestellt und mit den entsprechenden Paragrafen belegt.[31] Für 1965 mussten die Rechtspflegeorgane daher resümieren, dass „Gewaltverbrechen, Rowdyexzesse, Zusammenrottungen und ähnliche Gruppendelikte in diesem Jahr stärker in Erscheinung treten als in den vergangenen Jahren" und „dementsprechend die Zahl der ausgesprochenen Freiheitsstrafen im Vergleich zum Vorjahr wesentlich höher liegt".[32] Die Verhaftungen wegen Widerstandes gegen die Staatsgewalt, Staatsverleumdung sowie staatsgefährdender Hetze und Propaganda seien im Vergleich zum Vorjahr auf das Zwei- bis Zweieinhalbfache angestiegen. Diese Zunahme beruhe darauf, dass gegen „grobe Ausschreitungen, Provokationen und Exzesse" entschiedener vorgegangen worden sei.[33]

28 Gemeint ist das 11. Plenum des ZK der SED vom 15.–18. Dezember 1965. Vgl. dazu ausführlich: Günter Agde (Hrsg.), Kahlschlag. Das 11. Plenum des ZK der SED 1965, Berlin 1991.
29 Auch in der Wirtschaftspolitik erfolgte eine Rücknahme des Reformkurses der Neuen Ökonomischen Politik (NÖP), die den Betrieben eine größere Eigenständigkeit zugesprochen hatte und sich damit dem zentralen Führungsanspruch der SED zu entziehen drohte.
30 Die Zahl der Strafgefangenen stieg zum Ende des Jahres 1965 erneut auf 18 058 Personen an. Vgl. Informationsbericht der Verwaltung Strafvollzug für das Jahr 1965 vom 7. 2. 1966, S. 1, BArchB, DO 1/3780.
31 Vgl. ausführlich zu dieser Problematik Thomas Lindenberger, Volkspolizei. Herrschaftspraxis und öffentliche Ordnung im SED-Staat 1952–1968, Köln 2003, insbes. Kap. 9: Aufklären – liquidieren – erziehen. Volkspolizei und „Rowdytum", 1956–1969, S. 367–422.
32 Stellungnahme der Abt. Staats- und Rechtsfragen zum gemeinsamen Bericht der Rechtspflegeorgane über die Entwicklung der Kriminalität in der Zeit vom 1. 1. bis 30. 9. 1965, BArch, DY 30/IV A 2/13/205, Bl. 139.
33 Analyse der Entwicklung der Kriminalität im Jahre 1965, SAPMO-BArch, DY 30/IV A 2/13/205, Bl. 148.

Fortan begannen die Zahl der Haftarbeitslager, die man 1961 eingeführt hatte, sowie die Einweisung in dieselben enorm anzuwachsen. Sowohl in den Haftarbeitslagern als auch im normalen Strafvollzug sollte die widerspenstige Jugend durch harte Arbeit diszipliniert und umerzogen werden, um sie – so die Hoffnung – entsprechend geläutert in die sozialistische Gesellschaft integrieren zu können. Viele, die für sich den Ausweg einer Flucht über die Grenze wählten, wurden hart bestraft und landeten in den Strafvollzugsanstalten. Insgesamt dominierte nun das Delikt der Republikflucht die politischen Verurteilungen. 1965 wurde in einer Analyse festgestellt, dass „die Hälfte aller Strafrechtsverletzer" junge Bürger seien, die das 25. Lebensjahr noch nicht vollendet hätten.[34] Da die Staatsmacht der kriminellen Vergehen nicht Herr wurde und die „Anerziehung" sozialistischer Moralvorstellungen ohne Erfolg blieb, wuchs die Zahl der Häftlinge stetig an. Offenbar zog auch in der Verwaltung Strafvollzug Realismus bzw. Resignation ein, da man perspektivisch einen durchschnittlichen Gefangenenbestand von 25 000 Personen jährlich kalkulierte. Daraus erwuchs ein zusätzlicher Bedarf an Verwahrplätzen, der durch Erweiterungen von Haftraumkapazitäten in den Strafvollzugsanstalten geschaffen werden sollte. Dazu gehörte auch die StVE Brandenburg mit geplanten zusätzlichen 250 Haftplätzen.[35]

In den 60er-Jahren ging allerdings die Zahl der Verurteilungen wegen Staatsverbrechen im Vergleich zu den 50er-Jahren zurück.[36] Dies lag einerseits darin begründet, dass die alten Gegner des SED-Staates, die aus der Sozialdemokratie oder den bürgerlichen Parteien stammten bzw. ihnen nahe standen, inzwischen durch den Justizterror der 50er-Jahre endgültig ausgeschaltet worden waren. Andererseits begann ein sukzessives Umschwenken auf ein präventives System der Repression, das als Aufgabenfeld dem Ministerium für Staatssicherheit zugewiesen wurde. Es entwickelte ein differenziertes Sanktionssystem außerhalb der strafrechtlichen Verfolgung, auch wenn der extensive Ausbau und die flächendeckende Überwachung politisch auffälliger oder missliebiger Bürger zwecks Disziplinierung und Einschüchterung erst mit dem Machtantritt Honeckers erfolgten. So kamen ab Mitte der 60er-Jahre immer weniger politische Delikte zur Anklage, wodurch sich die Zahl der politischen Verurteilungen bis Anfang der 70er-Jahre um fast zwei Drittel reduzierte.[37]

Nunmehr war jede politische Straftat differenziert zu betrachten, gleichwohl sollte sie konsequent geahndet werden. Um nicht eine neue Opposition entstehen zu lassen, unterband der SED-Staat daher jegliche Anfänge durch seine Verurteilungs- und

---

34 Ebenda, Bl. 146.
35 VSV, Maßnahmen zur materiellen und personellen Sicherstellung der Aufgaben des Strafvollzugs entsprechend der neuen Strafgesetzgebung vom 20. 12. 1967, S. 5, BArchB, DO 1/3788.
36 Vgl. Raschka, Justizpolitik, Tabelle II, S. 316.
37 Lag die Zahl der politischen Verurteilungen (einschließlich ungesetzlicher Grenzübertritt) 1962 bei 14 698, so reduzierte sich diese 1972 auf 4173. Berechnet nach den Angaben von Raschka, Justizpolitik, Tabelle I, S. 314.

Strafvollzugspraxis, dabei auf eine abschreckende Wirkung setzend. Deshalb blieb trotz verschiedener Erleichterungen im Vergleich zu den 50er-Jahren Jahren der Strafvollzug nach wie vor von Härte geprägt. Allerdings hatte jetzt die Umerziehung der Gefangenen als Aufgabe des Strafvollzuges im Vordergrund zu stehen. Der schon erwähnte Rechtspflegeerlass vom 4. April 1963 formulierte rechtsverbindlich neue strafpolitische Richtlinien, die diesem Ziel dienen sollten.

Der Erlass bildete zunächst auch die Grundlage für die am 1. März 1965 in Kraft getretene „Vorläufige Ordnung über die Durchführung des Strafvollzuges" (SVO), die bisherige interne Regelungen, Dienstvorschriften und Direktiven ersetzte. Bekräftigt wurde das Prinzip der Differenzierung in der Umerziehung der Strafgefangenen, dem die Einteilung in Strafvollzugskategorien zugrunde lag. In der Strafvollzugsordnung hieß es dazu: „Durch eine vom Strafzweck bestimmte, differenzierte Ordnung und Verhaltensregeln sowie kollektive, gesellschaftlich-nützliche Arbeit und kulturell erzieherische Einwirkung sind sie [die Strafgefangenen] zur Achtung der Gesetzlichkeit und zur Einhaltung der Regeln des gesellschaftlichen Zusammenlebens zu erziehen. Der Erziehungsprozeß ist durch ein sinnvolles System sich ergänzender, aufeinander abgestimmter, individuell differenzierter Erziehungsmaßnahmen zu fördern."[38]

Da das MdI Erscheinungen von Liberalisierung im Strafvollzug konstatierte, die sich infolge des Rechtspflegeerlasses ergeben hätten, nahm der Minister des Innern bereits ein Jahr später Änderungen an der Vorläufigen Strafvollzugsordnung vor. Dies war notwendig, „um Erscheinungen der Liberalisierung zu überwinden und eine größere Einheitlichkeit und Zielstrebigkeit bei der Umerziehung der Strafgefangenen zu erreichen".[39] Das bedeutete insgesamt wieder eine Verschärfung des Haftregimes, insbesondere für die Strafgefangenen der Kategorie I.

Die SVO galt bis zu dem von der Volkskammer verabschiedeten „Gesetz über den Vollzug der Strafen mit Freiheitsentzug und über die Wiedereingliederung Strafentlassener in das gesellschaftliche Leben" (SVWG) vom 12. Januar 1968. Mit dem SVWG war die erste gesetzliche Grundlage für den Strafvollzug geschaffen worden, die auf „die Durchsetzung der Ordnungs- und Verhaltensregeln, den Einsatz der Strafgefangenen zu gesellschaftlich nützlicher Arbeit, die staatsbürgerliche Erziehung und Bildung sowie die sinnvolle Anwendung von Anerkennungen und Disziplinarmaßnahmen" zielte.[40] Das umfangreiche Kapitel IV war der Erziehung im Strafvollzug in ihren verschiedenen Aspekten gewidmet. Gleichzeitig regelte das Gesetz die Pflichten

---

38 Zitiert in Dienstversammlung der StVA Brandenburg vom 14. 7. 1966: Auswertung der Tagung der VSV – Einschätzung der Lage im SV, BLHA, Rep. 404/15.1/693, Bl. 204.
39 Vgl. Bericht über die Lage im Strafvollzug, Vorlage für das Sekretariat des ZK der SED vom 26. 10. 1966, S. 1, SAPMO-BArch, DY 30/ J IV 2/3/ A 1390.
40 GBl. Teil I, Nr. 3, 1968, S. 109.

und Rechte der Strafgefangenen (in dieser Reihenfolge!), die so allgemein gehalten waren, dass sie sehr willkürlich ausgelegt werden konnten. Erneut wurde eine Veränderung in der Kategorisierung des Strafvollzugs vorgenommen, der sich nunmehr in die allgemeine, strenge und erleichterte Vollzugsart gliederte. An den Inhalten änderte sich jedoch damit nichts.[41]

Nicht nur das SVWG trat 1968 in Kraft, auch ein neues Strafrecht wurde der Öffentlichkeit präsentiert, das die politischen Delikte dezidierter und weiter fasste. Das Erste Kapitel definierte die „Verbrechen gegen die Souveränität der DDR, den Frieden, die Menschlichkeit und die Menschenrechte", das Zweite Kapitel die „Verbrechen gegen die DDR". Im Achten Kapitel schließlich wurden die „Straftaten gegen die staatliche Ordnung" behandelt. Das StGB stellte keinen Bruch zur vorangegangenen Rechtsprechung dar, sondern bewies in der Verfolgung politischer Straftaten Kontinuität. Die erst jetzt vorgenommene Beseitigung der bisherigen Unterscheidung von Zuchtaus- und Gefängnisstrafe bedeutete ebenfalls keinen Akt der Liberalisierung, sondern passte sich damit nur der Strafvollzugspraxis ein, die ein abgestuftes System von Vollzugsarten vorsah.

Das neue Strafrecht kam gerade zum „richtigen Zeitpunkt", um auf die gegen den Einmarsch des Warschauer Paktes in die CSSR Protestierenden angewandt zu werden. Wie hoch deren Anteil tatsächlich war, kann nicht genau belegt werden, da die Häftlingszahlen sich kaum änderten.[42] Allerdings wurde in einer Analyse der Verwaltung Strafvollzug darauf verwiesen, dass es im 2. Halbjahr 1968 zu einem größeren Neuzugang an Häftlingen kam, der nur dadurch kompensiert werden konnte, weil es im 1. Halbjahr zu einer verstärkten Anwendung des § 346 (bedingte Strafaussetzung) und infolgedessen zu zahlreichen Entlassungen kam. Gleichzeitig hatte sich der Gefangenenbestand in der strengen Vollzugsart mehr als verdoppelt.[43] Bis 1971 stiegen die Häftlingszahlen auf 36 122 an, davon waren 25 732 Strafgefangene, 4 516 mussten in den Arbeitslagern ihre Strafe verbüßen.[44]

Die Zahl der politisch Verurteilten nach dem 1. und 2. Kapitel StGB (Staatsverbrechen) ging allerdings von 706 im Jahre 1968 auf 414 im Jahre 1971 zurück. Verurteilungen wegen ungesetzlichen Grenzübertritts blieben mit weit über 3000 jedoch nahezu konstant.[45] Angestiegen war der Anteil der in die strenge Vollzugsart eingewiesenen Strafgefangenen, und zwar von 39,9 auf 48,4 Prozent.[46] Demgegenüber ver-

---

41 Vgl. ebenda, S. 111.
42 Vgl. Werkentin, Politische Strafjustiz in der Ära Ulbricht, S. 272.
43 Einschätzung der Wirksamkeit der gesetzlichen und weisungsmäßigen Bestimmungen über den Straf- und Untersuchungshaftvollzug vom 3. 7. 1969, S. 1, BArchB, DO 1/3785.
44 Vgl. Gefangenenstatistik, Bestand der Inhaftierten DDR-Gesamt, 1971, BArchB, DO 1/3708.
45 Vgl. Raschka, Justizpolitik, Tabelle II, S. 316.
46 Bericht über den Vollzug der Freiheitsstrafe und sich daraus ergebende Probleme ... vom 11. 9. 1972, S. 2, BArchB, DO 1/3785.

ringerte sich die Einweisung in die erleichterte Vollzugsart. Die Justiz versuchte, mit aller Härte durchzugreifen. Doch dem jugendlichen Protest bzw. der Verweigerungshaltung vieler Jugendlicher wurde sie nicht Herr. Vielmehr setzte sich die Protestbewegung im Strafvollzug fort. Dementsprechend konstatierte die Verwaltung Strafvollzug, dass besonders jugendliche und junge Inhaftierte versuchten, die Ordnung durch „Zusammenrottung, Vorbereitung gewaltsamer Ausbrüche und versuchte Anschläge gegen SV-Angehörige zu stören".[47] So füllten sich die Strafvollzugsanstalten immer mehr. Schließlich entschloss sich der neue Staatsratsvorsitzende Erich Honecker zu einer Amnestie aus Anlass des 23. Jahrestages der DDR, die auch politische Gefangene begünstigte. Zum ersten Mal war in einem offiziellen Dokument von „politischen und kriminellen Straftätern" die Rede.[48] Diese Amnestie, unter die insgesamt 99 422 Personen fielen, war die bisher umfangreichste in der Geschichte der DDR. Aus der Haft entlassen wurden 25 351 Strafgefangene.[49] Allerdings waren schon kurze Zeit später die Gefängnisse wieder gefüllt. Bereits im Dezember 1973 saßen wieder 42 716 Häftlinge ein, so viele wie zuletzt 1955.[50]

2. Die Haftbedingungen in der StVA Brandenburg im Kontext des Umerziehungsprozesses

Die Schwankungen in der Strafverfolgungspolitik blieben nicht ohne Konsequenzen für den Strafvollzug. Die insgesamt harten Haftbedingungen wurden kurzfristig etwas gelockert, dann wieder ohne erkennbaren Grund für die Häftlinge erneut verschärft, wie nachstehend dargestellt wird. Stets erfolgten diese Veränderungen jedoch im Interesse der Effektivierung des Erziehungsprozesses der Strafgefangenen.

Durch die massive Strafverfolgung nach dem Mauerbau nahm die Zahl der Strafgefangenen in Brandenburg-Görden erneut zu. Bis zum 31. März 1962 erreichte sie eine Zahl von 2119, d. h. rein rechnerisch kamen 558 neu Verurteilte hinzu.[51] Wieder musste in der Haftanstalt zusammengerückt werden, was sich erschwerend auf die Haftbedingungen auswirkte. Aufgrund der Überfüllung begann man die Zellen umzubauen, um mehr Haftkapazitäten zu schaffen. So wurden aus den Einzelzellen die

---

47 Ebenda.
48 Beschluß über eine Amnestie aus Anlaß des 23. Jahrestages der Gründung der Deutschen Demokratischen Republik, in: Neues Deutschland vom 7. Oktober 1972.
49 Vgl. Raschka, Justizpolitik, S. 58 f.
50 Werkentin, Politische Strafjustiz in der Ära Ulbricht, S. 360.
51 Gefangenenstatistik vom 31. 12. 1960 und 1. 3. 1962, BLHA, Rep. 404/15.1/709, Bl. 51 und 64. Die Zahl der Neuzugänge kann dabei durch termingemäße Entlassungen höher gelegen haben. Deshalb ist eine einfache Gegenüberstellung der Zahlen nur relativ.

Zwischenwände herausgerissen, wodurch größere Gemeinschaftszellen für mindestens neun Strafgefangene entstanden.[52]

Nunmehr sollte die „sozialistische Erziehung" eine Hauptaufgabe des Strafvollzugs auch in Brandenburg werden, die es durch die Anwendung „neuer Arbeitsmethoden" zu lösen galt. Ein Mittel dazu sah man in der ideologischen Einflussnahme auf die Strafgefangenen. So organisierte man Vorträge über weltanschauliche Probleme durch die „Gesellschaft zur Verbreitung wissenschaftlicher Kenntnisse", eine Vorläuferorganisation der URANIA. Diese Form habe sich nach Meinung der StVA Brandenburg jedoch nicht bewährt, da sie nicht mit der „jeweiligen Situation im nationalen und internationalen Maßstab abgestimmt war".[53] Vermutlich hielten die Vorträge nicht mit den jeweiligen politischen Kurskorrekturen und Einschätzungen der aktuell politischen Lage durch die SED-Führung Schritt, woraus sich Widersprüche ergaben, die die Strafgefangenen nur zu gern aufgriffen.

Im Jahr 1965 wurden z. B. durch die Gesellschaft zur Verbreitung wissenschaftlicher Kenntnisse Vorträge zu folgenden Themen gehalten:
Die Entwicklung der Militärtechnik nach dem 2. Weltkrieg
Frieden und Sozialismus in der Offensive
Wer macht Geschichte?
Die friedliche Außenpolitik der Sowjetunion
Politik und Krieg in unserer Epoche
Die Nahrungsmittelversorgung in der Welt
Die Bundeswehr – Erbe und Fortsetzer des deutschen Militarismus.[54]

Der ehemalige politische Häftling Dietrich Hübner berichtet: „Nach dem 13. August 61 war politische Schulung groß geschrieben worden. Mehrfach im Monat wurden die Gefangenen im Kinosaal zu Vorträgen über politische, sozialpolitische und wirtschaftspolitische Themen zusammengefasst. Redner waren VP-Offiziere und Zivilisten, auch eine Rede Ulbrichts wurde auf Tonband übertragen. Die Schulungen waren eigentlich Pflicht, da aber manchmal eine größere Anzahl von Gefangenen sich weigerte daran teilzunehmen, wurde bis auf Akteneinträge, Prämienkürzungen oder Streichungen nichts unternommen. Im Juni 1963 hielt der Kreisgerichtsdirektor einen Vortrag vor fast ausschließlich politischen Gefangenen. Thema: Sozialistische Demo-

---

52 Vgl. StVE Brandenburg: Darstellung der Entwicklung der Strafvollzugseinrichtung Brandenburg ... vom 1. 12. 1982, S. 6. StA Neuruppin, Az: 60/4 Js 16/193. Da die Einzelzellen vorwiegend mit Kübeln ausgestattet waren, erhielten diese größeren Zellen auch nur wieder Kübel, wodurch sich die hygienischen Bedingungen nicht gerade verbesserten. Interview Johannes Rink, Juli 2002, S. 9.
53 StVA Brandenburg: Analyse über die allgemeine Situation in der StVA Brandenburg nach der Einführung neuer Arbeitsmethoden vom 15.12. 1962, BLHA, Rep. 404/15.1/693, Bl. 39.
54 StVA Brandenburg: Analyse der Strafvollzugsanstalt Brandenburg (Havel) vom 14.9. 1965, BLHA, Rep. 404/15.1/693, Bl. 123.

kratie. In der Diskussion ging ich auf die Frage der Gefangenenmißhandlungen in Brandenburg ein, dabei wurde ich von den Gefangenen unterstützt. Da die Unruhe aufgrund unserer Ausführungen im Saal sehr groß wurde und die VP befürchtete, daß es zu einer Explosion kam, wurde die Diskussion vom OvD abgebrochen und der Saal schnellstens geräumt."[55] Die Referenten waren den Diskussionen, die von den politischen Gefangenen zur Darlegung ihrer Auffassungen genutzt wurden, häufig nicht gewachsen.

Auch Johannes Rink schildert, dass z. B. Vorträge anlässlich der Kommunalwahlen 1965 gehalten wurden. „Da wollte er uns nun erklären, wie gut doch das ist. Das war doch eigentlich ein Hohn, politischen Häftlingen zu erklären, daß in der DDR alles bestens wäre und deshalb seien die Genossen zu wählen. Wir haben uns das angehört. Als er fragte: ‚Habt Ihr Fragen?', antworteten wir: ‚Ja, wann krieg ich meinen Ausreiseantrag?' Damit war die Veranstaltung beendet."[56] Trotzdem wagten sich die politischen Gefangenen nicht zu weit vor, hatten sie doch die Befürchtung, dass sie dann einen so genannten Nachschlag erhielten.[57] Deshalb hatte sich Johannes Rink in diesen Politseminaren meist nicht geäußert und so getan, als wenn er nicht zuhörte. Er schätzt ein, dass der Erzieher „auch gemerkt hat, dass es nutzlos ist. Aber der hatte ja auch seine Pflicht, das durchzuführen".[58]

Darüber hinaus schien es in der Strafvollzugsanstalt Brandenburg notwendig, „die gesamte politisch-kulturelle Arbeit mit den Strafgefangenen auf eine höhere Stufe zu stellen".[59] Die Kulturarbeit sollte daher stärker der Erziehung und Bildung der Gefangenen dienen und nicht wie bisher vorwiegend unterhaltenden Charakter tragen, wie man meinte. In der StVA Brandenburg existierte zu dieser Zeit ein Orchester, bestehend aus 52 Gefangenen, ein Chor mit 40 Gefangenen, eine Rezitationsgruppe mit 12 Gefangenen, so dass insgesamt 104 Gefangene sich aktiv kulturell betätigten. Gemessen an einem Bestand von 1615 Häftlingen war diese Zahl nicht gerade hoch. Der Teilnehmerkreis sollte „nach dem Grad der bisher erfolgten Umerziehung" ausgewählt werden.[60] Das hieß, dass vor allem die Besserungswilligen dafür in Betracht kamen.[61]

55 Haftbericht Dietrich Hübner, Verhältnisse Brandenburg, S. 2.
56 Interview Johannes Rink, S. 14.
57 Damit war die Verlängerung der Haftstrafe aufgrund erneuter Verurteilung – meist wegen antisozialistischer Hetze – gemeint, ein Vorgang, der nicht gerade selten vorkam.
58 Interview Johannes Rink, S. 14.
59 StVA Brandenburg: Analyse über die allgemeine Situation in der StVA Brandenburg nach der Einführung neuer Arbeitsmethoden vom 15. 12. 1962, BLHA, Rep. 404/15.1/693, Bl. 38.
60 Ebenda.
61 Offenbar gelang es aber auch einigen politischen Gefangenen, in die Kulturgruppen aufgenommen zu werden, denn bis 1964 erfolgte über sie die Koordinierung der illegalen Widerstandsarbeit. Vgl. Haftbericht von F., Politische Widerstandsarbeit in der StVA Brandenburg-Görden. Im Besitz der Verf.

Dieses Auswahlprinzip galt auch für die Rezipienten der Kulturveranstaltungen, die zu bestimmten „gesellschaftlichen Höhepunkten", wie z. B. dem 13. Jahrestag der DDR oder dem 45. Jahrestag der Großen Sozialistischen Oktoberrevolution, stattfanden. Daneben gab es Rezitationsabende mit Werken von DDR-Künstlern sowie Volksliedabende und Kinoveranstaltungen, in denen sowjetische, DDR-Filme oder ausländische Filme mit „progressivem Inhalt" zur Vorführung gelangten. Angesichts der Zahl der Inhaftierten kamen jedoch die Strafgefangenen nur in großen Abständen in den Genuss der Kulturveranstaltungen. Im Jahr 1966 wurden z. B. insgesamt 17 Filme gezeigt, deren Auswahl unter dem Gesichtspunkt der Umerziehung im Strafvollzug erfolgte.[62] Dies war für eine Belegung von knapp 1800 Gefangenen nicht gerade viel.

Im Ergebnis des Rechtspflegeerlasses von 1963 wurden jetzt so genannte Erzieher eingesetzt. Dabei handelte es sich um Offiziere, die als Kommando- und Stationsleiter tätig waren. Sie bildeten die wichtigste unmittelbare Entscheidungsinstanz, die die Kontrolle über die Haftbedingungen der Strafgefangenen ausübte, wie Verlegungen, Überwachung und Durchsuchungen der Zellen (diese wurden nicht allein vom Aufsichtspersonal durchgeführt), Verhängung von disziplinarischen Maßnahmen oder Gewährung von Vergünstigungen, Erteilung eines Paketscheines usw. Darüber hinaus sollten sie so genannte Erziehungsgespräche mit dem einzelnen Häftling führen, in denen sein Verhalten im Strafvollzug bewertet und der „Stand seines Umerziehungsprozesses" festgehalten wurden. Da die Kommando- und Stationsleiter in Brandenburg bisher nicht über eine pädagogische oder psychologische Qualifikation verfügten, diese in der Vergangenheit auch nicht gefragt war, mussten die Offiziere jetzt in entsprechenden Lehrgängen geschult werden.

Die nunmehr höheren Anforderungen an Bildung und Qualifikation des SV-Personals stießen nicht gerade auf freudige Zustimmung. Mit der Begründung, sie wollten doch keine Professoren werden, lehnten viele die neuen Qualifizierungsmaßnahmen ab.[63] Entsprechend formal fielen die Erziehungsgespräche mit den Strafgefangenen aus. Die Leitung der StVA beklagte, dass einerseits viel zu selten Erziehungsgespräche stattfänden, andererseits deren Inhalt nicht befriedigen könne. Häufig würden lediglich die Ansichten des Gefangenen abgefragt, jedoch keine Auseinandersetzungen über seine Verhaltensweisen erfolgen. Dagegen sollte in den Gesprächen aktiv auf die

---

62 Jahresbericht der StVE Brandenburg 1966 vom 10. 1. 1967, BLHA Rep. 404/15.1/707, Bl. 51. An diesen Veranstaltungen nahmen etwa 2/3 der Strafgefangenen teil, an den Fernsehveranstaltungen ca. die Hälfte, ebenda, Bl. 54. Kulturveranstaltungen mit Volks- und Unterhaltungsmusik des Strafgefangenenorchesters fanden zweimal im Jahr statt. Ebenda, Bl. 52.

63 Vgl. Strafvollzugskonferenz der StVA Brandenburg vom 29. 12. 1965, BLHA, Rep. 404/15.1/707. Insgesamt stieß die neue Strafvollzugsordnung bei vielen Bediensteten auf Unverständnis, da sie ihnen als zu großzügig gegenüber den Gefangenen ausfiel. Vgl. auch Diskussionsbeitrag über die Leitungsarbeit bei der Durchsetzung der Probleme der Vollzugsordnung insbesondere in der Arbeit mit dem Erziehungsprogramm vom 24. 12. 1965, ebenda, Bl. 28.

Anfang der 60er- bis Anfang der 70er-Jahre

Erziehung des Strafgefangenen Einfluss genommen und konkrete Aufträge formuliert werden. So musste sich z. B. der politische Gefangene Rudolf Wehrstedt in einem Erziehungsgespräch verpflichten, eine Sonderschicht zur Aufholung von Planrückständen „im freiwilligen Einsatz zu leisten".[64] Gerade bei politischen Häftlingen liefen die Erziehungsgespräche häufig ins Leere, ließen sie sich doch meist nicht auf politische Diskussionen ein oder parierten entsprechend. Als Beispiel sei hier eines der Erziehungsgespräche mit Rudolf Wehrstedt wiedergegeben, das mit ihm am 19. November 1964 geführt wurde:

> „Die Führung des Strafgefangenen Wehrstedt ist nicht zu beanstanden. W. hält die Haus + Bekleidungsordnung ein und hat ein ruhiges und korrektes Auftreten gegenüber den SV-Angehörigen. Der S. G. ist im A-Betrieb Burger Bekleidungswerke zur Arbeit eingesetzt, seine Arbeitsleistung ist befriedigend, er ist bemüht, die an Ihn gestellten Anforderungen gerecht zu werden.
> Die politische Einstellung des Strfg. Wehrstedt, ist die der rechten SPD Führung in Westdeutschland, er spricht sich für eine Atombewaffnung der Bundeswehr aus, aber nicht unter der Führung der alten Nazigenerale. Nach der Meinung des Strfg. W. kann die Wiedervereinigung Deutschlands auf dem Verhandlungswege nicht mehr von statten gehen nachdem im August 1961 die Grenzen gesichert wurden.
> Zu seiner Strafbaren Handlung bringt er zum Ausdruck dass er zwar bestraft werden mußte, das Strafmaß jedoch entschieden zu hoch sei, er gibt vor nicht gewußt zu haben das dass Ostbüro der SPD eine Spionageorganisation war, nach seiner Auffassung wollten die auch nur das Beste, er habe nur für sein Vaterland was tun wollen, auf welcher Seite er hierbei stand war ihm einerlei.
> Es ist zu erkennen dass W. noch keine Lehren aus seiner bisher verbüßten Haftzeit gezogen hat, der Umerziehungsprozeß verläuft gegenwärtig noch in negative Richtung, es muß mit dem Strfg. Wehrstedt noch viel über die Politik unserer Regierung gesprochen werden damit er begreift welchen Fehler er begangen hat und wen er damit unterstützte, damit er eine reale Einstellung zu seiner Straftat und zur Politik unserer Regierung bekommt."[65]

Die Orthografie dieses Protokolls ist original wiedergegeben. Nicht nur daraus wird ersichtlich, mit welcher Bildung die Erzieher ausgestattet waren und auf welchem Niveau sie die Auseinandersetzung mit den politischen Gefangenen führten. Eine Umerziehung war davon auf jeden Fall nicht zu erwarten.

Die Erziehungsgespräche dienten zum einen der Kontrolle des Häftlings, zum anderen wurden sie zur Disziplinierung genutzt. Hatte der Strafgefangene nicht ausreichende

---

64 Verpflichtung des Strafgefangenen Wehrstedt vom 16. 10. 1963, BStU, G-SKS, 13103, Bl. 95.
65 Erziehungsgespräch Wehrstedt vom 19. 11. 1964, BStU, G-SKS, 13103, Bl. 116.

Arbeitsleistungen vorzuweisen, so wurde ihm z. B. die Teilnahme an kulturellen Veranstaltungen untersagt.

Mitte der sechziger Jahre begann man in der Strafvollzugsanstalt nach einem „Jahreserziehungsprogramm" sowie einem „Halbjahresprogramm der politisch-kulturellen Erziehungsarbeit" zu arbeiten. Gleich den Plänen in der Produktion mussten auch diese nach Menge erfüllt werden. So z. B. rechnete die Leitung der Strafvollzugsanstalt ab: „Die Planerfüllung der Erziehungsgespräche im Bereich der VA I beträgt 94,5 Prozent."[66] In einem Monatsterminplan musste der Offizier für politisch-kulturelle Erziehung (PKE) auflisten, welche Veranstaltungen geplant waren und mit wem Erziehungsgespräche stattfinden sollten.

Was die in der StVE organisierten Vorträge anbetrifft, so dürfte ein Verbot der Teilnahme bei den politischen Gefangenen nicht gerade Kümmernis ausgelöst haben. Anders war es schon bei Kinobesuchen, die auch von den politischen Gefangenen gern wahrgenommen wurden. Sie brachten immerhin ein wenig Ablenkung in den tristen Haftalltag. Unter den Filmen, die ebenfalls unter dem Gesichtspunkt der Erziehung der Strafgefangenen inhaltlich ausgesucht wurden, fanden sich gelegentlich auch einige mit künstlerischem Niveau. Neu eingeführt wurden 1966 Filmdiskussionen und Filmeinführungen, mit denen ebenfalls ein erzieherischer Einfluss beabsichtigt war.

Demgegenüber fand leider – so wurde beklagt – „die Arbeit mit dem Buch" nicht die gebührende Aufmerksamkeit durch die Stationsleiter.[67] Vermutlich waren sie auch mit dieser Aufgabe angesichts ihres Bildungs- und Qualifikationsniveaus überfordert. Im Rahmen des Erziehungsprogramms hatten die Gefangenen weiterhin die Möglichkeit, sich in der Freizeit körperlich zu betätigen. In den Höfen konnten einige Gruppen Volleyball spielen. Dies gab Gelegenheit, mit anderen Gefangenen in Kontakt zu kommen. Paradoxerweise war es ihnen wie in den fünfziger Jahren untersagt, während der Freistunde zu sprechen. In einem Abstand von fünf Metern gingen sie einmal rechts und einmal links herum. Die Hände waren auf dem Rücken zu verschränken.[68] Beim Volleyballspielen war diese Kontaktsperre also außer Kraft gesetzt. Daran wird auch die Widersprüchlichkeit der verschiedenen Regelungen deutlich. Ein ehemaliger Häftling reflektierte: „Keine Regelung war von langer Dauer. Im Laufe der Jahre wurden die gegensätzlichsten Bestimmungen getroffen und auch wieder aufgehoben. Es wurde viel experimentiert, es gab immer Ausnahmen." Und man konnte nie wissen, wo die Kompetenzen der einen Stelle aufhörten und die der anderen anfingen. Dies habe für die Gefangenen erhebliche Unsicherheit geschaffen. „Die Kommandoleiter

---

66 Lageeinschätzung für den Monat Oktober 1970 vom 10. 11. 1970, BLHA, Rep. 404/15.1/706, Bl. 13.
67 Bericht über die Arbeitsergebnisse des Jahres 1965 des Leiters der StVA Brandenburg vom 26. 1. 1966, BLHA, Rep. 404/15.1/693, Bl. 160.
68 Interview Johannes Rink, S. 11.

Anfang der 60er- bis Anfang der 70er-Jahre 163

und Stationer herrschten wie kleine Könige und gestalteten den täglichen Ablauf in den verschiedenen Kommandos so unterschiedlich, wie er durch keine offizielle ‚Differenzierung' zu erreichen" gewesen wäre.[69] Diese Einschätzung kann ebenso für die „Maßnahmen auf kulturellem Gebiet" übertragen werden. Auch wenn in den Erziehungsprogrammen verschiedene Kulturveranstaltungen oder die Bildung von Kulturgruppen vorgesehen waren, so existierten sie für die Gefangenen immer nur der Möglichkeit nach. Keineswegs standen sie sämtlichen Gefangenen offen.

Ähnlich verhielt es sich mit dem in Brandenburg-Görden abgehaltenen evangelischen und katholischen Gottesdienst, an dem die Gefangenen eigentlich einmal im Monat teilnehmen konnten. In der Praxis unterlag es aber der Willkür, ob sie vom Aufsichtspersonal zu den Gottesdiensten geholt wurden. Der Gottesdienst fand in dem ursprünglich als Kirchenraum erbauten Kultursaal statt. Die Gefangenen wurden dort reihenweise so platziert, dass kein Kontakt zu anderen Gruppen entstehen sollte. Der Wachtmeister kontrollierte fortwährend die Einhaltung des Sprechverbots während des Gottesdienstes und lief hin und her. Der katholische Pfarrer unterband allerdings dieses ständige Auf und Ab und forderte, dass der Wachtmeister sich ruhig hinten in die Ecke setzen sollte, sonst würde er den Gottesdienst beenden und sich beschweren. Da der katholische Pfarrer sich insgesamt distanzierter zum SV-Personal verhielt, genoss er offenbar mehr Vertrauen unter den Strafgefangenen, weshalb sich einige evangelische Gefangene für diesen Gottesdienst anmeldeten.[70] Dem evangelischen Pfarrer Giebeler ging zudem der Ruf voraus, mit dem SV-Personal und der Staatssicherheit zu paktieren.

Dies sollte sich tatsächlich nach 1989 bestätigen. Ende der fünfziger Jahre im Range eines Majors der Deutschen Volkspolizei stehend, verpflichtete er sich 1959 zu Diensten für die Staatssicherheit, deren Mitarbeiter er regelmäßig in seinem Arbeitszimmer in der StVA Brandenburg empfing. Wie aus den MfS-Unterlagen hervorgeht, wurde er nicht durch eine schriftliche Erklärung, sondern per Handschlag zur Zusammenarbeit mit dem MfS verpflichtet. Er wählte den Decknamen „Roland". Für seine „operative Arbeit" erhielt er ab 1962 regelmäßige Zahlungen. Er wurde im Verlauf der Zeit für immer bedeutsamere Aufträge der Staatssicherheit herangezogen und stieg auch in der Hierarchie zum IME (Inoffizieller Mitarbeiter im besonderen Einsatz) bzw. IMB (Inoffizieller Mitarbeiter mit Feindverbindungen) auf. Giebeler bespitzelte politische Strafgefangene ebenso wie andere Anstaltspfarrer, darunter auch den katholischen Pfarrer in der StVA Brandenburg, sowie im Dienst der Kirche stehende Personen. Er recherchierte selbstständig und legte Dossiers zu „operativ interessanten" Personen an. Alle seine Berichte wie auch die übergebenen Tonbänder

---

69 Haftbericht K.-H. Fischer, S. 7 u. 13, im Besitz der Verf.
70 Interview Johannes Rink, S. 13.

wurden vom MfS als „operativ bedeutsam" eingeschätzt, auf deren Grundlage weiter ermittelt werden konnte. Für seine Dienste erhielt er mehrfach staatliche Auszeichnungen.[71] Das zwiespältige Gefühl vieler politischer Gefangener gegenüber Giebeler hatte sie nicht getrogen.

Dennoch wurde der Gottesdienst rege besucht, weil er immerhin eine Abwechslung im tristen Zuchthausalltag und die Möglichkeit zur Kommunikation mit anderen Gefangenen bot (bei der man sich allerdings nicht erwischen lassen durfte). Aus diesem Grund nahmen auch Gefangene am Gottesdienst teil, die nicht gläubig waren.

In den sechziger Jahren konnten die Gefangenen nunmehr einen Brief von 30 Zeilen auf einem DIN A 4-Bogen ohne Anstaltsvordruck an ihre nächsten Angehörigen schreiben. Ein Sonderbrief wurde in der Regel zu Weihnachten und zu Geburtstagen gestattet. Der Kreis der Adressaten war jedoch nach wie vor eng gefasst. So bekam z. B. der Sohn von Rudolf Wehrstedt nicht die Erlaubnis, an seinen Vater einen Brief zu schreiben. Auf ein entsprechendes Gesuch erhielt er die Auskunft: „In Beantwortung Ihres Schreibens vom 2. 11. 1964 teile ich Ihnen mit, daß jeder Strafgefangene einmal im Monat schreiben und einmal Post von seinen Angehörigen erhalten darf. Da Ihr Vater mit seiner Ehefrau und seiner Mutter im Briefverkehr steht, muß ich Ihren Antrag ablehnen."[72] Ihm wurde geraten, doch gemeinsam mit der Mutter zu schreiben. Auch dies zeigt die Engherzigkeit bei der Gewährung von „Rechten" für die Strafgefangenen.

Nach wie vor konnten die Häftlinge einmal im Vierteljahr Besuch empfangen, wobei den Angehörigen gestattet war, ein kleines Präsent in Form von Lebensmitteln zu übergeben. Von dem jeweiligen Wachtmeister hing es ab, wie großzügig dieses Geschenk bemessen sein durfte. An der Paketregelung hatte sich seit Mitte der fünfziger Jahre nichts geändert: Lediglich zum Geburtstag und zu Weihnachten konnten die Gefangenen ein Paket von drei Kilogramm Gewicht erhalten. Auch hierbei unterlag die Vergabe des Paketscheins nicht selten der Willkür des SV-Personals.

Die Verpflegung war in den sechziger Jahren „nicht berauschend, aber man musste nicht hungern", wie sich Johannes Rink erinnert. Dennoch war die Qualität des Essens schlecht und für im Arbeitsprozess stehende Strafgefangene nicht ausreichend. Die Grundversorgung musste unbedingt durch den HO-Einkauf ergänzt werden, um die größten Mangelerscheinungen auszugleichen. Insofern stellte es einen erheblichen Verlust dar, wenn der HO-Einkauf aus disziplinarischen Gründen untersagt wurde.[73]

---

71 Vgl. Andreas Beckmann/Regina Kusch, Gott in Bautzen, Berlin 1994, S. 120–153.
72 StVA Brandenburg – Vollzug –, Schreiben vom 11. 11. 1964, BStU, G-SKS, 13103, Bl. 59.
73 Die politischen Gefangenen unterstützten sich dabei häufig gegenseitig, indem sie von ihren Lebensmitteln abgaben, bis ihr Mithäftling wieder zum HO-Einkauf zugelassen wurde. Dieses solidarische Verhalten war allerdings strengstens verboten. Haftbericht Thomas Ammer vom 29. 2. 1968, S. 7, den Karl Wilhelm Fricke der Verf. zur Verfügung stellte.

Anfang der 60er- bis Anfang der 70er-Jahre

Die Verpflegungssätze waren nach den unterschiedlichen Gruppen von Strafgefangenen differenziert. Veranschlagt waren:
Für nichtarbeitende Strafgefangene 1,20 MDN täglich,
für arbeitende Strafgefangene 1,85 MDN täglich,
für schwerarbeitende Strafgefangene 2,20 MDN täglich,
für kranke Strafgefangene 1,60 MDN täglich,
für Tbc-kranke Strafgefangene 3,00 MDN täglich.[74]

Diese Vorgabe wurde allerdings nicht immer eingehalten. So erfolgte zur Disziplinierung der Gefangenen in einigen Fällen die willkürliche Reduzierung der Kost. Wie die ehemaligen Strafgefangenen Dietrich Hübner und Manfred Springer berichteten, gab es zeitweise eine regelrechte Aushungerungstaktik, um die Gegangenen gefügig zu machen, insbesondere wenn sie sich aus disziplinarischen Gründen auf den Nichtarbeiterzellen befanden.[75]

Nach dem Rechtspflegeerlass von 1963 erhielten die Gefangenen die Möglichkeit, Eingaben zu verfassen.[76] Auf den Kommandos sollten so genannte Eingabenbücher geführt werden. Die Bearbeitung der Eingaben von Strafgefangenen oder deren Angehörigen hatte der Leiter der StVA Brandenburg per Dienstanweisung – in Durchführung einer Dienstanweisung des Ministers des Innern – angeordnet. Darin wurde definiert, was als Eingabe zu fassen und wie mit dieser umzugehen war.[77] Wie aus Zeitzeugenberichten und späteren Statistiken hervorgeht, scheinen Strafgefangene nur wenig Gebrauch von dieser Möglichkeit der Beschwerde gemacht zu haben. Zu groß war die Abhängigkeit von den Bediensteten des Strafvollzuges, sodass sie alltägliche Schikanen befürchten mussten.

Eine Verschärfung im Strafvollzug wurde mit der Änderung der Strafvollzugsordnung im Jahr 1966 eingeläutet. Sie stand im Zusammenhang mit der beschriebenen politischen Kurskorrektur der SED. Zudem versprach sich offenbar die Verwaltung Strafvollzug davon eine größere Abschreckungswirkung, hatten doch die

---

74 Konzeption einer Biographie der StVA Brandenburg vom 21. 9. 1966, BLHA, Rep. 404/15.1/693, Bl. 222.
75 Vgl. Haftbericht Dietrich Hübner, S. 30; Interview Manfred Springer, S. 21.
76 Vorausgegangen war der Eingabenerlass des Staatsrates der DDR von 1961. Vgl. GBl. 3/1961, S. 7 ff. Dieser wurde mit den Schwierigkeiten der Übergangsperiode begründet. Darin hieß es: „Die Leiter und Mitarbeiter der Staatsorgane müssen in ihrer gesamten Tätigkeit beachten, dass die Probleme des sozialistischen Aufbaus, aber auch zeitweilige Schwierigkeiten, die sich aus den komplizierten Bedingungen der Übergangsperiode vom Kapitalismus zum Sozialismus ergeben, ständig Einfluß auf das Denken und Handeln der Bürger haben und häufig Anlaß zu Eingaben der Bürger sind." Ebenda, S. 7. Im Dezember 1969 wurde erneut ein Erlass über die Eingaben der Bürger verabschiedet, der die Zuständigkeiten für Beschwerden neu regelte und in dem genauer definiert wurde, was eine Eingabe sei. Vgl. GBl. Teil I, Nr. 13/1969, S. 239–244.
77 Vgl. StVA Brandenburg, Anweisung Nr. 1/66 des Leiters der Strafvollzugsanstalt Brandenburg. Inhalt: Eingabenbearbeitung gem. Anweisung 42/65 des MdI., BLHA, Rep. 404/15.1/691, Bl. 79 f.

Häftlingszahlen in der DDR seit der letzten Amnestie von 1964 besorgniserregend zugenommen.

Nach der Amnestie von 1964 und den regulären Entlassungen war die Häftlingszahl in der Strafvollzugsanstalt Brandenburg auf 1201 zurückgegangen.[78] Bis März 1966 stieg sie wieder auf 1721 Gefangenen an. Folgende Zahlen und Deliktgruppen wurden ausgewiesen:
- 337 wegen Staatsverbrechen (darunter 6 SMT- und 1 Waldheim-Verurteilter)
- 209 wegen Straftaten gegen die Staatsorgane und die allgemeine Sicherheit (darunter 122 wegen Vergehens gegen das Passgesetz)
- 133 wegen Verbrechen gegen das sozialistische Eigentum
- 8 wegen Verbrechen gegen die Volkswirtschaft
- 25 wegen Verkehrsdelikten
- 1003 wegen sonstiger Kriminalität
- 6 wegen Straftaten gegen die militärische Disziplin und Einsatzbereitschaft.[79]

Die Leitung der Strafvollzugsanstalt Brandenburg sah ein ganzes Bündel von verschärfenden Maßnahmen vor, die ebenfalls ganz im Zeichen der „Differenzierung" standen. „Im Interesse der Erziehung zu guter Disziplin und hoher Arbeitsleistung" sollte nun wie folgt verfahren werden:

„1. Strafgefangene, die eine schlechte Führung sowie niedrige Arbeitsleistungen an den Tag legen, ihre Normen nicht erfüllen usw., werden grundsätzlich vom HO-Einkauf ausgeschlossen.

2. Strafgefangene, die ihre Arbeitspflichten eben so erfüllen und auch in der Disziplin zwischen schlecht und gut liegen, erhalten die Möglichkeit, Lebensmittel, Zigaretten und Gegenstände des persönlichen Bedarfs in einem stark eingeschränkten Warenangebot zu erwerben.

3. Progressive Strafgefangene, dazu gehören: Meister, Brigadiere, Schichtleiter sowie Strafgefangene, deren Arbeitsleistungen zwischen 105 und 120 Prozent liegen, und bei denen das Gesamtverhalten sehr gut ist, erhalten ein sehr umfangreiches Warenangebot zur Verfügung gestellt.

Differenziert wird auch die Zahl der Zigaretten, die sich die Strafgefangenen kaufen dürfen."[80]

Mit diesen Maßnahmen war der Willkür Tür und Tor geöffnet. Obwohl die Gefangenen für ihre Arbeitstätigkeit eine gewisse Summe Geldes für den Eigenverbrauch erhielten,[81] konnte ihnen der Einkauf kurzerhand beschnitten werden. Schließlich hing es

---

78 Gefangenenstatistik für das IV. Quartal 1964, BLHA, Rep. 404/15.1/710, Bl. 26.
79 Gefangenenstatistik für das I. Quartal 1966, BLHA, Rep. 404/15.1/710, Bl. 61.
80 Konzeption einer Biographie der StVA Brandenburg vom 21.9.1966, BLHA, Rep. 404/15.1/693, Bl. 223.
81 Vgl. zur Gefangenenarbeit Abschnitt 3.

von der Einschätzung der Offiziere über das „Gesamtverhalten" und die „Führung" der Gefangenen ab, wie viel Eigenverbrauch ihnen zustand und welche Waren in welcher Qualität sie in der HO-Verkaufsstelle der Anstalt erwerben konnten. Damit wurde ihnen die entsprechende Gegenleistung für ihre Arbeit verwehrt. Ein Rechtsanspruch existierte nicht. Das System schien erfolgversprechend – die Einstufungen als „progressive Strafgefangene" nahmen deutlich zu und damit auch die Ausbeutung ihrer Arbeitskraft.

Zu den „progressiven Strafgefangenen" gehörten vor allem kriminelle Häftlinge, da einerseits politische Gefangene seit Ende der fünfziger Jahre von leitenden Funktionen in den Arbeitseinsatzbereichen ausgeschlossen waren und andererseits „Politische" in der Regel kein Interesse an der Erfüllung der Normen hatten. Im Übrigen waren laut Anstaltsordnung die Strafgefangenen, die als Schichtleiter, Brigadiere usw. tätig waren, mit „Sie" anzureden. Diese Funktionshäftlinge durften überdies die übrigen Häftlinge kontrollieren und Anweisungen erteilen sowie bei „Verstößen" die SV-Bediensteten informieren.[82]

Unter der Maßgabe, „die Rechte der Strafgefangenen werden erst gewahrt, wenn diese ihren Pflichten allseitig nachkommen",[83] listete die Leitung der Haftanstalt eine Reihe weiterer Verschärfungen auf. So wurde die bisherige Praxis, üblicherweise zwei Pakete im Jahr empfangen zu können, für Strafgefangene der Kategorie I erst einmal außer Kraft gesetzt. „Die Frage, daß den Strafgefangenen im Jahr 2 Pakete zustehen, trifft nicht mehr zu."[84] Gründlich sei zu prüfen, ob eine Genehmigung zum Empfang eines Paketes erteilt werden könne. Untersagt wurde der Bezug von Tabak oder Tabakpfeifen in den Paketen. Bei Verstoß gegen diese Vorschrift würden diese zurückgeschickt. Sonder- oder Doppelbesuche seien nur noch in Ausnahmefällen zu gewähren, bei schlechter Führung des Strafgefangenen würden Besuche generell untersagt. Verbindungen zu ebenfalls inhaftierten Ehegatten sollten nur noch genehmigt werden, wenn der Gefangene alle seine Pflichten erfülle. Dies bezog sich nicht nur auf sein Verhalten im Strafvollzug, sondern auch auf die Erbringung der festgelegten Arbeitsleistungen in den Produktionsbereichen. Dieser Passus betraf insbesondere politische Gefangene, die z. B. wegen Fluchtversuchs, staatsfeindlicher Hetze usw. gemeinsam mit ihren Ehepartnern verurteilt worden waren.

Auch der Bezug von Presseerzeugnissen sollte „schnellstens" reduziert werden. „Grundsatz muß sein, wer unser Zentralorgan, das ND nicht abonniert, erhält auch keine weitere Zeitschrift."[85] Mit dieser Maßnahme versuchte man zudem, eine Steigerung des Abonnements für das „Neue Deutschland" sowie die FDJ-Zeitung „Junge Welt" zu erreichen, was schließlich auch gelang. Überdies wurde der Zugang zu

---

82 Vgl. § 5 der Hausordnung der StVA Brandenburg, BLHA, Rep. 404/15.1/707, Bl. 111.
83 Dienstversammlung vom 14. 7. 1966, StVA Brandenburg, BLHA, Rep. 404/15.1/693, Bl. 205.
84 Ebenda, Bl. 207.
85 Ebenda, Bl. 206.

kulturellen Veranstaltungen stark reglementiert. Filmveranstaltungen für Strafgefangene der Kategorie I würden nur noch alle sechs Wochen durchgeführt – und das auch nur bei guter Führung. Gefangene, die eine Normerfüllung unter 100 Prozent aufwiesen, waren generell vom Besuch der Veranstaltungen – einschließlich des Fernsehens – auszuschließen. Der Erzieher habe zudem die Gewährung dieser und anderer Vergünstigungen stärker vom Gesamtverhalten des Gefangenen abhängig zu machen. Der Rundgang im Hof von täglich 30 Minuten sollte fortan nur noch im Gleichschritt erfolgen, wobei das Sprechen der Häftlinge untereinander verboten war. Auch der Einkauf von Waren wurde wieder stärker eingeschränkt, wobei das Angebot in der Verkaufsstelle auf ein Minimum zu senken sei. Erneut wurde bekräftigt, dass politische Gefangene nicht in Häftlingsfunktionen der Anstalt aufrücken dürften. Gleiches galt für die Funktionen in den Produktionsbereichen. Für Strafgefangene, „die unserem Staat besonders feindlich gegenüberstehen, sind Pflichtvorträge einzuführen".[86]

Die Fokussierung der Strafvollzugspolitik auf die Umerziehung der Gefangenen führte allerdings zu einer relativen Verbesserung der materiellen Haftbedingungen. So wurde mit der Errichtung von zentralen Wasch- und Umkleideräumen in einigen Kommandos begonnen. Gleichzeitig hatte man zwei zentrale Speiseräume für insgesamt 310 Gefangene eingerichtet, in denen das Mittagessen verabreicht wurde. Das Essen aus dem Blechnapf auf der Zelle gehörte der Vergangenheit an. In den Speisesälen fand zugleich der HO-Einkauf statt. Dort konnte der Gefangene mit einer Wertkarte jeden zweiten Tag einkaufen und musste nicht mehr für mehrere Tage im Voraus Bestellungen abgeben.

Weiterhin existierten zwei Fernsehräume für insgesamt 115 Gefangene sowie nach wie vor ein Kulturraum, in dem auch Gottesdienste stattfanden, für 350 Personen.[87]

Die Verbesserungen betrafen auch die medizinische Versorgung. Die StVA Brandenburg verfügte über sechs VP-Vertragsärzte sowie mehrere Arzthelfer, die im Strafvollzug fest angestellt waren. Weitere Fachärzte konnten hinzugezogen werden. Die Krankenhausabteilung bestand u. a. aus einer chirurgischen Station, dem Labor, einer Zahnarzt- und Zahntechnikstation und einer Röntgenabteilung. In den Verwahrhäusern existierten insgesamt sechs Sanitätsstellen zur ambulanten Versorgung, die von einem Sanitätswachtmeister unter der Mitwirkung eines Häftlingssanitäters geführt wurden. Deren Aufgabe war es, kleinere Untersuchungen vorzunehmen, Medikamente auszugeben sowie von der Krankenhausstation angeordnete Behandlungen durchzuführen.[88] Diese Sanitätsstelle war dem Krankenhaus vorgeschaltet, was allerdings auch bedeutete, dass ernsthaft Erkrankte nicht immer zur notwendigen statio-

---

86 Ebenda, Bl. 205.
87 Sondererhebung Haftraum- und Arbeitsplatzkapazität vom 21. 3. 1967, BLHA, Rep. 404/15.1/707, Bl. 72.
88 StVA Brandenburg: Bericht über die Arbeitsergebnisse des Jahres 1965 vom 26. 1. 1966, BLHA, Rep. 404/15.1/693, Bl. 169/170.

nären Aufnahme gelangten bzw. deren Leiden bagatellisiert wurde. Häftlinge beklagten immer wieder, dass sie nicht zur qualifizierten Behandlung bei den Polizei-, Zivil- oder Gefangenenärzten im Haftkrankenhaus vorgelassen wurden oder lange auf Termine warten mussten, worin viele eine Schikane sahen. Die Behandlung mit Medikamenten, von denen einige aus den Beständen der NVA kamen und deren Verfallsdatum bereits abgelaufen war, sowie die Versorgungen mit medizinischen Hilfsmitteln soll ausreichend gewesen sein, zumal aus den Lohnsummen für die Gefangenenarbeit Sozialversicherungsbeiträge abgeführt wurden.[89] Die Verbesserung der medizinischen Versorgung ist dabei auch im Zusammenhang mit der Bedeutung des Arbeitseinsatzes der Gefangenen zu sehen, denn die Betriebe verlangten leistungsfähige Arbeitskräfte.

Die Unterbringung der Strafgefangenen erfolgte Mitte der 60er-Jahre vorwiegend in Gemeinschaftszellen, mit teilweise bis zu 20 Strafgefangenen, gelegentlich aber auch noch in Drei-Mann-Zellen. Die wenigen Einzelzellen waren für Funktionshäftlinge oder aber für die Isolierhaft bestimmt. Begründet wurde die Verwahrung in Gemeinschaftszellen damit, dass sie der Kollektiverziehung förderlich seien.[90] Verschwiegen wurde, dass nur auf diese Weise den hohen Belegungszahlen Rechnung getragen werden konnte. Auch war die Gemeinschaftsverwahrung für das Strafvollzugspersonal am effektivsten und sparte Personal.

Denn nach wie vor konnten nicht alle Planstellen besetzt werden. Von den 300 geplanten Stellen für das Jahr 1968 (75 Offiziers- und 225 Wachtmeisterstellen) waren nur 276 tatsächlich besetzt. Das größte Problem bestand in der Besetzung der Offiziersstellen, denn die Ist-Stärke betrug lediglich 47 Offiziere.[91] Aber nicht nur das Qualifikationsniveau, sondern auch das Bildungsniveau war sprichwörtlich niedrig. Von den Wachtmeistern besaßen lediglich 16,1 Prozent den 10-Klassen-Abschluss, d. h. über 80 Prozent hatten nur einen 8-Klassen-Abschluss oder noch nicht einmal diesen. Von den Offizieren verfügten nur 26 Prozent über einen Fach- oder Hochschulabschluss.[92] Mit diesem Bildungs- und Qualifikationsniveau bildete die StVA Brandenburg allerdings keine Ausnahme.[93]

89 So die Einschätzung einzelner ehemaliger Gefangener, wie z. B. Thomas Ammer, vom 29. 2. 1968; K.-H. F., Haftbericht vom Oktober 1968, im Besitz der Verf.
90 Konzeption einer Biografie der StVA Brandenburg vom 21. 9. 1966, BLHA, Rep. 404/15.1/693, Bl. 213.
91 Analyse der StVA Brandenburg vom 11. 9. 1968, S. 20, BLHA, Rep. 404/15.1/693.
92 StVA Brandenburg vom 2. 7. 1970: Verhältnis Einstellungen und Entlassungen, BLHA, Rep. 404/15.1/708, Bl. 5.
93 So verfügten im gesamten Strafvollzug von den Wachtmeistern 25,1 Prozent nur über einen 7-Klassenabschluss, 66,2 Prozent über einen 8-Klassenabschluss und 8,7 Prozent über einen 10-Klassenabschluss. Bei den Offizieren war es auch nicht viel besser, denn 52 Prozent besaßen ebenfalls nur den 8-Klassenabschluß und 2,7 Prozent den 7-Klassenabschluß. Vgl. Protokoll der Tagung mit den Leitern der selbständigen Vollzugseinrichtungen und den Abteilungsleitern SV der BDVP vom 28. 6. 1967, S. 27, BArchB, DO 1/3412.

Die Unterbringung in den Vollzugsabteilungen wurde der Produktionsstruktur angepasst, sodass Strafgefangene, die in einem Arbeitsbereich eingesetzt waren, gemeinsam und nach Schichten getrennt einquartiert wurden. Jede Vollzugsabteilung umfasste bis Mitte der 60er-Jahre zwischen 150 und 200 Strafgefangene, die sich wiederum in drei bis vier Erziehungsgruppen (Stationen) gliederten. Jede Erziehungsgruppe bestand aus ca. 50 bis 60 Gefangenen.[94] Später gliederten sich die Vollzugsabteilungen nach den Verwahrhäusern, sodass insgesamt vier Vollzugsabteilungen bestanden.[95]

Gemäß der Strafvollzugsordnung sollten die Strafgefangenen entsprechend der Einteilung in die verschiedenen Kategorien getrennt voneinander untergebracht werden und keine Zusammenlegung von Rückfalltätern mit Erstbestraften erfolgen. Dieses Prinzip war offenbar nur schwer zu verwirklichen, wie in Berichten immer wieder bemängelt wurde. Die ökonomischen Anforderungen der Produktionsbereiche widersetzten sich häufig diesem Prinzip. Da allerdings in Brandenburg die Strafgefangenen in der überwiegenden Mehrzahl in die Kategorie I eingestuft waren, betraf diese „fehlerhafte" Einteilung nur eine Minderheit, für die es jedoch individuell sehr problematisch sein konnte, gerade wenn es sich um sehr junge Häftlinge handelte. Für die politischen Gefangenen in Brandenburg galt ohnehin die höchste Kategorie – gleichgültig, ob vorbestraft oder nicht, jung oder alt. Eine Trennung nach politischen und kriminellen Straftätern existierte dagegen nicht. Die „Politischen" hatten demzufolge ihre Zellen mit Mördern, Sittlichkeitsverbrechern und anderen Gewaltverbrechern zu teilen, die zunehmend in die Strafvollzugsanstalt Brandenburg eingewiesen wurden.

Da die Haftanstalt vorrangig für den strengsten Strafvollzug ausersehen war, kamen häufig Gefangenentransporte aus anderen Haftanstalten nach Brandenburg. Gemäß der Differenzierung im Strafvollzug konnte ein Häftling mit einer niedrigen Vollzugskategorie, der sich nicht entsprechend „geführt" hatte, in die nächst höhere eingestuft werden. So hatte Brandenburg z. B. im IV. Quartal 1963 allein 432 Zugänge aus anderen StVA aufzunehmen, im gleichen Quartal 1965 waren es 312 Zugänge,[96] ungeachtet der Neuzugänge aus den Untersuchungshaftanstalten. Dagegen waren die Abgänge in andere Haftanstalten weitaus geringer. Im IV. Quartal 1963 wurden z. B. nur 33 Strafgefangene in andere Haftanstalten verlegt; im gleichen Quartal 1965 waren es 72.[97] Diese Transporte bedeuteten für die Gefangenen eine wahre Tortur. In engen

---

94 Vgl. Konzeption einer Biographie der StVA Brandenburg vom 21. 9. 1966, BLHA, Rep. 404/15.1/693, Bl. 212.
95 1968 waren in der Vollzugsabteilung (VA) I 743 Strafgefangene untergebracht, in der VA II 376 Strafgefangene, in der VA III 697 Strafgefangene und in der VA IV 324. Dies änderte sich entsprechend den Belegungszahlen. Vgl. Analyse der durch die StVE in Durchsetzung des SVWG zu erfüllenden Aufgaben vom 6. 9. 1968, S. 4, BLHA, Rep. 404/15.1/707.
96 Vgl. Gefangenenstatistik vom 31. 12. 1963 und 31. 12. 1965, BLHA, Rep. 404/15.1/710, Bl. 12 und Bl. 36.
97 Ebenda.

"Käfigen" und im Dunkeln zusammengepfercht, brachten sie in angespannter Haltung den vielstündigen Transport zu, ohne häufig zu wissen, wohin es ging. Von außen waren die Gefangenenwagen als Liefertransporte z. B. für Frischfisch, Backwaren u. ä. gekennzeichnet. Der Gefangenentransport, mit dem Wolfgang Stock unterwegs war, trug z. B. die Aufschrift „Sei klug wie Nanett, verwende Pflanzenfett".[98]

Das 1968 verabschiedete Strafvollzugs- und Wiedereingliederungsgesetz änderte für die Strafvollzugsanstalt Brandenburg prinzipiell nichts. Sie war weiterhin Organ der strengen Vollzugsart für erwachsene männliche Strafgefangene mit Freiheitsstrafen über fünf Jahren für die gesamte DDR sowie sämtlicher Freiheitsstrafen der strengen Vollzugart aus den Bezirken Potsdam, Frankfurt/Oder, Magdeburg und Berlin.[99] Seit 1965 stieg die Zahl der Gefangenen in Brandenburg kontinuierlich an und lag 1968 wieder bei über 2000 Gefangenen, wobei 1967 zusätzliche Crafträume durch Beseitigung von Zweckentfremdungen geschaffen worden waren. Von den insgesamt 2136 Strafgefangenen waren 1653 in die strenge Vollzugsart, 330 in die allgemeine und 153 in den erleichterten Vollzug eingewiesen worden.[100] Damit existierten per Gesetz unterschiedliche Regelungen für die Strafgefangenen in einer Haftanstalt. Dies betraf z. B. den Paketempfang. So sollten Häftlinge der erleichterten und allgemeinen Vollzugsart zweimal im Jahr ein Paket erhalten können, Gefangene der strengen Vollzugsart dagegen nur im Ausnahmefall, z. B. zu Weihnachten oder zum Geburtstag.[101] Innerhalb der Gruppe der politischen Gefangenen allerdings gab es keine Differenzierung; sie waren in Brandenburg ausnahmslos der strengen Vollzugsart zugeordnet.

Insgesamt ergibt sich für die 60er-Jahre ein unstetes Bild des Strafvollzugs in Brandenburg. Auf Erleichterungen erfolgten Verschärfungen, Regelungen waren widersprüchlich, es gab keine Verlässlichkeit. Allerdings hatte sich das allgemeine Niveau der Haftbedingungen gegenüber den 50er-Jahren gehoben. An den Prämissen eines grundsätzlich harten Strafvollzuges, der von Unterdrückung der Persönlichkeit geprägt war, hatte sich jedoch nichts geändert.

---

98 Interview Wolfgang Stock, S. 6.
99 Auskunftsbericht der Arbeitsgruppe Strafvollzug der BDVP Potsdam über Struktur und Funktion sowie Hauptaufgaben und Arbeitsweise des Strafvollzuges im Bezirk vom 19. 5. 1969, S. 3, BLHA Rep. 404/15.1/250.
100 StVA Brandenburg: Analyse der durch die StVE in Durchsetzung des SVWG zu erfüllenden Aufgaben vom 6. 9. 1968, BLHA, Rep. 404/15.1/707, Bl. 170.
101 Ebenda, Bl. 196/197.

3. „Erziehung durch Arbeit":
Die Ausbeutung der Strafgefangenen durch Häftlingsarbeit

Ein wesentlicher Schwerpunkt des Umerziehungsprozesses der Strafgefangenen sollte in der „Erziehung durch Arbeit" liegen. Die als „gesellschaftlich-nützliche Arbeit" titulierte Gefangenenarbeit wurde als „Kernstück der Erziehung im Strafvollzug" begriffen. Emphatisch formulierte der Minister des Innern: „Der wesentliche erzieherische Einfluß zur Formung des Menschen vollzieht sich im Prozeß der produktiven Arbeit. In der sozialistischen Produktion entwickeln sich völlig neue Beziehungen und moralische Qualitäten, wie Hilfsbereitschaft, Kollektivgeist, Verantwortungsbewußtsein und gegenseitige Unterstützung."[102] Dass unter den Bedingungen von entfremdeter Arbeit und unter permanentem Zwang sowie unzureichenden Arbeitsbedingungen keine persönlichkeitsfördernden Effekte zu erreichen waren, blieb außerhalb jeglicher Betrachtung. Der Zwang zur Gefangenenarbeit wurde zudem mit der Forderung der Wiedergutmachung für die begangenen Straftaten gerechtfertigt.

Aus dem Ziel der größtmöglichen Ausnutzung der Arbeitskraft der Gefangenen machte das Ministerium des Innern überdies keinen Hehl. Es bemängelte entschieden, dass einige Strafvollzugsanstalten die ökonomische Bedeutung des Strafvollzugs für die Volkswirtschaft unterschätzten. Schließlich gehe es um die „Erreichung maximaler Arbeitsergebnisse". Demgegenüber geriet die Verwaltung Strafvollzug als übergeordnetes Organ der Haftanstalten in die Kritik, da sie die Gefangenenarbeit zu sehr unter dem Blickwinkel der Erziehung betrachte.[103] Vermutlich ging es um die Praxis, Strafgefangene aus disziplinarischen Gründen nicht zur Arbeit einzusetzen. Damit sollte jetzt Schluss sein. Die Gefangenenarbeit erhielt höchste Priorität, denn sie versprach hohe, zukunftsträchtige Gewinne, wie sich anhand der Bilanzen dokumentieren lässt. Lagen die Einnahmen für den Staatshaushalt 1961 noch bei 44,5 Millionen Mark,[104] so waren sie 1964 bereits auf fast 63,9 Millionen Mark angestiegen. Auch für die Betriebe in der DDR war die Gefangenenarbeit ein lukratives Geschäft, erzielten sie doch 1964 eine Bruttoproduktion im Wert von rund 528 Millionen Mark.[105]

In der Strafvollzugsanstalt Brandenburg konnte von einer Unterschätzung der Gefangenenarbeit nicht die Rede sein. Unter der Leitung von Oberstleutnant Acker-

---

102 Referat des Ministers und Chefs der Deutschen Volkspolizei, Generaloberst Dickel auf der Tagung der Verwaltung Strafvollzug vom 11.–12. 8. 1965, S. 3, BArchB, DO 1/3410.
103 Vgl. Einschätzung der Arbeit des Strafvollzuges unter Zugrundelegung eines Berichts der Kontrollgruppe des MdI vom September 1960, BArch, DO 1/11.0/1490, Bl. 240.
104 Einschätzung der Erfüllung der Aufgaben des Dienstzweiges SV im 1. Halbjahr 1962, S. 4, BArchB, DO 1/3801.
105 Statistischer Bericht der Verwaltung Strafvollzug für 1964 vom 5. 2. 1965, S. 20, BArchB, DO 1/3768.

mann wurde die Produktion für die Volkseigenen Betriebe innerhalb der Anstaltsmauern immer mehr ausgeweitet. Dazu äußerte Ackermann auf einer Tagung der Verwaltung Strafvollzug: „Man redet mir immer nach, ich baue zu viel [...]. In der Vergangenheit hat es auch dafür etwas aufs Dach gegeben, weil wir auch manchmal etwas außerplanmäßig getan haben [...]. Die Produktion, die steigert sich doch von Jahr zu Jahr und unsere Mauern sind doch nun einmal begrenzt. Wo soll man denn mit dem ganzen Kram hin, wir können ihnen doch nichts in die Zellen packen, sondern wir müssen doch Bedingungen schaffen, um diese Sache zu organisieren. Das Traktorenwerk stellt jetzt völlig neue Maschinen für die Produktion des Getriebes für den W 50 auf. Damit steigert sich die Produktion um das Doppelte. Wenn nicht jetzt etwas organisiert und gebaut wird, wo kommen wir denn da hin."[106] Die Umwehrungsmauer stellte für den Leiter von Brandenburg-Görden bald kein Problem mehr dar: Das Anstaltsgelände wurde erweitert, die Umfassungsmauer versetzt.

Im Jahr 1966 arbeiteten in den so genannten A-Betrieben der Strafvollzugsanstalt insgesamt über 1300 Strafgefangene. Weitere 25 in den B- (Lohnarbeiten) und 200 SG in den C-Betrieben (Versorgung der StVA). Damit hatte sich die Zahl der arbeitenden Strafgefangenen im Vergleich zur Mitte der fünfziger Jahre zwar nicht erhöht, da auch die Zahl der Gefangenen insgesamt zurückgegangen war und nun bei rund 1700 Gefangenen lag. Insgesamt befanden sich aber 85 Prozent der Strafgefangenen im Arbeitseinsatz. Die restlichen 15 Prozent wurden aus „Sicherheitsgründen" (Isolierhaft, Arrest usw.) bzw. wegen Arbeitsunfähigkeit nicht zur Arbeit herangezogen. Entscheidend erhöht hatte sich jedoch die Arbeitsproduktivität,[107] vor allem durch die Ausweitung der Schichtarbeit.

In den A-Betrieben arbeiteten 650 Strafgefangene für das IFA Getriebewerke Brandenburg (vormals Brandenburger Traktorenwerk). Sie waren mit der Herstellung von Traktorenteilen, Getrieben für Lastkraftwagen und Verformarbeiten beschäftigt.

215 Arbeitskräfte waren für das Holzverarbeitungswerk Burg tätig. Sie stellten nach wie vor Küchenmöbel und Teile von Anbauküchen insbesondere für den Export, vor allem in die Sowjetunion und die Bundesrepublik, her.

140 Strafgefangene arbeiteten für das Burger Bekleidungswerk und produzierten Uniformen für die Volksarmee, Atomschutzanzüge sowie Arbeitsschutzbekleidung.

68 Häftlinge arbeiteten für die Elektromotorenwerke Wernigerode und waren vor allem mit der Wicklung von Gehäusen für Elektromotoren beschäftigt.[108]

106 Diskussionsleitung von Oberstleutnant des SV Ackermann auf der Tagung der Verwaltung Strafvollzug vom 11.-12. 8. 1965, S. 52, BArchB, DO 1/3410.
107 Konzeption einer Biographie der StVA Brandenburg vom 21. 9. 1966, BLHA, Rep. 404/15.1/693, Bl. 217.
108 Ebenda, Bl. 215 f.

Daneben existierte noch eine Reihe kleinerer Werkstätten und Außenkommandos, die aber sukzessive verringert wurden, da sich die Arbeit der Gefangenen aus organisatorischen und Sicherheitsgründen auf wenige Betriebe konzentrieren sollte. 1968 wurde noch für 54 Betriebe produziert, aber nochmals deren Reduzierung und Konzentrierung auf die großen Betriebe angemahnt.[109]

Die in Brigaden zusammengefassten Gefangenen standen im Produktionswettbewerb und hatten Verpflichtungen zur Steigerung der Produktion bei politischen Höhepunkten wie zu „Ehren der Volkswahlen" zur Gründung der Republik usw. einzugehen – Verpflichtungen, wie sie insgesamt in den Betrieben der DDR üblich waren. Sie sollten überdies an der Neuererbewegung teilnehmen und sich an der „Produktionspropaganda" beteiligen. Dafür hatten Betriebe und Haftanstalt „materielle und moralische Stimuli" einzusetzen.[110] Die Brigaden der Arbeitseinsatzbetriebe unterschieden sich damit in der Funktionsweise nicht von denen außerhalb der Anstaltsmauern.

Ein Problem der Produktion im Strafvollzug stellten die Amnestien und Verlegungen der Gefangenen dar, die den kontinuierlichen Produktionsprozess störten. Besonders die Entlassungen der in der Regel gut qualifizierten politischen Gefangenen im Zuge der Amnestien von 1960 und 1964 trafen die Betriebe empfindlich. Zunehmend rückten dafür kriminelle Häftlinge mit niedrigem Bildungs- und Qualifikationsniveau nach. So konstatierte der Leiter der StVA Brandenburg z. B. auf einer Tagung der VSV 1965: „Eins steht fest, in den vergangenen Jahren, als der Anteil der staatsgefährdenden Delikte noch höher war, wurde besser gearbeitet, weil eine Reihe von Strafgefangenen, die Staatsverbrechen begangen hatten, eben qualifizierter waren, als die, die jetzt inhaftiert werden und der Anteil der Berufslosen sich erhöht hat."[111] Um den Produktionsanforderungen gerecht zu werden, war man gezwungen, Bildungslehrgänge durchzuführen, um diesen Gefangenen Kenntnisse in Mathematik, Deutsch u. a. zu vermitteln. 1965 gab es z. B. Lehrgänge für den Abschluss der 4. Klasse sowie Mathematik der 8. Klasse.[112]

Gleichzeitig wurden von den Produktionsbetrieben Qualifizierungsmaßnahmen angeboten, um die Strafgefangenen für die anfallenden Tätigkeiten einsetzen zu können. So existierten Lehrgänge für Kontrolleure, Einrichter, Industrienäher sowie Dreher- und Schweißerlehrgänge.[113] Gepriesen wurden diese Maßnahmen als „wirksames

---

109 Analyse der StVA Brandenburg vom 11. 9. 1968, BLHA, Rep. 404/15.1/693, Bl. 264.
110 Einschätzung der Wirksamkeit der gesetzlichen und weisungsmäßigen Bestimmungen über den Straf- und Untersuchungshaftvollzug vom 3. 7. 1969, S. 5, BArchB, DO 1/3785.
111 Referat Oberstleutnant des SV Ackermann auf der Tagung der Verwaltung Strafvollzug vom 11.–12. 8. 1965, BArchB, DO 1/3410, S. 50.
112 StVA Brandenburg: Analyse der StVA Brandenburg vom 14. 9. 1965, BLHA, Rep. 404/15.1/693, Bl. 121.
113 Ebenda.

Mittel im Umerziehungsprozeß". In der Hausordnung der StVA Brandenburg war in § 11 festgehalten: „Alle Strafgefangenen sind verpflichtet, durch intensive Lern- und Studientätigkeit die ihrem derzeitigen Arbeitseinsatz entsprechenden Kenntnisse zu erwerben und ständig zu erweitern und an dem angeordneten Schulungssystem teilzunehmen." Und weiter: „Bei Weigerung an betrieblichen Qualifizierungsmaßnahmen teilzunehmen, können Disziplinarverfügungen ausgesprochen werden."[114] Die Gefangenen sollten schließlich den Arbeitsanforderungen der Volkseigenen Betriebe entsprechend zur Verfügung stehen. Die politischen Häftlinge waren in der Regel für diese Tätigkeit ohnehin überqualifiziert, da sie meist ein höheres Bildungs- und Qualifikationsniveau besaßen.

Obwohl die Arbeit der Häftlinge gemäß den Tarifbestimmungen entlohnt werden sollte, unterlag sie nicht dem Arbeitsrecht. „Die rechtliche Stellung der Strafgefangenen im Arbeitsprozeß ist kein Arbeitsrechtsverhältnis zwischen Strafgefangenen und Betrieb, sondern ein Strafvollzugsrechtsverhältnis zwischen Strafvollzugseinrichtung und Betrieb." Die SV-Einrichtungen schlossen entsprechende Verträge mit den Volkseigenen Betrieben. Ansprüche Strafgefangener konnten daher gegenüber dem Betrieb nicht geltend gemacht werden. Die Vergütung war wie folgt geregelt: „Alle Einnahmen aus Arbeitsleistungen Strafgefangener gehen auf Staatshaushalt. Vergütung der Arbeitsleistungen und Prämierung der Strafgefangenen erfolgt aus besonderen Ausgabekonten des Strafvollzuges."[115]

Gleichfalls waren die Strafgefangenen auch nicht in das übliche Sozialversicherungssystem eingebunden. So erhielten sie z. B. kein Krankengeld, wie auch Familienangehörige keine Ansprüche auf Leistungen der Sozialversicherung geltend machen konnten.[116] Dies betraf z. B. die ansonsten mitversicherten minderjährigen Kinder oder nicht erwerbstätige Ehefrauen. Die Rentenanwartschaft wurde zwar aufrechterhalten, jedoch wirkte die Arbeit während der Haftzeit nicht rentensteigernd, d. h. sie wurde nicht angerechnet. Ältere Strafgefangene erhielten zudem keine Rente während der Haftzeit.[117] Diese Regelungen blieben bis 1977, bis zur Einführung des neuen Strafvollzugsgesetzes, bestehen.

In den Arbeitsbereichen der Strafvollzugsanstalt Brandenburg waren die Gefangenen zumeist in die Lohngruppen 3 und 4 eingeteilt. So zahlte das Burger Holzverarbeitungswerk 1968 mit durchschnittlich 372,03 Mark pro Häftling den

---

114 Hausordnung der Strafvollzugsanstalt Brandenburg, BLHA, Rep. 404/15.1/707, Bl. 113 f.
115 Auskunftsbericht der Arbeitsgruppe Strafvollzug der BDVP Potsdam über Struktur und Funktion sowie Hauptaufgaben und Arbeitsweise des Strafvollzuges im Bezirk vom 19. 5. 1969, BLHA, Rep. 404/15.1/250, Bl. 195.
116 Vgl. § 9 der Hausordnung der Strafvollzugsanstalt Brandenburg, BLHA, Rep. 404/15.1/707, Bl. 112.
117 Vgl. ebenda, Bl. 113.

höchsten Lohn an die Strafvollzugsanstalt. Die niedrigste Lohnzuweisung kam vom Burger Bekleidungswerk mit durchschnittlich 284,72 Mark pro Gefangenen.[118] Das entsprach dem Tarifsystem in der DDR, nach dem die Textil- und Bekleidungsindustrie die niedrigsten Löhne aufwiesen. Die Löhne, die die Strafvollzugsanstalt erhielt, wurden mit dem Staatshaushalt verrechnet. Wie bisher behielt die StVA 75 Prozent vom Lohn des Strafgefangenen ein. Die restlichen 25 Prozent galten weiterhin als Arbeitsbelohnung, von der 65 Prozent für Familienunterhalt, Gerichtskosten usw. sowie 5 Prozent als Rücklage einbehalten und lediglich 30 Prozent für den Eigenverbrauch ausgezahlt wurden. „Spitzenverdiener" waren mit durchschnittlich 40,38 Mark die Gefangenen im Burger Traktorenwerk (der Eigenverbrauch konnte allerdings im Einzelfall entsprechend der ausgeübten Tätigkeit höher liegen, der Mindestbetrag lag bei 25,95). Dagegen belief sich der Eigenverbrauch im Burger Bekleidungswerk auf durchschnittlich 28,50 Mark und im Elektromotorenwerk auf 22,70 Mark.[119] Den geringsten Eigenverbrauch wiesen die Häftlinge in den so genannten C-Betrieben auf, die für die Unterhaltung der Anstalt arbeiteten, wie z. B. die Wäscherei, Küche, Bäckerei, Schusterei. Hier lag der durchschnittliche Eigenverbrauch bei 16,58 Mark.[120] Den Eigenverbrauch verwendeten die Häftlinge nach Angaben der Strafvollzugsanstalt überwiegend für Grundnahrungsmittel, gefolgt von Genussmitteln und Tabakwaren.[121]

Auch in den sechziger Jahren wurde nach wie vor im Strafvollzug der Begriff „Arbeitsbelohnung" verwendet, eine Bezeichnung, die bereits im Nationalsozialismus üblich war. Damit war klar, dass es sich nicht um einen arbeitsrechtlichen Anspruch handelte. Die Arbeitsbelohnung wurde „gewährt",[122] faktisch als Entgegenkommen des Staates, weshalb auch die willkürlichen Reglementierungen des Eigenverbrauchs möglich waren.

Die Gefangenen konnten zudem nicht einmal sicher sein, dass ihr Eigengeld – und davon abhängig ihr Eigenverbrauch – auch richtig berechnet wurde. Wie der Leiter der StVA Ackermann auf einer Tagung der Verwaltung Strafvollzug zugab, hatten sich bei der Berechnung des Gefangeneneigengeldes häufig Fehler eingeschlichen. Die Schuld dafür gab er den mit Mängeln behafteten Rechenmaschinen, die z. T. 45 Jahre alt seien.[123] Allerdings wurden auch nicht gerade die qualifiziertesten Häftlinge für

---

118 Lohnzuweisungen durch die Betriebe – Stand Februar 1968 v. 3. 4. 1968, BLHA, Rep. 404/15.1/707, Bl. 216. Dabei handelt es sich um Durchschnittswerte, die je nach Beschäftigung und Normerfüllung differierten.
119 Ebenda, Bl. 217.
120 Ebenda, Bl. 218.
121 StVA Brandenburg (ohne Titel) vom 3. 4. 1968, ebenda, Bl. 218.
122 Vgl. Konzeption einer Biographie der StVA Brandenburg vom 21. 9. 1966, BLHA, Rep. 404/15.1/693, Bl. 222.
123 Protokoll der Tagung mit den Leitern der selbständigen Vollzugseinrichtungen und den Abteilungsleitern Strafvollzug der BDVP am 28. 6. 1967, ohne Seitenangabe, BArchB, DO 1/3412.

Anfang der 60er- bis Anfang der 70er-Jahre

diese Tätigkeit eingesetzt. Wie der Fall des politischen Gefangenen Georg Rabach belegt, verzichtete die Leitung der StVA aus disziplinarischen Gründen lieber auf eine qualifizierte Arbeitskraft und nahm dafür Schludrigkeiten in Kauf,[124] die sie sich auf anderen Gebieten nicht gestattete.

Mit der Verschärfung der Strafvollzugsbedingungen nach den Änderungen der Strafvollzugsordnung im Jahr 1966 wurde auch die Arbeitszeit für die Gefangenen der Kategorie I neu geregelt. Die Leitung von Brandenburg-Görden erklärte die 45-Stundenwoche und den arbeitsfreien Sonnabend, der seit April für jede zweite Woche in der DDR eingeführt worden war, für Gefangene der Kategorie I für „unzweckmäßig". Ferner hieß es: „Diese Strafgefangenen haben in erster Linie gegenüber unserem Staat etwas gutzumachen, d. h. wir werden sie zu anderen Arbeiten mehr denn je heranziehen müssen."[125] Zudem wurden häufig „freiwillige Überstunden" angeordnet, vor allem, wenn die Planerfüllung ins Wanken geriet, da auch in den Arbeitseinsatzbereichen in der StVA wie in jedem Staatsbetrieb in der DDR der Produktionsablauf durch Materialmangel und Probleme der Arbeitsorganisation gestört war. Teilweise wurde dann bis zu 12 Stunden hintereinander gearbeitet.[126]

Die extensive Ausnutzung der Arbeitskraft der Gefangenen hatte ein hohes Maß an Arbeitsunfällen zur Folge. 1960 war die Haftanstalt Brandenburg Spitzenreiter im „Unfallgeschehen" unter den Strafvollzugsanstalten, wie in einem Bericht der Verwaltung Strafvollzug hervorgehoben wurde.[127] Um die Produktionsleistungen zu erfüllen, wurde auf die Arbeitsschutzbestimmungen wenig Rücksicht genommen. Den „schwarzen Peter" schob man dann den Gefangenen zu, die angeblich belehrt worden seien, aber sich unvorsichtig verhielten. Die Arbeitshetze ließ jedoch häufig die Einhaltung der Arbeitsschutzbestimmungen gar nicht zu. Der politische Gefangene Dietrich Hübner schildert z. B. folgenden Zustand: „In der Zeit meiner Arbeit in der Tischlerei wurden die Normen dauernd verschlechtert und die Arbeitsleistung immer mehr hochgetrieben. Innerhalb von fünf Jahren wurde der Geldwert für meine Arbeit pro Hundert Stück gefertigter Produkte um 35 % gesenkt, obwohl ich meine Arbeitsleistung von Anfang bis zuletzt auf 110 % gehalten habe und keinerlei Verbesserungen in arbeitsmäßiger Hinsicht angebracht wurden [...] Dank der zunehmenden Arbeitshetze stieg die Unfallquote in der Tischlerei und war verhältnismäßig hoch. Die Tischlerei war bekannt als Fingerfriedhof. Die Unfälle wurden mit ganz wenigen Ausnahmen

---

124 Vgl. Kapitel I, Abschnitt 9.
125 Dienstversammlung vom 14. 7. 1966: Auswertung der Tagung der VSV – Einschätzung der Lage im SV, BLHA, Rep. 404, 15.1/693, Bl. 206.
126 Das war z. B. im Getriebewerk 1970 der Fall. Durch diese unkontinuierliche Produktion würden sich Disziplinlosigkeiten ergeben, was wiederum einen Unsicherheitsfaktor darstelle. Vgl. Lageeinschätzung für den Monat August 1970 vom 28. 9. 1970, BLHA, Rep. 404/15.1/706, Bl. 7.
127 Vgl. Lageeinschätzung der VSV vom 19. 9. 1960, BArchB, DO 1/11.0/1476, Bl. 121.

als Selbstverschulden deklariert."¹²⁸ Auch entsprachen die Arbeitsbedingungen nicht den Arbeitsschutzanforderungen. So fehlten z. B. im Bereich des Burger Bekleidungswerkes, in dem die Atomschutzanzüge hergestellt wurden, Absaugvorrichtungen, die die in der Kleberei anfallenden Schadstoffe hätten beseitigen können. Die Folge dieser katastrophalen Arbeitsbedingungen waren schwere Hautausschläge, die noch späterhin die Gesundheit der ehemaligen Häftlinge beeinträchtigten, jedoch in keiner Statistik auftauchten.¹²⁹

Über die Arbeitsbedingungen im AEB des Traktorenwerkes berichtet Rudolf Wehrtstedt: „Ich arbeitete in der großen Halle des Brandenburger Traktorenwerkes innerhalb des Zuchthauses. Türen und Fenster blieben geschlossen. Im Sommer war eine fürchterliche Hitze, so dass wir die Scheiben der oberen Fenster [die Oberlichter] einschlugen. Die Fenster blieben mit den kaputten Scheiben so lange drin, bis wir im Winter vor Kälte nicht mehr arbeiten konnten. Ich hatte oft unter Herzbeschwerden zu leiden. An der Drehbank, an der ich arbeitete, war ich wiederholt zusammengebrochen. Man brachte mich stets sofort in das Anstaltskrankenhaus. Der Blutdruck lag bei 80. Es gab Medikamente und nach etlichen Stunden – oder 1 bis 2 Tagen – kam ich wieder auf die Zelle. Dann musste ich wieder an den alten Arbeitsplatz. Gearbeitet wurde in drei Schichten, je 8 Stunden. Beim Stationsleiter beantragte ich die Versetzung auf einen anderen Arbeitsplatz, ohne Nachtschicht – vergeblich."¹³⁰ Als Rudolf Wehrstedt wieder einmal zusammenbrach und im Haftkrankenhaus den Antrag auf Versetzung stellte, konnte er durch die Unterstützung eines Arztes, der selbst politischer Gefangener war, auf einen anderen Arbeitsplatz wechseln. Er kam in die Schneiderei, wo es allerdings auch kaum besser um den Arbeitsschutz bestellt war.

Auch der ehemalige politische Häftling Manfred Springer, der kurze Zeit später im Arbeitsbereich des IFA-Getriebewerkes arbeitete, erinnert sich, dass die Luft dort sehr schlecht war und deshalb ein Ventilator installiert wurde. Daraufhin erkrankte er wegen der Zugluft. Da er befürchtete, sich einen chronischen Gesundheitsschaden zuzuziehen, produzierte er Ausschuss, um von diesem Arbeitsplatz versetzt zu werden, was schließlich auch geschah. Die Ursache wurde jedoch nicht beseitigt.¹³¹

Sogar nach Ansicht der Anstaltsleitung bestanden in den Produktionsräumen des Burger Holzverarbeitungsbetriebes unzureichende Luft- und Klimaverhältnisse, die erst beseitigt wurden, als sich die Arbeitsbedingungen negativ auf die Produktion auswirkten.¹³²

---

128 Haftbericht Dietrich Hübner, S. 16.
129 Interview Rudolf Wehrstedt, S. 9.
130 Ebenda, S. 8.
131 Interview Manfred Springer, S. 23.
132 StVA Brandenburg, Bericht über die Arbeitsergebnisse des Jahres 1965 vom 26. 1. 1966, BLHA, Rep. 404/15.1/693, Bl. 171.

Es gab aber auch einzelne „privilegierte" Arbeitsplätze. Dazu gehörte das Standardisierungsbüro. Dort wurde das Standardisierungsverzeichnis der DDR (u. a. TGL) in einer Liste zusammengefasst, die jedes Jahr zu kontrollieren und zu aktualisieren war. Anschließend wurden die Druckvorlagen für das Amt für Standardisierung und Meßwesen hergestellt, die dann in Berlin im Offsetverfahren gedruckt wurden. Dafür brauchte man zuverlässige Arbeitskräfte, weshalb dort vornehmlich Strafgefangene mit höherer Qualifikation arbeiteten. Das waren in der Regel politische Gefangene, wozu auch der politische Häftling Werner Gruhn gehörte. Ungefähr 20 Gefangene arbeiteten dort. Obwohl das verurteilende Militärgericht über ihn verfügt hatte, dass er während der Haft – sozusagen als verschärfende Maßnahme – zu körperlicher Arbeit herangezogen werden sollte, setzte man ihn im Standardisierungsbüro ein, da die Freikaufaktion von politischen Häftlingen 1965 große Lücken in den dortigen Gefangenenbestand gerissen hatte.[133] Immerhin waren die Termine für die Erstellung der Standardverzeichnisse zu erfüllen, sodass auf solche Vorgaben keine Rücksicht genommen werden konnte. Für diese Arbeit bekamen die Häftlinge Fachliteratur – auch ausländische – zur Verfügung gestellt, was ansonsten verboten war, aber für sie eine intellektuelle Bereicherung darstellte. Der Verdienst lag zwar niedrig, doch dafür gestalteten sich die Arbeitsbedingungen erträglich. Die Gefangenen wurden im Büro nicht überwacht, sondern lediglich eingeschlossen und hatten im Gegensatz zu anderen Gefangenen zweimal am Tag eine Freistunde. Die Unterbringung erfolgte in Zwei-Mann-Zellen; an den Wochenenden konnten sie sich in eine andere Zelle von ihren Mithäftlingen einschließen lassen.

Werner Gruhn stellt rückblickend fest, dass es in diesem Kommando auszuhalten war, zumal sich dort viele Gleichgesinnte befanden.[134] Die politischen Gefangenen nutzten zudem ihre besonderen Haftbedingungen für die Sammlung und Weitergabe von Informationen. So wurden 1965 aus allen Arbeitsbereichen Namenslisten von politischen Gefangenen angefertigt. Die Listen deponierten sie im Standardisierungsbüro, da es sich um ein Schreibbüro handelte und deshalb die Bewahrung von Schriftgut nicht auffiel, und sorgten für deren Weitergabe aus der Anstalt. Durch einen gefälligen SV-Bediensteten, einen Schließer, sollen diese Angaben herausgeschmuggelt worden sein und schließlich den Weg in den Westen gefunden haben.[135]

Wie hoch der ökonomische Nutzen der Gefangenenarbeit für den Bezirk Potsdam war, belegt ein Bericht der BDVP Potsdam. Danach betrug der Einnahmestand zum Jahresende 1967 aus der Gefangenenarbeit im Bezirk 6 327 000 Mark.[136] Damit

---

133 Insgesamt wurden 1965 aus der DDR 1160 politische Häftlinge freigekauft. Vgl. Finn/Fricke, Politischer Strafvollzug, S. 122.
134 Interview Werner Gruhn, S. 7.
135 So Werner Gruhn in einem Schreiben an die Verf.
136 Bericht über die Durchsetzung der Direktive des Ministers des Innern ... im Jahre 1967 v. 17. 1. 1968, S. 8, BLHA, Rep. 404/15.1/391.

hatten sich die Einnahmen für den Staatshaushalt gegenüber dem Vorjahr um 1 367 000 Mark erhöht. Daran hatte die StVA Brandenburg einen wesentlichen Anteil, denn deren Einnahmen aus der Gefangenenarbeit betrugen 1966 fast 5 Millionen Mark.[137]

Die Ausbeutung der Häftlinge erwies sich im Weiteren als so ergiebig, dass die Srafvollzugsanstalt für 1968 eine zusätzliche Planerhöhung um 1 584 000 Mark beantragte. Denn schon im Mai 1968 hatte sie den Staatsplan für das gesamte Jahr mit fast 60 Prozent erfüllt.[138] Und die Erweiterung der Produktionskapazitäten ging weiter: 1968 wurden neue Produktionshallen und Werkstätten für den VEB IFA Getriebewerk fertig gestellt. 1970 folgte durch Rekonstruktionsmaßnahmen eine weitere Produktionsstätte für den VEB Burger Bekleidungswerke. 1971 begann man mit dem Neubau des Produktions-, Lager- und Versandkomplexes des VEB Holzverarbeitungswerk Burg mit einem Transporttunnel zwischen den Produktionsbereichen I und II. Durch Rekonstruktionsmaßnahmen wurde 1972 eine weitere Produktionsstätte für den VEB Elektromotorenwerk Wernigerode geschaffen.[139] Diese rege Bautätigkeit setzte sich in den folgenden Jahren fort.[140]

Gegenüber dieser Umtriebigkeit des Anstaltsleiters Ackermann, ständig nach neuen Produktionsmöglichkeiten Ausschau zu halten und neue Investitionen – manchmal sogar ohne Genehmigung – zu beginnen, verhielten sich die übergeordneten Organe widersprüchlich. Einerseits begrüßten sie den ökonomischen Nutzen aus der Gefangenenarbeit und waren des Lobes ob so viel Unternehmertum voll. Andererseits kritisierten sie den Leiter, da er sich zu stark auf ökonomische Belange konzentriere, „wodurch die eigentlichen Hauptaufgaben zur Gewährleistung einer hohen Sicherheit und Ordnung sowie Erhöhung der rückfallverhütenden Wirksamkeit zur Verhinderung erneuter Straffälligkeit durch Strafgefangene bzw. Strafentlassene in den Hintergrund geraten".[141] Hieran wird das stetige Spannungsverhältnis zwischen ökonomischer Planerfüllung einerseits und der Durchsetzung der Sicherheitsprinzipien andererseits deutlich. Gleiches galt auch für die Erziehung der Strafgefangenen. So wurde moniert, dass arbeitsbedingt Ersttäter mit Rückfalltätern zusammenkämen, wodurch dem Aspekt der Erziehung der Gefangenen nicht die notwendige Aufmerksamkeit geschenkt würde. Auch die zivilen Mitarbeiter der A-Betriebe würden die „Planerfüllung um jeden Preis" zu sehr in den Vordergrund stellen und dabei die Gesichtspunkte der

---

137 Vgl. Jahresbericht der StVE Brandenburg 1966 vom 10. 1. 1967, BLHA, Rep. 404/15.1/707, Bl. 62.
138 Vorlage vom 10. 6. 1968 zur Wirksamkeit der eingeleiteten Maßnahmen zur Durchsetzung der Direktive 02/67 des MdI, S. 7, BLHA, Rep. 404/15.1/391.
139 Darstellung der Entwicklung der Strafvollzugseinrichtung Brandenburg vom 1. 12. 1982, Anlage 4, StA Neuruppin, Az. 60/4 Js 16/193.
140 Vgl. dazu Kapitel III, Abschnitt 8.
141 Bericht Arbeitsgruppe Strafvollzug vom 14. 1. 1970, S. 1, BLHA, Rep. 404/15.1/391.

Erziehung und auch der Sicherheit und Ordnung vernachlässigen. Zudem hätten die monatlichen Wettbewerbe z. B. im Getriebewerk keinen erzieherischen Charakter, sondern würden allein dazu dienen, die durch die schlechte Leitungs- und Führungstätigkeit in der Planung und Fertigung des Werkes entstandenen Schwierigkeiten abzufangen.[142]

Aber insgesamt war man sich sicher: „Die Erziehung durch Arbeit dient der Formung und Festigung der bewußten Einstellung zur Arbeit und der Bewährung und Wiedergutmachung."[143]

Angesichts der enormen Bedeutung der Gefangenenarbeit wurde die geleistete Arbeit des Strafgefangenen, die Erfüllung der Arbeitsnormen, zum entscheidenden Kriterium für die Gewährung von Vergünstigungen erhoben. Prämien, Sonderbesuche oder Sonderbriefe, zusätzlicher HO-Einkauf oder der Besuch von Kulturveranstaltungen sollten als Anreize zur Stimulierung der Arbeitsleistung wirken. Die in der StVA Brandenburg eingeführte Verknüpfung des Eigenverbrauchs mit den Arbeitsergebnissen wurde von der Verwaltung Strafvollzug als sehr positiv gewertet und gegenüber den anderen Strafvollzugsanstalten zum Vorbild erhoben. Damit könnten negative Verhaltensweisen wie Arbeitszurückhaltung und Nichterfüllung der Qualitätsnormen überwunden werden.[144] Nicht zuletzt sollte von der Bewertung des Arbeitsverhaltens des Gefangenen eine vorzeitige Haftentlassung im Rahmen von Gnadenerweisen abhängen.

Gleichzeitig reagierte die Leitung der StVA äußerst hart, wenn Strafgefangene die Arbeit verweigerten. Unmissverständlich wurde formuliert: „Für alle Strafgefangenen besteht Arbeitspflicht. Arbeitsverweigerungen werden als schwere Verstöße gegen die Pflichten eines Strafgefangenen gewertet."[145] Arbeitsverweigerungen bedeuteten nicht nur einen erheblichen Disziplinverstoß gegen die Strafvollzugsordnung, sondern sie gefährdeten auch die Planerfüllung. Deshalb nutzten politische Gefangene häufig die Arbeitsverweigerung als Mittel, um z. B. gegen Lohnkürzungen oder die Verschlechterung der Verpflegung zu protestieren oder aber um politische Forderungen durchzusetzen. Die zahlreichen Arbeitsverweigerungen wurden durch harte Maßnahmen geahndet,[146] in der Regel stand darauf strenger Arrest.

---

142 Vgl. Jahresbericht der StVE Brandenburg 1966 vom 10. 1. 1966, BLHA Rep. 404/15.1/707, Bl. 63.
143 Auskunftsbericht der Arbeitsgruppe Strafvollzug der BDVP Potsdam über Struktur und Funktion sowie Hauptaufgaben und Arbeitsweise des Strafvollzuges im Bezirk vom 19. 5. 1969, BLHA, Rep. 404/15.1/250, Bl. 194.
144 Vgl. VSV an ZK der SED vom 28. 5. 1968, BArchB, DO 1/3782.
145 Konzeption einer Biographie der StVA Brandenburg vom 21. 9. 1966, BLHA, Rep. 404/15.1/693, Bl. 217.
146 Vgl. z. B. die Einschätzung für das Jahr 1965 in: StVA Brandenburg: Analyse der Strafvollzugsanstalt Brandenburg vom 14. 9. 1965, BLHA, Rep. 404/15.1/693, Bl. 119.

4. Disziplinarmaßnahmen im Strafvollzug

Zum grundlegenden Prinzip des Strafvollzugs gehörte das differenzierte System von Belobigung und Bestrafung. Als „Auszeichnungen" galten Sonderbriefe und -pakete sowie Sonderbesuche, Geldprämien, zusätzlicher Besuch von Veranstaltungen sowie die Streichung einer Hausstrafe. „Auszeichnungen" wurden gewährt, wenn der Strafgefangene außerordentliche Arbeitsleistungen erbrachte und sich insgesamt durch seine „gute Führung" hervortat. Die „gute Führung" konnte auch in der Ausübung von Spitzeldiensten entweder für die so genannte K 1[147] oder das MfS, das mit einer Operativgruppe in der Strafvollzugsanstalt vertreten war, bestehen. Bespitzelt wurden nicht nur die Mitgefangenen, auch das Verhalten des Vollzugspersonals unterlag der geheimen Kontrolle. Bei diesen Dienstleistungen mussten die Vergünstigungen im Verborgenen erfolgen bzw. mit einer Legende versehen werden, da sonst die Hintergründe sehr schnell offenbar geworden wären. MfS bzw. K 1 gaben daher den Stationsleitern bzw. Erziehern einen Wink, den entsprechenden Strafgefangenen mit einer Vergünstigung zu bedenken.

Auch die Verbindung von sehr guter Arbeitsleistung und Bekundung „progressiver Anschauungen", die u. a. in der Ausübung bestimmter Funktionen wie der Gestaltung einer Wandzeitung oder der Übernahme eines politischen Vortrages im Rahmen der staatsbürgerlichen Erziehung zum Ausdruck kamen, wurden mit Sondervergünstigungen belohnt. Ebenso konnten illegale Hilfsdienste für das SV-Personal, z. B. die Herstellung von Gegenständen in den Produktionsbetrieben zu deren persönlichem Gebrauch, entsprechend honoriert werden. Auf vielfältige Weise funktionierte dieses System der „offiziellen Anerkennung", das in Wahrheit nicht selten eines der Bestechung war.

Politische Gefangene kamen nur selten in den Genuss von „Auszeichnungen". Zum einen taten sie sich meist im Arbeitseinsatz nicht besonders hervor und hatten dementsprechend keine überdurchschnittliche Normerfüllung vorzuweisen. Zum anderen handelte es sich bei ihnen nicht um Strafgefangene mit „progressiven Anschauungen", vielmehr verweigerten sie sich gegenüber solchen Zumutungen einer staatsbürgerlichen Erziehung.

Demgegenüber waren sie sehr zahlreich unter denjenigen Gefangenen zu finden, die mit Bestrafungen bedacht wurden. Gleichwohl soll nicht behauptet werden, dass nur politische Gefangene diesen Disziplinarmaßnahmen ausgesetzt waren. Auch viele kriminelle Gefangene zogen den Zorn des Aufsichtspersonals auf sich, taten sich durch

---

147 Die K 1 in der Strafvollzugsanstalt gehörte zur Kriminalpolizei des Bezirkes und hatte vor allem die Aufdeckung krimineller Delikte in der Haftanstalt zum Ziel, wogegen das MfS sich für die politischen Vergehen interessierte. Vgl. Kapitel III, Abschnitt 11.

Anfang der 60er- bis Anfang der 70er-Jahre

renitentes Verhalten hervor oder inszenierten brutale Auseinandersetzungen zwischen den Gefangenen, weshalb sie z. T. hart bestraft wurden. Dennoch fielen unter die Kategorie der Bestrafungen weit mehr politische Gefangene als unter die der Auszeichnungen. Formen der Bestrafung waren:
- Verwarnung
- Entzug kultureller Veranstaltungen
- Entzug von Vergünstigungen (u. a. Verbot von Rauchen, Lesen, Schachspiel)
- Entzug des HO-Einkaufs
- Verbot des Briefverkehrs
- Verbot des Paket- und/oder Besuchempfangs
- Freizeitarrest
- Einzelarrest
- Strenger Arrest.[148]

Bezeichnend für die Strafvollzugsanstalt Brandenburg war, dass der strenge Arrest zu den am häufigsten eingesetzten Disziplinarmaßnahmen gehörte.[149] Während des Freizeitarrestes, der demgegenüber nur selten ausgesprochen wurde, gingen die Strafgefangenen den ihnen zugewiesenen Arbeitstätigkeiten nach und kamen dann in eine Einzelzelle. Nicht immer wurde das als Bestrafung empfunden. „Ich muß sagen, das war in meinen Augen manchmal eine Erholung, nicht diesen hohlen Schwachsinn anzuhören, den manche von sich gegeben haben."[150] Der Einzelarrest wiederum bestand aus der Isolierhaft ohne jegliche Beschäftigung. Der strenge Arrest dagegen, für den sich Einzelzellen im Keller befanden – „unter der Esse", wie es bei den Gefangenen hieß, weil sich daneben der Schornstein befand –, war durch extreme Haftbedingungen gekennzeichnet. Noch in den 60er-Jahren herrschten im strengen Einzelarrest fast mittelalterliche Zustände. Dazu gehörten der Entzug der Nahrung und das buchstäbliche Dahinvegetieren bei Wasser und Brot. Dietrich Hübner, der aus Protest gegen Intrigen der Staatssicherheit und des SV-Personals Ende 1962 die Arbeit verweigerte und daraufhin in den Arrest kam, schildert die Verhältnisse folgendermaßen:

„Dort erklärte mir der damalige Leiter Allgemein Blockwitz im Beisein von Leutnant Fiedler und Leutnant Engel, dem Kommandoleiter Kdo 5: Wer nicht arbeitet bekommt auch nichts zu essen, und ordnete den Entzug von Essen und Trinken an bis zur Wiederaufnahme der Arbeit durch mich. Mir wurde für 11 Tage Essen und Trinken entzogen, selbst das Waschen wurde mir verboten und in den Schmutzkübel durfte ich kein Wasser eingießen. Jeden Tag wurde ich gefragt, ob

---

148 Vgl. u. a. Dienstversammlung vom 14. 7. 1966, BLHA, Rep. 404/15.1/693, Bl. 209.
149 Vgl. StVA Brandenburg: Analyse der Strafvollzugsanstalt Brandenburg (Havel) vom 14. 9. 1965, BLHA, Rep. 404/15.1/693, Bl. 120.
150 Interview Johannes Rink, S. 10.

ich zur Wiederaufnahme der Arbeit bereit wäre, was ich verneinte. Am 31. Oktober schrieb ich eine Beschwerde an den Minister für Staatssicherheit, in dem ich ihm den Tatbestand des Essenentzuges mitteilte und die Anstaltsleitung in überaus heftiger Form angriff. Kurz nachdem ich den Brief dem Leutnant Engel im Beisein von Polizeimeister Redemske übergeben hatte, suchte mich der Polizeimeister Budnik, genannt Kreppsohle, auf und hieß mich, ich solle mich nackend ausziehen, dann wurde mein Anzug nach irgendwelchen Schriftstücken durchsucht. Das Fenster der Zelle war entzwei und konnte nicht geschlossen werden, es war Ende Oktober, regnerisch und recht kalt, die Zelle selbst kaum geheizt, die Tür zum Gang stand offen, auf dem Gang waren ebenfalls sämtliche Fenster geöffnet, so dass ein recht kalter Durchzug entstand. Ich fürchtete, mir eine Lungenentzündung an den Hals zu holen, die bei meinem Zustande zweifellos das Ende bedeutet hätte; somit bat ich darum, die Tür zu schließen. Der Hauptwachtmeister in der Begleitung Budniks [...] schloß daraufhin die Tür, welche von Budnik wieder wütend aufgetreten wurde, mit den Worten: Wir lassen uns von Ihnen nichts aufoktroyieren. Sie werden sich schon nicht erkälten und wenn schon, Sie werden sowieso auf der Zelle sitzen.

Nach 11 Tagen wurde ich in das Haftkrankenhaus eingeliefert. Mein Puls war äußerst schwach, ich litt an Gleichgewichtsstörungen und gewissen Halluzinationen. Im Krankenhaus erhielt ich mehrere Traubenzuckerspritzen, 1 Liter schwarzen Tee, Herz anregende Mittel und strenge Diät".[151]

Vier Wochen musste er im Krankenhaus zubringen. Der Aufenthalt im Arrest war häufig – wie dieses Beispiel demonstriert – mit Schikanen verbunden, die bis hin zur Lebensbedrohung reichten.

Auch Johannes Rink musste Mitte der sechziger Jahre eine Arreststrafe verbüßen. Er hatte gemeinsam mit anderen politischen Häftlingen die Arbeit verweigert, da sie für das Burger Bekleidungswerk Uniformen nähen sollten. Das war für sie aus politischen Gründen unakzeptabel. Zur Strafe gab es drei Wochen Einzelhaft im „Tigerkäfig".

„Das war eine Zelle, die zu einem Drittel abgeteilt war durch ein richtiges großes Gitter, deswegen Tigerkäfig. Hinten befand sich ein Bett aus genagelten Brettern, auch das Keilkissen war aus Brettern. Die Zelle befand sich zur Hälfte unter der Erde, oben waren dann schmale, lange Fenster. Die Zelle war ungefähr 1,30 mal 2,20 Meter. Und da gab es dann wirklich nur Wasser und Brot, manchmal auch Muckefuck. Trocken Brot. Und jeden dritten Tag bekam man etwas Warmes zu essen und zum Schlafen eine zweite Decke. Sonst hatte man nur eine Decke ge-

---

[151] Haftbericht Dietrich Hübner, S. 30 f. Die Häftlinge gaben den Wachtmeistern häufig Spitznamen, da ihnen die tatsächlichen Namen nicht bekannt waren. So konnten sie sich untereinander verständigen, wer gemeint war.

habt. Und durch diese Bretter taten einem morgens die Knochen fürchterlich weh. Und nur jeden dritten Tag gab es eine zweite Decke zum Zudecken.
Die Zelle war also in einen ‚Schlafraum' und in einen ‚Aufenthaltsraum' unterteilt. Die Trennwand bestand aus Eisenstangen. Im vorderen Teil der Zelle befand sich ein Kübel für die Notdurft, im hinteren Teil das Bett. Täglich 16 Stunden musste man im vorderen Teil der Zelle verbringen. Zweimal am Tag gab es 4 Scheiben Brot und Wasser. Sitzen konnte man nur auf dem Kübel oder auf dem kalten Beton. Die Tage zogen sich endlos hin. Abends wurde das Gitter geöffnet und man durfte sich hinlegen. Nach 21 Tagen und Nächten war ich wieder ‚frei'."152

An den Zuständen im strengen Arrest hatte sich seit den fünfziger Jahren nichts geändert. Er bestand aus hartem Nachtlager, nur jeden 3. Tag eine zweite Decke zum Zudecken und eine warme Mahlzeit, meist aus einer dünnen Suppe bestehend. Es gab keine Freistunde, kein Lesematerial, dennoch zeitiges Wecken, keine Verbindung zu den Angehörigen (also Schreib- Paket- und Besuchsverbot), keinen HO-Einkauf. Sogar nach Beendigung des Arrestes war für weitere zwei Monate der HO-Einkauf untersagt.153 Bezeichnenderweise waren die Haftbedingungen im strengen Arrest in der Hausordnung der Strafvollzugsanstalt, die den Strafgefangenen zur Kenntnis gegeben werden musste, nicht aufgeführt. Sie blieben im Dunkeln und unterlagen damit der Willkür.

Der strenge Arrest konnte bis zu 21 Tagen ausgesprochen werden, was in der Regel auch geschah. In der Praxis wurde jedoch in Brandenburg-Görden diese Grenze häufig weit überschritten. So ordnete man nach Verbüßung der Arreststrafe z. B. eine Woche Einzelhaft an, um danach erneut 21 Tage strengen Arrest zu verhängen. Nicht selten betrug der strenge Arrest auf diese Weise 3 × 21 Tage, jeweils unterbrochen von einer Woche Einzelhaft.154 Dies geschah manchmal einfach aus Schikane oder wenn sich keine „Besserung" im Verhalten des Gefangenen zeigte, was oft bei Arbeitsverweigerungen der Fall war.

So wollte der politische Häftling Manfred Springer keine Arbeit aufnehmen, um damit seiner Forderung nach Ausreise in die Bundesrepublik Nachdruck zu verleihen. Er kam in Einzelhaft und trat dann in den Hungerstreik. „Und frühmorgens brachte der Kalfaktor Wasser zu mir in einer Aluminiumschüssel. Ja, und da sehe ich plötzlich, dass das Waschwasser war, da hatte man nämlich Waschpulver rein getan [...]. Ja,

---

152 Johannes Rink, Im Namen des Volkes: 4 Jahre Zuchthaus, in: Ein Gespenst ging um. Erlebnisberichte aus dem „Sozialistischen Lager" 1945–1989, hrsg. v. d. Landesbeauftragten für die Unterlagen des Staatssicherheitsdienstes der ehemaligen DDR Sachsen-Anhalt, Magdeburg 1997, Schriftenreihe Betroffene erinnern sich (2), S. 58.
153 Dienstversammlung vom 14. 7. 1966: Auswertung der Tagung der VSV – Einschätzung der Lage im SV, BLHA, Rep. 404/15.1/693, Bl. 209.
154 Vgl. Thomas Ammer, Strafvollzug in der Strafvollzugsanstalt Brandenburg, in: DA 35 (2002), S. 1007.

sagt er, Anordnung von Polizeimeister Budnik, vom Stationsleiter: Wenn Du nichts isst, dann brauchst Du auch nichts trinken."

Danach kam Springer zur Verbüßung der Arreststrafe in den Keller. Er schildert, dass von der Staatssicherheit in einem Gespräch an ihn die Drohung erging: „Wenn Ihre 3 Wochen Arrestzeit vorbei sind und Sie weiterhin für uns die Arbeit ablehnen, bekommen Sie solange nix zu fressen – so seine Worte – sie bekommen solange nix zu fressen bis Sie freiwillig die Arbeit wieder aufnehmen."[155] Nach einiger Zeit nahm er – mürbe gemacht – die Arbeit wieder auf.

Springers Verzweiflung, nicht in den Westen ausreisen zu können, war jedoch so groß, dass er erneut eine Arreststrafe in Kauf nahm. Dabei kam es zu weiteren Schikanen. Da er sich weigerte, entsprechende Meldung in der Arrestzelle zu machen, verfügte der Stationsleiter, dass die Pritsche zur Nacht nicht heruntergeklappt werden durfte, die Heizung wurde abgestellt und seine Anstaltskleidung musste er abgeben. „Und da bin ich die ganze Nacht gelaufen. Ich hatte nur Unterhemd, Unterhose und die Strümpfe an, und da bin ich die ganze Nacht nur in der dunklen Kellerzelle 6 Schritte vor, 6 Schritte zurück, immer mit ausgestreckten Händen gelaufen, damit ich nicht mit dem Kopf an die Wand laufe. Und wenn dann irgendwann in der Nacht – ja, die Nacht, die kann ja auch sehr, sehr lang werden –, wenn man sich sagte: ach komm, leg dich mal für ein paar Minuten hin, was ich auch getan habe, auf diesen kalten Zementboden. Aber dann habe ich gedacht, wenn du dich hier hinlegst und du schläfst ein, dann haben die Kommunisten das bei dir erreicht, was sie erreichen wollen. Dann bist du wirklich kaputt Zeit deines Lebens und dann bleiben Haftschäden zurück. Und deshalb hab ich mir gesagt, dass ich es auf diese Art und Weise nicht machen kann. Und einen Tag später hab ich dann wieder Meldung gemacht und den Hungerstreik aufgegeben."[156] Sein Widerstand war gebrochen. Die Anstaltsleitung saß am längeren Hebel, eine Erfahrung, die sich immer wieder bestätigte.

Wiederholt kritisierte die übergeordnete Dienststelle – die Bezirksbehörde der Deutschen Volkspolizei –, dass der strenge Arrest zu häufig ausgesprochen werde, Konsequenzen hatte das jedoch nicht.[157] Die Gründe für das Verhängen einer Arreststrafe waren sehr verschieden. In einem Bericht für den Monat Juni 1967, in dem

---

155 Interview Manfred Springer, S. 20.
156 Ebenda, S. 24.
157 Vgl. z. B. Betreff Überprüfung der Disziplinarvorgänge Mai 1969 vom 10. 6. 1969, BLHA, Rep. 404/15.1/704, Bl. 49/50. Danach gliederten sich die in diesem Monat ausgesprochenen Arreststrafen in 1 Freizeitarrest, 7 Einzelarrest, aber 26 strengen Arrest. Dazu hieß es: „Die nun schon jahrelange Tendenz der VA III, vor allem hohe Arreststrafen auszusprechen, ist auch im Monat Mai 1969 spürbar. Hier wurden z. B. 11 Disziplinarstrafen mit strengem Einzelarrest zwischen 15 und 21 Tagen verfügt." Ebenda, Bl. 50. Im ersten Halbjahr 1969 wurden insgesamt 156 Einzel- oder strenge Arreststrafen verhängt. Vgl. Einschätzung des Standes der Disziplin und Ordnung der Strafgefangenen im 1. Halbjahr 1969 ... vom 2. 7. 1969, BLHA, Rep. 404/15.1/704, Bl. 35.

allein 45 Arreststrafen ausgesprochen worden waren, wurden folgende Gründe angeführt: „Widerstand, Sachbeschädigung, Herstellung illegaler Verbindungen, Arbeitsverweigerung, Angriffe auf SV-Angehörige, Ausbruchsversuche, Hetze." Ganz offiziell wurden körperliche Züchtigungen angewandt.

„In Durchführung der Sicherungsmaßnahmen kamen dabei
in 3 Fällen körperliche Gewalt,
in 2 Fällen der Gummiknüppel,
in 2 Fällen Hand- und Fußfessel und
in 1 Fall Handfessel zur Anwendung."[158]

Diese Sicherungsmaßnahmen durften allerdings nur bei Gewaltakten von Strafgefangenen angewendet werden. Eine Schikane bestand darin, solche Angriffe häufig durch das SV-Personal vorzutäuschen, um „Sicherungsmaßnahmen" verhängen zu können. Sie dienten dann allein der Disziplinierung der Gefangenen. Auch die Einweisungen in den Arrestbereich erfolgten häufig willkürlich, wie auch eine der wenigen internen Kontrollen offenbarte. Darin hieß es: „Die Überprüfung der genannten Vorkommnisse ließ im Allgemeinen ernsthafte Mängel in der Vorgangsbearbeitung erkennen. Die objektive Wahrheit wird nicht umfassend genug erforscht. Widersprüche zwischen den Meldungen über die Vorkommnisse und den Aussagen der Strafgefangenen werden völlig unzureichend geklärt."[159] Im gleichen Bericht kamen ebenfalls die Schikanen während des Arrestes zur Sprache: „Mir ist bekannt, daß auch in der Vergangenheit das Abstellen der Zellenheizung und das Öffnen der Oberfenster der Arrestzellen im Winter bei bestimmten Strafgefangenen praktiziert wurde."[160] Auch die unangemessene „Anwendung des Polizeiknüppels" wurde thematisiert. Ob dieser Bericht kurzfristig eine Veränderung im Umgang mit den Strafgefangenen bewirkte, muss bezweifelt werden, da auch in späteren Jahren von Willkürakten berichtet wird. Die schwer wiegenden Übergriffe seitens der Aufseher, die sich im Arresttrakt weitgehend unbeobachtet fühlten, wurden ohnehin nicht thematisiert. Darüber geben jedoch u. a. die Häftlingsberichte in der Zentralen Erfassungsstelle Salzgitter Auskunft.[161] Sie bildeten nach 1989 eine wesentliche Grundlage für die Einleitung von Ermittlungsverfahren gegen Bedienstete der Haftanstalt Brandenburg.[162]

---

158 Bericht über das Ergebnis der operativ durchgeführten Untersuchungen in der StVA Brandenburg vom 8. 7. 1967, BLHA, Rep. 404/15.1/707, Bl. 143.
159 Analyse über Widerstandshandlungen von Strafgefangenen vom 19. 5. 1967, BLHA, Rep. 404/15.1/707, Bl. 120.
160 Ebenda, Bl. 119.
161 Die Zentrale Erfassungsstelle der Landesjustizverwaltungen mit Sitz in Salzgitter wurde nach dem Mauerbau 1961 gegründet. Die Unterlagen befinden sich heute bei der Generalstaatsanwaltschaft Braunschweig. Vgl. zu den Aufgaben der Erfassungsstelle Heiner Sauer/Hans-Otto Plumeyer, Der Salzgitter-Report. Die Zentrale Erfassungsstelle berichtet über Verbrechen im SED-Staat, Esslingen 1991.
162 Vgl. dazu ausführlich Kapitel IV.

5. Politische Gefangene nach dem Mauerbau

Mit dem Mauerbau war die DDR-Gesellschaft keineswegs befriedet. Die Staatsmacht griff hart durch und verfolgte nicht nur die zahlreichen Fluchtversuche unnachgiebig, sondern auch Menschen, die gegen den Mauerbau protestierten oder die gesellschaftlichen Verhältnisse kritisierten. Überall wurde „ideologische Diversion" gewittert. Die Verhaftungspraxis nahm eine derartige Größenordnung an, dass sogar Staatssicherheitsminister Mielke im Dezember 1961 Bedenken anmeldete: „Wir müssen dazu übergehen, durch neue Methoden in Zusammenarbeit mit der Partei und den gesellschaftlichen und staatlichen Einrichtungen die feindliche Tätigkeit zu unterbinden. Es ist nicht möglich, die gegenwärtig hohe Zahl von Festnahmen länger beizubehalten."[163]

Auch in Brandenburg-Görden stieg die Zahl der Gefangenen wieder an. Da die Verurteilungen im Zusammenhang mit dem Mauerbau ein solches Ausmaß angenommen hatten, musste die Strafvollzugsanstalt vorübergehend „Kurzstrafige, im Schnellverfahren Abgeurteilte"[164] aufnehmen, weil überall in den Haftanstalten Überfüllung herrschte. Im März 1962 war die Strafvollzugsanstalt mit 2119 Gefangenen belegt und überschritt damit die Kapazitätsgrenze um 300 Personen. Die Zahl der „Staatsverbrecher" lag bei 1248 Gefangenen.[165] Wie überzogen die Staatsmacht auf die Kritik am Mauerbau reagierte, zeigt der Fall des politischen Häftlings Johannes Rink.

Zum Beispiel Johannes Rink

Johannes Rink, 1941 in Magdeburg geboren, wuchs nach dem Krieg in einem kleinen Dorf in der Altmark auf.[166] Nach dem Krieg wurde seine Familie enteignet, weil der Bauernhof etwas mehr als 100 Hektar zählte. 100 Hektar waren die Grenze für Enteignungen im Rahmen der Bodenreform. Obwohl sein Vater bereits 1951 gestorben war, durfte er dennoch nicht die Oberschule besuchen, da er von seiner sozialen Herkunft her als Großbauernsohn galt. Es blieb ihm daher nichts anderes übrig, als nach Absolvierung der Grundschule einen Beruf zu erlernen. Sein Wunsch war es, zur See zu fahren. Die zahlreichen Versuche, eine Lehrstelle in dieser Richtung zu bekommen, blieben erfolglos. Um die Landflucht der Jugendlichen zu unterbinden, wurden die Vergabe von Lehrstellen staatlich reglementiert und die Angebote stark eingeschränkt. Vor allem sollten Jugendliche in der kollektivierten Landwirtschaft eingesetzt werden.

---

163 Protokoll über die Sitzung des Kollegiums vom 13. 12. 1961 und vom 20. 12. 1961, zit. nach Armin Mitter/Stefan Wolle, Untergang auf Raten. Unbekannte Kapitel der DDR-Geschichte, München 1993, S. 360.
164 Analyse der Gefangenenbewegung seit dem 13. August 1961 vom 15. 9. 1961, S. 2, BLHA, Rep. 404/15.1/389.
165 Gefangenenstatistik vom 31. 3. 1962, BLHA, Rep. 404/15.1/ 709, Bl. 66.
166 Interview Johannes Rink.

Schließlich erlernte Johannes Rink in einem Nachbardorf den Beruf eines Bäckers. Damit war er aus der Landwirtschaft heraus und konnte sich erneut bei der Rostocker Hochseefischerei bewerben, bei der er schließlich 1958 als Koch eingestellt wurde. Nun begann eine neue Welt für ihn. Durch die Hochseefischerei kam er nach Norwegen, Kanada, Grönland, die Schiffe legten in den dortigen Häfen an. Es gab Kontakte zu Seeleuten anderer Länder, darunter auch westdeutschen. Sie tauschten sich aus, erfuhren vieles, was ihnen bisher verschlossen war, erhielten Einblicke in unbekannte Lebenswelten. Die Seeleute aus der DDR konnten sich westliche Zeitungen kaufen, westliche Filme ansehen, Bücher erwerben, die in der DDR verbotenen waren. Dadurch weitete sich ihr Blick. Es herrschte eine offene Atmosphäre unter den Kollegen, es gab keinen SED-Parteisekretär an Bord, auch der Kapitän griff politisch nicht ein. Allerdings befand sich unter ihnen ein Spitzel der Staatssicherheit, der regelmäßig Bericht erstattete. Auch über Johannes Rink wurde eine Akte angelegt, wie sich später herausstellen sollte.

Dann kam der 13. August 1961. Empörung herrschte unter den Seeleuten. Am 14. August fand eine Versammlung für die Hochseefischer in Rostock statt, auf der sie von der Richtigkeit des Mauerbaus überzeugt werden sollten. Eine zu diesem Zweck angereiste SED-Parteifunktionärin sprach über die Notwendigkeit des „antifaschistischen Schutzwalls" und dessen einhellige Begrüßung durch die Berliner Bevölkerung, da damit auch die Schiebereien unterbunden würden. Johannes Rink war erstaunt, denn über die Westsender hatte er anderes gehört. Und so fragte er nach und meinte, das sei doch eine glatte Lüge, er kenne andere Äußerungen. Daraufhin brach Tumult aus. Es wurde geschrien, die Grenze würde doch nur dicht gemacht, weil sonst die Leute abhauten. Die Seeleute ließen ihrer Wut freien Lauf. Die Rednerin kam nicht mehr zu Wort, die Versammlung wurde abgebrochen.

Am nächsten Tag lief sein Schiff aus. Johannes Rink erfuhr nichts von den zahlreichen Verhaftungen, die nach dieser Veranstaltung unter den Seeleuten einsetzten. Als sein Schiff von der Reise am 10. Oktober 1961 wiederkehrte, empfingen ihn zwei Herren in Zivil und brachten ihn zwecks „Klärung eines Sachverhaltes" zur Staatssicherheit nach Rostock. Nach 20 Stunden erklärte man ihm, dass er verhaftet sei. Er fragte nach dem Grund und erhielt die Auskunft: „antisozialistische Hetze". Er war fassungslos und meinte, er würde nach zwei Tagen wieder freikommen, denn schließlich lief das Schiff dann wieder aus. Jetzt hielt man ihm tatsächliche oder vermeintliche negative Äußerungen über den SED-Staat vor, die IM's zusammengetragen hatten. Besuche von Kollegen und Freunden wurden nun als konspirative Treffen ausgelegt. Auch Schimpfereien auf die Russen waren festgehalten worden. Sieben Monate zogen sich die zermürbenden Verhöre hin. Immer wieder musste er Lebensläufe verfassen, bei jeder Unstimmigkeit wurde nachgefragt. Die Einzelhaft und der menschenverachtende Umgang im Stasi-Untersuchungsgefängnis zerrten an seinen Nerven. Er war schließlich gesundheitlich so angegriffen, dass er die Protokolle unterschrieb in der Annahme, zum Gerichtstermin die Sachverhalte klarstellen zu können. Dazu aber bestand keine Möglichkeit.

Am Vorabend des Prozesses wurde ihm ein Pflichtverteidiger vorgestellt, der im Beisein des Stasi-Mitarbeiters Verteidigung und Strafmaß besprach. Während des Prozesses vor dem Bezirksgericht Rostock beschwor der Verteidiger ihn, sich nicht zu äußern. Erst zum Schluss bat er um Strafmilderung auf Grund seiner Jugend (er war zum Zeitpunkt seiner Verhaftung 20 Jahre alt). Die Richterin folgte jedoch dem Antrag der Staatsanwaltschaft. Johannes Rink wurde am 7. Februar 1962 zu vier Jahren Zuchthaus wegen „fortgesetzter staatsgefährdender Propaganda und Hetze im schweren Fall (§ 19 Abs. 1 Nr. 1 und 2 Abs. 3 StEG) und Boykotthetze gegen die Sowjetunion" verurteilt. Die Anwendung des Boykotthetze-Paragrafen der Verfassung der DDR war als strafverschärfend gedacht. Gleichzeitig ordnete das Gericht ein Berufsverbot für die Seeflotte und ein 10-jähriges Aufenthaltsverbot für die Stadt Rostock an.[167]

Auf Anraten des Verteidigers nahm er die Strafe an, da nach dessen Meinung die Untersuchungshaft ihm sonst nicht angerechnet würde. Er unterschrieb daraufhin das Urteil. Es war das erste und einzige Mal, dass er sein Urteil zu Gesicht bekam. Von der Untersuchungshaft der Staatssicherheit wurde Johannes Rink der Polizei in Rostock übergeben, danach ging es über die Haftanstalt in Magdeburg zur Strafvollzugsanstalt Brandenburg. Im Frühjahr 1962 war die Haftanstalt absolut überfüllt.

In Brandenburg mussten sich die Neuankömmlinge in einer Reihe aufstellen. Der Anstaltsleiter schritt die Reihe ab und befragte jeden nach Namen und Strafmaß. Johannes Rink war mit seinen vier Jahren am geringsten bestraft, weshalb er angeschrien wurde, da könne er ja gleich auf dem Flur bleiben. In der Effektenkammer mussten sich die Häftlinge nackt ausziehen und eine demütigende Behandlung über sich ergehen lassen. Ein Vollzugsbeamter steckte ihnen einen Finger in den After, um festzustellen, ob sie etwas versteckt hätten. Dann kam er im Haus 1 in eine Drei-Mann-Zelle, in der sich bereits ein so genannter Kriegsverbrecher und ein Verurteilter des 17. Juni befanden. Er wurde sogleich zur Arbeit in der Küche, später in der Bäckerei eingesetzt, wo der Verdienst sehr gering war. Etwa ein Jahr später versetzte man ihn in die Schneiderei des Burger Bekleidungswerkes. Nachdem die Gefangenen dort zunächst blaue Arbeitsmonturen genäht hatten, sollten sie plötzlich Uniformen für die NVA herstellen. Johannes Rink und einige andere politische Gefangene weigerten sich. Daraufhin bekamen sie eine strenge Arreststrafe verhängt.[168] Nach deren Verbüßung wurde er dann in der Tischlerei eingesetzt, wo er im harten Akkord arbeiten musste.

Während seiner Haftzeit hatte Johannes Rink einen Ausreiseantrag gestellt, da er für sich keine Perspektive mehr in der DDR sah. Als er seine Freiheitsstrafe vollständig abgesessen hatte und nach vier Jahren Zuchthaus am 5. Oktober 1965 entlassen

---

167 Rink, Im Namen des Volkes, S. 54.
168 Vgl. die Schilderung über den Arrest, Abschnitt 4.

wurde, zerriss der Leutnant, der seine Papiere ausstellte, vor seinen Augen den Ausreiseantrag. In Magdeburg, wo er bei seinem Bruder Unterkunft fand, bekräftigte er beim Rat des Stadtbezirkes, Abteilung Inneres, erneut sein Ausreisebegehren. Man bedeutete ihm die Aussichtslosigkeit seines Vorhabens. Daraufhin nahm er im Magdeburger Schwermaschinenbau SKET eine Arbeit auf und qualifizierte sich vom Hilfsarbeiter zum Bohrwerksdreher. Nach dem Facharbeiterabschluss wollte er ein Ingenieurstudium aufnehmen. Dies wurde ihm mit dem Argument verwehrt, dass man Staatsfeinde nicht zum Studium zulasse. So blieb er 20 Jahre lang als Bohrwerksdreher beschäftigt, obwohl er sich auch später um weitere Qualifizierungen bemühte.

Das Schlimmste in all den Jahren war, so berichtet Johannes Rink, dass er mit niemandem – außer seiner Familie – über seine Haftzeit sprechen konnte, da er nach seiner Entlassung entsprechend angewiesen worden war. Infolge seiner Haft litt er viele Jahre unter gesundheitlichen Problemen. Als 1985 seine Brigade zu rollender Schichtarbeit übergehen sollte, kündigte er daher und nahm in einem anderen Betrieb Arbeit auf.

In der gesamten Zeit seiner Berufstätigkeit im Magdeburger Schwermaschinenbau wurde er, wie seine Stasi-Unterlagen belegen, vom MfS bespitzelt. Sogar die Schichtpläne fanden sich darin. Ab Sommer 1989 nahm er aktiv an Zusammenkünften von Oppositionellen unter dem Dach der Kirche teil; er gehörte zu den Ersten in Magdeburg, die im Anschluss an den Gottesdienst auf die Straße gingen, wo sie dann von Polizisten bzw. der Staatssicherheit zusammengeprügelt wurden. Dann kamen die Montagsdemonstrationen, an denen er sich regelmäßig beteiligte, bis das diktatorische System, das ihn als Jugendlichen wegen seiner Meinungsäußerung ins Zuchthaus gesteckt und ihn mit Berufsverbot belegt und anschließend seine beruflichen Perspektiven beschnitten hatte, zusammenbrach.

Die politische Strafverfolgung Anfang der 60er-Jahre konzentrierte sich nicht nur auf diejenigen, die es gewagt hatten, sich öffentlich gegen den Mauerbau auszusprechen. Der Justizterror schlug auch gegenüber anderen vermeintlichen Gegnern blindlings zu. Überall wurden Feinde der DDR gewittert, die den Staat in seiner Existenz angeblich bedrohten. Wer ins Visier des misstrauischen Staatssicherheitsapparates geriet, hatte auch bei nur geringem Verdacht mit unbarmherziger Verfolgung, Erpressung von Geständnissen und in der Konsequenz hohen Haftstrafen zu rechnen. Ein solches Schicksal traf Rudolf Wehrstedt, an dessen Beispiel die feindliche Tätigkeit des Ostbüros der SPD demonstriert werden sollte. Das Ostbüro der SPD galt nach wie vor als „gefährliche Spionageorganisation", durch die die SED-Führung ihre Macht bedroht sah.[169] Der Fall wurde als so wichtig erachtet, dass die Staatssicherheit darüber die Sowjets informierte, wie

---

169 Vgl. dazu Wolfgang Buschfort, Das Ostbüro der SPD. Von der Gründung bis zu Berlin-Krise, München 1991; ders., Die Ostbüros der Parteien in den 50er Jahren, in: Schriftenreihe des Berliner Landesbeauftragten für die Unterlagen des Staatssicherheitsdienstes der ehemaligen DDR, Band 7, Berlin 1998, S. 29–76.

entsprechende Unterlagen der sowjetischen Staatssicherheit in seinen Akten belegen. Obwohl die Ermittlungen gegen Rudolf Wehrstedt einen „Entlarvungsprozeß" des SPD-Ostbüros gar nicht hergaben, wurde er dennoch zu einer Zuchthausstrafe von 12 Jahren verurteilt.

Zum Beispiel Rudolf Wehrstedt

Rudolf Wehrstedt, 1911 in Kleinilsede in Niedersachsen geboren, erlernte nach dem Besuch der Grundschule – widerwillig und nur auf Betreiben seiner Eltern – den Beruf eines Bäckers.[170] Er war ein guter Schüler, wissbegierig, und hätte sehr gern die höhere Schule besucht. Als Arbeiterkind aus einem armen Haushalt blieb ihm aber dieser Bildungsweg verwehrt. Zu seiner Empörung kamen viel schlechtere Schüler aus reichen Elternhäusern ohne Probleme auf eine weiterführende Schule. Seine Eltern verbanden mit der Lehre im Bäckerhandwerk die Hoffnung, dass er damit der Arbeitslosigkeit entgehen würde, da die Bevölkerung nicht ohne Brot auskommen könnte. Dieser Wunsch erfüllte sich nicht, denn nach seiner Lehre wurde er bald arbeitslos. So begab er sich auf Wanderschaft und durchquerte viele europäische Länder, erhielt manchmal Arbeit, oft aber blieb er ohne Beschäftigung.

Nach Deutschland zurückgekehrt, war er über die Entwicklung sehr enttäuscht. Schließlich waren in der Weimarer Republik die Sozialdemokraten an der Macht, hatten aber die soziale Ungleichheit nicht beseitigt und das Bildungsprivileg nicht gebrochen. Die NSDAP dagegen, vor allem die SA, mit denen er über Freunde Kontakt bekam, schien diese Forderung ernst zu nehmen und gegen die Kapitalisten aufzubegehren. Daher trat er 1930 der SA bei, in der er zunächst auch aktiv war. Nachdem er sich aber inhaltlich mit den nationalsozialistischen Ideen genauer beschäftigt hatte und angewidert vom „Rabaukentum" der SA war, verließ er 1932 enttäuscht die Partei. Vom Faschismus wandte er sich endgültig ab.

Er begab sich nach Belgien und versuchte, dort Fuß zu fassen. Das gelang ihm nicht. Schließlich trat er 1934 als „Freiwilliger" der Reichswehr bei, in der Hoffnung, dort einmal seinen Lebensunterhalt als Angestellter zu verdienen. Tatsächlich bekleidete er nach Absolvierung der Grundausbildung verschiedene Verwaltungsposten und wurde schließlich nach seiner Heirat im Jahr 1938 in die Nähe seiner Familie, nach Magdeburg, versetzt, wo er in der Verwaltung eines Militärflugplatzes arbeitete. Dort hatte er Kontakt zu einer illegalen Widerstandsgruppe und beteiligte sich zeitweise an der Verteilung von Flugblättern, weil er etwas gegen den Nationalsozialismus unternehmen wollte.

Während des Krieges wurde er mehrfach versetzt, auch in die Sowjetunion, später in die Niederlande. 1945 kam er schließlich nach Deutschland zurück. Er geriet

---

170 Interview Rudolf Wehrstedt, Dezember 2001.

Anfang der 60er- bis Anfang der 70er-Jahre

in amerikanische Kriegsgefangenschaft, aus der er Anfang 1946, gesundheitlich geschwächt, entlassen wurde. Er ging nach Sachsen-Anhalt zu seiner Familie, wo er von den Schwiegereltern die Bewirtschaftung von Bodenreformland, das diese 1946 erhalten hatten, übernahm. Während dieser Zeit ermunterte ihn ein Freund, in die SED einzutreten, um dort die Sozialdemokraten zu stärken. Das tat er dann auch. Die Kommunisten befanden sich in der Region um Halberstadt, wo er wohnte, ohnehin in der Minderheit. Rudolf Wehrstedt war der Überzeugung, dass die Sozialdemokraten für die Idee einer sozial gerechten, auf Demokratie beruhenden Gesellschaft eintreten und in der SED dafür kämpfen würden. Als er jedoch erlebte, dass die ehemaligen SPD-Mitglieder in der Einheitspartei nach und nach an den Rand gedrängt wurden und kaum mehr Einfluss besaßen, trat er 1949 enttäuscht aus der SED aus.

Da die Arbeit in der Landwirtschaft für ihn zu anstrengend war, gab er den Hof ab und nahm im Frühjahr 1950 eine Arbeit bei der BAU-Union in Wernigerode auf. Er verhielt sich sehr kritisch gegenüber dem neuen Staat und äußerte dies auch gegenüber den Arbeitskollegen und einer begrenzten Öffentlichkeit. Aus persönlichem Anlass befand er sich Ende 1950 in Westberlin, wo er, darauf angesprochen, Kontakt zum SPD-Ostbüro aufnahm. Fortan fuhr er des Öfteren nach Berlin und berichtete über Verhaftungen in der DDR, gab Namen weiter und informierte über die Stimmungslage in der Bevölkerung sowie über die alltäglichen Arbeits- und Lebensbedingungen, die Versorgungslage, Enteignungen usw. Inzwischen arbeitete er in der Konsumgenossenschaft in Wernigerode, später in Halberstadt. Da er sich auch theoretisch mit Alternativen zum DDR-System beschäftigte, schrieb er seine Gedanken nieder und tauschte sich im Ostbüro der SPD darüber aus. Zudem erhielt er von dort verschiedene Bücher, die in der DDR verboten waren und die er auch an Kollegen weitergab. Über seine Kontakte zum Ostbüro der SPD behielt er jedoch Stillschweigen und konnte seine Besuche dorthin auch gut legendieren.

Im Sommer 1961 traf er einen gerade aus dem Zuchthaus vorzeitig entlassenen Arbeitskollegen wieder. Spontan – offenbar aus einer Welle des Mitgefühls – erzählte er ihm, dass er damals das Ostbüro der SPD über dessen Verhaftung unterrichtet habe. Etwas unbedacht sprach er mit ihm über seine langjährige Verbindung zu dieser Organisation. Ob dieser Kollege auf Wehrstedt angesetzt worden war oder von sich aus die Staatssicherheit über dieses Gespräch informierte, ist nicht eindeutig zu klären. Auf jeden Fall findet sich dieser Bericht in den Ermittlungsunterlagen des MfS gegen Wehrstedt.

Die Staatssicherheit begann nun hektisch eine Untersuchung einzuleiten. Offenbar dachte man, einer großen Spionagegeschichte auf die Spur gekommen zu sein und am Fall Rudolf Wehrstedt die „Entlarvung" des Ostbüros der SPD inszenieren zu können.

Das MfS verfolgte mit dem Fall Wehrstedt folgende Ziele:

„I. 1.) Überführung des Beschuldigten unter Herausarbeitung der vom Ostbüro der SPD angewandten Mittel und Methoden bei der Verbindungsaufnahme, Anwerbung, Aufrechterhaltung der Verbindung, Auftragserteilung, Art der Aufträge, Berichterstattung sowie der Treffdurchführung.

2.) Erarbeitung weiterer Personen, die für das Ostbüro der SPD und andere Geheimdienste tätig sind sowie solcher Personen, die der Beschuldigte dem Ostbüro nannte.

3. Auswertungsmäßige Erarbeitung aller vom Ostbüro der SPD angewandten Methoden der Steuerung der Agenten [...].

II. Politische Schwerpunkte

Entlarvung des Ostbüros der SPD als Agenten- und Spionageorganisation und Beweisführung, daß das Ostbüro keine Institution der SPD ist.

Herausarbeitung der Tatsache, daß die verbrecherische Tätigkeit des Ostbüros der SPD von den rechten SPD-Führern weitgehendst unterstützt wird. (Finanzierung aus Parteigeldern usw.) – unmittelbare Verbindung der Mitarbeiter des Ostbüros zum Landesverband der SPD in Westberlin und Parteivorstand der SPD).

Erarbeitung von Fakten, die die unmittelbare Zusammenarbeit des Ostbüros der SPD mit anderen Feindzentralen beweisen."[171]

Ganz offensichtlich sollte mit dem Fall Wehrstedt ein Exempel statuiert werden. Allerdings gab die Untersuchung dies gar nicht her; seine Geständnisse hatte man brutal erpresst, sie entsprachen nicht dem tatsächlichen Sachverhalt. Rudolf Wehrstedt wurde in seiner Bedeutung für eine solche Inszenierung total überschätzt. Die Absicht der Durchführung eines groß angelegten Schauprozesses wurde schließlich aufgegeben. Die Verhandlung fand dann unter Ausschluss der Öffentlichkeit statt. Zu dünn erwiesen sich die Fakten.

Aber zunächst wurde Wehrstedt im September 1961, während eines Kuraufenthaltes in Sachsen, verhaftet. Er kam in das Untersuchungsgefängnis der Staatssicherheit in Magdeburg. Dort erfolgten unzählige Verhöre, in denen er Verbindungen nach Westdeutschland, und dabei besonders zum SPD-Ostbüro gestehen sollte. Der Vernehmer gab ihm das Ehrenwort, besiegelt per Handschlag, dass er sofort entlassen werde, wenn er seine Verbindung zur SPD offen lege. Auf dieses Angebot fiel Rudolf Wehrstedt herein. Als er daraufhin seine Beziehung offenbarte, wurde ein anderer Ton in den Vernehmungen angeschlagen. Die Verhöre fanden Tag und Nacht statt, er wurde angeschrien und sogar geschlagen. Er sollte seine Kenntnisse über das Ostbüro der SPD sowie Namen von Bürgern, die der DDR feindlich gegenüberstanden,

---

[171] Ermittlungsverfahren Rudolf Wehrstedt, Ziel der Untersuchung, BStU, ASt. Magdeburg, AU 2365/62, Bd. 1, Bl. 51.

Aufnahmebogen

Name: Wehrstedt
Vorname: Rudolf
geb. am 31.7.11 **in** Kleinilsede
Kreis: Peine
Zuletzt polizeilich gemeldet in Zilly, Kr. Halberstadt
Erlernter Beruf: Bäcker
Tätigkeit vor der Inhaftierung: Walzwerker, VEB-Ilsenburg (wo beschäftigt)
Soziale Herkunft: Arbeiter
Staatsangehörigkeit: DDR **Nationalität:** deutsch
Verteidiger:
Mittäter:
Zugehörigkeit zu Parteien und Massenorganisationen (vor 1945 - nach 1945):
1930 – 31 NSDAP
SED FDGB

VPKA (PM):
Verständigt am:
Gesundheitsakte angelegt am:
Tag der Festnahme: 18.9.61
Eingeliefert: am 22.6.62 von UHA-MfS-Magdeburg
Ausstellende Dienststelle: STVA-Magdeburg
Gef.-Nr.: 1793/62
Verlegungen: 1.11.62 nach Brandenburg 839/62

BStU 000003
KOPIE BStU

Strafen

Verurteilendes Gericht: BG-Magdeburg
Aktenzeichen STA: I 128/62
SV: 3541/62
Tag des Urteils: 22.6.62
Straftat: Spionage pp.
Dauer und Art der Strafe: 12 J.Z.
Anzurechnende U-Haft: 299 Tage
Strafzeit Beginn TB: 14.07.62
Ende TE: 17.09.73
Neues Strafende:
Entlassung am: 19.08.66
Grund: §346
nach: W.V.

Vermerke

Berufung verworfen
2.X.62

§346. 37.Woche 67

Akte geprüft 17.8.66

Quelle: BStU, G-SKS, 13103, Bl. 3.

preisgeben. Immer wieder bedrängten die Vernehmer ihn, bis er Namen, allerdings von überzeugten Kommunisten, nannte. Als die Staatssicherheit dahinter kam, reagierten die Vernehmer wütend.

Während der ganzen Zeit war ihm der Kontakt zu seiner Familie verboten. Da man ihm sogar das Briefeschreiben verwehrte, trat er in den Hungerstreik. Nach drei Tagen erhielt er die Schreiberlaubnis und seine Familie nach vier Monaten das erste Lebenszeichen von ihm. Aber eine Antwort erreichte ihn nicht. Als er einen erneuten Hungerstreik ankündigte, bekam er schließlich die Post ausgehändigt. Durch die Verhöre über Monate hinweg, die schlechte Ernährung und den Hungerstreik (er hatte über 10 Kilo abgenommen) war er gesundheitlich so geschwächt, dass er sogar ein Todesurteil entgegengenommen hätte, wie er rückblickend sagt. Die Vernehmer gaben ihm zu verstehen, dass sie ihm diesen „Gefallen" nicht täten. Das MfS war auch deshalb besonders aggressiv, weil ihr Konzept nicht aufging. Rudolf Wehrstedt erwies sich als „kleiner Fisch". Auch die Bewohner seines Ortes und seine Arbeitskollegen sagten nichts Belastendes über ihn aus, worauf er noch heute sehr stolz ist. Alle hielten zu ihm.

Schließlich kam es nach neun Monaten zum Prozess. Während der Verhandlung sprach man ihn stets mit „Sie Verbrecher" an, untersagte ihm sogar Erwiderungen und Erklärungen bezüglich der Anklagepunkte. Nach drei Tagen wurde am 22. Juni 1962 das Urteil gesprochen. Es lautete auf 12 Jahre Zuchthaus „wegen fortgesetzten Betreibens von Spionage im schweren Falle in Tateinheit mit fortgesetztem Betreiben staatsgefährdender Propaganda und Hetze in schwerem Falle – Verbrechen gemäß §§ 14, 24, 19 StEG, § 73 StGB". Bei diesem Urteil habe sich das Gericht „von dem humanistischen Gedanken leiten lassen", dass trotz der Schwere des Verbrechens die 12-jährige Zuchthausstrafe ausreichend und somit nicht auf „lebenslanges Zuchthaus oder die Todesstrafe zu erkennen sei".[172]

In der Urteilsbegründung, die eine Abrechnung mit der SPD darstellt und die offenbar für einen Schauprozess verfasst worden war, heißt es: „Es ist dem Angeklagten nicht unbekannt gewesen, daß sich die rechte SPD-Führung immer bewußt zum Handlanger der Ausbeuterklasse gemacht und zielstrebig die Werktätigen irregeführt hat. Sie ist es gewesen, die vor 1914 den ersten Weltkrieg der deutschen Großbourgeoisie allseitig unterstützt hat, ebenso hat sie die Werktätigen und deren Interessen nach Beendigung dieses Krieges verraten und sie ist es auch gewesen, die durch ihre Politik dazu beigetragen hat, daß der Faschismus sein bluttriefendes, grausames Terrorsystem in Deutschland errichten und im Interesse des deutschen Imperialismus den 2. Weltkrieg vorbereiten und führen konnte. Die rechten Sozialdemokraten haben

---

172 I. Strafsenat des Bezirksgerichts Magdeburg, Urteil Rudolf Wehrstedt, BStU, G-SKS, 13 103, Bl. 68 und 79. Siehe auch Abbildung rechts, Bl. 116.

Brandenburg, d. 19.11.64

Erziehungsgespräch

Die Führung des Strafgefangenen Weberstedt ist nicht zu beanstanden. W. hält die Haus- + Bekleidungsordnung ein und hat ein ruhiges und korrektes Auftreten gegenüber SV-Angehörigen. Der s. G. ist im IT-Betrieb Burger Bekleidungswerke zur Arbeit eingesetzt, seine Arbeitsleistung ist befriedigend, er ist bemüht den an ihn gestellten Anforderungen gerecht zu werden.

Die politische Einstellung des Stfg. Weberstedt ist die, der rechten SPD Führung in Westdeutschland, er spricht sich für eine Atombewaffnung der Bundeswehr aus, aber nicht unter der Führung der alten Nazigenerale. Nach der Meinung des Stfg. W. kann die Wiedervereinigung Deutschlands auf dem Verhandlungswege nicht eher von statten gehen als dem im August 1961 die Grenze gesichert wurde.

Zu seiner strafbaren Handlung bringt er zum Ausdruck daß er zwar bestraft werden mußte, aber das Strafmaß ihm sich entschieden zu hoch sei, er gibt vor nicht gewußt zu haben, daß das Ostbüro der SPD eine Spionageorganisation wäre, und seine Auftraggeber wollten die wiedervereinigung, er habe nur für sein Vaterland wirken wollen, auf welcher Seite er hierbei stand war ihm einerlei.

Es ist zu erkennen daß W. noch keine Lehren aus seiner bisher vollsten Haftzeit gezogen hat, der Umerziehungsprozeß verläuft gegenwärtig noch in dieser Richtung, es muß mit dem Stfg. Weberstedt noch viel über die Politik unserer Regierung gesprochen werden damit er begreift welchen Fehler er begangen hat u. wenn er ehrlich unterstützt werden kann eine reale Einstellung zu seiner Straftat und zur Politik unserer Regierung bekommt.

Hptw.

sich immer als Kettenhunde des Kapitalismus gebrauchen lassen. In ihren Reihen ist die Grundtorheit unseres Jahrhunderts – der Antikommunismus – mit besonderem Eifer gepflegt und von ihnen mit unterschiedlichsten Methoden verbreitet [worden]." Durch Berichte des Angeklagten für diese Spionagezentrale „sind die rechten SPD-Führer in die Lage versetzt gewesen, in beachtlichem Ausmaße sowohl auf westzonale und westberliner als auch auf Bürger der Deutschen Demokratischen Republik ideologisch einzuwirken und das Bewußtsein zu zersetzen."[173] Seine Kontakte zum SPD-Ostbüro hätten „dem Klassenfeind aber auch Möglichkeiten für Störaktionen in Industrie und Landwirtschaft geschaffen, er hat ihnen Hinweise geliefert, wie vor allem durch Sabotageakte die Belegschaft des VEB ‚Michael Niederkirchner' aufgewiegelt werden kann. Seine gesamte verbrecherische Tätigkeit ist eine ungemein aktive Unterstützung der meisten Aktionen der kalten Krieger gewesen. Er ist dabei davon ausgegangen, daß er die Kräfte der Imperialisten überschätzt und nicht erkannt hat, daß das Rad der Geschichte auch von den rechten Sozialdemokraten nicht zurückgedreht werden kann."[174]

Nach diesem vernichtenden Urteil, in dem Rudolf Wehrstedt für die Abrechnung mit den „rechten Sozialdemokraten" herhalten musste, kam er zunächst in das Gefängnis Magdeburg-Sudenburg. Er legte Berufung gegen sein Urteil ein, die aber im Juli 1962 mit der Begründung der „hohen Gesellschaftsgefährlichkeit des vom Angeklagten begangenen schweren Verrats an dem Staat der Arbeiter- und Bauern" vom Obersten Gericht der DDR verworfen wurde.[175]

Anfang August 1962 wurde Rudolf Wehrstedt in das Zuchthaus Brandenburg überstellt. Dort kam er auf eine 12-Mann-Zelle, in der sich überwiegend politische Gefangene befanden. Sie waren für ihn eine wichtige Stütze; man konnte sich gegenseitig austauschen und half sich untereinander. Zunächst war er im Traktorenwerk im Arbeitseinsatz, wo er aber wegen der Schwere der Arbeit mehrmals zusammenbrach.[176] Anschließend kam er in die Schneiderei, in der ebenfalls gesundheitsschädigende Bedingungen vorherrschten. Er erkrankte mehrmals. Eine besondere Belastung waren für ihn die häufig prügelnden Aufseher in seinem Zellentrakt. Wehrstedt stellte mehrere Gnadengesuche an den Staatsrat der DDR, die man aber immer wieder ablehnte.

Im August 1966 wurde er plötzlich von der Arbeit weggeholt und aufgefordert, seine Sachen zu packen. Er kam in das Hauptquartier des MfS in Berlin-Lichtenberg. Dort wurde ihm eröffnet, er solle in den Westen entlassen werden. Rudolf Wehrstedt lehnte ab, denn er wollte zu seiner Familie in seinen Heimatort nach Zilly zurückkehren. Daraufhin stellte man ihm die Alternative: entweder weitere Jahre im Strafvollzug oder aber

---

173 Ebenda, Bl. 80.
174 Ebenda, Bl. 82.
175 Oberstes Gericht der DDR, Beschluss in der Strafsache Rudolf Wehrstedt vom 14. Juli 1962, BStU, Ast. Magdeburg, AU 2365/62, Bd. 1, Bl. 84.
176 Vgl. dazu Abschnitt 3.

Anfang der 60er- bis Anfang der 70er-Jahre

Entlassung in die Bundesrepublik. Ihm wurde zugesichert, dass die Familie nachkommen könne. Da er auf jeden Fall aus der Haft entlassen werden wollte, stimmte er zu.

Am 18. August 1966 erhielt er ein Schreiben der Staatsanwaltschaft Magdeburg, dass seine Strafe wegen guter Führung auf acht Jahre herabgesetzt sei. Damit hatte er über die Hälfte der Haftzeit verbüßt und konnte nach dem Gesetz vorzeitig entlassen werden. Am 19. August 1966 wurde er gemeinsam mit anderen politischen Gefangenen in die Bundesrepublik abgeschoben; er gehörte zu einer Gruppe der von der Bundesrepublik freigekauften Häftlinge. Die Ankunft seiner Familie allerdings verzögerte sich, da sein ältester Sohn bereits volljährig war und man ihn nicht ausreisen lassen wollte. Erst nach einem Jahr war die Familie wieder zusammen. Rudolf Wehrstedt lebt seitdem in Hannover. Heimisch ist er dort nicht geworden.

***

Wie Rudolf Wehrstedt kamen zunehmend politische Gefangene durch den Häftlingsfreikauf, der von der Bundesrepublik über das Ministerium für gesamtdeutsche Fragen organisiert wurde, in Freiheit.[177] Der Freikauf begann 1963 zunächst mit acht Häftlingen. Im folgenden Jahr waren es bereits 880, 1965 sogar 1160 Häftlinge. Danach gingen die Zahlen zurück und erreichten 1971 einen neuen Höhepunkt mit 1400 freigekauften Häftlingen.[178] Darunter befanden sich auch politische Gefangene aus der Strafvollzugsanstalt Brandenburg. Deren Zahl ist jedoch nicht genau belegt. Fest steht, dass der Freikauf immerhin solche Ausmaße angenommen hatte, dass er für erhebliche Unruhe in der Strafvollzugsanstalt sorgte. So monierte der Leiter der Strafvollzugsanstalt: „Die von zentralen Dienststellen seit August 1964 durchgeführten Maßnahmen [...] erschweren die Leitungs- und Erziehungsarbeit in nicht geringem Maße [...]. Noch immer tritt es auf, daß Strafgefangene, die zu einer hohen Freiheitsstrafe verurteilt wurden, nach kurzer Zeit der Verbüßung der Strafe – ohne Kommentar – aus der StVA abgeholt werden und nach kurzer Zeit aus Westdeutschland [...] Karten schreiben."[179] Diese Maßnahmen würden auch die Disziplin und Ordnung in der Haftanstalt stören. „Begünstigt durch diese Tatsache, daß bei den außerplanmäßigen Entlassungen nur Strafgefangene mit staatsgefährdenden Delikten berücksichtigt wurden, stellen sich viele Strafgefangene als so genannte ‚Politische' hin und vertreten die Auffassung, daß die Organe des Strafvollzuges auf ihre Entlassung keinen Einfluß haben."[180]

---

177 Vgl. zur Geschichte und Praxis des Häftlingsfreikaufs Ludwig A. Rehlinger, Freikauf. Die Geschäfte der DDR mit politisch Verfolgten 1963–1989, Frankfurt a. M. 1991.
178 Finn/Fricke, Politischer Strafvollzug, S. 122.
179 StVA Brandenburg: Analyse der Strafvollzugsanstalt Brandenburg (Havel) vom 14. 9. 1965, BLHA, Rep. 404/15.1/693, Bl. 113.
180 Ebenda, Bl. 119.

Der Leiter der Strafvollzugsanstalt Brandenburg Ackermann reagierte empfindlich, sah er doch durch diese Maßnahmen seine Autorität untergraben. Bei den Freikaufaktionen hatte er kein Wort mitzureden, obwohl doch sonst bei vorfristigen Entlassungen Stellungnahmen von der Strafvollzugsanstalt eingeholt wurden und negative Beurteilungen zum Verbleib des Häftlings in der Anstalt führen konnten. Die Leitung der StVA nutzte diese Abhängigkeit der Gefangenen zu deren Disziplinierung und Erzwingung von Wohlverhalten aus. Nun aber bestand die Befürchtung, dass dieses Druckmittel versagte, da allein das MfS im Falle der Entlassung durch Freikauf entschied. So berichtet der ehemalige politische Häftling Manfred Springer von einem Disput, den er mit einem Stationsleiter der Strafvollzugsanstalt 1966 während der Verbüßung einer Arreststrafe wegen Arbeitsverweigerung führte: „Ich fragte ihn: ‚Wieviel ist in der DDR ein Menschenleben wert?' Keine Antwort. Daraufhin sagte ich: ‚ich kann es Ihnen sagen: Für 45 000 Westmark, da öffnet sich jedes Zuchthaustor, da gibt es plötzlich keinen Schießbefehl mehr, da gibt es keine Mauer mehr [...]. Wenn das Geld aus dem Westen kommt und Ihre lieben Genossen in Pankow, die sagen: ‚ja' – dann habt Ihr den Springer aus dem tiefsten Keller zu entlassen. Sie haben hier generell im Zuchthaus Brandenburg überhaupt nichts zu sagen."[181] Damit brachte Manfred Springer seine Auffassung gegenüber der nunmehr beschränkten Entscheidungsbefugnis der Anstaltsleitung in der Frage der Freikaufspraxis auf den Punkt, die an der Autorität und der Selbstherrlichkeit der Anstaltsleitung rührte. Der Zorn darüber entlud sich dann entsprechend gegenüber den politischen Gefangenen, denen man demonstrieren wollte, wer die Macht in der Haftanstalt besaß.

Im Übrigen gibt der Erinnerungsbericht von Manfred Springer Aufschluss darüber, wie schnell sich die Nachricht vom Freikauf politischer Gefangener durch die Bundesrepublik verbreitete. Er hatte schon 1964 im so genannten Lager X der Staatssicherheit in Berlin-Hohenschönhausen,[182] in das er kurzfristig verlegt worden war, davon gehört und auch den Abtransport von Gefangenen mitbekommen. Dieses Ereignis sprach sich schnell herum. Anschließend, im Zuchthaus Brandenburg während seiner Arbeit für das IFA-Getriebewerk, erlebte er, „wie Häftlinge, bedingt durch den Freikauf abgeholt wurden. Es kam sogar vor, dass plötzlich, während der Arbeitszeit, 30 bis 35 Personen abgeholt wurden [...]. Plötzlich war die halbe Halle leer, weil alle auf Transport gingen".[183]

---

181 Interview Manfred Springer, S. 26.
182 Vgl. zum Lager X Peter Erler, „Lager X" – Das geheime Haftarbeitslager des MfS in Berlin-Hohenschönhausen (1952–1972), Arbeitspapiere des Forschungsverbundes SED-Staat 25/1997, Berlin 1997, sowie den Roman des Zeitzeugen und ehemaligen politischen Häftlings Peter Münch, Lager X, Gelnhausen, 2004.
183 Interview Manfred Springer, S. 23.

Anfang der 60er- bis Anfang der 70er-Jahre

Ob die von Springer angegebene Summe von 45 000,- DM pro Häftling auf entsprechenden Informationen beruhte oder sich aber in seiner Erinnerung nachträglich manifestierte, ist heute nicht mehr zu entscheiden. Immerhin kam sie jedoch der tatsächlichen Zahlung von 40 000,- DM pro Häftling in dieser Zeit erstaunlich nahe.[184]

Mit den Freikäufen musste die Strafvollzugsanstalt aber trotz ihrer massiven Kritik auch zukünftig leben, wie die weitere Entwicklung zeigen sollte.[185]

Nach der sukzessiven Entlassung der in den fünfziger Jahren aus politischen Gründen Verurteilten füllte in den sechziger Jahren eine neue Generation von politischen Gefangenen die Haftanstalten. Sie waren jung und hatten den größten Teil ihres Lebens in der DDR verbracht. Sie fühlten sich durch die Verhältnisse eingeengt und rieben sich an den dogmatischen Reglementierungen des Staates. Die patriarchalischen Bevormundungen, die Degradierung zum Erziehungsobjekt nach den Vorstellungen der alternden SED-Führung, das Verbot einer eigenständigen und unabhängigen Jugendkultur, die Einengung der Freizügigkeit und anderes mehr ließen eine Protesthaltung vieler Jugendlicher sowie den Wunsch, dem diktatorisch verfassten Staat zu entkommen, entstehen. Diese Generation verbanden nicht die Erfahrungen eines kollektiven Widerstandes, wie er bis in die fünfziger Jahre in den Parteien, Gewerkschaften, der Kirche oder den Jugendgruppen bestanden hatte. Durch den Terror der 50er-Jahre war diese Opposition inzwischen endgültig ausgeschaltet worden. Diejenigen, die vor dem Mauerbau aus den Haftanstalten entlassen wurden, waren meist in den Westen geflüchtet. Und diejenigen, die erst später freikamen und in der DDR verbleiben mussten, hatten über ihre Verfolgungsgeschichte unter Androhung einer erneuten Haftstrafe Stillschweigen zu bewahren. Auf diese Weise verblassten die Erfahrungen der politischen Opposition der 40er- und 50er-Jahre.

Die jugendlichen politischen Gefangenen, die nun in die Strafvollzugsanstalten kamen, waren zumeist auf sich gestellt; ein organisatorischer Zusammenhalt existierte für sie nicht. Ihre Gemeinschaft war allenfalls die einer Clique. Sie verfügten in der Regel nicht über ein politisch alternatives Konzept, das sie mit anderen verband. Ihre Distanz dem SED-Staat gegenüber sowie die Unmöglichkeit, ein selbstbestimmtes Leben zu führen, waren die Basis ihres Aufbegehrens. Ein Teil dieser jugendlichen politischen Gefangenen füllte auch die Strafvollzugsanstalt Brandenburg. Viele von ihnen hatten eine Flucht aus der DDR erwogen oder bereits unternommen. Einer von ihnen war Manfred Springer.

---

184 Vgl. Rehlinger, Freikauf, S. 81.
185 Vgl. dazu Kapitel III, Abschnitt 7.

Zum Beispiel Manfred Springer

Manfred Springer, 1944 geboren und in Magdeburg aufgewachsen, rieb sich frühzeitig an den Verhältnissen in der DDR, eine Einstellung, die von seinen Eltern, beide Straßenbahnfahrer, geteilt wurde.[186] Schon in der Grundschule musste er sich wegen Lesens und Verbreitens von „Schundliteratur", nämlich Mickey-Maus-Heften oder westlichen Liebes- und Kriminalromanen, vor der Schulleitung verantworten. Als Jugendlicher traf er sich mit anderen Gleichgesinnten. In der Clique hörten sie westliche Schlagermusik und orientierten sich an der westlichen Jugendkultur, die auch in der entsprechenden Bekleidung ihren Ausdruck fand. Dadurch zogen sie die Kritik des Staates auf sich. Ein Eintritt in die FDJ kam zunächst für Manfred Springer nicht in Frage, doch da man ihm androhte, dass er dann keinen Beruf erlernen könne, entschloss er sich schweren Herzens zu diesem Schritt. Die ständigen Reglementierungen, die er und seine Freunde aus der Clique erlebten, trieben ihn in die Opposition zu diesem Staat. Seine ablehnende Meinung vertrat er auch öffentlich, weshalb die Leitung der Berufsschule erwog, ihm die Lehre als Heizungsinstallateur aufzukündigen. Als er davon erfuhr, plante er seinen ersten Fluchtversuch. Doch der Mauerbau kam dazwischen, und so musste er diesen Plan zunächst begraben.

Im Januar 1962 nahm er einen erneuten Anlauf. Er war zu diesem Zeitpunkt 17 Jahre alt. Auf einem Schiff der Binnenreederei wollte er von Magdeburg aus über Polen in die Bundesrepublik gelangen. Sein Vorhaben war jedoch verraten worden; bereits auf dem Schiff, das in Magdeburg vor Anker lag, wurde er festgenommen. Nach einem Verhör bei der Staatssicherheit mit anschließender Ermahnung, Fluchtversuche künftig zu unterlassen, entließ man ihn nach Hause. Dabei mag eine Rolle gespielt haben, dass er noch nicht volljährig war, vor allem aber waren die Untersuchungs- und Strafvollzugsanstalten mit „Flucht-Straftätern" hoffnungslos überfüllt. Wie aus den Akten hervorgeht, dachte man, ihn anderweitig disziplinieren zu können.

Doch er gab seine Fluchtabsichten nicht auf. Er wollte unter keinen Umständen sein Leben in der DDR verbringen, da er sich eingesperrt und bevormundet fühlte. Nach dem Durchspielen verschiedener Fluchtvarianten plante er schließlich, gemeinsam mit einer großen Anzahl von Jugendlichen – nämlich insgesamt 35 Personen – die Berliner Mauer zu übersteigen. Dem lag seine Überlegung zu Grunde, „daß man sich an der Grenze, an der Mauer, keinen Massenmord erlauben kann".[187] Auch diese Absicht verriet ein Spitzel in ihren Reihen. Bei der Vorbereitung des Fluchtversuches am 25. April 1963 wurde Springer gemeinsam mit vier anderen Jugendlichen an der Autobahn nach Helmstedt gestellt und verhaftet. Sie wollten dort vorbeifahrenden Autofahrern aus der Bundesrepublik Post mit der Information über ihre ge-

---

186 Interview Manfred Springer, April 2003.
187 Ebenda, S. 1.

plante Flucht über die Berliner Mauer zur Weiterleitung an Behörden der BRD übergeben.

Springer kam in das Untersuchungsgefängnis der Staatssicherheit in Magdeburg, in dem er aufgrund der dortigen Bedingungen erkrankte. Er verlangte nach einem Rechtsanwalt, den er namentlich benannte, bekam jedoch einen Pflichtverteidiger zugeteilt. Dieser gab ihm sogleich zu verstehen, dass er nichts in seiner Angelegenheit unternehmen würde, da das ein politischer Fall sei und er keine Schwierigkeiten haben wolle.

Obwohl zahlreiche Jugendliche in dieses Unternehmen involviert waren, wurde Anklage lediglich gegen drei Jugendliche erhoben. Es war die Zeit einer erneuten „strafpolitischen Wende",[188] wonach stärker bei den Straftätern zu differenzieren und größere Zurückhaltung beim Erlass von Haftbefehlen zu üben sei. Nur die hartnäckigsten und unbelehrbaren Straftäter sollten zur Verurteilung gelangen. Dies waren in diesem Fall Manfred Springer und zwei seiner Freunde. Die anderen Jugendlichen vernahm das Gericht als Zeugen. Das Verfahren wurde vor dem I. Strafsenat des Bezirksgerichtes Magdeburg als Schauprozess für die Bevölkerung inszeniert, um eine abschreckende Wirkung zu erzielen. Allerdings stand die Mehrheit der Zuschauer auf der Seite der Jugendlichen und kommentierte deren kritische Äußerungen gegenüber dem Staat mit Genugtuung. Der 19-jährige Manfred Springer war als „Rädelsführer" angeklagt. Er erhielt von allen Angeklagten die Höchststrafe von 4 Jahren Zuchthaus. Seine mitangeklagten Freunde wurden zu jeweils 2 Jahren und 6 Monaten Freiheitsentzug verurteilt. Die Intention dieses Schauprozesses wird an der Urteilsbegründung deutlich, die vor den Teilnehmern aus der Magdeburger Bevölkerung verlesen wurde. Darin heißt es:

„Die Deutsche Demokratische Republik ist das Vaterland der deutschen Patrioten, sie ist der erste deutsche Staat, in dem die Arbeiter und werktätigen Bauern im Bündnis mit der schaffenden Intelligenz und allen übrigen fortschrittlichen Bürgern allseitig die Macht ausüben, in dem die wahre Freiheit durch die Beseitigung der Ausbeutung des Menschen durch den Menschen geschaffen ist, in dem unter Führung der Sozialistischen Einheitspartei Deutschlands um die Erhaltung und Festigung des Friedens und damit um die Sicherheit und den Fortbestand des deutschen Volkes und der deutschen Nation kompromißlos gekämpft wird. Dieser erste deutsche Arbeiter- und Bauern-Staat hat sich durch die Verfolgung einer konsequenten Friedenspolitik das Ansehen und die Achtung der meisten Völker der Erde erworben und es gibt heute Millionen westzonaler Bürger, denen unsere Gesellschaftsordnung ein Vorbild ist. Von Monat zu Monat wächst in der internationalen Politik die Bedeutung der Deutschen Demokratischen Republik und

---

188 Werkentin, Politische Strafjustiz in der Ära Ulbricht, S. 250.

von Woche zu Woche mehrt sich die Zahl der Zuwanderer und Rückkehrer, weil diese Menschen zu der Erkenntnis gekommen sind, daß der junge deutsche Arbeiter- und Bauern-Staat das friedliebende Deutschland ist und daß hier alle Menschen guten Willens alle Möglichkeiten haben, sich eine glückliche Existenz aufzubauen. Hier ist die Gleichberechtigung der Frau Wirklichkeit geworden und die Regierung dieses Staates widmet ihre ganze Aufmerksamkeit einer allseitigen, umfassenden Ausbildung der Jugend nach Fähigkeit, Haltung und Bereitwilligkeit. Die drei Angeklagten haben ebenso wie alle jungen Menschen in der Deutschen Demokratischen Republik jede Chance, sich weiterzubilden und ihrem Gesamtauftreten entsprechend einen Platz in unserer Gesellschaftsordnung einzunehmen. Sie haben jedoch die ihnen gebotenen Möglichkeiten nicht genutzt, ja sie haben sogar alle Bemühungen, sie von der Richtigkeit der Politik unseres Staates zu überzeugen, zurückgewiesen und sie haben sich bewußt zu Handlangern des gefährlichsten Feindes der fortschrittlichen Menschheit – des Imperialismus – gemacht. Trotz ihres Lebensalters, das sie zum größten Teil unter den gesellschaftlichen Bedingungen unseres Staates verbracht haben, sind sie ausgesprochene Feinde der Arbeiter- und Bauern-Macht geworden."[189]

Damit war der Bogen zur allgemeinen politischen Situation gespannt, und man versuchte herauszustellen, dass es sich bei den drei Angeklagten um undankbare Jugendliche handelte, die sich den großzügigen Entwicklungsmöglichkeiten in diesem Staat widersetzten.

Um die Gefährlichkeit der Person Manfred Springer zu begründen, der als der Wendigste und den anderen intellektuell Überlegene galt, wurde ausgeführt:

„Der 1944 als jüngstes von 3 Kindern einem Arbeiterehepaar geborene Angeklagte Springer hat nach Absolvierung der 8. Klasse einer Allgemeinbildenden polytechnischen Oberschule die Lehre als Heizungsmonteur beim VEB Baukombinat der Stadt Magdeburg aufgenommen. Seine Arbeitsleistungen sind teilweise gut gewesen, sein politisches Verhalten jedoch hat zu Auseinandersetzungen geführt, da der Angeklagte als eifriger Betrachter westlicher Fernsehhetzsendungen verschiedentlich provokatorisch aufgetreten ist. Während er noch als Schüler aus Überzeugung der Pionierorganisation angehört hatte, war seine Mitgliedschaft in der FDJ seit 1960 nicht nur Formsache, sondern diente zum Teil der Tarnung und war nur erfolgt, weil er sich berufliche Vorteile versprach. Aus den gleichen Erwägungen war er auch im FDGB organisiert. Seine gesamte Lebensführung wurde ausschließlich von der westlichen Propaganda bestimmt, deren Einfluß er völlig erlegen ist. Er verbreitete im Freundeskreise umfassende Hetze gegen die Arbeiter-

---

189 Urteil des Bezirksgerichts Magdeburg, I BS 35/63; I A 30/63 vom 9. August 1963, S. 2. Kopie im Besitz der Verf.

und Bauern-Macht und bemühte sich, andere junge Bürger gegen unsere Gesellschaftsordnung aufzuwiegeln und sie durch die Verherrlichung westzonaler Verhältnisse für den Imperialismus zu begeistern. Wenn auch zumeist bestimmte Voraussetzungen bei seinen Freunden vorgelegen haben, so ist es ihm doch in vielen Fällen gelungen, deren politische Einstellung gegen unseren Staat zu bestärken. Tiefgründigeren Auseinandersetzungen am Arbeitsplatz ist er ausgewichen, sie sind auch nicht im genügendem Ausmaße erfolgt und auch sein Vater hat nicht die rechte Form gefunden, um ihn von dem schädlichen politischen Charakter des Imperialismus zu überzeugen und ihn für unsere Gesellschaftsordnung zu gewinnen, obgleich der Vater als Soldat der ehemaligen faschistischen Aggressionsheere die Ursachen und Zusammenhänge der beiden von den deutschen Imperialisten entfesselten Weltkriege im wesentlichen kennt. Er hat sich – als bestimmte Schwierigkeiten mit dem Angeklagten auftraten – darauf beschränkt, ihm formal zu verbieten, westliche Fernsehsendungen entgegenzunehmen. Eine Kontrolle ist nicht erfolgt, so daß es dem Angeklagten sogar möglich gewesen ist, in der elterlichen Wohnung einigen Freunden Hetzsendungen inhaltlich unmittelbar zu Kenntnis zu bringen."[190]

Interessant ist, wie die Eltern – bezeichnenderweise nur der Vater, trotz der behaupteten Verwirklichung der Gleichberechtigung der Frau in der DDR – in die Pflicht genommen und für die „Verfehlungen" des Sohnes mitverantwortlich gemacht wurden. Auch dies sollte der Bevölkerung als warnendes Beispiel dienen.

Das Urteil für Manfred Springer lautete: „Wegen staatsgefährdender Gewaltakte in Tateinheit mit Versuch und Vorbereitung zum Verlassen des Gebietes der Deutschen Demokratischen Republik ohne erforderliche Genehmigung in weiterer Tateinheit mit Gewahrsam von Waffen ohne staatliche Erlaubnis – Verbr. gem. § 17 StEG, § 8 Abs. 1 u. 3 des Paßgesetzes i. d. F. v. 11. Dez. 1957, § 2 Abs. 1 WVO vom 29. Sept. 1955, §§ 73, 47 StGB – wird der Angeklagte Springer zu einer Zuchthausstrafe von vier Jahren verurteilt."

Nach dem Urteilsspruch am 17. August 1963 kam Manfred Springer irrtümlicherweise zunächst in das Haftarbeitslager Gera-Liebschwitz, wo er in einer Spinnerei unter sehr harten Bedingungen arbeiten musste. Im Oktober wurde er dann in das Zuchthaus Waldheim eingewiesen. Im Februar 1964 erfolgte die Verlegung in das Lager X der Staatssicherheit in Berlin-Hohenschönhausen, da er den Beruf eines Heizungsinstallateurs erlernt hatte und zu dieser Zeit dort entsprechende Arbeiten anfielen. Nach kurzen Aufenthalten in den Strafvollzugsanstalten Berlin-Rummelsburg und Magdeburg kam er schließlich 1965 in das Zuchthaus Brandenburg. Immer wieder begehrte er dort gegen die Strafvollzugsbedingungen auf, verweigerte die Arbeit,

---

190 Ebenda, S. 3.

trat in den Hungerstreik, forderte seine Ausreise in die BRD. Mehrmals erhielt er eine strenge Arreststrafe.[191] Damit waren erschwerte Haftbedingungen verbunden, die letztlich seine Gesundheit stark angriffen. Am 3. Februar 1967 – nachdem er seine Freiheitsstrafe fast vollständig verbüßt hatte – wurde er von der Bundesrepublik freigekauft. Unter den gesundheitlichen Schäden infolge der Haft leidet er noch heute.

***

Wenn auch mit abnehmender Tendenz im Vergleich zu den Anfangsjahren der DDR, gab es in den sechziger Jahren Formen von aktiver politischer Gegnerschaft, die z. B. in der Sammlung von Informationen und Materialien für die Bundesrepublik bestand. Wurden im umgekehrten Fall die im Spionagedienst Tätigen als „Kundschafter" gefeiert und hoch dekoriert, so galt die Spionage für den Westen als der härteste Fall von Staatsverbrechen, der strengste Bestrafung nach sich zog. Ein Beispiel für diese Form von Widerstand gegen das DDR-System[192] ist der Fall von Werner Gruhn, der im März 1965 wegen Spionage angeklagt und zu 15 Jahren Zuchthaus verurteilt wurde.

Zum Beispiel Werner Gruhn

1935 in Berlin geboren, besuchte Werner Gruhn nach dem Krieg die Grundschule in Westberlin, zog dann mit der Familie in das östliche Randgebiet, da sie dort ein Haus besaßen, und legte hier das Abitur ab.[193] Nach längerer, gründlicher Überlegung und im Austausch mit Gleichgesinnten, die ebenfalls aus dem Westteil in den Ort gezogen waren, trat er während dieser Zeit in die FDJ ein. Sie verband eine kritische Einstellung gegenüber der DDR und die Auffassung, über diese Organisation ihre eigenen Vorstellungen im Hinblick auf eine Demokratisierung der Gesellschaft verwirklichen zu können. Nach wiederholtem Anlauf konnte Werner Gruhn ein Lehrerstudium auf dem Gebiet der Chemie an der Universität Greifswald aufnehmen. Während dieser Zeit betätigte er sich aktiv in der FDJ und übte verschiedene Funktionen aus. Politisch waren jedoch die Grenzen sehr schnell erreicht. Durch den engen Kontakt zu Freunden und Verwandten im Westen und seine zahlreichen Besuchen im Westteil der Stadt

---

191 Vgl. Abschnitt 4.
192 Fricke sieht in der Spionage „eine legitime Form von Widerstand [...], soweit sie politisch motiviert ist und sich gegen illegitim ausgeübte Herrschaft richtet". Aus dieser Sicht sei Spionage im Widerstand gegen die beiden deutschen Diktaturen als eine „historisch gerechtfertigte Erscheinungsform illegalen politischen Kampfes zu achten und zu würdigen". Karl Wilhelm Fricke, Spionage als antikommunistischer Widerstand. Zur Zusammenarbeit mit westlichen Nachrichtendiensten aus politischer Überzeugung, in: DA 35 (2002), S. 565.
193 Interview Dr. Werner Gruhn, März 2003.

machte er sich ein eigenes Bild von der Situation in beiden deutschen Staaten. Die offenkundigen Widersprüche zwischen offiziellen Verlautbarungen und der Realität in der DDR schufen Ablehnung und Distanz zum SED-Regime. Besonders lehnte er die Militarisierung der DDR ab, die sich zunehmend auf das gesamte Leben erstreckte. Nach dem Studium musste er zunächst als Lehrer auf dem Lande arbeiten, fand dann aber eine Anstellung in der Forschungsabteilung eines Berliner Industriebetriebes als Chemiker.

Noch während seines Studiums in Greifswald wurde er von einem Verbindungsmann angesprochen, für den Bundesnachrichtendienst (BND) zu arbeiten. Nach kurzer Überlegung ließ er sich 1958 verpflichten. Er sammelte fortan Informationen über die sowjetische Armee in der DDR und die NVA, deren militärische Objekte, die Grenzanlagen der DDR und berichtete über die politische Stimmung im Land. Nach dem Mauerbau übermittelte er diese Informationen per Funkgerät oder über tote Briefkästen verschlüsselt in den Westen. 1964 gelang dem MfS der Einblick in die vom BND geführte Kartei, die die Staatssicherheit in die Lage versetzte, die angeworbenen Agenten in der DDR zu ermitteln. So wurde Werner Gruhn gemeinsam mit seiner Frau, die aber nicht in dieser Weise involviert war, sondern nur davon Kenntnis hatte, im September 1964 verhaftet. Beide kamen getrennt in die Untersuchungshaftanstalt der Staatssicherheit nach Berlin-Hohenschönhausen. Da bereits viele Informationen vorlagen, war Leugnen zwecklos. Allerdings wollte er auch nicht Dinge preisgeben, die dem MfS unbekannt waren. Dies galt es während der Vernehmungen abzuwägen. Da er Zivilist war und nicht aus Insiderkenntnis über militärische Objekte berichtet hatte, rechnete er nicht mit einer hohen Haftstrafe. Er war daher ziemlich entsetzt, als nach sieben Monaten Untersuchungshaft der Prozess vor dem 2. Strafsenat des Militärgerichts in Berlin mit dem Urteil einer Zuchthausstrafe von 15 Jahren wegen Spionage im schweren Fall gemäß §§ 14, 24 Abs. 1 und 8 StEG endete. Seine Frau erhielt fünf Jahre Zuchthaus wegen Mittäterschaft. Den „schweren Fall" nach § 24 StEG hatte man wegen angeblicher Gruppenbildung – da er eine Zeit lang gemeinsam mit seinem Bruder Aufträge für den BND ausführte – hinzugezogen.

In der Urteilsbegründung wurde der politische Kontext dieser Straftat herausgearbeitet, wiewohl der Prozess unter Ausschluss der Öffentlichkeit stattfand. Darin hieß es:

„In der sogenannten Frontstadt Westberlin organisieren Spione, Geheimdienste und Terrororganisationen ihre verbrecherische Tätigkeit gegen die Deutsche Demokratische Republik und das gesamte sozialistische Lager. Unter diesen Geheimdienststellen nimmt der Bundesnachrichtendienst eine dominierende Stellung ein. Er ist seit 1956 offizieller Bestandteil des Bonner Staatsapparates. Die leitenden Positionen sind nahezu restlos durch Spione und Diversionsexperten des ehemaligen faschistischen Deutschland besetzt. Der Bundesnachrichtendienst ist ein wichtiges Instrument der Bonner Machthaber, um alle Maßnahmen, die der Entspannung und der Erhaltung des Friedens dienen könnten, zu durchkreuzen. Seine großangelegte Diversions- und Spionagetätigkeit dient der direkten Kriegsvorbereitung. Besonderes Augenmerk wird dabei auf die Erkundung der Verteidigungskräfte der Deutschen Demokratischen Republik und der zeitweilig in der DDR – zum Schutze des Friedens – stationierten sowjetischen Streitkräfte gelegt. Zur Erkundung solcher militärischer Tatsachen, die von den Bonner-Ultras zur Vorbereitung ihrer geplanten Aggression gebraucht werden, bedient sich der Bundesnachrichtendienst Bürger der Deutschen Demokratischen Republik, die der sozialistischen Entwicklung in unserem Vaterland noch feindlich und abwartend gegenüberstehen und noch stark mit der kapitalistischen Denkweise behaftet sind. Wie auch in diesem Strafverfahren festgestellt wurde, geht der Bundesnachrichtendienst bei der Anwerbung zur Spionage von diesem Gesichtspunkt aus, benutzt verwandtschaftliche Bindungen und finanzielle Lockmittel, um solche Personen für seine verbrecherischen Ziele zu gewinnen.

Zu diesen Personen gehören auch die Angeklagten Werner und H. Gruhn."[194]

Als Gründe für seine Straftat wurden seine „kleinbürgerliche Herkunft" und seine Beeinflussung durch den Westen angeführt, die zu einer ablehnenden Haltung gegenüber der DDR geführt hätten.

Obwohl die Verhaftung für ihn zunächst ein Schock war, befand er sich doch in einer gefassteren psychischen Situation, da er im Gegensatz zu anderen politischen Häftlingen genau wusste, worauf er sich eingelassen hatte, und mit einer Verurteilung rechnen musste. Er hatte ja tatsächlich etwas gegen die DDR unternommen, hingegen wurden manch andere nur wegen ihrer abweichenden Meinung eingesperrt. Dieses Bewusstsein verlieh ihm nach eigenem Bekunden psychische Stabilität.

Im April 1965 wurde Werner Gruhn nach Brandenburg überstellt. Er kam zunächst für vier Wochen in den Zugangsbereich, wo er lediglich für Reinigungsarbeiten eingesetzt war. Dadurch konnte er aber Kontakt zu anderen politischen Häftlingen aufnehmen, die ihm erklärten, wie man sich in der Strafvollzugsanstalt am besten verhielt und die ihm auch Kraft für das Überstehen der Haftsituation gaben. Anschließend wurde er zur Arbeit für das IFA-Getriebewerk eingesetzt und musste seine Zelle mit 20 Häftlingen teilen. Aber bereits im Juni kam er in das Standardisierungsbüro, in dem vor allem politische Häftlinge aus qualifizierten Berufen arbeiteten. Sie stellten das gesamte Standardverzeichnis für die DDR, die TGL, zusammen, das jedes Jahr erneut aktualisiert werden musste. Da die Strafvollzugsanstalt gerade Nachschub benötigte, weil durch die Freikaufaktion ein erheblicher Abgang entstanden war, blieb

---

[194] Militärgericht Berlin, 2. Strafsenat, Az.: S 16/65 NOG-Be, Str. IA 3/65 (Stadtkdt.): Urteil in der Strafsache Gruhn, S. 3, Kopie im Besitz der Verf.

unbeachtet, dass Werner Gruhn eigentlich für körperliche Arbeit herangezogen werden sollte, wie aus einem Begleitschreiben an die StVA hervorging. Diese Erfahrung des Freikaufs war für ihn sehr ermutigend, da sie seine Hoffnung auf eine baldige Entlassung nährte. Sie sollte sich aber nicht so schnell erfüllen.

Von Brandenburg wurde er ein Jahr später in das Lager X der Staatssicherheit in Berlin-Hohenschönhausen überstellt, wo er vorwiegend in der Technologie-Abteilung tätig war. Seine lang ersehnte Freilassung erfolgte erst Anfang 1969, allerdings nicht im Rahmen des Freikaufs, sondern einer Austauschaktion. Die Aktion eines Häftlingsaustausches erforderte mehr Zeit, weshalb sich seine Entlassung verzögert hatte. Mit ihm auf Transport in die Bundesrepublik gingen verschiedene Häftlinge – auch aus der StVA Brandenburg –, die ebenfalls für den BND gearbeitet hatten und die nun gegen Agenten der Staatssicherheit ausgetauscht wurden. Darunter befand sich auch derjenige Spion, der Werner Gruhn damals aufgespürt hatte. Da allerdings das Recht der DDR vorsah, dass Häftlinge erst nach Verbüßung von fast zwei Dritteln der Strafe nach § 349 StPO entlassen werden konnten, wurde Gruhns Strafe von 15 Jahren im Eilverfahren von Walter Ulbricht in einem Gnadenakt auf acht Jahre Zuchthaus herabgesetzt.[195] Danach konnte das Militärgericht in Berlin seine restliche Strafe, von der bereits 4 1/2 Jahre verbüßt waren, zur Bewährung aussetzen.[196] Damit war den formalrechtlichen Regelungen Genüge getan.

Die Austauschaktion lief zudem nicht wie üblich über das Aufnahmelager in Gießen. Die betroffenen Personen wurden auf der Westseite direkt vom BND in Empfang genommen, der sich dann auch um die einzelnen Personen intensiv kümmerte. Insofern waren die Startbedingungen für Werner Gruhn im Westen günstig. Er nahm eine Tätigkeit an einem wissenschaftlichen Institut auf und begann nochmals ein Studium im Fach Politikwissenschaft, in dem er anschließend promovierte.

***

Mit den Entlassungen von politischen Häftlingen im Laufe der sechziger Jahre änderte sich allmählich die Gefangenenstruktur in Brandenburg-Görden. Zunehmend gelangten kriminelle Straftäter mit langen Haftstrafen in die Strafvollzugsanstalt. Bis Ende der 60er-Jahre sank der Anteil politischer Gefangener auf ein Viertel.[197] Diese Tendenz setzte sich auch in den folgenden Jahren fort.

---

195 Vgl. Staatsrat der Deutschen Demokratischen Republik, Rechtsabteilung: Auszug aus dem Gnadenentscheid des Vorsitzenden des Staatsrates vom 13. Januar 1969, Kopie des Schriftstücks im Besitz von Werner Gruhn.
196 Militärobergericht Berlin, 1 b Strafsenat, Az.: S 16/65 NOG-Be: Beschluß in der Strafsache Gruhn, Werner vom 10. 2. 1969, Kopie im Besitz der Verf.
197 Berechnet nach der Gefangenenstatistik vom 14. 1. 1969, BLHA, Rep. 404/15.1/707, Bl. 94.

III. Von der Willkür zur scheinbaren Gesetzlichkeit: Mitte der 70er- bis Ende der 80er-Jahre

1. Der Strafvollzug im Kontext der internationalen Öffnung der DDR

Mit dem Machtantritt Erich Honeckers im Jahr 1971 hatte sich an der Strafverfolgungspolitik zunächst nichts geändert, sieht man von der Amnestie 1972 als wohlmeinende Geste gegenüber der Bevölkerung der DDR ab. Die Politik nach dem VIII. Parteitag der SED 1971 versprach eine Verbesserung der Lebensbedingungen, die durch die Einheit von Wirtschafts- und Sozialpolitik realisiert werden sollte. Aufgelegt wurde ein zentrales Wohnungsbauprogramm, das Warenangebot verbesserte sich – insbesondere durch Westimporte –, die sozialpolitischen Maßnahmen waren auf die Vereinbarkeit von Berufstätigkeit und Familie gerichtet, in den Betrieben sollten die Bedürfnisse der Werktätigen ein größeres Gewicht bekommen, in der Wissenschafts- und Kulturpolitik waren Liberalisierung und „freier Meinungsstreit" angesagt. Alle diese Maßnahmen waren als Aufforderung an die Bevölkerung zu verstehen, sich nunmehr unter der neuen Führung tatkräftig an der Entwicklung der sozialistischen Gesellschaft zu beteiligen. Wer sich jedoch diesem Angebot widersetzte und sich widerständig verhielt, musste weiterhin mit schärfster Strafverfolgung rechnen.

Die Zahl der Häftlinge stieg sprunghaft an. Nach der Amnestie von 1972 hatte sie noch bei 18 261, davon 11 464 Strafgefangene, gelegen. Nur ein Jahr später waren es bereits 42 716 Häftlinge, darunter 25 977 Strafgefangene. Damit hatte sich die Zahl der Gefangenen innerhalb kürzester Zeit mehr als verdoppelt und lag höher als vor der Amnestie. Im Dezember 1974 wurde der Höchststand von 48 005 Häftlingen erreicht, davon 30 905 Strafgefangene.[1] So viele Menschen saßen zuletzt im Jahr 1955 ein.[2]

Die Politik unter Honecker hatte demnach zwei Seiten. Zum einen bestand sie in der Aufwertung der Konsuminteressen und dem Ausbau der Sozialpolitik, wodurch sie die DDR-Bürger an das System zu binden beabsichtigte und einen Legitimitätsgewinn zu erreichen suchte. Zum anderen weitete sie die Repression, die überwachungsstaatliche Durchdringung des gesellschaftlichen Lebens sowie die Militarisierung der DDR-Gesellschaft enorm aus.[3] Letzteres fand seinen Ausdruck z. B. in dem 1978 obligatorisch

---

1   Vgl. Gefangenenstatistik, Bestand der Inhaftierten der DDR-Gesamt, 1972, 1973 und 1974, BArchB, DO 1/3708.
2   Vgl. dazu Werkentin, Politische Strafjustiz in der Ära Ulbricht, S. 360.
3   Vgl. Jens Gieseke, Die Einheit von Wirtschafts-, Sozial- und Sicherheitspolitik. Militarisierung und Überwachung als Probleme einer DDR-Sozialgeschichte der Ära Honecker, in: ZfG 41 (2003), S. 996–1021.

eingeführten Wehrkundeunterricht und der Ausweitung der so genannten Zivilverteidigung. Unter Honecker erfuhr das MfS seine massivste Expansion. Das hauptamtliche Personal verdoppelte sich von 43 000 im Jahr 1970 auf mehr als 81 000 Mitarbeiter im Jahr 1982. Das inoffizielle Netz von Informanten erhöhte sich von ca. 100 000 im Jahre 1968 auf 170 000 bis 180 000 Mitte der 70er-Jahre.[4] Entspannung und Repression waren zwei Seiten einer Medaille.

Mit aller Härte ging das SED-Regime insbesondere gegen angebliches Rowdytum und so genannte Asoziale und Arbeitsscheue vor. Die Einweisung in Arbeitserziehungslager nahm dementsprechend sprunghaft zu. Diejenigen, die nicht bereit waren, sich in die sozialistische Gesellschaft zu integrieren und versuchten, sich deren Anforderungen zu entziehen, hatten mit rechtlichen Konsequenzen zu rechnen. In einem Staat, in dem das Gebot der Arbeitspflicht bestand, gerieten die Personen ins Visier der Justiz, die nicht einer geregelten Arbeitstätigkeit nachkamen. Zu einem gewissen, nicht genau bestimmbaren Prozentsatz traf dies zunehmend auch auf politisch missliebige Personen zu, die sich durch Gelegenheitsjobs ihren Unterhalt verdienten, um sich aus den staatlichen Abhängigkeiten zu befreien. Eine größere Mehrheit ging tatsächlich keiner regelmäßigen Arbeit nach oder fiel durch „Arbeitsbummelei" auf. Hatten sie keine kriminellen Delikte begangen, blieb dem Staat immer noch, sie als Arbeitsscheue strafrechtlich nach § 249 StGB zu verfolgen und auf diese Weise zu kriminalisieren. Durch die Einweisung in ein Arbeitslager oder eine Strafvollzugseinrichtung sollten ihnen „Disziplin und Ordnung" beigebracht werden. Das 1. Strafrechtsergänzungsgesetz von 1974 sah eine nochmalige Verschärfung dieses Straftatbestandes vor und ging hart mit den Rückfalltätern ins Gericht.

Aber auch der „ungesetzliche Grenzübertritt", der zwischen 1971 bis 1974 über 3000 Verurteilungen pro Jahr ausmachte, wurde nach wie vor hart geahndet. Die Verfolgung von Staatsverbrechen nach Kapitel 1 und 2 des StGB erreichte mit 682 Verurteilungen im Jahr 1974 wieder einen neuen Höhepunkt.[5] Insgesamt wurde seit dem Machtantritt Honeckers damit sogar häufiger verhaftet und schneller verurteilt.[6]

Von dieser Entwicklung eines harten Strafverfolgungskurses blieb auch die Strafvollzugspolitik nicht unberührt. Das Änderungsgesetz zum Strafvollzugs- und Wiedereingliederungsgesetz, das am 19. Dezember 1974 verabschiedet wurde, sah eine Verschärfung des Strafvollzugs und der Arbeitserziehung vor. Für den Strafvollzug wurde erneut eine vierte Vollzugsart, der so genannte verschärfte Vollzug,[7] eingeführt;

---

4 Ebenda, S. 1014. Nach Gieseke blieb der IM-Bestand bis zum Ende der DDR auf diesem Niveau. Das hauptamtliche Personal stieg bis 1989 auf 91 015 Mitarbeiter.
5 Raschka, Justizpolitik, S. 316.
6 So die Einschätzung von Johannes Raschka, ebenda, S. 67.
7 Damit gliederte sich der Strafvollzug in die Kategorien: erleichterte, allgemeine, strenge und verschärfte Vollzugsart.

die Strafverbüßung der Arbeitserziehung erfolgte nun in der allgemeinen und der strengen Vollzugsart. Mit der Aufgliederung in verschiedene Vollzugsarten „sind unterschiedliche Ordnungs- und Disziplinarbestimmungen, unterschiedliche Vergütungen der Arbeitsleistungen, Unterschiede im Umfang der persönlichen Verbindungen sowie eine differenzierte Mitwirkung der Strafgefangenen am Erziehungsprozess verbunden".[8] Dieses Änderungsgesetz zielte besonders auf die Rückfalltäter, die nun in den Haftanstalten strenger zu behandeln waren. Wer die erste Lektion nicht gelernt hatte, sollte in der zweiten umso härter büßen. Mit dieser Strafverfolgungspolitik gedachte die SED-Führung, die Zahl der Straffälligen zu reduzieren.

Die Repression nach innen korrespondierte in recht widersprüchlicher Weise mit einer Lockerung nach außen. Unter der Führung Honeckers sollte die Isolation, in die die DDR geraten war, überwunden werden. Sie bemühte sich um internationale Anerkennung, die schon aus wirtschaftspolitischen Gründen geboten war. Ein erster Schritt wurde mit dem Transit-Abkommen zwischen der Bundesrepublik und der DDR gemacht. Ein weiterer folgte mit dem Abschluss des Grundlagenvertrages 1972 zwischen beiden Staaten, der der DDR den Weg in die internationalen Gremien öffnete. Die Weltoffenheit der DDR wollte die SED-Führung zugleich mit den Weltfestspielen der Jugend 1973 in Berlin demonstrieren, deren Kehrseite in einer massiven Verhaftungswelle missliebiger Personen, besonders von „Rowdys" und „Asozialen" oder „politisch Auffälligen" bestand.[9]

Eine neue, international geachtete Position war jedoch nicht zum Nulltarif zu haben. Kompromisse mussten eingegangen werden. Die von der DDR lange ersehnte Aufnahme in die UNO am 18. September 1973 hatte die Anerkennung der UNO-Konvention über die Menschenrechte, nach der die Freizügigkeit eines jeden Bürgers zu garantieren sei, zur Folge. Auch mit der Unterzeichnung der KSZE-Schlussakte 1975 in Helsinki war der in Korb 3 formulierte Freizügigkeitsanspruch verbunden. Davon wollten die DDR-Bürger zunehmend Gebrauch machen, denn die Unzufriedenheit mit dem System hatte keineswegs abgenommen.

Trotz des ehrgeizigen Zieles, die materiellen Lebensverhältnisse der „Werktätigen" zu verbessern, zeigte sich bald, dass sich die DDR-Führung damit überhob. Immer wieder kam es zu Mangelerscheinungen in der DDR-Wirtschaft, der Bedarf der Bevölkerung konnte nicht entsprechend gedeckt werden. Viele Konsumwünsche blieben unerfüllt. Die Bundesrepublik wirtschaftlich einzuholen – davon konnte kaum noch

---

8   Gesetz zur Änderung des Gesetzes über den Vollzug der Strafen mit Freiheitsentzug und über die Wiedereingliederung Strafentlassener in das gesellschaftliche Leben (SVWG) vom 19. Dezember 1974, Gbl. Teil I Nr. 64, S. 607.
9   Schon im Vorfeld der Weltfestspiele wurden Staatsanwaltschaft und Gerichte angewiesen, beschleunigt Ermittlungsverfahren einzuleiten, Schnellverfahren durchzuführen sowie die Vollstreckung erstinstanzlicher Urteile zügig umzusetzen, um „geordnete" Verhältnisse herzustellen. Vgl. dazu ausführlich Raschka, Justizpolitik, S. 67–71.

die Rede sein. Auch die Hoffnung auf eine Demokratisierung der DDR-Gesellschaft wurde enttäuscht. Dass die SED-Führung nicht gewillt war, Andersdenkende im Land zu dulden, wurde spätestens mit der Ausbürgerung Wolf Biermanns 1976 aus der DDR offensichtlich. Die sich daran anschließende massive Verfolgung von Sympathisanten und Protestierenden ließ keine Missverständnisse in dieser Hinsicht zu. Kritik an der DDR war nach wie vor unerwünscht und wurde unter Strafe gestellt.

Einen Ausweg aus diesem Dilemma war für viele der Antrag auf „ständige Ausreise aus der DDR". Dabei beriefen sich die Ausreisewilligen auf die von der DDR unterzeichneten internationalen Verträge. Seit 1976 stieg die Zahl der so genannten Übersiedlungsersucher deutlich an.[10] Innenministerium und Staatssicherheit erarbeiteten daraufhin eine Strategie zur Bekämpfung der Ausreisebewegung mittels strafrechtlicher Verfolgung.[11] Die bestehenden Gesetze erschienen der SED-Führung sowohl für die sich entwickelnde Ausreisebewegung als auch für die Verhinderung einer Opposition im eigenen Land nicht ausreichend. Die Verschärfung der Gesetzeslage mit dem 2. Strafrechtsänderungsgesetz (StÄG) vom 7. 4. 1977 sollte als Warnung an die Kritiker des DDR-Systems verstanden werden. Im Hinblick auf das politische Strafrecht wurde daher insbesondere das 8. Kapitel des StGB neu bearbeitet, die darin enthaltenen Straftatbestände wurden ausgeweitet und deren Strafmaße erhöht. So formulierten die SED-Juristen z. B. den Paragrafen 214 (Beeinträchtigung staatlicher Tätigkeit) neu, wonach sich strafbar machte, wer die „Tätigkeit staatlicher Organe durch Gewalt oder Drohungen beeinträchtigt oder in einer die öffentliche Ordnung gefährdenden Weise eine Missachtung der Gesetze bekundet oder zur Missachtung der Gesetze" aufforderte.[12]

Auch der Paragraf 220 (Staatsverleumdung) wurde nun in „öffentliche Herabwürdigung" umbenannt, wodurch man öffentliche Proteste und Demonstrationen schärfer strafrechtlich belangen wollte. Dieser Paragraf diente auch dazu, Handlungen zu

---

10 Vgl. dazu auch Hartmut Wendt, Die deutsch-deutschen Wanderungen – Bilanz einer 40jährigen Geschichte von Flucht und Ausreise, in: DA 24 (1991), S. 386–395.
11 In einem Schreiben des Innenministers vom 15. 11. 1976 über die Grundsätze zur Anwendung strafprozessualer Maßnahmen gegen Personen, die im Zusammenhang mit der Antragstellung auf Entlassung aus der Staatsbürgerschaft der DDR Straftatbestände verletzen, heißt es dazu: Bei „staatsfeindlicher Diskriminierung, insbesondere beim Zusammenwirken mit feindlichen Kräften" – damit war die Verbindungsaufnahme in die Bundesrepublik gemeint – seien vorrangig die Tatbestände der Nachrichtenübermittlung (§ 98), der staatsfeindlichen Hetze (§ 106), bei „Diskriminierung und vor allem des provokatorischen Auftretens in der Öffentlichkeit" die Tatbestände der Staatsverleumdung (§ 220), der Zusammenrottung (§ 217), des Widerstandes gegen staatliche Maßnahmen (§ 212) und der Beeinträchtigung staatlicher oder gesellschaftlicher Tätigkeit (§ 214) zu prüfen. Dokument abgedruckt in: Hans-Hermann Lochen/Christian Meyer-Seitz (Hrsg.), Die geheimen Anweisungen zur Diskriminierung Ausreisewilliger. Dokumente der Stasi und des Ministeriums des Innern, Bonn 1992, S. 363–368.
12 2. StÄG vom 7. 4. 1977, GBl. Teil I, S. 101.

ahnden, mit denen die Regierung der DDR unter Berufung auf das Völkerrecht oder die Menschenrechte öffentlich zur Einhaltung dieser Konventionen aufgefordert wurde. Das war z. B. bei Ausreisewilligen der Fall, die sich an Westmedien wandten. In diesem Zusammenhang hatte man auch den Paragrafen 98 (Nachrichtenübermittlung) noch verschärft, der jetzt Strafen von bis zu 12 Jahren Haft vorsah. Ausgeweitet wurden auch die Strafmaße für „staatsfeindlichen Menschenhandel", für die jetzt die Justiz auf eine lebenslange Freiheitsstrafe plädieren konnte.[13] Die Verschärfung des politischen Strafrechts hatte erhebliche Auswirkungen auf die Verurteilungspraxis der Gerichte: Die Zahl politischer Urteile stieg an.[14]

Im Übrigen sah das 2. Strafrechtsänderungsgesetz die Abschaffung der Arbeitserziehung vor. Die entsprechend Verurteilten kamen nun in die normalen Strafvollzugseinrichtungen, die Arbeitserziehungslager wurden aufgelöst.

Gleichzeitig mit diesem Strafrechtsänderungsgesetz wurde auch ein neues Strafvollzugsgesetz (SVG) am 7. April 1977 verabschiedet. Im Gegensatz zum politischen Strafrecht enthielt das Strafvollzugsgesetz eine Reihe von Verbesserungen der Vollzugspraxis. Durch die sich ausweitenden Freikaufaktionen von politischen Häftlingen waren viele Informationen über die Zustände in den Strafvollzugseinrichtungen der DDR in den Westen gelangt. Namentlich in der Erfassungsstelle in Salzgitter wurden brutale Übergriffe von Aufsehern auf Häftlinge in Berichten dokumentiert. Auch über die Westmedien – z. B. das ZDF-Magazin „Kennzeichen D" oder die Sendung „Hilferufe von drüben" – drangen Einzelheiten über die Behandlung von Gefangenen in den DDR-Haftanstalten an die Öffentlichkeit. Wollte die DDR eine geachtete Rolle auf dem internationalen Parkett spielen, war sie gezwungen, wenigstens die Mindeststandards der UNO-Menschenrechtskonvention über die Behandlung Strafgefangener einzuhalten.

Unter diesem Gesichtspunkt nahm Erich Honecker persönlich Änderungen am Entwurf des Strafvollzugsgesetzes vor und entschärfte ihn in einigen Punkten.[15] Das Gesetz sollte nun eine größere rechtliche Sicherheit für die Strafgefangenen bieten. In den „Grundsätzen" des Kapitels I war daher formuliert: „(1) Beim Vollzug von Strafen mit Freiheitsentzug ist die sozialistische Gesetzlichkeit strikt zu wahren. (2) Die sozialistische Gesellschaft läßt sich auch im Strafvollzug konsequent von der Gerechtigkeit sowie der Achtung der Menschenwürde und der Persönlichkeit leiten."[16] Dass die Praxis anders aussah, steht auf einem anderen Blatt.

13 Vgl. dazu Marion Detjen, Fluchthelfer nach dem Mauerbau, in: DA 35 (2002), S. 799–806.
14 Vgl. Raschka, Justizpolitik, S. 115 ff. Führten die Ermittlungsverfahren des Untersuchungsorgans der Staatssicherheit zwischen 1972 und 1976 wegen politischer Delikte im Durchschnitt zu 1141 gerichtlichen Verurteilungen, so waren es 1977 mit 1518 Verurteilungen rund 52 Prozent mehr. Vgl. ebenda, S. 117.
15 Vgl. Raschka, Justizpolitik, S. 118.
16 Gesetz über den Vollzug der Strafen mit Freiheitsentzug (Strafvollzugsgesetz) vom 7. April 1977, GBl. Teil I vom 15. 4. 1977, § 3.

Die vier Vollzugsarten wurden nunmehr abgeschafft und – internationalen Grundsätzen entsprechend – auf zwei reduziert. Der erleichterte Vollzug unterschied sich gegenüber dem allgemeinen Vollzug „durch eine größere Bewegungsfreiheit der Strafgefangenen, erweiterte Möglichkeiten für die Anwendung von Anerkennungen, Einschränkungen bei der Anwendung von Disziplinarmaßnahmen, den erweiterten Umfang der persönlichen Verbindungen mit Angehörigen und anderen Personen und einen höheren Verfügungssatz für den Einkauf".[17] Der allgemeine Vollzug galt insbesondere für Strafgefangene, die wegen Verbrechens (und nicht wegen Vergehens) verurteilt worden waren. Das war in der Regel bei politischen Gefangenen der Fall, die somit härteren Haftbedingungen unterlagen.

Mit dem neuen Gesetz wurden weiterhin die Differenzierungen in den Arreststrafen abgeschafft, sodass nun die Maßnahme „strenger Arrest" wegfiel. Sie durfte überdies erst angeordnet werden, wenn die Möglichkeiten anderer Disziplinarmaßnahmen wie der Entzug von Vergünstigungen oder Einschränkungen des Einkaufs ausgeschöpft waren. Zudem musste die Zuweisung einer Arreststrafe vom Leiter der Vollzugsanstalt im vorhinein bestätigt werden und konnte nicht mehr – wie in der Vergangenheit häufig geschehen – nachträglich erfolgen. Eine körperliche Einwirkung von Strafvollzugsbediensteten als „Sicherungsmaßnahme" war nur noch in Ausnahmefällen zur Abwendung von Gewalttätigkeit gestattet. Weiterhin sollte die Freistunde nunmehr ihren Namen tatsächlich verdienen, indem der Aufenthalt im Freien auf eine Stunde ausgedehnt wurde. Sie hatte zudem zwanglos ohne Einschränkung in der Bewegungs- und Kommunikationsfreiheit zu erfolgen. Gleichzeitig fasste das Gesetz die Rechte der Inhaftierten eindeutiger. Sie konnten überdies nur in dem Maße eingeschränkt werden, „wie das gesetzlich zulässig und im Interesse der Aufrechterhaltung der Sicherheit und Ordnung notwendig ist". Dieser Satz war allerdings sehr weit auslegbar und konnte willkürlich angewendet werden. Bekräftigt wurde mit dem neuen Gesetz das Recht der Strafgefangenen auf Einreichung von Eingaben. Wie die Praxis bewies, konnten sie davon nur bedingt Gebrauch machen, da sie mit Schikanen durch das Strafvollzugspersonal rechnen mussten.[18]

In der Durchführung des neuen SVG war eine einheitliche Arbeitsvergütung, unabhängig von den Strafvollzugsarten vorgesehen. Für alle Strafgefangenen sollten die allgemeinen tariflichen Regelungen gelten.[19] Auch die Arbeitsvergütung der Strafgefangenen wurde erhöht. Im Zuge des SVG sollten weiterhin die materiellen Haftbedingungen wie die Ausstattung der Zellen sowie die sanitär-hygienischen Anlagen verbessert werden. Nicht erforderliche Verblendungen an den Fenstern waren zu beseitigen.[20] Die Ernäh-

17 § 12 SVG.
18 Vgl. dazu Abschnitt 5.
19 Bericht über die Arbeit des Organs Strafvollzug, Anlage Nr. 24 zum Protokoll Nr. 11/77 der Sitzung des Politbüros vom 15. 3. 1977, SAPMO-BArch, DY 30/J IV 2/2/1662, Bl. 382.
20 Ebenda, Bl. 384.

rung in den Haftanstalten sollte sich verbessern, dazu gehörte die Verabreichung einer warmen Mahlzeit während der Nachtschicht. Auch die Ausweitung des Warensortiments für den HO-Einkauf bei gleichzeitiger Verbesserung des Warenangebotes stand auf der Tagesordnung. Zudem wurde ein kostenloser Bezug der Tagespresse ermöglicht. Für die Ausstattung der Arresträume galten nunmehr neue Vorschriften.[21]

Inwieweit diese neuen Regelungen in den Strafvollzugseinrichtungen auch umgesetzt wurden, war allerdings eine andere Frage. Die Diskrepanz zwischen Recht und Wirklichkeit blieb bis zum Ende der DDR bestehen. Die zahlreichen Berichte über Rechtsverstöße in den Strafvollzugseinrichtungen der DDR, die in der Erfassungsstelle in Salzgitter eingingen, sowie die Ermittlungsverfahren gegen ehemalige Strafvollzugsbedienstete nach 1989 sind Ausdruck dieser Ambivalenz.[22]

Mit dem neuen Strafvollzugsgesetz wollte die SED-Führung einerseits eine präzisere Fixierung der Rechte der Gefangenen sowie einige Lockerungen im Strafvollzug erreichen. Andererseits verschärfte sie die strafrechtliche Verfolgungspraxis. Die Repressionspolitik des SED-Staates zeichnet damit ein sehr widersprüchliches Bild.

Die Zunahme der Dissidentenbewegung in fast allen Staaten des Ostblocks Ende der siebziger Jahre führte zur erneuten Verunsicherung der herrschenden Parteien. Ihre Antwort war die Verschärfung der Strafverfolgung, die besonders von der Führung der KPdSU angeregt wurde.[23] 1979 verabschiedete die Volkskammer der DDR das 3. Strafrechtsergänzungsgesetz, das wiederum eine Verschärfung der politischen Paragrafen enthielt. Fast durchweg wurden die Strafmaße für Straftatbestände des 8. Kapitels erhöht.[24] So z. B. war das Strafmaß für den „ungesetzlichen Grenzübertritt" im schweren Fall, d. h. wenn die Tat gemeinsam mit anderen begangen wurde, von fünf auf acht Jahre angehoben worden. Auch die Höchststrafen für „Zusammenrottung" (§ 217) und „Zusammenschluß zur Verfolgung gesetzwidriger Ziele" (§ 218) konnte nun bis zu 10 Jahre Freiheitsentzug im schweren Fall bedeuten. Die „ungesetzliche Verbindungsaufnahme" (§ 219) wurde auf eine Strafobergrenze von fünf Jahren ausgedehnt. Der darin neu formulierte Absatz 2, der auch als „lex Heym" in die Geschichte einging,[25] war speziell auf Schriftsteller bzw. Wissenschaftler zugeschnitten, die ihre Manuskripte im Ausland veröffentlichen wollten.[26] Ebenso könnte

21 Ebenda, Anlage 6, Bl. 393.
22 Vgl. dazu auch Kapitel IV.
23 Vgl. Raschka, Justizpolitik, S. 179.
24 Vgl. 3. StÄG vom 28. 6. 1979, GBl. Teil I, S. 142.
25 Dies bezieht sich auf den Schriftsteller Stephan Heym (1913–2001), der aufgrund seiner kritischen Haltung zur SED-Führung mit zeitweisem Publikationsverbot belegt und aus dem Schriftstellerverband ausgeschlossen wurde.
26 Vgl. 3. StÄG vom 28. 6. 1979, GBl. Teil I, S. 144. Danach konnte bestraft werden, „wer Schriften, Manuskripte oder andere Materialien, die geeignet sind, den Interessen der DDR zu schaden, unter Umgehung von Rechtsvorschriften an Organisationen, Einrichtungen oder Personen im Ausland übergibt oder übergeben läßt".

der Fall des 1978 verurteilten Rudolf Bahro[27] für die Formulierung Pate gestanden haben. Auch für die „öffentliche Herabwürdigung" (§ 220) gab es jetzt bis zu drei Jahren Haft. Das politische Strafrecht war insbesondere auf die Verfolgung von Oppositionsgruppen gerichtet, weshalb auch der § 107 (staatsfeindliche Gruppenbildung) nochmals verschärft wurde.

Insgesamt bedeutete das 3. Strafrechtsänderungsgesetz eine Eskalation der politischen Strafgesetzgebung, die sowohl im Inland als auch im westlichen Ausland auf massive Ablehnung stieß. Nach den Formulierungen dieses Gesetzes war praktisch keine Kritik am Staat und seiner Führung möglich, wenn man sich nicht einer Strafverfolgung aussetzen wollte. Die Einschüchterung der Bevölkerung war beabsichtigt, obwohl sich die DDR-Führung damit international ins politische Abseits manövrierte. Die Angst vor dem Entstehen einer Opposition im eigenen Land und vor dem Machtverfall war offenbar größer als der verheerende außenpolitische Eindruck, den die Strafgesetzgebung hinterließ. Jeglicher organisierte Widerstand sollte bereits im Keim erstickt werden.

Dieser abschreckende Effekt war offenbar das eigentliche Ziel der Strafrechtsänderung, wie Raschka mehrmals betont, da es in der Praxis nicht zu einer deutlich schärferen Verfolgung politischer Straftaten gekommen sei.[28] Diese Aussage berücksichtigt jedoch nicht die zeitliche Verzögerung bei der Wirksamwerdung in der Gerichtspraxis. Immerhin stieg die Zahl der politisch Verurteilten von 3112 im Jahre 1979 auf 3530 im Jahre 1980 an. In der Tendenz erhöhte sich damit die Zahl der politisch Verurteilten seit 1972 (2770), wenn auch nicht durchweg kontinuierlich.[29] Ungeachtet der nach wie vor hohen Verurteilungen wegen ungesetzlichen Grenzübertritts (weit über 2000 Fälle pro Jahr) lag die Zahl der Staatsverbrechen 1977 mit fast 600 Verurteilten[30] und 1978 mit 539 Verurteilten noch hoch und ging erst danach sukzessive zurück, dafür nahmen die Verurteilungen wegen Straftaten gegen die staatliche Ordnung zu.[31] Dabei handelte es sich um Vergehen, die weniger hoch bestraft wurden. Vor allem aber führte der neu formulierte Paragraf 249 (Asozialität) zu einem deutlichen Anwachsen der Häftlingszahlen.[32] Dieser Paragraf war ausgedehnt worden auf all diejenigen, die „in sonstiger Weise die öffentliche Ordnung und Sicherheit durch eine asoziale Lebensweise" beeinträchtigen." Nunmehr konnten auch einen alternativen Lebensstil pflegende Jugendliche oder politisch missliebige Personen verfolgt werden.

27 Rudolf Bahro (1935–1997), Journalist und Gesellschaftstheoretiker, Verfasser von „Die Alternative. Zur Kritik des realexistierenden Sozialismus". Er wurde 1978 zu acht Jahren Haft verurteilt, aufgrund internationalen Protestes 1979 nach Westdeutschland abgeschoben.
28 Raschka, Justizpolitik, S. 171 und 173. Raschka vergleicht dabei nur das Jahr 1978 mit dem Jahr 1979, also die Zeit vor und unmittelbar nach dem 3. Strafrechtsergänzungsgesetz.
29 Vgl. ebenda, Tabelle II, S. 316.
30 Es handelte sich exakt um 599 Verurteilte. Ebenda.
31 Ebenda.
32 Ebenda, S. 181. Die Zahl erreichte 1980 einen Höhepunkt von 12 795 Verurteilten.

Abermals füllten sich die Gefängnisse. Im März 1979 wiesen 19 Strafvollzugseinrichtungen eine Überbelegung bis zu 136 Prozent auf.[33] Im September 1979 saßen insgesamt 41 455 Häftlinge ein, davon 34 911 Strafgefangene.[34] Anlässlich des 30. Jahrestages der DDR verkündete die Staatsführung erneut eine Amnestie, eventuell in der Annahme, dass sich aufgrund des 3. Strafrechtsänderungsgesetzes die Gefängnisse wieder füllen würden. Da sich die DDR um die Aufnahme in die Menschenrechtskommission der UNO bemühte, wollte sie zudem vor der Weltöffentlichkeit ihren humanitären Charakter demonstrieren. Im Vergleich zur Amnestie von 1972 gab es jedoch wesentlich weniger Betroffene. Ausgenommen von der Amnestie waren nicht nur viele Gewaltverbrecher, sondern auch generell Strafgefangene, die zu mehr als fünf Jahren Freiheitsentzug verurteilt worden waren. Darunter fielen zahlreiche politische Gefangene. Überdies waren schwere Fälle von Geheimnisverrat und Fahnenflucht ebenfalls von der Amnestie ausgeschlossen. Insgesamt wurden aus den Haftanstalten 17 128 Häftlinge entlassen.[35] Darunter waren 183 Strafgefangene, die wegen Verbrechen gegen die DDR, und 8 115, die wegen Straftaten gegen die staatliche Ordnung verurteilt worden waren. Ein erheblicher Teil bezog sich dabei auf den Straftatbestand der Asozialität (§ 249).[36] Schätzungsweise kamen durch die Amnestie 1 500 politische Gefangene frei.[37]

Erwartungsgemäß füllten sich die Strafvollzugseinrichtungen erneut sehr schnell. Bereits Ende 1980 gab es wieder ca. 40 000 Inhaftierte.[38] Die Ursache dafür lag insbesondere in der Zunahme von Verurteilungen wegen „Rowdytums" und „Asozialität".[39] Die DDR bekam sowohl die gewöhnliche Kriminalität nicht in den Griff, als sie es auch nicht vermochte, die Bedürfnisse nach Konsum als Äquivalent für die geleistete Arbeit zu befriedigen.

Die Unzufriedenheit mit den DDR-Verhältnissen war auch in den Strafvollzugseinrichtungen zu spüren. Das MdI konstatierte eine Zunahme von „Aktivitäten Strafgefangener mit feindlicher bzw. verfestigt negativer Grundeinstellung. Zugenommen haben politisch motivierte Nahrungs- bzw. Arbeitsverweigerungen, Antragstellungen auf Entlassung aus der Staatsbürgerschaft und andere demonstrativ-provokatorische Handlungen".[40] Wie in der Gesellschaft insgesamt war die Antwort darauf die

33 Bericht über die Arbeit des Organs Strafvollzug, Anlage Nr. 24 zum Protokoll Nr. 11/77 der Sitzung des Politbüros vom 15. 3. 1977, SAPMO-BArch, DY 30/J IV 2/2/1662, Bl. 384.
34 Gefangenenstatistik des MdI, 1979, BArchB, DO 1/3708.
35 Der Generalstaatsanwalt der DDR, der Minister des Innern und Chef der Deutschen Volkspolizei: Bericht über die Durchführung der Amnestie, S. 1. BArchB, DO 1/3716.
36 Anlage 3: Zusammensetzung der aus dem Strafvollzug amnestierten Personen. Ebenda.
37 Vgl. Werkentin, Politische Strafjustiz in der Ära Ulbricht, S. 361.
38 Gefangenenstatistik des MdI, 1980, BArchB, DO 1/3708.
39 Vgl. zu dieser Problematik ausführlich Sven Korzilius, „Asoziale" und „Parasiten" im Recht der SBZ/DDR. Arbeiten zur Geschichte des Rechts in der DDR, Köln 2005.
40 Bericht über die Arbeit des Organs Strafvollzug, Anlage Nr. 24 zum Protokoll Nr. 11/77 der Sitzung des Politbüros vom 15. 3. 1977, SAPMO-BArch, DY 30/J IV 2/2/1662, Bl. 381.

Verschärfung der Repression, auch wenn diese jetzt im rechtlichen Rahmen erfolgen sollte. Immer noch war die Arreststrafe die am häufigsten ausgesprochene Disziplinarmaßnahme.[41]

In den 80er-Jahren geriet die DDR in immer größere wirtschaftliche Schwierigkeiten, auch bedingt dadurch, dass die Sowjetunion nicht mehr im bisherigen Ausmaß unterstützend eingriff. Sowohl in den Betrieben als auch in den Haushalten der DDR waren die Mängel spürbar und stets präsent. Immer fehlte es an irgendetwas. Die Materialschwierigkeiten in den Betrieben waren sprichwörtlich, begehrte Waren knapp bemessen oder gar nicht erst zu haben. Die Exquisitläden und Intershops standen mangels Geld oder Devisen nur einem kleinen Teil der Bevölkerung zur Verfügung. Ein Gefühl der Stagnation gewann unter den Bürgern zunehmend die Oberhand. Dafür wurde die Propaganda des SED-Staates, die ein geschöntes und harmonisierendes DDR-Bild zeichnete, immer unglaubwürdiger und abstruser. Die Unzufriedenheit mit diesen Verhältnissen verstärkte den Wunsch vieler DDR-Bürger, die DDR zu verlassen, in der Hoffnung, ein selbstbestimmtes Leben in der Bundesrepublik zu beginnen. Gleichzeitig formierte sich als Reaktion auf die Militarisierung der DDR insbesondere unter dem Dach der Kirche ein kritisches Potenzial, das in Opposition zum Führungsanspruch der SED stand und demokratische Mitbestimmung einforderte. Um beide Bestrebungen unter Kontrolle zu bekommen, baute die Staatssicherheit ihr Überwachungssystem weiter massiv aus. Die Zahl der politischen Häftlinge nahm weiter zu. Sie stieg von ca. 3000 im Jahre 1979 auf fast 4000 im Jahre 1984.[42]

Mit der Ausreisewelle 1984, bei der ca. 37 000 Bürger der DDR in den Westen gelangten,[43] versuchte die SED-Führung, den innenpolitischen Druck zu entschärfen und die „Altfälle" der Antragsteller auf Übersiedlung in die Bundesrepublik loszuwerden. Damit sollte Ruhe auf diesem Gebiet eintreten. Dies erwies sich jedoch als folgenschwerer Irrtum. Jetzt wurde vielen DDR-Bürgern klar, dass ein Antrag auf Ausreise aus der DDR durchaus erfolgreich sein konnte. Die Zahl der Gesuche stieg. Doch die Hoffnungen auf schnelle Ausreise wurden vielfach enttäuscht. Um den Eingaben Nachdruck zu verleihen, nahmen nicht wenige Antragsteller Verbindungen in den Westen auf. Die Staatssicherheit reagierte mit einer ständig steigenden Zahl von Ermittlungsverfahren, insbesondere nach dem 8. Kapitel des Strafgesetzbuches. Darüber

---

41 Vgl. z. B. Lageeinschätzung für das Jahr 1982 der Verwaltung Strafvollzug vom 20. 1. 1983, S. 18, BArchB, DO 1/3705.
42 Exakt waren es 1979 3112 und im Jahr 1984 3973 politische Häftlinge. Vgl. Raschka, Justizpolitik, Tabelle XIV, S. 324 f. Es handelt sich dabei um Berechnungen auf der Grundlage der Angaben der Generalstaatsanwaltschaft. Danach bildeten der ungesetzliche Grenzübertritt (§ 213) sowie weitere Straftaten gegen die staatliche Ordnung nach den Paragrafen 212, 214, 215, 217, 219 sowie 220 und 225 die höchste Zahl der Verurteilungen. Vgl. Raschka, Justizpolitik, Tabelle XVII, S. 330 f.
43 Ebenda, S. 220.

hinaus versuchte sie, die auf Veränderungen im Lande drängenden oppositionellen Gruppierungen einzuschüchtern und zu zerschlagen. Blieben die vielfältigen Zersetzungsmaßnahmen erfolglos, wurden Ermittlungsverfahren eingeleitet und harte Urteile gesprochen. Einige der Oppositionellen sahen nach der Verurteilung keine Perspektive mehr für sich in diesem Land und stellten schließlich – meist ganz im Sinne der DDR-Führung – in der Haft entsprechende Ausreiseanträge.

Am 17. Juli 1987 verkündete der Staatsrat der DDR überraschend eine Amnestie. Hintergrund waren diesmal nicht die überfüllten Gefängnisse, die mit einem Gefangenenbestand von 32 989 im Juli 1987 zwar gefüllt,[44] jedoch im Vergleich zu Anfang der 80er-Jahre (über 40 000 Gefangene) keinen Höchststand auswiesen. Anlass für die Amnestie war vielmehr der geplante Besuch Erich Honeckers in der Bundesrepublik. Es war der Versuch, bereits im Vorfeld des von Honecker lang ersehnten Besuchs Spannungen abzubauen und dem anderen deutschen Staat Entgegenkommen zu demonstrieren. Schließlich war die DDR seit den 80er-Jahren aufgrund der wirtschaftlichen Schwierigkeiten zunehmend auf die Unterstützung durch die Bundesrepublik – nicht zuletzt durch Milliardenkredite – angewiesen. Deshalb bemühte sich die DDR-Führung um ein entspannteres Klima zwischen beiden deutschen Staaten. Da die Staatsführung anlässlich des Honecker-Besuches befürchtete, dass auch Fragen der gestiegenen Anträge auf Ausreise aus der DDR, der Situation von politischen Gefangenen sowie des Strafvollzugs angesprochen werden könnten, wollte sie bereits im vorhinein die Probleme minimieren. Ungewöhnlich für diese Amnestie war nämlich deren frühzeitige Verkündung, da sie erst zum 38. Jahrestag der DDR am 7. Oktober 1987 in Kraft treten sollte. Die mit dem Gnadenerweis verfolgte Absicht war damit offensichtlich.

Die vom Politbüro beschlossene Amnestie sollte die umfassendste in der Geschichte der DDR werden. Insgesamt gelangten bis zum 10. Dezember 24 586 Strafgefangene auf freien Fuß.[45] Darunter befanden sich jedoch auch zahlreiche Gewaltverbrecher, was erhebliche Ängste unter der Bevölkerung auslöste. Die Amnestie erstreckte sich auch auf die nach den Kapiteln 2 und 8 des Strafgesetzbuches Verurteilten und bezog damit politische Gefangene ein. So wurden 106 Gefangene, die wegen Verbrechen gegen die DDR, und 8499 Gefangene, die wegen Straftaten gegen die staatliche Ordnung verurteilt worden waren, amnestiert.[46] Für die politischen Gefangenen war es allerdings überwiegend kein Grund zum Feiern, sollten sie doch aus den Haftanstalten

---

44 Gefangenenstatistik des MdI, 20. 7. 1987, BArchB, DO 1/3709.
45 Kollegiumsvorlage, Anlage 1: Aufgliederung der Entlassungen aus dem Straf- bzw. Untersuchungshaftvollzug im Amnestiezeitraum 12. 10.–10. 12. 1987, S. 12, BArchB, DO 1/3669. Exakt fielen 81 Prozent der Gefangenen unter die Amnestie. Vgl. Lageeinschätzung für das Jahr 1987, Anlage 1, S. 14, Übersicht über die Zusammensetzung des Bestandes der Strafgefangenen, Bestandsentwicklung, BArchB, DO 1/3706.
46 Lageeinschätzung für das Jahr 1987, Anlage 2, S. 17, Übersicht über die Zusammensetzung des Bestandes der Strafgefangenen nach ausgewählten Kriterien, BArchB, DO 1/3706.

in die DDR entlassen werden und nicht in die Bundesrepublik ausreisen dürfen, womit sie jedoch fest gerechnet hatten. Nicht wenige weigerten sich deshalb, den Straferlass zu akzeptieren.

Die Amnestie brachte die fast vollständige Leerung der Gefängnisse. Die Zahl der Strafgefangenen ging bis Dezember 1987 auf 1710 zurück.[47] Die Haftanstalten nutzten diese Zeit, um das Personal zu Aus- und Weiterbildungslehrgängen zu schicken und eine Verbesserung der Haftraumbedingungen vorzunehmen. Dieser Zustand währte jedoch nur kurz. Bereits ein Jahr nach der Amnestie lag die Zahl der Strafgefangenen wieder bei 18 975[48] und erreichte damit 77,4 Prozent des Bestandes vor der Amnestie. Allein ein Drittel dieser Strafgefangenen waren vormals Amnestierte.[49] Nicht nur viele Rückfalltäter füllten die Strafvollzugseinrichtungen, sondern auch Personen, die wegen Straftaten gegen die staatliche Ordnung und wegen ungesetzlichen Grenzübertritts verurteilt worden waren, kamen neu hinzu. Zwischen dem 1. Quartal 1987 und dem 1. Quartal 1988 stieg die Zahl der wegen ungesetzlichen Grenzübertritts Verurteilten um 67,3 Prozent.[50]

Die politische Situation hatte sich also keineswegs entspannt, im Gegenteil spitzte sie sich immer weiter zu. Die politische Unzufriedenheit erreichte zunehmend breitere Bevölkerungsschichten. Als sich die SED-Führung weigerte, den sowjetischen Kurs von Perestroika und Glasnost unter Gorbatschow mitzutragen, begruben viele DDR-Bürger die Hoffnung auf eine Öffnung der Gesellschaft hin zu Demokratie, Freizügigkeit und Meinungsvielfalt. Die Folge war ein rasanter Anstieg der Anträge auf Ausreise aus der DDR. Bis Dezember 1987 stieg die Zahl der Anträge auf 105 131.[51] Gleichzeitig mündete die Unzufriedenheit in einer Erstarkung der Oppositionsbewegung im Land. Zahlreiche Oppositionsgruppen entstanden – meist unter dem Dach der Kirche.

Die Verweigerungshaltung eines wachsenden Teils der Bevölkerung führte zu gesteigerter Aktivität des Staatssicherheitsapparates. Die Zahl der Ermittlungsverfahren des MfS wegen politischer Vergehen, die seit 1984 bei durchschnittlich 2000 Fällen lag, stieg im Jahr 1988 auf 3464 Fälle an. Bei über der Hälfte der Verfahren handelte es sich um illegalen Grenzübertritt.[52] Die Verwaltung Strafvollzug berichtete, dass das „hohe Aufkommen an Verhafteten im I. und II. Quartal die UHA-Gesamtkapazität mit 109,8 bzw. 105 % ausgelastet" habe. Schwerpunkte bildeten dabei die Untersuchungshaftanstalten des Bezirks Halle und Dresden mit 145 bzw. 144 Prozent.[53]

---

47 Raschka, Justizpolitik, S. 241.
48 Gefangenenstatistik vom 20. 12. 1988, BArchB, DO 1/3709.
49 Lageeinschätzung für das Jahr 1988, S. 4, BArchB, DO 1/3706.
50 In absoluten Zahlen war das ein Anstieg von 741 auf 1246 Verurteilungen. Raschka, Justizpolitik, S. 245.
51 Ebenda, S. 293.
52 Ebenda, S. 329.
53 Lageeinschätzung für das Jahr 1988 vom 30. 1. 1989, S. 4, BArchB, DO 1/3706

Die Zahl der insgesamt politisch Verurteilten belief sich 1988 auf 4796 Personen; bei über die Hälfte davon handelte es sich um gescheiterte Fluchtversuche.[54] Anfang 1989 nahm auch die Zahl der Botschaftsflüchtlinge zu. Trotz großzügigerer Ausreisegenehmigungen (von Januar 1989 bis Oktober 1989 hatte man 102 000 Ausreisen genehmigt)[55] wurde die SED-Führung der Flut der Antragstellungen nicht Herr. Im Gegenteil. Die DDR-Führung sah sich einem wachsenden innen- und außenpolitischen Druck ausgesetzt. Zudem führten die Erfahrungen von Willkür und Repression gegen Ende der DDR zu einem Zusammenfinden von Opposition und Antragstellern, woraus sich eine teilweise Bündelung ihrer Aktionen ergab, die zuvor – vornehmlich von Ersteren – strikt abgelehnt worden war. Schließlich bewirkte die mächtige Volksbewegung vom Herbst 1989, nicht zuletzt vor dem Hintergrund der wachsenden Übersiedlerströme, den Sturz der Regierung Honecker.

Auch die in den Strafvollzugseinrichtungen einsitzenden Häftlinge machten nun öffentlich auf ihre Situation aufmerksam. Noch Anfang Oktober hatte das Ministerium des Innern verkündet, dass „als Resultat einer ergebnisorientierten Führungs- und Leitungstätigkeit in den StVE, JH und UHA [...] der politisch-moralische Zustand insgesamt fest und stabil ist".[56] Allerdings räumte man ein, „daß die Vorgänge in der Gesellschaft den Strafgefangenen und Verhafteten nicht verborgen bleiben. Diese neue Situation wird in der täglichen Arbeit beachtet", weshalb stärker mit den Offizieren des MfS zusammengearbeitet werden sollte.[57]

Doch dieser Strategie war kein Erfolg mehr beschieden. In zahlreichen Haftanstalten kam es zu Arbeitsverweigerungen und Hungerstreiks. Die Häftlinge forderten eine Überprüfung ihrer Urteile. Überstürzt verkündete der Staatsrat der DDR am 27. Oktober 1989 unter dem Vorsitz von Egon Krenz eine Amnestie für Personen, die wegen „ungesetzlichen Grenzübertritts" inhaftiert waren oder „Straftaten gegen die staatliche und öffentliche Ordnung im Zusammenhang mit demonstrativen Ansammlungen begangen haben".[58]

Damit war der Kreis der unter die Amnestie fallenden Personen sehr eingegrenzt. Auch waren diejenigen ausgenommen, die Waffen mitgeführt oder gefährliche Mittel und Methoden angewandt hatten. Die Häftlinge waren empört. Sie lehnten die Amnestie ab. Ihre Forderungen gingen weiter: Sämtliche Urteile sollten überprüft, mehr Mitspracherechte eingeräumt, die Bezahlung der Gefangenenarbeit gerechter geregelt und insgesamt eine Verbesserung der Haftbedingungen erreicht werden. Die Widerstandsaktionen der Häftlinge gingen weiter. Schwerpunkt waren ab Oktober

54 Raschka, Justizpolitik, S. 316.
55 Wendt, Die deutsch-deutschen Wanderungen, S. 393.
56 MdI, Kollegiumsvorlage für den 14. 11. 1989: Stand der Gewährleistung der Sicherheit im Organ Strafvollzug, S. 3, BArchB, DO 1/3669
57 Ebenda, S. 6.
58 Gesetzblatt Teil I vom 1. 11. 1989, S. 237.

1989 die Strafvollzugseinrichtungen Bautzen I und Brandenburg.[59] Im Kontext der revolutionären Ereignisse verkündete der Staatsrat der DDR unter Manfred Gerlach schließlich am 6. Dezember 1989 eine Amnestie, in deren Folge bis Februar 1990 15 586 Personen frei kamen.[60] Es war die einzige Amnestie, der kein Politbürobeschluss vorausging. Das Politbüro hatte abgedankt. Das Kapitel „politischer Strafvollzug in der DDR" war geschlossen.

2. Der „Schwerverbrecherknast Brandenburg": Die Gefangenenstruktur in den siebziger Jahren

Wie in der DDR insgesamt ging auch in der Strafvollzugseinrichtung Brandenburg seit Mitte der sechziger Jahre die Zahl der politischen Gefangenen sukzessive zurück. Einerseits wurden nicht mehr so viele politische Urteile gesprochen, andererseits kamen die zu kürzeren Haftstrafen Verurteilten in der Regel nicht nach Brandenburg, da sie vor allem eine Anstalt für langjährig einsitzende Häftlinge war. Eingewiesen wurden zunehmend kriminelle Strafgefangene wie Mörder, Sexualstraftäter und andere Gewaltverbrecher. Im II. Quartal 1972 waren allein 870 Gefangene wegen „Straftaten gegen die Persönlichkeit" und 264 wegen „Straftaten gegen Jugend und Familie" verurteilt worden bei einem Gefangenenbestand von 2258 Personen. Dagegen gerieten die politischen Gefangenen mit einem Anteil von ca. 15 Prozent in die absolute Minderheit.[61] Bei den Verurteilungsgründen dominierten nun nach dem Mauerbau der „illegale Grenzübertritt" sowie dessen Versuch oder – nicht selten im Zusammenhang damit – die „staatsfeindliche Hetze".

Auch psychisch auffällige Häftlinge mussten in Brandenburg ihre Strafe verbüßen, was für die Mitgefangenen wiederum eine Bedrohung bedeutete. Sogar die Leitung der StVE stellte fest, dass in der Vollzugsabteilung III Gefangene mit „abnormer Persönlichkeitsstruktur" konzentriert seien. Sie „schaffen durch ihre Unberechenbarkeit Verwirrung und Unruhe unter den anderen Strafgefangenen".[62] Obwohl die Gerichte in der DDR Gewaltstraftäter auf ihre Zurechnungsfähigkeit prüfen konnten, scheint in der Praxis davon nicht ausreichend Gebrauch gemacht worden zu sein.

---

59 Information zur Lage im Strafvollzug nach Durchführung der Amnestie vom 6. 12. 1989, S. 4, BArchB, DO 1/3706.
60 Abschlußbericht zur Amnestie vom 15. 3. 1990, S. 3, BArchB, DO 1/3716.
61 Vgl. StVE Brandenburg, Auskunftsbericht vom 8. 6. 1972, BLHA, Rep. 404/15. 1/696, Bl. 19. So waren 22 Gefangene wegen „Verbrechen gegen die Souveränität der DDR und gegen den Frieden", 167 wegen „Verbrechen gegen die DDR" und 169 wegen „Straftaten gegen die staatlichen Ordnung" verurteilt worden.
62 Lageeinschätzung für den Monat September 1971 vom 14. 10. 1971, BLHA, Rep. 404/15. 1/706, Bl. 62.

III. Von der Willkür zur scheinbaren Gesetzlichkeit

Mitte der 70er- bis Ende der 80er-Jahre

Die Sicherung der Strafvollzugseinrichtung: Umwehrungsmauer, rechts unten Hundezwinger.
Quelle: Stiftung Brandenburgische Gedenkstätten.

Statt in psychiatrischen Einrichtungen, in denen sie hätten therapiert werden können, landete offenbar ein nicht unbeträchtlicher Teil im normalen Strafvollzug. Sie stellten für die anderen Gefangenen eine erhebliche Belastung dar, mussten Letztere doch nicht selten um ihr Leben fürchten, weil es zu unberechenbaren Gewalthandlungen kommen konnte. Eine Begutachtung des psychischen Zustandes von Gewalttätern im Strafvollzug selbst scheint es kaum gegeben zu haben, denn in den Erinnerungsberichten von politischen Gefangenen wird die Situation der Gefährdung wiederholt beschrieben.[63] Offenbar war die Anstaltsleitung der Ansicht, dass der Strafvollzug genug Therapie für die psychisch auffälligen Gefangenen bedeute.

Die Gefangenenstruktur in der Strafvollzugseinrichtung Brandenburg hatte sich nun grundlegend gewandelt: Die Haftanstalt hatte sich zum „Schwerverbrecherknast" – wie er unter Eingeweihten genannt wurde – entwickelt. Von daher kam auch ihr Ruf als am meisten gefürchtete Strafvollzugseinrichtung in der DDR. Viele politische Gefangene waren schockiert, wenn sie nach der Verurteilung erfuhren, in welcher Haftanstalt sie ihre Strafe verbüßen sollten. Andere stellten erst nach der Einlieferung mit Entsetzen fest, wo sie gelandet waren.

Infolge der Amnestie von 1972 kam auch ein großer Teil der politischen Gefangenen aus der Strafvollzugseinrichtung Brandenburg auf freien Fuß. Ausdrücklich hatte der Gnadenerweis auch politische Gefangene umfasst. Insgesamt kamen aus der StVE Brandenburg 1039 Strafgefangene frei.[64]

Obwohl aus der Haftanstalt fast die Hälfte der Gefangenen vorzeitig entlassen wurde, war sie schon kurze Zeit später wieder überfüllt. Die nach der Amnestie einsetzende verschärfte Strafverfolgung wirkte sich natürlich auch auf die StVE Brandenburg aus. Bereits im Juli 1973 war die Kapazitätsgrenze mit 125 Prozent überschritten, obwohl sich durch Umbau von Produktionsräumen und Schaffung größerer Zellen die Kapazität auf 2250 Plätze erhöht hatte. Das SV-Personal reagierte auf die ständige Überfüllung genervt und versuchte durch härteres Durchgreifen, die Situation zu bewältigen. Ungeachtet dessen wurden sie zur Einhaltung der Gesetzlichkeit angehalten. Im Rahmen eines Befehls des Ministers des Innern hatte das SV-Personal der StVE Brandenburg Seminare mit dem Thema „Die sozialistische Gesetzlichkeit und

---

63 Vgl. dazu auch die publizierten Erinnerungsberichte von Horst Hiller, Sturz in die Freiheit. Von Deutschland nach Deutschland, München 1986; Andreas Schmidt, Leerjahre. Leben und Überleben im DDR-Gulag, Böblingen 1986; Roland Garve, Unter Mördern. Ein Arzt erlebt den Schwerverbrecherknast, München 2000; Alexander Richter, Zuchthaus Brandenburg, Emsdetten 2002.

64 Vgl. Abschlußbericht über die Amnestie vom 29. 1. 1973, BLHA, Rep. 404/15.1/696, Bl. 72. Von diesen gingen bis Ende 1972 269 Gefangene „auf Transport", worunter die Entlassung in die Bundesrepublik – über die StVE Karl-Marx-Stadt – zu verstehen war. Vgl. Stand der Verwirklichung des Beschlusses des Staatsrates über eine Amnestie vom 6. 12. 1972, BLHA, Rep. 404/15.1/696, Bl. 78. Weitgehend ausgeschlossen von der Amnestie waren u. a. die so genannten Menschenhändler, die wegen „Terrors" (§ 101) oder „Diversion" (§ 103) Verurteilten.

ihre Durchsetzung im SV" zu absolvieren.[65] Hintergrund waren nicht zuletzt die Weltfestspiele in der DDR, während derer die SED-Führung ein Bild der Offenheit und Rechtsstaatlichkeit zu vermitteln suchte. Dieses Ereignis fand seinen Widerhall auch im Strafvollzug, wenngleich die Gefangenen selbst nicht während der Zeit der Weltfestspiele entlassen werden durften, da man „Provokationen" befürchtete. Das Ereignis sollte nicht durch kritische Stimmen gestört werden.[66]

Nach den Weltfestspielen erhöhte sich der Gefangenenbestand weiter. Innerhalb eines Jahres, von Dezember 1973 bis Dezember 1974, war die Zahl der Gefangenen um 1000 auf 3231 angestiegen.[67] Allein im 1. Halbjahr 1974 kamen 200 politische Häftlinge, die wegen Verbrechen gegen die Souveränität des Staates, gegen die DDR und gegen die staatliche Ordnung verurteilt worden waren, neu hinzu. Die Zahl dieser Gefangenen betrug damit über 700 insgesamt.[68]

Trotz der unzumutbaren Bedingungen stieg der Gefangenenbestand weiter an. Im November 1975 erreichte er einen Höchststand mit 3450 Häftlingen. Allein von Januar bis Oktober 1975 wurden 434 Verurteilte in die StVE eingewiesen.[69]

Die Zustände in der Strafvollzugseinrichtung nahmen katastrophale Ausmaße an. In den Aufnahmezellen waren z. T. zwischen 60 und 80 Häftlinge zusammengepfercht. Es herrschte ein unbeschreiblicher Lärm, weshalb nachts kaum an Schlaf zu denken war. In verschiedenen Verwahrräumen mussten die Häftlinge auf dem Fußboden auf Matratzen schlafen. Darüber hinaus hatte man verschiedene Zellen mit dreistöckigen Betten ausgerüstet, sodass z. B. 12 Personen auf 14 Quadratmeter untergebracht wurden.[70] Die hygienischen Bedingungen waren teilweise unzumutbar, denn noch immer existierten Zellen, die lediglich mit Kübeln ausgestattet waren. Der Leiter der Strafvollzugseinrichtung monierte jedoch vor allem den Verlust von Ordnung und Disziplin. Die Gefangenen verhielten sich nicht korrekt gegenüber dem SV-Personal, nähmen die Kopfbedeckung beim Ansprechen nicht ab, verstießen gegen die Kleiderordnung, würden den festgelegten Haarschnitt nicht tragen und die Verwahrräume nicht sauber halten.[71] Die Auswirkungen der Haftbedingungen auf das psychische Befinden der Gefangenen sowie auf deren Beziehungen untereinander, die sich daraus ergebenden Spannungen und Konflikte interessierten die Leitung dagegen nicht. Sie sah die negativen Faktoren unter dem Aspekt der Störung der Ordnung. Hinzu kam,

---

65 Lageeinschätzung für den Monat Juli 1973 vom 13. 8. 1973, BLHA Rep. 404/15.1/706, Bl. 131.
66 Vgl. dazu Christoph Ochs, Aktion „Banner". Operativer Einsatz, Taktik und Strategie des MfS während der X. Weltfestspiele 1973, in: DA 36 (2003), S. 981–991.
67 Einschätzung der Arbeitsergebnisse 1974 vom 3. 1. 1975, BLHA, Rep. 404/15.1/696, Bl. 189.
68 Ausführungen zur Dienstversammlung am 13. 6. 1974, BLHA, Rep. 404/15.1/696, Bl. 163.
69 Schlussfolgerungen aus der Entwicklung des Gefangenenbestandes in der StVE Brandenburg, Stand 1. November 1975, BLHA, Rep. 404/15.2/1712.
70 So z. B. die Schilderung von Joachim Frenzel, Interview Juni 2002, S. 10.
71 Ausführungen zur Dienstversammlung am 13. 6. 1974, BLHA, Rep. 404/15.1/696, Bl. 167.

III. Von der Willkür zur scheinbaren Gesetzlichkeit

Diese Zelle der StVE Brandenburg ist mit 11 Häftlingen belegt. Sie gehört zu den besser ausgestatteten Zellen, denn der Sozialtrakt mit der Toilette befindet sich hinter der Tür und nicht wie in anderen im selben Raum.
Quelle: ADN-ZB 1989/1205/45 N

Zellenalltag 1978 in Haus IV des Zuchthauses Brandenburg-Görden
Bleistiftzeichnung eines anonymen Gefangenen, im Besitz von Wolfgang Stock

dass wegen der Überfüllung der Anstalt nicht alle Häftlinge zur Arbeit eingesetzt werden konnten, denn ihre Zahl sprengte den Arbeitskräfteplan. So verblieben viele Häftlinge Tag und Nacht in der Zelle, was die menschlichen Beziehungen zusätzlich belastete und oft zu Aggressionen mit teilweise gewalttätigem Ausgang führte.

Einer der politischen Gefangenen, der in dieser Zeit in die STVE Brandenburg eingewiesen wurde und diese katastrophalen Zustände im „Schwerverbrecherknast" erlebte, war Joachim Frenzel. Seine Verurteilung ist ein typischer Fall dafür, wie Kritik an staatlichen Organen und an der SED mittels strafrechtlicher Verfolgung in der DDR unterbunden und als Staatsverbrechen gewertet wurde. Zudem sollte ganz offensichtlich von diesem Fall eine abschreckende Wirkung ausgehen, um zu demonstrieren, wie der SED-Staat mit Aufmüpfigen umzugehen gedachte.

Zum Beispiel Joachim Frenzel

Joachim Frenzel, 1930 geboren und in einer Arbeiterfamilie in Senftenberg aufgewachsen, erlebte das Kriegsende als Fünfzehnjähriger.[72] Sein Vater war noch im August 1945 infolge eines Kriegsversehrens gestorben. Seine Mutter versuchte, die 7-köpfige Familie durchzubringen. Joachim Frenzel fand Arbeit in der „Kohle", wo er „für die Russen" in einer Brikettfabrik zu Demontagearbeiten herangezogen wurde. Dafür bekam er von ihnen zusätzliche Nahrungsmittel.

In dieser Zeit erlebte er, dass viele Jugendliche willkürlich wegen „Werwolfverdachts" verhaftet wurden. Auch er befürchtete seine Festnahme. Eines Tages während der Arbeit, im Februar 1946, sah er, wie wieder Jugendliche abgeholt wurden. Joachim Frenzel versteckte sich zusammen mit seinem Bruder und entging dadurch der Verhaftungsaktion. Sie konnten noch schnell ihrer Mutter Bescheid geben und ein paar Sachen einstecken, um dann über die „grüne Grenze" nach Westdeutschland zu flüchten.

Da sie dort keine Arbeit fanden, ließ Joachim Frenzel sich als Sechzehnjähriger, der sich aber älter ausgab, für die französische Fremdenlegion anwerben. Nach fünf Jahren, 1952, kam er nach Senftenberg zurück und fand eine Beschäftigung in der Braunkohleindustrie. Dort arbeitete er sich langsam hoch. Zunächst war er als Gleisbauarbeiter, dann als Baggerfahrer tätig, schließlich leitete er eine große Brigade, die für den Korrosionsschutz zuständig war. Wegen seiner guten Arbeitsleistungen wurde er mehrfach ausgezeichnet und für schwierige Aufgaben eingesetzt. Während seines Einsatzes („Montage") im Braunkohlerevier stieß er auf vielfältige Missstände in der Produktion, die er offen kritisierte. So schrieb er z. B. an die lokale Zeitung, dass Braunkohle, die zum Abbau vorgesehen war, wieder zugeschüttet wurde, weil der Schwenkkran des Tagebaus bereits anderweitig eingesetzt worden war. Es handelte

---

72 Interview Joachim Frenzel, Juni 2002.

sich dabei um ca. 800 000 Tonnen Kohle, was einen enormen volkswirtschaftlichen Verlust bedeutete. Seine Vorgesetzten gingen dieser Angelegenheit aber nicht nach, sondern wiesen ihn zurecht: Er solle sich wegen der paar Tonnen Kohle nicht aufregen, es gehe doch hier ums Ganze. Auch die Diebstähle auf den Baustellen, die Betrügereien und Schiebereien mit betriebseigenem Material prangerte er in einer begrenzten Öffentlichkeit an. Auch er wurde mit seiner Brigade dazu angehalten, „Pfusch zu machen", nur damit ein bestimmter Termin eingehalten werden konnte und die Jahresendprämie nicht gefährdet war, was er als Zumutung empfand. Er wollte „anständige Arbeit" leisten. Als z. B. ein Artikel über sozialistische Brigaden in der Betriebszeitung erschien, der die Zustände beschönigte, nahm er mit kräftigen Worten dagegen Stellung.

Seine Meinung vertrat er stets sehr offen: Er äußerte sich in seiner Brigade über die politischen Zustände in der DDR kritisch und kommentierte Stellungnahmen von Partei und Regierung abschätzig. In der Brigade schien darüber Einverständnis zu herrschen. An den Wahlen zur Volkskammer 1971 nahm er nicht teil. Um seinen „negativen" Einfluss auf die Kollegen seines Betriebes zu unterbinden, bestellte ihn 1972 das Volkspolizeikreisamt zu einem Gespräch, nachdem die Staatssicherheit einen operativen Vorgang angelegt hatte. Zwei Mitarbeiter der Staatssicherheit verwarnten ihn und drohten ihm strafrechtliche Konsequenzen an. Nach zehn Stunden Verhör musste er eine schriftliche Erklärung abgeben, dass er zukünftig „hetzerische Äußerungen" unterlassen werde. Joachim Frenzel war allerdings der Meinung, dass vielmehr die Zustände, die er kritisierte, ein Verbrechen darstellten und nicht seine Äußerungen. Deshalb ließ er sich auch nicht einschüchtern. Zumindest in seiner Brigade wurde weiterhin offen geredet. Von der Staatssicherheit wurde er jetzt ständig überwacht. Schließlich bereitete das MfS seine Verhaftung vor und erarbeitete einen genauen Plan, ihn wegen „staatsfeindlicher Hetze" zu belangen. Unter Einsatz mehrerer IM inszenierte die Staatssicherheit im November 1973 ein „Vorkommnis" in einer Gaststätte.[73] Durch eine gezielte Provokation ließ sich Frenzel zu unbedachten Äußerungen hinreißen. Daraufhin wurde er am 20. November 1973 verhaftet. Bemerkenswert ist, dass kein Mitglied der Brigade sich dazu bereit fand, gegen Frenzel Stellung zu beziehen und ihn zu belasten, sodass sich die Staatssicherheit bei der Einleitung des Ermittlungsverfahrens nur auf ihre Spitzel stützen konnte.[74]

Zunächst kam er in die Untersuchungshaftanstalt des MfS nach Cottbus. Nach sechs Wochen Einzelhaft mit ständigen Verhören wurde am 12. Februar 1974 das

---

[73] MfS, Kreisdienststelle Senftenberg: Plan zur Durchführung einer Legende im Zusammenhang mit der VA-operativ „Legion" vom 10. 4. 1973, Kopie im Besitz von Joachim Frenzel.

[74] Vgl. Bezirksverwaltung für Staatssicherheit Cottbus, Kreisdienststelle Senftenberg: Abschlußbericht zum Operativ-Vorgang „Legion", Reg. Nr. VI/1335/73, vom 27. 3. 1974, Kopie im Besitz von Joachim Frenzel.

Das Kreis- gericht Cottbus-Stadt
Aktenzeichen: 1/AS/87/73   Cottbus, den 22.11.1973
                                Fernruf

Haftbefehl

Der Brigadier F r e n z e l , Joachim, geb. 10.4.30 in Senftenberg, wohnhaft: 784 Senftenberg, Rahtenaustraße 34
ist in Untersuchungshaft zu nehmen.

Er wird beschuldigt, staatsfeindliche Hetze, mit dem Ziel, gegen die DDR aufzuwiegeln und sie zu schädigen, betrieben zu haben.
Obwohl der Beschuldigte 1972 wiederholt von den Sicherheitsorganen der DDR belehrt wurde, betrieb er danach im Kreise seiner Kollegen mehrfach staatsfeindliche Hetze. Er verherrlichte die Verhältnisse in der BRD, bezeichnete die DDR als unfreies Land, und als Unionsrepublik der UdSSR in der Absicht, gegen unsere Verhältnisse aufzuwiegeln. Er diskriminierte Angehörige der NVA und bezeichnete sie als Mörder. Er verherrlichte westliche Publikationsorgane, bezeichnete die Journalisten der DDR als Russenknechte und richtete seine hetzerischen Äußerungen auch gegen Funktionäre der Partei und Regierung und gegen Leiter und Genossen seines Betriebes. Er diskriminierte die Sowjetunion indem er ihr Eingreifen während der Ereignisse in der CSSR als Einmischung bezeichnete und sie des Raubes bezichtigte und des Mordes während des 2. Weltkrieges. Er sprach sich, mit der Absicht, andere aufzuhetzen, gegen die internationale Solidarität aus.

Vergehen/Verbrechen gem. §§ 106 (1) 3, 108, 63 (2) StGB –
Er/Sie ist dieser Straftat dringend verdächtig.
Die Anordnung der Untersuchungshaft ist gemäß § 122 Abs. 1 Ziff. 2 StPO gesetzlich begründet, weil ein Verbrechen den Gegenstand des Verfahrens bildet.

Jentsch
Haftrichter

Gegen diesen Haftbefehl ist das Rechtsmittel der Beschwerde zulässig (§ 127 StPO).
Sie ist binnen einer Woche nach Verkündung des Haftbefehls bei dem unterzeichneten Gericht zu Protokoll der Rechtsantragstelle oder schriftlich durch den Betroffenen oder einen Rechtsanwalt einzulegen (§§ 305, 306 StPO).

Quelle: BStU, Kopie im Besitz von Joachim Frenzel.

Verfahren gegen ihn eröffnet. Seinen Rechtsanwalt, der nicht einmal eine Akte mit sich führte, sah er nur für zehn Minuten. Dieser gab ihm zu verstehen, dass er ohnehin nichts machen könne. Joachim Frenzel war angeklagt, „durch mehrfaches Handeln staatsfeindliche Hetze gegen die Deutsche Demokratische Republik und die Sowjetunion betrieben zu haben".

Die Anklageschrift dokumentiert sehr anschaulich, wie niedrig die Schwelle für ein Staatsverbrechen angesetzt war, weshalb im Folgenden daraus zitiert werden soll. Immerhin hatten die Äußerungen von Joachim Frenzel nur eine sehr begrenzte Öffentlichkeit erreicht. In der Anklageschrift hieß es:

„Seit November 1972 hetzte der Beschuldigte auf seiner Arbeitsstelle im BKK [Braunkohlenkombinat] Senftenberg, Tagebau Sedlitz, Abteilung Entwässerung, in einer Vielzahl von Gesprächen

– gegen die Grenzsicherungsmaßnahmen vom 13. 8. 1961, die er als ‚Mord' und die Angehörigen der Grenzsicherungskräfte als ‚Mörder' diskriminierte. Er hetzte, sie seien Ausdruck der ‚Unfreiheit' in der DDR und setzte den Terror englischer Soldateska und rechter Extremisten gegen die Werktätigen Nordirlands den berechtigten und gebotenen Maßnahmen unserer Grenzsicherungskräfte gleich; er diskriminierte den verstorbenen Vorsitzenden des Staatsrates als ‚Mauerbauer';

– gegen die Staatsmacht der DDR und die Freundschaft zur Sowjetunion, indem er unsere Republik als einen Satellitenstaat der ‚Russen' diskriminierte, Partei- und Staatsbesuche in der UdSSR als ‚Befehlsempfang' herabwürdigte und die sowjetische Partei- und Staatsführung mit diskriminierenden Bezeichnungen herabwürdigte;

– gegen die Tätigkeit staatlicher, gesellschaftlicher und wirtschaftsleitender Organe der DDR, deren Mitarbeiter er als ‚Kommunistenschweine' diskriminierte und denen er Unfähigkeit und Faulheit vorwarf; gleichzeitig verherrlichte der Beschuldigte die imperialistischen Verhältnisse der BRD;

– gegen die bewaffneten Organe der DDR, deren Angehörigen nur ‚zu faul zum Arbeiten wären' und forderte die Auflösung der Kampfgruppen, Staatssicherheitsorgane und der Bereitschaftspolizei;

– gegen die Informationspolitik und die Publikationsorgane unserer Republik, die er der Verbreitung von Unwahrheiten beschuldigte und deren Mitarbeiter er als ‚Kommunistenknechte' und mit gleichartigen Bezeichnungen diskriminierte; er bezeichnete Bürger der DDR aufgrund des Empfangs unserer Fernseh- und Rundfunksendungen als ‚rot angehaucht und völlig verseucht' sowie ‚unnormal';

– gegen die in unserer Republik durchgeführten X. Weltfestspiele, die auf Kosten der Bevölkerung der DDR durchgeführt würden und auf denen es keinen freien Meinungsstreit gebe, da nur Vertreter kommunistischer Jugendverbände sprechen dürften;

- gegen die Wahlen unserer Republik, die ‚unfrei' seien;
- gegen die Unterstützung der sozialistischen Sportbewegung unserer Republik, indem er die Sportler als ‚Profis' diskriminierte, die gedopt und gedrillt seien;
- gegen die Sowjetunion, indem er sie einer aggressiven Außenpolitik bezichtigte, ihr den ‚Überfall und die Besetzung der CSSR 1968' nachsagte und sie der Eroberung und Annexion fremder Territorien während des II. Weltkrieges beschuldigte; er hetzte, die Sowjetunion habe während des II. Weltkrieges 8–10 000 polnische Offiziere bei Katyn erschossen."[75]

Bezeichnend ist, dass die Kritik von Joachim Frenzel an den wirtschaftlichen Zuständen in der DDR, namentlich dem Braunkohlekombinat, in der Anklageschrift keine Erwähnung findet. Das Urteil, das am 18. Februar 1974 vor dem 1. Strafsenat des Bezirksgerichts Cottbus gefällt wurde, stützte sich in der Begründung auf die genannten Anklagepunkte und fasste zusammen:

„Der Angeklagte hat ein schweres Verbrechen begangen. Die vom Angeklagten begangene Hetze hat vom Inhalt der Einzelhandlungen und Umfang der Gesamthandlungen eine sehr hohe Gesellschaftsgefährlichkeit aufzuweisen. In seinem Kollektiv gehörten die hetzerischen Äußerungen zum Guten Morgen wünschen. Außer seinen feindlichen Äußerungen, die überwiegend bei Arbeitsbeginn bzw. bei den Arbeitsvorbereitungen, erfolgten, nutzte der Angeklagte Unterhaltungen der Kollegen, um diesen eine ‚richtige Auffassung' darzulegen. Seinen Aufgaben, die sich aus der Stellung als Brigadier ergeben, erzieherisch auf die Arbeitskollegen einzuwirken, sie zum bewussten sozialistischen Denken und Handeln zu erziehen und dabei selbst Vorbild zu sein, ist er absolut nicht nachgekommen. Statt dessen wurde er zum Vollstrecker der vom Klassengegner gegen die DDR gerichteten Propaganda und verbreitete Lügen und Falschinformationen westlicher Massenmedien [...].

Der Angeklagte hat das Gesetz mehrfach verletzt. Gemäss § 64 Abs. 1 StGB ist daher eine Hauptstrafe auszusprechen, die dem Charakter und der Schwere des gesamten strafbaren Handelns angemessen ist. Der Senat entsprach daher dem Antrag der Staatsanwaltschaft und verurteilte den Angeklagten wegen mehrfacher staatsfeindlicher Hetze, Verbrechen gemäss § 106 Abs. 1 Ziffer 3 StGB in Verbindung mit § 108 StGB zu einer Freiheitsstrafe von 3 Jahren und 9 Monaten."[76]

Der Paragraf 108 sollte nochmals die Schwere des „Verbrechens" unterstreichen, denn er bezog sich auf „Staatsverbrechen, die gegen ein anderes sozialistisches Land gerichtet sind", was sich in diesem Fall auf die Kritik Frenzels an der Sowjetunion bezog. Von der Untersuchungshaft des MfS kam Joachim Frenzel mit kurzer Unterbrechung in der Strafvollzugseinrichtung Cottbus im März 1974 nach Brandenburg.

---

75 Anklageschrift vom 23. 1. 1974, S. 1 f., Kopie im Besitz von Joachim Frenzel.
76 Urteilsbegründung in der Strafsache Joachim Frenzel, S. 8 f., im Besitz von Joachim Frenzel.

MINISTERRAT
DER DEUTSCHEN DEMOKRATISCHEN REPUBLIK
Ministerium für Staatssicherheit

Cottbus, den 21.11.1973

BStU
000006

Einlieferungsanzeige

Am 21.11.1973 wurde gegen 7.30 Uhr in Senftenberg wegen des dringenden Tatverdachtes der staatsfeindlichen Hetze

a) auf der Grundlage eines richterlichen Haftbefehls
b) vorläufig festgenommen

und am 21.11.1973 in die UHA d. MfS Cottbus eingeliefert.

Name: Frenzel   Vornamen: Joachim, Hans
geb. am: 10.4.1930   in: Senftenberg
Beruf: Maler   zuletzt: Maler/Brigadier
Anschrift der Arbeitsstelle: VEB Braunkohlenkombinat Senftenberg, Tagebau Sedlitz, Entwässerung
Familienstand: verh.   Staatsangehörigkeit: DDR   Nation.: deutsch
Wohnanschrift: 784 Senftenberg, Rathenaustraße 34

Letzter Aufenthalt: wie Wohnanschrift

Name und Anschrift der nächsten Angehörigen: Ehefrau: Otylie Frenzel, wohnhaft: 784 Senftenberg, Rathenaustraße 34

Nummer der Personaldokumente: PA VI 0125860
PKZ: 100430408914

Die Vorführung erfolgte
am 22.11.73 14³⁰ Uhr
durch: Hoffmann, O...

Name und Dienstgrad des Einliefernden

Quelle: BStU, Kopie im Besitz von Joachim Frenzel.

Dort erlebt er die überfüllte Anstalt und die bedrohliche Atmosphäre. Er gehörte zu denjenigen, die zunächst nicht zur Arbeit eingesetzt wurden. Für ihn war das ein Problem, weil seine Frau, die nur einen Mindestlohn erhielt, und seine zwei kleinen Kinder unbedingt auf seinen Verdienst angewiesen waren. Deshalb fragte er mehrmals nach einer Arbeitsmöglichkeit nach, was ihm aber mit Hinweis auf seine Straftat verwehrt wurde. Erst Monate später erhielt er Arbeit im AEB Kontaktbau Luckenwalde. Dort wurden für Telefonanlagen Tastenstreifen montiert und Lötarbeiten ausgeführt. Er bemühte sich, die Norm – eigentlich gegen seine Überzeugung – überzuerfüllen, um ein höheres Eigengeld zu bekommen, von dem er bis auf die festgelegte Rücklage fast alles – zwischen 60 und 70 Mark – seiner Familie überwies.

Joachim Frenzel hatte das Glück, dass er mit verschiedenen politischen Gefangenen zusammenkam, mit denen er Informationen austauschen konnte. Durch den Besitz eines kleinen „Transis" – eines Rundfunkempfängers –, waren die politischen Häftlinge auch über die Ereignisse „draußen", z. B. über die Verhandlungen in Helsinki, gut informiert.

Im Oktober 1975 musste er überraschend seine Sachen packen und wurde gemeinsam mit anderen in die StVE Karl-Marx-Stadt überführt. Obgleich er während der Haft keinen Ausreiseantrag gestellt hatte, legte man offenbar keinen Wert mehr auf seine weitere Anwesenheit in der DDR. Unter der Bedingung, dass seine Familie ihm nachfolgen könnte, erklärte er sich mit der Übersiedlung einverstanden. Zwar wollte er nach seinen Erfahrungen auch nicht mehr in der DDR verbleiben, doch hatte er mit einer solchen Entscheidung nicht gerechnet.

Joachim Frenzel wurde in der Bundesrepublik weiterhin von der Staatssicherheit beobachtet. Wie die Unterlagen des MfS belegen, fertigte man eine Skizze seines Wohnhauses an und überwachte auch die Treffen mit seinen Verwandten im Ausland.[77]

***

Unter den Häftlingen der Strafvollzugseinrichtung Brandenburg befanden sich auch Bürger der Bundesrepublik, die DDR-Gerichte wegen „Menschenhandels" verurteilt hatten. 1974 waren es mehr als 50, 1978 78 Strafgefangene.[78] Sie verbüßten in der Regel hohe Freiheitsstrafen, meist zwischen 6 und 12 Jahren.

Mit dem Transitabkommen zwischen der BRD und DDR wurden vermehrt die Transitwege als Möglichkeiten für eine Flucht genutzt. Die SED-Führung reagierte äußerst hart gegenüber diesem „Missbrauch" und ließ abschreckende Strafurteile von der Justiz fällen. Seit der Einrichtung der Ständigen Vertretung der Bundesrepublik in

---

77 Diese Beobachtungsberichte, die Joachim Frenzel in der Bundesbehörde (BStU) eingesehen hat, befinden sich in Kopie in seinem Besitz.
78 BStU, ASt. Potsdam, FIM „Heinz", Bd. III, 1167/70, Bl. 49.

der DDR konnten die westdeutschen Gefangenen konsularisch betreut werden. In größeren Abständen erhielten sie Besuch von den akkreditierten Vertretern, die ihnen Pakete übergaben und sich nach ihrem Befinden erkundigten. Viele Gefangene beschwerten sich bei dieser Gelegenheit über die unzumutbaren Haftbedingungen oder ungerechte Behandlungen seitens des SV-Personals.[79] Sie forderten nachdrücklich ihre Rechte ein und reagierten auf Missstände mit Hungerstreiks und Nahrungsverweigerung. Ihre Meinung über die DDR-Verhältnisse sprachen sie offen aus.

Das Aufsichtspersonal und die zuständigen Stellen zeigten sich deshalb sehr beunruhigt. Denn zunächst waren die Strafgefangenen aus der Bundesrepublik gemeinsam mit denen aus der DDR in einem Zellentrakt untergebracht und arbeiteten auch im Arbeitsbereich Kontaktbau Luckenwalde zusammen. Das MfS registrierte besorgt einen „negativen Einfluss" der westdeutschen Strafgefangenen auf die DDR-Häftlinge, was sich in der Zunahme der Ausreiseanträge und einem insgesamt renitenteren Auftreten manifestiere. Es würde verstärkt staatsfeindliche Hetze betrieben; zudem finde ein reger Handel mit Gegenständen aus den Westpaketen statt.[80] Deshalb erarbeitete das MfS eine Konzeption, wie die westdeutschen Gefangenen zu isolieren seien, um damit ihren Einfluss zu begrenzen. Man schlug vor, sie in einem relativ getrennten Seitenflügel des Hauses III unterzubringen und einen Verwahrraum als Arbeitsraum umzubauen, um sie dort konzentriert beschäftigen zu können. Die „Ausspeisung" hatte danach in den Verwahrräumen, der Einkauf und das Baden getrennt von den DDR-Strafgefangenen sowie zu anderen Zeiten zu erfolgen.[81] Die übergeordnete Dienststelle stimmte dieser Konzeption zu.

Die Isolierung der westdeutschen Gefangenen hatte offenbar zur Folge, dass sich die Haftbedingungen für die anderen wieder verschärften. Joachim Frenzel erinnert sich: „Die Zügel wurden wieder angezogen bei uns."[82] Damit schien zwar ein Problem für das SV-Personal gelöst, jedoch konnte nicht verhindert werden, dass die westdeutschen Häftlinge gegen die unzumutbaren Zustände im Strafvollzug aufbegehrten.

So traten z. B. am 22. November 1976 44 Strafgefangene in den Hungerstreik, nachdem sie mehrmals vergeblich gegen die Qualität des Essens, den Zustand des HO-Einkaufs sowie die geringe Vergütung der Arbeitsleistung protestiert hatten. Zunächst griff das SV-Personal hart durch, indem es sieben „Rädelsführer" sofort in

---

79 Vgl. Konsularische Betreuung von Strafgefangenen und Verhafteten, BArchB, DO 1/3554. Über die Besuche wurde seitens der StVE genauestens Protokoll geführt und der Inhalt der Gespräche wiedergegeben.
80 Auskunftsbericht über die Entwicklung der Lage und Situation in der Strafvollzugseinrichtung Brandenburg vom 10. Juni 1978, BStU, ASt. Potsdam, Abt. VII, 706, Bl. 107 ff.
81 Konzeption zur Verlegung der Ausländer (KBL) zur U II vom 5. 8. 1976, BStU, ASt. Potsdam, FIM „Heinz", Bd. III, Bl. 46–53.
82 Interview Joachim Frenzel, S. 18.

Isolierhaft nahm und versuchte, das Vorkommnis unter den Tisch zu kehren. Dies gelang jedoch nicht. Eine Überprüfung ergab, dass die Beschwerden der Häftlinge zum großen Teil berechtigt, aber von dem zuständigen Erzieher einfach nicht bearbeitet worden waren. Zudem hätte dieses Vorkommnis unbedingt gemeldet werden müssen, zumal bereits zuvor einige Häftlinge aus denselben Gründen die Verwahrräume blockiert hätten.[83] Dieser Vorfall ließ sich nicht länger verschweigen, gerade weil es sich um westdeutsche Gefangene handelte, die die Mitarbeiter der Ständigen Vertretung darüber unterrichten konnten. Ob eine solche Überprüfung und mit diesem relativ positiven Ausgang bei DDR-Gefangenen ebenfalls stattgefunden hätte, darf bezweifelt werden.

Die Existenz der westdeutschen Gefangenen bildete jedenfalls einen ständigen Unruheherd in der Strafvollzugseinrichtung. Deshalb nahm man bald eine Verlegung vor und konzentrierte sie 1978 in der Strafvollzugseinrichtung Berlin-Rummelsburg.[84]

3. Der Strafvollzug unter internationaler Kontrolle – die Bedeutung von Amnesty International

In der Bundesrepublik fanden die Schicksale von politischen Gefangenen eine aufmerksame Öffentlichkeit in den Medien. Hinzu kam, dass sich Angehörige von Inhaftierten immer öfter an westdeutsche Politiker oder internationale Organisationen wandten und auf die Justizurteile und Haftbedingungen aufmerksam machten. Auch die internationale Organisation Amnesty International (AI) kümmerte sich zunehmend um politische Gefangene in der DDR, darunter auch Gefangene aus der Strafvollzugseinrichtung Brandenburg.

Amnesty International bemühte sich seit Mitte der siebziger Jahre verstärkt, politische Gefangene in der DDR zu adoptieren. Kriterium dafür war, dass es sich um gewaltlose „Täter" handelte. Das Internationale Sekretariat in London registrierte nach dem Ende der DDR insgesamt 2107 Adoptionsfälle. Eine Rekonstruktion der Arbeit von Amnesty ergab jedoch eine weit höhere Zahl von schätzungsweise 5000 DDR-Fällen bis 1989. Ab Mitte der siebziger Jahre hatte sich die Anzahl der Adoptionsfälle auf durchschnittlich hundert Gefangene pro Jahr eingependelt.[85] Bei 80 Prozent dieser

---

83 Abschlußbericht zum besonderen Vorkommnis „Nahrungsverweigerung" in der StVE Brandenburg am 22. 11. 1976, BLHA, Rep. 404/15.2/1710. Dieses Vorkommnis hätte unbedingt nach Berlin gemeldet werden müssen, was aber zunächst unterblieb.

84 Vgl. HA VII, Abt. 8: Auskunftsbericht über die Entwicklung der Lage und Situation in der Strafvollzugseinrichtung Brandenburg vom 10. Juni 1978, BStU, ASt. Potsdam, Abt. VII, 706, Bl. 103.

85 Das ergaben die Recherchen von Anja Mihr, Amnesty International in der DDR. Der Einsatz für Menschenrechte im Visier der Stasi, Berlin 2002, S. 75 f.

Fälle handelte es sich seit Anfang der siebziger Jahre um Verurteilte, die wegen ihrer Ausreisebemühungen oder wegen „Republikflucht" eine Haftstrafe verbüßen mussten.[86]

Im Besonderen ging Amnesty International Beschwerden über unzumutbare Haftbedingungen nach, die schwere gesundheitliche Schäden für die Gefangenen zur Folge hatten. In Briefen an die SED-Führung oder staatliche Stellen der DDR protestierte AI sowohl gegen die menschenrechtsverletzende Behandlung von einzelnen Häftlingen als auch gegen eine aus politischen Gründen erfolgte Verurteilung. Über die Auslandssektionen organisierte Amnesty International Kampagnen, die jeweils einzelne Personen betrafen. Beispielsweise gingen im Jahr 1978 insgesamt 11 910 Zuschriften an den Vorsitzenden des Staatsrates der DDR sowie andere Funktionsträger, in denen die Freilassung inhaftierter Personen und ihre Ausreise in die Bundesrepublik gefordert wurden. Dabei handelte es sich um gleichlautende Brieftexte oder auch Vordruckkarten. Sie kamen insbesondere aus Frankreich, Schweden, Holland, England, Schweiz, Österreich und Belgien sowie in geringerem Umfang aus Australien, Neuseeland, Finnland, Kanada und den USA. Diese Zuschriften bezogen sich auf insgesamt 91 Personen.[87]

Einige der Postsendungen waren direkt an die Leitung von Strafvollzugseinrichtungen gerichtet, darunter auch an die StVE Brandenburg.[88] Gingen solche Briefe ein, wurden sofort das Ministerium für Staatssicherheit sowie das Innenministerium informiert. Die DDR-Führung betrachtete Amnesty als „Feindorganisation", fürchtete allerdings die Anprangerung in der internationalen Öffentlichkeit. Kritisierte Amnesty International Menschenrechtsverletzungen in den kapitalistischen Staaten, stand man der Organisation aufgeschlossen gegenüber und machte sich deren Kritik zu Eigen. „Feindlich" wurde die Organisation erst, wenn es sich um Fälle im eigenen Land bzw. im sozialistischen Lager handelte.[89] Deshalb versuchte die Staatssicherheit, jedwede Kontakte zu AI zu verhindern und als „ungesetzliche Verbindungsaufnahme" (§ 219 StGB) unter Strafe zu stellen. Gefangene der Strafvollzugseinrichtung mussten mit der Einleitung eines Ermittlungsverfahrens rechnen, wenn sie Verbindungen zu „Feindorganisationen" – etwa über geschmuggelte Kassiber – aufgenommen hatten.

So wurde in der Strafvollzugseinrichtung Brandenburg z. B. eine operative Personenkontrolle „Mann" zu einem Strafgefangenen durchgeführt. Er war bereits wegen

---

86 Ebenda, S. 83.
87 Information über Auslandszuschriften für inhaftierte Personen im Jahre 1978. Zusammengestellt von der Abteilung Staats- und Rechtsfragen der Dienststelle des Staatsrates vom 28. 2. 1979, BStU, MfS-ZKG, Nr. 12523.
88 Die eingegangenen Schriftstücke von AI befinden sich sowohl in den Akten im Bundesarchiv als auch der BStU; sie fanden überdies in den jeweiligen Monatsberichten der Operativgruppe in Brandenburg-Görden Erwähnung.
89 Vgl. dazu auch Jürgen Wüst, „Imperialistisches Menschenrechtsgeschrei". Der Kampf des MfS gegen die Internationale Gesellschaft für Menschenrechte (IGFM) und Amnesty International (AI), in: DA 31 (1998), S. 418–427.

ungesetzlicher Verbindungsaufnahme verurteilt worden und stand im Verdacht, über dritte Personen „Verbindungen zu feindlichen Organisationen" aufgenommen zu haben. Vorausgegangen war u. a. ein Brief aus den Niederlanden mit Bezug auf Amnesty International an den Leiter der Strafvollzugseinrichtung, in dem um Auskunft über den Gesundheitszustand des Gefangenen gebeten wurde. Das MfS reagierte empfindlich. Das Ziel der operativen Personenkontrolle bestand darin, „den begründeten Verdacht der Begehung einer Straftat gemäß § 219 StGB zu bestätigen".[90] Es wurde ein detaillierter Maßnahmeplan zur umfassenden Bespitzelung des Häftlings festgelegt. Bevor es jedoch zur Einleitung eines Ermittlungsverfahrens kam, wurde „Mann" in die Bundesrepublik entlassen. Ob für die Ausreisegenehmigung das Bemühen von AI oder anderen Organisationen ausschlaggebend war, kann nicht eindeutig nachgewiesen werden.

Festzuhalten bleibt, dass jede Intervention von Amnesty International penibel registriert wurde und zu entsprechenden Maßnahmen führte. Jeder Monatsbericht der Operativgruppe des MfS in der Strafvollzugseinrichtung Brandenburg enthielt – zumindest in den 80er-Jahren – unter Punkt 1 eine Zusammenfassung der „Ergebnisse, Erkenntnisse und Informationen über erwiesene Angriffsrichtungen des Feindes bzw. Hinweise über Pläne, Absichten, Maßnahmen, Mittel und Methoden des Feindes bzw. feindlich-negativer Personen, gerichtet gegen den Verantwortungsbereich". Im Jahr 1984 registriert das MfS zahlreiche Kontaktversuche von verschiedenen Sektionen von Amnesty International (Österreich, Niederlande, Dänemark, Norwegen, England) direkt an den Leiter der Strafvollzugseinrichtung Brandenburg, um Informationen über einsitzende politische Strafgefangene zu erhalten und deren Freilassung sowie Erleichterung ihrer Haftbedingungen zu fordern.[91] So wurden z. B. für den Monat April 1985 „seitens der AI und IGfM Aktivitäten gegenüber dem Vormonat mit annähernd gleicher Intensität festgestellt".[92] Es folgte eine Auflistung der einzelnen „Aktivitäten" und des weiteren Vorgehens.

Nicht selten wurden umfangreiche Aktionen ausgelöst. Forderungen nach Freilassung des politischen Häftlings W. hatten zur Folge, dass „eine koordinierende Beratung zwischen der ZKG-5, der BKG Potsdam und Erfurt sowie der Abteilung VII der BV Potsdam" stattfinden sollte, um den weiteren Verfahrensweg festzulegen.[93]

---

90 Abt. VII/OPG: Einleitungsbericht zur operativen Personenkontrolle „Mann" vom 22. 2. 1985, BStU, ASt. Potsdam, AOPK, 2308/85, Bl. 12.
91 Kurze Einschätzung der politisch-operativen Lage vom 12. 7. 1984, BStU, ASt. Potsdam, Abt. VII, 702, Bl. 92.
92 Abteilung VII/OPG, Monatsbericht April 1985 vom 2. 5. 1985, BStU, ASt. Potsdam, Abt. VII, 744, Bd. 3, Bl. 382.
93 Ebenda. Die ZKG war die Zentrale Koordinierungsgruppe, eine selbstständige Diensteinheit im MfS, die das Vorgehen bei „Übersiedlungsersuchen" koordinierte. Die BKG war die Bezirkskoordinierungsgruppe mit gleicher Aufgabenstellung. Die Abteilung VII besaß die Zuständigkeit für den Strafvollzug, hier innerhalb der Bezirksverwaltung des MfS Potsdam.

Die „im Blickpunkt der Feindorganisationen stehenden Strafgefangenen" – im Monat Januar 1986 waren das z. B. 14 Häftlinge aus der StVE Brandenburg – stellten einen „personellen Schwerpunkt" in der Bearbeitung durch das MfS dar. Zu diesen Personen wurden „operativ bedeutsame Informationen" erarbeitet.[94] Mit hohem Aufwand versuchte das MfS, die Kontakte der Gefangenen zu Amnesty International aufzuklären und geeignete Strategien zur ihrer Unterbindung zu entwickeln. Dies wurde z. B. mit einer Dienstanweisung der Bezirksverwaltung für Staatssicherheit Potsdam in Ausführung eines Schreibens des Ministers des MfS (GVS 0008-29/85) erneut bekräftigt. Die Dienstanweisung bezog sich auf „Politisch-operative Maßnahmen zur vorbeugenden Verhinderung, Aufklärung und Bekämpfung feindlicher Angriffe gegen die Strafvollzugseinrichtung Brandenburg und die Untersuchungshaftanstalten des Bezirkes". In ihr wurde dezidiert festgelegt, welche Maßnahmen zur Verwirklichung dieser Zielstellung zu ergreifen seien.[95]

Der SED-Führung kam es höchst ungelegen, international wegen politischer Strafverfolgung oder unmenschlicher Haftbedingungen an den Pranger gestellt zu werden. Gleichzeitig wollte sie aber auch nicht den Eindruck des Nachgebens bei erfolgter Intervention erwecken, wodurch der Protest noch gesteigert werden könnte. Deshalb wurde jeder Einzelfall gesondert betrachtet und entschieden.

Auch bei Interventionen von AI wegen des Gesundheitszustandes eines Strafgefangenen gingen die zuständigen Stellen in der Regel den einzelnen Fällen nach und veranlassten z. B. ein medizinisches Gutachten. Obwohl offiziell nicht auf die Kritik oder die Forderungen von Amnesty reagiert werden sollte, wurde inoffiziell sehr wohl auf den einzelnen Fall eingegangen. Der Häftling stand dann zwar unter verstärkter Beobachtung durch IM, jedoch war man in der Regel darauf bedacht, dass seine Rechte eingehalten und keine Übergriffe seitens des SV-Personals zugelassen wurden. In gewisser Weise bedeutete dies also durchaus einen Schutz für den politischen Häftling, obwohl er fortan von zahlreichen Spitzeln umgeben war.

Die Bemühungen von AI um die Freilassung von politischen Gefangenen verstärkten sich noch bis zum Ende der DDR. Auch wenn sie nicht in jedem Fall zum Erfolg führten, so war doch allein die Tatsache, dass die inhaftierten Personen unter Beobachtung internationaler Organisation standen, außerordentlich wichtig. Da es zum Prinzip von Amnesty International gehört, dass Mitglieder der Organisation sich nicht für politische Gefangene des eigenen Landes engagieren dürfen, wurden von der westdeutschen Sektion nie Briefe oder Postkarten an DDR-Stellen gesendet. Im Falle der DDR war dies eine höchst zweifelhafte Entscheidung.

---

94 Sicherungskonzeption für die Organisation der politisch-operativen Abwehrarbeit in der StVE Brandenburg vom 22. 1. 1986, BStU, ASt. Potsdam, Abt. VII, 702, Bl. 13.
95 Leiter der Bezirksverwaltung für Staatssicherheit Potsdam vom 28. 1. 1986, BStU, BdL Nr. 4007543, Bl. 1-5.

4. Verurteilt wegen Flucht und Ausreiseantrag

In der zweiten Hälfte der siebziger Jahre ging die Zahl der Inhaftierten in Brandenburg-Görden leicht zurück. Im November 1977 befanden sich 2609 Strafgefangene in der Haftanstalt, im April 1978 2465 Personen. Der Grund dafür lag einerseits im Rückgang der Gefangenenzahlen insgesamt, andererseits in dem Versuch, nach dem neuen Strafvollzugsgesetz vom April 1977 wenigstens annähernd die Kapazitätsgrenzen einzuhalten. Von den 2465 Gefangenen waren 336 wegen Verbrechen gegen die DDR und 248 wegen Straftaten gegen die staatliche Ordnung verurteilt worden. Der Anteil der politischen Gefangenen lag damit bei ca. 20 Prozent. Die größte Gruppe unter ihnen stellten mit einer Zahl von 163 die wegen „ungesetzlichen Grenzübertritts" Verurteilten dar. Dazu kamen 32 Fälle von staatsfeindlicher Verbindungsaufnahme,[96] die meist mit dem Ausreisebegehren in Verbindung standen. Verschiedene „Republikflüchtige" waren jedoch auch wegen Spionage verurteilt worden. Sie wurden als „Staatsverbrecher" mit langem Freiheitsentzug bestraft, insbesondere dann, wenn die SED-Führung ein Exempel statuieren wollte oder es sich um namhafte Persönlichkeiten handelte.

Dies traf z. B. für Horst Hiller zu,[97] der als DDR-Nationalpreisträger I. Klasse die besondere Wut der Staatssicherheit auf sich gezogen hatte. Er war Physiker mit dem Spezialgebiet Computertechnik und daher für die DDR ein wichtiger Fachmann. Dies hinderte den Staat jedoch nicht daran, ihn in seiner Arbeit ständig zu reglementieren und auch zu behindern, da er sich geweigert hatte, in die SED einzutreten; infolgedessen galt er als politisch unzuverlässig. Als die beruflichen Beeinträchtigungen einen Höhepunkt erreicht hatten, fasste er gemeinsam mit seiner Frau, einer Ärztin, den Entschluss, die DDR zu verlassen und sich über eine Menschenhändlerorganisation in einem PKW über die Grenze schmuggeln zu lassen. Auf frischer Tat wurden er und seine Frau im Mai 1977 am Grenzübergang Marienborn gestellt. Mit einer fingierten Anklage wegen „Geheimnisverrats" verurteilte ihn das Gericht im September 1978 zu achteinhalb Jahren Freiheitsstrafe, die er in der Strafvollzugseinrichtung Brandenburg verbüßen musste. Dabei traf der Vorwurf „Geheimnisverrat" nicht zu, da die Papiere, die er bei sich führte, keinerlei inoffizielle Nachrichten enthielten.[98]

Wegen Spionage saßen zu dieser Zeit insgesamt 89 Häftlinge in der Haftanstalt Brandenburg ein.[99] Natürlich waren nicht alle wegen „Republikflucht" verurteilt

---

96 Hauptabteilung VII, Abteilung 8: Auskunftsbericht über die Entwicklung der Lage und Situation in der Strafvollzugseinrichtung Brandenburg vom 10. 6. 1978, BStU, ASt. Potsdam, Abt. VII, 706, Bl. 119 f.
97 Vgl. Horst Hiller, Sturz in die Freiheit, München 1986.
98 Vgl. ebenda. Im Sommer 1983 wurde Horst Hiller von der Bundesrepublik freigekauft.
99 Auskunftsbericht über die Entwicklung der Lage und Situation in der Strafvollzugseinrichtung Brandenburg vom 10. 6. 1978, BStU, ASt. Potsdam, Abt. VII, 706, Bl. 121.

worden. Ausreisewillige DDR-Bürger konnten wegen verschiedener Straftatbestände verurteilt werden und nicht allein aufgrund § 213, wie noch im Folgenden zu zeigen sein wird.

Für das Begehren, in die Bundesrepublik auszureisen, gab es vielerlei Gründe, die überwiegend mit den politischen Begrenzungen und Indoktrinationen des DDR-Systems zusammenhingen. Wer nicht bereit war, sich den Verhältnissen unterzuordnen, erlebte im beruflichen und/oder privaten Bereich Einschränkungen, die sich nicht selten mit der Sorge um die Zukunft der Kinder verbanden. Gerade den Kindern wollte man eine freie, nicht vom Staat reglementierte Entwicklung angedeihen lassen.

Die von Raschka aufgrund einer Befragung von 248 ehemaligen Antragstellern vorgenommene Einteilung in „eher persönliche" und „politische Motive" ist m. E. höchst zweifelhaft. So fasst er unter die „eher persönliche" Motivgruppe solche Gründe wie die „hoffnungslose berufliche Lage", die „politisch-motivierte Zurücksetzung im beruflichen Bereich", die „Behinderung der Ausbildung" oder auch die „Verantwortung für die Zukunft der eigenen Kinder" und in Zusammenhang damit die „Ideologisierung und zunehmende Militarisierung des Schulunterrichts".[100] Weshalb dies keine politischen Gründe sein sollen, bleibt dabei offen, denn schließlich wurde der Entschluss zum Weggang aus der DDR zwar immer persönlich getroffen, beruhte aber häufig auf den politischen Missständen in der DDR. Als politische Motive wertet Raschka dagegen die „fehlende Meinungsfreiheit" oder „die bis in die Privatsphäre reichende politische Indoktrinierung", aber auch „die Ablehnung des sozialistischen Systems wegen der Zugehörigkeit zu einer Kirche" u. a.[101] Diese m. E. ziemlich willkürliche Einordnung verkennt, dass gerade in der DDR das Private sehr politisch war und berufliche u. a. Einschränkungen sehr häufig mit den politischen Verhältnissen zusammenhingen. Auch die von Eisenfeld vorgenommene Unterscheidung von „objektiven" und „subjektiven Gründen für das Verlassen der DDR" trifft nicht den Kern und ist zumindest ebenso zweifelhaft.[102] Auch hier gilt der Einwand, dass die objektiven Bedingungen generell durch das Subjekt „gebrochen" werden und infolgedessen es sich zwar stets um eine persönliche, damit aber nicht unpolitische Entscheidung handelte.

Auch die vom MfS vorgenommene Analyse der Gründe der Antragsteller gibt keinen tatsächlichen Aufschluss über deren Motive, da hier das Eigeninteresse berücksichtigt werden muss. So konstatierte das MfS, dass in den meisten Fällen die politischen Motive nur vorgeschoben seien.[103] Tatsächlich mag es wirtschaftliche Gründe für das Ausreisebegehren gegeben haben, was jedoch auch bedeutet, dass die DDR eben weder materielle Bedürfnisse befriedigen konnte noch eine Alternative

---

100 Raschka, Die Ausreisebewegung, S. 268.
101 Ebenda, S. 269.
102 Vgl. Eisenfeld, Gründe und Motive von Flüchtlingen und Ausreiseantragstellern, S. 89–105.
103 Vgl. ebenda, S. 99. Dort ist die entsprechende Analyse des MfS zitiert.

jenseits des materiellen Konsums entwickelt hatte und die Bürger durch demokratische Mitverantwortung und Partizipation nicht an sich zu binden vermochte. Dieser übergreifende Kontext wäre immerhin bei der Frage nach den Motiven der Antragsteller zu berücksichtigen.

Auch in der Strafvollzugseinrichtung Brandenburg nahm die Zahl der wegen „Republikflucht" oder wegen Ausreisebegehrens Verurteilten zu. Exemplarisch sollen hier drei Fälle aufgeführt werden, die Aufschluss über die Motive einiger Strafgefangenen geben. Sie alle saßen in den siebziger Jahren in der Haftanstalt Brandenburg ein.

Zum Beispiel Helmut Peschel

Helmut Peschel, Jahrgang 1944, wuchs in einer Kleinstadt im Harz auf. Seine Eltern waren als Lehrer tätig, was sie nicht abhielt, eine kritische Einstellung zur DDR zu entwickeln.[104] Sie waren kirchlich gebunden und erzogen ihren Sohn in diesem Sinne. Helmut Peschels Vater wurde unter Druck gesetzt, in die SED einzutreten. Dem wollte er jedoch entgehen und trat daraufhin in die LDPD ein. Als Helmut Peschel konfirmiert werden sollte, drohte die Schulleitung seinen Eltern, dass ihr Sohn bei Vollziehung der Konfirmation nicht zum Abitur zugelassen würde und demzufolge auch kein Studium aufnehmen könnte. Deshalb gaben die Eltern ihren Widerstand schließlich auf. Helmut Peschel legte stattdessen die Jugendweihe ab. Nach einem praktischen Jahr studierte er dann an der Universität Rostock Zahnmedizin und begann 1968 seine Facharztausbildung als Kieferorthopäde in Halberstadt. Immer wieder wurden von ihm politische Loyalitätserklärungen abgefordert, die er nicht mit seinem Gewissen vereinbaren konnte. Das war z. B. bei der Abstimmung der neuen Verfassung der DDR 1968 der Fall, zu der die Bevölkerung an die Urnen gerufen wurde. Er war mit dem Verfassungsentwurf eigentlich nicht einverstanden, befürchtete aber, dass er beim Eintritt in die Wahlkabine an der Universität genau registriert würde,[105] und sah damit seine Promotion und Facharztausbildung in Gefahr. Deshalb stimmte er wider besseren Wissens der Verfassung zu.

Nach seiner Facharztausbildung war er an der Jugendzahnklinik in Halberstadt tätig. Er trat dort zunächst nicht der Gewerkschaft bei. Als er von seinem Chef als Oberarzt vorgeschlagen wurde, bedeutete man ihm, dass dies ohne eine Mitgliedschaft im FDGB nicht möglich wäre. Aber der Druck kam nicht nur „von oben", sondern auch seine Kollegen bedrängten ihn, da sie im Kampf um den Titel „Kollektiv der sozialistischen Arbeit" schlecht dastünden und keine Prämie erhalten würden. Mit zwiespältigen Gefühlen trat Helmut Peschel daraufhin dem FDGB bei. Der gleiche

---

104 Interview Dr. Helmut Peschel, November 2001.
105 Die Stimmabgabe in der DDR erfolgte ansonsten offen. Wer die Wahlkabine betrat, wollte gegen den Wahlvorschlag stimmen oder den Wahlzettel ungültig machen.

Vorgang wiederholte sich bezüglich des Eintritts in die Organisation „Deutsch-sowjetische Freundschaft" (DSF), in der er äußerst widerwillig Mitglied wurde. Immer wieder handelte er gegen sein Gewissen. Dieses Gefühl der ständigen Unterwerfung nagte an ihm. Als er heiratete und eine Familie gründete, kam die Sorge um die Entwicklung seiner Kinder hinzu, die er nicht dem ständigen staatlichen Zwang aussetzen wollte.

Als Helmut Peschel und seine Frau in ihrem Urlaub Anfang 1976 in Bulgarien einen Holländer kennen lernten, der ihnen das Angebot unterbreitete, sie in den Westen zu schleusen, entschlossen sie sich zu einer solchen Lösung. Bestärkt wurden sie dadurch, dass bereits Verwandten die Flucht in die Bundesrepublik gelungen war, wenn auch nicht auf diesem Wege. Wieder zu Hause, nahm ein Kurier Kontakt zu ihnen auf, um die Einzelheiten der Flucht zu besprechen. Der erste Fluchtversuch Anfang Oktober 1976 misslang, da auf dem vereinbarten Treffpunkt an der Autobahn NVA-Fahrzeuge parkten und der Familie mit den zwei Kindern der Einstieg in einen Mercedes nicht möglich schien. Danach nahm ein anderer Kurier Kontakt zu ihnen auf, um einen weiteren Fluchtversuch vorzubereiten, wobei es aber nicht zu einer neuen Terminverabredung kam. Helmut Peschel wusste allerdings zu diesem Zeitpunkt nicht, dass diese Fluchtorganisation bereits von der Staatssicherheit unterwandert war und unter Beobachtung stand.

Ende Oktober 1976 wurden Helmut Peschel und seine Frau getrennt vom MfS verhaftet und in die Bezirksverwaltung nach Magdeburg gebracht. Dort hielt man sie zwei Tage fest, mit dem Ziel, sie als inoffizielle Mitarbeiter anzuwerben. Die Staatssicherheit setzte ihn und seine Frau in getrennten Verhören damit unter Druck, dass ihre Fluchtabsichten bekannt seien und den Straftatbestand der §§ 100 und 213 StGB erfüllten. Quasi als Wiedergutmachung sollten sie sich zur Zusammenarbeit mit dem MfS bereit erklären, dann würde auch von einer Inhaftierung abgesehen werden. Helmut Peschel und seine Frau lehnten – jeweils unabhängig voneinander – jedoch ab. Er begründete dies damit, keine anderen Menschen anzeigen zu wollen. Allerdings mussten sie sich verpflichten, ihre Ausreiseaktivitäten einzustellen. Offiziell hatte man seinen Betrieb, die Jugendzahnklinik, sowie den Kindergarten, in dem die Kinder untergebracht waren, unterrichtet, dass sich Dr. Peschel auf dem Wehrkreiskommando befinde und seine Frau verreist sei. Die Leiterin des Kindergartens, völlig ahnungslos, ließ die beiden Kinder in der Einrichtung übernachten.

Die Familie Peschel stand nun unter ständiger Beobachtung der Staatssicherheit. Ein operativer Vorgang wurde angelegt. Ende Oktober bestellte das MfS ihn nochmals zu einem Treffen, bei dem er erneut zur Mitarbeit für die Staatssicherheit aufgefordert wurde, was er wiederum ablehnte; nochmals bekräftigte er seine kritische Einstellung zur DDR. Zudem sei er nur zu diesem Treffen erschienen, da die Staatssicherheit ihn unter Druck gesetzt habe.

Jetzt wurde ihre Wohnung ständig observiert, mehrere MfS-Mitarbeiter beobachteten Helmut Peschel und seine Frau beim Verlassen der Wohnung und verfolgten sie mit mehreren Autos. Jeder Besuch wurde penibel registriert. Gleichzeitig nahm man in ihrer Abwesenheit eine illegale Wohnungsdurchsuchung vor. Es war für die Familie eine äußerst nervenaufreibende Zeit.

Schließlich wurden beide – wiederum getrennt – am 25. Juli 1977 verhaftet und am 26. Juli in die Untersuchungshaftanstalt des MfS in Magdeburg eingeliefert. Was mit ihren beiden Kindern, 5 und 6 Jahre alt, geschehen würde, wussten sie nicht. Dafür hatte die Staatssicherheit aber bereits bestens vorgesorgt. Schon am 21. Juli 1977 – vier Tage vor der Verhaftung – suchte ein Mitarbeiter des MfS die Leiterin des Referats Jugendhilfe beim Rat des Kreises Halberstadt auf und übermittelte ihr die Auflage, dass aufgrund „operativer Maßnahmen" eine Einweisung von zwei Kindern am 25. Juli erfolgen müsse. Die Personalien der Kinder könnten aus Geheimhaltungsgründen nicht mitgeteilt werden. Es sei überhaupt Stillschweigen über diese Angelegenheit zu wahren.[106]

Tatsächlich brachte man zu diesem Termin beide Kinder in das Kinderheim in Halberstadt. Die Leiterin des Heimes wurde dazu verpflichtet, über die Angelegenheit nichts nach außen dringen zu lassen und Verwandten oder anderen Personen den Zutritt zum Kinderheim zu verweigern.[107] Am 27. Juli 1977 erging die „Vorläufige Verfügung zur Sicherung der Erziehung und Entwicklung der Kinder", mit der Maßgabe, dass gemäß § 50 des Familiengesetzes der DDR eine Heimerziehung angeordnet sei. Da die Eltern während der Heimaufenthaltsdauer der Kinder das Erziehungsrecht nicht in vollem Umfang ausüben könnten, obliege „die Erziehung, Bildung und gesundheitliche Betreuung der Einrichtung der Jugendhilfe".[108]

Nachdem die Großmutter der Kinder sich bei der Kreisdienststelle der Staatssicherheit besorgt zunächst nach den Eltern, dann nach dem Aufenthalt der Kinder erkundigt hatte und deren Übergabe verlangte, wurden die Kinder in ein Vorschulkinderheim nach Wernigerode verbracht. Wieder verpflichtete die Staatssicherheit die beteiligten Personen, keine Auskunft über den Aufenthalt der Kinder an Dritte zu erteilen. Obwohl die Eltern gegen diese Verfügung Beschwerde einlegten, erhielten sie keine Information über den Aufenthalt ihrer Kinder. Durch das Engagement des ortsansässigen Pfarrers konnte schließlich die Herausgabe der Kinder an die Großeltern erreicht werden. Für die Eltern – die ebenfalls nichts voneinander wussten – war es eine Zeit höchster Ungewissheit und Beunruhigung.

---

106 KD Halberstadt, Aktenvermerk vom 21. 7. 1977, BStU, ASt. Magdeburg, AOV 1765/77, Bd. 1, Bl. 478.
107 KD Halberstadt, Aktenvermerk vom 28. 7. 1977, ebenda, Bl. 489.
108 Referat Jugendhilfe, Halberstadt: Vorläufige Verfügung vom 27. 7. 1977, Kopie im Besitz der Verf.

Am 3. November wurde vor dem I a Strafsenat des Bezirksgerichts Magdeburg der Prozess gegen Helmut Peschel und seine Frau eröffnet. Beide wurden wegen „staatsfeindlicher Verbindungen (Verbrechen gem. § 100 Abs 1 StGB) in teilweiser Tateinheit mit versuchtem schweren ungesetzlichen Grenzübertritt (Verbrechen gem. § 213, Abs. 1 und 2 Ziffer 2 und 3 Abs. 3 StGB) mit versuchter Verletzung der Sicherungsmaßnahmen an der Staatsgrenze der DDR (Vergehen gem. § 5 Abs. 1 Ziff. 2 Abs. 2 der Verordnung zum Schutze der Staatsgrenze der DDR) und in weiterer teilweiser Tateinheit mit Vorbereitung zum schweren Grenzübertritt [...]" verurteilt. Dr. Peschel erhielt eine Freiheitsstrafe von drei Jahren und sechs Monaten, seine Frau eine Freiheitsstrafe von drei Jahren.[109] Aus welchen Gründen Helmut Peschel eine höhere Freiheitsstrafe als seine Frau erhielt, blieb unklar, da beide gleichermaßen an der Planung der Flucht beteiligt waren. Die Verurteilung erfolgte also, obwohl man sie weder auf „frischer Tat" gestellt hatte, noch es zu einer konkreten Terminvereinbarung für die Flucht gekommen war. Hätten sich beide im Oktober 1976 vom MfS als Informanten verpflichten lassen, wäre vermutlich keine Anklage erhoben worden. Die Staatssicherheit nahm bittere Rache. Der schwere Fall des § 213 wurde angewandt, „da die Straftat unter Ausnutzung eines Verstecks und im Zusammenwirken mit kriminellen Menschenhändlern verwirklicht werden sollte".[110]

In der Urteilsbegründung hieß es:

„Während die Angeklagten in ihrer Jugend ausgehend von einer entsprechenden Erziehung der sich in der DDR vollziehenden sozialistischen Entwicklung noch indifferent und fremd gegenüberstanden, mündete ihre ideologische Position im Verlaufe der Jahre in eine generelle Ablehnung der gesellschaftlichen Verhältnisse in der DDR ein. Ihre Gegnerschaft richtet sich insbesondere gegen den konsequenten Schutz der Souveränität und der Staatsgrenzen der DDR, die in der DDR betriebene Bildungs- und Gesundheitspolitik, die Informations- und Sozialpolitik [...]. Der Angeklagte Dr. Peschel verstieg sich in die Auffassung, ‚dass in der DDR die Christen unterdrückt, dass die Bevölkerung verdummt würde und die Persönlichkeit', was er insbesondere auf sich bezog, ‚nicht entfalten könnte'. Diese Haltungen der Angeklagten führten schließlich dazu, dass sie sich bereits vor Jahren mit der Absicht befassten, die DDR zu verlassen, wobei sie ausschließlich eine ‚sichere Möglichkeit' nutzen wollten. Bedingt durch das Alter ihrer Kinder, deren Einschulung in der näheren Zukunft bevorstand, kamen sie überein, dies vor diesem Zeitpunkt zu realisieren, damit ihre Kinder in der Schule nicht mit dem sozialistischen Gesellschaftssystem konfrontiert und in diesem Sinne beeinflusst werden sollten."[111]

---

109 Urteil vom 4. 11. 1977 des Ia Strafsenats Magdeburg, BStU, ASt. Magdeburg, AU 179/78, Handakte, Bl. 70 f.
110 Ebenda, Bl. 77.
111 Ebenda, Bl. 72 f.

ASt. Magdeburg

Fakultät für Medizin

Herrn   über
Staatsanwalt ■   Magnifizenz
Staatsanwalt des Bezirkes   Prof. Dr. sc. phil. ■
301 M a g d e b u r g   Rektor der Wilhelm-Pieck-Universität
Halberstädter Str. 8, PSF 501   R o s t o c k

                                         Prof ■   4.7.78

Sehr geehrter Herr Staatsanwalt!

Die Fakultät für Medizin im Wissenschaftlichen Rat der Wilhelm-Pieck-Universität Rostock hat auf ihrer Sitzung am 30.6.78 über die Aberkennung der akademischen Grade für Dr. Helmut P e s c h e l, geb. 20.2.44 in Lauenburg, wohnhaft in Halberstadt, Humboldtstr. 5 zur Zeit Strafvollzugseinrichtung Brandenburg, folgenden Beschluß gefaßt:

Entsprechend der VO über die akademischen Grade vom 6.11.68, GBl II, Nr. 127, S. 1 022, wird Herrn Helmut Peschel der akademische Grad "Doktor der Zahn-, Mund- und Kieferheilkunde", den er am 19.12.69 an der damaligen Medizinischen Fakultät der Universität Rostock erworben hat, für   s t ä n d i g   entzogen. Der Inhaber hat sich durch sein Verhalten der Führung des akademischen Grades als unwürdig erwiesen.

                                         MR Prof. Dr. sc. med. Dr. ■
                                         Dekan

Quelle: BStU, ASt. Magdeburg, 179/78, Handakte, Bl. 102.

Durch ihre Tat hätten sich die Angeklagten „gesellschaftsgefährlicher und in geringerem Umfang gesellschaftswidriger gegen die sozialistische Gesetzlichkeit gerichteter Straftaten schuldig gemacht. Dabei war bei der Bestimmung der notwendigen Maßnahmen der strafrechtlichen Verantwortlichkeit gem. §§ 61, 63 Abs. 1 und 64 Abs. 1 StGB davon auszugehen, dass den Angriffen auf die Souveränität der DDR und ihre Hoheitsrechte über das Verlassen und Betreten des Staatsgebietes eine hohe generelle Gesellschaftsgefährlichkeit innewohnt. Diese Verbrechen werden von jenen Kräften, deren Ziel es ist, den Prozeß der Entspannung und der Entwicklung geregelter Beziehungen im Verhältnis zwischen Staaten unterschiedlicher Gesellschaftsordnung im Gefahrenzentrum Mitteleuropa zu stören, gefördert und organisiert. Diese Verbrechen werden weiter zur Verleumdung der DDR, zur Schwächung ihres ökonomischen Potentals und zur Erlangung hoher krimineller Gewinne ausgenutzt."[112] Das ökonomische Potenzial bestand offensichtlich in der Arbeitskraft der Familie Peschel, auf die der Staat Anspruch erhob.

Nach der Verurteilung kam Helmut Peschel zunächst in die Haftanstalt Cottbus, von dort im Februar 1978 in die Strafvollzugseinrichtung Brandenburg. Seine Frau überstellte man in das Frauengefängnis Hoheneck.

In Brandenburg wurde Helmut Peschel in dem Arbeitsbereich Elmo eingesetzt, wo er im Zwei-Schichtsystem Elektromotoren wickeln musste. Dort kam er mit anderen politischen Gefangenen zusammen, die Informationen austauschten und mit denen man etwas anspruchsvollere Gespräche führen konnte. Denn im Umgang mit den kriminellen Häftlingen, die auf der Zelle in der Überzahl waren, herrschte ein rauer Ton, und es gab verschiedentlich Spannungen, obgleich er sich um ein normales Verhältnis bemühte. Helmut Peschel versuchte, in seinem christlichen Glauben Trost zu finden und dadurch die Haftzeit einigermaßen zu überstehen.

Im Sommer 1978 erhielt er die Mitteilung, dass der Wissenschaftliche Rat der Universität Rostock ihm den Doktortitel aberkannt hatte. Dem vorausgegangen war eine Absprache zwischen Staatsanwaltschaft und MfS, „zu prüfen, ob Dr. Peschel durch den wissenschaftlichen Rat der Universität Rostock die verliehenen akademischen Grade aberkannt werden" könnten.[113] Da diese Prüfung positiv ausfiel, wurde das Ansinnen an die medizinische Fakultät der Universität Rostock durchgestellt, die sofort entsprechend handelte. Auf ihrer Sitzung am 30. Juni 1978 fasste sie folgenden Beschluss: „Entsprechend der VO über die akademischen Grade vom 6. 11. 68 [...] wird Herrn Helmut Peschel der akademische Grad ‚Doktor der Zahn-, Mund- und Kieferheilkunde', den er am 19. 12. 69 erworben hat für s t ä n d i g entzogen. Der

---

112 Ebenda, Bl. 78.
113 Staatsanwalt des Bezirkes Magdeburg an Bezirksverwaltung für Staatssicherheit vom 19. 4. 1978, ebenda, Bl. 344.

Inhaber hat sich durch sein Verhalten der Führung des akademischen Grades als unwürdig erwiesen."[114] Die fachlichen Fähigkeiten zählten offenbar nur bei entsprechendem politischen Verhalten. Das war ein schwerer Schlag für Helmut Peschel, denn ihm war absolut unverständlich, was das eine mit dem anderen zu tun hatte. Er hatte sich bewusst im Strafvollzug unauffällig verhalten, seine Arbeitsleistungen erbracht, sich politisch zurückgehalten, nicht provoziert. Und nun schikanierte man ihn auf diese Weise.

Im Januar 1979 kam Peschel schließlich in die Strafvollzugseinrichtung Karl-Marx-Stadt. Im Februar 1979, 20 Monate nach ihrer Inhaftierung, wurden Helmut Peschel und seine Frau im Rahmen des Freikaufs in die Bundesrepublik entlassen. Erst nach mehrmaliger Intervention des zuständigen Rechtsanwalts in Westberlin, Stange, der die Freikäufe abwickelte, konnten auch die Kinder im August 1979 zu ihren Eltern ausreisen.[115]

Zum Beispiel Rudolf Neumann

Rudolf Neumann, 1930 geboren und in Leipzig aufgewachsen, entstammte einer bürgerlichen Familie.[116] Sein Vater war höherer Angestellter einer Bank. Nach dem Abitur studierte Rudolf Neumann an der Leipziger „Hochschule für Musik" Klavier und Musikpädagogik, 1954 wurde er Dozent an dieser Hochschule. Aufgrund persönlicher Auseinandersetzungen mit seinem dortigen Professor verließ er die Einrichtung und wechselte 1957 an die Landeskirchenmusikschule in Dresden und 1961 an das Konservatorium in Halle, das ab 1965 als Spezialschule für Musik der Musikhochschule in Leipzig fungierte. Rudolf Neumann wurde dort künstlerischer Leiter.

Spezialschulen wie das Konservatorium in Halle wurden nach sowjetischem Vorbild aufgebaut. Rudolf Neumann begrüßte diese Form der Begabtenförderung. Er unterhielt daher sehr enge Kontakte zu seinen Kollegen an den Spezialschulen in der Sowjetunion, was ihm einen gewissen Schutz gab. Denn als überzeugter Christ und als einziges Nicht-SED-Mitglied geriet er mehrmals in die Kritik der Hochschulleitung. Zudem lehnte er die von der Bildungsministerin Margot Honecker vertretene Schulpolitik sowohl im Hinblick auf die doktrinäre Erziehung als auch auf die Überforderung der Kinder und Jugendlichen an den Spezialschulen ab. Diese hatten teilweise bis zu 62 Wochenstunden zu absolvieren, da keine Abstriche an den Lehrplänen vorgenommen wurden. Neumann versuchte, diese Belastungen – auch mit medizinischen Gutachten – nachzuweisen und geriet damit auch in Konfrontation zu den vorgesetzten

---

114 Schreiben an den Staatsanwalt [...] des Bezirkes Magdeburg vom 4. 7. 1978, Kopie im Besitz der Verf.
115 Dr. Helmut Peschel konnte in der Bundesrepublik seinen Beruf wieder ausüben und ist in Westdeutschland als niedergelassener Kinderchirurg der Kieferorthopädie tätig.
116 Interview Dr. Rudolf Neumann, November 2001.

Stellen. Aufgrund des ausgeübten politischen Drucks trat er schließlich der Blockpartei LDPD bei, dem kleineren Übel, wie er meinte. An „gesellschaftlicher Arbeit" beteiligte er sich aus politischer Überzeugung nicht.

1970 holte ihn ein Professor an die Hochschule für Musik nach Dresden, in der Annahme, dass er dort seinen Posten als Abteilungsleiter übernehmen könnte. Dies wurde aber aufgrund der weltanschaulichen Position von Dr. Neumann, die allgemein bekannt war, vereitelt. Seine künstlerische Arbeit wurde zwar gelobt, jedoch sei er für die Erziehung von sozialistischen Persönlichkeiten nicht geeignet. In dem später verfassten Untersuchungsbericht des MfS hieß es dazu: „Als fachlich anerkannter Musikpädagoge [...] erwarb er sich Verdienste bei der Ausbildung künstlerischen Nachwuchses, wirkte teilweise selbst als Pianist bei Konzerten mit und war fachlich befähigt, eine leitende Funktion auszuüben, jedoch brachte er sich durch seine ideologisch unklare Haltung selbst um die entsprechende Anerkennung." Seine mehrfachen Anträge auf eine Dozentur seien daher von den Hochschulen abgelehnt worden.[117] Über die Funktion des Oberassistenten kam Neumann – obwohl promoviert – nicht hinaus, seine berufliche Entwicklung war damit beendet. Eine entsprechende Beurteilung in den Kaderakten belegt dies.

Als er 1970 eine Familie gründete, sah er neue Konflikte auf sich zukommen. Auf keinen Fall wollten er und seine Frau, dass ihr Kind in die Pionierorganisation eintrat und politischen Indoktrinationen ausgesetzt wurde. Vielmehr beabsichtigten sie, ihrem Kind eine christliche Erziehung angedeihen zu lassen. Für ihn als staatlicher Lehrer hätte das aber das Ende seines Berufes bedeutet. „Wenn ich als staatlicher Lehrer sage, das Kind geht nie in die Pionierorganisation, wäre ich fällig gewesen. Da hätten sie glatt zu Recht sagen können, wenn du nicht mal in der Familie dein Kind sozialistisch erziehen kannst, dann kannst du natürlich auch nicht andere Schüler erziehen."[118]

Der SED-Parteitag 1976, der statt einer Liberalisierung der DDR den Aufbau der Grundlagen des Kommunismus verkündete und der wie üblich in der Hochschule ausgewertet wurde, brachte bei ihm das Fass zum Überlaufen. Er war angewidert von der Propaganda, dem Stellenwert der Ideologie, bei der es stets um die Erziehung der Schüler zu „sozialistischen" Künstlern ging, und den immer wieder eingeforderten Bekenntnissen zum Staat und seiner Führung. Er hatte es satt, in dieser Weise sein Leben weiter verbringen zu müssen.

Rudolf Neumann und seine Frau, die als Geigenlehrerin tätig war, beschlossen, die DDR zu verlassen. Da seiner Schwester 1974 die Flucht über eine „Menschenhändlerorganisation" in die Bundesrepublik geglückt war, wollten sie ebenfalls diesen Weg wählen. Dies wurde später von der Staatssicherheit als besonders verwerflich

---

117 Schlussbericht des MfS, BV Leipzig vom 15. 6. 1977, BStU, ASt. Leipzig, AU 1522/77, Bl. 5.
118 Interview Dr. Rudolf Neumann, S. 2.

angesehen. Seine Mutter, die bereits legal ausgereist war, nahm die Organisation der geplanten Flucht in die Hand. Ende 1976 scheiterten zwei Versuche, da niemand zum vereinbarten Treffpunkt erschienen war. Bei einem erneuten Versuch, am 19. Februar 1977, wurden sie von einem Mercedes aufgenommen und im Kofferraum versteckt; das Kind erhielt eine Beruhigungstablette. Am Grenzübergang Hirschberg wurden sie jedoch von der Staatssicherheit entdeckt, die alle Beteiligten verhaftete. Das Unternehmen war bereits vorab dem MfS bekannt gewesen.

Rudolf Neumann wie auch seine Frau kamen getrennt und ohne voneinander zu wissen in die Untersuchungshaftanstalt der Staatssicherheit nach Leipzig. Dort begannen wie üblich die endlosen Verhöre. Die Eltern waren sehr beunruhigt über das Schicksal ihrer Tochter, denn man hatte sie sofort von ihnen getrennt. Um andere nicht zu gefährden, hatten sie mit niemandem über ihre Fluchtabsichten gesprochen. So konnte zunächst keiner wissen, was mit ihnen geschehen war. Die Staatssicherheit brachte das Kind in ein staatliches Kinderheim nach Gera. Als die Schwiegereltern davon erfuhren, kümmerten sie sich sofort um das Kind. Sie konnten es bald in ihre Obhut nehmen, da der Schwiegervater Verfolgter des Nationalsozialismus (VdN) war und damit einen anerkannten politischen Status besaß.

Am 23. August 1977 begann der Prozess gegen die Eheleute Neumann vor dem 1. Senat des Bezirksgerichts Leipzig. Sie wurden „wegen staatsfeindlicher Verbindungsaufnahme, teilweise in Tateinheit und teilweise in Zusammenarbeit mit mehrfach versuchtem ungesetzlichen Grenzübertritt im schweren Fall und Verletzung der Ordnung im Grenzgebiet" (§§ 100 und 213) verurteilt. Dr. Rudolf Neumann erhielt eine Freiheitsstrafe von drei Jahren und sechs Monaten, seine Frau eine Freiheitsstrafe von drei Jahren.[119] Damit erhielt ähnlich wie im Fall von Dr. Helmut Peschel die Ehefrau – obwohl an allen Vorbereitungen gleichermaßen beteiligt – eine etwas geringere Strafe.

Das Gericht hatte hinsichtlich der Motive für das Verlassen der DDR allerdings eine andere Sichtweise als Rudolf Neumann. In der Urteilsbegründung des I. Strafsenats hieß es u. a.: „Der aus kleinbürgerlichen Verhältnissen stammende Angeklagte Rudolf Neumann, der eine sehr gute Arbeit leistete und eine hohe Einsatzbereitschaft an den Tag legte, stand trotz seiner Mitgliedschaft in der LDPD der gesellschaftlichen Entwicklung in der DDR ablehnend gegenüber, weil er glaubte, wegen seiner christlichen Einstellung in der DDR keine Entwicklungsmöglichkeiten zu haben. In dieser Auffassung wurde er durch den ständigen Empfang von Sendungen westdeutscher Rundfunk- und Fernsehstationen bestärkt. Auf diese Weise gelangte er schließlich zu seinem strafbaren Handeln."[120] Dies war eine sehr oberflächliche und kurzschlüssige Interpretation der Gründe für seinen Weggang.

---

119 Urteil und Urteilsbegründung des I. Strafsenats des Bezirksgerichts Leipzig vom 25. 8. 1977, BStU, ASt. Leipzig, MfS, AU. 1522/77. Bl. 24 f.
120 Ebenda, Bl. 25.

Wie üblich wurde nun die strafbare Handlung der Angeklagten in einen großen gesellschaftlichen Zusammenhang mit folgenschweren Wirkungen für die DDR gestellt: „Die Gesellschaftsgefährlichkeit des Handelns der Angeklagten besteht darin, dass sie mit ihrem Handeln den Kampf der imperialistischen Kräfte gegen die Deutsche Demokratische Republik und damit den gesellschaftlichen Fortschritt unterstützten. Sie bedienen sich dabei auch solcher Verbrecherorganisationen, wie es die Menschenhändlerbanden sind und die damit zu einem Bestandteil des imperialistischen Herrschaftssystems wurden. Sie haben in diesem die Aufgabe, durch ihre gegen die DDR gerichteten Verbrechen die Politik der imperialistischen Mächte zu unterstützen, die darauf gerichtet ist, die DDR im internationalen Leben zu diffamieren, um so deren Entwicklung zu hemmen und ihr Bestreben zur Rückeroberung verlorener Machtpositionen durchzusetzen. Das bedeutet nicht zuletzt eine Gefahr für die Erhaltung des Friedens und wird vor allem darin sichtbar, dass bei der Begehung derartiger Verbrechen ständig völkerrechtliche Verträge verletzt werden und derartiges Handeln die wohlwollende Duldung in der BRD findet. Das zu erkennen, waren die Angeklagten in der Lage. Indem sie sich darüber hinwegsetzten, wird deutlich, welche Tatschwere damit ihrem Handeln inne wohnt, die außerdem durch die Intensität ihres Handelns gekennzeichnet wird."[121] Der Anwalt von Rudolf Neumann warf in der Verhandlung ein, dass sein Mandant christlicher Überzeugung gewesen und aufgrund dessen in seinem beruflichen Aufstieg behindert worden sei und er und seine Familie ohne Nachteile nach seinem christlichen Glauben leben wollten. Zu dieser Feststellung wurde in der Urteilsbegründung angeführt: „Trotz der Tatsache, dass dem Sozialismus der Atheismus immanent ist, sind in der sozialistischen Gesellschaft die wichtigsten Ideale des Christentums nach einem menschenwürdigen Leben für alle verwirklicht, während in der imperialistischen Gesellschaft davon zwar gesprochen wird, die Tatsachen aber beweisen, dass diese Menschheitsideale mit Füssen getreten werden."[122] Damit war die Angelegenheit erledigt: Die Justiz hatte beschlossen, dass das Reich Gottes bereits in der DDR verwirklicht war. Wer diese Meinung nicht teilte, hatte u. U. mit strafrechtlichen Konsequenzen zu rechnen.

Nach dem Prozess musste Rudolf Neumann in der Untersuchungshaftanstalt des MfS in Leipzig verbleiben, da er als Zeuge in dem noch anhängigen Fluchthelferprozess aussagen sollte. Im Oktober kam er dann in die Haftanstalt Cottbus und von dort Anfang Februar 1978 in die Strafvollzugseinrichtung Brandenburg. Seine Frau musste die Freiheitsstrafe im Frauengefängnis Hoheneck verbüßen, mit schweren gesundheitlichen Folgen, an denen sie noch heute leidet.

Die Überstellung von der Strafvollzugseinrichtung Cottbus, in der überwiegend politische Gefangene inhaftiert waren, zur Strafvollzugseinrichtung Brandenburg erlebte

---
121 Ebenda, Bl. 31.
122 Ebenda, Bl. 32.

Rudolf Neumann als einen weiteren harten Einschnitt. Er kam sofort mit Schwerstkriminellen zusammen. Auf seiner Zelle hatten sieben von den 13 Gefangenen eine lebenslängliche Freiheitsstrafe zu verbüßen, einige saßen schon über zehn Jahre ein. Er musste sich sehr in Acht nehmen, da manche psychisch krank und z. T. gefährlich waren. Zur Arbeit wurde er in der Küchenmöbelproduktion eingesetzt, die aufgrund der verwendeten Lösungsmittel gesundheitsschädigend, körperlich anstrengend und mit Schichtarbeit verbunden war. Seine große Sorge bestand darin, die Haftzeit einigermaßen gesund zu überstehen, zumal sein Beruf ständiges Klavierspielen erforderte. Die Arbeitsnorm erfüllte er daher nur zu 20 Prozent, was ihm regelmäßig Verwarnungen einbrachte und weshalb er auch von Vergünstigungen ausgeschlossen wurde. Er war schließlich bereits 48 Jahre alt und mit körperlicher Arbeit nicht vertraut. Es half ihm sehr, dass er gelegentlich mit verschiedenen politischen Gefangenen zusammenkam, die sich nicht nur gegenseitig unterstützten, sondern mit denen auch politische Übereinstimmung bestand. Daraus haben sich sogar Freundschaften ergeben, die heute noch andauern.

Im September 1978 wurde er schließlich aus Brandenburg in die StVE Karl-Marx-Stadt transportiert und nach drei Wochen gemeinsam mit seiner Frau, die er während dieser Zeit nicht einmal besuchen durfte, in die Bundesrepublik entlassen. Nun begann der Kampf um das Kind, da die staatlichen Stellen es zunächst nicht ausreisen lassen wollten. Erst im März 1979 konnte das Ehepaar Neumann ihr Kind in der Bundesrepublik empfangen.[123]

Mit solchen schikanösen Verfahrensweisen verfolgte die DDR das Ziel, Ausreisewillige von Fluchtversuchen abzuhalten. Bei Wolfgang Stock lag der Fall wieder anders. Er galt als „hartnäckiger Antragsteller", der dadurch dem Ansehen der DDR schadete.

Zum Beispiel Wolfgang Stock

Wolfgang Stock, 1951 geboren und in Aschersleben – einer Kleinstadt im Harz – aufgewachsen, hatte frühzeitig eine kritische Einstellung zur DDR entwickelt.[124] In seiner Familie waren die politischen Zustände und der politische Druck in der DDR häufige Gesprächsthemen. Zahlreiche Verwandte der Familie Stock hatten die DDR vor dem Mauerbau verlassen, darunter auch seine beiden Brüder. Zu ihnen gab es über all die Jahre intensiven Kontakt, soweit das unter den Bedingungen in der DDR möglich war.

Wolfgang Stock erlernte den Beruf eines Elektromonteurs bei der Deutschen Reichsbahn und übte diesen bis 1977 aus. In seiner Freizeit besuchte er einen Jugendclub, in dem häufig Disko-Veranstaltungen stattfanden und dessen Leitung er 1972 übernahm.

---

123 Dr. Rudolf Neumann arbeitete seit seiner Entlassung in die Bundesrepublik in seinem Beruf als Musikpädagoge in Westdeutschland.
124 Interview Wolfgang Stock, Oktober 2002.

Natürlich wurde dort auch viel West-Musik gespielt, und es fiel manch offenes Wort unter den Jugendlichen. Unter dem Vorwand, er habe staatsfeindliche Äußerungen im Jugendclub von sich gegeben, versuchte die Staatssicherheit Wolfgang Stock zur inoffiziellen Mitarbeit zu erpressen. Mehrmals kamen MfS-Mitarbeiter in seinen Betrieb, um ihn über bestimmte Personen auszufragen. Er geriet dadurch sehr unter psychischen Druck, informierte jedoch sofort die Betreffenden über das Auskunftsbegehren der Staatssicherheit, weshalb das MfS auf seine Mitarbeit wegen Unzuverlässigkeit verzichtete.

Im Dezember 1974 befreundete er sich in Polen mit einer jungen Frau aus Westdeutschland. Es entstand eine intensive Beziehung, sodass sie sich 1976 entschlossen, eine gemeinsame Zukunft aufzubauen. Angesichts der internationalen Entwicklung, der Unterzeichnung von internationalen Verträgen durch die DDR, die auch die humanitären Aspekte betrafen, hoffte Wolfgang Stock, im Rahmen der Familienzusammenführung aus der DDR ausreisen zu können. Im Januar 1976 wurde die Verlobung in Aschersleben gefeiert. Gemeinsam suchten sie den Rat des Kreises in Aschersleben auf und brachten ihr Anliegen vor, in der Bundesrepublik leben zu wollen. Ihr Antrag wurde nach einem Monat abschlägig beschieden. Wenige Tage später begab sich Wolfgang Stock in die Ständige Vertretung der Bundesrepublik in Ostberlin und informierte die dortigen Mitarbeiter über sein Ausreisebegehren. Zugleich stellte er beim Innenministerium der DDR zwecks Familienzusammenführung einen Antrag auf Ausreise aus der DDR.

Fortan wurde er umfassend von der Staatssicherheit im Rahmen eines Operativen Vorgangs überwacht. Sämtlicher Briefverkehr in die Bundesrepublik unterlag nun der Kontrolle der Staatssicherheit. Besuche seiner Verwandten sowie seiner Verlobten aus der Bundesrepublik wurden untersagt. Ende April 1976 nahm man ihm ohne Begründung seinen Personalausweis ab und händigte ihm den so genannten PM 12 aus, der die Freizügigkeit stark einschränkte und mit dem keine Reisen in das sozialistische Ausland unternommen werden konnten. Auf seiner Arbeitsstelle wurde er öffentlich vor der Belegschaft durch die Betriebsleitung sowie dem SED- und dem Gewerkschaftsfunktionär aufgefordert, sein Ausreisebegehren aufzugeben, ansonsten habe er mit ernsten Konsequenzen zu rechnen. Da er darauf nicht einging, bekam er eine andere Arbeit zugewiesen, die wesentlich unattraktiver war und bei der er deutlich weniger verdiente. Im Juni erhielt er die Mitteilung, dass sein Antrag auf Familienzusammenführung abgelehnt sei. Er wollte sich nun beim Staatsrat der DDR beschweren, aber auch hier wurde sein Anliegen abgewiesen. In vielen Briefen, u. a. an den Generalsekretär der SED Erich Honecker, den Minister des Innern, den Generalstaatsanwalt der DDR, den Minister der Justiz, den Präsidenten der Volkskammer, das Komitee zur Wahrung der Menschenrechte in der DDR u. a. forderte er die Einhaltung der internationalen Verträge und betonte, dass er nicht zu flüchten beabsichtige, sondern auf legalem Wege die DDR verlassen wolle. Als das alles nichts half, wandte er sich schließlich im Sommer 1977 an die UN-Menschenrechtskommission in Genf, natürlich auf inoffiziellem Wege.

Inzwischen hatte der Druck auf ihn in seinem Betrieb derart zugenommen, dass er seine Kündigung einreichte und eine Arbeit als Hausmeister in einer kirchlichen Einrichtung für geistig behinderte Menschen, den Neinstedter Anstalten, aufnahm.

Er schrieb weiterhin zahlreiche Briefe an die Ständige Vertretung der Bundesrepublik in Ostberlin, an den Generalsekretär der UNO, an die Internationale Juristenkommission in Genf, an die Internationale Liga für Menschenrechte in New York, an das Deutsche Rote Kreuz in Hamburg, an die Gesellschaft für Menschenrechte in der BRD und weitere Menschrechtsorganisationen. Überdies informierte er in mehreren Schreiben verschiedene Kirchenvertreter in der DDR über sein Anliegen. Parallel dazu versuchte seine Verlobte in Westdeutschland, ihr Anliegen zu forcieren, indem sie sich an die Medien in der Bundesrepublik wandte.

Sämtliche Aktivitäten wurden von der Staatssicherheit penibel registriert. Das MfS arbeitete einen umfangreichen und präzisen Plan zum „Untersuchungsvorgang Stock, Wolfgang" aus, der von der Überprüfung ihm nahe stehender Personen, seiner Arbeitskollegen, seiner kirchlichen Verbindungen über die Beschlagnahme und Analyse des Schriftverkehrs bis hin zur „Prüfung der Voraussetzungen für eine nervenärztliche Begutachtung"[125] reichte. Als Zielstellung der Bearbeitung formulierte das MfS u. a.:

„Nachweis der mit dem Ziel der Einmischung in die inneren Angelegenheiten der DDR vorgenommenen Inspirationen und Organisationen von Anträgen auf Entlassung aus der Staatsbürgerschaft der DDR und demonstrativ-provokatorischen Handlungen von DDR-Bürgern durch Publikationsorgane und Einrichtungen der BRD, anderer kapitalistischer Staaten und Westberlins, der dabei angewandten Mittel und Methoden.

Allseitige Erarbeitung der vom Beschuldigten durch seine Handlungen erfüllten Tatbestandsmerkmale der Staatsfeindlichen Hetze gemäß § 106 Abs., 1 StGB und Herausarbeitung aller den schweren Fall des Abs. 2 der genannten Normen begründeter subjektiver und objektiver Umstände; Prüfung des Vorliegens weiterer rechtlich relevanter Handlungen gemäß § 98 StGB."[126]

Darüber hinaus sollte dokumentiert werden, „wie führende Vertreter der evangelischen und katholischen Kirche in der DDR auf die Schreiben des Stock reagierten und ihn möglicherweise in seinem feindlichen Vorgehen bestärkt haben".[127]

Die Überwachungsmaschinerie war in Gang gesetzt.

---

125 Untersuchungsplan zum Untersuchungsvorgang Stock, Wolfgang, BStU, ASt. Halle, AU 1763/78 Bd. I, Bl. 179. Der gesamte Untersuchungsplan umfasst 13 Seiten, ebenda, Bl. 177–190.
126 Ebenda, Bl. 177. § 98 stellte die Sammlung von Nachrichten als Staatsverbrechen unter Strafe.
127 Ebenda.

Von der Bezirksverwaltung für Staatssicherheit Halle erhielt die Kreisdienststelle in Aschersleben jedoch am 30. August 1977 die Anweisung, dass „nach Rücksprache mit der HA XX/4 und in Abstimmung mit der Abteilung Kirchenfragen beim ZK der SED [...] auf Grund der gegenwärtigen kirchenpolitischen Lagebedingungen keine strafrechtlichen Maßnahmen gegen die im OV operativ bearbeitete Person einzuleiten [sind], solange diese in den Neinstedter Anstalten tätig ist. Im Rahmen der weiteren operativen Bearbeitung des OV ‚Springer' müsste der Einsatz von IM zur Erarbeitung von Beweisen entsprechend der Tatbestandsmerkmale gemäß § 106 StGB verstärkt erfolgen."[128] Mit anderen Worten: Die Situation war für eine Verhaftung gerade nicht günstig, man wollte im Moment keinen Eklat mit der Kirche provozieren.

14 Tage später war es dann aber doch so weit: Die Staatssicherheit schlug am 14. September 1977 zu. Als er auf dem Weg zu seiner Arbeitsstätte war, hielt ein PKW neben ihm. Der Beifahrer fragte ihn nach dem Weg. Als sich Wolfgang Stock an das Fenster des PKW begab, wurde er von einem Mitarbeiter der Stasi in das Auto gezogen. Man brachte ihn in die Untersuchungshaftanstalt des MfS in Halle („Roter Ochse"). Nun begannen wie üblich zahllose Verhöre, bis schließlich sein Prozess am 3. und 8. März 1978, ein halbes Jahr nach seiner Verhaftung, vor dem I. Strafsenat des Bezirksgerichts Halle in geschlossener Verhandlung stattfand. Seine Anklageschrift hatte er nicht zu sehen bekommen. Wolfgang Stock wurde wegen staatsfeindlicher Hetze zu einer Freiheitsstrafe von sechs Jahren verurteilt. Die außerordentliche Höhe des Strafmaßes macht deutlich, wie empfindlich sich die SED-Führung durch Wolfgang Stocks Öffentlichmachung seines Ausreisebegehens und des staatlichen Umgangs damit getroffen fühlte.

In der Urteilsbegründung hieß es: „Den Feststellungen in der Hauptverhandlung zufolge hat der Angeklagte mit dem Ziel der Schädigung der sozialistischen Staats- und Gesellschaftsordnung in der Zeit von März 1976 bis September 1977 insgesamt 155 Schriften hergestellt, in denen er die gesellschaftlichen Verhältnisse und die Tätigkeit der staatlichen Organe der DDR diskriminierte [...]. Entgegen dem Vorbringen des Angeklagten haben die in den hergestellten und verbreiteten Schriften enthaltenen Bekundungen mit dem staatsfeindlichen Inhalt nichts mit der Wahrnehmung der verfassungsmäßig garantierten Rechte eines Staatsbürgers der DDR zu tun, frei seine Meinung über eine ihn betreffende Entscheidung eines staatlichen Organes äußern zu können. Sie sind vielmehr Ausdruck einer unter dem Deckmantel der freien Meinungsäußerung vorgenommenen zielgerichteten Diskriminierung unseres Staates und seiner Organe. Mithin war das Herstellen und Verbreiten der die DDR schädigenden diskriminierenden Schriften untrennbarer Bestandteil seines einheitlichen Handlungs-

---

[128] Bezirksverwaltung für Staatssicherheit Halle, Abteilung XX an Bezirksverwaltung für Staatssicherheit Halle, KD Aschersleben, vom 30. 8. 1977, BStU, ASt. Halle, AU 1763/78, Bd. II, Bl. 180.

vorsatzes, Mittel zum Zweck zur Erreichung des von ihm angestrebten Endergebnisses. Der Angeklagte hat sich deshalb des Verbrechens der staatsfeindlichen Hetze nach § 106 Abs. 1 Ziff. 1 und 3 StGB schuldig gemacht."[129]

Bemerkenswert ist, welche Konstruktionen die Strafjustiz erfand, um das in der DDR nicht garantierte Recht der freien Meinungsäußerung dennoch als solches zu bekräftigen, um dann unter dem Vorwand des Missbrauchs eine strafbare Handlung zu konstatieren. Mit dieser Interpretation ließ sich je nach Bedarf willkürlich umgehen, denn die Grenze zwischen Meinungsäußerung und deren Missbrauch war nicht zu definieren. Verwunderlich ist allerdings, dass sich die DDR-Justiz überhaupt um eine solche Begründung bemühte.

Weiter hieß es in der Urteilsbegründung: „Durch die von dem Angeklagten entwickelten strafbaren Aktivitäten ist er zum Handlanger der Feinde der sozialistischen DDR geworden, die gegen die bestehenden Realitäten mit den vielfältigsten Mitteln und Methoden auch unter dem Deckmantel der ‚Verteidigung der Menschenrechte' gegen den Sozialismus kämpfen und in provokatorischer und anmaßender Weise die weltweit anerkannte internationale Position der DDR als souveräner Staat nicht akzeptieren und durch die Einmischung in die inneren Angelegenheiten unserer Republik darauf abzielen, den Sozialismus ‚von innen heraus' zu schwächen und gleichzeitig Bedingungen für weitergehende antisozialistische Aktivitäten zu schaffen. Dazu gehört auch, aus dem Kampf der Völker um Frieden, Entspannung und soziale Sicherheit ein ‚Recht auf Ausreise' aus der DDR unter Missachtung der Schlussakte von Helsinki als Ganzes praktizieren zu wollen."[130] Bemerkenswert ist, wie hier der Bogen vom „Kampf der Völker" zum Recht auf Ausreise geschlagen wurde. Eine logische Begründung für einen solchen Zusammenhang blieb das Gericht vorsichtshalber schuldig.

Zur Person Wolfgang Stocks wurde ausgeführt, dass er eigentlich in der Lage gewesen sei, die „Zusammenhänge und Entwicklung des gesellschaftlichen Lebens unserer Republik richtig einzuordnen. Er hatte stets die Möglichkeit, sich wahrhaft klassenmäßig zu informieren. In unserem Land, dessen Staatsbürger er ist, hat er bisher seine persönliche und berufliche Entwicklung entsprechend seinen Interessen und Fähigkeiten genommen. Er hat bisher immer ein Leben in sozialer Geborgenheit geführt, das von ihm als Selbstverständlichkeit hingenommen wurde, ohne eine innere Verbundenheit zur DDR, die ihm diese Möglichkeiten gab, zu empfinden. Seine bewußtseinsmäßige Entwicklung wurde zunehmend von der in westlichen Massenmedien betriebenen ideologischen Diversion gegen den Sozialismus bestimmt."[131]

---

129 Urteil und Urteilsbegründung des 1. Strafsenats des Bezirksgerichts Halle vom 9. 3. 1978, ebenda, Bd. II, Bl. 329 f.
130 Ebenda, Bl. 331.
131 Ebenda, Bl. 331 f.

StVE-Brandenburg Brandenburg den 25.10.1979
VA-III-24-

F ü h r u n g s - A b s c h l u ß b e r i c h t

des Strafgefangenen Wolfgang Stock geb.am 25.09.51 41 30 26

Der Strafgefangene Stock befindet sich seit dem 08.06.1978 in der
hiesigen Strafvollzugseinrichtung.
Er hat eine feindliche Einstellung und Grundhaltung zu unserem Staat
und zur sozialistischen Gesellschaftsordnung. Im Rahmen der staats=
bürgerlichen Erziehung nimmt Stock, wenn auch sehr widerstrebend
an Vorträgen und polit-akt. Gesprächen teil. Zweifelsfrei kommt er
dieser Forderung nur nach, um keiner Vergünstigung verlustig zu gehen.
Charakterlich ist Stock überheblich, arogant und selbsteingenommen.
Sein Umgangston mit den SV-Angehörigen ist er zynisch und arogant,
ohne provozierend oder herausfordernd zu wirken. Ihm erteilte Wei=
sungen negiert er und setzt sich darüber hinweg. Zurechtgewiesen, versucht
stets, sein ordnungswidriges Verhalten rechthaberisch zu rechtfertigen.
Die Disziplin, Ordnung und Sicherheit versucht er stets zu unterlaufen.
Insbesondere dann, wenn er mit anderen gleichgesinnten Strafgefangenen
in anderen, ihm sonst nicht zugänglichen Bereichen zusammentreffen will.
Zur Arbeit war Stock zunächst im IFA-Getriebewerk-Brandenburg einge=
setzte. Wegen Gruppenbildung und illegaler Verbindungsaufnahme mußte
er aus Sicherheitsgründen von dort entfernt werden. Gegenwärtig arbeit er
im VEB-Kontaktbauelemente Luckenwalde. Seine Einstellung zur Arbeit
ist geprägt von seiner feindlichen ideologischen Einstellung.
Seine Arbeitsleistung ist unbefriedigend und entspricht nicht den
gestellten Forderungen.
In brieflicher und Besuchsverbindung steht St. mit seinen Eltern.
Eine erzieherische positive Einflußnahme erfolgt durch diese nicht.

Zu seiner Straftat bezieht Stock eine negative Haltung. Er ist sich
seinen Worten folgend keiner Schuld bewust und fühlt sich zu Unrecht
bestraft. Schuldgefühl ließ er bisher nicht im geringsten erkennen.
Zur Bewährung und Wiedergutmachung hat er keine Veranlassung.
Er will sein Vorhaben, in die BRD augewiesen zu werden, verwirklichen.

Bei seiner Entlassung aus dem Strafvollzug verfügt Stock über ca.
550,-M
Er ist kein Kostenschuldner und nicht unterhaltspflichtig
Unterkunft und Wohnung findet Stock bei seinen Eltern in
432 Aschersleben Buchwitzstraße 26

Quelle: BStU, ASt. Halle, AOPK 3522, Bd. I, R 237/95, Bl. 49/50.

> Nach seiner Wiedereingliederung möchte er wieder ~~in Quedlinburg~~
> im Elisabeht-Stift in Neinstedt Quedlinburgerstraße 1 Arbeit
> aufnehemen.
>
> Zusammenfassend kann eingeschätzt werden, daß der Umerziehungsprozeß
> des Strafgefangenen Stock keinen positiven Verlauf genommen hat.
> St. steht jeglicher erzieherischen Einflußnahme durch den Strafvollzug
> abweisend gegenüber. Dieses Verhalten begründet er damit, angeblich
> in der DDR nicht mehr leben zu können und zu wollen.
> Für sein Ziel, in die BRD ausgewiesen zu werden, will er kämpfen.
> Zunächst will er sich nach seiner Entlassung loyal verhalten und
> mit RA-Vogel alle Mittel und Möglichkeiten dazu beraten. Erst wenn
> seinem Vorhaben kein Erfolg beschieden sein sollte, will er mit den
> gleichen Mitteln wieder aktiv werden, die er vor seiner Verurteilung
> bereits zur Anwendung brachte. Gewalt will er jedoch nicht anwenden.
>
> (B.Brendemühl)
> Ob.Ltn.d.SV

Damit attestierte man ihm eine undankbare Haltung gegenüber dem DDR-Staat, der ihm doch günstige Entwicklungsbedingungen geboten habe.

Der Verteidiger, den Wolfgang Stock immerhin beauftragen konnte, hatte während des Prozesses für eine niedrigere Freiheitsstrafe plädiert. In Erwiderung darauf führte das Gericht aus: „Die Gesamtheit der das verbrecherische Handeln des Angeklagten kennzeichnenden Umstände rechtfertigen nicht die Festsetzung einer niedrigeren Freiheitsstrafe [...]. Vielmehr ist die vom Senat erkannte Freiheitsstrafe von sechs Jahren zum Schutze unseres sozialistischen Staates vor solchen Angriffen und zur Sicherung der Rechte und Interessen der Bürger geboten. Mit Nachdruck muss der Angeklagte darauf hingewiesen werden, dass die Werktätigen der sozialistischen DDR derartige Verbrechen schärfstens verurteilen. Sie sind sich der von ihnen unter der Führung der Partei der Arbeiterklasse errungenen Macht stets bewusst und wissen sie im Kampf gegen solche Anschläge auch mit den Mitteln des Rechts zu gebrauchen. Aber auch im Interesse der Einwirkung auf den hartnäckig auf seinen Standpunkt beharrenden Angeklagten und um zu erreichen, dass er künftig die sozialistische Gesetzlichkeit achtet, ist die erkannte Freiheitsstrafe notwendig."[132]

Wolfgang Stock legte zwar Berufung gegen das Urteil ein, weshalb er noch in der UHA der Staatssicherheit verblieb. Die Berufung hatte jedoch keinen Erfolg.

Am 7. Juni 1978 ging er auf Transport, aber nicht, wie er zunächst meinte, zur Abschiebung in die Bundesrepublik. Zu seinem großen Entsetzen endete die Fahrt vor einem großen Gebäude mit der Aufschrift „StVE Brandenburg".

132 Ebenda, Bl. 333.

Entlassungsschein

Herr Wolfgang Stock geb. am 25. 09. 1951
wurde am 27. 11. 1979
aus der StVE Brandenburg
nach Aschersleben, Buchwitzstr. 26 entlassen.
Dieser Entlassungsschein gilt bis 29. 11. 1979 als Legitimation.
Obengenannter befand sich seit 14. 09. 1977 im Strafvollzug.

Pfändungs- und Überweisungsbeschluß liegt – nicht – vor.
Eigengeld in Höhe von 624,59 M erhalten.
Personalausweis an VPKA Aschersleben
am 06. 06. 1978 gesandt.

(Dienstsiegel) Unterschrift Ackermann
Oberst des SV

Nachweis über die Anmeldung

– Rat der Stadt/Stadtbezirk/Gemeinde
  Abt. Innere Angelegenheiten

gemeldet am 27/11. 79

Rat des Kreises Aschersleben
Abt. Innere Angelegenheiten
Unterschrift

– Polizeilich gemeldet in
  am
  27. Nov. 1979

Unterschrift

(Entlassungsschein sorgfältig aufbewahren, bei Verlust kein Ersatz)

Quelle: BStU, ASt. Halle, AOPK 3522, Bd. I, R 237/95, Bl. 49/50.

Dort kam er in eine 12-Mann-Zelle, die mit kriminellen Häftlingen belegt war. Als einziger politischer Gefangener musste er sich in diese Häftlingsgemeinschaft einfügen. Sein demonstrativ praktizierter christlicher Glaube bildete gegenüber den kriminellen Häftlingen einen gewissen Schutz. Er wurde dann in der Elektrowerkstatt des IFA-Getriebewerkes zur Arbeit eingesetzt. Dort kam er mit anderen politischen Häftlingen zusammen, zu denen er ein Vertrauensverhältnis aufbaute und mit denen er relativ offen reden konnte. Aufgrund einer Denunziation wurde diese Gruppe aber aufgelöst. Wolfgang Stock kam in ein anderes Verwahrhaus, musste nun im Arbeitsbereich des Kontaktbauelementewerkes Luckenwalde Akkordarbeit leisten und erhielt ein geringes Eigengeld.

Während seiner Haft bemühten sich Amnesty International und westdeutsche Organisationen um seine Freilassung. Diese Aktivitäten führten jedoch nicht zum Erfolg. Im November 1979 teilte ihm der Erzieher mit, dass er aufgrund der Amnestie vorzeitig entlassen werde, aber nicht in die BRD, sondern in die DDR. Er weigerte sich und wurde deshalb fast mit Gewalt vor das Gefängnistor geführt.

Die Beziehung seiner Verlobten zu ihm hatte die Haftzeit nicht überdauert. Wolfgang Stock sah für sich keine Zukunft mehr in der DDR und betrieb weiterhin seine Ausreise. Am 13. August 1981 erhielt er endlich die Genehmigung zur Entlassung aus der Staatsbürgerschaft der DDR, noch am gleichen Tag musste er aus der DDR ausreisen.[133]

5. Die Haftbedingungen nach Einführung des Strafvollzugsgesetzes 1977

Mit dem neuen Strafvollzugsgesetz (SVG) von 1977 sollte jetzt auch in der Strafvollzugseinrichtung Brandenburg Rechtssicherheit einziehen und die Willkür in Schranken gehalten werden. Die Umsetzung des Gesetzes bereitete den SV-Angehörigen allerdings einige Probleme, wie die übergeordnete Dienststelle in einem Kontrollbericht feststellte. Sie konstatierte, dass bei einem Teil der Genossen in der StVE Brandenburg

„noch keine volle Klarheit über das Grundanliegen des Strafvollzugsgesetzes besteht. So äußerten Genossen z. B.
– Strafgefangene haben zuviel Rechte
– Früher hatten wir als Wachtmeister selbst Möglichkeit, den Strafgefangenen zu bestrafen, heute können wir nur einen Bericht fertigen.
Bei einigen Strafgefangenen ist Erziehungsarbeit zwecklos, die müssen ‚Härte' spüren."[134]

---

133 Wolfgang Stock absolvierte in der Bundesrepublik eine Ausbildung als Diakon und ist seither in diesem Beruf tätig.
134 Teilbericht der politischen Abteilung zur Kontrolle im Rahmen des Brigadeeinsatzes der ZKG des Chefs in der StVE Brandenburg vom 7. 3.–23. 3. 1978, BLHA, Rep. 404/15.2/185.

Die Ausgangssituation für die Umsetzung des Strafvollzugsgesetzes war dementsprechend nicht gerade günstig. Im Folgenden soll dargelegt werden, wie die im SVG formulierten Regelungen in der Praxis der Strafvollzugseinrichtung wirksam wurden.

Verpflegung

Die unzureichende Umsetzung des Strafvollzugsgesetzes in Brandenburg wird z. B. an der Verpflegungsfrage deutlich. Im SVG war dazu in § 43 festgehalten: „Die Strafgefangenen erhalten eine auf ernährungswissenschaftlichen und medizinischen Erkenntnissen beruhende Gemeinschaftsverpflegung. Entsprechend dem Charakter und der Schwere der körperlichen Arbeit wird zusätzliche Verpflegung gewährt." Diese Norm einer qualitativ hochwertigen Verpflegung wurde bis zum Ende der DDR nicht verwirklicht. Sogar Kontrollberichte bestätigten die Berechtigung der Häftlingsproteste gegen die Zubereitung und Qualität der Speisen. Im März 1978 hielt z. B. ein Bericht fest, dass die Gesamtkalorienmenge nicht eingehalten werde. Auch bekämen die Strafgefangenen alle das gleiche Essen, die Einstufung nach der Schwere der Arbeit spiele keine Rolle. Definitiv hieß es, dass es keine abwechslungsreiche Verpflegung gebe und diese auch „nicht ernährungswissenschaftlichen und medizinischen Erkenntnissen" entspreche.[135] Der medizinische Dienst nehme keinen Einfluss auf die Speisenplanung, sondern überlasse diese den Gefangenen, die in der Küche eingesetzt waren.

Ein Jahr später wurde erneut eine größere Abwechslung und Qualität der Speisen angemahnt. Vitamin C werde fast nur durch Kartoffeln und Kohl verabreicht.[136] Keine Erwähnung fand, dass die Kartoffeln häufig nicht genießbar waren. Ehemalige Häftlinge berichten, dass es sich bei der oft bläulich gefärbten Masse eher um Futterkartoffeln als um schmackhafte Speisekartoffeln handelte. Fleischeinlagen waren gering und sehr fetthaltig. Meist bestanden sie aus so genannten Innereien. Die gesundheitlichen Folgen dieser Mangelernährung waren für viele Strafgefangene noch lange spürbar und zum Teil – wie z. B. beim Zahnausfall – nicht mehr reparabel.

Helmut Peschel berichtet u. a. über eine langwierige Magen-Darm-Krankheit, die die Häftlinge seines Zellentraktes befallen habe. Sie wurden daraufhin isoliert untergebracht. Als sie nach der Genesung die erste Mahlzeit verabreicht bekamen, handelte es sich um Kartoffelsalat mit Mayonnaise. Das sei zwar nicht als Schikane gedacht gewesen, sondern geschah aus reiner Nachlässigkeit. Es habe sich einfach niemand darum gekümmert, dass die Häftlinge angemessen verpflegt würden.[137]

Auch Wolfgang Stock schildert: „Es gab viel Krautsuppe, Kohlsuppe. Das ist natürlich ballastreich, das macht satt. Aber da war dann auch sehr minderwertiges

---

135 Kontrollbericht: Verpflegung in der StVE Brandenburg vom 21. 3. 1978, S. 1, BLHA, Rep. 404/15.2/1702.
136 Protokoll der Arbeitsberatung am 25. 1. 79 vom 13. 2. 79 im MdI, S. 7, BLHA, Rep. 404/15.2/1704
137 Interview Dr. Helmut Peschel, S. 16.

Fleisch darin, z. B. hat man noch die Schweinezitzen gesehen, die da also vom Bauch dran waren und dann geschnitten waren, das hat man noch so richtig erkannt. Das war nicht sonderlich appetitlich. Oder es gab sehr viel Blutsoße und Grützwurst. Also wirklich das Minderwertigste. Schnitzel oder so etwas haben wir nie gekriegt."[138]

Bis zum Ende der DDR änderte sich kaum etwas an der minderwertigen Qualität der zubereiteten Speisen. Im Februar 1988 kam es z. B. zu einer großen Salmonellenerkrankung in Brandenburg. Der Bericht darüber fasste lapidar zusammen, dass der Arbeitsausfall deshalb sehr hoch sei.[139] Noch im September 1989 wurde konstatiert, dass die Bedingungen in der Gefangenenküche „ein ständiges Risiko auf diesem Gebiet" darstellten.[140]

Die unzureichende Qualität der Verpflegung führte wiederholt zum Aufbegehren der Gefangenen. Ihren Unmut machten sie in Form von Arbeitsverweigerungen bis hin zum Hungerstreik deutlich. Vorübergehende Konzessionen, aber auch die Androhung von Gewalt oder Streichung von Vergünstigungen führten in der Regel zum Einlenken der Häftlinge. Wer wollte auch schon den lange erwarteten Besuch von Angehörigen oder den Empfang eines Pakets aufs Spiel setzen? Ein informeller Bericht an das MfS schildert das Zustandekommen einer solchen Arbeitsverweigerung:

„Es war im September 1981. Die B-Schicht der HVB, Halle AB, hat die Frühschicht um 13.00 Uhr beendet. Anschließend war Mittagessen bis ca. 13.30 Uhr. Bei der Ausgabe des Essens, es waren Graupen, wurde erst von einigen, dann aber von fast allen Gefangenen der ungenießbare Zustand der Graupen festgestellt. Die Graupen waren eine dicke Masse mit einigen Stückchen Kartoffeln und einigen Stückchen Fleisch darin. Diese Masse verbreitete einen ekelhaften Geruch. In der Vergangenheit hat es ähnliche Begebenheiten bei Blutwurst, Grützwurst und Lunge auch schon gegeben. Auch dieses Mal schütteten fast alle Gefangenen ihr Essen in den Abfallkübel.
Um ca. 13.30 Uhr traf dann die A-Schicht als Ablösung im Werk bzw. im Speiseraum ein. Als die Strafgefangenen das schlechte Essen sahen, fingen sie erst gar nicht an zu arbeiten. Der im Werk anwesende Wachtmeister informierte daraufhin den Leiter der StVE [...]. Dieser sah sich das Essen an, fand es genießbar und forderte die Strafgefangenen auf, ihre Arbeit unverzüglich aufzunehmen. Als dies nicht geschah, forderte er das Einsatzkommando an. Mit Gewalt und Androhung von Strafen wurden dann die Strafgefangenen zur Arbeit getrieben."[141]

---

138 Interview Wolfgang Stock, S. 25
139 Komplexe Lageeinschätzung der StVE Brandenburg für das 1. Halbjahr 1988 vom 13. 7. 1988, S. 16, BLHA, Rep. 404/15.2/459.
140 Bericht über die in der StVE Brandenburg durchgeführte Komplexkontrolle vom 29. 9. 1989, S. 6, BLHA, Rep. 404/15.2./470.
141 Mängel und Mißstände in der StVE Brandenburg vom 2. 4. 1982, BStU, MfS-HA IX, 12060, Bl. 100 f.

Viele Gefangene versuchten durch den HO-Einkauf, dessen Sortiment allerdings sehr begrenzt war, die Verpflegung etwas aufzubessern.

Mit Einführung des Strafvollzugsgesetzes gab es immerhin nun auch für die Nachtschicht eine warme Mahlzeit. Allerdings galt auch hier wie für die „Ausspeisung" insgesamt, dass das Essen häufig bei der Ausgabe nicht mehr warm war, worunter auch dessen Qualität litt.[142]

Unterbringung

Mit der Einführung des neuen Strafvollzugsgesetzes waren auch die Normen für die Unterbringung der Gefangenen geändert worden. So wurde für die StVE Brandenburg eine Kapazität von 1934 Haftplätzen berechnet; sie sollte der Idealfall sein. Diese Belegungszahl war auf der Grundlage von international gültigen Kriterien für die Unterbringung Gefangener errechnet worden und machte sich immerhin auf dem Papier gut. In weiser Voraussicht wurde zugleich eine „operative Kapazität" festgelegt, die bei 2500 Häftlingen lag.[143] Wie sich zeigen sollte, war das der Normalfall, der in Zukunft häufig noch weit überschritten wurde, wie z. B. im Frühjahr 1982, als sich 3179 Strafgefangene in der Haftanstalt befanden.[144]

Die Unterbringung hatte nach wie vor gemeinschaftlich zu erfolgen. Durch die häufige Überfüllung der Anstalt waren die Gefangenen meist auf engstem Raum zusammengedrängt, nicht selten in Zellen, die mit dreistöckigen Betten ausgestattet waren. Raumnormen interessierten dabei nicht. Erst 1988 sollte ein großzügigeres Raumnormativ von 3,8 Quadratmetern Grundfläche nicht unterschritten werden.[145] Die Realisierung dieser Vorgabe erlebten jedoch die Häftlinge der DDR nicht mehr.

Die „gemeinschaftliche Unterbringung" war zudem nicht näher definiert worden. Daher konnten in einer Zelle von ca. 20 qm durchaus bis zu 16 Personen verwahrt werden.[146] In Zeiten der Überfüllung waren es sogar bis zu 20 Personen. Worin bei einer solchen Gemeinschaftsunterbringung die Entwicklung „positiver gesellschaftlicher Verhaltensweisen" wie „Gemeinschaftsgeist, Hilfsbereitschaft und gegenseitige Ach-

---

142 Kontrollbericht StVE Brandenburg vom 6. 3. 1984, S. 12, BLHA, Rep. 404/15.2/1713.
143 HA VII, Abt. 8: Auskunftsbericht über die Entwicklung der Lage und Situation in der Strafvollzugseinrichtung Brandenburg vom 10. 6. 1978, BStU, ASt Potsdam, Abt. VII, 708, Bl. 102 f.
144 Vorlage zur Dienstbesprechung des Chefs mit der Leitung der BVDP vom 15. 4. 1982, S. 3, BLHA, Rep. 404/15.2/1706.
145 Komplexe Lageeinschätzung für das 1. Halbjahr 1988 vom 31. 7. 1988, S. 11, BLHA, Rep. 404/15.2/459.
146 In 12 qm großen Zellen wurden sechs bis acht Gefangene untergebracht. Vor allem die großen Zellen verfügten über einen kleinen Sanitärraum mit Toilette und Waschbecken. In verschiedenen Zellen gab es morgens oder abends kein fließendes Wasser. Vgl. auch den von Klaus-Dieter Müller zitierten Häftlingsbericht von Burghard Görs aus dem Jahr 1984, in: ders., „Jeder kriminelle Mörder ist mir lieber ...", S. 105 f.

tung"[147] bestehen sollte, blieb dabei unerklärlich. Vielmehr gab die räumlich beengte Situation, in der buchstäblich um einen Sitzplatz am Tisch gekämpft werden musste, Anlass zu Spannungen und Konflikten, die nicht selten handgreiflich ausgetragen wurden. Stets herrschte ein gereizter Ton. Es gab keine Privatheit, dagegen bestimmten Lärm, Streitereien und Gestank (durch Rauchen oder auch mangelnde Körperhygiene) das „Klima" in den Verwahrräumen. Die politischen Gefangenen, die sich in den Zellen gegenüber den kriminellen Straftätern in der Minderheit befanden, hatten unter dieser Atmosphäre besonders zu leiden, waren sie doch meist nicht gewöhnt, sich in einer solch gewaltbereiten Gesellschaft zu behaupten. Bereits ein unbedachtes Wort konnte zu gewalttätigen Auseinandersetzungen führen.

Immerhin kam es allmählich zur Verbesserung der sanitären Bedingungen, indem separate Sanitärräume geschaffen wurden und regelmäßiges Duschen möglich war. Generell verwendete man jedoch mehr Aufmerksamkeit und Energie auf die Investitionen im Arbeitsbereich als auf die Lebensbedingungen der Strafgefangenen.

Freistunde

Im Gegensatz zu den Jahren vor 1977 wurde die Freistunde nun wörtlich genommen und auf eine Stunde ausgedehnt, die man in der Regel auch einhielt. Hatte Joachim Frenzel berichtet, dass noch Mitte der siebziger Jahre die reine Willkür herrschte, die Aufseher oftmals keine Lust hatten, die Freistunde durchzuführen – schon gar nicht bei schlechtem Wetter –, so war dies jetzt kaum noch der Fall. Der politische Gefangene Wolfgang Stock bestand z. B. aus gesundheitlichen Gründen nachdrücklich auf der Einhaltung seines Rechts, sodass er manchmal im Winter auch bei bitterster Kälte alleine unter Aufsicht eines frierenden Wachtmeisters seine Runden drehte.[148] Es war jetzt nicht mehr so einfach möglich, gegen die neuen Bestimmungen zu verstoßen. In anderer Hinsicht gab es durchaus weiterhin Rechtsverletzungen. Laut SVG waren während der Freistunde gymnastische Übungen gestattet, und die Häftlinge sollten sich zwanglos bewegen und unterhalten können.[149] Diese Regelung wurde jedoch immer wieder außer Kraft gesetzt, wenn sich die Strafvollzugsbedingungen insgesamt wieder verschärften. Das war z. B. 1978 der Fall, als die Gefangenen wieder in Reih und Glied marschieren mussten und dabei nicht sprechen durften.[150]

---

147 § 42 SVG vom 7. 4. 1977.
148 Interview Wolfgang Stock, S. 12.
149 Vgl. § 47 SVG.
150 Vgl. Karl Heinz Rutsch, Fragen an Frau Dr. Leonore Ansorg zu ihrem Referat, in: Über Grenzen und Zeiten – Für Freiheit, Recht und Demokratie, 7. Kongress der Landesbeauftragten für die Unterlagen des Staatssicherheitsdienstes der ehemaligen DDR und der Stiftung zur Aufarbeitung der SED-Diktatur mit den Verfolgtenverbänden und Aufarbeitungsinitiativen vom 23.–25. Mai 2003 in Brandenburg an der Havel, Berlin 2004, S. 114.

Briefverkehr

Mit dem neuen Strafvollzugsgesetz konnten Häftlinge in Brandenburg drei Briefe im Monat statt wie bisher nur einen monatlich absenden (im erleichterten Vollzug vier Briefe). Sie durften die Briefe bis zu einem Monat in der Zelle aufbewahren, danach wurden sie eingesammelt und bei der Entlassung ausgehändigt. Die Briefe konnten wie bisher nur von Personen empfangen werden, die zuvor von den Gefangenen benannt worden waren, allerdings jetzt in unbegrenzter Zahl. In der Regel handelte es sich um die engsten Familienangehörigen. Anderweitige Briefpost wurde nicht ausgehändigt, auch nicht Briefe von internationalen Organisationen, die sich um Strafgefangene kümmerten. Eine häufige Schikane bestand darin, Briefe als unleserlich zu beanstanden und sie einzubehalten. Das Gleiche galt auch für den Briefempfang. Der Inhalt der Briefe wurde nach wie vor streng kontrolliert, Interna über die Strafvollzugseinrichtung, die Behandlung der Gefangenen usw. sollten nicht nach außen dringen.

Überdies wurden Briefe „an Strafgefangene nicht ausgehändigt und an die Empfänger nicht abgesandt, wenn der Inhalt die Strafgesetze verletzt oder die Sicherheit sowie den Erziehungsprozeß gefährden würde".[151] Diese Bestimmung war derart dehnbar, dass sie ein weites Feld für Schikanen lieferte. Aus fadenscheinigen Gründen wurden immer wieder Briefe zurückgehalten und den Gefangenen nicht ausgehändigt.

Dennoch gelang es einigen Häftlingen, mittels verschiedener Methoden die Schrift unsichtbar zu machen, z. B. mit Rasierwasser oder Tintenlöschstiften. Joachim Frenzel berichtet, dass er auf dem Rand des Briefkuverts, der dann zugeklebt wurde, mit einem spitzen und harten Bleistift, den man vorher mit Schmirgelpapier bearbeitet hatte, Nachrichten übermitteln konnte. Die Schrift wurde dann mit Zahnpasta zugestrichen. „Der Klebestreifen ist vielleicht 8 Millimeter breit, da konnte man 4 Millimeter beschreiben, so dass an jedem Rand noch 2 Millimeter blieben. Es musste alles ganz exakt sein. Aber man hat da ziemlich viel, so 5 bis 6 Sätze untergebracht." Trotz Durchleuchtung hätte die Postkontrolle nichts mitbekommen.[152] Auf diese Weise wurden Interna, Botschaften oder Aufträge an die Angehörigen übermittelt.

Die Häftlinge konnten zwar Post an Behörden senden, sie unterlag jedoch einer Sondergenehmigung. Auch hier war der Willkür Tür und Tor geöffnet, denn es hing von der Einstellung des Erziehers ab, ob er dem Gefangenen die Genehmigung für die Absendung eines Briefes an eine Aufsichtsbehörde erteilte und ob er diesen dann auch tatsächlich verschickte. Im Fall von Eingaben oder Gesuchen lag das nicht unbedingt im Interesse des Offiziers.

---

151 § 29 der 1. DB zum SVG.
152 Interview Joachim Frenzel, S. 16

Paketempfang

Häftlinge im allgemeinen Vollzug konnten nach Inkrafttreten des Strafvollzugsgesetzes nunmehr statt zweimal jährlich vier Pakete mit Nahrungs- und Genussmitteln sowie Gegenständen des persönlichen Bedarfs empfangen. Sie durften ein Gewicht von 3 kg nicht überschreiten, ansonsten wurden sie ungeöffnet an den Absender zurückgeschickt. Der Inhalt des Paketes wurde im Beisein des Strafgefangenen kontrolliert. Ab der 2. Hälfte der 80er-Jahre bediente man sich dazu eines Röntgengeräts. Bis dahin war es nicht selten gelungen, Nachrichten oder verbotene Gegenstände in den Paketen zu schmuggeln. Der Inhalt der Pakete musste im Wesentlichen auf Lebensmittel (nicht in Dosen), einige Genussmittel sowie Kosmetika usw. beschränkt bleiben.

Trotz des mit der Einführung des neuen Strafvollzugsgesetzes verbrieften Rechts zum Empfang von Paketen war es gemäß einem Bericht an das MfS „jedes Mal ein Kampf, den laut Gesetz zustehenden Paketschein zu bekommen".[153] Das Verfahren war so geregelt, dass die Gefangenen vom Erzieher einen Paketschein erhielten, den sie ihren Angehörigen mit dem nächsten Brief zusandten; diese wiederum mussten das Paket mit dem Schein versehen. Ansonsten wurde das Paket gar nicht erst angenommen. Die Schikane bestand nun darin, den Gefangenen aus fadenscheinigen Gründen einen Paketschein zu verweigern. So wurde z. B. den Eltern von Wolfgang Stock, nachdem sie sich beschwert hatten, mitgeteilt, dass er kein Paket empfangen könne, da sein „gegenwärtiges Gesamtverhalten" nicht die Gewährung eines Paketscheines rechtfertige.[154] Der Paketschein wurde z. B. auch dem politischen Häftling Peter Schulz 1985 verweigert, da er seine Arbeitsnorm nicht erfüllt hatte. Dies war kein Einzelfall, wurde doch von der Arbeitsleistung häufig die Zuteilung eines Paketscheines abhängig gemacht. Nach wie vor gingen die Erzieher relativ willkürlich mit den Rechten der Strafgefangenen um. Insgesamt betrachtete man den Paketempfang immer noch als Vergünstigung, die das SV-Personal als Disziplinarmaßnahme einsetzte.

Besuchsregelung

Im allgemeinen Vollzug war jeden zweiten Monat für die Dauer einer Stunde der Besuch eines nahen Angehörigen unter Aufsicht gestattet. Dies war eine deutliche Verbesserung im Vergleich zur vorherigen Regelung, nach der ein Besuch nur alle drei Monate und nur für 30 Minuten stattfinden konnte.[155] Wie bisher durften dem Gefangenen dabei kleinere Geschenke, in der Regel Lebensmittel und Obst, übergeben werden.

---

153 Mängel und Mißstände in der StVE Brandenburg vom 2. 4. 1982, BStU, MfS-HA IX, 12060, Bl. 97–102.
154 Brief der StVE Brandenburg an die Eltern von Wolfgang Stock vom 6. 6. 1979. Herr Stock hatte zum letzten Mal ein Paket im Januar erhalten. Brief im Besitz von Wolfgang Stock.
155 § 30 der 1. DB.

Des Weiteren waren auch die Bedingungen für den Empfang von Besuch (im Anstaltsjargon „Sprecher" genannt) in Brandenburg verbessert worden. Anfang der 80er-Jahre hatte man einen neuen Sprecherraum eingerichtet, in dem an „nur noch" acht Tischen Besuch empfangen werden konnte. Im Raum befanden sich also 16 Personen – ungeachtet des Aufsichtspersonals. Die Tische waren mit Sperrblenden versehen.[156] Diese wurden erst 1987 beseitigt, da sie nun nicht mehr als „bürgernah" galten. Im Raum befand sich zudem ein kleiner Kiosk, an dem Kaffee, Tee und weitere Lebensmittel erhältlich waren. Obwohl der Besuchsablauf nach wie vor unter Aufsicht des SV-Personals stattfand, gab es durch diese Lockerung verstärkt die Möglichkeit, Nachrichten zu übermitteln, die Gespräche zwangloser zu halten und dem Gefangenen auch Geld oder „verbotene Gegenstände" zukommen zu lassen. Um der Schleusung von Kassibern Einhalt zu gebieten, mussten die Strafgefangenen ihre Kleidung vor dem „Sprecher" wechseln. Zudem sollte eine Tonüberwachung „unerlaubte Handlungen" verhindern.[157]

Hatte der Häftling eine Arreststrafe zu verbüßen, so fand der nächste Besuch in der Kabine bei völliger Überwachung statt. Der Erzieher sollte den Angehörigen den Grund für dieses Verfahren als „Ausnutzung des Erziehungsfaktors" erläutern.[158]

Kinder unter 14 Jahren erhielten keine Besuchserlaubnis. Befanden sich beide Ehepartner in Haft, was z. B. bei gemeinsamen Fluchtversuchen der Fall war, sollte den Ehegatten das Recht eines zweimaligen Besuchs im Jahr zustehen. Auch dieses Recht wurde gebrochen, wie der Fall Rudolf Neumann belegt, der nie die Gelegenheit erhielt, seine Frau zu besuchen. Im Vergleich zu den fünfziger Jahren, in denen ein solcher Kontakt undenkbar war, bedeutete diese Regelung allerdings einen Fortschritt.

Seelsorgerische Betreuung

Das Recht auf seelsorgerische Betreuung war zwar im neuen Strafvollzugsgesetz verankert, wurde in der Praxis jedoch häufig missachtet. Immer wieder beklagten politische Häftlinge, dass sie erst nach längerem Kampf eine Bibel ausgehändigt bekamen. Wolfgang Stock z. B. erhielt diese erst nach Eingaben an den Anstaltsleiter und den evangelischen Pfarrer (Letzterer hatte diese Eingabe gleich an das MfS weitergeleitet).[159]

Obwohl regelmäßig jeden 1. Sonntag im Monat und zu Feiertagen in Brandenburg ein evangelischer und katholischer Gottesdienst stattfand, war es nach wie vor nicht selbstverständlich, dass die Häftlinge auch daran teilnehmen konnten. Rudolf Neumann berichtet, dass es ein besonderer Glücksfall gewesen sei, an Feiertagen den

---

156 Kontrollbericht zur Nachkontrolle in der StVE Brandenburg vom 17. 3. 1982, S. 2, BLHA, Rep. 4. 4/15.2/764.
157 Ebenda, S. 2.
158 Ebenda, S. 3.
159 Interview Wolfgang Stock, S. 18.

Gottesdienst besuchen zu können. „Das war wie Stasi-Roulett, wie wir sagten, den einen traf es, den anderen nicht."[160]

Durchschnittlich nahmen zwischen 70 und 80 Gefangene am evangelischen Gottesdienst teil. Das MfS registrierte zudem eine überproportionale Teilnahme von Strafgefangenen, die einen Ausreiseantrag gestellt hatten.[161] Der evangelische Pfarrer führte auf Wunsch in seinem Zimmer persönliche Gespräche mit Häftlingen durch. Da Pfarrer Giebeler, wie erwähnt, nicht das Vertrauen der politischen Häftlinge besaß, wurde diese Möglichkeit zumindest von den befragten ehemaligen Gefangenen kaum in Anspruch genommen. Der katholische Pfarrer dagegen lehnte es ab, persönliche Gespräche zu führen. Entgegen der Annahme der politischen Gefangenen galt auch dieser dem MfS als zuverlässig, da er sogar bereit war, seine Predigten schriftlich den zuständigen SV-Angehörigen zur Begutachtung vorzulegen.[162]

„Kulturelle Erziehung und Bildung"

Die Freizeitgestaltung im Strafvollzug wurde vor allem unter dem Aspekt der Erziehung der Gefangenen betrachtet. Die Freizeit sollte zum einen der Lektüre von „fortschrittlicher Literatur" dienen. Dazu stand den Häftlingen nach wie vor die Gefangenenbibliothek zur Verfügung, die vor allem Literatur des „sozialistischen Realismus" und Werke der Klassiker des Marxismus-Leninismus im Angebot hatte. Aber auch Literatur des „kulturellen Erbes" sowie russische und zeitgenössische internationale Literatur befanden sich in deren Bestand. Allerdings gingen die Rechte der Gefangenen nicht so weit, dass sie sich von außerhalb Fachliteratur hätten bestellen können. Ein Antrag des Musikpädagogen Dr. Neumann, ihm die Noten des „Wohltemperierten Klaviers" von Johann Sebastian Bach zuzusenden, wurde vom Leiter der StVE abschlägig beschieden,[163] obwohl es sich dabei offensichtlich keineswegs um subversive Literatur handelte.

Zum anderen bestand die „kulturelle Erziehung und Bildung" im Besuch von Kulturveranstaltungen. Nach Aussagen eines Häftlings, der vom MfS befragt worden war, hatte man seit 1978 diese Möglichkeiten vorübergehend eingeschränkt. So sei der Besuch von Fernseh- und anderen Veranstaltungen nur noch für ausgewählte Strafgefangene möglich.[164]

---

160 Interview Dr. Rudolf Neumann, S. 13.
161 Einschätzung der Tätigkeit der in der StVE Brandenburg eingesetzten Seelsorger vom 28. 5. 1985, BStU, ASt. Potsdam, Abt. VII, 702, Bl. 209 ff.
162 Ebenda.
163 Vgl. Schreiben des Rechtsanwaltes Dr. Ulbricht vom 20. 4. 1978 und Antwort des Leiters der StVE Brandenburg Ackermann vom 3. 5. 1978, BStU, ASt. Leipzig, MfS AU 1522/77, Vollzugsakte, Bl. 34 und 35.
164 Mängel und Mißstände in der StVE Brandenburg vom 2. 4. 1982, BStU, MfS-HA IX, 12060, Bl. 97–102.

Dies bestätigten auch die von mir befragten politischen Häftlinge, von denen nur wenige sich an Veranstaltungen wie Fernsehen, Kino u. ä. erinnern konnten. Vordergründig hing dies auch damit zusammen, dass sie ihre Norm in den Arbeitseinsatzbetrieben nicht erfüllten, da sie aus den bereits beschriebenen Gründen die geforderten Arbeitsleistungen nicht erbringen konnten oder bewusst nicht erbringen wollten. Da das DDR-Fernsehen mit seiner tendenziösen Programmgestaltung ein einseitiges Bild lieferte, hatten die politischen Häftlinge ohnehin kaum Interesse an solchen Sendungen, wie sie hervorhoben. Ähnliches gilt auch für die Kinoveranstaltungen, wobei mitunter auch ein international renommierter Film zur Vorführung kam, der dann schon mehr Interesse weckte.

Nach wie vor existierte eine Kulturgruppe, die zu „gesellschaftlichen Höhepunkten" auftrat und Musik, Rezitation u. a. darbot. Sie bestand ausschließlich aus kriminellen Häftlingen, weshalb die Musikband im Knastjargon auch als „Killerband" bezeichnet wurde. Für die kulturelle Bildung der Gefangenen hatte sich die Leitung der Strafvollzugseinrichtung vorübergehend etwas ganz Besonderes ausgedacht: Es wurde ihnen ein Raum zur Verfügung gestellt, in dem sie sich Schallplatten mit klassischer Musik anhören konnten. Für diese „Veranstaltung" meldeten sich jedoch ausschließlich politische Gefangene. Sie nutzten die Treffen allerdings auch dazu, um Informationen auszutauschen und etwas anspruchsvollere Gespräche als in der Zelle zu führen. Nachdem das SV-Personal davon Kenntnis erhalten hatte, wurde dieses kulturelle Angebot kurzerhand wieder abgeschafft.[165]

Nach Aussage der Bezirksbehörde konnten die Strafgefangenen in Brandenburg auch wieder ein breites Spektrum an Zeitungen und Zeitschriften abonnieren. So seien in den 80er-Jahren 82 verschiedene Publikationen im Angebot gewesen.[166]

„Staatsbürgerliche Erziehung"

Dem neuen Strafvollzugsgesetz gemäß sollten „Maßnahmen zur staatsbürgerlichen Schulung" durchgeführt werden, d. h. „Vorträge, politisch aktuelle Gespräche, Informationen zu aktuellen Ereignissen und differenzierte Aussprachen".[167] In Brandenburg wurden dementsprechend Veranstaltungen z. B. zu den Tagungen des ZK der SED, den Beschlüssen des Politbüros, außenpolitischen Ereignissen, Tagungen der KPdSU usw. durchgeführt. Zum Zweck der politischen Unterweisung stellte man „Seminargruppen" zusammen und erteilte Strafgefangenen Aufträge zu Kurzreferaten über aktuell-politische Fragen. Themen waren 1982 z. B.: „Das demokratische Bündnis gegen die Raketenstationierung"; „Im Bruderbund mit dem Lande Lenins";

---

165 Interview Dr. Helmut Peschel, S. 19.
166 Bericht über die durchgeführte Kontrolle der Arbeitsgruppe Strafvollzug in der StVE Brandenburg vom 18. 6. 1982, S. 4, BLHA, Rep. 404/15.2/1713.
167 § 26 SVG: Staatsbürgerliche Erziehung und allgemeine Bildung.

„Regierungserklärung von BRD-Bundeskanzler Kohl"; „Die Tagung der Außenminister der Warschauer-Pakt-Staaten". Insgesamt nahmen daran 5278 Strafgefangene teil.[168] Darüber hinaus hielten Erzieher Vorträge zur Thematik „Charakter und Aufgaben des sozialistischen Staates". Hierbei arbeiteten sie heraus, „welche Beiträge die Strafgefangenen zur Stärkung der DDR zu leisten haben". Als Anschauungsmittel kam dabei der Dia-Ton-Vortrag „Arbeiterklasse – Hauptkraft des gesellschaftlichen Fortschritts" zum Einsatz. Diese Vorträge besuchten 2727 Strafgefangene.[169]

Ähnlich den Produktionskennziffern rechnete man die Teilnahme an den politisch-aktuellen Gesprächen (kurz PAG genannt) in Prozenten ab, wobei deren Qualität von nachgeordneter Bedeutung war.[170] In weiser Voraussicht wurden die Gefangenen mit „feindlicher Einstellung" zwischenzeitlich in speziellen Gruppen zusammengefasst, um provokatorische Auftritte zu vermeiden und ihren Einfluss auf die Mithäftlinge zu begrenzen. Die Veranstaltungen folgten lediglich dem Prinzip der Indoktrinierung. Bezeichnend ist die formulierte Absicht zur Erziehung von jungen Strafgefangenen: „Ihnen gegenüber muss differenzierte Erziehungsarbeit geleistet werden, die verhindert, dass junge Menschen in der Zeit der Verwirklichung ihrer Strafe zu Feinden unseres Staates werden, wenn sie es vorher noch nicht waren."[171] Offenbar war man sich der negativen Wirkung des Strafvollzugs auf die Herausbildung entsprechender Einstellungen bewusst.

Medizinische Versorgung

Für die medizinische Versorgung der Häftlinge stand nach wie vor das anstaltseigene Krankenhaus zur Verfügung, in dem auch kleinere Operationen durchgeführt werden konnten. Bei größeren Verletzungen/Erkrankungen wurden die Gefangenen in das Zentrale Haftkrankenhaus nach Leipzig-Meusdorf verlegt. Ständig waren zwei Ärzte im militärischen Rang als Angestellte des Strafvollzugs in dieser Krankenstation tätig. Der Leitende Arzt besaß unter den politischen Gefangenen einen schlechten Ruf, da er sich ihnen gegenüber ablehnend und diskriminierend verhielt. Entsprechend wurden auch seine medizinischen Behandlungen eingeschätzt.[172]

---

168 Lageeinschätzung Monat Oktober 1982 vom 10. 11. 1982, S. 7, BLHA, Rep. 404/15.2/764.
169 Ebenda.
170 So lag z. B. in den ersten fünf Monaten des Jahres 1982 die „Planerfüllung" bei den PAG bei 100 Prozent. Auch hier wurde, wie in der Wirtschaftsstatistik der Betriebe üblich, etwas getrickst: Das gute Ergebnis war dadurch erreicht worden, dass mit den nicht teilnehmenden Strafgefangenen individuelle politische Gespräche stattgefunden hatten. Dies war natürlich nicht weiter überprüfbar. Vgl. Bericht über die durchgeführte Kontrolle der Arbeitsgruppe Strafvollzug in der StVE Brandenburg vom 2. 6.–10. 6. 82, S. 3, BLHA, Rep. 404/15.2/1713.
171 StVE Brandenburg, Stellv. für Vollzug: Ausführungen zur Strafvollzugskonferenz vom 22. 12. 1982, S. 10, BLHA, Rep. 404/15.2/1724.
172 Vgl. Garve, Unter Mördern, S. 270 ff. In den „Salzgitter-Akten" befanden sich zahlreiche Anzeigen von ehemaligen Gefangenen gegen diesen Arzt in der StVE Brandenburg. Vgl. Kapitel IV.

Waren Anfang der 70er-Jahre 11 Vertragsärzte für die StVE tätig, so belief sich ihre Zahl 1987 auf 15.[173] Dabei handelte es sich um Ärzte, die nur an bestimmten Tagen Sprechstunden in der Haftanstalt abhielten. Dadurch konnten fast alle medizinischen Fachgebiete besetzt werden. Allerdings fehlten im Jahr 1987 Fachärzte für Orthopädie und Radiologie, die angesichts der vielen Verletzungen in der Strafvollzugseinrichtung dringend benötigt wurden. Ein wesentlicher Teil der Arbeit lastete auf den durchschnittlich zwei bis vier Gefangenenärzten, die ständig präsent waren und auch in der Krankenstation ihre Unterkunft hatten. Ihnen assistierten Arzthelfer, unter denen ebenfalls zahlreiche Gefangene waren. Beaufsichtigt wurden sie von Angehörigen des Strafvollzugs, sodass offene Gespräche nur begrenzt möglich waren.[174] Dennoch konnten über die Gefangenenärzte, bei denen es sich meist um politische Häftlinge handelte, Informationen weitergegeben und Kontakte hergestellt werden.[175]

Wie bisher waren in den Vollzugsabteilungen Sanitäter eingesetzt, die Medikamente verabreichten, Verbände wechselten und bei unbedenklichen Krankheiten Arzneien verabreichten oder eine Notbehandlung vornahmen.

Über die medizinische Versorgung in Brandenburg existieren widersprüchliche Einschätzungen. Es finden sich sowohl kritische Bewertungen[176] als auch positive Beurteilungen.[177] Beanstandungen betrafen die Nichteinhaltung von medizinischen Verordnungen, z. B. von Schonplätzen in den Arbeitseinsatzbereichen oder die Arbeitsruhe. Das SV-Personal kümmerte die Genesung der Strafgefangenen wenig, da die Erfüllung der Produktionsziele an erster Stelle stand.

Die in den 50er- und 60er-Jahren häufig praktizierte Schikane, nicht zum Arzt vorgelassen zu werden oder zumindest erst nach einem längeren Zeitraum, gehörte in dieser Zeit nicht mehr zur Normalität. In Einzelfällen kam das zwar immer noch vor,[178] vor allem im abgeschlossenen Arrestbereich, aber diese Erfahrung überwogen nicht mehr.

173 Komplexe Lageeinschätzung der StVE Brandenburg für das 2. Halbjahr 1987 vom 14. 1. 1988, S. 18, BLHA, Rep. 404/15.2/459.
174 Vgl. dazu ausführlich Garve, Unter Mördern, S. 223 ff. Der politische Gefangene Garve arbeitete als Zahnarzt in der Krankenhausabteilung der StVE Brandenburg und beschrieb in seinem Buch die dortige Situation.
175 Der ehemalige Häftlingszahnarzt Günter Rein berichtet: „Im Grunde genommen war die zahnärztliche Behandlungsstelle die Informationsdrehscheibe der gesamten Haftanstalt. Wir hatten die Möglichkeit, alle Leute zu bestellen. Wir hatten zwei Behandlungsstühle und konnten die Leute so bestellen, dass genau die, die miteinander Kontakt haben wollten, zum gleichen Zeitpunkt anwesend waren." Zit. nach Johannes Raschka, Zwischen Überwachung und Repression – politische Verfolgung in der DDR 1971 bis 1989, Opladen 2001, S. 115.
176 Vgl. ebenda, S. 113.
177 Vgl. die Einschätzungen von Betroffenen in Müller, „Jeder kriminelle Mörder ist mir lieber ...", S. 99 f. Auch die von mir befragten ehemaligen Häftlinge bewerteten die medizinische Versorgung überwiegend positiv.
178 Vgl. Garve, Unter Mördern, S. 107.

Einkauf

Einkaufsmöglichkeiten für die Gefangenen bestanden in den Speisesälen, in denen sich „Verkaufsstellen" der HO befanden. Lediglich im Zugangsbereich und der Haftkrankenabteilung erfolgte der Einkauf per Bestellsystem. Das Sortiment der Verkaufsstellen war begrenzt und reichte von Kosmetika über Lebensmittel bis hin zu Genussmitteln. Es durften keine Waren verkauft werden, die erst zubereitet werden mussten.[179] Ab 1984 gestattete die Leitung Strafvollzug offiziell den Kaffee- und Teeverkauf. Bis dahin wurde mit diesen Genussmitteln ein schwunghafter illegaler Handel betrieben. Für Teepäckchen, die im Einzelhandel 1,20 Mark kosteten, bezahlten die Gefangenen bis zu 30,– Mark. Tee war ein begehrtes Genuss- und Rauschmittel und wurde zu einem „straftatbegünstigenden Faktor", wie das MfS besorgt feststellte, für dessen Besitz Häftlinge mitunter Diebstähle, Bestechungen und andere Straftaten begingen.[180] Um die kriminellen Delikte einzudämmen, wurden schließlich 1984 Tee und Kaffee offiziell angeboten.[181] Warum das erst zu diesem Zeitpunkt geschah, bleibt eine der unerklärlichen Reglementierungen im sozialistischen Strafvollzug.

Ab 1975 wurden zum Einkauf Wertgutscheine als Ersatzzahlungsmittel eingeführt. Bis dahin erfolgte der Einkauf über den Eintrag auf einer Wertkarte, ähnlich einem Konto. Durch die Einführung des Gefängnisgeldes versprach man sich stimulierende Wirkungen für die Erfüllung der Arbeitsleistung. Gleichzeitig sollte der Tauschverkehr innerhalb des Gefängnisses vereinfacht werden. Das interne Zahlungsmittel folgte ähnlichen Tauschprinzipien wie außerhalb der Anstaltsmauern und bildete eine eigene Währung. Das Papiergeld entsprach den Werten von einem Pfennig bis zu 20 Mark.[182] Die einheitlichen Wertgutscheine waren zunächst mit einem Stempel der Strafvollzugseinrichtung versehen und konnten daher nur dort zirkulieren. Ab Juli 1985 gab es keine Kennzeichnung der Strafvollzugseinrichtung mehr, sodass das Papiergeld in sämtlichen Haftanstalten Gültigkeit hatte.[183] Auch das – von außen häufig eingeschmuggelte – DDR-Geld wurde im Strafvollzug in Gefängnisgeld umgetauscht.

---

179 Das Sortiment des Warenangebots in den UHA und StVE hat Frank Hiekel in dem Aufsatz „Die wahre Geschichte": Das Gefängnisgeld in der DDR, Manuskript 2003, aufgelistet.
180 Bericht über die Kontrollergebnisse ... vom 26. 3. 1984, BStU, MfS, Arbeitsbereich Neiber/501, Bl. 34.
181 Vgl. Instruktion Nr. 10/84 des Leiters der Verwaltung Strafvollzug über die Aufgaben zur Gewährleistung des Einkaufs von Waren des persönlichen Bedarfs durch Strafgefangene und Verhaftete vom 16. März 1984.
182 Vgl. Frank Hiekel, DDR-Gefängnisgeld, in: Sächsische Zeitung vom 3. 1. 2004, Magazin, M2.
183 Hiekel, „Die wahre Geschichte", S. 19.

III. Von der Willkür zur scheinbaren Gesetzlichkeit

Eingaben

Die Möglichkeit, sich per Eingabe über die Behandlung im Strafvollzug oder die Haftbedingungen zu beschweren, existierte, wie bereits ausgeführt, schon länger. Unter Honecker wurde das Mittel der Beschwerde weiter gestärkt und per Gesetz übersichtlicher und handhabbarer gestaltet.[184] Eingaben galten als schöpferische Mitwirkung der Bevölkerung an der Gestaltung der sozialistischen Gesellschaft. Für den Strafvollzug präzisierte man die Eingabentätigkeit als „Interesse der Strafgefangenen an der aktiven Mitwirkung an der Gestaltung des Vollzugsprozesses, als Ausdruck des Willens zur Bewährung und Wiedergutmachung".[185]

Es gab in der DDR genaue Fristfestlegungen für die Beantwortung von Eingaben und Regelungen der Zuständigkeiten. Diese Rechtsvorschriften sollten auch im Strafvollzug gelten. Aber auch dieses Recht ist im Strafvollzug häufig missachtet worden, wobei das nicht unbedingt im Interesse des MdI lag. Denn es gab zahlreiche Kontrollen übergeordneter Dienststellen, die die Einhaltung des Rechts überprüften. Über die einzelnen Eingaben wurde Buch geführt und das Ergebnis der Bearbeitung festgehalten.

Dennoch war es für die Strafgefangenen kaum möglich, sich auf diese Weise über die Zustände im Strafvollzug oder über SV-Bedienstete bei den übergeordneten Dienststellen zu beschweren. Die Eingaben wurden häufig ignoriert und nicht weiterbefördert. Gelangten sie dennoch z. B. an das Ministerium des Innern, hatten sie meist abenteuerliche Wege hinter sich. Vielfach waren sie über Angestellte der Arbeitseinsatzbetriebe oder Angehörige der Gefangenen herausgeschmuggelt worden. Die Leitung der Strafvollzugseinrichtung behauptete dann einfach, man habe nicht gewusst, dass es sich um eine Eingabe handle. Die folgenden Fälle belegen diese Verfahrensweise.

Der Strafgefangene D. schrieb an den Leiter der Verwaltung Strafvollzug des MdI: „Da eine Eingabe beim Leiter der StVE Brandenburg ohne Antwort blieb, der Instanzenweg meinerseits gewahrt wurde, sehe ich mich veranlasst, Sie zu bitten, zum Zwecke meiner Beschwerde jemand zu beauftragen, meine Beschwerde entgegenzunehmen. Es ist mir nicht möglich, im Einzelnen das aufzuzählen, worum es geht, aber es macht sich dringend erforderlich, dass mein Anliegen zu Gehör gebracht wird, weil ich nicht riskieren möchte, dass auch der Brief unbeantwortet bleibt."[186]

D. bat um eine Unterredung, da er keine Hoffnung auf eine schriftliche Erledigung hatte. Tatsächlich fand auch ein Gespräch mit einem Major des SV statt. Die

---

184 Gesetz über die Bearbeitung der Eingaben der Bürger – Eingabengesetz – vom 19. Juni 1975, in: GBL 26/1975, S. 461 f. Vgl. dazu auch Felix Mühlberg, Bürger, Bitten und Behörden. Geschichte der Eingabe in der DDR, Berlin 2004, S. 151 ff.
185 Analyse der Eingaben im Straf- und U-Haftvollzug für den Berichtszeitraum 1987 vom 13. 1. 1988, S. 2, BLHA, Rep. 404/15.2/1727.
186 Eingabe des Strafgefangenen D, Strafvollzugseinrichtung Brandenburg, vom 27. 11. 1984 an die Verwaltung Strafvollzug des MdI, BArchB, DO 1/3603.

Stellungnahmen der Leitung der Strafvollzugseinrichtung in dieser Angelegenheit waren hämisch und dazu angetan, den Gefangenen zu diskreditieren. Überdies stritt sie sämtliche Vorwürfe ab. Dabei ging es um grundlegende Probleme. Zum einen beschwerte sich der Häftling über die seine Würde verletzende Behandlung durch das SV-Personal, da er „Ausweiser"[187] sei. Er fühlte sich von ihnen bedroht. Zudem sei er für Arbeiten eingesetzt worden, die nicht seiner Arbeitstauglichkeitsgruppe entsprächen. Weiterhin brachte er zum Ausdruck, dass kriminelle Strafgefangene in leitenden Funktionen Einfluss auf die Vergabe von Paketscheinen und Prämien nähmen und sich ihren „Einsatz" von den abhängigen Häftlingen bezahlen ließen. Er habe daraufhin ein Schreiben an den Staatsanwalt für Strafvollzugsaufsicht verfasst, das aber vom Erzieher bzw. Vollzugsabteilungsleiter nicht abgesandt worden sei. Diese Erfahrung hätten er und andere Strafgefangene wiederholt machen müssen, weshalb sie jetzt versuchten, ihre Briefe von Betriebsangehörigen befördern zu lassen, was bekanntlich illegal sei. Aufgrund dieser Eingabe fand ein Gespräch mit einem Vertreter der Verwaltung Strafvollzug statt, woraufhin die Eingabe als erledigt galt.[188] An der Praxis aber hatte sich offenbar nichts Grundlegendes geändert.

Ein anderer Strafgefangener hatte eine Eingabe an die Verwaltung Strafvollzug des MdI mit der Bitte um Verlegung in eine andere Anstalt gerichtet. Auch er schilderte die diskriminierende Behandlung durch das SV-Personal, weil er wegen ungesetzlichen Grenzübertritts verurteilt sei. Er beklagte sich über Repressalien, die bis hin zur Aufforderung zum Suizid reichten. Angesprochen auf die Gesetzesverletzungen habe das SV-Personal ihm gegenüber den Standpunkt vertreten, dass man in der StVE Brandenburg eigene Gesetze habe. Weiterhin beschwerte er sich, dass seine Eingaben an übergeordnete Dienststellen sowie seine persönliche Post und auch Behördenpost unterschlagen bzw. zurückgehalten würden, obwohl sie keinen staatsfeindlichen Charakter trügen. Deshalb bestehe er auf einer Eingangsbestätigung dieser Eingabe, da er trotz des Eingabengesetzes nicht sicher sei, dass diese auch tatsächlich ankomme. Weil er um seine Sicherheit fürchtete, wollte er nicht zu den Details seiner Vorwürfe Stellung nehmen, sondern sie in einem mündlichen Gespräch erörtern. Diese Eingabe datiert immerhin aus dem Frühjahr 1989.[189]

Der Leiter der Strafvollzugseinrichtung versuchte in seiner Stellungnahme die Vorwürfe zu entkräften, indem er die Person des Strafgefangenen in herabsetzender Weise

187 Dies war die interne Benennung der Antragsteller auf Ausreise im Strafvollzug.
188 Eingabe des Strafgefangenen D, Strafvollzugseinrichtung Brandenburg, vom 27. 11. 1984 an die Verwaltung Strafvollzug des MdI, BArchB, DO 1/3603.
189 Eingabe des Strafgefangenen H. vom 1. 3. 1989, StVE Brandenburg an VSV, MdI, ebenda. Dabei handelt es sich um einen Besetzer der Botschaft der BRD, der sich aber zur Aufgabe dieser Aktion überreden ließ, weil man ihm verschiedene Zusagen, u. a. auf Strafmilderung, machte, diese dann aber nicht einhielt, sondern ihn zu einer Freiheitsstrafe von drei Jahren und sechs Monaten verurteilte und danach in die Strafvollzugseinrichtung Brandenburg überstellte.

charakterisierte. Er verwies auf die Verhängung verschiedener Disziplinarmaßnahmen gegen ihn, u. a. 12 Tage Einzelarrest. Ohne den Petenten anzuhören und um weitere Auskunft zu bitten, entschied der Leiter der VSV in Berlin, die Eingabe abzulehnen, „da der Strafgefangene nicht bereit ist, sich den Strafvollzugsbedingungen unterzuordnen".[190]

Wie diese Fälle zeigen, war das Ergebnis einer Eingabe in der Regel enttäuschend. Dies galt auch für Eingaben, die direkt an die Leitung der Strafvollzugseinrichtung gerichtet waren. Von den 109 eingegangenen Beschwerden im Jahr 1982 wurden lediglich 13 stattgegeben. Im Jahr 1983 wurden von 98 Beschwerden 13 positiv beschieden, 1984 waren es von 113 lediglich fünf, 1987 von 81 Eingaben drei.[191]

Bei den positiv beschiedenen Eingaben handelte es sich z. B. um Mängel im Wäschetausch, um Nichtbezahlung der Neuerervergütung sowie von Arbeitsstunden, die Unterschlagung von Behördenpost, die willkürliche Beschneidung der Besuchszeit oder auch um das „unkorrekte Verhalten" von SV-Angehörigen. Über den Inhalt der abgelehnten Eingaben erfährt man aus den vorliegenden Berichten in der Regel nichts. Zu den „unberechtigten Beschwerden" im Jahr 1988 wurde lapidar erklärt, sie resultierten „aus der falschen Auslegung von Rechtsvorschriften und anderer Festlegungen durch die Strafgefangenen".[192] Bei diesen geringen Erfolgsaussichten war klar, dass die Gefangenen das Eingaberecht nur zu einem geringen Teil in Anspruch nahmen. Gleichwohl wurde wiederholt staatlicherseits die Wichtigkeit des Rechts betont und dessen Durchsetzung als „Erhöhung der Staatsautorität und einer bürgernahen Arbeitsweise" gewertet.[193]

In Kontrollberichten rügte man, dass „bei der Erfassung, Bearbeitung und Auswertung der Eingaben der Strafgefangenen zwischen den Vollzugsabteilungen erhebliche Niveauunterschiede vorhanden" seien, welche „auf nicht ordnungsgemäße Auslegung der Erfassungskriterien laut der Instruktion Nr. 9/85 des Leiters der VSV durch die zuständigen Offiziere zurückzuführen sind".[194] Mit anderen Worten: Es herrschte ganz offensichtlich Willkür in der Behandlung der Eingaben. In einem informellen Bericht an die Operativgruppe des MfS wurde beklagt, dass bei Kritik seitens der Gefangenen (z. B. wegen des schlechten Essens) mit Androhung von Gewalt und Strafen reagiert werde. Deshalb hätten viele Gefangene auch nicht den Mut, Eingaben zu schreiben, weil sie Nachteile befürchten müssten. Das Recht auf Eingaben stehe daher

---

190 Antwortschreiben Leiter des VSV, Betr. Eingabe des Strafgefangenen H., vom 4. 5. 1989, MdI, BArchB, DO/3603.
191 Analysen von Eingaben, siehe BLHA, Rep. 404/15.2/1727.
192 Analyse der Eingaben im Straf- und U-Vollzug für den Berichtszeitraum 1988 vom 13. 1. 1989, S. 4, BLHA, Rep. 404/15.2/1727.
193 Berichterstattung über die Wirksamkeit der Arbeit mit den Eingaben 1987 im Organ Strafvollzug vom 24. 12. 1987, S. 1, BLHA, Rep. 404/15.2/1727. Mit der Bedeutung dieses Rechtes beschäftigte sich auch die Direktive 01/86-90 des Ministers des Innern und Chefs der Deutschen Volkspolizei.
194 Kontrollbericht StVE Brandenburg vom 7. 12. 1985, BLHA, Rep. 404/15.2/1727.

nur auf dem Papier.[195] Angesichts dieser rigiden Praxis im Umgang mit den Eingaben sah sich der Minister des Innern 1988 veranlasst, in der neuen Fassung der Dienstordnung vom August 1988 ausdrücklich festzuhalten: „Den Strafgefangenen dürfen auf Grund ihrer Eingabe keine Nachteile entstehen."[196] Wie weiter oben gezeigt werden konnte, war auch dies nur eine inhaltsleere Vorschrift.

Und doch muss im Vergleich etwa zu den fünfziger Jahren festgestellt werden, dass immerhin diese Möglichkeiten der Beschwerdeführung rechtlich existierten und in einzelnen, wenn auch wenigen Fällen zum Erfolg führten. Dabei erwies es sich als wirkungsvoll, wenn politische Gefangene das SV-Personal an die Erfassungsstelle in Salzgitter erinnerten, in der die Rechtsverstöße dokumentiert wurden.[197]

Disziplinarstrafen

Mit dem Strafvollzugsgesetz waren, wie bereits erwähnt, auch die Disziplinarstrafen neu geregelt worden. Als Disziplinarmaßnahmen galten:
- Ausspruch einer Missbilligung
- Verwarnung durch eine Aussprache mit Androhung einer strengeren Disziplinarmaßnahme,
- Einschränkung oder Entzug von Vergünstigungen,
- Einschränkung des Verfügungssatzes für den monatlichen Einkauf
- Arrest.[198]

Unter „Entzug von Vergünstigungen" fielen wie bisher u. a. der Paket- und Besuchsempfang. Damit wurde die ganze Fragwürdigkeit der fixierten Rechte offenbar, die mehr den Anschein von Wohltätigkeit als von verbrieften Rechten hatten. Darüber hinaus konnten ebenso der Besuch von Fernseh- und Kinoveranstaltungen oder die sportliche Betätigung aufgrund angeblichen Fehlverhaltens untersagt werden.

In Brandenburg war es üblich, so genannte Kollektivstrafen auszusprechen, d. h. für die Verfehlung Einzelner wurde die gesamte Zellenbelegung verantwortlich gemacht und dementsprechend bestraft. In einem informellen Bericht an die Operativgruppe des MfS hieß es dazu: „Auch die Kollektivbestrafungen, welche in der VA II vorgenommen werden, bringen Unruhe unter den Gefangenen und erzeugen Widerstand. So wird z. B. ein ganzer VR [Verwahrraum, L. A.] für 4 Wochen von Fernsehen und Kino gestrichen, weil ein oder zwei Strafgefangene mit kleinen Hanteln dort Sport

---

195 Mängel und Mißstände in der StVE Brandenburg vom 2. 4. 1982, BStU, MfS-HA IX, 12060, Bl. 97–102.
196 Vgl. Teilausgabe der Ordnung Nr. 0107/77 des Ministers des Innern und Chefs der Deutschen Volkspolizei über die Durchführung des Vollzuges der Strafen mit Freiheitsentzug – Strafvollzugsordnung – vom 7. April 1977 – In der Fassung von 30. August 1988, Abschnitt 3.3. Eingaben, Bl. 32. BLHA, Rep. 404/913.
197 Das ergaben die Befragungen von Raschka, Zwischen Überwachung und Repression, S. 121.
198 § 32 SVG.

getrieben haben. Oder ein ganzer VR bekommt Fernsehsperre für eine Woche, weil ein Gefangener morgens sein Bett nicht gebaut hat, obwohl Bett und Schrankfach mit Namen versehen sind und es für Oltn. König doch ersichtlich sein müsste, wer die Ordnung nicht eingehalten hat. Diese Form der Kollektivbestrafungen wird, soweit mir bekannt ist, aber von allen Erziehern angewandt. Ebenso wird für geringe Vergehen Einkaufssperre von zwei bis sechs Monaten verhängt."[199]

Diese Strafe war ganz offensichtlich rechtswidrig, denn nach der 1. Durchführungsbestimmung zum SVG durften Beschränkungen im Einkauf sowie der Entzug von Vergünstigungen nur bis zu einem Zeitraum von vier Monaten ausgesprochen werden.[200] Die als „Erziehungsmaßnahme" gedachten Kollektivbestrafungen, die im Übrigen auch außerhalb des Strafvollzuges in den staatlichen Erziehungseinrichtungen angewandt wurden, führten zu Spannungen unter den Gefangenen und steigerten die aggressive Stimmung. Nicht selten fanden nach Ausspruch einer Disziplinarstrafe gewalttätige Auseinandersetzungen zwischen den Häftlingen statt. Genau darin bestand aber wohl die Absicht des Strafvollzugspersonals, die Gefangenen aufeinander zu hetzen, um auf diese Weise den Kollektivdruck zu erhöhen. Gleichzeitig lieferten die Auseinandersetzungen einen Vorwand, um gegen einzelne Strafgefangene gezielt vorgehen zu können und sie einer weiteren Bestrafung zu unterziehen.

Eine häufig ausgesprochene Disziplinarmaßnahme war in Brandenburg immer noch die Arreststrafe, für deren Vollzug 32 Zellen in der Haftanstalt zur Verfügung standen. Dafür existierten laut Durchführungsbestimmung zum SVG neue Regelungen, die jedoch von der Leitung der Strafvollzugseinrichtung zunächst ignoriert wurden, wie eine Kontrolle der Verwaltung Strafvollzug im Jahre 1979 ergab. So hatte sich am harten Nachtlager bisher nichts geändert, denn statt Holzliegen existierten weiterhin Betonsockel. Zudem erhielten die Häftlinge keine Aufleger, sondern insgesamt nur drei Decken, die häufig auf zwei reduziert würden. Die Fenster in den Arrestzellen seien zum Teil entzwei und würden nicht zügig repariert. Die Arrestfähigkeit würde meist nicht durch den Arzt, sondern lediglich durch einen medizinischen Assistenten bestätigt. Zudem finde keine Aussprache mit dem Gefangenen nach einer Woche über den Anlass seines Verstoßes statt. Auch erhalte der Häftling keine Tageszeitung während des Arrestes, die ihm aber zustände. Moniert wurde ebenfalls, dass bei fast allen Arreststrafen die Höchstgrenze von 21 Tagen ausgesprochen worden war, wohingegen jetzt stärker zu differenzieren sei. Auch würden keine Protokolle über den Vorgang, der zur Arreststrafe führte, angefertigt.[201]

---

199 Mängel und Mißstände in der StVE Brandenburg vom 2. 4. 1982, BStU, MfS-HA IX, 12060, Bl. 99 f.
200 § 40 der 1. DB zu § 32 SVG.
201 Information über eine Kontrolle der Arrestdurchführung in der StVE Brandenburg vom 20. 6. 1979, S. 1 f., BLHA, Rep. 404/15.2/1701.

Der Arresttrakt
Quelle: Bildarchiv ND

Brandenburg bestätigte erneut seinen Ruf als gnadenlos harte Strafvollzugseinrichtung. Obgleich in den achtziger Jahren die Vorgaben für den Arrest schließlich umgesetzt wurden, blieb auch weiterhin die Arreststrafe eine häufig angewandte Disziplinarmaßnahme, bei der die Strafgefangenen in der Absonderung dem SV-Personal ausgeliefert waren. Immer wieder bemängelte die obere Vollzugsbehörde die zu häufige Anwendung der Arreststrafe in Brandenburg. So wurde z. B. 1981 die Strafe Einzelarrest 511-mal verhängt. Auch wenn sie auf 21 Tage gesetzlich begrenzt war, bediente sich das leitende SV-Personal häufig des Tricks, mit einer Unterbrechung von einigen Tagen erneut Arreststrafe zu verhängen.[202]

Als weitere Disziplinarmaßnahme galt die Einzelhaft, d. h. die Absonderung von anderen Strafgefangenen, die aus so genannten Sicherheitsgründen (§ 33 SVG) vorgenommen wurde. Diese Gründe lagen laut SVG dann vor, wenn ein Häftling zu Tätlichkeiten neigte, er sich selbst bedrohte oder einen Fluchtversuch unternahm sowie die „Sicherheit" – ein sehr dehnbarer Begriff – gefährdete. Diese Maßnahme sollte

---

[202] Bericht über die durchgeführte Kontrolle der Arbeitsgruppe Strafvollzug in der StVE Brandenburg vom 2. 6.–10. 6. 1982, BLHA, Rep. 404/15.2/1713, Anhang 3.

zeitlich begrenzt sein, sie war nicht identisch mit dem Arrest. Auch die Unterbringung hatte nicht in den Arrestzellen zu erfolgen. Laut Gesetz sollte diese Strafe nur in Ausnahmefällen verhängt werden. In der Strafvollzugseinrichtung Brandenburg war die Einzelhaft allerdings gängige Praxis. Nicht nur bei gewalttätigen Auseinandersetzungen zwischen den Gefangenen untereinander, sondern auch wegen nichtiger Anlässe, z. B. einer abfälligen Bemerkung gegenüber dem Aufseher oder bei Arbeitsverweigerung verbunden mit „feindlich-negativen" Äußerungen, bei Auffinden verbotener Gegenstände usw. drohte die Bestrafung durch Einzelhaft. Diese Maßnahme war in Brandenburg zeitlich nicht begrenzt, sondern unterlag der Willkür des leitenden SV-Personals.[203]

Bei den Sicherungsmaßnahmen war in Ausnahmefällen die Anwendung „unmittelbaren Zwanges" erlaubt, die im Gesetz – vermutlich in Anbetracht einer negativen Wirkung in der Öffentlichkeit – nicht eindeutig definiert war, sondern sich in der Dienstordnung fand. In der Praxis gehörte dazu: die Anwendung des Schlagstocks, das Anlegen von Fesseln an Händen und Füßen bzw. das Anlegen der Führungskette, das Anlegen der Fesselungsjacke oder auch der Einsatz von Diensthunden.[204] Diese Maßnahmen wurden in Brandenburg nicht gerade selten angewandt.[205] Die SV-Bediensteten rechtfertigten sie oftmals damit, dass sie von den Gefangenen bedroht worden seien, was aber häufig nicht zutraf.[206]

**

Obwohl das Strafvollzugsgesetz Rechtssicherheit gewährleisten sollte, sah die Wirklichkeit anders aus. Auch wenn sich die materiellen Haftbedingungen im Vergleich zu den 50er- und 60er-Jahren verbessert hatten und einige Lockerungen im Alltag eingetreten waren, so wurde der Strafvollzug in Brandenburg von den politischen Gefangenen als äußerst hart empfunden. Denn inzwischen hatte sich das allgemeine Lebensniveau in der Gesellschaft weiterentwickelt, und naturgemäß verglichen die Häftlinge ihre Haftsituation mit ihren bisherigen Lebensbedingungen und nicht mit denen früherer Zeiten.

Die Zustände im Strafvollzug wirkten oft derart frustrierend auf die politischen Gefangenen, dass einige von ihnen, die ursprünglich nicht die Absicht hatten, die DDR zu verlassen, durch die Erfahrungen während der Haft einen Ausreiseantrag stellten. Aufschluss darüber gibt z. B. eine Eingabe des Bruders des Häftlings Gunnar H. an das ZK der SED. Gunnar H. war im Zusammenhang mit der Ausbürgerung

---

203 Wurde ein Strafgefangener von vornherein als Sicherheitsrisiko eingeschätzt, kam er in Einzelhaft, wie in dem angeführten Fall des politischen Gefangenen Joseph Kneifel, siehe Abschnitt 6.
204 Ordnung Nr. 0107/77 des Ministers des Innern, Strafvollzugsordnung vom 7. 4. 1977 in der Fassung vom 30. 8. 1988, Bl. 29. Diese Ordnung bestätigte erneut die allgemeine Praxis.
205 Vgl. Bericht über die durchgeführte Kontrolle der Arbeitsgruppe Strafvollzug in der StVE Brandenburg vom 2. 6.–10. 6. 1982, BLHA, Rep. 404/15.2/1713, Anhang 1.
206 Vgl. dazu auch Kapitel IV.

Wolf Biermanns, gegen die er protestiert hatte, verhaftet und zu zwei Jahren Freiheitsentzug verurteilt worden, die er in der Strafvollzugseinrichtung Brandenburg verbüßen musste. Zum Zeitpunkt seiner Festnahme war er 17 Jahre alt. Vermutlich infolge der mit der Verhaftung verbundenen Aufregungen starb sein Vater an einem Herzinfarkt. Gunnar H. durfte nicht an der Beerdigung teilnehmen. Eine diesbezügliche Eingabe wurde abschlägig beschieden. In der Strafvollzugseinrichtung Brandenburg erlebte er dann katastrophale Haftbedingungen. Wochenlang saß er in Einzelhaft. Derart zermürbt, stellte er im Strafvollzug einen Ausreiseantrag.[207] Er sah darin die einzige Chance, diesen Bedingungen zu entkommen, da er sich nach den Erfahrungen während der Haft kein sinnvolles Leben in der DDR mehr vorstellen konnte.

Gunnar H. war kein Einzelfall. Es kostete die Gefangenen sehr viel Kraft, die Haftbedingungen mit der Aussicht zu ertragen, nach der Entlassung ein „normales" Leben in der DDR zu führen. Auch einige der „prominenten" politischen Häftlinge und Oppositionellen konnten sich mit dieser Vorstellung nicht arrangieren und übersiedelten – oft zur Enttäuschung ihrer politischen Anhänger – aus der Haft in die Bundesrepublik.

Andere Gefangene waren durch die harten Haftbedingungen derart verzweifelt, dass sie keinen anderen Ausweg als den Suizid sahen. Jedes Jahr wurden mehrere Fälle von Selbstmordversuchen registriert, davon nicht wenige mit tragischem Ausgang. 1978, in einem Jahr mit besonders vielen Suizidversuchen in der Strafvollzugseinrichtung Brandenburg, wurden allein acht Fälle an die Verwaltung Strafvollzug gemeldet, von denen die Hälfte einen tödlichen Ausgang genommen hatte.[208] Im Jahr 1981 gab es vier Suizidversuche, einer davon mit tödlichem Ende.[209] Ob tatsächlich alle Selbsttötungsversuche an die oberste Dienststelle gemeldet wurden, ist zweifelhaft, da die Leitung der Strafvollzugseinrichtung nähere Untersuchungen meist vermied. Ihr war nicht daran gelegen, diese Fälle offen zu legen.[210] Auch wenn viele politische Häftlinge mit einer vorzeitigen Haftentlassung durch Freikauf rechneten, so konnte doch ein einschneidendes Erlebnis eine Kurzschlussreaktion auslösen, das dann zu einem Suizidversuch führte.

207 Eingabe von U. H. vom 24. 6. 1978, ZK der SED, Abt. Sicherheitsfragen, SAPMO-BArch, DY 30/IV B2/12/211, Bl. 221 f. Die Eingabe endet mit der Bitte um vorzeitige Haftentlassung seines Bruders.
208 Vorkommnisse Strafgefangene 1972–1983, BArchB, DO 1/3680. Die gemeldeten Vorkommnisse hat die Verf. in Hinblick auf die Strafvollzugseinrichtung Brandenburg durchgesehen und zusammengestellt.
209 Besondere Vorkommnisse 1981, BArchB, DO 1/3682. Wie viele politische Gefangene darunter waren, geht nicht hervor.
210 Dabei geschahen Suizidversuche nicht nur als Verzweiflungstaten, sondern auch aus politischem Protest, um auf die unmenschliche Behandlung aufmerksam zu machen. Zu Suizidversuchen politischer Gefangener vgl. Udo Grashoff, Selbsttötungen in der DDR und das Wirken des Ministeriums für Staatssicherheit, hrsg. v. d. Landesbeauftragten für die Unterlagen des Staatssicherheitsdienstes der ehemaligen DDR in Sachsen-Anhalt, Reihe „Sachbeiträge". Teil 35, Magdeburg 2004, insbes. S. 57–97.

6. Politischer Widerstand in der Strafvollzugseinrichtung Brandenburg

Die Strafgefangenen, die einen Ausreiseantrag gestellt hatten, verbargen in der Regel ihre politische Überzeugung nicht. Gleichwohl passten sie sich im Allgemeinen den Gegebenheiten des Strafvollzugs an und verhielten sich möglichst unauffällig. Sie traten „weder im Verwahr- noch im Produktionsbereich durch besondere Aktivitäten in Erscheinung", wie ein Bericht festhielt.[211] In Erwartung eines baldigen Freikaufs durch die Bundesrepublik entwickelten sie eine entsprechende Überlebensstrategie, um die Haftzeit möglichst unbeschadet zu überstehen. Ihre Dissidenz bestand u. a. in Form der Arbeitszurückhaltung, der Nichterfüllung der Arbeitsnormen bis zu einer Grenze, die von der Leitung der Strafvollzugseinrichtung gerade noch toleriert wurde.

Einige politische Häftlinge gingen jedoch einen Schritt weiter und waren nicht bereit, sich bedingungslos den Anforderungen des Strafvollzugs zu unterwerfen, zumal sie sich als zu Unrecht verurteilt wussten.[212] Sie verweigerten deshalb die Gefangenenarbeit generell, da sie für diesen Staat keine Hand rühren wollten. Ab 1976 wiesen die Arbeitsverweigerungen eine steigende Tendenz auf. Zu einem großen Teil wurden sie von Gefangenen, die wegen „staatsfeindlicher Handlungen" verurteilt worden waren, begangen.[213] Auch nach Einführung des neuen Strafvollzugsgesetzes stand diese „Aufsässigkeit" unter Strafe. Im September 1978 z. B. verweigerten 40 Strafgefangene die Arbeitsaufnahme, 19 von ihnen aus politischen Gründen. Folgende Disziplinarmaßnahmen kamen daraufhin zur Anwendung: Die Häftlinge wurden isoliert; die Zellen unterlagen ständiger Kontrolle; die Teilnahme an kulturellen und sportlichen Veranstaltungen wurde untersagt; es gab keine Genehmigung für den Erhalt eines Paketes; Besuch durfte nur in der Kabine und ohne Übergabe eines Geschenks erfolgen; die Raucherlaubnis wurde entzogen; die Erzieher behielten die Mittel für den Eigenverbrauch aus der letzten monatlichen Arbeitsvergütung ein und verfügten bis auf weiteres eine Einkaufssperre; die Nahrungsaufnahme hatte in den Zellen und nicht in den Speisesälen zu erfolgen; die Freistunde musste getrennt von den anderen Gefangenen durchgeführt werden.[214] Nach

211 Information der Bezirksbehörde der Deutschen Volkspolizei Potsdam vom 9. 9. 1985, S. 2, BLHA, Rep. 404/15.2/1713.
212 Vgl. zu den verschiedenen Widerstandsformen auch Tobias Wunschik, Selbstbehauptung und politischer Protest von Gefangenen im DDR-Strafvollzug, in: Neubert/Eisenfeld, Macht – Ohnmacht – Gegenmacht. Grundfragen zur politischen Gegnerschaft in der DDR, Bremen 2001, S. 267–292.
213 Abschlußbericht zum Kontrollgruppeneinsatz der Politischen Abteilung in der StVE Brandenburg vom 14. 4. 1977, BLHA, Rep. 404/15.2/184, Bl. 42. Kam es im Jahr 1976 zu fast 200 Arbeitsverweigerungen, so waren es bereits im I. Quartal 1977 88. Unabhängig davon wurde noch eine Kategorie „Arbeitsbummelei" geführt. Vgl. Anlage 4: Information über Arbeitsverweigerung und Arbeitsbummelei.
214 Bericht über den Stand der Arbeitsverweigerungen von Strafgefangenen sowie Methoden ihrer Zurückdrängung vom 4. 1. 1979, S. 1 f., BLHA, Rep. 404/15.2/1701.

einiger Zeit meldeten sich 21 Gefangene wieder zur Arbeit. Allerdings verweigerten auch noch bis zum 31. Dezember – dem Berichtszeitraum – 27 Häftlinge die Aufnahme der Arbeit.[215]

Angesichts solch harter Disziplinarmaßnahmen gehörte ein ausgeprägter Wille dazu, Widerstand gegen den Zwang, für diesen Staat arbeiten zu müssen, zu leisten. Erfolgte die Arbeitsverweigerung besonders demonstrativ, wurde nicht selten eine mehrmalige Arreststrafe ausgesprochen. Die Mehrzahl der politischen Häftlinge bevorzugte daher die Arbeitszurückhaltung, die weniger auffällig war und deren politische Motivation kaum nachgewiesen werden konnte.

Immer wieder gab es aber auch Versuche, politische Forderungen für eine begrenzte Öffentlichkeit zu formulieren und zu verbreiten. So stellten z. B. zwei Strafgefangene 1977 insgesamt 850 Flugblätter her und verteilten sie unter den Häftlingen. Darauf stand: „Sklaven! Sabotiert oder legt die Arbeit nieder". Das MfS konnte die beiden Verantwortlichen identifizieren und leitete ein Ermittlungsverfahren nach § 106 (staatsfeindliche Hetze) ein.

Die Herstellung bzw. Verbreitung „selbstgefertigter Hetzschriften" nahm ein immer größeres Ausmaß an, wie das MfS besorgt feststellte. Mehrmals sei zudem versucht worden, Nachrichten in die BRD zu schleusen.[216] So hatten z. B. politische Gefangene einen als „Manifest" bezeichneten Aufruf mit der Überschrift „Aktion 78" verfasst, der als Kassiber aus der Strafvollzugseinrichtung geschmuggelt und schließlich in westdeutschen Medien, u. a. in der „Deutschen Wochenzeitung" und der „Welt", veröffentlicht wurde. Darin informierten sie über die Zustände im Zuchthaus Brandenburg und forderten eine Verbesserung der Haftbedingungen sowie die Anerkennung des Status als politische Gefangene.[217] Diese Form des Protestes versuchten politische Häftlinge während der gesamten Existenz der DDR wiederholt zu nutzen, um die westdeutsche Öffentlichkeit über ihre Situation zu unterrichten und die Zustände in der Haft anzuklagen. Das MfS konzentrierte mithin seine ganze Aufmerksamkeit auf die Verhinderung der zahlreichen Versuche der Informationsübermittlung.

Im Mai 1977 registrierte das MfS weiterhin, dass insgesamt neun Strafgefangene an ihren Zellenfenstern (der Verwahrräume 82 und 83 der VA I) Bettlaken mit der Aufschrift „Einigkeit, Recht und Freiheit" sowie „UNO-Menschenrechte – Wir fordern unsere Ausweisung in die BR-Deutschland" befestigt hatten. Gleichzeitig verbarrikadierten sie ihre Zellen mit Bettgestellen und Schränken, damit die Aktion nicht so rasch unterbunden werden konnte. Damit wollten sie die Bearbeitung ihrer Ausreise

---

215 Ebenda, S. 2.
216 HA VII, Abt. 8: Auskunftsbericht über die Lage und Situation in der Strafvollzugseinrichtung Brandenburg vom 10. 6. 1978, BStU, ASt. Potsdam, Abt. VII, 706, Bl. 109 f.
217 Vgl. Die Welt vom 15. 9. 1978; Deutsche Wochenzeitung vom 26. 1. 1979. Diese Veröffentlichungen wurden vom MfS akribisch gesammelt, vgl. u. a. BStU, MfS, ZAIG, 8873.

beschleunigen und gegen die Haftbedingungen protestieren. Der Leiter der StVE reagierte sofort und ließ vom Innenhof einen starken Wasserstrahl auf die Zellen richten. Daraufhin gaben die Gefangenen auf; sie wurden voneinander isoliert und in Einzelhaft genommen. Das MfS plante aufgrund dieses Vorfalls, die inoffizielle Arbeit unter den Arbeitsverweigerern zu verstärken und entsprechende Zersetzungsmaßnahmen einzuleiten.[218]

Zu den herausragenden „besonderen Vorkommnissen" dieser Zeit gehörte auch die illegale Herstellung der Zeitung „Brandenburger Hammer". Der Autor der Zeitung war ein Journalist, der im April 1977 wegen staatsfeindlicher Hetze und versuchten ungesetzlichen Grenzübertritts zu vier Jahren und sechs Monaten Freiheitsentzug verurteilt worden war. In akribischer Arbeit fertigte er in Brandenburg die Zeitung im Format des SED-Zentralorgans „Neues Deutschland". Mit dem Slogan „Häftlinge aller Länder vereinigt euch!" wollte die Zeitung eine Analogie zu dem sozialistischen Appell, der die Titelseite des ND zierte („Proletarier aller Länder vereinigt euch"), herstellen und diesen persiflieren. Unter der Überschrift: „Agitieren, einschüchtern, ablenken" wurde ein ZK-Plenum kolportiert und mit bissigen Kommentaren versehen. Auf satirische Weise bezog die Zeitung Stellung zu dem 1977 erlassenen Strafvollzugsgesetz sowie zum gleichzeitig verabschiedeten Strafrechtsergänzungsgesetz. Im „außenpolitischen Teil" beschäftigte sie sich mit den Unruhen in Polen. Weiterhin enthielt sie ein fiktives Interview mit dem Leiter der Strafvollzugseinrichtung Brandenburg. In erdachten Leserbriefen kamen Strafgefangene zu Wort. Unter der Überschrift „Halboffizielles" wurden Glossen über Politiker wie Breschnew, Castro, Hermann Axen u. a. verfasst. Gespickt war die Zeitung mit Fotos aus dem ND, versehen mit satirischen Untertiteln. Sie war insgesamt anspruchsvoll gestaltet, mit klaren „feindlich-negativen" Aussagen. Als vermeintliche Redakteure wurden im Impressum angeführt: Egon Erwin Kisch, Erich Mühsam, Carl von Ossietzky, Alexander Solschenizyn, Kurt Tucholsky und Mark Twain.[219] Mit der Bekanntgabe des nächsten, fiktiven Erscheinungstermins, nämlich dem 17. Juni, stellt sie sich auch in die Traditionslinie des Volksaufstandes.

Unterstützt wurde der inhaftierte Journalist bei der Herstellung der Zeitung von einem weiteren Häftling. Gemeinsam fertigten sie 57 handschriftliche Exemplare und verbreiteten diese, was unter den gegebenen Bedingungen eine herausragende Leistung war. Bei dem Versuch, ein Exemplar aus der Haftanstalt zu schmuggeln, flog die Angelegenheit jedoch auf. Es folgten zahlreiche Verhöre durch die Staatssicherheit, in denen der Herausgeber der Zeitung sich absolut standhaft und auch selbstbewusst

---

218 Bericht über ein besonderes Vorkommnis mit Strafgefangenen der StVE Brandenburg am 4. 5. 1977, vom 5. 5. 1977, BStU, ASt. Potsdam, HA VII/1386, Bl. 506 ff.
219 Der Brandenburger Hammer 1 (1977), Nr. 2 vom 28. 5. 1977; BStU, ASt. Potsdam, AU 307/78, Bl. 149–152.

Mitte der 70er- bis Ende der 80er-Jahre

verhielt, keine Namen preisgab und jegliche Beteiligung anderer Strafgefangner bestritt.[220] In dem Schlussbericht hieß es: „Die an der versuchten Ausschleusung der Hetzschrift beteiligten Personen konnten, da X hierzu die Aussage verweigert, nicht ermittelt werden."[221] Gegen ihn und seinen Mitstreiter wurde ein Ermittlungsverfahren eingeleitet, woraufhin das Gericht ihn zu neun Jahren (!) und seinen Mithäftling zu fünf Jahren Freiheitsentzug verurteilte.[222]

Die Herstellung einer Gefängniszeitung war einmalig in Brandenburg. Widerständiges Verhalten wie die Verbreitung von Flugblättern, das Verfassen von „Hetzlosungen", die Beschriftung von Bettlaken mit Forderungen usw. war jedoch keine Einzelerscheinung, sondern beschäftigte immer wieder die Sicherheitsorgane in der Strafvollzugseinrichtung. Davon künden auch die meldepflichtigen „besonderen Vorkommnisse". Allein 1977 und 1978 wurden je sechs Fälle von Hetze an die VSV gemeldet. Dazu gehörte auch die Anbringung einer „Hetzlosung" in der Größe von zwei Metern.[223] Im Jahr 1979 hatte ein Häftling ein Flugblatt im DIN A 4-Format verfasst, von dem er im Durchpausverfahren 17 Kopien herstellte. Auf diesem war u. a. zu lesen: „Maßhalten, Maulhalten, Durchhalten – und das schon 30 Jahre! Misstrauen und Angst sind die Früchte 30jähriger SED-Politik! Keine Ruhe für die Diktatur der SED, reih' Dich ein, kämpfe für ein einiges Deutschland! Havemann, Heym, wer soll der nächste sein? [...]"[224] Es gelang dem Häftling sogar, einige Exemplare dieses Flugblatts aus der Strafvollzugseinrichtung herauszuschmuggeln.

Im Jahr 1980 wurden weitere derartige Vorkommnisse registriert. Häftlinge brachten eine „Hetzlosung" an einem Güterwagen an, der im AEB des Reichsbahnausbesserungswerks repariert wurde; in einem anderen Fall befestigten Gefangene Flugblätter an den Seitenplanken eines LKW, der die Strafvollzugseinrichtung verließ.[225] 1981 meldete die StVE Brandenburg weitere vier Fälle von „Hetze", bei denen es sich durchweg um Flugblätter handelte. In einem anderen Fall waren es sogar 57 Flugblätter mit unterschiedlichem Inhalt, die ein Häftling in seinem Kopfkissen verborgen hatte.[226] 1983 unternahmen sechs Strafgefangene eine Flugblattaktion und versuchten einen Brief aus der Haftanstalt zu schmuggeln, in dem das Verhalten von leitenden

---

220 Vgl. Vernehmungsprotokolle, BStU, ASt. Potsdam, AU 307/78, Bl. 26–43.
221 Schlußbericht der Bezirksverwaltung für Staatssicherheit Potsdam, Untersuchungsabteilung vom 28. 11. 1977, BStU, ASt. Potsdam, AU 307/78, Bl. 154. Der Name des Journalisten ist hier durch X ersetzt.
222 Sie mussten diese Strafe allerdings nicht absitzen, sondern wurden, nachdem sie in den Hungerstreik getreten waren, in den Westen abgeschoben. BStU, ZA, HA VII/8, ZMA 543/79.
223 Besondere Vorkommnisse, durchgesehen nach StVE Brandenburg, BArchB, DO 1/3680. Diese Losung ist allerdings nicht näher bezeichnet.
224 Vgl. BStU, MfS, ZA, HA VII/8, ZMA 374/79.
225 Besondere Vorkommnisse, durchgesehen nach StVE Brandenburg, BArchB, DO 1/3681.
226 Besondere Vorkommnisse, BArchB, DO 1/3682.

Offiziere der StVE angeprangert wurde.²²⁷ 1984 fanden sich an verschiedenen Stellen im Arbeitsbereich Elmo Flugschriften, in denen zum aktiven Widerstand aufgerufen wurde.²²⁸ 1988 verfassten zwei Gefangene 138 Flugblätter mit „staatsverleumderischem Inhalt" und warfen sie aus ihrer Zelle auf den Freistundenhof.²²⁹

Wurden die Verfasser der Flugschriften bzw. die Beteiligten an diesen Aktionen aufgespürt, so mussten sie mit einem Verfahren wegen staatsfeindlicher Hetze rechnen. Die Staatssicherheit zog dabei das Verfahren an sich. Es gehörte deshalb viel Mut dazu, in dieser Weise Widerstand zu üben, zumal das SV-Personal recht brutal mit den Betroffenen umging. Die Beispiele zeigen, dass auch in den 70er- und 80er-Jahren der Widerstand von Gefangenen im Strafvollzug nicht aufgehört hatte zu existieren.

Welch drastische Strafen immer noch denjenigen drohen konnten, die im Strafvollzug offen gegen das System aufbegehrten, soll am Beispiel des Gefangenen Josef Kneifel belegt werden. Kneifel war zu lebenslanger Haft verurteilt worden, weil er am 9. März 1980 in Karl-Marx-Stadt als Protest gegen die sowjetische Aggression in Afghanistan einen Sprengstoffanschlag auf das sowjetische Panzermonument verübt hatte. Nach seiner Verurteilung überstellte man ihn am 16. März 1981 in die Strafvollzugseinrichtung Brandenburg.

Da er als „besonders gefährlicher Straftäter" eingestuft wurde, kam er sofort in eine Einzelzelle, in der er vorerst für drei Monate verbleiben sollte. Die Zelle war ungeheizt. Da er als Schwerverbrecher kriminalisiert wurde, protestierte er und verlangte die Anerkennung als politischer Häftling sowie die Aufhebung der Einzelunterbringung. Statt sich als „Strafgefangener Kneifel" zu melden, lautete seine Standardmeldung: „Politischer Gefangener des Kommunismus Kneifel meldet sich."²³⁰ Er versuchte, Kontakt zu anderen politischen Häftlingen aufzunehmen, woraufhin er in die Vollzugsabteilung IV verlegt wurde. Dort trat er am 27. März 1981 aus Protest in den Hungerstreik, die einzige Möglichkeit des Widerstandes, die ihm blieb. Am 31. März wurde er in die Krankenhausabteilung eingeliefert und gewaltsam künstlich ernährt.

Kneifel wurde ständig bearbeitet, seinen Widerstand aufzugeben und sich zu fügen. Er aber blieb bei seiner Haltung. Er wollte als politischer Häftling anerkannt und mit eben solchen zusammengelegt werden. Des Weiteren forderte er die Möglichkeit des Einkaufs und den Empfang von Besuch unter normalen Bedingungen u nd nicht in der Kabine. Sodann wollte er die Aushändigung seiner Aufzeichnungen erreichen, die ihm abgenommen worden waren.²³¹ Sein Hungerstreik dauerte insgesamt 1 1/2 Jahre.

---

227 Besondere Vorkommnisse, BArchB, DO 1/3683.
228 Besondere Vorkommnisse, BArchB, DO 1/3684.
229 Besondere Vorkommnisse, BArchB, DO 1/3686.
230 Vgl. Müller, „Jeder kriminelle Mörder ist mir lieber ...", S. 109.
231 Bericht über ärztliche Befunde und Maßnahmen betreffend SG Kneifel, Josef, vom 29. 5. 1981, BLHA, Rep. 404/15.2/1710.

Schließlich musste er ins Haftkrankenhaus Meusdorf verlegt werden. Doch das Martyrium hatte kein Ende. Im Februar 1984 kam er in die Strafvollzugseinrichtung Bautzen I, in der man ihn während seiner Haftverbüßung brutal folterte.[232] Erst im Sommer 1987 wurde er nach einer Intervention des Landesbischofs Hempel beim Staatsratsvorsitzenden Honecker sowie zahlreicher bundesdeutscher Behörden begnadigt und in den Westen abgeschoben.[233] Er leidet noch heute unter den Folgen der Torturen, die er während der Haft erlitten hatte.

Im Vergleich zu den 50er-Jahren wurden viele Widerstandsaktionen in der Strafvollzugseinrichtung Brandenburg einzeln verübt, es existierten in der Regel keine Netzwerke unter den Gefangenen.[234] Der kollektive Widerstand sollte jedoch in ganz neuer Dimension im Jahre 1989 wiederaufleben.[235]

7. Die Überbelegung der Haftanstalt in den achtziger Jahren

Ende der siebziger Jahre waren die Haftanstalten in der DDR erneut überfüllt.[236] Die Verhaftungen hatten derart zugenommen, dass in der Strafvollzugseinrichtung Brandenburg im August 1978 eine Untersuchungshaftabteilung eingerichtet werden musste, da im gesamten Bezirk Potsdam keine Kapazitäten mehr zur Verfügung standen. Sie konnte erst Ende Januar 1979 wieder aufgelöst werden. Mit einer Zahl von 2843 Gefangenen lag Brandenburg 1979 wieder weit über der Kapazitätsgrenze. Die Amnestie vom 6. Dezember 1979 brachte jedoch nur kurzfristig eine Entlastung, da sie nur 510 Gefangene betraf.[237] Einen Straferlass erhielten auch zahlreiche politische Häftlinge, die jedoch in die DDR entlassen werden sollten. Deshalb weigerten sich

---

232 Vgl. den Bericht von Josef Kneifel in: Rüdiger Knechtel (Hrsg.), Stalins DDR. Berichte politisch Verfolgter, Leipzig 1991, S. 94–125.
233 Ebenda, S. 124.
234 Gleichzeitig gingen die Widerstandsaktionen auch zahlenmäßig zurück, wie Wunschik einschätzt. Der Protest in der Haftanstalt sei zudem häufig auch durch die Stellung eines Ausreiseantrages zum Ausdruck gebracht worden. Vgl. Tobias Wunschik, Selbstbehauptung und politischer Protest von Gefangenen im DDR-Strafvollzug, in: Neubert/Eisenfeld (Hrsg.), Macht – Ohnmacht – Gegenmacht, S. 291 f.
235 Vgl. dazu den Abschnitt 12 dieses Kapitels.
236 In Brandenburg-Görden saßen 1978 insgesamt 2465 Strafgefangene ein. Davon waren 336 wegen Verbrechen gegen die DDR und 248 wegen Straftaten gegen die staatliche Ordnung verurteilt worden, d. h. ca. 20 Prozent waren politische Gefangene. HA VII, Abt. 8: Auskunftsbericht über die Entwicklung der Lage und Situation in der Strafvollzugseinrichtung Brandenburg vom 10. 6. 1978, BStU, ASt Potsdam, Abt. VII, 706, Bl. 119 f.
237 Abschlußbericht gemäß Anweisung Nr. 157/79 des Ministers des Innern und Chef der DVP vom 8. 12. 1979, S. 1, BLHA, Rep. 404/15.2/1707. Danach gab es noch einzelne Entlassungen aufgrund der Amnestie, die jedoch kein größeres Ausmaß annahmen.

einige von ihnen, die Amnestie in Anspruch zu nehmen. Mit 43 Strafgefangenen, die eine Wiedereingliederung ablehnten, wurden Aussprachen geführt, 14 weigerten sich weiterhin hartnäckig.[238] Insgesamt bedeutete die Amnestie für die politischen Häftlinge eine schwere Enttäuschung, hatten sie doch auf einen Freikauf in den Westen gehofft. Einige von ihnen lehnten es im Falle einer Wiedereingliederung ab, für den DDR-Staat zu arbeiten. Sie waren nur bereit, in einer kirchlichen Einrichtung zu arbeiten. In diesen Fällen wurden Maßnahmen des Zusammenwirkens mit dem MfS geprüft. Viele der amnestierten politischen Häftlinge bekräftigten in den Aussprachen, dass sie in jedem Fall ihr Ausreisebegehren weiter verfolgen würden.[239]

Entgegen den Erwartungen der Leitung der StVE Brandenburg stieg die Belegung der Anstalt wieder rasch an. Im Juli 1981 erreichte sie bereits die Zahl von 3126 Gefangenen. Erneut waren in allen Vollzugsabteilungen die Verwahrräume mit bis zu sieben Personen extrem überbelegt. In Spitzenzeiten brach sogar die Wasserversorgung zusammen. Die hygienischen Bedingungen waren z. T. katastrophal.[240] Weiter zugenommen hatte die Zahl der mehrfach vorbestraften sowie zur Brutalität neigenden Häftlinge. Mit einem Anteil von ca. 15 Prozent waren die politischen Gefangenen im Zuchthaus Brandenburg deutlich in der Minderheit.[241]

Im Frühjahr 1982 lag die Belegung mit 3179 Gefangenen 20 Prozent über der Kapazitätsgrenze.[242] Ein Grund dafür war die Einweisung von Häftlingen, bei denen die Ermittlungsverfahren von der Staatssicherheit geführt worden waren und die ein Strafmaß unter fünf Jahren erhalten hatten. Die Zahl der Verurteilungen hatte in der DDR derart zugenommen, dass auch in den anderen Haftanstalten der Platz knapp wurde und sogar „Kurzstrafer" in den „Schwerverbrecherknast" Brandenburg eingewiesen wurden. Angesichts der dramatischen Belegungssituation wurde im Frühjahr 1982 diese Anordnung wieder rückgängig gemacht.[243]

Über die Zusammensetzung des Gefangenenbestandes gibt die folgende Auflistung der StVE Brandenburg vom 31. 12. 1981 Auskunft:[244]

---

238 Zwischeneinschätzung Amnestie vom 3. 12. 1979, S. 2, BLHA, Rep. 404/15.2/1707.
239 Ebenda.
240 Einschätzung der Einhaltung der Grundordnung in der StVE Brandenburg vom 23. 7. 1981, S. 1 f., BLHA, Rep. 404/15.2/1713.
241 BDVP Potsdam, Abt. Strafvollzug: Schlußfolgerungen des Leiters der Abteilung Strafvollzug zur Berichterstattung vom 14. 6. 1983, Statistik nach dem Stand vom 31. 12. 1981, S. 2, BLHA, Rep. 404/15.2/1725.
242 BDVP Potsdam: Vorlage für die Dienstbesprechung des Chefs mit der Leitung der BDVP vom 15. 4. 1982, S. 3, BLHA, Rep. 404/15.2/1706.
243 Vorlage zur Dienstbesprechung des Chefs mit der Leitung der BDVP vom 15. 4. 1982, S. 3, ebenda.
244 Statistik nach dem Stand vom 31. 12. 1981, S. 2 f., BLHA, Rep. 404/15.2/1725.

Häftlinge insgesamt:	3033	
Straftatbestände	Häftlinge	
	absolut	Prozent
Verbrechen gegen die Souveränität der DDR, gegen den Frieden und die Menschlichkeit:	24	0,8
Verbrechen gegen die DDR	170	5,6
Straftaten gegen die Persönlichkeit	1308	43,1
Straftaten gegen die Jugend und Familie	165	5,4
Straftaten gegen das sozialistische Eigentum und gegen die Volkswirtschaft	669	23,0
Straftaten gegen das persönliche und private Eigentum	189	6,3
Straftaten gegen die allgemeine Sicherheit	141	4,6
Straftaten gegen die staatliche Ordnung	353	11,6
Militärstraftaten	17	0,6

Die Tabelle zeigt die Dominanz der kriminellen Straftäter. Ein differenzierteres Bild über die politischen Gefangenen ergibt die Straftatenauswahl. Damit kann jedoch kein Gesamtbild politischer Gefangenschaft gezeichnet werden, da die Statistik der StVE Brandenburg einerseits nicht alle politischen Straftaten erfasste, andererseits z. B. der Tatbestand „Widerstand gegen staatliche Maßnahmen" nicht unbedingt ein politisch motivierter sein musste. Dennoch gibt die folgende Auflistung einen gewissen Überblick.

Straftatenauswahl	Häftlinge
Spionage	57
Staatsfeindliche Verbindungen	42
Diversion und Spionage	18
staatsfeindlicher Menschenhandel	3
staatsfeindliche Hetze	25
Widerstand gegen staatliche Maßnahmen	42
ungesetzlicher Grenzübertritt	160
Staatsverleumdung	15

Wie bereits mehrfach erwähnt, verbargen sich hinter den Straftaten „staatsfeindliche Hetze", „staatsfeindliche Verbindungen", „Spionage" sowie „Widerstand gegen staatliche Maßnahmen" zu einem großen Teil Verurteilungen wegen Ausreisebegehrens. Insgesamt kann damit von 400 bis 500 politischen Gefangenen Ende 1981 (ca. 15 Prozent) ausgegangen werden.

Demgegenüber befanden sich zur gleichen Zeit im Zuchthaus Brandenburg 893 Häftlinge, die wegen Mord- und Totschlags, und 179, die wegen Raub- und Erpressung verurteilt worden waren, sowie 207 Sexualstraftäter und 62 wegen sexuellen Missbrauchs Verurteilte.[245] Von den insgesamt 3033 Gefangenen verbüßten 452 Häftlinge eine Freiheitsstrafe von über 10 Jahren und 321 eine lebenslängliche Strafe. Von den Gefangenen waren 52 Prozent vorbestraft, davon die Mehrzahl bereits mehrmals.[246] Dies macht die psychosoziale Situation deutlich, in der sich die politischen Gefangenen befanden.

Immer wieder wurde während der Zeit der hohen Überbelegung die Frage der Sicherheit und Ordnung thematisiert, die unter diesen Zuständen zu leiden drohe. Das SV-Personal hatte das Gefühl, die Gefangenen nicht „im Griff" zu haben. Kontrollen ergaben, dass die Häftlinge einen regen Handel mit Tabletten mit narkotisierender Wirkung betrieben. Auch alkoholische Substanzen kursierten – wie schon in den Jahren zuvor – in der Strafvollzugseinrichtung. Im Oktober 1982 wurden z. B. bei einer Kontrolle 990 Liter alkoholhaltige Mischungen aufgefunden. Diese Substanzen befanden sich vor allem in den Arbeitseinsatzbereichen des Burger Holzverarbeitungs- und des Burger Bekleidungswerkes.[247] Die „Getränke" wurden entweder aus den dort vorhandenen Lösungsmitteln gebraut oder mit Brot und Zucker angesetzt und gegoren. Gleichzeitig gab es einen schwungvollen Handel mit kleinen Rundfunkempfängern, den Transis. Dafür wurden von den Strafgefangenen je nach Qualität zwischen 40 und 80 Mark bezahlt, also mindestens einen „Monatslohn". Bei Kontrollen der Verwahrräume wurden diese zu Hunderten gefunden.[248] Weiterhin beförderte die Kontrolle Kopfhörer für die Transistoren, Batterien und anderes Zubehör zu Tage.

Bei diesen Geschäften spielten die Zivilangestellten der Arbeitseinsatzbetriebe eine wichtige Rolle. 1980 waren z. B. 380 Zivilpersonen ständig bzw. zeitweilig in diesen Betrieben tätig. Dabei handelte es sich nach Einschätzung des MfS nicht unbedingt um „zuverlässige" Personen, da sie sich häufig kumpelhaft gegenüber den Gefangenen benähmen und sich gegenseitig materielle Vergünstigungen verschafften. So ließen sie sich Privatarbeiten von den Gefangenen ausführen, die dafür im Gegenzug Tabakwaren, Spirituosen, Batterien und andere begehrte Gegenstände erhielten. Auch nähmen sie Kassiber von Häftlingen entgegen und leiteten diese weiter. Das MfS bemängelte daher, dass die Zivilangestellten nicht in ausreichendem Maße überprüft worden seien.[249]

Diese Kritik des MfS bildete jedoch nicht den Hintergrund für die 1982 erfolgte Ablösung des langjährigen Leiters der Strafvollzugseinrichtung, Oberst des SV Acker-

---

245 Ebenda, S. 2.
246 Ebenda, S. 3.
247 Lageeinschätzung für den Monat Oktober 1982 vom 10. 11. 1982, S. 5, BLHA, Rep. 404/15.2/764.
248 Bericht über die Kontrollergebnisse ... vom 26. 3. 1984, BStU, MfS, Arbeitsbereich Neiber/501, Bl. 35.
249 Abt. VII/5: Auskunftsbericht StVE Brandenburg vom 15. 4. 1980, BStU, ASt. Potsdam, Abt. VII, 706, Bl. 134.

mann. Auch die unter seiner Direktion zu verantwortenden Rechtsverstöße, die Willkür und die Übergriffe auf Häftlinge waren kein Grund für seine Absetzung. Vielmehr lag die Ursache in der persönlichen Bereicherung und den Unterschlagungen, die nun ein Ausmaß angenommen hatten, dass sie nicht mehr vertuscht werden konnten. Erst jetzt bemerkte man, dass Ackermann seine dienstlichen Geschäfte stark vernachlässigte. Politisch galt er ansonsten als zuverlässiger Kader. Im Auskunftsbericht der Staatssicherheit heißt es über ihn: „Es besteht bei Oberst Ackermann kein Zweifel, dass er mit der Arbeiterklasse fest verbunden ist."[250] Da aber seine strafbaren Handlungen gemäß § 165 (Missbrauch einer Vertrauensstellung zum Zwecke des Rechtsverstoßes und Verursachung eines wirtschaftlichen Schadens) zunehmend unter den Angehörigen der StVE und „breiten Kreisen der Bevölkerung zu Diskussionen" Anlass gaben, d. h. öffentlich wurden, kam man nicht umhin, sich mit seinen Machenschaften genauer zu befassen. Konkret ging es um den Bau und die Einrichtung seines Einfamilienhauses, dass mit illegal abgezweigten Geldern der Arbeitseinsatzbetriebe sowie der Strafvollzugseinrichtung finanziert wurde. Auch zur Führung eines luxuriösen Lebensstils hatte er umfangreiche Manipulationen von Konten der Strafvollzugseinrichtung vorgenommen. Immerhin kamen auf diese Weise auch zehn leitende Offiziere in den Genuss von Einfamilienhäusern.[251]

Um seine „Versorgung" aufzubessern, zweigte Ackermann Gelder, die dem Unterhalt der Gefangenen dienen sollten, für seine persönlichen Zwecke ab. Diese Summen deklarierte er z. B. als Prämien für Häftlinge, die diese nie erhalten hatten. Das Gleiche geschah mit angeblichen Verpflegungsbeuteln für die Gefangenen, um nur einige Beispiele zu nennen.[252] Obwohl es sich eindeutig um kriminelle Machenschaften handelte, musste Ackermann sich nicht strafrechtlich verantworten. Er wurde lediglich „aus rechtspolitischen Gründen"[253] in den Ruhestand versetzt. Dem Ministerium des Innern und dem MfS ging es vor allem darum, ein größeres Aufsehen und damit „politischen Schaden" zu vermeiden. Ein Anstaltsleiter als Strafgefangener wäre wohl zu kompromittierend gewesen.

---

250 HA VII: Auskunftsbericht, Fritz Ackermann, vom 16. 10. 1981, BStU, MfS, Arbeitsbereich Neiber, 501, Bl. 141.

251 HA VII: Information über bedeutende wirtschaftliche Schädigungen in Höhe von 15 bis 20 Mio. Mark durch umfangreiche finanzielle Manipulationen unter maßgeblicher Beteiligung leitender Offiziere der StVE Brandenburg vom 16. 10. 1981, BStU, MfS, Arbeitsbereich Neiber, 501, Bl. 136–140. Vgl. dazu ausführlich: Wunschik, Die Haftanstalt Brandenburg-Görden unter der Leitung von Fritz Ackerman, S. 37 ff.

252 Auskunftsbericht Fritz Ackermann vom 16. 10. 1981, BStU, MfS, Arbeitsbereich Neiber, 501, Bl. 142.

253 HA VII, Bericht über die Kontrollergebnisse zum Stand und der Wirksamkeit der Durchsetzung der Befehle und Weisungen des Ministers für Staatssicherheit zur allseitigen Gewährleistung der staatlichen Sicherheit sowie der Ordnung und Sicherheit in der StVE Brandenburg, BStU, MfS, Arbeitsbereich Neiber/501, Bl. 15. Damit wurde auch der Operative Vorgang „Rentner", hinter dem sich die Person Fitz Ackermann verbarg, eingestellt.

Mit Wirkung vom 1. August 1982 wurde als neuer Leiter der Strafvollzugseinrichtung der Oberst des SV Papenfuß eingesetzt, der nun den Fragen der Sicherheit und Ordnung wieder mehr Aufmerksamkeit widmen sollte. Papenfuß ging sogleich daran, die Postentürme aufzustocken, die Umwehrungsmauer stärker zu sichern, den Hundebestand, der Fluchtversuche verhindern sollte, zu vergrößern sowie die Posten zweckmäßiger einzusetzen, um nur einige Sicherheitsmaßnahmen zu nennen, die der bisherige Leiter Ackermann, wie das MfS monierte, vernachlässigt hatte. Entscheidend aber war, dass sich Papenfuß um eine vorbildliche Zusammenarbeit mit dem MfS bemühte.[254] Dies war für die Staatssicherheit insofern hilfreich, als sie die Ausreiseproblematik auch im Strafvollzug nicht in den Griff bekam.

Von den 1983 in Brandenburg einsitzenden 2702 Strafgefangenen hatten 182 Personen einen „widerrechtlichen Antrag auf Übersiedlung" gestellt. Das waren nach MfS-Angaben ca. sechs Prozent der Inhaftierten.[255]

Der Freikauf hatte sich inzwischen zu einem einträglichen Geschäft für die DDR entwickelt.

Im Jahr 1963 fanden die ersten Geheimverhandlungen zwischen der Bundesregierung und der SED-Führung über den Freikauf von Häftlingen aus der DDR statt, die zunächst acht politischen Gefangenen die Freiheit brachten. Der Betrag wurde noch in bar bezahlt.[256] Inzwischen war Professionalität in das Geschäft eingekehrt. Die Zahlungsabwicklung erfolgte bis zum Ende der DDR über das Diakonische Werk der evangelischen Kirche in der Bundesrepublik und die staatliche Handelsgesellschaft der DDR „Intrac" in Form des Warenhandels, also der Bestellung bestimmter Güter.[257] 1964 konnten bereits 880 politische Häftlinge aus der DDR freigekauft werden, 1965 waren es 1160. Danach sank die Zahl, bis sie 1971 mit 1400 Häftlingen wieder einen Höhepunkt erreichte. Ab 1974 waren die Zahlen schwankend, lagen aber immer – bis auf 1979 – über 1000 Häftlingen pro Jahr.[258] 1985 gab es erneut einen Höhepunkt von 2671 Freigekauften. 1986 reduzierte sich die Zahl auf 1600 und bis zum 30. Juni 1989 weiter auf etwas über Tausend Häftlinge pro Jahr.[259]

254 Vgl. dazu Tobias Wunschik, „Überall wird der Stalinismus beseitigt, nur in unserer Dienststelle nicht!" Das autokratische Regime des Leiters der Haftanstalt Brandenburg-Görden Fritz Ackermann, in: Heiner Timmermann, Die DDR – Analysen eines aufgegebenen Staates, Berlin 2001, S. 333–340.
255 Abt. VII, Vorlage zur Leitungssitzung in der Abteilung – Oktober 1983 vom 10. 10. 1983, BStU, ASt. Potsdam, Abt. VII, 702, Bl. 83.
256 Vgl. Rehlinger, Freikauf, S. 33.
257 Vgl. ebenda, S. 49–52.
258 Genaue Zahlenangaben siehe Finn/Fricke, Politischer Strafvollzug in der DDR, S. 122, sowie bei Werkentin, Politische Strafjustiz in der Ära Ulbricht, S. 378. Der Einschnitt 1979 hängt mit der vom Staatsrat der DDR erlassenen Amnestie zusammen, wonach ein großer Teil der politischen Häftlinge mit Ausreisebegehren in die DDR entlassen wurde.
259 Vgl. Raschka, Justizpolitik, Tabelle 3, S. 283. Der hohe Anteil freigekaufter Häftlinge des Jahres 1985 war Folge der angestiegenen Verurteilungen von Ausreiseantragstellern im Jahr zuvor.

Zwischen 1964 und 1985 hatte die DDR aus dem so genannten Sondergeschäft B Einnahmen in Höhe von 2,5 Milliarden DM erzielt.[260] Die Zahl der zwischen 1963 und 1989 freigekauften Häftlinge belief sich auf insgesamt 33 755 Personen.[261] Diese Freikäufe bewirkten nicht nur eine Entlastung der Gefängnisse, sondern beeinflussten auch die Devisen- und Oppositionsbilanz, wie Werkentin zutreffend bemerkt.[262] Denn mit den Freikäufen entschwand auch das kritische Potenzial innerhalb der DDR-Gesellschaft. Das Entstehen einer Oppositionsbewegung im Land wurde verzögert und maßgeblich erschwert. Dies trug mit dazu bei, dass im Gegensatz zu einigen anderen Ländern des Ostblocks eine kontinuierliche Oppositionsarbeit erst sehr spät einsetzte, da die „kritischen Köpfe" die DDR verlassen hatten und weiter verließen (allerdings manche auch unfreiwillig). Die Oppositionsbewegung in der DDR erstarkte in dem Maße, wie ein immer größer werdender Teil selbstbewusst das Motto „Wir bleiben hier" dagegen setzte. Damit soll nicht unterstellt werden, dass die Entscheidung, die DDR zu verlassen, leichtfertig getroffen wurde. Bei vielen politischen Häftlingen wuchs oft erst durch die traumatisierenden Erlebnisse während der Haft in den Untersuchungsgefängnissen der Staatssicherheit oder im Strafvollzug der Entschluss zum Weggang aus der DDR. Während der Haft stellten sie dann Ausreiseanträge, um über den Freikauf in die Bundesrepublik zu gelangen. Keineswegs soll hier die Freikaufpraxis angegriffen werden, die für die Betroffenen den Leidensweg verkürzte. Dennoch trug der Freikauf objektiv mit dazu bei, dass eine Oppositionsbewegung sich erst relativ spät in der DDR herausbilden konnte.

Auch aus der Strafvollzugseinrichtung Brandenburg wurde ein großer Teil von ausreisewilligen politischen Häftlingen von der Bundesrepublik freigekauft. Ab 1977 zeigt sich folgende Entwicklung der „Entlassungen auf Sonderdokument":

Jahr	Strafgefangene
1977	157
1978	172
1979	240
1980	40
1981	145
1982	216
1983	50
1984	129
1985	159

260 Werkentin, Politische Strafjustiz in der Ära Ulbricht, S. 359.
261 Rehlinger, Freikauf, S. 247. Das Geschäft aus dem Freikauf sowie den 250 000 Familienzusammenführungen erbrachte laut Rehlinger für die DDR-Führung einen Wert von insgesamt 3,5 Milliarden DM. Ebenda.
262 Werkentin, Politische Strafjustiz in der Ära Ulbricht, S. 359.

Für 1986 vermerkte der Mitarbeiter der Staatssicherheit mit Kugelschreiber eine Zahl von 51 und für 1987 eine Zahl von 44 Strafgefangenen; vermutlich war damit aber nicht die Gesamtzahl erfasst.[263]

Demnach wurden von 1977 bis zum 31. 12. 1985 insgesamt 1271 Häftlinge aus der Strafvollzugseinrichtung Brandenburg von der Bundesrepublik freigekauft (für die übrige Zeit konnten keine gesicherten Angaben erbracht werden). Dabei handelte es sich jedoch nicht um die Gesamtheit der Antragsteller, denn deren Zahl lag weit höher. Wie bereits erwähnt, gab es 1983 182 Strafgefangene mit einem so genannten Übersiedlungsersuchen, aber nur 50 konnten in diesem Jahr ausreisen, 1985 waren es 250 Antragsteller,[264] von denen immerhin 159 freigekauft wurden. Von den 250 Antragstellern hatten 142 ihr Ersuchen erst während der Inhaftierung gestellt, 70 davon in Brandenburg.[265] Dies kann als Beleg dafür gelten, dass die Erfahrungen während der Haft zum entscheidenden Auslöser für den Übersiedlungswunsch wurden.

Dabei ist jedoch zu berücksichtigen, dass es auch immer einzelne kriminelle Strafgefangene gab, die einen solchen Antrag verfassten. Sie hofften, in der Bundesrepublik einen Neuanfang beginnen zu können und bessere Lebensbedingungen vorzufinden. Obwohl die zuständigen Stellen in der Bundesrepublik die Antragsteller im Vorfeld der Freikaufaktionen zu überprüfen versuchten, konnten sie nicht verhindern, dass insbesondere bei Abschiebungen (z. B. im Rahmen von Amnestien) die DDR auf diese Personen gerne verzichtete und einzelne kriminelle Straftäter in den Westen gelangten. Nach Einschätzung der zuständigen Stellen waren diese Fälle aber in der Minderzahl. In den achtziger Jahren sei jeder politische Häftling im Vorhinein auf eine eventuelle kriminelle Vergangenheit überprüft worden.[266] Auf keinen Fall sollte in diesem sensiblen Bereich ein Fehler unterlaufen. Auf die Abschiebeaktionen der DDR dagegen hatte die Bundesrepublik jedoch keinen Einfluss, denn sie waren nicht Bestandteil des Freikaufs.[267]

Entgegen früherer Praxis wurden die Anträge auf Ausreise in den achtziger Jahren ordnungsgemäß bearbeitet. Allerdings verhinderte man weitere Schriftwechsel, in denen der Gefangene z. B. seinen Antrag gegenüber den staatlichen Behörden bekräftigte oder der mit der Vertretung beauftragte DDR-Rechtsanwalt Dr. Vogel um Unterstützung gebeten wurde. Die Aktivitäten dieser Strafgefangenen beobachtete das MfS genau und ergriff entsprechende „operative Maßnahmen".[268] Zudem sollten

---

263 Sicherungskonzeption für die Organisation der politisch-operativen Abwehrarbeit in der StVE Brandenburg vom 22. 1. 1986, BStU, ASt. Potsdam, Abt. VII, 702, Bl. 11.
264 Information der Bezirksbehörde der Deutschen Volkspolizei Potsdam vom 9. 9. 1985, S. 1, BLHA, Rep. 404/15.2/1713.
265 Somit hatten 10 Prozent der Strafgefangenen in der StVE Brandenburg einen Ausreiseantrag gestellt. Vgl. ebenda.
266 So die Aussage des mit dem Freikauf befassten Ludwig A. Rehlinger; ders., Freikauf, S. 112.
267 Ebenda, S. 113.
268 Information der Bezirksbehörde der Deutschen Volkspolizei Potsdam vom 9. 9. 1985, S. 3, BLHA, Rep. 404/15.2/1713. Vgl. dazu Abschnitt 11.

mit allen Gefangenen, die ein Ausreisersuchen gestellt hatten, Aussprachen geführt werden, um sie zur Rücknahme des Antrages zu bewegen. Über deren Ergebnisse war die Operativgruppe des MfS in der Strafvollzugseinrichtung zu informieren. Allerdings wurde immer wieder bemängelt, dass die Erzieher diese Gespräche meist nur formal führten und eine intensive individuelle Arbeit mit den Ausreisewilligen kaum stattfinde.[269] Da der Freikauf zur gängigen Praxis geworden war, verwendete das SV-Personal nun keine außerordentlichen Anstrengungen und „Umerziehungsmaßnahmen" mehr, um die „Ausweiser", wie sie im SV-Jargon hießen, zur Rücknahme ihres Antrages zu bewegen.

Zu welchem Zeitpunkt und ob überhaupt die Gefangenen mit Ausreiseantrag in den Westen gelangten, blieb völlig unbestimmt. Dafür existierten keine Regeln, nach denen sich die Häftlinge hätten richten können. Im Allgemeinen musste zumindest die Hälfte der Freiheitsstrafe verbüßt sein, ehe sie auf Transport in die StVE in Karl-Marx-Stadt gelangten und von dort nach Erledigung sämtlicher Formalitäten mit dem Bus in das Aufnahmelager nach Gießen befördert wurden. Eine abschreckende Wirkung sollte der Strafvollzug auf jeden Fall erzielen und im Sinne des Wortes als Strafe verstanden werden.

Nach dem Höchststand in der Belegung der Strafvollzugseinrichtung im Jahr 1982 mit über 3000 Häftlingen ging die Zahl nur allmählich zurück. Ende 1985 befanden sich 2533 Gefangene in Brandenburg-Görden. Damit lag die Zahl knapp über der Kapazitätsgrenze von 2500 Haftplätzen.[270] Als der Staatsrat im Juli 1987 eine Amnestie verkündete, hatte sich daran nichts geändert. Insofern lässt sich auch aus der Perspektive der StVE Brandenburg die eingangs getroffene Feststellung, die Amnestie stehe im Zusammenhang mit dem Besuch Erich Honeckers in der Bundsrepublik, bestätigen, da keine außergewöhnliche Überfüllung herrschte. In dem Text, der vor allen Strafgefangenen verlesen wurde, hieß es zwar: „Diese Maßnahme ordnet sich in die Würdigung des Staatsjubiläums unserer Republik ein und ist Ausdruck der Stärke und des Humanismus unserer sozialistischen Gesellschaftsordnung."[271] Dass diese Maßnahme jedoch bereits um Juli verkündet wurde, obwohl das Jubiläum sich erst im Oktober jährte, war ungewöhnlich und durchsichtig.

---

269 Vgl. z. B. Kontrollbericht der BDVP Potsdam vom 16. 12. 1988, BLHA, Rep. 404/15.2/1713.
270 Von den 2533 Strafgefangenen Ende 1985 waren 91 wegen Verbrechen gegen die DDR, insbesondere §§ 97, 99, 100, 101, 106 StGB und 143 wegen Straftaten gegen die staatliche Ordnung, insbesondere §§ 213, 215, 219, 236, 237 StGB verurteilt worden. Dabei handelte es sich auch um Gefangene mit kürzeren Freiheitsstrafen, die seit 1984 wieder verstärkt nach Brandenburg-Görden eingeliefert wurden. Vgl. BV Potsdam, Abt. VII: Sicherungskonzeption für die Organisation der politisch-operativen Abwehrarbeit in der StVE Brandenburg vom 22. 1. 1986, BStU, ASt. Potsdam, Abt. VII, 702, Bl. 10.
271 Text zur Bekanntgabe der Amnestie, BLHA, Rep. 404/15.2/1708.

Bis zum 10. Dezember 1987 wurden insgesamt 1410 Gefangene aus der Strafvollzugseinrichtung Brandenburg entlassen. Davon kamen 156 in andere Hafteinrichtungen, u. a. zwecks Ausreise aus der DDR.[272] Angesichts der umfassenden Amnestie, die die Strafvollzugseinrichtungen fast vollständig leerte – der Gefangenenbestand lag im Dezember 1987 in der DDR nur noch bei 1710 Personen [273] –, wies die StVE Brandenburg mit 966 Gefangenen einen außerordentlich hohen Bestand auf.[274] Über die Hälfte aller Strafgefangenen der DDR befand sich demzufolge im Zuchthaus Brandenburg. Dabei handelte es sich im Wesentlichen um Häftlinge, die wegen Mordes oder anderer schwerer Gewaltverbrechen zu lebenslänglichen bzw. langjährigen Freiheitsstrafen verurteilt worden waren. In Brandenburg kam es dadurch zu einer Konzentration von Gewalttätern, „von denen besondere Gefahren und Störungen ausgehen".[275] Die Leitung der Haftanstalt ergriff zahlreiche Maßnahmen, um diese Situation zu bewältigen: Man reduzierte die Personenzahl in den Zellen, führte Aussprachen mit den Gefangenen, zog Psychologen zu Rate und intensivierte die Überwachung durch das MfS und die Arbeitsgruppe der Kriminalpolizei in der StVE (K I/4).[276] Die Entlassungsaktion stellte die Strafvollzugseinrichtung auch in Hinblick auf die materielle Unterhaltung und Versorgung vor einige Probleme, da viele qualifizierte Häftlinge, darunter zwei Ärzte, entlassen worden waren. Für die neu eingewiesenen politischen Häftlinge im Jahr 1988 stellte diese Konzentration von Gewalttätern eine außerordentliche Bedrohung und psychische Belastung dar.

Die Zeit des geringeren Gefangenenbestandes sollte nun dazu genutzt werden, in Umsetzung einer Anordnung der Verwaltung Strafvollzug in Berlin eine Vollzugsabteilung „entsprechend den Anforderungen unserer Zeit" zu reformieren. Das bedeutete im Einzelnen, dass die Belegung der Zellen nur noch mit maximal acht Gefangenen erfolgen sollte. Dabei galt ein Raumnormativ vom 3,8 m² Grundfläche pro Person. Zudem war eine Trennung von Verwahr- und Aufenthaltsbereich vorzunehmen. Auch sollten die Zellen mit einer Notrufanlage ausgestattet, „niveauvolle" Mehrzweckräume geschaffen und die Heißwasseraufbereitung sowie die sanitären Bedingungen verbessert werden.[277]

---

272 Chef der BDVP Potsdam, Abschlußbericht zur Amnestie vom 8. 12. 1987, S. 2, BLHA, Rep. 404/15.2/1708.
273 Raschka, Justizpolitik, S. 241. Nach der Statistik des MdI betrug die Gefangenenzahl per 20. 1. 1988 2542 Personen, einen Monat zuvor noch 1662. Vgl. Gefangenenstatistik vom 20. 1. 1988, BArchB, DO 1/3709.
274 Abschlußbericht zur Amnestie vom 8. 12. 1987, BLHA, S. 3, Rep. 404/15.2/1708.
275 Diskussionsbeitrag zur Dienstbesprechung des Leiters der Verwaltung Strafvollzug am 18. 1. 1988, S. 4, BLHA, Rep. 404/15.2/1724.
276 Ebenda, S. 5 f.
277 Vgl. Komplexe Lageeinschätzung für das 1. Halbjahr 1988 vom 13. 7. 1988, S. 11, BLHA, Rep. 404/15.2/459.

Eine weitere Neuerung bestand in der Ausrichtung der „Aufnahmekommission", die ein „Aufnahmeverfahren" für den eintreffenden Häftling durchzuführen hatte, um den „Integrationsprozeß der Strafgefangenen in den Vollzugsprozeß effektiver zu gestalten". Dieser Kommission gehörte der Stellvertreter für Vollzug als deren Leiter, der SV-Psychologe, der Leiter der Aufnahmeabteilung, der künftige Vollzugsabteilungsleiter und Erzieher, der Leiter des künftigen Arbeitseinsatzbetriebes, eine „Genosse der Arbeitsrichtung KI/4 und Operativgruppe des MfS" sowie ein Mitarbeiter des Medizinischen Dienstes an. Durch dieses Verfahren – so der Anspruch – sei der Strafgefangene nicht mehr Objekt, sondern Subjekt. Er könne sich selbst äußern, wodurch seine Persönlichkeit bei Entscheidungsfindungen, wie z. B. beim Arbeitseinsatz, besser berücksichtigt werden könnte.[278] Angesichts der bis dahin herrschenden Willkür, der Missachtung des Willens und der Erniedrigung der Häftlinge stellte dies tatsächlich eine Neuerung dar. Zugleich saßen jedoch die Vertreter der Sicherheitsorgane wie selbstverständlich mit am Tisch, insgeheim wohl kalkulierend, für welchen Auftrag der Gefangene ein geeigneter Kandidat wäre. Neu war daran auch, dass das MfS nicht im Verborgenen blieb, sondern sich offiziell gegenüber dem SV-Personal präsentierte.

Die Verwaltung Strafvollzug in Berlin setzte nun offenbar in Reaktion auf die Entwicklungen im Land, die zunehmende Unzufriedenheit der Bevölkerung mit den Verhältnissen in der DDR, auf Veränderungen im Strafvollzug. Erneut wurde die Einhaltung der Gesetzlichkeit beschworen und das SV-Personal ermahnt, die Rechte der Gefangenen stärker zu berücksichtigen. Nunmehr sollte ein „bürgernaher Arbeitsstil" durchgesetzt werden, der im höflichen Umgang mit den Häftlingen und deren Angehörigen bestand. Verbesserungen wurden auch bei den materiellen Bedingungen, wie z. B. beim Warenangebot für den Einkauf, der Verpflegung und der Zellenausstattung angemahnt. Die Wunschvorstellung war, dass die erneut straffällig gewordenen Gefangenen jetzt einen „ganz anderen Vollzug vorfinden" würden. Zudem dürfe kein Häftling von vornherein als Feind abgestempelt werden, sondern es müsse versucht werden, auf ihn differenziert und erzieherisch einzuwirken.[279] Dies war speziell in Hinblick auf die Antragsteller formuliert worden, auf die sich fortan die ganze Aufmerksamkeit konzentrierte, um schließlich die Rücknahme ihres Ausreisebegehrens zu erreichen.

Die Ausreisewilligen wurden zu einem nicht mehr beherrschbaren Problem für die DDR. Sie füllten zunehmend die Haftanstalten, auch die in Brandenburg. Neben dem Anstieg krimineller Rückfalltäter wuchs seit der Amnestie kontinuierlich auch

---

278 Ebenda, S. 9.
279 Niederschrift der Dienstbesprechung des Leiters der VSV am 13./14. 6. 1988 vom 22. 6. 1988, S. 6, BLHA, Rep. 404/15.2/1724.

die Zahl der wegen ungesetzlichen Grenzübertritts Verurteilten.[280] Ende 1988 war die Strafvollzugseinrichtung wieder mit 1800 Gefangenen belegt.[281] Die Verhaftungen hatten ein solches Ausmaß erreicht, dass in Brandenburg-Görden ab 1. April 1988 erneut eine Untersuchungshaftabteilung mit 40 Haftplätzen eingerichtet wurde.[282]

Den Schwerpunkt der „politisch-operativen Abwehrarbeit" des MfS bildeten daher diejenigen Strafgefangenen, „die aufgrund ihrer feindlichen Einstellung gegen die sozialistische Staats- und Gesellschaftsordnung in der DDR als Entweicher, Terrorist, Ersucher auf Übersiedlung in Erscheinung treten".[283] Die im Oktober 1988 registrierten 164 Antragsteller auf Übersiedlung, die in der Mehrzahl „offen gegen unseren Staat" auftraten, wurden deshalb genauestens vom MfS beobachtet. Denn sie „störten" die Sicherheit und Ordnung, indem sie Flugblätter mit „hetzerischem Inhalt" verfassten, Verbindungen zu „feindlichen Stellen" aufnehmen wollten, die Arbeit niederlegten und Nahrung verweigerten sowie schriftliche Informationen aus der StVE schleusen wollten.[284]

Die besondere Aufmerksamkeit des MfS erfuhr die Gruppe der seit Ende der 80er-Jahre in der Strafvollzugseinrichtung Brandenburg einsitzenden Skinheads. Die 17 Skinheads, die 1988 in der StVE inhaftiert waren, traten nach Beobachtung des MfS durch Angriffe gegen die „Funktionalorgane" der Strafgefangenen (gemeint sind die Funktionshäftlinge), durch Bedrohung körperlich Schwächerer und durch Beschimpfung anderer Gefangener mit faschistischen und rassistischen Herabwürdigungen in Erscheinung.[285] Nachdem man den Anfängen einer Skinhead-Bewegung zunächst relativ tatenlos zugesehen hatte, da sich sämtliche Energien auf die linke Opposition konzentrierten, erkannte die SED-Führung die neue Gefahr, die das Image der DDR als antifaschistischer Staat arg beschädigen konnte. Jetzt ging man auch strafrechtlich gegen Angehörige der rechten Szene vor, von denen ein großer Teil in die „sichere" Strafvollzugseinrichtung Brandenburg eingewiesen wurde.

Da die Skinheads sehr provozierend auftraten und eine Bedrohung für andere Strafgefangene darstellten, erließ der Leiter der Haftanstalt am 31. Januar 1989 eine spezielle Anweisung zur „wirksamen operativen Sicherung von SG-Skinheads in der Strafvollzugseinrichtung Brandenburg".[286] Danach sollten sie möglichst isoliert so-

---

280 Zuarbeit zur periodisch-komplexen Lageeinschätzung für das Jahr 1988 vom 3. 1. 1989, S. 2, BLHA, Rep. 404/15.2/1712.
281 Vorlage zur Leitungssitzung in der Abteilung – Oktober 1988 vom 13. 10. 1988, BStU, ASt. Potsdam, Abt. VII, 702, Bl. 160.
282 Ende des Jahres 1988 wurde die Untersuchungshaftabteilung wieder aufgelöst. Vgl. Zuarbeit zur periodisch-komplexen Lageeinschätzung für das Jahr 1988 vom 3. 1. 1989, S. 2.
283 Abt. VII, OPG: Auskunftsbericht zur StVE Brandenburg vom 27. 4. 1988, BStU, ASt Potsdam, Abt. VII, 706, Bl. 23.
284 Vorlage zur Leitungssitzung in der Abteilung – Oktober 1988 vom 13. 10. 1988, BStU, ASt Potsdam, Abt. VII, 702, Bl. 162.
285 Ebenda, Bl. 163.
286 Vgl. Anweisung Nr. 02/89, BStU, ASt. Potsdam, Abt. VII, 703, Bd. 3, Bl. 698 ff.

wie in den Arbeitseinsatzbereichen dezentralisiert werden und einer ständigen Kontrolle in Abstimmung mit dem MfS unterliegen. Diese Maßnahmen waren offenbar relativ wirkungslos, denn ein Jahr später berichtete das MfS, dass die 15 Skinheads in Brandenburg weiterhin auffällig seien. Hinzu kämen noch die „Störung des Arbeits- und Vollzugsprozesses durch Langsamarbeitsbewegung" sowie praktizierte „Karateübungen". Vom MfS wurden sie weiterhin zielgerichtet kontrolliert.[287]

Im September 1989 war Brandenburg-Görden wieder mit 2 280 Strafgefangenen belegt. Nach den neuen Normen war die Kapazitätsgrenze damit erneut überschritten.[288] Etwa 200 Häftlinge saßen aus politischen Gründen, über 1 000 Häftlinge wegen Straftaten gegen die Persönlichkeit ein.[289] An der Struktur der Strafvollzugseinrichtung hatte sich nichts geändert. Eine Veränderung gab es lediglich auf der Leitungsebene. Anfang 1988 hatte der Oberstleutnant des SV Udo Jahn die Leitung der Strafvollzugseinrichtung übernommen. Er stand den 110 Offizieren und 257 Wachtmeistern der Haftanstalt vor.[290]

Die Leitung der Strafvollzugseinrichtung arbeitete weiter an der „Vervollkommnung des Vollzugsprozesses", an der Gewährleistung der „Sicherheit durch die Erziehung der SG zu hoher Ordnung, Disziplin und Sauberkeit" sowie an der Qualifizierung ihres Kaderbestandes.[291] Die Wirklichkeit außerhalb der Anstaltsmauern blieb ausgeblendet. Nichts deutete auf die revolutionären Ereignisse hin, die auch auf die Strafvollzugseinrichtung übergreifen sollten.[292]

8. Der Produktionskomplex Strafvollzugseinrichtung

Die Strafvollzugseinrichtung Brandenburg dehnte sich zu einem riesigen Produktionskomplex mit durchschnittlich 2 500 gefangenen Arbeitskräften aus und war damit faktisch ein Großbetrieb. Die Investitionen auf dem Gelände gingen in den siebziger und achtziger Jahren weiter, fast alle Betriebe hatten ihre Produktionskapazitäten erweitert. Das Gelände wurde sukzessive ausgebaut und in unterschiedliche Sicherungsbereiche eingeteilt.[293]

---

287 Abt. VII/OPG: Vorlage zur Leitungssitzung in der Abteilung – September 1989 vom 11. 9. 1989, BStU, ASt. Potsdam, Abt. VII, 702, Bl. 190.
288 Ebenda, Bl. 187.
289 Berechnet nach Statistik in: ebenda.
290 Auskunftsbericht des Leiters der StVE Brandenburg vom 5. 9. 1989, S. 3, BLHA, Rep. 404/15.2/1713.
291 Vgl. ebenda, S. 1–20.
292 Vgl. dazu Abschnitt 8.
293 Ab 1974 führte z. B. die Ausdehnung des Produktionskomplexes des Reichsbahnausbesserungswerkes Potsdam zur Versetzung der Umwehrungsmauer der Haftanstalt. 1976/77 errichtete man einen Arbeitsbereich des VEB Betonwerks Brandenburg.

Die wichtigsten Betriebe waren 1980 das Elektromotorenwerk Wernigerode, der Holzverarbeitungsbetrieb Burg, der 30 Prozent der Küchenproduktion in der DDR deckte, das Burger Bekleidungswerk, das Bekleidungsartikel für die bewaffneten Organe der DDR herstellte, das IFA Getriebewerk Brandenburg, das Getriebe für den LKW W 50 produzierte, sowie das Stahl- und Walzwerk Brandenburg und das Reichsbahnausbesserungswerk Potsdam.[294]

Die Produktion wurde fast ausschließlich durch die Gefangenen selbst organisiert. Die Betriebsangehörigen der Arbeitseinsatzbetriebe waren im Wesentlichen für die Anleitung und Kontrolle der Arbeiten sowie die Materialbeschaffung zuständig. Dabei handelte es sich im Durchschnitt um 200 Betriebsangehörige, die ständig in den AEB der Strafvollzugseinrichtung eingesetzt waren. Für die Transporte des Materials von den Betrieben in die Anstalt und umgekehrt der Fertigprodukte verfügten ca. 600 Arbeitskräfte der AEB über einen Passagierschein und betraten sporadisch die Strafvollzugseinrichtung, allerdings nur bestimmte Bereiche.[295]

Die Einteilung der Arbeit sowie die Abrechnung der Plan- und Normerfüllung führten Strafgefangene in den entsprechenden Positionen durch. Die dafür eingesetzten kriminellen Häftlinge versuchten häufig, diese Führungsfunktionen zu ihrem eigenen Vorteil zu nutzen. Nicht selten kam es zu Manipulationen und Bereicherungen bei den Abrechnungen der Arbeit. Die Vergabe „besserer Arbeit" konnte u. U. „erkauft" werden. Schließlich entbrannte auch ein Kampf um die rechtmäßige Zuteilung von Sondervergünstigungen bei gesundheitsschädigender Arbeit, mit denen dann ein reger Handel getrieben wurde. Damit entstand eine unmittelbare Abhängigkeit der Gefangenen untereinander. Für die politischen Häftlinge stellten diese Abhängigkeitsbeziehungen eine Zumutung dar, mussten sie sich doch den kriminellen Straftätern unterordnen und sich von ihnen Zurechtweisungen, häufig auch Schikane gefallen lassen.[296]

Die Gefangenenarbeit war volkswirtschaftlich unverzichtbar geworden. Die Warenproduktion erreichte in Brandenburg 1977 einen Wert von 410 902 000 Mark.[297] In der DDR insgesamt erbrachten die in der Volkswirtschaft eingesetzten Strafgefangenen im Jahr 1978 eine jährliche Warenproduktion von 2 Milliarden Mark.[298] 1981

---

294 Auskunftsbericht StVE Brandenburg vom 14. 4. 1980, BStU, ASt. Potsdam, Abt. VII, 706, Bl. 131. Insgesamt befanden sich in Brandenburg 9 Arbeitseinsatzbetriebe. Vgl. Einschätzung der Einhaltung der Grundordnung in der StVE Brandenburg, BLHA, Rep. 404/15.2/1713.
295 BV Potsdam, Abt. VII, Sicherungskonzeption für die Organisation der politisch-operativen Abwehrarbeit in der StVE Brandenburg vom 22. 1. 1986, BStU, ASt. Potsdam, Abt. VII, 702, Bl. 6.
296 Sehr plastisch schildert diese Arbeitssituation Alexander Richter in seinem Buch Zuchthaus Brandenburg, Emsdetten 2002.
297 HA VII, Abt. 8: Auskunftsbericht über die Entwicklung der Lage und Situation in der Strafvollzugseinrichtung Brandenburg vom 10. 6. 1978, BStU, ASt Potsdam, Abt. VII, 706, Bl. 103.
298 HA VII, Information über die Entwicklung des Gefangenenbestandes im Strafvollzug der DDR vom 19. 5. 1975, BstU, ZA, HA VII, 1386, Bl. 451.

Mitte der 70er- bis Ende der 80er-Jahre

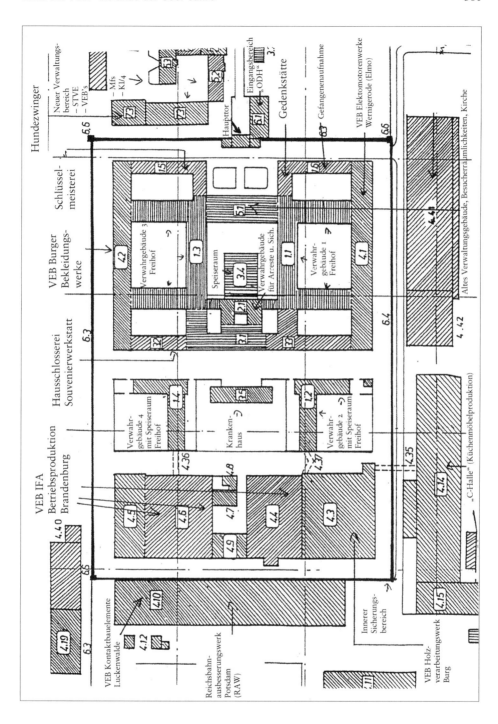

Lageplan der Strafvollzugseinrichtung mit Arbeitseinsatzbetrieben.
Quelle: StA Neuruppin, Az. 60/4 Js 16/193.

erhöhte sich der Wert in Brandenburg bereits auf 430 Millionen Mark (im Vergleich dazu betrug der Warenwert 1960 noch 51,4 Millionen Mark).[299] 1985 wurde schließlich ein Jahreswert von über 600 Millionen Mark erreicht,[300] der sich 1986 schließlich auf 729 Millionen Mark belief.[301] Die Produktion hatte einen enormen Aufschwung genommen. Diese Steigerung war auch deshalb möglich geworden, weil fast sämtliche Arbeitseinsatzbetriebe nach dem Schichtsystem arbeiteten. In den AEB des Burger Bekleidungswerkes, des Reichsbahnausbesserungswerkes Potsdam, des Stahl- und Walzwerks Brandenburg, des Holzverarbeitungswerkes Burg sowie des IFA-Getriebewerkes wurden die Häftlinge sogar im Dreischichtsystem beschäftigt.[302]

Nicht nur für die Betriebe, auch für die Strafvollzugseinrichtung war die Gefangenenarbeit ein einträgliches Geschäft. Im Jahr 1983 z. B. erhielt sie 46,2 Prozent der Nettobeträge aus dem Arbeitseinsatz der Gefangenen. Das waren fast 20 Millionen Mark.[303]

Die „Bezahlung" der Gefangenen stand demgegenüber nach wie vor in keinem Verhältnis zu den von ihnen produzierten Werten; sie partizipierten nicht von der Entwicklung. Nach dem neuen Strafvollzugsgesetz von 1977 betrug die Arbeitsvergütung von Gefangenen im Arbeitseinsatz „bei Erfüllung der Arbeitsnormen und anderen Kennzahlen der Arbeitsleistung 18 % [...] des Betrages, den Werktätige als Nettolohn für die gleiche Arbeit erhalten würden, zu der die Strafgefangenen eingesetzt sind".[304] Obwohl damit eine eindeutigere Regelung als bisher getroffen wurde, blieb diese trotzdem in der Formulierung schwammig, insbesondere in Hinblick auf die Arbeitsnormen, die ja häufig der Willkür im Strafvollzug unterlagen, sowie auf die der „anderen Kennzahlen". Demzufolge mussten die 18 Prozent nicht unbedingt erreicht werden. Eindeutig geregelt war jedoch, dass 82 Prozent des Nettolohnes an den Strafvollzug bzw. den Staat gingen. Von den 18 Prozent Arbeitsvergütung wurden wie bisher Rücklagen für den Häftling einbehalten, die sich z. B. im Falle des Freikaufs als völlig sinnlos erwiesen und die nun für eigentlich nicht benötigte Waren ausgegeben werden mussten. Über die genaue Höhe der Rücklage sollte bei der Aufnahme des Gefangenen in die Strafvollzugseinrichtung entschieden werden. Aus der Arbeits-

---

299 StVE Brandenburg: Darstellung der Entwicklung der Strafvollzugseinrichtung Brandenburg vom 1. 12. 1982, S. 28, im Besitz der StA Neuruppin, 60/4 Js 16/193.
300 Zuarbeit zum Komplexrapport in der StVE Brandenburg der BDVP Potsdam, Abt. SV vom 19. 2. 1986, S. 3, BLHA, Rep. 404/15.2/1718.
301 Einschätzung des Standes und der Ergebnisse bei der Durchsetzung der DA 5/85 des Genossen Minister in der StVE Brandenburg vom 2. 12. 1986, BStU, ASt. Potsdam, Abt. VII, 702, Nl. 131.
302 Dokumentation zur Kontrolle der vollständigen und ordnungsgemäßen Bewährung und Abrechnung der Stimulierung der Mehrschichtarbeit durch die AEB vom 15. 7. 1987, S. 1 f., BLHA, Rep. 404/15.2/1719.
303 BDVP Potsdam, Abt. Strafvollzug: Bericht über die Strafvollzugseinrichtung Brandenburg vom 3. 8. 1983, S. 9., BLHA, Rep. 404/15.2/1713.
304 § 18 der 1. DB zu § 24 SVG.

Mitte der 70er- bis Ende der 80er-Jahre

Waggonschleuse zu den Arbeitseinsatzbetrieben. Quelle: Stiftung Brandenburgische Gedenkstätten.

Abtransport der Küchenmöbel aus dem AEB Burg. Quelle: Stiftung Brandenburgische Gedenkstätten.

vergütung waren auch sonstige Zahlungsverpflichtungen zu begleichen. Der „Verfügungssatz für den monatlichen Einkauf" betrug im allgemeinen Vollzug 75 Prozent der monatlichem Arbeitsvergütung.[305] In der Praxis standen den Gefangenen zwischen 30 und 50 Mark monatlich für den Einkauf zur Verfügung.[306]

Nach wie vor wurde der erzieherische Aspekt der Gefangenenarbeit betont. Dazu hieß es im Strafvollzugsgesetz von 1977: „Der Einsatz der Strafgefangenen zu gesellschaftlich nützlicher Arbeit soll unter vielfältiger Nutzung ihres erzieherischen Charakters [...] zur Formung und Festigung einer bewussten Arbeitseinstellung und zur Bewährung beitragen. Durch Arbeit in der Gemeinschaft, Einbeziehung der Strafgefangenen in den Produktionswettbewerb, die Neuererbewegung und Produktionsberatungen ist der Arbeitseinsatz so zu gestalten, dass seine Möglichkeiten zur Erziehung voll wirksam werden."[307] Wie die Arbeitstätigkeiten beschaffen sein sollten, damit sie „erzieherischen Charakter" besäßen, dazu findet sich auch in den Durchführungsbestimmungen keine Aussage. Die Arbeit war vielmehr monoton, anspruchslos und häufig gesundheitsschädigend und wurde gern aus den Stammbetrieben ausgelagert. Es waren zudem schlecht bezahlte Tätigkeiten, für die sich ohnehin nur schwer Arbeitskräfte finden ließen.

So gehörte z. B. die Herstellung von Atomschutzanzügen für das Burger Bekleidungswerk immer noch zu den gesundheitsschädigenden Arbeitstätigkeiten. Dort wurde mit lösungsmittelhaltigem Kleber hantiert, wovon die Luft geschwängert war. Gleichzeitig war der Raum mit weißem Pulver zum Neutralisieren des Klebers angefüllt. Die Temperatur erreichte zeitweise ca. 40 Grad. Um der Überhitzung zu begegnen, wurde immer wieder gelüftet, wodurch die Arbeitskräfte in der Zugluft arbeiten mussten. Auch in den Aufenthaltsräumen war die Situation nicht besser. Sie befanden sich im Keller, die Fensterscheiben waren zerbrochen. Niemand kümmerte sich darum. Stattdessen stopfte man Sandsäcke davor. Im Winter war es daher bitterkalt, in den Arbeitsräumen aber übermäßig heiß. Durch diese Temperaturunterschiede zogen sich einige Gefangene chronische Erkältungen zu. Peter Schulz z. B. erkrankte an einer Bronchitis, die erst nach seiner Ausreise in die BRD entsprechend behandelt wurde. Für diese schwere Arbeitstätigkeit erhielt Schulz eine Bezahlung von durchschnittlich 35 Mark, zuzüglich einer Zusatzverpflegung bestehend aus Milch, zwei Brötchen und einem Stern Butter.[308]

Auch Klaus-Steffen Drenger bekam im IFA-Getriebewerk, wo er zunächst in der Dreherei arbeitete, nur einen Lohn von 30 Mark ausbezahlt, da er die Norm nicht schaffte. Da blieb für Genussmittel nur wenig übrig, was insbesondere für Raucher ein Problem darstellte.

---

305 § 20 der 1. DB zu § 24 SVG.
306 Dies berichteten zumindest die von mir befragten ehemaligen politischen Häftlinge.
307 § 21 des SVG.
308 Interview Peter Schulz, S. 10.

Nicht nur, dass die Arbeitsbedingungen zum Teil unzumutbar blieben, nach wie vor wurden auch die Arbeitsschutzbestimmungen missachtet. Denn entscheidendes Kriterium der Planerfüllung bildete der Produktionsausstoß. Dadurch lag die Zahl der Arbeitsunfälle sehr hoch, die nicht selten gravierende gesundheitliche Folgen hatten, bis hin zu Amputationen von Gliedmaßen. Am 23. 4. 1980 wurde der Strafgefangene Sch. von einer Zugmaschine überrollt und lebensgefährlich verletzt; der Häftling P. wurde am 30. 10. 1981 von einem Wagen überfahren, wobei er seinen rechten Unterarm verlor; der Gefangene K. geriet am 3. 9. 1981 in das Vorderrad eines Kranes und büßte seinen rechten Oberschenkel ein; der Häftling K. wurde am 25. 9. 1981 zwischen Stapeln eingequetscht, weshalb er mit gefährlichen Verletzungen ins Krankenhaus eingeliefert werden musste. Am 7. 4. 1982 kam es zu einem Arbeitsunfall im AEB Betonwerk Brandenburg, bei dem ein Gefangener getötet wurde; am 23. 3. 1982 zog sich ein Häftling schwere Verbrennungen 1. und 2. Grades zu; am 19. 1. 1982 erlitt der Strafgefangene Sch. im AEB Reichsbahnausbesserungswerk einen Bruch im Lendenwirbelbereich; am 3. 2. 1982 wurde der Häftling H. im AEB Getriebewerk Brandenburg schwer verletzt – um nur einige Unfälle dieses Jahres aufzuzählen.[309] 1983 ereigneten sich 43 und 1984 40 Arbeitsunfälle;[310] 1987 wurden 45 meldepflichtige Betriebsunfälle als besondere Vorkommnisse ausgewiesen, woraus sich 346 stationäre Behandlungstage ergaben.[311] Im 1. Halbjahr 1989 war wieder eine deutliche Zunahme an Betriebsunfällen zu verzeichnen.[312] Dabei handelte es sich lediglich um die meldepflichtigen Arbeitsunfälle. Die Vielzahl von kleineren Verletzungen, wie z. B. der Verlust eines Fingers, Verstauchungen, Schnittwunden, aber auch Ekzembildungen, Hautausschläge usw. tauchten in keiner Statistik auf.

Zum Teil wurden die Arbeitsschutzbestimmungen bewusst von Gefangenen missachtet, um einen höheren Verdienst zu erzielen oder sich Vorteile zu verschaffen, was in der Regel bei politischen Häftlingen nicht der Fall war. Ihrer Aufsichtspflicht kamen die Verantwortlichen der Arbeitseinsatzbetriebe dabei nicht nach, denn die Planerfüllung lag ganz in ihrem Interesse.

Durch die Arbeitshetze und bedingt durch die Bezahlung nach Leistung wurde im Übrigen sehr viel Ausschuss produziert bzw. nachlässig gearbeitet. Die entsprechend fehlerhaften Konsumgüter fanden sich dann zum Ärger der Bevölkerung in den Läden der Handelsorganisation. Zwangsarbeit beförderte nicht gerade eine positive

---

309 Abschlußberichte zu besonderen Vorkommnissen in der StVE Brandenburg 1976–1982, BLHA, Rep. 404/15.2/1710.
310 Zuarbeit zum Komplexrapport des Chefs der BDVP Potsdam am 4. 3. 1986 in der StVE Brandenburg vom 17. 2. 1986, BStU, ASt. Potsdam, Abt. VII, 747, Bd. 1, Bl. 202.
311 Komplexe Lageeinschätzung der StVE Brandenburg für das 2. Halbjahr 1987 vom 14. 1. 1988, S. 15, BLHA, Rep. 404/15.2/459.
312 Komplexe Lageeinschätzung der StVE Brandenburg für das 1. Halbjahr 1988 vom 13. 7. 1988, S. 16, BLHA, Rep. 404/15.2/459.

Einstellung zur Arbeit. Die Staatssicherheit verfolgte daher genau, ob es zu vorsätzlichen Sabotageakten in den Arbeitseinsatzbetrieben der StVE kam. Die politischen Häftlinge waren ohnehin nicht motiviert, für diesen Staat ihre Arbeitskraft zu verausgaben und korrekte Arbeitsleistungen zu erbringen.

Nach wie vor war es schwierig, den Produktionsablauf kontinuierlich zu gestalten. Wie in den Betrieben in der DDR im Allgemeinen fehlte es auch in den AEB der Strafvollzugseinrichtung im Besonderen an Material, an Transportkapazität, an der Zulieferung von Grundstoffen. Die Häftlinge mussten bei fehlendem Arbeitsmaterial wieder in ihre Zellen einlaufen und erhielten für die Ausfallzeiten keinen Leistungslohn. Die größten Schwierigkeiten in dieser Hinsicht hatte in den 80er-Jahren der Holzverarbeitungsbetrieb Burg aufzuweisen.[313] Auf der anderen Seite mussten die Gefangenen an Wochenenden Sonderschichten fahren, wenn durch die unkontinuierliche Produktion die Planerfüllung gefährdet war.

Für 1985 ergab sich folgende Verteilung der Strafgefangenen auf die Arbeitseinsatzbetriebe:

- Das Elektromotorenwerk Wernigerode beschäftigte 425 Häftlinge. Sie stellten Elektromotoren für die zivile Wirtschaft und die NVA her. Der AEB erwirtschaftete einen Wert von 275 331 Millionen Mark.
- Das Reichsbahnausbesserungswerk Potsdam beschäftigte 261 Gefangene, die Reparaturen und die Demontage von Eisenwaggons vornahmen. Hier erzielte die Jahresproduktion einen Wert von 21 391 Millionen Mark.
- Der Holzverarbeitungsbetrieb Burg beschäftigte 328 Häftlinge. Sie stellten nach wie vor Küchenmöbel, insbesondere für den Export – darunter auch in die BRD – her. Der hier produzierte Wert belief sich auf 38 987 Millionen Mark.
- Der VEB Kontaktbauelemente Luckenwalde beschäftigte 146 Gefängnisinsassen. Diese produzierten elektronische Bauteile für Fernsehgeräte. Der AEB erwirtschaftete einen Wert von 10 693 Millionen Mark.
- Das Burger Bekleidungswerk beschäftigte 236 Gefangene. Sie waren mit der Herstellung von Berufsbekleidung sowie Schutzausrüstung (insbesondere Atomschutzanzüge) für die NVA und die GST befasst. Der Warenwert betrug 41 759 Millionen Mark.
- Das IFA-Getriebewerk Brandenburg beschäftigte 425 Gefangene. Sie produzierten Getriebeteile für LKW sowie PKW der Marken Trabant und Wartburg. Zudem wurden im Rahmen der Konsumgüterproduktion für die Bevölkerung Heckenscheren und Sägewellen hergestellt. Hier wurden 44 289 Millionen Mark erwirtschaftet.

---

313 Vgl. u. a. Vorlage zur Leitungssitzung in der Abteilung – Oktober 1983 vom 10. 10. 1983, BStU; ASt. Potsdam, Abt. VII, 702, Bl. 86.

– Das Stahl- und Walzwerk Brandenburg beschäftigte 32 Häftlinge. Sie führten arbeitsvorbereitende Aufgaben für das Walzwerk durch. Der produzierte Wert betrug 169 839 Millionen Mark.

Hinzu kamen 226 Strafgefangene, die in Werkstätten des MdI (später Zentrale Produktionseinrichtung = ZPE) arbeiteten und einen Wert von 12 569 Millionen Mark erwirtschafteten.

Weitere 47 Gefangene waren kleineren Arbeitseinsatzbereichen zugeteilt, u. a. dem VEB Elektroinstallation Wittenberge, dem VEB Mechanische Spielwaren Brandenburg, der LPG Bensdorf.[314]

Insgesamt produzierten damit die Häftlinge in der Strafvollzugseinrichtung Brandenburg 1985 Werte in Höhe von 614 858 Millionen Mark. Damit erlangte die Produktion eine Größenordnung, die volkswirtschaftlich unverzichtbar geworden war, aber auch auf die enorme Ausbeutung der Strafgefangenen verweist.

9. Politische Gefangene der 80er-Jahre in der StVE Brandenburg – Fallbeispiele

Die SED-Führung verfolgte aufmerksam die Entwicklungen, die sich in den übrigen Ostblockstaaten im Hinblick auf die Formierung einer politischen Opposition vollzogen. Vor allem die Situation in der VR Polen erschien beunruhigend, denn die Gründung der Solidarność-Bewegung beschwor Analogien zum 17. Juni 1953, dem Trauma der SED-Führung, herauf. Die Staatssicherheit reagierte daher höchst sensibel auf die geringsten Anzeichen von möglichen Verbindungsaufnahmen zur polnischen Opposition und ahndete diese mit strafrechtlichen Mitteln. Dass dafür nicht unbedingt politische Paragrafen zur Anwendung kamen, sondern durch andere Verurteilungsgründe die politische Strafverfolgung verschleiert werden sollte, zeigt der folgende Fall.

Zum Beispiel Eckart Hübener

Eckart Hübener, Jahrgang 1953, wuchs mit vier Geschwistern in einem christlichen Elternhaus – der Vater war Pfarrer – im Norden der DDR auf.[315] Er erlebte früh die Benachteiligungen, die aus seiner Herkunft und der christlichen Sozialisation resultierten. Seine Eltern waren regimekritisch eingestellt, sein Vater hatte sich schon während der NS-Diktatur widerständig verhalten und distanzierte sich auch von der neuen Diktatur. Eckart Hübener war weder Mitglied in der Pionierorganisation noch in der

---

314 BV Potsdam, Abt. VII: Sicherungskonzeption für die Organisation der politisch-operativen Abwehrarbeit in der StVE Brandenburg vom 22. 1. 1986, BStU, ASt. Potsdam, Abt. VII, 702, Bl. 7 ff.
315 Interview Eckart Hübener, Juni 2004.

FDJ, auch an der Jugendweihe nahm er nicht teil. In der Schule leistete er nicht die gewünschte „gesellschaftliche Arbeit" und legte nicht die geforderten politischen Bekenntnisse ab. Die Konsequenz war, dass er die Erweiterte Oberschule nicht besuchen durfte und später nicht zum Studium zugelassen wurde. Daher musste er den mühsameren Weg über die Berufsausbildung mit Abitur nehmen. Diese Möglichkeit bot sich nur über persönliche Vermittlungen im entfernten Leipzig. Er verließ deshalb sein Elternhaus und erlernte dort den Beruf eines Facharbeiters für Flies- und Faserplattenfertigung. Gleichzeitig konnte er das Abitur ablegen.

Nach dem Abitur wollte er ursprünglich ein Architekturstudium aufnehmen, was ihm aber aufgrund seiner politischen Einstellung verwehrt wurde; auch für eine andere Studienrichtung durfte er sich nicht bewerben. Es blieb ihm daher nur, sich an eine kirchliche Einrichtung zu wenden. 1975 nahm er ein Studium am Sprachenkonvikt der Evangelischen Kirche Berlin-Brandenburg in Berlin auf. Nach zwei Monaten erhielt er eine Einberufung zur Ableistung des Militärdienstes bei der NVA. Sein Protest, dass er bereits ein Studium begonnen habe, blieb wirkungslos. Da er keinen Dienst an der Waffe ableisten wollte, wurde er als so genannter Bausoldat eingesetzt. Nach dieser Unterbrechung nahm er 1975 erneut das Studium am Sprachenkonvikt auf, das er im Sommer 1981 mit einem theologischen Examen abschloss.

Während des Studiums hatte er sich mit Gleichgesinnten zusammengefunden, die der DDR ebenso kritisch gegenüberstanden und nach Alternativen zur DDR-Diktatur, nach einer demokratischen, sozial gerechten Gesellschaft suchten. In diesem Kreis, dem u. a. Reinhardt Schult, Wolfgang Templin, Klaus Tessmann u. a. angehörten, tauschten sie Informationen und verbotene Literatur aus, darunter die Charta 77 der tschechischen Oppositionellen, besprachen die aktuelle Lage und die Möglichkeiten widerständigen Verhaltens. Ihr Anliegen war es, dieses Gedankengut und die Informationen in ihre jeweiligen Zusammenhänge und Kreise hineinzutragen, um auf diese Weise das kritische Potenzial zu verbreiten.

Aufmerksam verfolgten sie die Ereignisse in Polen ab 1980. Als ihnen bekannt wurde, dass die NVA Manöver plante, in der die Flussüberquerungen nach Osten geübt werden sollten, rechneten sie mit ähnlichen Vorgängen wie 1968: der Niederschlagung der Demokratiebewegung. Sie beschäftigten sich nun intensiver mit Möglichkeiten der Untergrundarbeit und studierten zu diesem Zweck die Widerstandsformen insbesondere der Kommunisten während der NS-Zeit. Gleichzeitig wollten sie versuchen, möglichst viele Informationen über die Solidarność-Bewegung in Polen zu erhalten, in der Hoffnung, diese Erfahrungen in der DDR anwenden zu können. Sie unternahmen daher, meist getrennt, verschiedene Reisen in das Nachbarland. Im Juli 1981 fuhren Eckart Hübener und zwei Freunde nach Polen. Sie suchten gezielt nach Gesprächspartnern aus der Solidarność-Bewegung und sammelten Broschüren, Flugblätter, Plakate und Bulletins.

Das Kreisgericht

Aktenzeichen: RS 104/81

Neustrelitz, den 7. 8. 1981

Fernruf

BStU 000008

Haftbefehl

Der Eckart Hübener, geb. am 8. 6. 1953 in Meyenburg, wohn. Sanitz, Fritz-Reuter-Str. 16,

ist in Untersuchungshaft zu nehmen.

Er wird beschuldigt, staatsfeindliche Hetze begangen zu haben. Der Besch. betrat am 6. 8. 1981 gegen 17.30 Uhr aus der VR Polen kommend die GÜST Pomellen. Bei der Zollkon. wurde festgestellt, daß er am Körper versteckt Expl. aus der VR Polen stammender Literatur mit sich führte. Unter diesen Schriften befinden sich u. a. eine Hetzschrift mit dem Titel "Katyn", in der sowj. Organen unterstellt wird, im 2. Weltkrieg poln. Offiziere ermordet zu haben, Mitteilung Nr. 45 der Solidarnosc", in der eine Diskriminierung der soz. Bruderstaaten betrieben wird, gedrucktes Material "Über soz. Arten der Vorherrschaft über den Menschen". In dieser Schrift wird die soz. Gesellschaftsordnung diskriminiert. 2 Expl. der Spezialinformation, in denen eine üble Propaganda gegen den Russ. Imp. betrieben wird. Aus dem Inhalt der Hetzschriften in polnischer Sprache, in denen die Soz. Staats- und Gesellschaftsordg. generell und insbes. auch die UdSSR diskriminiert wird, sowie aus der Art und Weise der versuchten Einfuhr und dem Umfang des Materials resultiert der dringende Tatverdacht der staatsfeindlichen Hetze.

§ 106 Abs. 1 Ziff. 2, Abs. 3, § 108 StGB
§ 12 Abs. 1, Ziff. 1 des Zollgesetzes i. Vbg. mit der 11. DB zum Zollgesetz

Vergehen/Verbrechen gem.
Er/Sie ist dieser Straftat dringend verdächtig.
Die Anordnung der Untersuchungshaft ist gemäß § 122 Abs. 1, Ziff. 2 StPO gesetzlich begründet, weil ein Verbrechen den Gegenstand des Verfahrens bildet. Sicherheitsinteressen der DDR ist die Inhaftierung des Besch. unumgänglich.

Gegen diesen Haftbefehl ist das Rechtsmittel der Beschwerde zulässig (§ 127 StPO). Sie ist binnen einer Woche nach Verkündung des Haftbefehls bei dem unterzeichneten Gericht zu Protokoll der Rechtsantragstelle oder schriftlich durch den Betroffenen oder einen Rechtsanwalt einzulegen (§§ 305, 306 StPO).

Reinhardt
Richter

Quelle: BStU, Kopie im Besitz von Eckart Hübener.

Auf der Rückfahrt am 6. August 1981 wurden sie zu zweit – der andere Begleiter war einen Tag eher zurückgefahren und befand sich bereits in den Fängen des MfS – am Grenzübergang Pomellen verhaftet. Das Material hatten sie nicht nur im Gepäck, sondern auch am Körper versteckt; es wurde bei einer Leibesvisitation gefunden. Dies galt später als erschwerender Straftatbestand. Nach einem 24-stündigen Verhör kamen sie in die UHA des MfS in Neustrelitz, von dort drei Tage später nach Berlin-Hohenschönhausen. Der Haftbefehl gründete sich auf die Paragrafen 106 (staatsfeindliche Hetze), 108 (Verbrechen gegen ein anderes sozialistisches Land) und Paragraf 12 des Zollgesetzes der DDR wegen Einfuhr verbotener Erzeugnisse. Nach seiner Verhaftung führte das MfS eine Hausdurchsuchung bei Eckart Hübener durch, bei der zahlreiche verbotene Texte, z. B. von Rudolf Bahro, Wolf Biermann, Vaclav Havel sowie westliche Zeitschriften, gefunden wurden. Während der Untersuchungshaft stellte er seine Ahnungslosigkeit sowie seine Nichtbeherrschung der polnischen Sprache heraus.

Günstig für die Situation der Verhafteten war der Umstand, dass sich die evangelische Kirche sofort um sie kümmerte, Gespräche mit staatlichen Stellen führte und den Rechtsanwalt Vogel bzw. seine Mitarbeiter als Verteidiger gewann. Von Anfang an beteuerten sie, dass sie auf keinen Fall in den Westen ausreisen wollten.

Die Untersuchungshaft zog sich hin. Die SED-Führung wartete offenbar ab, wie sich die Lage in Polen entwickeln würde, und wollte nicht voreilig handeln. Am 15. Dezember 1981 wurde das Kriegsrecht in Polen verhängt. Damit hatte sich die Situation geklärt. Im Januar begann der Prozess gegen Eckart Hübener und seinen Mitangeklagten. Aufgrund der dürftigen Beweislage, vermutlich aber vor allem wegen des Engagements der evangelischen Kirche wurden in der Anklage die politischen Paragrafen fallen gelassen und lediglich das Zollgesetz der DDR zur Anwendung gebracht. Am 15. Januar 1982 begann die Verhandlung vor der Strafkammer des Stadtbezirksgerichts Lichtenberg, an der der Rektor des Sprachenkonvikts, Dr. Wolfgang Ullmann, sowie zahlreiche Studenten teilnehmen wollten, aber „wegen mangelnder Sitzgelegenheiten" des Raumes verwiesen wurden. Lediglich ein Vertreter der evangelischen Kirche Berlin-Brandenburg durfte aufgrund vorheriger Antragstellung an der Verhandlung teilnehmen.[316] Die Plätze waren bereits im Vorfeld von den Genossen des MfS besetzt worden.

Am 18. Januar 1982 verurteilte das Gericht beide Angeklagten zu einer Freiheitsstrafe von einem Jahr und drei Monaten nach § 12 des Zollgesetzes der DDR. In der Urteilsbegründung hieß es: „Beiden Angeklagten war durch die Massenmedien bekannt, welche Stellung unser sozialistischer Staat zu den antisozialistischen Organisationen und der ‚Solidarnosc' in der VR Polen einnimmt. Wenn den Angeklagten auch nicht der konkrete Inhalt der Druckerzeugnisse, die sie bei sich führten, bekannt war,

---

316 Prozessbericht des MfS, o. D., S. 1 ff., Kopie im Besitz von Eckart Hübener.

so ist festzustellen, dass die Angeklagten diese Druckerzeugnisse von polnischen Bürgern erhielten, die ihre Haltung deutlich kennzeichneten und die Druckerzeugnisse zum Teil mit dem Aufdruck ‚Solidarnosc' gekennzeichnet waren [...]. Für die Tatschwere war ausschlaggebend, dass die Angeklagten eine Vielzahl von Druckerzeugnissen bei sich führten, die sie an verschiedenen Stellen ihres Reisegepäcks versteckt, teilweise in der Kleidung eingenäht hatten und am Körper versteckt hielten, da sie eine Leibesvisitation nicht erwarteten. Dies ist Ausdruck der Intensität der Handlung."317

Das MfS war mit dem Urteil unzufrieden. Das Gericht habe die Staatsfeindlichkeit der Schriften nicht in ausreichendem Maße hervorgehoben und die Behauptung der Angeklagten, sie hätten von deren Inhalt keine Kenntnis gehabt, widerlegt.318 Der Verteidiger hatte versucht, eine Geldstrafe zu erwirken, blieb aber damit erfolglos. Eckart Hübener legte keine Berufung gegen das Urteil ein, da er hoffte, nach einem Drittel der Strafverbüßung entlassen zu werden; damit wäre er unter Anrechnung der Untersuchungshaft bereits freigekommen.

Zu seinem Erschrecken trat dieser Fall nicht ein. Zunächst kam er in die StVE nach Berlin-Rummelsburg und von dort im Februar 1982 in die Strafvollzugseinrichtung Brandenburg. Wegen seiner „Aufmüpfigkeit" erhielt er schon im Zugangsbereich einen Tag Arrest, den er im dortigen Keller absitzen musste. Da er für das SV-Personal nicht auf den ersten Blick aufgrund seines Verurteilungsgrundes als politischer Gefangener erkennbar war, setzte man ihn zunächst in einem Baukommando zur Arbeit vor dem Gelände der Strafvollzugseinrichtung ein. Dort war er mit kriminellen Straftätern zusammen, auf deren Aggressivität er sich einstellen musste.

Nach einiger Zeit erkannte die Leitung der StVE jedoch den Irrtum und nahm ihn aus diesem Kommando heraus, um ihn fortan in dem AEB Burger Bekleidungswerke einzusetzen. Da dort die Gefangenen mit der Herstellung von Atomschutzanzügen für die NVA beschäftigt waren, verweigerte er die Arbeit mit der Begründung, dass er keinen Wehrdienst geleistet habe und infolgedessen auch keine Uniformen produzieren würde. Er musste daraufhin in der Zelle bleiben, mit der Folge, dass er nicht zur „Ausspeisung" herausgeschlossen wurde. Seine diesbezügliche Beschwerde wurde mit Worten „wer nicht arbeitet soll auch nicht essen" beantwortet.319 Da er jedoch die Arbeit nicht total verweigerte, sondern nur diese bestimmte Tätigkeit, drohte ihm keine Arreststrafe. Ab und zu wurde er zu Reinigungsdiensten eingesetzt. Einen „Verdienst" erhielt er nun nicht mehr, auch keinen Paketschein. Allerdings erhielt er regelmäßig Besuch, auch sein Bischof durfte ihn außer der Reihe aufsuchen.

---

317 Urteilsbegründung, Kopie im Besitz von Eckart Hübener, S. 5 f.
318 Prozessbericht des MfS, S. 2.
319 Interview Eckart Hübener, S. 17.

Anfang August 1982 kam er überraschend auf Transport in die StVE Karl-Marx-Stadt. Dort wurde er dem Vernehmer vorgeführt, dem er mitteilte, dass offenbar ein Irrtum vorliege, denn er wolle keineswegs in die Bundesrepublik ausreisen. Dabei erfuhr er, dass er offenbar von Konsistorialpräsident Stolpe und Rechtsanwalt Vogel auf die Feikaufliste gesetzt worden war, obwohl er dies von Anfang an abgelehnt hatte.[320] Er bestand nachdrücklich auf seiner Entlassung in die DDR. Schließlich erhielt er die entsprechenden Papiere und konnte damit vorzeitig – statt im November am 26. August 1982 – nach § 349 die Gefängnismauern hinter sich lassen.

Nach seiner Entlassung war Eckart Hübener weiterhin in der Evangelischen Kirche im Norden der DDR tätig, gründete u. a. einen Friedenskreis innerhalb der Kirche und gehörte zu den Mitbegründern der Grünen Partei in Waren.

**

Die strafrechtliche Verfolgung in den achtziger Jahren sollte nicht nur das Entstehen einer bewussten politischen Opposition verhindern, sie richtete sich auch gegen eine alternative Lebensweise von Jugendlichen. Gelang es der SED-Führung nicht, eine entstehende Alternativkultur für ihre Zwecke zu instrumentalisieren – wie sie es etwa mit der „Singebewegung" praktiziert hatte, an deren Spitze sich alsbald der FDJ-Zentralrat setzte –, versuchte sie, mit Hilfe des MfS diese zu unterwandern und auszuschalten. Führten die Zersetzungsmaßnahmen nicht zum Erfolg, ging die Staatssicherheit von der verdeckten Repression zur offenen strafrechtlichen Verfolgung über. Dies war z. B. bei der entstehenden Punkbewegung in den achtziger Jahren der Fall. Die Punks stellten eine alternative Jugend- und Subkultur dar, die sich von der staatlich verordneten „sozialistischen Lebensweise" absetzen und einen eigenen Lebensstil praktizieren wollte, ohne dabei an den Grundfesten des Staates zu rütteln. Dennoch sah die SED-Führung in der Punkbewegung schon allein dadurch eine heraufziehende Gefahr, weil sie sich dem staatlichen Zugriff zu entziehen suchte und sich nicht widerstandslos disziplinieren ließ. Deshalb wurde sie in das Visier staatlicher Verfolgung genommen.[321] Mit konstruierten Anklagen gegen einzelne Mitglieder der Punk-Szene beabsichtigte die Justiz, Exempel zu statuieren und eine abschreckende Wirkung zu erzielen.

Ein Beispiel für diese Verfolgungspolitik ist Klaus-Steffen Drenger, der als politischer Gefangener 1987 in der Strafvollzugseinrichtung Brandenburg inhaftiert war.

320 Ebenda, S. 28.
321 Vgl. dazu ausführlich Roland Galenza/Heinz Havemeister, Wir wollen immer artig sein. Punk, New Wave, Independent-Szene in der DDR 1980–1989, Berlin 1999; dies., „Wir wollen immer artig sein", Punk und subkulturelle Musik in der DDR, in: DA 37 (2004), S. 611–622; Gilbert Furian, Auch im Osten trägt man Westen. Punks in der DDR, Berlin 2000.

Zum Beispiel Klaus-Steffen Drenger

Klaus-Steffen Drenger, Jahrgang 1967, war in Magdeburg in einem christlichen Elternhaus aufgewachsen.[322] Er hatte schon frühzeitig ein distanziertes Verhältnis zum SED-Staat entwickelt. In die Pionierorganisation schickten ihn seine Eltern nicht, in die FDJ trat er aus eigener Überzeugung nicht ein. Stattdessen versuchte er, mit anderen Jugendlichen seine Freizeit nach eigenen Vorstellungen zu gestalten. Im Alter zwischen 15 und 16 Jahren begann er, sich mit Punkmusik zu beschäftigen und gemeinsam mit anderen diese Musik nachzuspielen und eigene Titel zu probieren, wozu sie auch erst einmal die Instrumente erlernen mussten. Er gründete die Band „Vitamin A". Zweimal wöchentlich trafen sie sich unter dem Dach der Kirche zu Proben, an denen auch Freunde von ihnen teilnahmen. Sie spielten Punk-Rock und gaben sich ein entsprechendes Aussehen. Viel Zeit verwendeten sie darauf, sich die entsprechende Bekleidung zu beschaffen oder selbst herzustellen. Nach eigenem Bekunden hatten sie zunächst gar keine politischen Ambitionen, sie wollten sich nur ausleben und Spaß haben. Und sie wollten sich von den „Spießern" absetzen.

Nach der Schulzeit absolvierte er 1984 eine Lehre als Straßenbahnfahrer, die kleinere Variante seines Traumberufes Lokomotivführer. Diese Arbeit gefiel ihm, er machte sie mit vollem Einsatz. Seine Kollegen und Vorgesetzten akzeptierten sein Anderssein und -aussehen, lediglich seine Irokesenfrisur musste er während des Dienstes als Straßenbahnfahrer unter einer Dienstmütze verbergen.

Inzwischen hatte sich in Magdeburg eine Punkszene entwickelt, man traf sich nachmittags auf der Straße, hörte gemeinsam Musik, machte Späße und kommentierte gelegentlich die vorübergehenden Passanten. Diese ungewöhnliche Ansammlung erregte sehr schnell das Interesse der Ordnungsmacht; die Polizei verlangte ihre Ausweise und verbrachte sie häufig unter dem Vorwand der „Störung des öffentlichen Zusammenlebens" aufs Polizeirevier. Die Punks machten sich manchmal einen Spaß daraus, vor der Polizei zu fliehen und sie auf diese Weise zu foppen, was natürlich zu ihrem Nachteil ausging. Erst durch die Konfrontation mit der Ordnungsmacht begannen sie sich zu politisieren. Die Punks fragten sich, warum man gerade sie verfolgte, da sie sich doch nichts zuschulden kommen ließen und keine Straftaten begangen hätten, hingegen andere Jugendliche Schlägereien anzettelten, die ihrer Meinung nach ohne Konsequenzen blieben.

Infolge dieser Konflikte beschäftigten sie sich zunehmend mit ihrer Situation sowie mit den Inhalten der Punkbewegung insgesamt. Ihnen schwebte ein anderes als das Leben in dieser konservativen Gesellschaft vor, in der sich die Mitbürger ihrer Meinung nach nicht um die wirklich wichtigen Dinge wie das Wettrüsten, die Militarisierung der DDR, die damit verbundene Kriegsgefahr usw. kümmerten. Sie lehnten

---

322 Interview Klaus-Steffen Drenger, Dezember 2002.

das Duckmäusertum und die Angepasstheit der Mehrzahl der Bevölkerung zutiefst ab. Ihre Vorstellungen gingen in Richtung einer sozial gerechten, anarchistischen Gesellschaft, die dem Einzelnen die notwendige Freiheit einräumte. Da sie das Gegenteil davon erlebten, lehnten sie die DDR-Gesellschaft ab; gleichwohl fanden sie die Idee des Sozialismus überzeugend, aber nicht in den Facetten der DDR.

Die Punkbewegung, die über die Auseinandersetzung mit der Erwachsenengeneration ihre eigene Identität finden wollte, war auch Ausdruck eines Generationenkonflikts. Dafür existierte jedoch in dem vormundschaftlich verfassten Staat kein Spielraum, da Interessenkonflikte per se tabuisiert und als Angriff auf den Führungsanspruch der SED interpretiert wurden.

Klaus-Steffen Drenger und seine Mitstreiter gaben diesem Lebensgefühl in ihrer Musik Ausdruck. Er selbst verfasste die Texte. Weil die Akustik in ihren Probenräumen – meist im Keller einer kirchlichen Einrichtung – deren Rezeption erschwerte, vervielfältigte er sie gemeinsam mit einem Freund und verteilte sie unter den Zuhörern. Die Botschaften sollten verstanden werden. Je häufiger und härter sie mit der Ordnungsmacht des Staates, der Polizei, zusammenstießen, desto radikaler wurden die von Klaus-Steffen Drenger verfassten Texte. Hatten sie zunächst die Aufrüstung in West und Ost und die damit verbundene Kriegsgefahr zum Gegenstand, so thematisierten sie zunehmend den Machtanspruch der SED-Führung sowie ihre Erfahrungen der Verfolgung.

Die Band trat nunmehr in halböffentlichen Räumen, meist unter dem Dach der Kirche, mit ihren Liedern auf. Zudem nahmen sie ihre Musik auf Kassetten auf und verbreiteten sie. Allerdings blieb dies auf ein begrenztes Umfeld beschränkt, da die Punkszene in Magdeburg überschaubar war. Mitte der 80er-Jahre hatten sich in der DDR verschiedene Punkgruppen entwickelt, die miteinander in Verbindung standen und informelle Strukturen herausbildeten. Sie luden sich gegenseitig zu Partys und Konzerten ein, sodass manchmal über 100 Punks an verschiedenen Orten in der DDR zusammenkamen. Sie alle standen mehr oder weniger im Visier von Staatssicherheit und Kriminalpolizei.

Im Vorfeld der Arbeiterfestspiele im Juni 1986 in Magdeburg erhielten die Magdeburger Punks Vorladungen der Polizei, bei denen sie angewiesen wurden, in dieser Zeit die Stadt zu verlassen. Mit den Betrieben, in denen die Punks arbeiteten, waren offensichtlich entsprechende Absprachen erfolgt. Im Falle von Klaus-Steffen Drenger aber funktionierte dies nicht, da er als Straßenbahnfahrer unabkömmlich war. Gleiches galt für seinen Freund. Also blieben sie in der Stadt und luden brieflich andere Punks aus der Republik ein, nach Magdeburg zu kommen. Es war als kleine Provokation gedacht, sich während der Arbeiterfestspiele zu präsentieren. Fast alle Briefe wurden jedoch abgefangen. Als Drenger und sein Freund am 22. Juni 1986 am angegebenen Treffpunkt erschienen, wurden sie verhaftet. Der Haftbefehl lautete auf

MINISTERRAT
DER DEUTSCHEN DEMOKRATISCHEN REPUBLIK
Ministerium für Staatssicherheit

BStU
000048

Magdeburg 22. 06. 1986

Einlieferungsanzeige

Am 22. 06. 86 wurde gegen 10.40 Uhr in Magdeburg wegen des dringenden Tatverdachtes § 217 (2) (3) StGB

a) auf der Grundlage eines richterlichen Haftbefehls
b) vorläufig festgenommen

und am 22. 06. 86 in die UHA Mgb.-Neustadt eingeliefert.

Name DRENGER Vornamen Klaus-Steffen
geb. am 16. 05. 1967 in Zerbst
Beruf FA f. st. Nahverkehr zuletzt Straßenbahnfahrer
Anschrift der Arbeitsstelle VEB Magdeburger Verkehrbetriebe, Straßenbahn-betriebshof Stadtfeld, 3031 Magdeburg, Spielhagenstr.
Familienstand ledig Staatsangehörigkeit DDR Nation deutsch
Wohnanschrift 3031 Magdeburg, Am Schroteanger 31

Letzter Aufenthalt Magdeburg

Name und Anschrift der nächsten Angehörigen DRENGER, Anneliese, ━━━━━━━━━━

Nummer der Personaldokumente PA Nr. H 0978584, ausgest. am 08. 10. 84 VPKA Magdeburg

Die Vorführung erfolgte
am 22. 06. 86 11.41 Uhr
durch Ultn. Kutz

Name und Dienstgrad des Einliefernden

Quelle: BStU, Kopie im Besitz von Klaus-Steffen Drenger.

„versuchte Organisierung einer Zusammenrottung [...] mit dem Ziel, die öffentliche Ordnung und Sicherheit während der 21. Arbeiterfestspiele zu beeinträchtigen und eine Konfrontation mit den Sicherheitsorganen herbeizuführen".[323]

Klaus-Steffen Drenger und sein Freund wurden in die Untersuchungshaftanstalt der Staatssicherheit in Magdeburg verbracht. Obwohl sie abstrakt hin und wieder mit einer Verhaftung gerechnet hatten, war die Realität der Stasi-Haft niederschmetternd. Da sie sich als politisch engagierte Punks verstanden, versuchten sie, zu ihrer Haltung zu stehen und sich selbstbewusst zu verhalten. Ausreiseangebote, die ihnen die Staatssicherheit in der Haft unterbreitete, lehnten sie ab. Während der Vernehmungen stellte sich heraus, dass nicht so sehr die Zusammenrottung der eigentliche Grund ihrer Verhaftung war, sondern die Verbreitung der Liedtexte und ihrer Anschauungen in der Öffentlichkeit. Zugleich sollte mit ihrer Verhaftung und dem anschließenden Prozess ein Exempel statuiert werden, um die Punkbewegung in der DDR zu verunsichern und einzuschüchtern.

Nach sechs Monaten Untersuchungshaft wurde vor der Strafkammer des Kreisgerichts Magdeburg der Prozess gegen Klaus-Steffen Drenger und seinen Freund eröffnet, der insgesamt drei Tage dauerte. An den Verhandlungen nahmen ca. 80 Personen teil, die aus verschiedenen Betrieben aus Magdeburg delegiert worden waren, darunter von der FDJ und SED. Vor ihnen sollte die Staatsgefährdung durch die Punks demonstriert werden. Die Angehörigen dagegen durften erst zur Urteilsverkündung erscheinen.

Die Anklagepunkte waren relativ dürftig. Zunächst wurden die einzelnen Liedtexte von Drenger angeführt und aus ihnen die „staatsfeindlichen" Passagen zitiert. Dezidiert listete das Gericht auf, wann, an welchem Ort und vor wie vielen Zuhörern die Band diese Lieder gespielt hatte. Erschwerend kam dabei hinzu, dass von den Texten Schreibmaschinendurchschläge existierten, die unter den anwesenden Punks verteilt worden waren. Ein weiterer Anklagepunkt betraf die Aufnahme der Titel mittels eines Kassettenrekorders und das Abspielen der Kassetten bei verschiedenen Zusammenkünften von Punks. Den Angeklagten wurde vorgeworfen, sie hätten weitere Vervielfältigungen geplant.[324]

Darüber hinaus geriet das Fotoalbum von Klaus-Steffen Drenger zum Gegenstand der Anklage. Darin hatte er auf die Innenseite des Einbandes ein DDR-Emblem gezeichnet und es mit Stacheldraht versehen. Die Buchstaben „DDR" waren ebenfalls in Form eines Stacheldrahtes gezeichnet und die Worte „Mitgegangen – Mitgefangen" angefügt. In dieses Album hätten fünf Bekannte von Klaus-Steffen Drenger Einsicht

---

323 Haftbefehl des Kreisgerichts Magdeburg vom 22. 6. 1986, Kopie im Besitz von Klaus-Steffen Drenger.
324 Urteilsbegründung des Kreisgerichts Magdeburg, S. 4–8. Kopie im Besitz von Klaus-Steffen Drenger.

STAATSANWALT DES BEZIRKES MAGDEBURG

Staatsanwalt des Bezirkes Magdeburg
3014 Magdeburg, Halberstädter Straße 8 | Postschließfach 510 |

Strafkammer
Kreisgericht Magdeburg-Nord

Ihre Zeichen	Ihre Nachricht vom	Fernsprechangabe	Meine Zeichen	Datum
			B IA 1000/86	22. 06. 86

Mit dem Antrag übersandt, gegen die Beschuldigten

▬▬▬▬▬▬▬
geb. am 31. 01. 1968
wohnhaft: 3035 Magdeburg, ▬▬▬▬▬

und

DRENGER, Klaus-Steffen
geb. am 16. 05. 1967
wohnhaft: 3031 Magdeburg, Am Schroteanger 31

H a f t b e f e h l

zu erlassen.

Gründe:
Die Beschuldigten sind dringend verdächtig, als Rädelsführer und zusammenhandelnd die staatliche Ordnung der DDR durch die versuchte Organisierung einer Zusammenrottung angegriffen zu haben.
Mit dem Ziel, die öffentliche Ordnung und Sicherheit während der 21. Arbeiterfestspiele zu beeinträchtigen und eine Konfrontation mit den Sicherheitsorganen herbeizuführen, verfaßten die Beschuldigten am 15. 06. 1986 15 Briefe, in welchen sie Gleichgesinnte aufforderten, sich an einer Zusammenrottung zu beteiligen und in dieser gegen durch die DVP erteilte Auflagen und den Bau des KKW Stendal zu demonstrieren. 13 dieser Briefe brachten sie am 17.6.86 innerhalb der DDR zum Versand. Am 21. 06. 86 suchten die Beschuldigten gegen 17.00 Uhr den vereinbarten Treffpunkt auf, wo sie durch die Sicherheitsorgane der DDR gestellt werden konnten.

Verbrechen gemäß §§ 217 (2) (3), 21 (3), 22 (2) Ziff. 2 StGB

Obiger Antrag ist gemäß § 122 (1) Ziffer 2 StPO gesetzlich begründet. Die Anordnung der Untersuchungshaft ist zur Sicherung des Strafverfahrens und Gewährleistung gesellschaftlicher Interessen unumgänglich.
Haftausschließungsgründe bestehen nicht.

Quelle: BStU, Kopie im Besitz von Klaus-Steffen Drenger.

bekommen. Zudem würde in seinem Zimmer ein Zettel mit einem Staatsemblem hängen, ebenfalls als Stacheldraht gezeichnet, und darunter in Lettern stehen: „Menschen, gefangen, Schüsse und Lebenssinn". Dieser Zettel sei den Besuchern von Klaus-Steffen Drenger zugänglich. Im Urteil wurden beide Delikte als „Verächtlichmachung der staatlichen Ordnung" gewertet.[325] Dass es sich dabei um einen privaten Raum handelte, in dem sich dieses Schriftgut befand, interessierte das Gericht nicht.

Des Weiteren wurde ihm vorgeworfen, eine Geschichte über die Entwicklung der Band verfasst zu haben, die staatsfeindliche Äußerungen enthalte. So könne man darin lesen, dass die „DDR eine Zone" sei, „das persönliche Gewissen vergewaltigt" würde, dies „der erste Schritt zum Totalitären" sei, dass man „jeden Tag vor der Gewalt aufs neue ausweichen müsse und dies eine Angst vor dem System, welches einen zwingt, selbständiges Denken aufzugeben", hervorrufe. Dieser Text mit dem Titel „Legende einer Band" war noch gar nicht verbreitet worden, sondern befand sich lediglich im Besitz von Klaus-Steffen Drenger. Trotzdem diente er als Beweismittel im Prozess.

Erst als letzter Anklagepunkt wurde die briefliche Einladung zu den Arbeiterfestspielen an die anderen Punks angeführt und als „versuchte Zusammenrottung nach § 217 Abs. 2 und 3 StGB" gewertet.[326]

Während der Verhandlung versuchte der Verteidiger Klaus-Steffen Drengers und seines Freundes, der ihnen von der evangelischen Kirche gestellt worden war und der auch tatsächlich als ihr Interessenvertreter auftrat, mildernde Umstände aufgrund ihrer Jugend zu erwirken, denn bei verschiedenen Tatvorwürfen waren sie noch nicht 18 Jahre alt gewesen. Sein Ziel war es, sie nicht wegen Verbrechens, sondern wegen Vergehens zu verurteilen, um eine geringere Strafe zu erwirken. In der Urteilsbegründung hieß es dazu: „In Übereinstimmung mit der Auffassung des Staatsanwaltes ist festzustellen, dass tat- und tatzeitbezogen beide Angeklagten in der Lage waren, die von ihnen verletzten gesellschaftlichen Normen zu erkennen und sich auch nach den Normen der Gesellschaft pflichtgemäß zu entscheiden. Die von ihnen begangenen Straftaten forderten im jugendlichen Alter keine komplizierten Anforderungen an ihre Entscheidungsfähigkeit. Vielmehr ist festzustellen, dass sie planmäßig und zielgerichtet ihre Straftaten begangen hatten. Dies zeigt sich u. a. auch darin, dass sie beide nicht versucht hatten, ihre Punkrockgruppe durch eine Entscheidung des staatlichen Organs offiziell zuzulassen und sie sind auch nicht in weiteren Einrichtungen, wie Jugendklubs, bzw. Kulturhäuser aufgetreten, weil ihnen bewusst war, dass sie damit gegen Normen der Gesellschaft verstoßen würden."[327] Mit anderen Worten: Nur die staatlich zensierte Kultur durfte Verbreitung finden.

325 Urteil des Kreisgerichts Magdeburg vom 16. 1. 1987, S. 13.
326 Ebenda, S. 14.
327 Ebenda, S 15.

An den Staatsanwalt des Bezirkes Magdeburg, Abt. I A

Es wird gebeten
1. Erlaß des richterlichen Haftbefehls gegen den Beschuldigten zu beantragen.
2. Gemäß §§ 108, 109 StPO die Durchsuchung der Wohn- und Nebenräume des Beschuldigten und die Beschlagnahme aller Gegenstände, die für die Untersuchung von Bedeutung sind, anzuordnen.

Gründe: (einschl. verletzte Strafrechtsnormen und Begründung für die Notwendigkeit der Untersuchungshaft gemäß der StPO)

Der DRENGER ist der versuchten Zusammenrottung dringend verdächtig, indem er als Rädelsführer mit einer weiteren Person auf die Organisierung einer Ansammlung von ca. 30 Personen aus der Punkszene hinwirkte, um in Magdeburg anläßlich der 21. Arbeiterfestspiele der DDR vom 20. 06. - 22. 06. 86 durch eine gezielte Konfrontation mit den Schutz- und Sicherheitsorganen die öffentliche Ordnung und Sicherheit zu beeinträchtigen.

Strafbar gemäß § 217 (2) (3) StGB

Als Beweismittel werden beigefügt:

- Zuführungsprotokoll der DVP vom 21. 06. 1986,
- Beschuldigtenaussagen des DRENGER und ▓▓▓▓▓ vom 22. 06. 86.
- Befragungsprotokolle DÄHNEL, Franziska vom 21./22. 06. 86

Hinweise für den Staatsanwalt zur Sicherung der Ansprüche des Beschuldigten entsprechend der beigefügten Erklärung des Beschuldigten:

Eine sofortige Benachrichtigung der Angehörigen und des Betriebes kann — nicht — vorgenommen werden, da dadurch der Zweck der Untersuchung gefährdet wird. *)

Bestätigt:

_____   _____
Name, Dienstgrad   Name, Dienstgrad

*) Nichtzutreffendes streichen

Quelle: BStU, Kopie im Besitz von Klaus-Steffen Drenger.

Im Ergebnis der Verhandlungen wurde Klaus-Steffen Drenger als „Rädelsführer" wegen „mehrfacher öffentlicher Herabwürdigung", wegen Verbrechen gem. § 220, Abs. 1 und 2 StGB (Staatsverleumdung) und wegen versuchter Zusammenrottung, Vergehen gem. §§ 217 Abs. 2 und 3, 63–66 StGB zu einer Freiheitsstrafe von zwei Jahren und zehn Monaten verurteilt. Sein Freund erhielt zwei Jahre und drei Monate Freiheitsentzug. Das Gericht verwies darauf, dass es bei den „geringen Strafmaßen" die guten Arbeitsleistungen und das jugendliche Alter der Angeklagten berücksichtigt habe. Die Freiheitsstrafen seien aber erforderlich, „um die staatliche Ordnung und die Gesellschaft vor solchen massiven Angriffen zu schützen".[328]

In der Urteilsbegründung hieß es weiter: „Für die Tatschwere der begangenen Handlungen beider Angeklagten ist festzustellen, dass sie mit ihren Straftaten einen breiten Öffentlichkeitskreis erreichen wollten und dieses Ziel auch erlangt haben. Dies beweisen die vielfachen ‚öffentlichen Proben' und der zahlenmäßig große Personenkreis bei den 4 öffentlichen Auftritten. Vom Inhalt her stellen die Straftaten der öffentlichen Herabwürdigung einen massiven Angriff gegen die staatliche Ordnung dar [...]. Beiden Angeklagten muß deutlich werden, dass die sozialistische Gesellschaft Kritik im Sinne des positiven Fortschritts fördert, weil es immer um ein besseres Leben in unserer DDR geht. Soweit die Angeklagten die Auffassung vertraten, mit ihren Straftaten nur Protest gegenüber der Gesellschaft zum Ausdruck gebracht haben zu wollen, kann dem nicht gefolgt werden. Sie haben kriminelle Handlungen in erheblichem Umfang begangen."[329] Protest gegen die DDR durfte es nicht geben, das sollte wohl die Botschaft sein.

Klaus-Steffen Drenger war über das Urteil sehr bestürzt, hatte er doch mit einem so hohen Strafmaß nicht gerechnet. Obwohl sich der Bischof der Evangelischen Kirchenprovinz Sachsen einschaltete und der Rechtsanwalt Berufung einlegte, blieb es dabei. Die Staatssicherheit hatte im Hintergrund die Fäden gezogen und die Berufungsverhandlung im Januar 1987 genauestens vorbereitet.[330] Nach einem kurzen Aufenthalt in der Strafvollzugseinrichtung Magdeburg schickte man ihn im Februar 1987 „auf Transport", ohne ihm das Ziel mitzuteilen. Als er vor den Toren der Strafvollzugseinrichtung Brandenburg ankam, war er entsetzt: Ausgerechnet in diesem „Killerknast" mussten er und sein Freund ihre Strafe verbüßen.[331]

Bereits im Zugangsbereich machten sie die Bekanntschaft mit Schwerstkriminellen, die sich untereinander sehr aggressiv verhielten. Anschließend wurde er im AEB IFA-

---

328 Ebenda, S. 16.
329 Ebenda.
330 Vgl. Edda Ahrberg, „Mit gestutzten Flügeln". Jugend in der DDR. Materialband der Landesbeauftragten für die Unterlagen des Staatssicherheitsdienstes der ehemaligen DDR Sachsen-Anhalt, Magdeburg 1996, S. 29–35.
331 Interview Klaus-Steffen Drenger, S. 17.

Getriebewerke eingesetzt, wo er als Dreher und Fräser im 3-Schicht-System arbeitete. Da es für ihn keine Veranlassung gab, sich in der Arbeit hervorzutun, erhielt er auch nur den Grundverdienst von 30 Mark im Monat, wovon er sich keine Genussmittel leisten konnte und weshalb er auch nicht an Kulturveranstaltungen teilnehmen durfte. Sowohl im Arbeitseinsatzbetrieb als auch in der Zelle war er fast ausschließlich von kriminellen Langstrafern umgeben. Häufig gab es zwischen ihnen Prügeleien, aus denen er versuchte, sich herauszuhalten.

Obwohl die Intervention der Kirche zunächst kein Ergebnis brachte, hatte sie längerfristig offenbar doch Erfolg. Denn am 15. Juni 1987 wurden Klaus-Steffen Drenger und sein Freund vorzeitig aus der Strafvollzugseinrichtung Brandenburg entlassen. Ihre Strafe wurde für zwei Jahre auf Bewährung ausgesetzt. Die Punkszene und die Kirchenarbeit in Magdeburg, in der sich Klaus-Steffen Drenger nach seiner Entlassung engagierte, standen ohnehin unter genauester Kontrolle der Staatssicherheit.[332]

**

Mit großer Besorgnis registrierte die Staatssicherheit das Entstehen einer Ausreisebewegung und versuchte, diese durch Einschüchterung, Zersetzungsmaßnahmen und strafrechtliche Ahndung zu unterbinden. Eigens dazu hatte das Mielke-Ministerium am 18. März 1977 eine Anweisung erlassen „zur Vorbeugung, Verhinderung und Bekämpfung feindlich-negativer Handlungen im Zusammenhang mit rechtswidrigen Versuchen von Bürgern der DDR, die Übersiedlung nach nichtsozialistischen Staaten zu erreichen".[333] Der Argwohn gegenüber der Bevölkerung nahm zum Teil groteske Formen an und führte zu einem flächendeckenden Ausbau des Spitzelsystems. Die Bevölkerung wurde unter Generalverdacht gestellt. Für diejenigen, die zufällig ins Visier der Staatssicherheit gerieten, konnte dies existenzgefährdend werden. Das Verfassen eines Ausreiseantrages, obwohl zuvor niemals erwogen, war oft die unweigerliche Konsequenz aus den Verfolgungspraktiken des MfS.

Ein Beispiel dafür ist der Fall Peter Schulz. Schulz war zuvor nicht auf den Gedanken gekommen, die DDR zu verlassen, sondern hatte sich mit dem ungeliebten Land

---

[332] Vgl. Shanghai, Der Punk im Schrank. Ein Report über die Einflussnahme des MfS auf die Punkrockszene in Sachsen-Anhalt, hrsg. v. d. Landesbeauftragten für die Unterlagen des Staatssicherheitsdienstes der ehemaligen DDR Sachsen-Anhalt, Magdeburg 1996. Nach seiner Entlassung war Klaus-Steffen Drenger bis 1990 als Straßenbahnfahrer tätig, er engagierte sich weiter in der Punkszene und in der „Kirche von unten" und beteiligte sich während der Wende z. B. an der Besetzung der Stasi-Untersuchungshaftanstalt in Magdeburg.

[333] Grundsätze für die Anwendung strafrechtlicher Mittel durch die Sicherheits- und Justizorgane. Anlage 2 zum Befehl Nr. 6/77 des Ministers für Staatssicherheit vom 18. 3. 1977, BStU, ZA VVS-MfS 8-7/77, Bl. 49–52.

arrangiert. Die Anfang der achtziger Jahre gegen ihn einsetzende Ausgrenzung führte schließlich zu seinem Ausreisebegehren und der darauf folgenden strafrechtlichen Verfolgung. Die DDR produzierte ihre politischen Gefangenen selbst.

Zum Beispiel Peter Schulz

Peter Schulz wurde 1938 geboren. Sein Vater war im Krieg gefallen, weshalb die Mutter mit den zwei Kindern bei ihren Verwandten in einem Ort an der Ostsee Zuflucht nahm und auf deren Unterstützung hoffte.[334] Er wuchs in ärmlichen Lebensverhältnissen auf, mühevoll musste der Lebensunterhalt gesichert werden. Nach dem Besuch der Grundschule hätte er gern einen höheren Schulabschluss erworben, der ihm aber zunächst verwehrt wurde, da er aus „kleinbürgerlichen Verhältnissen" stammte. Diese Absage wie auch die Verhaftungen, die er Ende der 40er- und Anfang der 50er-Jahre in seinem Umfeld erlebte, die Übergriffe durch die in der Nähe seines Ortes stationierten sowjetischen Truppen auf die Bevölkerung sowie die Ereignisse des 17. Juni 1953 bewirkten insgesamt eine kritische Distanz zur DDR.

Schließlich erhielt er doch die Möglichkeit, eine weiterführende Schule zu besuchen. 1956 begann er eine Lehre bei der VEB Deutsche Seerederei (DSR) Rostock und arbeitete als Matrose auf verschiedenen Schiffen des Betriebes. Er qualifizierte sich weiter und erwarb schließlich das Seefahrtspatent, das ihn berechtigte, den Beruf eines Kapitäns auszuüben. Ab 1966 arbeitete er als Erster Nautischer Offizier in der Hochseehandelsschifffahrt und bereiste die Weltmeere. Da er nicht in die SED eintrat, sich nicht politisch engagierte und keine „gesellschaftliche Arbeit" übernahm, waren seine Aufstiegsmöglichkeiten begrenzt. Deshalb wurde er nicht zum Kapitän berufen und bei Auszeichnungen stets übergangen, wie man ihm intern zu verstehen gab. Ihm war jedoch seine politische Unabhängigkeit wichtiger, daher verzichtete er auf eine weitergehende Karriere. Er übte seinen Beruf, auf den er seine ganze Energie konzentrierte, gerne aus. Alle anderen Anforderungen des SED-Staates ignorierte er, so weit er konnte. Ansonsten führte er ein zurückgezogenes Leben und kümmerte sich nicht um Politik.

Inzwischen hatte er für sich und seine Mutter ein altes Haus gekauft, in dessen Sanierung er sein Geld steckte und dessen Ausbau ihm Spaß bereitete. So hätte sein Leben weitergehen können, wäre er nicht durch Zufall ins Visier der Staatssicherheit geraten. Diese stieß im Rahmen einer operativen Personenkontrolle (OPK) namens „Metall" auf Peter Schulz, der in Kontakt zu der Zielperson stand. Beide kannten wiederum eine andere Person, die einige Jahre zuvor illegal die DDR verlassen hatte. Da „Metall" offensichtlich beabsichtigte, ebenfalls der DDR den Rücken zu kehren, und das MfS vermutete, dass Peter Schulz über den Seeweg Informationen übermitteln

[334] Interview Peter Schulz, Dezember 2001.

könnte, wurde auch über ihn eine OPK eingeleitet, um seine Verbindungen zu den beiden Personen aufzuklären und eine „eventuell feindliche Tätigkeit" festzustellen.[335] Unter der OPK „Nautiker" begannen umfangreiche Ermittlungen zu seiner Person. Dabei stellte sich allerdings heraus, dass nur ein loser Kontakt zwischen „Metall" und ihm bestand. Daraufhin wurde nun größeres Gewicht auf die Aufklärung der Verbindung zu der in Hamburg lebenden Person, die einst die DDR illegal verlassen hatte, gelegt. Zudem sollte abgeklärt werden, ob Peter Schulz nicht selbst beabsichtigte, sich „ungesetzlich" aus der DDR zu entfernen. Schulz befand sich zu dieser Zeit auf Fahrt über die Weltmeere. Nach Eintreffen des Schiffes war beabsichtigt, den Kapitän sowie den Politoffizier des Schiffes von der Staatssicherheit, Abteilung IX der BV Rostock, als Zeugen zu vernehmen. Im Ergebnis der OPK sollte entweder „über die Einleitung strafrechtlicher Maßnahmen oder die Entfernung aus dem VEB DSR" entschieden werden.[336]

Während dieser Zeit wurden mit Schulz häufiger Gespräche wegen seiner politischen Inaktivität geführt. Entsprechende Aufforderungen zur Beteiligung an „gesellschaftlicher Arbeit" lehnte er nichtsahnend ab. Immer wieder wurde er bedrängt, in die SED einzutreten, was er abschlägig beschied. Die Berichte über Peter Schulz fielen dementsprechend negativ aus, allerdings wurde seine fachliche Arbeit niemals angezweifelt. Nach diesen umfangreichen Recherchen zu seiner Person entschloss sich die Staatssicherheit schließlich, ihn vorsichtshalber aus dem Betrieb zu entfernen. In Wahrheit gab es für eine „Republikflucht" gar keine Anzeichen.

Nach der langen Fahrt mit dem Schiff der Handelsflotte hatte er zunächst einige Monate frei. Diese Zeit verbrachte er in seinem Heimatort. Am 2. August 1980 sollte er erneut auf eine mehrmonatige Reise nach Asien aufbrechen. Schon Tage zuvor hatte er das Beladen des Schiffes mit den Transportgütern beaufsichtigt. Auch seine persönlichen Sachen hatte er bereits an Bord gebracht. Einen Tag vor der Abreise betraten Mitarbeiter der Staatssicherheit das Schiff und drohten dem Kapitän, dass das Schiff nicht auslaufen dürfe, solange der 1. Offizier Peter Schulz an Bord bliebe. Der Kapitän reagierte hilflos, schließlich wies er Schulz von Bord, um das Auslaufen des Schiffes nicht zu gefährden.

In seinem Heimatort wartete Schulz auf eine Erklärung. Niemand meldete sich bei ihm. Sein Gehalt ging nach wie vor regelmäßig ein. Nach einem halben Jahr, im Februar 1981, wurde er schließlich in die Seereederei nach Rostock bestellt. Im Vorfeld hatte die Staatssicherheit die Deutsche Seereederei bereits dazu gedrängt, das

---

335 Sachstandbericht zur Person Peter Schulz vom 19. 8. 1978, BStU; ASt. Rostock, AU 2531/84, Bd. I, Bl. 104.
336 Einleitung eines Prüfungsverfahrens gem. § 95 StPO durch die Abteilung IX der BV Rostock zur Klärung des Verdachtes auf Vorbereitung des ungesetzlichen Verlassens der DDR vom 24. 6. 1980, BStU, ASt. Rostock, AU 2531/84, Bd. I, Bl. 115 f.

Arbeitsverhältnis mit Schulz zu beenden. Auch zu diesem Zeitpunkt lagen keine konkreten Anhaltspunkte für eine „Feindtätigkeit" bzw. einen Fluchtversuch vor. Es wurden lediglich Mutmaßungen angestellt und seine politische Inaktivität festgehalten.[337] Während des Besuchs in der Seerederei erklärte ihm der Vertreter des Kaderleiters in Gegenwart eines Mitarbeiters des MfS, dass er nicht mehr den höheren gesellschaftlichen Anforderungen gerecht würde, da er wenig Interesse für die gesellschaftliche Arbeit sowie die marxistisch-leninistische Bildung zeige und Kontakt zu ehemaligen Bürgern der DDR unterhalte, die ungesetzlich die Republik verlassen hätten. Deshalb habe er sein Seefahrtsbuch abzugeben und komme nicht mehr in der Flotte zum Einsatz.[338] Schulz' Entgegnung, dass er nicht dazu verpflichtet worden sei, Kontakte zu anderen Personen im Ausland zu unterbinden, beachtete man nicht. Im Übrigen beschränkten sich diese Kontakte – so Peter Schulz – auf den Austausch von Postkarten zu Geburts- und Feiertagen.

Bei einem weiteren Gespräch in der Kaderleitung wurde ihm eine unqualifizierte Tätigkeit auf der Werft, die zudem eine Gehaltseinbuße von über 1000,- Mark bedeutete, angeboten. Dies lehnte er ab. Daraufhin erhielt er kurze Zeit später die Kündigung, die damit begründet wurde, dass er nicht mehr im Besitz eines gültigen Seefahrtsbuches sei und deshalb nicht mehr als Erster Offizier auf einem Handelsschiff tätig sein könne.[339] Diesem „Tatbestand" stimmte die Betriebsgewerkschaftsleitung zu, ohne den Sachverhalt zu prüfen.[340] Peter Schulz beschwerte sich daraufhin beim Direktor des Flottenbereichs, ohne Erfolg. Für die Staatssicherheit war der Fall erledigt. Die OPK „Nautiker" wurde abgeschlossen, das vorhandene Material sollte archiviert werden.[341]

Für Peter Schulz dagegen war der Fall keineswegs abgeschlossen. Er fühlte sich ungerecht und auch ungesetzlich behandelt, da er sich nichts zuschulden hatte kommen lassen. Er strengte einen Arbeitsprozess an, der sich bis Anfang 1983 hinzog. Er lebte inzwischen vom Ersparten. Zunächst erhielt er Signale, dass der Prozess für ihn günstig ausgehen könne. Deshalb war er bei der Urteilsverkündung vollkommen überrascht, als sein Einspruch – offenbar auf Intervention der Staatssicherheit – als unbegründet abgelehnt wurde.

Dies erschütterte ihn tief. Die Rechtsbeugung war offensichtlich. Seine Hoffnungen auf eine gerechte Behandlung hatten sich damit zerstört. In seinem Beruf konnte er nicht mehr arbeiten, da ihm das Seefahrtsbuch abgenommen wurde. Seine Situation

---

337 Sperrung des Einsatzes im grenzüberschreitenden Verkehr durch Entzug des Seefahrtsbuches und Streichung des Sichtvermerkes vom 20. 11. 1980, ebenda, Bl. 112 ff.
338 Abschlußbericht OPK „Nautiker" vom 13. 3. 1981, ebenda, Bl. 118 f.
339 VEB Deutfracht/Seereederei Rostock, Flottenbereich Asien/Amerika: „Fristgemäße Kündigung des Arbeitsrechtsverhältnisses" vom 28. 4. 1981, ebenda, Bl. 121.
340 Ebenda.
341 Abschlußbericht OPK „Nautiker" vom 13. 3. 1981, ebenda, Bl. 118 f.

OD KKW Greifswald   Lubmin 24.12.1983

Absprache protokoll

Am 23.12.83 wurde in der Zeit von 9.00 - 9.45 Uhr eine Absprache zwischen Gen. Dreier OD KKW und Gen. ▓▓▓▓ Rat des Kreises Abt. Inneres zum Übersiedlungsersuchenden S c h u l z, Peter durchgeführt.

Dem Gen. ▓▓▓▓ wurde mündlich aus den bisherigen operativen Erkenntnissen eine Einschätzung der Persönlichkeit des Sch. und seines bisherigen Entwicklungsweges mitgeteilt. Dabei wurde Wert darauf gelegt den hohen Intelleganzgrad des Sch., seine Lebenserfahrung und Berufserfahrung sowie seine gute materielle Lage zu beachten. Weiterhin wurde darauf aufmerksam gemacht, daß der Sch. den wesentlichen Fehler in seiner Betrachtungsweise begeht, in dem er davon ausgeht, daß auch unter den Bedingungen unserer Gesellschaft eine Trennung von fachlichen und politischen Aufgaben in seiner Funktion als Offizier der DDR Handelsmarine möglich ist.

Ausgehend von den Darlegungen des Sch. in seinem Antrag, daß er in der ständigen Vertretung der BRD in der DDR war und darüberhinaus entsprechende Stellen in der BRD von seinem Antrag informiert, wurde Gen. ▓▓▓▓ erläutert, daß es sich bei Sch. um eine für das MfS op. bed. Person handelt. Daraus resultierend ist ein kluges und abgestimmtes Zusammenwirken zwischen Inneres und OD KKW notwendig.

Gen. ▓▓▓▓ stimmte dem vorbehaltlos zu. Er vertrat die Ansicht, daß auf grund der Sachlage die Zielsetzung einer Zurückdrängung des Antrages sehr kompliziert zu realisieren ist.

Folgende Festlegungen wurden getroffen:

1. Alle Gespräche mit dem Sch. erfolgen erst nach vorheriger Abstimmung mit der OD KKW!

2. Beschaffung der Kaderakte des Sch. durch OD KKW und Gewährung der Einsichtnahme durch Abt. Inneres nach Auswertung in der OD!

3. Ermittlungen zum Bruder des Sch. mit der Zielsetzung der Prüfung der Ausschließungsgründe und einer eventuellen Nutzbarkeit!
   Gen. ▓▓▓▓ über R.d.Kr. Wolgast
   Gen. Dreier über KD Wolgast

Ein neuer Absprachetermin wird am 11.01.84 zur turnusmäßigen Beratung der AG "Übersiedlungsersuchende" festgelegt.

                                           Dreier Ultn.

Quelle: BStU, ASt. Rostock, AU 2531/84, Bd. I, Bl. 95, Kopie im Besitz von Peter Schulz.

kam einem Berufsverbot gleich. Er sah sich ohne Perspektive für ein Leben in der DDR. Dabei hing er an seiner Heimat, seinem Haus, seiner Mutter, er hatte bisher niemals an einen Weggang gedacht. Schweren Herzens entschloss er sich, einen Ausreiseantrag zu stellen. Er schrieb die ihm widerfahrene Geschichte auf, fertigte Kopien, u. a. der Unterlagen über den Arbeitsrechtsstreit, das Urteil des Kreisgerichtes, seine Kündigung, die Beurteilung des Betriebes sowie seines Ausreiseantrages und begab sich damit in die Ständige Vertretung der Bundesrepublik in Ostberlin. Er wollte, dass man über seinen Fall Kenntnis erlangte, da er befürchtete, verhaftet zu werden und – wie andere Menschen in den 40er- und 50er-Jahren – zu „verschwinden". Gleichzeitig suchte er Rat und bat um Unterstützung. Man gab ihm zu verstehen, dass die Ständige Vertretung sich nicht einmischen könne, nahm aber die Kopien seiner Schriftstücke entgegen. Auch bekam er die Zusicherung, dass das Ministerium für innerdeutsche Angelegenheiten informiert würde. Als er die Ständige Vertretung verließ, hielt die Polizei ihn auf der Straße an und stellte seine Personalien fest. Damit war das MfS im Bilde.

Am 30. Juni 1983 stellte Peter Schulz beim Rat des Kreises Greifswald, Abteilung Inneres, den Antrag auf Entlassung aus der Staatsbürgerschaft der DDR. Da sich nichts weiter ereignete, suchte er die Ständige Vertretung erneut im August auf, um sie über den Stand der Dinge zu informieren.

Die Staatssicherheit legte nun einen Operativen Vorgang „Einzelgänger" über ihn an und beobachtete seine Aktivitäten bezüglich des Ausreisebegehrens. Am 10. Februar 1984 wurde er verhaftet. Er kam in die Untersuchungshaftanstalt der Staatssicherheit in Rostock. Der Haftbefehl wurde mit § 219 (Ungesetzliche Verbindungsaufnahme) begründet und ein Ermittlungsverfahren eingeleitet. Bei der Hausdurchsuchung entdeckte das MfS seine Unterlagen, die er der Ständigen Vertretung übergeben hatte. Darunter befand sich auch ein Schriftstück, in dem er ausführlich die Motive für seinen Antrag beschrieb und das erlittene Unrecht darstellte, das ihn in diese ausweglose Situation getrieben hatte.

Zunächst machte man ihm den Kontakt zu seinem Bekannten in der Bundesrepublik zum Vorwurf, aber das erwies sich für eine Verurteilung nicht als schwerwiegend genug. Deshalb wurde sein Besuch in der Ständigen Vertretung und die dabei erfolgte Übergabe der Schriftstücke zum Hauptanklagepunkt. Am 18. April 1984 verurteilte ihn das Kreisgericht Rostock-Stadt wegen ungesetzlicher Verbindungsaufnahme (Verbrechen gemäß § 219, Abs. 2, Ziff. 1 StGB) zu einer Freiheitsstrafe von zwei Jahren und sechs Monaten. In der Urteilsbegründung wurde ausgeführt, dass er sich dieser Straftat schuldig gemacht habe, „indem er als Bürger der DDR Nachrichten durch die Ständige Vertretung der BRD im Ausland verbreiten ließ, die durch ihren festgestellten Inhalt, ihre Aussage und die Art der Darstellung geeignet sind, den Interessen der DDR zu schaden. Entgegen der Auffassung der Verteidigung ergab die Beweisaufnahme eindeutig, dass der Vorsatz des Angeklagten darauf gerichtet war, die von

Mitte der 70er- bis Ende der 80er-Jahre

Bezirksverwaltung
für Staatssicherheit
Untersuchungsabteilung

Rostock, den 10.02.1984

Verfügung

Gemäß § 98 der Strafprozeßordnung wird gegen den/~~die~~

Name   S c h u l z

Vorname   Peter

geboren am   08. 06. 1938   in   Bergfelde

Beruf   Kapitän auf Großer   zuletzt   ohne Tätigkeit
             Fahrt

Wohnanschrift 2205 Lubmin, Lange Str. 11

aus den unten angeführten Gründen die Einleitung/Erweiterung eines/des* Ermittlungsverfahrens angeordnet.

Gründe:

Schulz ist dringend verdächtig, die staatliche Ordnung der DDR durch ungesetzliche Verbindungsaufnahme angegriffen zu haben, indem er im Mai und August 1983 die Ständige Vertretung der BRD in der DDR aufsuchte und an diese Einrichtung Nachrichten, die geeignet sind, den Interessen der DDR zu schaden, zum Zwecke der Weiterleitung an das "Bundesministerium für innerdeutsche Beziehungen" und zur Verbreitung übergab.

- strafbar gemäß § 219 Abs. 2 Ziff. 1 StGB -

Mittag
Generalmajor
Leiter des Untersuchungsorgans

*) Nichtzutreffendes streichen

Form 582 g

Quelle: BStU, ASt. Rostock, AU 2629/84, Bd. I, Bl. 8, Kopie im Besitz von Peter Schulz.

ihm übermittelten Nachrichten im Ausland verbreiten zu lassen, was sich durch die entsprechende Bestätigung des Mitarbeiters der Ständigen Vertretung der BRD [sic!] bezüglich der Weiterleitung an regierungsamtliche Stellen der BRD ergibt. Die Geeignetheit der Nachrichten, den Interessen der DDR Schaden zuzufügen, war ihm bewusst, da sein Handeln davon bestimmt war, mit deren Hilfe eine Einmischung ausländischer Stellen in die inneren Angelegenheiten der DDR zu erreichen."[342]

Nichts davon traf zu. Peter Schulz ging es keinesfalls darum, der DDR zu schaden, sondern aus der Staatsbürgerschaft der DDR entlassen zu werden, wozu er nach bestmöglicher Unterstützung suchte. Als Begründung, weshalb es sich bei dieser Straftat um ein Verbrechen handelte, wurde der „Umfang der übermittelten Nachrichten und der sich daraus ergebenden Gesellschaftsgefährlichkeit" angeführt. Dies sei „die gebotene Maßnahme der strafrechtlichen Verantwortlichkeit".[343] Der Verteidiger von Peter Schulz, den er sich selbst bestellen konnte, hatte zunächst auf Freispruch plädiert, schließlich wegen nicht nachgewiesenen Vorsatzes eine Verurteilung wegen Vergehens angestrebt, um eine Freiheitsstrafe unter zwei Jahren zu erreichen. Das Gericht folgte jedoch dem Antrag der Staatsanwaltschaft. Der Grund für die Verurteilung von Peter Schulz hatte nichts mehr mit der OPK „Nautiker" zu tun, mit der seine Leidensgeschichte begann.

Peter Schulz war nach der Urteilsverkündung fassungslos; mit einem so hohen Strafmaß hatte er nicht gerechnet. Zur Strafverbüßung kam er zunächst in die StVE nach Cottbus. Dort herrschte zu dieser Zeit absolute Überfüllung, weshalb eine Reihe politischer Gefangener nach Brandenburg verlegt wurde. Im Juni 1986 gelangte er in die Strafvollzugseinrichtung Brandenburg. Dort kam er auf eine 12-Mann-Zelle, in der sich überwiegend kriminelle Langstrafer befanden. Obwohl er sehr unter dem robusten Umgangston litt, versuchte er, sich darauf einzustellen und sich möglichst unauffällig zu verhalten. Als jedoch ein politischer Häftling, der von einem Kriminellen immer wieder angegriffen wurde, um seinen Beistand bat, stellte er sich ihm zur Seite, wurde aber dadurch ebenfalls zur Zielscheibe der Angriffe. Aufgrund dieser Bedrohung stellte er den Antrag auf Verlegung in eine andere Zelle, dem nach geraumer Zeit auch stattgegeben wurde. Zum Arbeitseinsatz gelangte er in den AEB Burger Bekleidungswerk, in dem Atomschutzanzüge gefertigt wurden. Als Folge dieser gesundheitsschädlichen Tätigkeit erkrankte er an einer schweren Bronchitis, die erst nach seiner Entlassung behandelt wurde. Für die geleistete Arbeit erhielt er ca. 35,- Mark monatlich zum Eigenverbrauch.

Nachdem er die Hälfte der Freiheitsstrafe verbüßt hatte, unterbreitete ihm ein Mitarbeiter des MfS den Vorschlag, dass er sofort in die BRD entlassen werden könne,

---

342 Gerichtsurteil vom 18. 4. 1984, BStU, ASt. Rostock, AU 2531/84, Bd. III, Bl. 50.
343 Ebenda, Bl. 51.

wenn er auf seine Vermögenswerte, insbesondere Haus und PKW, verzichte. Ansonsten müsse er seine Haftstrafe in vollem Umfang verbüßen. Vor diese Wahl gestellt, erklärte er sich mit dem Vorschlag schließlich einverstanden. Er überschrieb sein Vermögen einem nahen Verwandten, erhielt es aber später nicht mehr zurück. Danach ging alles sehr schnell, im Mai 1985 konnte er über Karl-Marx-Stadt in die Bundesrepublik ausreisen.[344]

***

Diese Fallbeispiele zeigen das unterschiedliche Spektrum von politischen Gefangenen in der Haftanstalt Brandenburg. Im Vergleich zur vorausgegangenen Zeit verbüßten sie geringere Freiheitsstrafen – und das bezieht sich nicht nur auf die Auswahl dieser Strafgefangenen –, gleichwohl blieben die Auswirkungen des Strafvollzuges auf die politisch Verfolgten gravierend. Die Erfahrung der Haftsituation veränderte ihr Leben grundlegend. Trotz der geringeren Strafmaße hielt die Staatsmacht diese Delikte für ein derartig schweres Verbrechen, dass sie im „Schwerverbrecherknast" gesühnt werden mussten.

10. Das Verhältnis zwischen „Politischen" und „Kriminellen"

Der Umgang zwischen den politischen und kriminellen Häftlingen war äußerst kompliziert. Die Regeln und Normen, das „Klima" innerhalb der Häftlingsgesellschaft, wurden in den 70er- und 80er-Jahren von den kriminellen Straftätern bestimmt. Die politischen Gefangenen bewusst dieser erzwungenen Gemeinschaft auszusetzen, stellte ein schikanöses Element des politischen Strafvollzugs in der DDR dar. Sich in dieser Gesellschaft gewaltbereiter Straftäter behaupten zu müssen, bedeutete eine schwere psychische Belastung für sie.

Vom ersten Tage an, bereits im Zugangsbereich, wurden die „Politischen" mit der aggressiven Stimmung, die rasch in gewalttätige Auseinandersetzungen übergehen konnte, konfrontiert. Klaus-Steffen Drenger erinnert sich: „Wir kamen dann in den Zugangsbereich. Das war ein riesengroßer Raum, ein Schlafsaal eigentlich, wo Dreier- oder Viererbetten übereinander standen und dort waren 16, 17 Leute drin. Und davon waren ungefähr ein Drittel Leute, die jemanden totgeschlagen hatten oder wegen Körperverletzung mit Todesfolge verurteilt worden waren. Daneben gab es noch Kleinkriminelle. Und da saßen wir nun mittendrin. Wir haben dann gleich zu

---

[344] Nach einiger Zeit der Arbeitslosigkeit heuerte er bei ausländischen Reedereien an und fuhr bis zu seinem Renteneintritt fast ununterbrochen zur See. Peter Schulz lebt heute wieder in seinem Heimatort in Mecklenburg-Vorpommern.

erkennen gegeben, dass wir auf keinen Streit aus waren, dass wir keine Leute waren, mit denen man sich prügeln konnte. Dort blieben wir ungefähr vier Tage."³⁴⁵ Alexander Richter beschreibt: „Wir wurden in Zelle drei des Zugangs gebracht. Ich trat als Letzter ein, und so war schon mal sicher, dass ich bei der Belegung meines Bettes keine große Auswahl mehr haben würde. Ohnehin musste ich mich erst in dem Raum orientieren. Ich stand gegen die schwere Zellentür gelehnt und starrte irgendwie fassungslos auf diese ganz neue Welt. Eine Nichtwelt. Ich fühlte stärker denn je dieses innere Frösteln. Eine drückende Apathie hatte sich auf meinen Bewegungsmechanismus und die Gedanken gelegt [...]. Zwei Knaster begannen sich zu prügeln. Sofort brach Gejohle los, ein Hocker fiel um, der Tisch rutschte ein paar Meter über den Boden, und ein Kunstlederlatschen landete auf meinem Packen. Hilfe, dachte ich, wenn du das jetzt jeden Tag, Stunde um Stunde erleben sollst."³⁴⁶

Tatsächlich wurden diese Erlebnisse zur ständigen Erfahrung. Schlägereien gehörten in Brandenburg zur Tagesordnung. Die politischen Häftlinge mussten auf der Hut sein, sich nicht in gewalttätige Auseinandersetzungen zwischen den kriminellen Gefangenen hineinziehen zu lassen. Diese gingen manchmal derart brutal aufeinander los, dass lebensgefährliche Verletzungen die Folge waren. Die an die Verwaltung Strafvollzug in Berlin gemeldeten besonderen Vorkommnisse dokumentieren diesen Sachverhalt. Hier nur ein kleiner Einblick: Unter dem Datum 18. 7. 1981 findet sich die Meldung: „schwere Körperverletzung. Der SG B. versetzte dem SG T. gezielte Faustschläge ins Gesicht, dabei stürzte der SG in eine 40 cm lange Vertiefung und zog sich einen Milzriß zu. Als Motiv wurde bekannt, dass der geschädigte SG dem SG B. Zigaretten entwendet hat."³⁴⁷ Am 8. 6. 1982 schlugen mehrere Häftlinge auf den Strafgefangenen W. derart ein, „dass dieser infolge der erlittenen schweren Verletzungen (lebensbedrohlicher Zustand) in das Haftkrankenhaus eingewiesen werden musste". Am 26. 10. 1982 meldete die StVE Brandenburg, dass der SG Sch. auf den SG S. mit den Fäusten einschlug, wobei dieser schwere Verletzungen erlitt, und zwar einen „Unterkieferbruch mit Zahnverlust, Nasenbeinbruch und Weichteilprellungen des Gesichtes. Einweisung in das Haftkrankenhaus".³⁴⁸

Unter dem Datum 17. 7. 1984 heißt es: „Nach einem Streit schlug der Strafgefangene E. mit einem stumpfen Gegenstand dem Strafgefangenen H. so auf den Kopf, dass dieser ein Schädelhirntrauma mit Impressionsfraktur erlitt. Der geschädigte SG befindet sich in der Krankenhausabteilung der StVE. Einleitung eines Ermittlungsverfahrens wird geprüft."³⁴⁹ Für den 11. 9. 1984 ist die folgende „Misshandlung der

---

345 Interview Klaus-Steffen Drenger, S. 18.
346 Richter, Zuchthaus Brandenburg, S. 14.
347 Besondere Vorkommnisse, 1981, BArchB, DO 1/3682.
348 Besondere Vorkommnisse, 1982, BArchB, DO 1/3683.
349 Besondere Vorkommnisse, 1984, BArchB, DO 1/3684.

Strafgefangenen untereinander" vermerkt: „Der Strafgefangene K. hatte eine tätliche Auseinandersetzung mit dem Strafgefangenen P., wobei er ihn schlug und mit den Händen am Hals würgte. Der geschädigte Strafgefangene zog sich dabei eine Kehlkopfverletzung zu und musste zur stationären Behandlung ins Bezirkskrankenhaus Kirchmöser eingeliefert werden."[350]

Die Aufzählung ließe sich seitenlang weiterführen. Dabei handelt es sich lediglich um die meldepflichtigen Vorkommnisse, hingegen wurden zahlreiche tätliche Auseinandersetzungen erst gar nicht an die übergeordneten Dienststellen weitergeleitet, sondern bagatellisiert. Die Brutalität in den Auseinandersetzungen prägte den Haftalltag in der Strafvollzugseinrichtung Brandenburg. Diese Erfahrungen bildeten den Hintergrund für Alexander Richters Charakterisierung von Gruppen krimineller Gefangener als „Horden".[351] Sich mit dieser Situation zu arrangieren und sie psychisch zu verarbeiten war für viele politische Gefangene äußerst schwer.

Auch Rudolf Neumann berichtet: „Wir kamen dann als Politische mit Schwerstkriminellen zusammen. In meiner Zelle in Brandenburg waren wir dreizehn in einem Raum, davon sieben Lebenslängliche. Die saßen zum Teil schon zehn, fünfzehn Jahre, die waren psychisch völlig verstört. Und wenn man dort nicht sehr vorsichtig war, wenn man nicht aufpasste, verlor man schnell die Zähne. Da musste man ganz vorsichtig sein. Diese Drecksarbeit machten dann die Kriminellen für das Wachpersonal. Die Kriminellen wollten ja – selbst wenn sie lebenslänglich hatten –, möglichst vorzeitig raus. Und wenn die dann etwas melden konnten, was sie dort an ordnungsschaffenden Maßnahmen getroffen hatten, war das ein Pluspunkt für die."[352] Insofern geschahen diese Übergriffe auf andere Häftlinge zum Teil mit Billigung des SV-Personals. Es griff dann in diese Auseinandersetzungen nicht ein, weshalb die Betroffenen auch nicht mit deren Hilfe rechnen konnten und entsprechende Beschwerden keine Aussicht auf Erfolg hatten.

Roland Garve charakterisiert das Verhältnis zwischen den politischen und kriminellen Häftlingen folgendermaßen: „Es gab von Anfang an eine tiefe Kluft zwischen beiden Gruppierungen. Mit dem Knastleben und seiner Hierarchie bestens vertraut, waren den Kriminellen, abgesehen von den unterschiedlichen Bildungshorizonten, politische oder ideologische Gesprächsthemen völlig schnuppe. Wir nervten sie damit. Ganz pragmatisch ging es ihnen in erster Linie darum, mit dem Arsch an die Wand zu kommen, wie sich Kindchen [der Spitzname eines Mithäftlings] treffend ausdrückte. Das bedeutete neben totalem Egoismus und Duckmäusertum das Ergattern eines angenehmen, ruhigen Postens und die Herstellung von guten Beziehungen

---

350 Ebenda.
351 Vgl. Richter, Zuchthaus Brandenburg. Diese Beschreibung zieht sich durch das gesamte Buch.
352 Interview Dr. Rudolf Neumann, S. 7.

zu Verbrechern mit Macht, zu Zivilangestellten, Bullen und Küchenkräften zwecks Verbesserung und Sicherung des erreichten Lebensstandards."[353]

Schon aufgrund des Bildungsgefälles, das mit den entsprechenden sozialen Milieus korrespondierte, waren daher die Beziehungen zwischen politischen und kriminellen Strafgefangenen erschwert. So verfügten z. B. im Jahr 1978 lediglich 32 Häftlinge über einen Fach- oder Hochschulabschluss, 50 besaßen das Abitur sowie 404 den 10-Klassenabschluss. Dagegen hatten 1102 Gefangene den Abschluss der 8. Klasse erreicht und 724 nicht einmal diesen. 96 Häftlinge waren auf eine Sonderschule gegangen.[354] Mithin hatten fast 2000 Strafgefangene lediglich einen 8-Klassen- bzw. gar keinen Abschluss.

Die in der Regel höher qualifizierten politischen Gefangenen mussten sich in dieser Häftlingsgesellschaft sehr zurückhaltend verhalten und durften sich ihren Bildungsvorsprung möglichst nicht anmerken lassen, wollten sie nicht Auseinandersetzungen riskieren. Ansonsten hatte man einen schweren Stand, wie Helmut Peschel erläutert. Er berichtet von einem Häftling, der seine Überlegenheit demonstrierte und herausstellte, dass er zu Unrecht einsitzen würde, hingegen die Kriminellen zu Recht, womit er sich ins Abseits manövrierte und den Zorn der anderen auf sich zog. Insgesamt, so Peschel, war das Verhältnis unter den Gefangenen in Brandenburg eher schlecht, dagegen gab es in der StVE Cottbus, in der sehr viele politische Häftlinge einsaßen, mehr Zusammenhalt und Verständnis füreinander.[355] Im Gegensatz zur Strafvollzugseinrichtung in Cottbus, die wesentlich kleiner war, befanden sich die politischen Gefangenen in einer isolierteren Situation, was auch Rudolf Neumann bestätigt.

In Cottbus hatten sich viele Gruppen mit politischen Häftlingen gebildet, die gemeinsam diskutierten, sich unterstützten und zusammenhielten. Sie besaßen ähnliche politische Überzeugungen; einige von ihnen wollten sich auch nach der Haftzeit in der Bundesrepublik politisch engagieren, um den Westdeutschen ihre Erfahrungen mit der DDR mitzuteilen. „Rein von der menschlichen Seite war es in Brandenburg doch deprimierend [...]. Von dem, was wir in Cottbus alles überlegen, diskutieren und beschließen konnten – das gab es in Brandenburg nicht."[356] In der großen Haftanstalt Brandenburg waren die politischen Häftlinge in der Minderheit, sie gingen bei der überwältigenden Anzahl von Krimellen unter. Auch Wolfgang Stock war auf einer 12-Mann-Zelle der einzige politische Häftling. Da er einen religiösen Anschein erweckte, hatte man ihm bald einen Spitznamen – Hieronymus – verpasst, was für ihn aber eine Art Schutzfunktion bedeutete. So wagten sich die Mithäftlinge nicht an ihn

---

[353] Garve, Unter Mördern, S. 59.
[354] HA VII, Auskunftsbericht über die Entwicklung der Lage und Situation in der Strafvollzugseinrichtung Brandenburg vom 10. 6. 1978, BStU, Abt. VII, 706, Bl. 123.
[355] Interview Dr. Helmut Peschel, S. 18.
[356] Interview Dr. Rudolf Neumann, S. 21.

heran, er wiederum war um ein gutes Verhältnis bemüht. Auch er bekräftigt, dass man keineswegs den Eindruck der Überlegenheit erwecken durfte.[357]

Das spannungsreiche Verhältnis zu den kriminellen Häftlingen war auch darin begründet, dass großes Misstrauen ihnen gegenüber bestand, weil viele Kriminelle sich bereitwillig für Dienste der Staatssicherheit anwerben ließen. „Unter Kriminellen galt es als eine besondere Ehre, irgendwann von der Stasi auserkoren zu werden, andere Gefangene zu bespitzeln. Für manch einen war Denunziation schlechthin die Chance, sich zu bewähren, um eine lebenslange Freiheitsstrafe in zwölf oder fünfzehn Jahre umwandeln zu können."[358]

Aber nicht nur das „Klima" wurde von den kriminellen Häftlingen bestimmt, sondern es gab eine unmittelbare Abhängigkeit der Politischen von Kriminellen in „Machtpositionen". Viele Funktionen innerhalb der Strafvollzugseinrichtung waren an Strafgefangene delegiert, die ein eigenes hierarchisches System bildeten. Das waren kriminelle Gefangene, die sich „hochgearbeitet" hatten und Ordnungs- oder Aufsichtsfunktionen wahrnahmen. Sie waren mit einer gelben Binde gekennzeichnet und sollten für Ordnung beispielsweise beim „Auslaufen" von der Arbeit, im Speisesaal und während der Kulturveranstaltungen sorgen.[359] Weiterhin besetzten kriminelle Gefangene Funktionen in den Arbeitseinsatzbetrieben und besaßen dort weit reichende Vollmachten. Sie hatten Einfluss auf die Zuteilung der Arbeit, die Erschwerniszulagen, die Abrechnung der Arbeitsleistungen, aber auch auf den Erhalt eines Paketscheins sowie die Gewährung von Vergünstigungen. Sie nahmen Einschätzungen von Strafgefangenen vor, aufgrund derer es den Erziehern möglich war, bestimmte Disziplinarmaßnahmen zu ergreifen. Auf diese Weise konnten die kriminellen Häftlinge ihre Macht ausspielen, und sie taten das auch, und zwar besonders dann, wenn sie die Überlegenheit von politischen Häftlingen spürten. Die Unterordnung in eine von kriminellen Häftlingen dominierte Hierarchie war für die Politischen eine schwer zu verarbeitende Situation.

In bestimmten Fällen konnten sie jedoch ihre Bildung als Handelsobjekt bzw. Gefälligkeit einsetzen. Da sich unter den kriminellen Gefangenen zahlreiche Analphabeten befanden, nahmen diese gerne die Dienste der Politischen zum Abfassen von persönlichen oder Behörden-Briefen, wie etwa Gnadengesuchen, in Anspruch. Im Gegenzug erhielten sie begehrte Waren oder aber bekamen Hilfestellung bei Übergriffen anderer Gefangener angeboten.

357 Interview Wolfgang Stock, S. 16.
358 Garve, Unter Mördern, S. 59. Vgl. dazu auch Tobias Wunschik, Die Staatssicherheit und ihre Inoffiziellen Mitarbeiter unter den Häftlingen in Brandenburg-Görden, in: Günter Morsch/Sylvia de Pasquale, Perspektiven für die Dokumentationsstelle Brandenburg. Beiträge der Tagung in der Justizschule der Justizvollzuganstalt Brandenburg am 29./30. Oktober 2002 (= Materialien der Stiftung Brandenburgische Gedenkstätten, Bd. 2), Münster 2004, S. 189–196, hier S. 194.
359 Vgl. Interview Dr. Helmut Peschel, S. 18; Richter, Zuchthaus Brandenburg.

Die Kommunikation mit den Kriminellen war nicht nur wegen des meist unterschiedlichen Bildungsniveaus und der unterschiedlichen Interessenlagen eingeschränkt. Auch politische Ansichten konnten in großem Maße divergieren. So schildert Rudolf Neumann, dass ein Reizthema neben anderen der verbreitete Rechtsradikalismus in der Strafvollzugseinrichtung Brandenburg gewesen sei. Viele Kriminelle stellten ihre rechte Gesinnung durch eindeutige Tätowierungen zur Schau. „Die Kriminellen waren mit Naziemblemen – das ist kein Witz – von der Haarwurzel über den Penis bis zu den Zehen tätowiert. Hoheitsadler, Hakenkreuze und vieles mehr. Was wir dort als Ältere für Diskussionen erleben mussten, war unbeschreiblich. Ich bin in dieser Hinsicht besonders sensibel, weil der Großvater meiner Frau in Auschwitz vergast worden ist. Es war eine jüdische Familie. Ihr Vater hat im KZ gesessen. Und wenn diese blöden Luder dann sagten, der Führer hätte es ja ganz richtig gemacht, konnte man schon aus der Haut fahren. Aber man musste aufpassen, denn die schlugen ja sehr schnell zu, wenn man da zu hart argumentierte. Deren Regel war ganz einfach: die Kommunisten sind das Schlimmste, Hitler ist gegen die Kommunisten gewesen, also war Hitler gut. Das war die ganz einfache Regel. Also ich muss sagen, das sind Dinge, wo man sich fragte, wie kann das nur passieren! Das war ganz furchtbar. [...] Ich habe dann versucht, mit denen zu diskutieren, aber man musste sehr vorsichtig sein. Und ich werde das nie vergessen, das war im Speisesaal. Da kamen zwei junge Kriminelle – die waren in unserer Zelle – und fragten: ‚Hast du was gegen uns?' Sie zogen mich am Hemd und zerrissen das auch. Und da kann man natürlich nur bluffen. Und da habe ich gesagt: ‚Paß mal auf, Kleiner, schlag mal zu, aber sei vorsichtig, ich muss dir sagen, ich bin Tsiu Tsitsu, vierter Dan.' (Ich verstehe davon überhaupt nichts.) Und da ging der zurück auf seinen Platz." Von einem anderen kriminellen Häftling erhielt er dann Schutz. Der sprach mit den beiden anderen und gab ihnen zu verstehen: „‚Also, wenn Ihr in Zukunft mit dem Graukopf was zu besprechen habt, das geht dann über mich.' Und da war Ruhe im Schiff."[360]

Dieses Erlebnis zeigt, dass es von Seiten der kriminellen Gefangenen auch solidarisches Verhalten geben konnte. In vielen Erfahrungsberichten politischer Häftlinge wird hervorgehoben, dass es immer einzelne Kriminelle gab, die schützend die Hand über sie hielten und ihnen bei gewalttätigen Auseinandersetzungen beistanden oder ihnen auch Vergünstigungen verschafften und ihnen auf diese Weise die Haftbedingungen erleichterten. Hierbei spielten Sympathie und Mitleid mit den häufig noch jungen politischen Gefangenen eine ausschlaggebende Rolle. Im Fall von Wolfgang Stock und Rudolf Neumann waren es wegen Mordes Verurteilte, die sich ihrer annahmen.

360 Interview Dr. Rudolf Neumann, S. 8.

Gleichwohl existierte unter den Kriminellen selbst eine Art Hierarchie, auf die sich die politischen Gefangenen einzustellen hatten. Auf der untersten Stufe standen die Sexualstraftäter, insbesondere dann, wenn ihre Opfer Kinder gewesen waren. Auf sie konzentrierte sich die gesamte angestaute Wut der übrigen Kriminellen. Wie aus Berichten ehemaliger politischer Gefangener hervorgeht, waren unter ihnen zahlreiche, die statt in eine Haftanstalt in eine medizinische Einrichtung gehörten. Zu einem gewissen Teil galt dies auch für Mörder, die insgesamt eine relativ geachtete Stellung unter den Kriminellen genossen. Eine psychotherapeutische Behandlung gab es nicht, die Resozialisierung sollte offenbar durch die „Erziehung" im Knast erfolgen. Ansonsten verschafften sich die wegen Mordes Verurteilen Respekt unter den kriminellen Gefangenen; viele von ihnen besetzten auch die herausgehobenen Positionen innerhalb der Häftlingsgesellschaft.

Da in der Strafvollzugseinrichtung Brandenburg vor allem Langstrafer einsaßen, kam ein weiteres Problem für die politischen Gefangenen hinzu. Das war die verbreitete Homosexualität unter den kriminellen Gefangenen. Sie mussten sich nicht selten solcher Begehrlichkeiten erwehren, sich Vergewaltigungsversuchen widersetzen, die bis zu lebensbedrohlichen Situationen führen konnten.[361] Die zu langen Freiheitsstrafen verurteilten kriminellen Straftäter sahen in der Homosexualität den einzigen Ausweg, ihre sexuellen Probleme zu bewältigen. Da in der Haftanstalt keine Rückzugsmöglichkeiten existierten, wurde auf der Zelle unter Anwesenheit der anderen das sexuelle Bedürfnis befriedigt. Häufig wurden die Mithäftlinge auch des Nachts damit belästigt und um ihren Schlaf gebracht. Zudem ging dies nicht selten sehr vulgär ab. Herr Frenzel berichtet, dass seine Mitgefangenen, als sie das nicht mehr länger ertragen wollten, „Rabatz" gemacht hätten. Entweder die betreffenden Personen würden in eine andere Zelle verlegt, oder sie gingen nicht mehr arbeiten. Zunächst wurden ihnen von Seiten des Aufsichtspersonals Prügel angedroht. Als sie aber hart blieben, verlegte man die beiden Lebenslänglichen, die wegen Mordes verurteilt waren, doch auf eine andere Zelle.[362] In der Regel konnten sich aber die Häftlinge dagegen nicht wehren, zu verbreitet war diese Erscheinung, die von Prostitution, Vergewaltigung bis zu eheähnlichen Gemeinschaften reichten. Diese Erlebnisse schockierten viele politische Gefangene und werden deshalb in der Erinnerungsliteratur immer wieder geschildert.[363] Sie stellten ein psychisch äußerst belastendes Problem dar, besonders dann, wenn die Abwehr entsprechender Begehrlichkeiten tätliche Auseinandersetzungen nach sich zog. Auch in diesem Punkt erwies sich das Zusammensperren mit kriminellen Straftätern als ein besonders diskriminierender Akt des Strafvollzugs in der DDR.

361 Vgl. dazu Richter, Zuchthaus Brandenburg, der sehr anschaulich und erschütternd in seinem Buch diese Problematik schildert.
362 Interview Joachim Frenzel, S. 12.
363 Vgl. z. B. Garve, Unter Mördern; Hiller, Sturz in die Freiheit; Richter, Zuchthaus Brandenburg.

Viele politische Gefangene versuchten daher, untereinander in Kontakt zu kommen und sich moralisch zu stützen. Angesichts der Vereinzelung in der Haftanstalt war das ein nicht gerade einfaches Unterfangen. Dennoch kam es immer wieder zu Gruppenbildungen, wie Wolfgang Stock schildert: „Als ich in der Normalschicht als Elektriker in den IFA-Getriebewerken arbeitete, konnte ich mich relativ frei bewegen. Die IFA-Getriebewerke bestanden aus 2 großen Werkhallen mit einem Innenhof, zu denen ich freien Zugang hatte. Ich konnte dadurch viele Kontakte knüpfen. [...] Man musste irgendwie herausfinden, ob es sich um Politische oder Kriminelle handelte, das war etwas kompliziert, da man nicht einfach fragen konnte. Aber wenn einer aus politischen Gründen eingesperrt war, gab er sich dann schon zu erkennen. Und wir waren dann bald eine kleine Gruppe, die zusammenhielt. Wir gratulierten uns gegenseitig zum Geburtstag, lasen uns gegenseitig aus unseren Briefen vor, die wir von den Angehörigen bekommen hatten und führten insgesamt anspruchsvollere Gespräche. Ja, es war ein Vertrauensverhältnis unter Gleichgesinnten. Wir waren so zwischen 5 und 8 Leuten, es gingen ja auch einige immer wieder auf Transport, die freigekauft worden waren."[364]

Diese Gruppe wurde jedoch bald auseinander gerissen, als das MfS durch Denunziation von ihrer Existenz erfahren hatte. Wolfgang Stock kam wegen staatsfeindlicher Zusammenrottung in den AEB Kontaktbauelemente Luckenwalde, wo eine Beziehung zu anderen Gefangenen aufgrund seines festen Arbeitsplatzes und der Akkordarbeit schwer herzustellen war, obwohl sich dort wesentlich mehr politische Gefangene befanden.[365]

Die Staatssicherheit beobachtete diese Gruppenbildungen aufmerksam, setzte dazu Spitzel ein und kooperierte mit der Abteilung K I/4. So gelangte z. B. ein Spitzelbericht über eine Gruppe im AEB Holzverarbeitungswerk Burg (Vollzugsabteilung II) an das MfS. Darin hieß es: „Die Gruppierung [...] zeigt ein in sich geschlossenes, kameradschaftliches Bild. Man teilt unter sich, tauscht intime (familiere) Probleme aus, besonders in Hinblick auf ankommende Post von Familienmitgliedern aus dem westl. Ausland. Ist es der Fall, dass eine Einkaufreduzierung o. ä. das monatl. Einkommen schmälert, wird für den Betreffenden gesammelt. Ein monatl. Treff bildet der monatl. stattfindende Gottesdienst, an dem auch [...] teilnimmt [...]. Ein Anlaufpunkt zum Austausch von Informationen ist das HKA [Haftkrankenhaus]. Hier muß wohl der Zahnarzt einen gewissen Mittelpunkt bilden, besonders im Hinblick auf seine bevorstehende [erwartete] Entlassung."[366] Diese Gruppe bestand aus einem politischen Gefangenen, der zu acht Jahren Freiheitsentzug verurteilt worden war,

---

364 Interview Wolfgang Stock, S. 7.
365 Ebenda, S. 11.
366 Information BDVP Potsdam, Dezernat I/4, vom 22. 7. 1980, BStU, ASt. Potsdam, 2118/84, Bd. I, Bl. 59. Die Orthografie des Berichts ist beibehalten worden.

und weiteren vier wegen illegalen Grenzübertritts verurteilten Häftlingen. Auch im AEB Elmo (Vollzugsabteilung I) hatten sich zwei Gruppen von politischen Gefangenen gebildet, deren Aktivitäten aufmerksam registriert wurden. In einem Spitzelbericht hieß es: „Die aufgeführten SG halten fest zusammen und dulden durchaus nicht, dass ein außenstehender SG in ihren Kreis eindringt. Sie haben die gleichen Ziele und Anschauungen. Geistig stehen sie über den hiesigen Durchschnitt. Diese SG sind sehr vorsichtig und immer bemüht, durch nichts aufzufallen."[367]

Immer wieder versuchten die politischen Häftlinge, Kontakt untereinander aufzunehmen, schon allein, um interessantere Gespräche führen zu können. Sie tauschten Informationen über Freikaufaktionen aus, versuchten Kassiber aus der Haft zu schmuggeln, um auf ihre Haftbedingungen aufmerksam zu machen,[368] und sprachen sich gegenseitig Mut zu. Dennoch war stets auch das Misstrauen präsent, ob es sich bei den Mitgefangenen wirklich um politische Häftlinge handelte oder diese es nur vorgaben und eventuell Spitzeldienste leisteten. Wolfgang Stock resümiert: „Natürlich wusste man nie hundertprozentig, ob sich einer auch nur als Politischer ausgab, das wusste man bis zuletzt nicht. Aber es gab doch so ein Vertrauensverhältnis unter uns."[369] Da die politischen Häftlinge ihre Anklageschriften oder gerichtlichen Urteile nicht besaßen, konnte jeder auch eine politische Straftat vortäuschen. Es gab letztlich keinen Beweis, nur das Gefühl entschied.

Gleichwohl war auch die Gruppe der politischen Gefangenen differenziert. Die politischen Auffassungen spielten eine entscheidende Rolle. So besaßen auch einige unter ihnen eine rechtslastige bis rechtsextreme Gesinnung, aus der sie keinen Hehl machten. Dies konnte bis zu Positionen reichen, die auch von einigen Kriminellen vertreten wurden, wonach letztlich alles zu begrüßen sei, was sich gegen „die Kommunisten" richtete. Das schloss auch den Nationalsozialismus ein. Die rechtsextreme Gesinnung war häufig erst das Resultat von Erfahrungen während der Haft. Besonders der psychische und manchmal auch physische Terror in den Untersuchungshaftanstalten der Staatssicherheit, die ständigen Verhöre und die Angst, die Erfahrungen von Rechtlosigkeit und Ohnmacht der Staatsgewalt gegenüber erzeugten bei einigen von ihnen eine Wut, die in rechtsextreme Vorstellungen mündete. Mit einer bewussten und handlungsorientierten rechtsradikalen, auch rassistisch geprägten Überzeugung hatte das meist nichts zu tun. Darin unterschieden sie sich von den ab Ende der achtziger Jahre in die Strafvollzugseinrichtung eingewiesenen Skinheads, die genau aus diesen Gründen, verbunden mit entsprechenden Straftaten, verurteilt worden waren.

---

367 Information BDVP Potsdam, Dezernat I/4, vom 18. 12. 1981, BStU, ASt. Potsdam, 2118/84, Bd. I, Bl. 152.
368 Vgl. Information vom 22. 7. 1980 an BDVP Potsdam, ebenda, Bl. 55 ff.
369 Interview Wolfgang Stock, S. 11.

Einige der politischen Gefangenen brachten ihre Ablehnung des DDR-Staates mit dem Aufgreifen der Symbolik des Nationalsozialismus zum Ausdruck. So fanden sich in Flugblättern, Schmiereien an Wänden oder Gegenständen immer wieder Naziembleme. Einige Häftlinge hatten sich NS-Runen und Zeichen auf ihren Körper eintätowieren lassen. Derart alarmiert, ließ die Leitung der Strafvollzugseinrichtung vor jedem Transport in die Bundesrepublik entsprechende Leibesvisitationen durchführen. Von einem solchen Gedankengut in der DDR sollte im Westen nichts ruchbar werden. Die Leibesvisitation war dann auch für die ausreisewilligen politischen Gefangenen das Signal, dass ihr Freikauf unmittelbar bevorstand.

Diese rechtsextreme Gesinnung soll nicht verharmlost werden, jedoch war sie vermutlich eher aus der Ablehnung des SED-Staates als aus der Sympathie mit dem NS-Regime gespeist, zumal sie sich alleine gegen „die Kommunisten" richtete. Diese Kommunisten, die nun an der Macht waren, machten die rechten Häftlinge für ihre Verfolgung und ihr Leiden verantwortlich. Da der Antifaschismus in der DDR zum Mythos erhoben worden war, sollte durch dessen Negierung der Bruch zu diesem Herrschaftssystem bekundet werden.

Bei den politischen Häftlingen war das Bewusstsein, aufgrund ihrer politischen Gesinnung oder der Verwirklichung eines Menschenrechts zu Unrecht verurteilt worden zu sein, sehr präsent. Sie bekräftigten dies immer wieder gegenüber den Erziehern. Manche sahen sich dabei auch in der Tradition der Verfolgung Andersdenkender in der vorausgegangenen deutschen Diktatur, wie dies etwa von Eckart Hübener reflektiert wird.[370] Einige beschäftigten sich mit der Frage des Umgangs mit den politischen Häftlingen während der NS-Zeit und deren Haftbedingungen. Auch Joachim Frenzel wurde auf die Vergangenheit des Zuchthauses aufmerksam. Als er mit einem Lineal in einer Mauerfuge der Außenwand seiner Zelle kratzte, machte er eine Entdeckung. „Und dann kam ein Zettel zu Tage. Und da stand drauf: ‚1936 wegen Volksverhetzung 4 Jahre Zuchthaus'. Und da hab ich einen kleinen Zettel gemacht und hab draufgeschrieben: ‚1973 wegen staatsfeindlicher Hetze 3 Jahre 9 Monate Zuchthaus.' Beides zusammen habe ich so tief ich konnte wieder reingesteckt."[371] Er handelte dabei im Bewusstsein der Kontinuität von politischer Verfolgung in beiden deutschen Diktaturen, auch wenn er sich über die Unterschiede zwischen beiden Herrschaftssystemen im Klaren war.

---

370 Vgl. den Fall Eckart Hübener, Abschnitt 9.
371 Interview Joachim Frenzel, S. 25.

11. Die Staatssicherheit in der Strafvollzugseinrichtung Brandenburg

Die Strafvollzugseinrichtung Brandenburg gehörte zu den ausgewählten Objekten des Ministeriums für Staatssicherheit, in denen hauptamtliche Mitarbeiter vor Ort präsent waren und sowohl das Strafvollzugspersonal als auch die Gefangenen überwachten.[372] Dies lag zum einen in der Größe der Haftanstalt und zum anderen in der Gefangenenstruktur begründet. Schon in den fünfziger Jahren, in denen sich vorwiegend politische Gefangene in Brandenburg befanden, war – wie bereits erwähnt – die Staatssicherheit aktiv.[373] Die Kontrolle der Strafvollzugseinrichtungen gehörte zum Verantwortungsbereich der Abteilung VII des MfS, deren Aufgaben detailliert in einer Dienstanweisung vom Dezember 1953 geregelt waren. Danach hatten die Mitarbeiter in den Haftanstalten „unter Einhaltung der Konspiration als Angehörige der Volkspolizei" zu arbeiten. Sie trugen somit auch die Uniformen der VP.[374] In den Objekten wurden sie in Büros untergebracht, die scheinbar zur Verwaltung des Strafvollzugs gehörten. Einerseits sollten unter den Angestellten des Hauses geeignete Informanten mit dem Ziel gewonnen werden, „bisher ungeklärte Verbrechen und Verbindungen restlos auf operativem Wege aufzuklären",[375] da das MfS davon ausging, dass die Verurteilten in den Prozessen nicht sämtliche Informationen preisgegeben hatten. Andererseits wurde versucht, politische Gefangene als Inoffizielle Mitarbeiter anzuwerben, die nach ihrer Entlassung für das MfS tätig werden sollten.[376]

Die Operativgruppe des MfS in der Strafvollzugsanstalt Brandenburg war der Bezirksverwaltung Potsdam des MfS, Abteilung VII, zugeordnet. Diese sollte mit der Leitung der Strafvollzugseinrichtung offiziell zusammenarbeiten, gleichzeitig bearbeitete sie deren Mitarbeiter inoffiziell. Ende der fünfziger Jahre war die Aufklärung von Widerstandsgruppen und Widerstandshandlungen in der Haftanstalt zum Schwerpunkt ihrer Arbeit deklariert worden. Zudem sollten auch die Verbindungen der Mitarbeiter des Strafvollzugs nach Westdeutschland und Westberlin stärker kontrolliert

---

372 Vgl. Zur Struktur und zum Einfluss des MfS auf den Strafvollzug in der DDR Tobias Wunschik, Der DDR-Strafvollzug unter dem Einfluß der Staatssicherheit in den siebziger und achtziger Jahren, in: Roger Engelmann/Clemens Vollnhals (Hrsg.), Justiz im Dienste der Parteiherrschaft, Rechtspraxis und Staatssicherheit in der DDR, Berlin 1999, S. 467–494.

373 Vgl. dazu Bericht der Arbeitsgruppe für Anleitung und Kontrolle über den Einsatz in der Abteilung VII der Bezirksverwaltung Potsdam in der Zeit vom 3. 7.–5. 7. und 21. 7.–23. 7. 1958 vom 25. 7. 1958, BStU, ASt. Potsdam, Allg. S. 9/60, Bd. I, Bl. 56.

374 Dienstanweisung Nr. 42/53 vom 8. 12. 1953, BStU, MfS-BdL/Dok. Nr. 003018, Bl. 6.

375 Ministerium für Staatssicherheit, Abteilung VII: Richtlinie für die Organisierung der operativen Arbeit in den Strafvollzugseinrichtungen ... vom 23. 4. 1956, BStU, MfS-BdL/Dok., Nr. 002657, Bl. 3.

376 Ebenda, Bl. 2–11.

werden.³⁷⁷ Zum Aufgabenbereich der Operativgruppe gehörte somit stets die Überwachung sämtlicher in der Strafvollzugseinrichtung tätigen Personen, einschließlich der Mitarbeiter der Arbeitseinsatzbetriebe und Zivilangestellten, sowie die „operative Bearbeitung" der Strafgefangenen, die im Folgenden im Vordergrund stehen soll.

Obwohl der 1958 eingesetzte Anstaltsleiter Ackermann die Arbeit des MfS aus Gründen seiner uneingeschränkten Machterhaltung zu begrenzen suchte, baute die Operativgruppe ihr Spitzel- und Kontrollsystem immer weiter aus.³⁷⁸ Über ihre Tätigkeit in den 60er-Jahren können allerdings keine Aussagen getroffen werden, da kaum Unterlagen zu dieser Thematik überliefert sind – vermutlich wurden die Akten vernichtet.³⁷⁹ Dagegen ist die Arbeit der Operativgruppe in den 70er- und 80er-Jahren relativ gut dokumentiert.

1974 wies Mielke im Vorfeld des 25. Jahrestages der DDR an, die politisch-operative Arbeit in den Strafvollzugseinrichtungen zu verstärken, da Aktivitäten von „feindlich-negativen Kräften" die Sicherung der Ordnung immer wieder stören könnten, etwa durch staatsfeindliche Hetze, Arbeitsverweigerungen, Antragstellung auf Übersiedlung in die BRD sowie Angriffe gegen SV-Angehörige.³⁸⁰ Diese Absichten von Strafgefangenen sollten durch die Tätigkeit von Offizieren im besonderen Einsatz (OibE), durch Inoffizielle Mitarbeiter (IM) und die Operativgruppen vor Ort verstärkt aufgeklärt werden. Dazu war eine enge Zusammenarbeit mit der Arbeitsrichtung I/4 der Kriminalpolizei vereinbart worden. Letztere war insbesondere für die Aufdeckung von kriminellen Straftaten zuständig, wozu ebenfalls eine Einsatzgruppe in der Strafvollzugseinrichtung Brandenburg bestand. Diese rekrutierte selbst Informanten unter den Gefangenen, die helfen sollten, kriminelle Vergehen aufzuklären. MfS und K I/4 arbeiteten arbeitsteilig zusammen, tauschten ihre Informationen aus, auch wenn es unter ihnen gelegentlich zu Kompetenzstreitigkeiten kam. Wie es in der Dienstanweisung Nr. 2/75 des MfS hieß, sollte „ein enges und kameradschaftliches Zusammenwirken" mit der Arbeitsrichtung I/4 der Kriminalpolizei erfolgen.³⁸¹ Das MfS war in Abgrenzung zur K I/4 für die politischen Straftaten zuständig. Zu deren Aufdeckung

---

377 Bericht der Arbeitsgruppe für Anleitung und Kontrolle über den Einsatz in der Abteilung VII der Bezirksverwaltung Potsdam vom 25. 7. 1958, BStU, ASt. Potsdam, BVfS Potsdam Allg. S. 9/60, Bd. I, Bl. 49–61.
378 Vgl. zu den Machtkämpfen zwischen Ackermann und dem MfS Wunschik, „Überall wird der Stalinismus beseitigt ...", insbes. S. 326–342.
379 So die Auskunft der Bundesbehörde für die Unterlagen des Staatssicherheitsdienstes der ehemaligen DDR (BStU).
380 Verstärkung der politisch-operativen Arbeit in den Einrichtungen des Strafvollzuges und in den Untersuchungshaftanstalten vom 4. 10. 1974, BStU, MfS-BdL/Dok. Nr. 004639, Bl. 1–6.
381 Dienstanweisung Nr. 2/75 des Ministers für Staatssicherheit „Die politisch-operativen Aufgaben des Ministeriums für Staatssicherheit im Strafvollzug der Deutschen Demokratischen Republik" vom 13. 2. 1975, S. 5.

setzte es Inoffizielle Mitarbeiter auf unterschiedlichen Ebenen ein, die über entsprechende Eignungen verfügen mussten.

So beschrieb die Operativgruppe des MfS in Brandenburg folgenden Anforderungskatalog an einen IMS,[382] der unter den Gefangenen gewonnen werden sollte. Sein Aufgabenfeld bestand darin, Häftlinge, die wegen ungesetzlichen Grenzübertritts verurteilt worden waren, zu bespitzeln und Möglichkeiten zur Eindämmung der Anträge auf Übersiedlung zu erkunden:

„Der Kandidat
- darf keine verfestigte staatsfeindliche Haltung besitzen,
- muß seine Bereitschaft zeigen, im Interesse v. Ordnung und Sicherheit unabhängig vom Motiv, dem MfS in seiner Arbeit behilflich zu sein,
- muß gegenüber dem MfS ehrlich und entsprechend der Aufgabenstellung zuverlässig sein,
- muß über gutes Denkvermögen, Einschätzungsvermögen verfügen und sich zumutbar schriftlich ausdrücken können.
- Der Kandidat muß kontaktfreudig sein und ein gutes Differenzierungsvermögen besitzen,
- muß vom Motivgefüge her von selbst ein Interesse an der Zusammenarbeit mit dem MfS haben,
- muß in der Lage sein, konspirativ zu arbeiten, Treffs abzudecken und auftragsgemäß mit Legenden arbeiten können,
- er muß einen gewissen Einfluß auf SG ausüben können, um geplante staatsfeindliche Handlungen zu unterbinden."

Gleichzeitig sollte er über ausreichende Hafterfahrungen verfügen, ein durchschnittliches Bildungsniveau besitzen, nicht von anderen Strafgefangenen gemieden werden und – um einen möglichst großen Überblick zu erlangen – in dem Arbeitseinsatzbetrieb eine höhere Funktion ausüben.[383] Ein solcher Kandidat war alsbald gefunden. Es handelte sich um einen wegen Mordes verurteilten Strafgefangenen, der eine lebenslängliche Haftstrafe zu verbüßen hatte, im Burger Bekleidungsbetrieb eingesetzt war und fortan unter dem Decknamen „Schmidt" als Zuträger für das MfS tätig war. Die Dienste dieser Inoffiziellen Mitarbeiter für das MfS wurden in Form von Vergünstigungen abgegolten, u. a. in Form von Geldzuwendungen, kleinen Geschenken, Besuchen von Kulturveranstaltungen oder eines zusätzlichen Paketscheins.

Aufgrund von Informationen dieser Zuträger konnte die Staatssicherheit gezielte Zersetzungsmaßnahmen einleiten. Ein Beispiel dafür ist der folgende Vorgang: Ein

---

382 Ein IMS war ein inoffizieller Mitarbeiter, der mit der Sicherung eines gesellschaftlichen Bereiches oder Objektes beauftragt war.
383 Anforderungskriterien für den in der VA III der StVE Brandenburg zu gewinnenden IMS vom 1. 6. 1976, BStU, ASt. Potsdam, 1855/81, Bd. I, Bl. 18.

politischer Strafgefangener, dessen Entlassungstermin bevorstand, sollte derart diskreditiert werden, dass er einen schlechten Leumund erhielt, damit er nach seiner Haftentlassung kein Vertrauen unter seinen Freunden mehr besaß. Folgender Maßnahmeplan wurde erarbeitet:

Zunächst sollte in seine Zelle ein weiterer Gefangener gelegt werden, dessen Entlassung in die BRD bevorstand und der über die weiteren Vorgänge unbedingt Kenntnis zu erlangen hatte, um diese dann in der Bundesrepublik unter interessierten Personen, Organisationen und Institutionen zu verbreiten. Der dafür ausgewählte politische Häftling war vollkommen ahnungslos. Nun hatte der zuständige Erzieher den zu bearbeitenden Gefangenen mehrmals zu einem Gespräch mit dem MfS abzuholen, was möglichst viele Gefangene mitbekommen sollten. Tatsächlich wurde er aber nur für jeweils ein bis zwei Stunden in eine Zelle eingeschlossen, ohne dass er dem MfS vorgeführt wurde. Nach diesen „Vorführungen" sollte er ein bis zweimal wöchentlich scheinbar ohne Grund zur Kontrolle seiner Effekten, zur Behandlung beim Medizinischen Dienst oder zum Erziehungsgespräch abgeholt werden, wobei ihn ein Mitarbeiter des MfS, der als solcher bekannt war, ansprach. Die Perfidie bestand darin, den Verdacht des Verrats bei den anderen Gefangenen aufkommen zu lassen. Um ganz sicher zu gehen, wurde ein weiterer IM eingesetzt, der in einem vertraulichen Gespräch gegenüber einem anderen politischen Gefangenen über die angebliche Zusammenarbeit des betreffenden Häftlings mit dem MfS berichtete, wodurch der Verdacht nochmals von anderer Seite erhärtet wurde. Um diesen Plan der „Desorientierung des Gegners" umzusetzen, war „ein begrenzter Personenkreis einzusetzen und auch die SV-Angehörigen gründlich auszuwählen und einzuweisen".[384] Mit dieser Maßnahme hatte man den betreffenden Strafgefangenen isoliert und seiner weiteren Zukunft schweren Schaden zugefügt, denn das Misstrauen gegenüber seiner Person war fortan sein ständiger Begleiter. Dieser Zersetzungsplan wurde mehrfach in der StVE Brandenburg erfolgreich angewandt, wie im Folgenden noch dargestellt wird.

Die immer vielfältigeren Methoden der Staatssicherheit sowie die ausufernde Überwachungspraxis verlangten mehr Personal und Inoffizielle Mitarbeiter. In den siebziger Jahren bestand die Operativgruppe in der Strafvollzugseinrichtung aus vier Personen, einem Leiter und drei Mitarbeitern. Sie verfügte 1977 über einen IM-Bestand von 67 Personen, wobei weniger als die Hälfte sich aus Strafgefangenen zusammensetzte; die Mehrheit bildeten SV-Angehörige und Zivilangestellte. Die Arbeitsrichtung I/4 der Kriminalpolizei bestand dagegen aus einem Leiter und acht Mitarbeitern, wobei der Leiter als Offizier im besonderen Einsatz des MfS tätig und damit ein enger Draht zwischen beiden „Sicherheitsorganen" gewährleistet war. Diese Arbeitsrichtung führte immerhin 71 IM unter den Gefangenen, von denen auch die Operativ-

---

384 Vorschläge zur Verunsicherung des Strafgefangenen sowie zur Desorientierung des Gegners vom 26. 7. 1977, bestätigt am 26. 7. 1977, BStU, MfS, ASt. Potsdam, HA VII/1386, Bl. 497 f.

gruppe des MfS profitierte.[385] Auch wenn z. B. 1983 „nur" 44 Häftlinge als IM für die Operativgruppe des MfS tätig waren, so konnte sie jedoch auf Informationen der Zuträger für die Arbeitsrichtung K I/4 zurückgreifen, wodurch sich die Zahl der IM auf insgesamt 118 erhöhte.[386]

1984 war die Operativgruppe des MfS bereits auf sechs Mitarbeiter angewachsen (ein Leiter und fünf Mitarbeiter – davon eine technische Kraft). Sie führten 87 IM, unter ihnen 31 Strafgefangene und 34 SV-Angehörige.[387] Wie das MfS bedauernd feststellte, war die Mehrzahl der IM unter den Häftlingen wegen krimineller Delikte verurteilt worden und gehörte somit nicht zur „Zielgruppe des Feindes". „Gesicherte Erkenntnisse besagen, dass sich IM unter Strafgefangenen, die wegen solcher [politischer] Straftaten verurteilt wurden, nur bedingt zur Aufdeckung, Aufklärung und Bekämpfung feindlicher Aktivitäten Strafgefangener eignen."[388] Mit anderen Worten: Politische Gefangene standen dem MfS kaum als Zuträger zur Verfügung. Bis 1989 hatte sich die Zahl der Mitarbeiter der Operativgruppe auf insgesamt 10 erhöht.[389]

Die Einflussnahme auf den Strafvollzug war per Dienstanweisungen und Richtlinien des Ministers für Staatssicherheit geregelt. Dem MfS kam die Aufgabe der „politisch-operativen Abwehrarbeit" zu, insbesondere der „vorbeugende[n] Verhinderung, Aufdeckung und Bearbeitung der Pläne und Absichten des Gegners". Aufzudecken war die „politisch-ideologische Diversion, mit der der Gegner das Ziel verfolgt, die Sicherheit und Ordnung in den Vollzugseinrichtungen zu beeinträchtigen und insbesondere durch feindlich-negative Aktivitäten die Maßnahmen des Strafvollzuges und das konsequente Auftreten der Angehörigen des Strafvollzuges zu verleumden".[390] Detailliert wurden in der Dienstanweisung 2/75 die Zuständigkeiten und Inhalte der für die Überwachung des Strafvollzugs Verantwortlichen geregelt. Die Dienstanweisung

---

385 Auskunftsbericht über die Entwicklung der Lage und Situation in der Strafvollzugseinrichtung Brandenburg vom 10. 6. 1978, BStU, ASt. Potsdam, Abt. VII, 706, Bl. 113 f.
386 Vorlage zur Leitungssitzung in der Abteilung – Oktober 1983 vom 10. 10. 1983, ebenda, Bl. 88.
387 Bericht über die Kontrollergebnisse zum Stand und der Wirksamkeit der Durchsetzung der Befehle und Weisungen des Ministers für Staatssicherheit ... in der StVE Brandenburg vom 26. 3. 1984, BStU, Arbeitsbereich Neiber, 501, Bl. 17 u. 19. Im Detail setzten sie sich zusammen aus: 7 FIM (Führungs-IM), 3 IME (IM für besonderen Einsatz), 63 IMS (Inoffizielle Mitarbeiter), 5 IMK/KW (IM zur Sicherung der Konspiration) und 9 KW (Inhaber von konspirativen Wohnungen, hier auch Dienstzimmer).
388 Ebenda, Bl. 20.
389 Vorlage zur Leitungssitzung in der Abteilung – September 1989 vom 11. 9. 1989, BStU, ASt. Potsdam, Abt. VII, 702, Bl. 188. Im Einzelnen waren das ein Referatsleiter, sieben operative Mitarbeiter und zwei technische Arbeitskräfte. Hinzu kamen zwei Offiziere im besonderen Einsatz. Letztere waren im Bereich Vollzug und wie bisher im Bereich der K I/4 (der Leiter) eingesetzt. Die Operativgruppe führte inzwischen 89 IM.
390 Minister für Staatssicherheit, Dienstanweisung Nr. 2/75, Die politisch-operativen Aufgaben des Ministeriums für Staatssicherheit im Strafvollzug der Deutschen Demokratischen Republik vom 13. 3. 1975, S. 3.

5/85 des Ministers für Staatssicherheit legte ausführlich fest, auf welche Häftlinge sich die politisch-operative Arbeit zum Zweck der „vorbeugenden Verhinderung und Bekämpfung feindlich-negativer Handlungen"[391] konzentrieren sollte. Das waren Strafgefangene, „die

- wegen Staatsverbrechen verurteilt sind oder im Verdacht stehen, Staatsverbrechen begangen zu haben bzw. solche zu planen,
- Feindverbindungen unterhielten oder auf deren Herstellung gerichtete Vorbereitungen betreiben,
- als Inspiratoren, Initiatoren oder Beteiligte politischer Untergrundtätigkeit inhaftiert sind,
- im Verdacht politischer Untergrundtätigkeit stehen bzw. feindlich-negativen Zusammenschlüssen angehören,
- als Inspiratoren, Initiatoren oder Beteiligte an Gewaltstraftaten, an Zusammenrottungen und anderen bedeutsamen feindlich-negativen Handlungen, einschließlich in Einrichtungen des Strafvollzuges, teilgenommen haben,
- gemäß § 213 StGB verurteilt sind und im Verdacht stehen, erneut strafbare Handlungen im Sinne des § 213 zu planen bzw. andere Strafgefangene in dieser Richtung zu inspirieren,
- Versuche, zur Erreichung der Übersiedlung nach nichtsozialistischen Staaten bzw. Westberlin unternommen haben oder als Inspiratoren bzw. Initiatoren für derartige Versuche in Erscheinung traten,
- wegen Straftaten mit hoher Gesellschaftsgefährlichkeit verurteilt sind, denen eine staatsfeindliche Zielstellung jedoch nicht nachzuweisen war bzw. bei denen aus rechtspolitischen Gründen nur Straftatbestände der allgemeinen Kriminalität zur Anwendung kamen.
- Bürger nichtsozialistischer Staaten oder Ständige Einwohner von Westberlin sind, als Wiederaufgenommene, Überläufer gegnerischer bewaffneter Organe oder Personen mit Spezialausbildung operativ bedeutsame Merkmale aufweisen bzw. zu denen Angehörigen diplomatischer Vertretungen in der DDR zum Zweck der Betreuung Kontakt aufnehmen."[392]

Damit war das gesamte Spektrum von politischen Gefangenen im Strafvollzug erfasst. Bemerkenswert ist das Eingeständnis des MfS, dass man sozusagen auf Verdacht Personen verurteilt hatte, bei denen man meinte, sie würden staatsfeindliche Ziele verfolgen. Darunter konnten z. B. Verurteilungen zum Schaden des Volkseigentums fallen, aber auch „Asozialität", also Fälle von „allgemeiner Kriminalität". Aus der Anweisung geht überdies hervor, dass sämtliche politische Gefangene im

---

[391] Minister für Staatssicherheit, Dienstanweisung 5/85 zur politisch-operativen Arbeit im Organ Strafvollzug des MdI vom 3. 6. 1985, BStU, MfS-BDL/Dok., Nr. 008116, Bl. 4.
[392] Ebenda, Bl. 15 f.

Strafvollzug überprüft werden sollten, was in der Vergangenheit im Fall der Strafvollzugseinrichtung Brandenburg nur unzureichend geschehen war.[393]

Ergaben sich bestimmte Verdachtsmomente, wie z. B. die Verbindungsaufnahme zu bzw. durch „Feindorganisationen", Gruppenbildungen mit staatsfeindlichem Charakter und beabsichtigte „feindlich-demonstrative Handlungen" oder Flugblattaktionen sowie Sabotageakte in den Arbeitseinsatzbetrieben, so wurde eine Operative Personenkontrolle (OPK) oder ein Operativer Vorgang (OV) angelegt.

Ein Beispiel für die Gründe zur Einleitung einer OPK stellt der Fall eines Strafgefangenen – im Folgenden mit X bezeichnet[394] – dar. Er war 1977 wegen staatsfeindlicher Hetze (§ 106), Staatsverbrechen gegen ein anderes sozialistisches Land (§ 108) und ungesetzlichen Grenzübertritts (§ 213) zu viereinhalb Jahren verurteilt und in einer OPK „Intelligenz" bearbeitet worden. Es handelte sich dabei um einen ehemaligen wissenschaftlichen Mitarbeiter eines Ministeriums der DDR. Obwohl es keinen konkreten Anlass für die Einleitung einer OPK gab, wurde als Begründung angeführt:

„Bei dem SG X handelt es sich um einen verbohrt staatsfeindlich eingestellten Menschen, der aufgrund seines hohen Intelligenzgrades sicher und überzeugend argumentieren kann und einen äußerst negativen Einfluss auf andere Strafgefangene ausüben kann. Er versucht mit allen Mitteln seine Ausweisung in die BRD zu erreichen. In diesem Bestreben versucht er ständig mit der Außenwelt in Kontakt zu kommen und andere Strafgefangene für seine Ideologie zu gewinnen. Aufgrund dieser Umstände sowie seiner Verbindungen zu B i e r m a n n, der zwischenzeitlich aus der DDR ausgewiesen wurde sowie der beabsichtigen Wiedereingliederung in die DDR wird durch die HA VII/5 die operative Kontrolle dieser Person in einer Sicherheits-OPK angewiesen."[395]

---

[393] Eine hochkarätig besetzte Kontrollkommission, die im Auftrag des Ministers Mielke im März 1984 die Arbeit der Operativgruppe durchleuchtete, stellte fest: „Strafgefangene, die als Neuzugänge in die StVE Brandenburg verlegt werden, wurden in der Vergangenheit nicht einmal in der Abteilung XII des MfS überprüft, so dass sowohl gute IM-Kandidaten als auch Strafgefangene, bei denen operative Maßnahmen erforderlich sind, unbekannt blieben. Vom Leiter der Operativgruppe wurde die operative Sichtung und Filtrierung solcher Zugänge bereits angewiesen, die nach konkreten Vorgaben und Kriterien realisiert wird." Bericht über die Kontrollergebnisse zum Stand und der Wirksamkeit der Durchsetzung der Befehle und Weisungen des Ministers für Staatssicherheit ... vom 26. 3. 1984, BStU, MfS, ZA, Arbeitsbereich Neiber, 501, Bl. 26. Diese Kontrollgruppe ermittelte im Zusammenhang mit der Absetzung des Leiters der StVE Brandenburg Ackermann, in dessen Geschäfte auch Angehörige der Operativgruppe verwickelt waren. Gegen den Leiter der Operativgruppe wurde ein Disziplinarverfahren eingeleitet und die Operativgruppe teilweise mit neuen Mitarbeitern des MfS besetzt.

[394] Der Name ist in den Unterlagen, die die Bundesbeauftragte für die Unterlagen des Staatssicherheitsdienstes der ehemaligen DDR zur Verfügung stellte, aus Gründen des Personenschutzes geschwärzt. In diesen wie auch den folgenden Fällen wird der Name mit X bezeichnet.

[395] Eröffnungsbericht zur OPK „Intelligenz" vom 13. 4. 1977, BStU, ASt Potsdam, AOPK, 1744/77, Bl. 95 f.

Dieser OPK lagen demzufolge nur Vermutungen zugrunde, dass er andere Gefangene „negativ" beeinflussen könnte, gleichwohl gab seine Verbindung zu Biermann zu Misstrauen Anlass. Das Ziel der operativen Personenkontrolle bestand aus vier Punkten:
„X soll keine Möglichkeiten erhalten, unter den Strafgefangenen feindlich wirksam zu werden.
Ferner soll erreicht werden, dass X keinerlei Außenverbindungen erhält.
Kontrolle über die Bemühungen von ‚Amnestie International',
Vorbereitung zur Wiedereingliederung."[396]
Die weitere operative Bearbeitung der OPK „Intelligenz" umfasste:
„1. Einleitung größtmöglicher Isolierungsmaßnahmen unter Berücksichtigung der gesetzlichen Bestimmungen [sic!]
2. Einführung eines geeigneten IM, um die Verbindungen des X aufzuklären und um die Pläne und Absichten vorbeugend aufzudecken
3. Besondere individuelle Erziehungsmaßnahmen von Seiten des Strafvollzuges – ständige Einschätzung durch den zuständigen Erzieher insbesondere in Hinsicht auf die Wiedereingliederung
4. Kontrolle der ein- und ausgehenden Post des SG
5. Feststellung, inwieweit X mit den Flugblattaktionen in der gegenwärtigen Situation im Zusammenhang steht und bei Auftreten neuer Aspekte sofort HA VII/8 informieren.
6. Feststellung und beweiskräftig erarbeiten, ob eventuell strafrechtliche Relevanz vorliegt."[397]
Es war beabsichtigt, diesen Strafgefangenen unbedingt in die DDR wiedereinzugliedern und keinesfalls eine Ausreise aus dem Strafvollzug zu genehmigen. Die Vergeltungsabsicht spricht aus sämtlichen Unterlagen. Allerdings wurden solche Entscheidungen auf höherer Ebene getroffen, sodass der Betroffene doch einen Monat vor seinem Strafende „auf Sonderdokument" in die BRD entlassen wurde.

Obwohl diese Maßnahmen zerstörerisch auf den Strafgefangenen wirkten, beugte er sich während der Haftzeit nicht. Dabei litt er unter der zunächst vorgenommenen Isolierung, der Einzelhaft, später wurde er mit besonders gewalttätigen kriminellen Gefangenen in eine Gemeinschaftszelle untergebracht, in der er um sein Leben fürchtete. In einer Eingabe an das MfS protestierte er gegen seine Behandlung, er fühle sich nicht nur in seiner Menschenwürde tief verletzt, sondern bange auch um sein Leben und seine Gesundheit. Gleichzeitig prangerte er die unmenschlichen Zustände in der StVE Brandenburg an. In einem Abschiedsbrief an seine Eltern, den er über den

---

[396] Übersichtsbogen zur operativen Personenkontrolle „Intelligenz, BStU, ASt Potsdam, AOPK, 1744/77, Bl. 3
[397] Eröffnungsbericht, BStU, ASt Potsdam, AOPK, 1744/77, Bl. 7 f.

Rechtsanwalt Vogel zustellen lassen wollte, äußerte er die Befürchtung, dass er die Strafvollzugseinrichtung nicht mehr lebend verlassen werde. Deshalb teilte er ihnen seinen letzten Willen mit.[398] Die Haftbedingungen hatten ihn psychisch zerrüttet.

Regelmäßig verfasste die Operativgruppe des MfS in Brandenburg monatliche Berichte an die übergeordnete Diensteinheit, in denen sie Auskunft über die eingeleiteten bzw. laufenden OPK und OV gab. Im Unterschied zur OPK hatte sich bei einem OV ein bestimmter Verdacht bereits erhärtet, weshalb die Person nunmehr intensiv überwacht wurde. Im März 1983 wurden beispielsweise 17 OPK bearbeitet und ca. 6 OV.[399] Sie bezogen sich nicht alle auf Strafgefangene. Von den 1985 bearbeiteten 21 OPK betrafen sieben Mitarbeiter des Strafvollzugs, zwei Zivilbeschäftigte des Strafvollzuges, zwei Betriebsangehörige der Arbeitseinsatzbetriebe und zehn Strafgefangene. Hinzu kamen fünf Operative Vorgänge.[400]

Besonders ins Visier der Staatssicherheit gerieten diejenigen Personen, die einen Antrag auf Ausreise aus der DDR gestellt hatten. Das MfS erfasste die Zahl der „Ersucher auf Übersiedlung", wie es im MfS-Jargon hieß, aber auch die von „Übersiedlungswilligen". Bei Letzteren handelte es sich um Strafgefangene, die keinen Antrag gestellt, aber ihren Ausreisewillen bekundet hatten. Vermutlich waren darunter auch einige, die lediglich vorgaben, einen entsprechenden Antrag gestellt zu haben, um dies als Drohung zu nutzen. Die Operativgruppe bemühte sich redlich, die Antragsteller auf Übersiedlung zu erfassen. Der Bestand der „Ersucher" sollte ab 1984 per Karteikarten registriert werden. Dabei war zu klären:

„– Wer ist der SG
– Ist er Staatsfeind oder Krimineller
– Wie verhält er sich während des Vollzugsprozesses
– Wie motiviert er sein Ersuchen
– Was ist von ihm zu erwarten, wenn er entlassen wird
– Was passiert, könnte passieren, wenn er auf SD entlassen wird
– Wem nutzt diese Person etwas

Auf der Grundlage o. g. Kriterien sind Festlegungen zu treffen, wer den SG während des Vollzugsprozesses kontrolliert/bearbeitet."[401]

---

398 Brief an Rechtsanwalt Dr. Vogel vom 15. 2. 1977, BStU, ASt Potsdam, AOPK, 1744/77, Bl. 192 f.
399 Monatsbericht März 1983 vom 7. 4. 1983, BStU, ASt. Potsdam, Abt. VII, 744, Bd. 3, Bl. 597.
400 Vorlage zur Leitungssitzung in der Abteilung – Oktober 1985 vom 9. 10. 1985, BStU, ASt. Potsdam, Abt. VII, 702, Bl. 261. Der Aufwand dafür war außerordentlich hoch. So wurden z. B. für die 1987 bearbeiteten fünf Operativen Vorgänge und 21 Operativen Personenkontrollen 270 persönliche Treffs mit IM organisiert. Vgl. Übersicht über die Treffdurchführung in der OPG im I. Quartal 1987 vom 18. 4. 1987, BStU, ASt. Potsdam, Abt. VII, 808, Bl. 196.
401 Politisch-operative Bearbeitung/Kontrolle von Übersiedlungersuchenden vom 18. 2. 1984, BStU, ASt. Potsdam, Abt. VII, 746, Bl. 5.

Mit sämtlichen Ausreisewilligen sollten durch den Leiter der StVE Brandenburg so genannte Rücknahmegespräche geführt werden, über die auch die Operativgruppe des MfS zu unterrichten war. Der Erfolg dieser Gespräche war allerdings gering. Von den 385 „potentiellen Übersiedlungsersuchern" (ÜSE) im Jahr 1985 hatten sich lediglich 15 Gefangene zur Rücknahme ihres Ausreisebegehrens bewegen lassen.[402] Es wurden Informationen über die Antragsteller erarbeitet, ob diese beispielsweise vorhatten, Flugblattaktionen zu initiieren, Sabotage in den Arbeitseinsatzbetrieben zu verüben, Kassiber an „Feindorganisationen" zu leiten, nach ihrer Entlassung in die DDR einen Fluchtversuch zu planen oder die Ständige Vertretung aufzusuchen.[403] Allerdings konnten nicht alle tatsächlichen oder potenziellen Antragsteller auf Ausreise aus der DDR durch das MfS entsprechend bearbeitet werden. Dazu war ihre Zahl viel zu hoch. 1986 z. B. erfasste das MfS insgesamt 279 Antragsteller (davon 185 potenzielle „Übersiedlungsersucher"),[404] 1987 waren es 322 (davon 163 potenzielle ÜSE)[405] und 1989 288 Antragsteller (davon 139 potenzielle ÜSE).[406] Damit begehrten jeweils über 10 Prozent der Strafgefangenen in Brandenburg-Görden ihre Ausreise aus der DDR.

Eine OPK wurde beispielsweise 1984 zu einem Häftling unter dem Decknamen „Anruf" angelegt, der 1981 wegen ungesetzlichen Grenzübertritts (§ 213) und staatsfeindlicher Verbindungsaufnahme (§ 100) zu fünf Jahren und acht Monaten Freiheitsentzug verurteilt worden war. Die Gründe für das Anlegen der OPK legte die Operativgruppe folgendermaßen dar: „Der ‚Anruf' besitzt eine negative Einstellung zur Partei der Arbeiterklasse und zum sozialistischen Staat. Seine negative Einstellung bringt er mit der Antragstellung auf Übersiedlung in die BRD und in negativen Äußerungen zum Ausdruck. Er ist als ein hartnäckiger Antragsteller auf Übersiedlung in die BRD zu bezeichnen. Der ‚Anruf' steht im Verdacht, eine Straftat gemäß § 219 [ungesetzliche Verbindungsaufnahme] zu begehen, indem er persönlich bzw. über Dritte zu einer in der BRD seßhaften feindlichen Organisation Verbindungen unterhält, die es sich zur Aufgabe gemacht hat, sich für die Freilassung von Inhaftierten in

---

402 Bis Anfang November 1985 waren bereits 119 Strafgefangene „auf Sonderdokument" in die Bundesrepublik entlassen worden. Vgl. Einschätzung der Wirksamkeit der politisch-operativen Arbeit ... vom 6. 12. 1985, BStU, ASt. Potsdam, Abt. VII, 702, Bl. 103.
403 Lagen für solche Absichten nach der Haftentlassung Verdachtsmomente vor, wurden bei einer Entlassung in die DDR die zuständigen Sicherheitsbehörden informiert. Auch das regelten u. a. die Dienstanweisungen 2/75 und 5/85 des Ministers für Staatssicherheit.
404 Abt. VII, OPG: Monatsbericht September 1986 vom 29. 9. 1986, BStU, ASt. Potsdam, Abt. VII, 744, Bd. 2, Bl. 163.
405 Einschätzung der Erg./Erk.: In der Bearbeitung von Ersuchern auf Übersiedlung gemäß DA 2/83 und Wirksamkeit des IM-Einsatzes vom 9. 4. 1987, BStU, ASt. Potsdam, Abt. VII, 703, Bd. 3, Bl. 672.
406 Abt. VII/OPG: Vorlage zur Leitungssitzung in der Abteilung – September 1989 vom 11. 9. 1989, BStU; ASt. Potsdam, Abt. VII, 702, Bl. 189.

der DDR und deren Übersiedlung in die BRD einzusetzen." [407]

Ziel der OPK sei es daher, den Inhalt und das Ausmaß der Verbindung sowie die Verbindungspersonen aufzuklären. Es wurden fünf IM auf ihn angesetzt, die Post sowie die Pakete vom MfS kontrolliert, von den Gesprächen, die „Anruf" mit Besuchern führte, Tonbandmitschnitte angefertigt sowie seine Verwandten und Bekannten vom MfS beobachtet und deren Aktivitäten, z. B. im Wohngebiet, festgehalten. Das MfS ließ sogar ein Gutachten des Psychologen der StVE Brandenburg im Range eines Majors des SV über den Gefangenen erstellen, um seine Schwachstellen und seine Auffassungen zu erkunden. Interessanterweise hielt dieser in seiner Einschätzung fest: „Unverkennbar war die Differenz zwischen der Erwartung bezüglich Auftreten u. Verhalten des SG im Gespräch, nach dem Aktenstudium. Es wurde ein überheblicher, arroganter, alles negierender u. eventuell renitenter SG erwartet." Dem Gutachter lag nämlich u. a. eine Einschätzung eines Erziehers vor, in der der Häftling als überheblich und arrogant beschrieben wird. Deshalb habe es schon „Auseinandersetzungen" gegeben, der Gefangene sei disziplinarisch zur Verantwortung gezogen worden.[408] Demgegenüber stellte der Psychologe fest: „Tatsache war, ein höflicher, gesprächsbereiter u. zugewandter SG, der offensichtlich das Bedürfnis hatte, über seine Probleme zu sprechen und das schon länger, der aber, seiner Darstellung nach, nie richtig angehört o. gar vor den Kopf gestoßen wurde, u. der letztlich seine Einstellung u. seine Haltung so verfestigt hat, dass er ein Verbleiben in der DDR nicht mehr in Erwägung zieht." [409]

Das Gutachten wirft ein bezeichnendes Licht auf den Umgang mit politischen Häftlingen durch die SV-Bediensteten und das MfS im Strafvollzug. Es handelte sich bei „Anruf" keineswegs um einen aufsässigen Gefangenen, vielmehr schienen die SV-Angehörigen im Verbund mit dem MfS ihn gezielt schikaniert zu haben, weshalb er entsprechende Abwehrmechanismen entwickelte. Nachdem mit hohem Aufwand umfangreiches Material gesammelt worden war, wurde „Anruf" auf Sonderdokument in die Bundesrepublik entlassen.

Die plötzliche Abschiebung in den Westen war ein sich häufig wiederholender Vorgang und hing damit zusammen, dass die Entscheidungen über die Ausreise in die BRD auf zentraler Ebene getroffen wurden. Es dürfte einigermaßen frustrierend auf die MfS-Mitarbeiter vor Ort gewirkt haben, wenn in der Zielstellung von OPK's und OV's die Entlassung der Gefangenen in die DDR formuliert worden war, schließlich aber eine vorzeitige Entlassung in die BRD erfolgte und die Arbeit an dem eifrig zusammengetragenen Material sich als relativ sinnlos erwies.

---

407 Zwischenbericht zur operativen Personenkontrolle „Anruf" vom 27. 6. 1985, BStU, ASt. Potsdam, AOPK, 1062/87, Bd. I, Bl. 223 f.
408 Kurzeinschätzung des Strafgefangenen X vom 18. 1. 1982, ebenda, Bl. 37 a.
409 StVE Brandenburg, SV-Psychologe, Einschätzung SG X, vom 24. 1. 1985, ebenda, Bl. 170.

Der oberste Dienstherr Erich Mielke hatte 1986 erneut bekräftigt:
„Zur weiteren konsequenten Durchsetzung einer straffen zentralen Führung aller Maßnahmen und Sicherung eines einheitlichen Verfahrens der Vorbereitung, Bestätigung und Abwicklung von Entlassungen Strafgefangener aus der Staatsbürgerschaft der DDR und deren Entlassung aus dem Strafvollzug (nachfolgend Übersiedlung Strafgefangener genannt) weise ich an:
1. Übersiedlungen Strafgefangener erfolgen ausschließlich auf der Grundlage meiner Entscheidungen, die durch den Leiter der ZKG [Zentrale Koordinierungsgruppe)[410] im Rahmen der von mir übertragenen Gesamtverantwortung für die Vorbereitung und Durchführung aller Übersiedlungen/Wohnsitzänderungen in die BRD, in andere nichtsozialistische Staaten und nach Westberlin vorzubereiten und durchzusetzen sind.
2. Der Leiter der ZKG hat das einheitliche und aufeinander abgestimmte Vorgehen aller beteiligten Diensteinheiten zur Vorbereitung und Realisierung der Übersiedlungen Strafgefangener und deren Familienangehörigen zu sichern und eigenständig die dazu erforderlichen Maßnahmen einzuleiten [...]. Alle grundsätzlichen Fragen und politisch-operativ bedeutsamen Einzelfälle sind mir durch den Leiter der ZKG zur Entscheidung vorzulegen."[411]

Damit war eindeutig geregelt, dass über die Ausreise von Strafgefangenen allein die oberste Leitungsebene des MfS entschied, oftmals sogar Mielke persönlich. Insofern erwiesen sich die Aktivitäten der Operativgruppe in Brandenburg, Gefangene in Hinblick auf eine Entlassung in die DDR zu bearbeiten und entsprechende Vorbereitungen zu treffen, häufig als überflüssig.

Um in den Strafvollzugseinrichtungen „feindlich-negative Handlungen im Zusammenhang mit Versuchen zur Erreichung der Übersiedlung vorbeugend zu verhindern",[412] nahm das MfS gezielt Einfluss auf die Strafvollzugsbedingungen von Häftlingen, wie sich dies z. B. am Fall des OV „Kanister" dokumentieren lässt. Es handelte sich dabei um einen „hartnäckigen Antragsteller", der seine Ausreise gewaltsam durch Geiselnahme erzwingen wollte und dafür eine lebenslängliche Freiheitsstrafe erhielt. Menschenrechtsorganisationen setzten sich für ihn ein.[413] Er wurde daraufhin umfassend

---

410 Die ZKG (Zentrale Koordinierungsgruppe) war eine selbstständige Diensteinheit im MfS, Bereich Neiber, und koordinierte das Vorgehen der Diensteinheiten bei Übersiedlungen sowie bei der Vorbeugung, Aufklärung und Verhinderung des „ungesetzlichen Grenzübertritts". Sie wurde 1975 gegründet.
411 Minister für Staatssicherheit an alle Diensteinheiten, 1986, BStU, HA VII, 2694, Bl. 33.
412 Orientierung zur Durchsetzung der Dienstanweisung Nr. 2/83 des Genossen Minister in den Einrichtungen des Strafvollzugs der DDR vom 15. 3. 1984, BStU, ASt. Potsdam, BdL, 854, Bl. 2.
413 Abt. VII/OPG, Eröffnungsbericht zur Anlage des Operativvorganges „Kanister" ... vom 10. 4. 1985, BStU, AOPK, 2015/88, Bd. I, Bl. 10–14.

im Strafvollzug observiert. Als man bei „Kanister" einen Kassiber fand, der aus Brandenburg-Görden herausgeschmuggelt werden sollte, in dem er die Haftbedingungen in der Strafvollzugseinrichtung beschrieb, verschärfte man auf Veranlassung des MfS seine Vollzugsbedingungen. Er erhielt zunächst 21 Tage Arrest. Weiterhin wurde für die Dauer eines halben Jahres Einzelunterbringung angeordnet, um jeglichen Kontakt zu anderen Gefangenen zu unterbinden. Darüber hinaus sollten seine persönlichen Kontakte (Brief-, Post- und Besuchsempfang) eingeschränkt werden. Regelmäßig war sein Verwahrraum zu durchsuchen. Da man offensichtlich einzelnen Aufsehern nicht recht traute, sollten „Bewegungen" des Gefangenen (z. B. beim Gang zum Sanitäter, zum Duschen usw.) grundsätzlich von zwei SV-Angehörigen beobachtet werden. Auch die Freistunde hatte im Arresthof allein und unter Beaufsichtigung von zwei Bediensteten zu erfolgen. Die Post sollte sorgsam auf „latente Schrift" überprüft werden. Monatlich war ein Erziehungsgespräch mit dem zuständigen Erzieher durchzuführen. Diese Maßnahmen konnten nur mit Zustimmung des Leiters der Operativgruppe des MfS aufgehoben werden.[414] In den Monatsberichten wurde regelmäßig über den Sachstand zu diesem Operativen Vorgang berichtet. Das MfS nahm damit entscheidend auf die Strafvollzugsbedingungen Einfluss.

Nicht alle politischen Gefangenen wurden jedoch derart vom MfS observiert. Verhielten sie sich unauffällig und verfügten nicht über besondere Kontakte in die BRD oder zu internationalen Organisationen, blieben sie weitgehend unbehelligt. Anders war es, wenn es sich um politisch brisante Delikte handelte, die größere Aufmerksamkeit von außen auf sich zogen. Dies war z. B. bei einem Strafgefangenen der Fall, der in einer OPK „Igel I" bearbeitet wurde und bei dem es sich um ein Mitglied der illegalen DDR-Sektion der KPD/ML handelte. Der Mann war 1981 nach § 106 (staatsfeindliche Hetze) zu acht Jahren Freiheitsentzug verurteilt worden und im Sommer 1982 nach Brandenburg gekommen. 1983 eröffnete das MfS eine Operative Personenkontrolle mit dem Ziel, „ein Wirksamwerden des X entsprechend seiner feindlich-negativen Grundeinstellung innerhalb der StVE Brandenburg vorbeugend [sic!] zu verhindern. Die Zielstellung leitet sich ab von der Grundkonzeption zur Bearbeitung der KPD ‚Sektion DDR' der AG XXII der BV Berlin. In diesem Zusammenhang soll herausgearbeitet werden, zu welchen Personen innerhalb und außerhalb der StVE Brandenburg X Verbindung aufnimmt, unterhält und welche Zielstellung er dabei verfolgt. Durch zielgerichtete politisch-operative Maßnahmen ist X bei den anderen Strafgefangenen zu verunsichern".[415]

---

414 Zwischenbericht zum OV „Kanister" vom 16. 5. 1988, BStU, ASt. Potsdam, Abt. VII, 703, Bd. II, Bl. 317 f.
415 Sachstandbericht zur OPK „Igel I" – Reg.-Nr. XV/2172/83 vom 4. 7. 1985, BStU, ASt. Potsdam, AKG, ZMA A 4711, Bl. 18.

Das Interesse an der Person ging also auch von der Bezirksverwaltung des MfS in Berlin aus. Wieder wurde ein umfangreicher Maßnahmeplan zur Bearbeitung der Person erarbeitet, der die Kontrolle des Post-, Paket- und Besuchsverkehrs sowie die Platzierung von IM in seinem Umkreis vorsah.[416] Nachdem er im Arbeitseinsatzbereich in eine Messerstecherei unter Strafgefangenen geriet und er sich persönlich bedroht fühlte, verweigerte er die Arbeit, woraufhin er zunächst mit Einkaufsreduzierung, Durchführung des „Sprechers" in der Kabine (damit Überwachung der Gespräche) und anschließend mit 14 Tagen Arrest belegt wurde. Danach erfolgte eine Einzelunterbringung des Gefangenen, die er allerdings aus Gründen der persönlichen Sicherheit selbst gefordert hatte. Da er im Blickfeld von „ausländischen Feindorganisationen" (75 Postsendungen wurden konfisziert) stand, wurde der Einzelunterbringung auch zugestimmt.[417]

Um diesen Gefangenen von anderen politischen Häftlingen zu isolieren und ein „feindlich-negatives Wirksamwerden" zu verhindern, wurde er wiederholt unter Vorwänden zur Staatssicherheit bestellt, „was einem großen Kreis von Strafgefangenen bekannt wurde, um die OPK-Person als ‚Zuträger' für das MfS zu diffamieren".[418] Wie das MfS feststellte, hatten die Maßnahmen zur Verunsicherung von „Igel I" „operativen Erfolg". Es sei eine starke Verunsicherung des Strafgefangenen eingetreten wie auch der OPK-Personen „Diversant", „Kassiber" u. a., die Misstrauen gegeneinander hegten und sich auszuspielen versuchten.[419] So teilte „Igel I" seiner Mutter während eines Besuches mit, dass er nervlich vollkommen fertig sei. Das MfS verpasse ihm ein Image als „Stasi-Ratte". Nach dem letzten „Sprecher" hätten sie ihn wieder geholt, aber gar kein Gespräch mit ihm geführt. Dann sei er wieder zum Arbeitseinsatzbereich gebracht worden. Dort hätten die anderen dann zu ihm gesagt: „Na Ratte, wen hast du heute wieder angeschissen?" Das MfS hatte es zudem so eingerichtet, dass von diesem Verdacht auch Gefangene Kenntnis erhielten, deren Entlassung in die BRD bevorstand.[420]

Da beabsichtigt war, „Igel I" in die BRD zu entlassen, wurde zielgerichtet das Gerücht einer angeblichen Stasi-Mitarbeit des Gefangenen gestreut. Im Rahmen der „langfristigen Vorbereitung einer möglichen Übersiedlung von ‚Igel I' nach Berlin-

---

416 Maßnahmeplan zur Durchführung der OPK „Igel 1" vom 5. 1. 1984, BStU, ASt. Potsdam, AKG, ZMA A 4711, Bl. 9 f. Bei „Igel 2" handelte es sich um einen weiteren Verurteilten in dieser Sache.
417 Sachstandsbericht zur OPK „Igel I" vom 16. 12. 1983, BStU, ASt. Potsdam, AKG, ZMA A 4711, Bl. 14.
418 Monatsbericht der OPG, April 1985 vom 2. 5. 1985, BStU, ASt. Potsdam, Abt. VII, 744, Bd. 3, Bl. 390.
419 Ebenda.
420 Vgl. Sachstandsbericht zur OPK „Igel I" vom 14. 11. 1985, BStU, ASt. Potsdam, AKG, ZMA A 4711, Bl. 23. Die Kenntnis über das Gespräch zwischen dem Gefangenen und seiner Mutter erhielt das MfS durch eine entsprechende Tonbandaufzeichnung.

West wurde durch den GMS ‚Karl' [...] von ‚Igel I' eine Geruchskonserve gefertigt und die daktyloskopischen Spuren dokumentiert". Zugleich wurde eine Schriftprobe von ihm beschafft sowie seine Blutgruppe durch den verantwortlichen Arzt bestimmt.[421] Da „Igel I" bisher keinen Ausreisenantrag gestellt hatte, sollte er durch den verantwortlichen Erzieher bzw. den VA-Leiter dazu angeregt werden – ein bisher ungewöhnlicher Vorgang. Durch die AG XXII der BV Berlin war geplant, ihn „bei passender Gelegenheit" in die BRD abzuschieben,[422] was schließlich am 5. November 1985 – nachdem verschiedene Vorkehrungen getroffen worden waren – auch geschah.[423] Ob „Igel I" freiwillig ging und ob es dem MfS tatsächlich gelungen ist, ihn in der Bundesrepublik zu diskreditieren, darüber geben die Akten keine Auskunft.

Zersetzungsmaßnahmen dieser Art waren kein Einzelfall. Sie belasteten die politischen Gefangenen nicht nur psychisch, sondern erschwerten auch ihren Start im Westen erheblich. Wenn die politischen Häftlinge doch in der DDR blieben, wurden die Beziehungen zu ihren ehemaligen Mitstreitern stark in Mitleidenschaft gezogen. Mit den durch die Zersetzungsmaßnahmen verursachten psychischen und physischen Schäden und der stetigen Angst, erneut in das Räderwerk der Staatssicherheit zu gelangen, hatten viele von ihnen noch lange nach ihrer Entlassung zu kämpfen.

12. Die revolutionären Ereignisse erfassen die Strafvollzugseinrichtung

Die Probleme in der DDR spitzten sich Mitte de 80er-Jahre weiter zu. Die Ignoranz der SED-Führung gegenüber den wirtschaftlichen und sozialen Problemen sowie den Entwicklungen in der Sowjetunion ließ immer größere Teile der Bevölkerung auf Distanz zu den Herrschenden gehen und gleichzeitig eine wachsende Zahl von oppositionellen Gruppierungen entstehen. Die Antwort der Regierenden war die Ausweitung des Überwachungsstaates. Forderungen nach Inanspruchnahme von Bürgerrechten wurden massiv abgewehrt, die Gegner des Systems kriminalisiert. Seit Mitte der 80er-Jahre bereitete sich das MfS auf den Ernstfall vor und arbeitete an Szenarien für die Ausschaltung großer Teile der Oppositionsbewegung durch Massenverhaftungen.[424] In diesem Zusammenhang wurden auch die Haftkapazitäten für den „Notstand" neu festgelegt. So war für die Strafvollzugseinrichtung Brandenburg für den Ernstfall eine Verwahrkapazität (bei einer operativen Kapazität von 2400 Haftplätzen) in der Stufe 1

---

421 Ebenda, Bl. 24.
422 Ebenda, Bl. 20.
423 Ebenda, Bl. 24.
424 Vgl. Thomas Auerbach, Vorbereitung auf den Tag X. Die geplanten Isolierungslager des MfS. Hrsg. v. BStU, Berlin 1995; Jens Gieseke, Mielke-Konzern. Die Geschichte der Stasi, Stuttgart/München 2001, S. 182–186.

von 3400 und in der Stufe 2 von 4400 Strafgefangenen vorgesehen.[425] Die Staatssicherheit erkannte die heraufziehenden Gefahr für das Herrschaftssystem, die durch die erstarkende Oppositionsbewegung und die Zunahme der Ausreisebegehren entstanden war, auch wenn sie von den später eintretenden Ereignissen dann doch überrascht wurde.

Nicht so das Organ Strafvollzug des MdI. In Vorbereitung des 40. Jahrestages der DDR berichtete es über „vielfältige Initiativen zur Erfüllung der übertragenen Aufgaben". Bekräftigt wurden die insgesamt stabile Lage und die Gewährleistung von Sicherheit und Ordnung in den Strafvollzugseinrichtungen. Allerdings mussten die Verantwortlichen einräumen, dass gegenwärtig „ein harter Kern feindlich eingestellter Strafgefangener und Verhafteter sowie der hohe Anteil mehrfach Vorbestrafter die Zusammensetzung des Gefangenenbestandes kompliziert gestaltet. Hinzu kommt, dass die Vorgänge in der Gesellschaft den Strafgefangenen und Verhafteten nicht verborgen bleiben".[426]

Auch die Strafvollzugseinrichtung Brandenburg sah keinen Handlungsbedarf. Eine von der übergeordneten Dienststelle durchgeführte Komplexkontrolle im September 1989 ergab ein insgesamt positives Urteil über die Haftbedingungen. Moniert wurde lediglich die Situation in der Gefangenenküche.[427]

Ein mögliches Konfliktpotenzial stellten die verhafteten Antragsteller dar, von denen im September 1989 die Operativgruppe des MfS in Brandenburg 288 (davon 139 potenzielle) bei einer Zahl von insgesamt 2280 Gefangenen registrierte. Diese begingen „feindliche Handlungen" wie

„– Verfassen von Flugblättern mit hetzerischem Inhalt
– Versuch der Verbindungsaufnahme zu feindlichen Stellen
– Inspirierung zur Stellung eines Übersiedlungsersuchens
– Arbeitsniederlegung und Nahrungsverweigerung
– Störung des Produktionsablaufes und des Vollzugsprozesses
– Schleusen von schriftlichen Informationen aus der StVE
– Anwendung von latenter Geheimschrift."[428]

---

425 BV Potsdam, Abt. VII: Einschätzung des Standes und der Ergebnisse bei der Durchsetzung der DA, H. 5/85 des Genossen Minister in der StVE Brandenburg vom 2. 12. 1986, BStU, ASt Potsdam, Abt. VII, 702, Bl. 129. 1988 reduzierte sie die Kapazität im Notstand für die Stufe 2 auf 4200, was jedoch nicht sehr ins Gewicht fiel. Die Normalkapazität von 1900 Haftplätzen, die sie nach der Amnestie von 1987 festgelegt hatte, spielte in ihren Berechnungen gar keine Rolle. Vorlage zur Leitungssitzung in der Abteilung – Oktober 1988 vom 13. 10. 1988, BStU, ASt. Potsdam, Abt. VII, 702, Bl. 160.
426 MdI: Kollegiumsvorlage: Stand der Gewährleistung der Sicherheit im Organ Strafvollzug, einzureichen am 14. 11. 1989, BArchB, DO1/3669.
427 Bericht über die in der StVE Brandenburg in der Zeit vom 5. 9.–15. 9. 1989 durchgeführte Komplexkontrolle vom 29. 9. 1989, S. 6, BLHA, Rep. 404/15.2/470.
428 Abt. VII/OPG: Vorlage zur Leitungssitzung in der Abteilung – September 1989 vom 11. 9. 1989, BStU, ASt. Potsdam, Abt. VII, 702, Bl. 189.

Insgesamt saßen zu diesem Zeitpunkt 21 Strafgefangene wegen Verbrechen gegen die DDR und 182 wegen Straftaten gegen die staatliche Ordnung ein,[429] d. h. die Antragsteller kamen nicht nur aus den Reihen der politischen Gefangenen.

Viele Häftlinge waren im (illegalen) Besitz kleiner Radioempfänger und daher über die Entwicklung außerhalb der Anstaltsmauern gut unterrichtet, zumal auch die „Neuzugänge" entsprechende Informationen einbrachten. Inzwischen hatte die „Abstimmung mit den Füßen", das Erzwingen der Ausreise durch Botschaftsbesetzungen sowohl in der DDR als auch im Ausland eine neue Qualität erreicht. Im September erwirkten Botschaftsflüchtlinge ihre Ausreise aus Ungarn, Polen und der DDR in die Bundesrepublik. In Ungarn wurden ohne Abstimmung mit der DDR-Führung die Grenzen zu Österreich geöffnet, 25 000 Übersiedler nutzten diesen Weg.[430] In Prag konnten nach zähen Verhandlungen 7600 Botschaftsflüchtlinge das Land verlassen.

Gleichzeitig erhielt die Opposition in der DDR starken Zulauf, immer mehr Bürger schlossen sich dieser Bewegung an. Ausgangspunkt dabei waren die Montagsdemonstrationen, die, beginnend in Leipzig, zunächst aus den Kirchen heraus auf die Straße fanden. Im September gründete sich die Sammlungsbewegung „Neues Forum", die eine Demokratisierung der Gesellschaft einforderte und ihre Zulassung beantragte, die von der Staatsmacht abgelehnt wurde. Gründungsaufrufe anderer Initiativen sowie der SDP (Sozialdemokratische Partei) folgten, sie alle forderten freie Wahlen in der DDR, die Durchsetzung bürgerlich-demokratischer Rechte und stellten den Führungsanspruch der SED in Frage. Als anlässlich des Gründungsjubiläums der DDR am 7. Oktober 1989 die SED-Führung an ihrem Kurs festhielt und die Gegendemonstrationen brutal niederschlagen ließ, erstarkte der Protest im ganzen Land. Am 9. Oktober gingen in Leipzig 70 000, eine Woche später 120 000 DDR-Bürger auf die Straße. Mit ihrer Unterschrift hatten 25 000 Bürger ihre Mitgliedschaft im „Neuen Forum" bekundet.[431]

Diese Proteste im Land ermutigten auch die Strafgefangenen, ihre Interessen zu formulieren und eine Demokratisierung des Strafvollzugs einzufordern. Ab Anfang Oktober kam es in der Strafvollzugseinrichtung Brandenburg immer wieder zu Nahrungs- und Arbeitsverweigerungen von Häftlingen. In der Regel ging es zunächst um Forderungen nach Ausreise aus der DDR. Angesichts der Botschaftsbesetzungen in den sozialistischen Ländern wollten auch die inhaftierten Antragsteller Straffreiheit und eine unverzügliche Ausreise. Am 3. Oktober verfassten vier Häftlinge der C-Schicht des Arbeitseinsatzbetriebes Reichsbahnausbesserungswerk, die wegen ungesetzlichen Grenzübertritts verurteilt waren, Briefe an den Generalstaatsanwalt der DDR sowie das oberste Gericht und den Staatsrat der DDR, in denen sie gegen ihre

---

429 Ebenda, Bl. 187.
430 Vgl. Weber, Geschichte der DDR. S. 343.
431 Zahlen vgl. ebenda, S. 218.

Inhaftierung protestierten. Das Strafvollzugspersonal griff hart durch und verhängte Arreststrafen. Noch am gleichen Tag gaben weitere neun Gefangene der A- und der B-Schicht des RAW eine Erklärung ab, dass sie ab sofort in den Arbeits- und Hungerstreik treten wollten, um ihre Ausreise in die Bundesrepublik zu erzwingen. Auch für sie wurden Arreststrafen bzw. Einzelunterbringung angeordnet. Nachdem sich weitere Gefangene diesen Forderungen angeschlossen hatten und in den Streik traten, griffen die Disziplinarmaßnahmen allerdings nicht mehr, denn die Kapazitäten für den Arrest und die Einzelunterbringung waren erschöpft.[432] Bis zum 5. Oktober traten insgesamt 39 Häftlinge in den Streik.[433] Die Leitung der Strafvollzugseinrichtung erachtete infolgedessen die Schaffung zusätzlicher Kapazitäten zur Isolierung weiterer Gefangener als notwendig.[434]

Zugleich tauchten in den Arbeitseinsatzbereichen anonyme Schreiben auf, die zu Protesten aufriefen mit dem Ziel, Veränderungen in den Haftbedingungen sowie weitgehende Rechte der Gefangenen durchzusetzen. So erging am 6. Oktober 1989 ein anonymes Schreiben an den Leiter der Vollzugsabteilung III, in dem mit Gewaltaktionen gedroht wurde, falls auf die Forderungen nicht eingegangen werde. Unterzeichnet war das Schreiben mit „gez. Neues Forum".[435]

Nachdem Honecker am 18. Oktober von allen seinen Ämtern zurückgetreten war, versuchte die Regierung unter Egon Krenz dem Druck der Bevölkerung nachzugeben, ohne den Führungsanspruch der SED in Frage zu stellen und eine grundsätzliche Veränderung einzuleiten. Überstürzt verkündete sie eine Amnestie zum 27. Oktober 1989 für Häftlinge, die wegen ungesetzlichen Grenzübertritts, ihrer Ausreiseanträge oder bei Demonstrationen im Umfeld des 40. Jahrestages der DDR festgenommen bzw. verurteilt worden waren.[436] Davon war in der Strafvollzugseinrichtung jedoch nur eine Minderheit betroffen. Zu dieser Zeit befanden sich 173 Strafgefangene in der Haftanstalt, die nach § 213 (ungesetzlicher Grenzübertritt) verurteilt waren.[437]

Die Wut unter den Inhaftierten wuchs, denn sie erwarteten grundlegende Veränderungen. Das betraf sowohl die Überprüfung ihrer Gerichtsurteile als auch eine grundsätzliche Reform des Strafvollzugs. Ein Versuch, mit der Leitung der Strafvollzugseinrichtung über diese Forderungen zu verhandeln, ging gründlich daneben. Aufgrund der Proteste von Häftlingen fand am 31. Oktober 1989 in der StVE Bran-

---

432 Abt. VII/OPG: Bericht zu Demonstrativhandlungen von Strafgefangenen der StVE Brandenburg zur Erpressung ihrer sofortigen Ausweisung aus der StVE nach der BRD bzw. Berlin (West) vom 4. 10. 1989, BStU, ASt. Potsdam, Abt. VII, 837, Bl. 14–20.
433 BDVP: Information vom 6. 10. 1989, BStU, ASt. Potsdam, Abt. VII, 835, Bl. 3.
434 Bericht zu Demonstrativhandlungen ... vom 4. 10. 1989, BStU, ASt. Potsdam, Abt. VII, 837, Bl. 21.
435 BDVP: Information vom 6. 10. 1989, BStU, ASt. Potsdam, Abt. VII, 835, Bl. 2.
436 Vgl. GBl. Teil I Nr. 20 vom 1. 11. 1989, S. 237.
437 BDVP Potsdam, Information vom 6. 10. 1989, BStU, ASt. Potsdam, Abt. VII, 835, Bl. 3.

Mitte der 70er- bis Ende der 80er-Jahre 357

Gefangenenaufstand in der Strafvollzugseinrichtung
Quelle: Bildarchiv ND

denburg eine Zusammenkunft des amtierenden Leiters sowie seines Adjutanten mit Häftlingen, insbesondere den Funktionshäftlingen der Vollzugsabteilung II, statt, in der zunächst Fragen der Amnestie sowie der allgemeinen Situation erörtert wurden. Die SV-Angehörigen gestanden zu, dass nun eine andere Zeit angebrochen und die Umgestaltung des Strafvollzugs notwendig sei. Die Häftlinge wurden aufgefordert, Missstände und Verstöße von SV-Angehörigen gegen geltende Gesetze zu melden und aufzudecken. Die teilnehmenden Häftlinge beschlossen, sämtliche Strafgefangene des AEB Kontaktbauelemente Luckenwalde (VA II) während einer Arbeitspause zu einem kurzen Treffen zusammenzurufen und sie über das Gespräch zu informieren.

Kurz vor dem Termin bekam die Leitung der Strafvollzugseinrichtung jedoch kalte Füße und die Absprache wurde gebrochen. Sie verbot die Zusammenkunft unter Androhung von Gewaltmaßnahmen, bezichtigte die Organisatoren der Gefangenenmeuterei und drohte mit der Einleitung von Ermittlungsverfahren.[438] Die Leitung befürchtete offenbar, einen Stein ins Rollen zu bringen und das Geschehen nicht mehr zu beherrschen. Mit der Ablehnung des Dialogs war ein Verständigungsprozess abgebrochen worden, noch bevor er begonnen hatte. In der entsprechenden Eingabe eines Gefangenen zu diesem Vorfall heißt es: „Die SG glauben daraufhin kein Wort mehr

---

[438] Beschwerde über Bezichtigung zur Anstiftung einer Gefangenenmeuterei des Strafgefangenen T. vom 12. 11. 1989, BStU, ASt. Potsdam, Abt. VII/825, Bl. 15 f.

vom guten Willen des SV, positive Veränderungen herbeizuführen." Die Lage unter den Strafgefangenen habe sich damit nur noch mehr angespannt.[439]

Infolge des enttäuschenden Agierens der neuen Staatsführung der DDR, deren „Erneuerung" sich auf den Austausch von Personen ohne Einleitung eines grundlegenden Demokratisierungsprozesses beschränkte, kam es in der Strafvollzugseinrichtung immer wieder zu Arbeitsniederlegungen und Hungerstreiks. Sie erhielten zudem durch das Bekanntwerden von Fällen der Bereicherung, des Amtsmissbrauchs und der Korruption von Mitgliedern der Staats- und Parteiführung neue Nahrung.

In Anlehnung an die Sammlungsbewegung „Neues Forum", die sich in der DDR rasant ausbreitete und die weiterhin um ihre Zulassung als Organisation kämpfte, wurde am 9. November 1989 in Brandenburg im Freihof der Vollzugsabteilung III eine Protestresolution mit dem Signum „Forum 89" an der Wand angebracht, die vor allem die inhumanen Strafvollzugsbedingungen zum Gegenstand hatte. Darin hieß es:

„Entsprechend den Prinzipien der Humanität, des Menschenrechts, der Unantastbarkeit der Würde des Menschen, der Uneingeschränktheit des persönlichen Rechts wenden wir uns als freie und unabhängige Organisation im Namen aller Inhaftierten [...] gegen die Nichteinhaltung der Konvention der Charta der Menschenrechte gemäß der Schlußakte von Helsinki, gegen die unmenschlichen allgemeinen Lebensbedingungen im gesamten Komplex des Strafvollzugswesens.

Mit aller Schärfe verurteilen wir die Praktiken des Machtgremiums der Strafvollzugsbehörden.

Entschieden verurteilen wir die unverantwortliche und moderne Ausbeutung des Menschen durch den Menschen durch die skrupellose Ausnutzung der Arbeitskraft Inhaftierter durch den Staat, die Konfiszierung der monatlichen Nettoverdienste von durchschnittlich 78 Prozent.

Wir verurteilen die Degradierung sich in Haft befindlicher Personen zu Menschen dritter Klasse. Wir wenden uns entschieden gegen die Einschränkung und Beschneidung persönlicher Rechte."[440]

Es folgten detaillierte Forderungen nach einer Veränderung der Strafvollzugsbedingungen. Abschließend heißt es: „Unsere Resolution beabsichtigt nicht, den Sinn und Zweck des Strafvollzuges zu verkennen. Wir fordern lediglich, dies aber konsequent und unabdingbar, die Respektierung und Verwirklichung der elementarsten Menschenrechte im gesamten Bereich der Gerichtsbarkeit und der Strafvollzugseinrichtungen unseres Landes. Der Vorstand – Forum 89."[441]

---

439 Ebenda, Bl. 16.
440 Protestresolution, BStU, ASt. Potsdam, Abt. VII, 835, Bl. 24 f.
441 Ebenda.

5. Dezember 1989:
Ein Häftling führt die Presse
durch die Strafvollzugsanstalt
Quelle: Bildarchiv ND

Wenige Tage später war ein weiteres Schreiben an die Wand des Speisesaals des Arbeitseinsatzbetriebes Reichsbahnausbesserungswerk geheftet worden. Unter der Überschrift „Forum 89" hieß es:

„Wir fordern eine sofortige Änderung des Strafvollzugsgesetzes vom 7. 4. 1977 auf Basis der umfassenden juristischen Garantierung aller Grund- und Menschenrechte als Bedingung und Notwendigkeit. Wir fordern eine genaueste Prüfung der gegebenen Umstände vor Ort von einer unvoreingenommenen Kommission unter Hinzuziehung von Mitgliedern unserer Organisation ‚Forum 89' und deren vollen Respektierung, unter Hinzuziehung unparteiischer Rechtsanwälte, die der Vorstand unserer Organisation bestimmt. In diesem Zusammenhang fordern wir die Zulassung unserer Organisation ‚Forum 89', deren Mitspracherecht in strafvollzugsinternen Angelegenheiten.

Des weiteren fordern wir:
alle Entscheidungsprozesse und Verwaltungspraktiken obliegen der Justiz,
– eine allgemeine und sofortige Aktenüberprüfung in allen Strafsachen in kürzester Zeit,

– die Tilgung der Paragraphen 44, 47, 48 aus dem Strafgesetzbuch,
– die Verbotsvergabe des Pm 12,
– die Reduzierung der staatlichen Kontrollmaßnahmen,
– die Nichteinmischung staatlicher Organe in private Angelegenheiten von aus der Haft Entlassenen und sich in Haft befindlichen Personen,
– grundlegende Überarbeitung der Strafvollzugsverordnung und -Durchführungsbestimmungen,
– die Durchführung genereller Sofortmaßnahmen zur Verbesserung der Lebensbedingungen,
– die Gewährleistung des Erhalts des vollen Nettoverdienstes abzüglich des Verpflegungs- und Kostensatzes,
– den Erhalt der Quartalsprämie und der anteilmäßigen Jahresendprämie für jeden Inhaftierten sowie die Bewilligung eines bezahlten Grundurlaubs innerhalb der Anstalt,
– Uneingeschränktheit der persönlichen Verbindung, die Gewährleistung eines monatlichen Sprecher- und Paketscheins,
– die Verbesserung der medizinischen Betreuung,
– die Verbesserung und Vervielfältigung der Verpflegung, den Erhalt von vitaminreicher Kost,
– die Uneingeschränktheit und Respektierung persönlicher Rechte, die Unantastbarkeit der Person, unabhängig der weltanschaulichen und religiösen Bekenntnisse, der sozialen Herkunft Inhaftierter und dessen Stellung zur Gesellschaft,
– Uneingeschränkte Meinungsfreiheit."[442]

Dieser Text war sowohl im Aufbau als auch in den Formulierungen durchdacht. Die Forderung nach der Zuständigkeit der Justiz bezüglich der Angelegenheiten des Strafvollzugs setzte die Kenntnis der Praxis in den westlichen Ländern voraus. Zudem schien die Justiz im Herbst 1989 reformbereiter als das militärisch organisierte Innenministerium. Die Paragrafen 44, 47 und 48 betrafen die Verschärfung der Strafen bei Rückfalltätern sowie die mit der Wiedereingliederung verbundenen äußerst restriktiven Maßnahmen. Die Anführung dieser Paragraphen verwies darauf, dass die Autoren der Resolution aus den betreffenden Reihen kamen.

Nur einen Tag später wurde ein weiteres Schreiben aufgefunden, das unterstellte, es habe sich bereits in dieser Angelegenheit etwas bewegt. Ob dies tatsächlich der Fall oder fingiert war, konnte nicht rekonstruiert werden. Da sich der Autor aber namentlich zu erkennen gab, ist die Wahrscheinlichkeit, dass es sich hier um einen reellen Vorgang handelte, groß. Der Text lautete:

[442] Fernschreiben, Sofortmeldung an BDVP Potsdam vom 14. 11. 1989, BLHA, Rep. 404/15.2/1729. Bei dem Schreiben handelt es sich wahrscheinlich um den Verfasser der vorherigen Resolution.

„Der Vorstand ‚Forum 89' gibt bekannt:
Der erste große Erfolg.
Unsere Protestresolution wurde ohne Abstriche zur Kenntnis genommen.
Am 9. November 1989 sind die ersten Schritte zur gemeinsamen Verständigung zwischen dem Sprecher unseres Vorstandes, des SG Andreas Ost, Kdo BBW/B-Schicht, VZA II und Vertretern des MfS und der Abt. K der StVE Brandenburg unternommen worden.
In Abstimmung unseres Vorstandes und mit Mitgliedern unserer Organisation, wurde, eingehend auf der Resolution basierend, erläutert, wie und was das Ziel unserer Forderungen ist. Nach einstündiger Konsultation wurde seitens des MfS zugesichert, Sofortmaßnahmen einzuleiten.
Es wurde u. a. vereinbart, einen Termin festzulegen, zu dem SG Ost und zwei weitere Mitglieder zum Dialog erscheinen, um in aller Fairnis und Sachlichkeit über anstehende Um- und Missstände zu sprechen.
Von uns wurde der Vorschlag und die Aufstellung gegeben, dass seitens der Behörden folgende Institutionen sich unserem Dialog stellen sollen:
1. der Anstaltsleiter der StVE Brandenburg
2. der VZA.Leiter der VA III, Hauptmann Altenkirch
3. 1 Vertreter des Erzieherkollektivs
4. 1 Vertreter des MfS
5. 1 Vertreter der Abt. K
Der Vorschlag wurde akzeptiert und sofort bearbeitet. Spätestens bis zum 15. 11. 89, so hoffen wir, muß es zum Dialog kommen.
Wir rufen daher auf, in diesem Sinne keine Arbeitsniederlegungen und sonstige Aktionen in unserem Namen zu unternehmen. Wir distanzieren uns generell von allen Aktionen, die uns schaden und von denen, die sich hierbei auf unsere Organisation stützen.
Wir appellieren an die Vernunft aller Inhaftierten in der ganzen StVE, die noch Bedenken haben, sich uns anzuschließen und dafür mit Sorge zu tragen, dass das Entstandene nicht zunichte gemacht wird.
Nur so können wir den Erfolg des zu erwartenden Dialogs erweitern.
Über den genauen Termin und den Verlauf der Verhandlungen werden alle Vollzugsabteilungen dieser StVE informiert.
Wir rufen hiermit zur Einheit auf und bitten alle weiteren Instruktionen abzuwarten.
Einheit macht stark!
Der Vorstand ‚Forum 89'"[443]

---

[443] Fernschreiben vom 14. 11. 1989, BDVP Potsdam, ebenda.

Interessant ist, dass dieser „Vorstand", der wahrscheinlich nur aus wenigen bzw. fingierten Strafgefangenen bestand, sich genau am Ablauf und den basisdemokratischen Regularien orientierte, die die Bürgerbewegung im Land zu dieser Zeit entwickelte: Ein Sprecher wurde benannt, eine Verhandlungskommission gebildet, Vertreter der wichtigsten Entscheidungsgremien in der Haftanstalt zum Dialog aufgefordert. Auch die sprachliche Abfassung des Textes ähnelte den Aufrufen dieser Zeit. Ebenso war der Appell an die Besonnenheit der Gefangenen dem Ruf „Keine Gewalt" der demonstrierenden Bevölkerung, die eine Konfrontation mit den bewaffneten Kräften zu vermeiden suchte, entlehnt.

Obwohl es noch mehrere Aufrufe zum Handeln gab,[444] kam es zu keinem nennenswerten Eingehen auf die Forderungen der Strafgefangenen. Das SV-Personal versuchte, hart durchzugreifen, die Aufmüpfigen zu isolieren und die „Ordnung" wiederherzustellen. So wurde der Häftling Ost als angeblicher Rädelsführer in die Strafvollzugseinrichtung Leipzig-Schkeuditz verlegt. Das Problem war damit jedoch nicht gelöst. Vielmehr kam es jetzt auch in dieser Haftanstalt zu massenhaften Streiks der Gefangenen, weshalb er wieder zurückverlegt werden sollte.[445]

Durch Nahrungsverweigerungen und Streiks wollten die Häftlinge in Brandenburg weiterhin ihre Forderungen durchsetzen und eine Öffentlichkeit erreichen. Zahlreiche Eingaben, die die menschenunwürdigen Zustände in der Strafvollzugseinrichtung sowie die Rechtlosigkeit der Gefangenen zum Inhalt hatten, erreichten die übergeordneten Dienststellen.[446] So schrieb der Strafgefangene A. am 12. November 1989: „Mit Aufmerksamkeit und Interesse verfolgen die meisten von uns die Geschehnisse dieser Tage und Wochen. Ich bin der Meinung, dass in dieser Zeit sich alle, wirklich alle Bürger dieses Landes zu Wort melden sollten Auch ich betrachte mich als Bürger dieses Staates und möchte mit meinem Brief auf Mißstände in der StVE Brandenburg aufmerksam machen."[447] Er führte u. a. die Überbelegung der Haftanstalt an, die Mitte Oktober mit 2304 Gefangenen über der Kapazitätsgrenze lag.[448] Dazu merkte er an: „Die meisten Verwahrräume sind völlig überbelegt. 12 Strafgefangene sind in einem 6 x 3 m großen Verwahrraum untergebracht. Natürlich befinden sich in diesem Raum auch noch die entsprechende Anzahl Betten, Schränke, Tische und Sitzgelegenheiten, so

---

444 So zum Beispiel befand sich am 16. 11. 1989 folgender Text an der Wand des Sanitärtraktes im Arbeitseinsatzbereich Elektromotorenwerk Luckenwalde: „Erhebt Euch! Forum tagt im Haus 3. Wollen wir zugucken? Aktionen jetzt!" Fernschreiben vom 16. 11. 1989, BLHA, Rep. 404/15.2/1729.
445 Niederschrift zur dezentralen Dienstbesprechung des Leiters der Verwaltung Strafvollzug am 30. 11. 1989 in der StVE Berlin vom 1. 12. 1989, S. 2, BLHA, Rep. 404/15.2/1724. In der StVE Schkeuditz streikten 350 Gefangene.
446 Vgl. Eingaben an das MdI, BArchB, DO 1/3601, DO 1/3602, DO 1/3603, DO 1/3606.
447 Eingabe des Strafgefangenen A., Brandenburg vom 12. 11. 1989, BArchB, DO1/3601.
448 Rapport Nr. 286/89 vom 4. 10. 89, BStU, ASt. Potsdam, Abt. VII, 838, Bl. 51.

Eine menschenwürdigere Unterbringung forderten Sprecher des gewählten Strafgefangenrates vor Pressevertretern in der StVE Brandenburg. Die Einrichtung ist mit 400 Häftlingen überbelegt (pro Häftling: 3,6 qm). Das Foto zeigt einen Zellentrakt. Quelle: Bildarchiv ND

dass eine unvorstellbare Enge herrscht. Daraus resultieren eine oftmals aggressive, von Unterdrückung und Einschüchterung geprägte Atmosphäre [...]. Viele Strafgefangene sind gezwungen in einem Raum zu essen zu schlafen und ihre Notdurft zu verrichten." Gleichzeitig kritisierte er die katastrophalen Bedingungen in den Arbeitseinsatzbetrieben, in denen im Interesse einer kostengünstigen Produktion der Gesundheits- Arbeits- und Brandschutz absolut missachtet werde. Zudem erwähnte er die häufig verhängten kollektiven Bestrafungen ganzer „Verwahrraumbelegungen".[449]

Angesichts der Vorgänge im Land und der wachsenden Proteste in der Haftanstalt verharrte die Leitung der Strafvollzugseinrichtung in Rat- und Orientierungslosigkeit. Zumindest versuchte sie, einige Zugeständnisse zu machen. So konnten die Pakete nunmehr 10 kg betragen, die Angehörigen durften bei Besuchen Obst, Zeitungen und Zeitschriften sowie Wasserkochtöpfe für die Zubereitung von Tee oder Kaffee mitbringen, pro Verwahrraum durfte ein Radio benutzt werden, das Fernsehen sollte

---

449 Eingabe des SG A. vom 12. 11. 1989, BArchB, DO 1/3601.

auf den Empfang der Programme ARD, ZDF und SAT 1 erweitert werden. Alle anderen Forderungen der Häftlinge könnten nicht von der Anstaltsleitung entschieden werden.[450] Eine Demokratisierung des Strafvollzugs stellten sich die Gefangenen jedoch anders vor.

Am 30. November erhielt die Leitung der StVE Brandenburg auf einer eilig einberufenen Dienstbesprechung der Verwaltung Strafvollzug in Berlin Instruktionen. Es wurde bekräftigt, dass es „keine gesellschaftlich organisierten Strukturen" der Gefangenen im Strafvollzug geben dürfe. Man müsse jedoch bei der Behandlung der Anliegen der Strafgefangenen großzügiger verfahren. Als Beispiel wurde angeführt, dass man Besuche eines Häftlings durch einen Pfarrer jetzt auch außer der Reihe genehmigen könnte. Damit war klar, dass gewählte Gremien von Gefangenen nicht akzeptiert und keine Chance erhalten würden, mit den Verantwortlichen in den Dialog zu treten. Der Leiter der Verwaltung Strafvollzug verkündete lediglich, dass Gewaltanwendung in den Strafvollzugseinrichtungen zu vermeiden sei. Dazu würden neue Weisungen erlassen.[451]

Überdies teilte er mit, dass ab sofort alle Weisungen zur Durchsetzung des Strafvollzugsgesetzes und die Strafvollzugsordnung außer Kraft gesetzt seien. Das betraf auch die Anwendung von Zwangsmitteln, zu der neue Weisungen erlassen würden, denn klar sei, dass Gewalt immer Gegengewalt erzeuge und die VSV grundsätzlich gegen Gewaltanwendung sei.[452] Angesichts der Überfüllung der Strafvollzugseinrichtung Brandenburg drang deren Leiter darauf, 400 bis 500 Gefangene in anderen Haftanstalten unterzubringen, da bei Überbelegung kein „ordnungsgemäßer Vollzug" gewährleistet werden könne. Er bat zudem, dass ein Mitarbeiter der Zentrale die Strafvollzugseinrichtung besuchen möge, um mit den Strafgefangenen zu sprechen. Es gebe auch Hinweise auf größere Arbeitsniederlegungen.[453]

Tatsächlich kam es am 30. November mittags zu Nahrungs- und Arbeitsverweigerungen der A-Schicht in den AEB Elektromotorenwerk und Reichsbahnausbesserungswerk von insgesamt über 200 Häftlingen. Sie forderten den Zugang zu den Massenmedien, eine Änderung des Strafgesetzbuches sowie des Strafvollzugsgesetzes.[454] Sie ließen sich nicht mehr einschüchtern bzw. beschwichtigen. Da sie kein Vertrauen zu den SV-Angehörigen besaßen, wollten sie nur noch mit Vertretern der Regierung und übergeordneter staatlicher Instanzen sprechen. Im Laufe des 1. De-

---

450 StVE Brandenburg, der Leiter, Informationsblatt Nr. 1 vom 27. 11. 1989, BStU, ASt. Potsdam, Abt. VII, 826, Bl. 12.
451 Niederschrift zur dezentralen Dienstbesprechung des Leiters der Verwaltung Strafvollzug am 30. 11. 1989 vom 1. 12. 1989, S. 1, BLHA, Rep. 404/15.2/1724.
452 Ebenda, S. 2
453 Ebenda. S. 3.
454 Sofortmeldung vom 30. 11. 1989, BStU, ASt. Potsdam, Abt. VII, 826, Bl. 38 f.

zember 1989 schlossen sich immer mehr Gefangene den Streikenden an. Um 8.30 Uhr streikten 320 Inhaftierte im Arbeitsbereich des Elektromotorenwerkes Wernigerode, 146 der Zentralen Produktionseinrichtung des MdI, 28 des Burger Bekleidungswerkes, 210 des Reichsbahnausbesserungswerkes, 54 des Kontaktbauelementewerkes Luckenwalde.[455] Am Nachmittag verweigerten bereits 993 Häftlinge die Arbeit.[456] Es kam zu einer fast vollständigen Lahmlegung der Produktion. Teilweise waren die Arbeitsniederlegungen der Gefangenen mit Nahrungsverweigerungen verbunden. Offensichtlich hatten die Häftlinge das Gefühl, dass sich außerhalb der Anstaltsmauern die Welt veränderte, aber bei ihnen nichts geschehe. Auch sie wollten demokratische Reformen erzwingen. Deshalb sollte die Öffentlichkeit auf ihre Situation aufmerksam gemacht werden. Die Häftlinge forderten die sofortige Einberufung einer Pressekonferenz in der Strafvollzugseinrichtung sowie eine Generalamnestie. Die Verwaltung Strafvollzug musste nachgeben, die Presse wurde informiert.[457]

Noch am gleichen Tag fand um 18.00 Uhr die Pressekonferenz in der Strafvollzugseinrichtung Brandenburg statt. Vor deren Beginn durften die Vertreter der Massenmedien den Sicherheits- und Arrestbereich sowie die Besucherräume besichtigen, wo sie Fotos machen konnten. Zur Pressekonferenz erschienen die Leiter sowie Mitarbeiter der Verwaltung Strafvollzug des MdI, der Leiter der Bezirksbehörde der Deutschen Volkpolizei Potsdam sowie der Leiter der Strafvollzugseinrichtung. Von Seiten der Häftlinge nahmen einhundert Personen an der Pressekonferenz teil, die die Interessen der Gesamtbelegung vertreten sollten. Anwesend waren Vertreter von AdN, ND, Der Morgen, Neue Zeit, Junge Welt, Nationalzeitung sowie Radio DDR, Stimme der DDR und des Jugendsenders „dt 64".

Nach Einschätzung der Leitung der StVE Brandenburg präsentierten die Sprecher der Strafgefangenen sachlich und diszipliniert ihren Forderungskatalog der Öffentlichkeit. Er enthielt folgende Punkte:

1. Überprüfung aller Urteile der Gefangenen und deren öffentliche Darlegung.
2. Forderung nach einer umfassenden Amnestie. Die Amnestien von 1987 und 1989 würden nicht anerkannt. Erst bei Durchsetzung einer umfassenden Amnestie sollten Arbeitsniederlegungen und Hungerstreiks aufgegeben werden.
3. Verbesserung der Lebensbedingungen im Strafvollzug.
4. Zugang der Massenmedien der DDR zur Strafvollzugseinrichtung, um auf die Zustände im Strafvollzug aufmerksam zu machen und eine Öffentlichkeit herzustellen.
5. Offenlegung des Verbleibs des Lohnes aus der Gefangenenarbeit.

---

455 Telex vom 1. 12. 1989, 8. 30 Uhr, BLHA, Rep. 404/15.2/1729.
456 Telex vom 1. 12. 1989, 16. 30 Uhr, ebenda.
457 Ergänzungsmeldung zur Sofortmeldung vom 1. 12. 89, BStU, ASt. Potsdam, Abt. VII, 826, Bl. 40.

6. Erhöhung des Verpflegungssatzes.
7. Schnellstmögliche Ahndung von strafbaren Handlungen der ehemaligen Partei- und Staatsfunktionäre.
8. Gewährleistung der Normalbelegung in der Strafvollzugseinrichtung.

Die Pressekonferenz dauerte bis 22.00 Uhr. Zum Schluss teilten die Sprecher der Strafgefangenen mit, dass sie ihren Hungerstreik nunmehr beenden würden. Allerdings wollten sie die Arbeit bis zur Bekanntgabe einer Amnestie nicht wieder aufnehmen. Lediglich die Versorgungsbereiche der Haftanstalt sollten weiter funktionsfähig bleiben.[458] Am 5. Dezember erfolgte erneut ein Pressegespräch unter Einbeziehung des Fernsehens der DDR mit den Sprechern der Gefangenen. Dabei bekräftigten sie, dass sie sich weiterhin an die Abmachung der Gewaltlosigkeit ihres Protestes halten wollten.[459]

Hintergrund der Forderung nach Überprüfung der Urteile auch von kriminellen Häftlingen war die Tatsache, dass in der DDR im Unterschied etwa zur Bundesrepublik die Strafmaße für vergleichbare Delikte viel höher ausfielen, Differenzierungen bei Delikten mit tödlichem Ausgang kaum vorgenommen wurden, eine unabhängige rechtsanwaltliche Vertretung meist nicht existierte, vielmehr die Angeklagten vor Gericht häufig in ihrer Würde verletzt wurden und die Verurteilungen insgesamt immer von Abschreckung und Härte geprägt waren. Deshalb hatten auch diese Gefangenen ein berechtigtes Interesse an der Überprüfung ihrer Urteile nach rechtsstaatlichen Prinzipien. Im Übrigen handelte es sich bei den kriminellen Straftätern nicht um eine homogene Gruppe. Die revolutionären Vorgänge im Land weckten auch bei vielen von ihnen Initiative und Einfallsreichtum, die Entfaltung von bisher verkümmerten Fähigkeiten und stärkten ihr Selbstbewusstsein. Nur so ist es zu erklären, dass sie mit Konsequenz und Disziplin ihre Forderungen vertraten und ihre Angelegenheiten in die eigene Hand zu nehmen versuchten.

In der Haftanstalt blieb es zunächst ruhig. Die Strafgefangenen debattierten untereinander. Die Sprecher befanden sich mit den SV-Verantwortlichen im Kontakt. Die Leitung der Strafvollzugseinrichtung war merklich verunsichert. Sie gewährte den Häftlingen größere Bewegungsfreiheit und machte bezüglich der unmittelbaren Haftbedingungen Zugeständnisse. Die Presse erhielt wiederholt Zugang zur Strafvollzugseinrichtung.

Am 6. Dezember verkündete der Staatsrat der DDR erneut eine Amnestie. Unter den Häftlingen machten sich Enttäuschung und Wut breit, denn es handelte sich nicht um die von ihnen geforderte Generalamnestie. Eine Überprüfung der Gerichtsurteile fand nicht statt. Der Großteil der kriminellen Häftlinge in der Strafvollzugseinrichtung Brandenburg war von der Amnestie ausgeschlossen, darunter sogar die wegen Rowdy-

---

458 Vgl. verschiedene Fernschreiben zu den Ereignissen, BLHA, Rep. 404/15.2/729 sowie Ergänzungsmeldung zur Sofortmeldung vom 2. 12. 89, BStU, ASt. Potsdam, Abt. VII, 826, Bl. 43 f.
459 Ebenda.

5. Dezember 1989: Die Presse erhält Zutritt zur StVE Brandenburg. Quelle: Bildarchiv ND

tums Verurteilten.[460] Infolgedessen kam es in der Haftanstalt erneut zu Hungerstreiks und Revolten unter den Gefangenen. Ein Ausbruchversuch aus einem Verwahrraum wurde unternommen. Die insgesamt 2197 Häftlinge solidarisierten sich mit den Hungerstreikenden der Vollzugsabteilung II. Die Sprecher der Gefangenen forderten eine Unterredung mit dem Leiter der Strafvollzugseinrichtung und Mitgliedern des Neuen Forums. Ihre Forderungen waren kaum berücksichtigt und wurden mit der Amnestie nicht gelöst.[461] Der Chef der Verwaltung Strafvollzug in Berlin, Generalmajor Lustik, orderte einen Gefangenentransportwagen mit 15 Plätzen für „meuternde Strafgefangene", die in die Untersuchungshaftanstalten Dessau und Neustrelitz verbracht werden sollten, und wies Einzelunterbringung und ein „straffes Ordnungsregime für sie an.[462] Die Arbeitsniederlegungen und Hungerstreiks rissen jedoch nicht ab. Im Februar 1990 drohten einige Gefangene, Teile der Arbeitseinsatzbetriebe in Brand zu setzen. 98 Inhaftierte verweigerten über einen längeren Zeitraum die Nahrungsaufnahme.[463]

460 Vgl. Anweisung Nr. 205/89 des Ministers für Innere Angelegenheiten zur Durchführung des Beschlusses des Staatsrates der DDR vom 6. 12. 1989 über eine Amnestie vom 8. 12. 1989, BLHA, Rep. 404/15.2/1709. Die Amnestie bezog sich im Wesentlichen auf Strafgefangene mit einer Freiheitsstrafe bis zu drei Jahren.
461 Fernschreiben an BDVP Potsdam vom 6. 12. 1989, BLHA, Rep. 404/15.2/1729.
462 VSV, Generalmajor Lustik, Telex vom 6. 12. 1989, ebenda.
463 Information zur Lage im Strafvollzug nach Durchführung der Amnestie vom 6. 12. 1989 vom März 1990, S. 5, BArchB, DO 1/3706.

Durch die Amnestie wurden nunmehr alle politischen Gefangenen, die nach Kapitel 2 und 8 des StGB verurteilt worden waren, entlassen.[464] Damit hatte die Modrow-Regierung zwar den politischen Druck auf den Strafvollzug genommen, eine weitergehende politische Auseinandersetzung mit dem DDR-Strafvollzug unterblieb jedoch.

Infolge der Amnestie wurden bis zum Jahresende 1989 aus der StVE Brandenburg 332 Strafgefangene entlassen.[465] Danach kam es noch zu weiteren Entlassungen, sodass insgesamt bis Mitte Februar 1990 468 Gefangene der Haftanstalt den Rücken kehren konnten. Bei etwa 150 Personen erfolgte eine Prüfung auf Strafaussetzung auf Bewährung nach § 349 StPO.[466] Die Strafvollzugseinrichtung Brandenburg war damit insgesamt am geringsten von der Amnestie betroffen,[467] woraus sich auch die anhaltenden Proteste der Häftlinge erklärten.

Ihre Proteste hatten durchaus Erfolg. Die neue Regierung der DDR sah sich veranlasst, Veränderungen vorzunehmen. Die zum Ministerium für Innere Angelegenheiten gewandelte Institution leitete Maßnahmen ein, „die den humanen Ansprüchen an die Behandlung der SG besser entsprechen". Den Haftanstalten wurde mitgeteilt, dass alle Regelungen mit militärischem und extrem administrativem Charakter außer Kraft gesetzt seien. Mehr als 80 Änderungen der Strafvollzugsordnung wurden vorgenommen.

Die Verbesserungen der Vollzugsbedingungen bestanden in einer großzügigeren Gestaltung der persönlichen Verbindungen zu den Angehörigen, einer geringeren Belegung der Verwahrräume, der breiteren Nutzung von Presse und elektronischen Medien inklusive des Besitzes eines eigenen Rundfunkgerätes, der uneingeschränkten religiösen Betreuung, der Erhöhung des Verpflegungssatzes von 1,10 Mark (Grundnorm) auf 3,50 Mark sowie einer qualitativ besseren Nahrung. Gleichzeitig sollten die Gefangenen an Fragen des Strafvollzugs beteiligt werden, weshalb die im Zuge der revolutionären Ereignisse gebildeten Gefangenenräte im Nachhinein als Interessenvertretung legitimiert wurden. Auch in Bezug auf die bisher beschworene sozialistische Ideologie hatte das SV-Personal eine überraschende Kehrtwende vollzogen, da man sie plötzlich zur Disposition stellte. Von ihrer Allgemeingültigkeit wollte man nun vorsichtig Abstand nehmen. Und schließlich sollte die Strafvollzugspraxis in Zukunft transparent gestaltet werden.[468]

---

464 VSV, Fernschreiben vom 20. 12. 1989, BLHA, Rep. 404/15.2/1709.
465 Zuarbeit zur periodisch-komplexen Lageeinschätzung für das Jahr 1989 vom 11. 1. 1990, BLHA Rep. 404/15.2/1712.
466 Abschlussmeldung Amnestie vom 6. 12. 1989 vom 14. 2. 1990, BLHA, Rep. 404/15.2/1709.
467 Die StVE Brandenburg hatte Anfang 1990 die höchste Kapazitätsauslastung aufzuweisen. Vgl. Information zur Lage im Strafvollzug, nach Durchführung der Amnestie vom 6. 12. 1989, S. 5–9, BArchB, DO 1/3706, Anlage, S. 12.
468 Vgl. Information zur Lage im Strafvollzug nach Durchführung der Amnestie vom 6. 12. 1989 sowie Bericht über die Lage im Strafvollzug (Auskunftsmaterial für eine Fragestunde in der Volkskammer der DDR) vom August 1990, BArchB, DO 1/3706.

Damit hatten sich einige Forderungen der Gefangenen erfüllt. Eine grundsätzliche Auseinandersetzung mit dem Strafvollzug in der DDR erfolgte jedoch nicht. Nach der Wiedervereinigung blieben, trotz der Unterstellung unter das Justizministerium, viele der alten Strukturen wie auch ein Großteil des Personals erhalten, was folgenschwere Wirkungen zeitigen sollte, wie im nächsten Kapitel dargelegt wird. Immerhin wurde auf landespolitischer Ebene der Versuch einer juristischen Aufarbeitung des DDR-Strafvollzugs in Angriff genommen.

IV. Die juristische Verfolgung von Straftaten ehemaliger Angehöriger der Strafvollzugsanstalt Brandenburg nach 1989

Für viele ehemalige politische Gefangene blieb der Strafvollzug ein Trauma, das sie noch lange Jahre verfolgte. Die erlebte Rechtlosigkeit, Demütigung und Ohmacht konnten sie nicht vergessen, allenfalls verdrängen. Nicht wenige hatten überdies mit gesundheitlichen Beeinträchtigungen zu kämpfen. Die demokratische Revolution von 1989 schien plötzlich die Möglichkeit zu bieten, diese Erfahrungen zu thematisieren, sie in das gesellschaftliche Bewusstsein zu heben und Gerechtigkeit für die Opfer herzustellen. Rechtsverstöße des Staates, begangen sowohl von der Justiz als auch von Bediensteten in den Haftanstalten, sollten endlich geahndet werden. Jetzt hatten die Täter auf der Anklagebank Platz zu nehmen. Eine Abrechnung für erlittenes Unrecht sollte erfolgen.

Von den Bürgerbewegungen der DDR gingen die Forderungen nach Aufdeckung der Unterdrückungsmethoden des SED-Staates aus. Sie erzwangen – zunächst gegen den Willen der Bundesregierung – die Einrichtung der „Bundesbehörde für die Unterlagen des Staatssicherheitsdienstes der ehemaligen DDR".[1] Des Weiteren sollte die Funktionsweise der SED-Diktatur und ihrer Herrschaftsmechanismen umfassend untersucht werden. Dies führte schließlich zur Einsetzung der Enquete-Kommission des Deutschen Bundestages zur „Aufarbeitung von Geschichte und Folgen der SED-Diktatur in Deutschland", deren Ergebnisse in mehreren Bänden publiziert wurden.[2] Zahlreiche Forschungsvorhaben begannen sich mit der Thematik zu beschäftigen. Gleichzeitig aber sollte eine juristische Aufarbeitung von in der DDR verübtem Unrecht erfolgen. Da zahlreiche Rechtsverstöße in der DDR aus politischen Gründen nicht zur Anklage gelangten – so auch die in den Haftanstalten begangenen Straftaten –, galten für sie keine Verjährungsfristen. Umfangreiche Ermittlungen gegen ehemalige Täter begannen.[3]

---

[1] Erinnert sei daran, dass kurz vor der Wiedervereinigung im September 1990 Vertreter der Bürgerbewegungen die MfS-Zentrale in Berlin-Lichtenberg besetzten und in einen Hungerstreik traten, um die Rettung der Akten und deren Zugänglichkeit für die Öffentlichkeit zu erzwingen. Dies war von der Bundesregierung sowie im Einigungsvertrag nicht vorgesehen, sondern sollte vielmehr unterbunden werden.

[2] Vgl. Materialien der Enquete-Kommission „Aufarbeitung von Geschichte und Folgen der SED-Diktatur in Deutschland" (12. Wahlperiode des Deutschen Bundestages), hrsg. vom Deutschen Bundestag, 9 Bände in 18 Teilbänden, Baden-Baden 1995.

[3] Vgl. zu dieser Problematik auch Jürgen Weber/Michael Piazolo (Hrsg.), Eine Diktatur vor Gericht. Aufarbeitung von SED-Unrecht durch die Justiz, München 1995.

IV. Die juristische Verfolgung von Straftaten

Die allgemeinen Zustände in den Strafvollzugseinrichtungen blieben dabei weitgehend außerhalb der Betrachtung. Die harten Haftbedingungen hatten sehr häufig bleibende gesundheitliche Schäden bei den Betroffenen hinterlassen. Obwohl dazu keine repräsentativen Untersuchungen vorliegen, konnten aus den bisher durchgeführten Befragungen ehemaliger Gefangener Angaben zu den Haftfolgeschäden gewonnen werden.[4] Im Gegensatz zu den 50er-Jahren, in denen vor allem physische gesundheitliche Beeinträchtigungen auftraten, überwogen aufgrund der veränderten Haftbedingungen in der Ära Honecker psychische Folgeschäden wie Schlafstörungen, Angstzustände, psychosomatische Erkrankungen und Depressionen.[5] Bei den physischen Beeinträchtigungen nehmen Herz- und Kreislauferkrankungen sowie Wirbel-, Zahn-, Magen- und Augenerkrankungen eine herausragende Stelle ein.[6] Die durch die Haft nicht selten eingetretenen Veränderungen der Persönlichkeitsstruktur blieben häufig nicht ohne Auswirkungen auf ihr Familienleben.[7] Die physischen und psychischen Folgeerkrankungen stehen meist in einem unmittelbaren Zusammenhang mit den Misshandlungen durch das Personal des Strafvollzugs, wie die Untersuchung von Müller ergab.[8]

Auch in Bezug auf das Zuchthaus Brandenburg berichteten ehemalige politische Gefangene wiederholt von gesundheitlichen Beeinträchtigungen durch die Haft. Die einseitige Ernährung, der Mangel an Bewegung und frischer Luft, die besonders in den Anfangsjahren miserablen hygienischen Bedingungen, die Missachtung des Arbeitsschutzes in den Einsatzbetrieben und die in der Regel gesundheitsgefährdenden Arbeitsbedingungen sowie die psychischen Belastungen durch den menschenverachtenden Umgang mit den Gefangenen hinterließen bei vielen von ihnen gesundheitliche Schäden. Von den dafür Verantwortlichen sowohl auf der Führungsebene des SED-Staates als auch der zuständigen Abteilung des Ministeriums des Innern übernahm nach 1989 niemand die Verantwortung.

---

4 Vgl. dazu u. a. Klaus-Dieter Müller/Annegret Stephan (Hrsg.), Die Vergangenheit lässt uns nicht los, Berlin 1998; Stefan Priebe/Doris Denis/Michael Bauer (Hrsg.), Eingesperrt und nie mehr frei. Psychisches Leiden nach politischer Haft in der DDR, Darmstadt 1996; Andreas Maercker, Psychische Folgen politischer Inhaftierung in der DDR, in: Aus Politik und Zeitgeschichte 38 (1995), S. 30–38; Doris Dennis/Stefan Priebe, „Die Gesichter der Verhörer begleiten einen das ganze Leben lang". Psychische Folgeschäden nach politischer Haft in der SBZ und der DDR, in: DA 32 (1999), S. 912–920.
5 Müller, „Jeder kriminelle Mörder ist mir lieber ...", S. 133.
6 Ebenda, S. 134. Bei den Häftlingen aus der Zeit von 1945 bis 1956 kommt die Erkrankung der Lunge als häufigster Folgeschaden dazu. Ebenda, S. 129.
7 Vgl. Raschka, Zwischen Überwachung und Repression, S. 128.
8 Nach der Untersuchung von Müller gingen 55 Prozent der Misshandlungen vom SV-Personal aus, 22 Prozent von Mithäftlingen (z. T. durch das Personal veranlasst) und zu 23 Prozent durch beide Gruppen. Müller, „Jeder kriminelle Mörder ist mir lieber ...", S. 135.

Aber nicht nur zu den allgemeinen Zuständen in den Haftanstalten nahmen die Verantwortlichen keine Stellung, auch von den zahlreichen Übergriffen des SV-Personals auf Häftlinge wollten sie keine Kenntnis erlangt haben. Obwohl Angehörige von politischen Gefangenen Eingaben über unzumutbare Haftbedingungen an verschiedene Führungsgremien der SED – u. a. an das ZK der SED – gerichtet hatten, internationale Organisationen auf Menschenrechtsverletzungen im Strafvollzug aufmerksam machten und nicht zuletzt die Staatssicherheit sehr genau über die Situation in den Haftanstalten informiert war, hatte in der DDR kein einziger Vorfall strafrechtliche Konsequenzen.[9] Übergriffe von Strafvollzugsbediensteten wurden in der DDR generell juristisch nicht verfolgt. Der langjährige Leiter der Verwaltung Strafvollzug im Ministerium des Innern, Wilfried Lustik, erklärte 1994 dazu, es habe keine strafrechtlich relevanten Körperverletzungen gegeben, „weil wir Ordnung hatten".[10]

Nach der Wiedervereinigung sollten daher die im Strafvollzug begangenen gewalttätigen Übergriffe von Bediensteten, soweit sie gegen DDR-Gesetze verstießen, zur Anklage kommen. Die eigentlich für den Strafvollzug Verantwortlichen erfasste man damit allerdings nicht; die Schreibtischtäter blieben unbehelligt. In den neuen Bundesländern wurden „Schwerpunktabteilungen zur Verfolgung der Unrechtstaten des DDR-Regimes" bei den Staatsanwaltschaften gebildet, die die Ermittlungen u. a. wegen Gefangenenmisshandlungen in den Strafvollzugsanstalten aufnahmen.

Im Land Brandenburg begann das Ministerium der Justiz sich 1991 mit dieser Thematik zu beschäftigen. Als Grundlage für die entsprechenden Ermittlungen dienten u. a. die Unterlagen der „Zentralen Erfassungsstelle der Landesjustizverwaltungen" Salzgitter, in denen Vorgänge wegen Gefangenenmisshandlungen, die ehemalige politische Häftlinge angezeigt hatten und die auch die Strafvollzugsanstalt Brandenburg betrafen, dokumentiert waren. Die Schwerpunktabteilung DDR-Justizunrecht, die am 1. 7. 1992 im Land Brandenburg gebildet wurde, ging diesen zahlreichen Fällen nach und versuchte, Zeugen aufzuspüren und sie nochmals zu den damaligen Vorgängen zu befragen. Dabei stellten sich sehr bald Schwierigkeiten ein: Einige der Betroffenen waren schon nicht mehr am Leben, andere nicht mehr auffindbar, wieder andere mochten an die damaligen Geschehnisse nicht mehr erinnert werden und lehnten eine erneute Befragung ab. Gleichwohl konnten in zahlreichen Zeugenvernehmungen ehemaliger Häftlinge Fälle von Gefangenenmisshandlungen durch die Staatsanwaltschaft zusammengetragen werden. Zu einer Anklageerhebung kam es jedoch meistens nicht. Als entscheidendes Hindernis erwies sich dabei das rechtsstaatliche Prinzip „im Zweifel

---

9   Dies ergaben die umfangreichen Beweiserhebungen der großen Strafkammer des Landgerichts Potsdam 1994 im Zusammenhang mit dem Verfahren gegen den ehemaligen Strafvollzugsbediensteten Kurt-Wedig V. Vgl. Urteilsbegründung des Landgerichts Potsdams, AZ 60/4 Js 16/93.
10 Ebenda, Bl. 29.

IV. Die juristische Verfolgung von Straftaten

für den Angeklagten", das relativ schematisch und in Unkenntnis der DDR-Bedingungen angewandt wurde. Zahlreiche Übergriffe kamen auf diese Weise erst gar nicht vor Gericht, und Ermittlungsverfahren wurden von der Staatsanwaltschaft bereits im Vorfeld eingestellt.

Die folgenden Fälle belegen dieses Verfahren:

In einer Zeugenaussage aus dem Jahre 1971 berichtete ein ehemaliger politischer Gefangener, der von 1968 bis 1970 in der StVE Brandenburg inhaftiert war, über die Misshandlung eines Mithäftlings im Sommer 1968 durch mehrere Wachtmeister. Die Schwerpunktabteilung DDR-Justizunrecht ging dieser Anzeige nach und ermittelte den von der Misshandlung betroffenen ehemaligen Häftling. In der staatsanwaltschaftlichen Vernehmung im November 1998 bestätigte er diese Zeugenaussage in Bezug auf seine Person. Er gab an, damals von drei bis vier Bediensteten mit Gummiknüppeln geschlagen worden zu sein, weil er Karikaturen von Aufsehern gezeichnet habe. Infolge dieses gewalttätigen Übergriffs hatte er eine Platzwunde am Kopf erlitten. Nach dieser langen Zeit konnte er sich jedoch nicht mehr erinnern, welche Bediensteten ihn geschlagen hatten, die Namen waren ihm unbekannt. Bei einer Vorlage von Lichtbildern ehemaliger SV-Angehöriger erkannte er niemanden wieder. Immerhin lag die geschilderte Tat 30 Jahre zurück. Mangels hinreichenden Tatverdachts wurde das Verfahren nach § 170 Abs. 2 StPO eingestellt. Ein Nachweis für die Misshandlungen konnte nicht erbracht werden.[11]

In einem anderen Fall hatte ein ehemaliger politischer Häftling im Jahr 1978 bei der Polizei in Hamburg ausgesagt, dass er in der StVE Brandenburg misshandelt worden sei. Zudem habe er häufig beobachten müssen, dass auch andere Häftlinge geschlagen worden seien. Er nannte den Namen eines SV-Angehörigen. Auch diesem Vorfall ging die Staatsanwaltschaft nach. Der Zeuge wurde 1991 erneut vernommen. Er berichtete, dass er im Jahre 1978 aus Verzweiflung in seiner Zelle randaliert habe, woraufhin drei ihm namentlich bekannte Bedienstete gekommen seien und ihn in den Keller geführt hätten. Auf dem Weg dorthin sei er mehrmals geschlagen und getreten worden, sodass er Prellungen im Schulterbereich und blaue Flecken am ganzen Körper erlitten habe. Er stellte deshalb Strafantrag. Bei einer erneuten Vernehmung im Jahr 1999 bestätigte der Geschädigte seine früheren Angaben. Er konnte jedoch keinen Bediensteten auf einer Lichtbildvorlage erkennen. Im Rahmen der Ermittlungen wurde die Vollzugsakte des Betreffenden ausgewertet, in der jedoch keine Hinweise auf diesen Vorfall zu finden waren. Das Verfahren wurde nach § 170 Abs. 2 StPO eingestellt, da kein hinreichender Tatverdacht vorlag. In der Begründung hieß es:

---

11 Vgl. Verfahren gegen den ehemaligen Strafvollzugsbediensteten B., Staatsanwaltschaft Neuruppin, Schwerpunktabteilung für Bezirkskriminalität und DDR-Justizunrecht, AZ: 364 Js 26/93, Verfügung vom 7. 3. 2000, Fallakte Nr. 19.

„Der Geschädigte konnte sich nur noch vage an das Geschehen erinnern. Da er ferner den Beschuldigten nicht wiedererkannte und schriftliche Aufzeichnungen über den Vorfall fehlen, ist das Verfahren auch insoweit [...] einzustellen."[12] Auch in diesem Fall ist es nicht verwunderlich, dass bei einem 30 Jahre zurückliegenden Geschehen die Erinnerungen an die ehemaligen Bediensteten verblasst waren. Da die SV-Angehörigen es in der Regel vermieden, solche Vorgänge schriftlich festzuhalten, waren auch keine entsprechenden Belege dafür zu finden. Somit konnten die Aussagen des Geschädigten nicht weiter erhärtet werden; der Fall wurde ad acta gelegt.

Ein anderes Verfahren gegen einen SV-Angehörigen wurde nach § 153 Abs. 1 StPO wegen Geringfügigkeit eingestellt. In diesem Fall ging es um den ehemaligen Häftling St., der von 1978 bis 1982 in der StVE Brandenburg seine Strafe verbüßte. Er gab 1993 zu Protokoll, dass er 1978 von einem SV-Bediensteten misshandelt worden sei. 1997 bestätigte er nochmals seine Aussage. Er hatte die Arbeit zum damaligen Zeitpunkt aus politischen Gründen verweigert, woraufhin er seinem Erzieher vorgeführt wurde, der ihn aufforderte, die Arbeit wieder aufzunehmen. Das lehnte er ab. Beide seien daraufhin laut geworden, der Erzieher habe den Schlagstock gezogen und ihn auf Arme und Kopf geschlagen. Danach sei er in den Arrest gebracht worden. In der Vollzugsakte fand sich eine andere Schilderung des Vorfalls.

Danach sei der Gefangene während des Erziehungsgesprächs der Aufforderung, seine Taschen zu leeren, nicht nachgekommen und habe den Bediensteten angespuckt. Sein Widerstand sei durch einen Faustschlag gebrochen worden. Dieses Protokoll aus der Vollzugsakte nahm die Staatsanwaltschaft als Grundlage für die Entscheidung zur Teileinstellung des Verfahrens. Die Staatsanwaltschaft führte zwar aus: „Im Ergebnis ist festzustellen, dass der Beschuldigte hinreichend verdächtig ist, dem Geschädigten am 5. 1. 1978 in seinem Dienstzimmer einen Faustschlag versetzt zu haben, ohne dass ein rechtfertigender Grund vorlag. Maßnahmen des unmittelbaren Zwangs, zu denen auch ein Faustschlag gehört, waren nach § 33 Abs. 5 des Strafvollzugsgesetzes/DDR vom 7. 4. 1977 nur zulässig, wenn auf andere Weise ein Angriff auf Leben oder Gesundheit oder ein Fluchtversuch nicht verhindert oder Widerstand gegen Maßnahmen zur Aufrechterhaltung der Sicherheit nicht beseitigt werden konnten. Diese Voraussetzungen lagen hier nicht vor."[13] Als mildernden Umstand wertete die Staatsanwaltschaft jedoch, dass der Beschuldigte provozierend aufgetreten sei, der Geschädigte keine nennenswerten Verletzungen erlitten habe, die Tat 22 Jahre zurücklag sowie dem Beschuldigten keine weiteren Gefangenenmisshandlungen nachgewiesen

---

12 Ebenda, Verfügung vom 7. 3. 2000, Az: 364 Js 26/93, Fallakte Nr. 8.
13 Vgl. Verfahren gegen den ehemaligen Vollzugsbediensteten G., Staatsanwaltschaft Neuruppin, Schwerpunktabteilung für Bezirkskriminalität und DDR-Justizunrecht, Verfügung vom 6. 1. 2000, Az: 364 Js 179/93, Bl. 64.

IV. Die juristische Verfolgung von Straftaten

werden konnten. Deshalb wurde das Verfahren wegen Geringfügigkeit eingestellt. Die Staatsanwaltschaft maß offenbar der Vollzugsakte einen höheren Wahrheitsgehalt zu, obwohl zahlreiche Anschuldigungen auch von anderen Zeugen gegen diesen SV-Bediensteten in den Salzgitter-Akten dokumentiert waren, die der Staatsanwaltschaft in keinem Fall als Grund für eine Verurteilung ausreichten.

Ebenso verhielt es sich im Fall des ehemaligen leitenden Arztes der Strafvollzugsanstalt Brandenburg, gegen den zahlreiche Anzeigen von ehemaligen Häftlingen wegen unterlassener ärztlicher Hilfeleistung und körperlicher Misshandlung vorlagen. Dieser Arzt war zudem dafür bekannt, dass er sich sehr abfällig über politische Häftlinge äußerte und sie entsprechend schlecht behandelte. Die Vorwürfe, sie gesundheitlich geschädigt zu haben, ließen sich jedoch nicht zweifelsfrei belegen, sodass die Ermittlungen schließlich eingestellt wurden.[14]

So geschah es in den meisten Fällen, in denen es nicht einmal zu einer Anklageerhebung kam. Zahlreiche Vorgänge lagen viele Jahre zurück und konnten von den ehemaligen Häftlingen nicht mehr exakt genug erinnert werden. Als sie nach ihrer Übersiedlung in die BRD über das ihnen zugefügte Unrecht berichteten, wie es in den Salzgitter-Akten dokumentiert ist, waren die Vorfälle noch frisch im Gedächtnis. Vermutlich stellte die Protokollierung ihrer Erfahrungen auch eine Form der psychischen Verarbeitung von jahrelangen Demütigungen, von Willkür und Herabsetzung ihrer Menschenwürde dar. Nach der Wende wurden sie erneut befragt. Viele ehemalige Häftlinge verwickelten sich nach dieser langen Zeit in Widersprüche. Wer sollte denn noch wissen, an welchem Tag, Monat oder Jahr in dem eintönigen, tristen Haftalltag sich ein bestimmter Vorfall ereignet hatte? Konnte man sich wirklich noch erinnern, wie viele Bedienstete an dem Übergriff beteiligt waren und wie sie hießen? In der Regel waren den Gefangenen die Namen der Bediensteten nicht bekannt, weshalb sie Spitznamen erfanden, um sich untereinander zu verständigen. Nach 1990 versuchte die Staatsanwaltschaft, diese Spitznamen konkreten Bediensteten zuzuordnen. Sie legte Lichtbilder vor und verlangte weitere Zeugen für die begangenen Taten. Der juristische Anspruch auf einwandfrei belegbare, detaillierte Erinnerung wurde zu einer Belastung. Viele ehemalige Häftlinge gaben deshalb auf und verzichteten infolge der hohen psychischen Belastungen auf weitere Befragungen.

Nach der Entlassung in die Bundesrepublik mussten die politischen Häftlinge zudem für sich einen Neuanfang finden. Sie versuchten, die Haftzeit hinter sich zu lassen. Viele wollten an ihre Erlebnisse im Strafvollzug nicht mehr erinnert werden.

---

14 Vgl. Verfahren gegen den ehemaligen Strafvollzugsbediensteten Dr. B., Staatsanwaltschaft Neuruppin, Schwerpunktabteilung für Bezirkskriminalität und DDR-Justizunrecht, Verfügung vom 6. 6. 2000, AZ: 364 Js 15/93. Nach 1990 konnte sich dieser ehemalige SV-Angehörige als niedergelassener Arzt in Mecklenburg-Vorpommern eine Praxis aufbauen.

Trotz dieser Schwierigkeiten führten einige Ermittlungen zur Anklageerhebung. Im Jahr 1993 wurde von der Schwerpunktabteilung des Landes Brandenburg gegen einen früheren Bediensteten Anklage wegen Körperverletzung erhoben. Dabei handelte es sich um einen Testfall, um rechtsgültig zu klären, inwieweit es sich bei den körperlichen Misshandlungen von Strafgefangenen um „systemtragende Rechtsbrüche" handelte, die grundsätzlich entsprechend dem Willen der Staats- und Parteiführung nicht geahndet worden waren und die somit nicht der Verjährungsfrist unterlagen. Dieser Auffassung folgte auch das Landgericht Potsdam durch seine Verurteilung des Angeklagten, die später vom Bundesgerichtshof in einer Entscheidung vom 26. 4. 1995 bestätigt wurde.[15] Der Fall des betreffenden SV-Bediensteten erweckte damals großes Aufsehen in der Presse. Er war angeklagt, in 12 Fällen „vorsätzlich die Gesundheit eines Menschen geschädigt oder ihn körperlich mißhandelt" zu haben.[16]

Der Angeklagte war seit 1968 in der Strafvollzugsanstalt Brandenburg als Wachtmeister tätig. Gleich zu Beginn seiner Anstellung griff er zu körperlichen Züchtigungen. Der erste Vorfall ereignete sich bereits Ende 1968. Dem Strafgefangenen J. K., der wegen „versuchten Grenzdurchbruchs" eine Freiheitsstrafe von sechs Jahren verbüßen musste, wurde, obwohl er bereits im Besucherraum zwei Stunden gewartet hatte, ohne Angaben von Gründen die Besuchserlaubnis entzogen. Er war empört und weigerte sich, die Arbeit wiederaufzunehmen. Daraufhin trat der Bedienstete von hinten an K. heran und schlug ihm mit seinem schweren Schlüsselknochen, an dem mehrere große Schlüssel befestigt waren, einige Male wuchtig auf den Rücken, wobei er die Wirbelsäule traf. Zwei weitere Bedienstete schubsten ihn und schlugen auf ihn ein. Der Gefangene brach zusammen und erlitt Verletzungen im Bereich der Wirbelsäule. Da er nicht mehr gehen konnte, musste er von anderen Strafgefangenen in seine Zelle zurückgebracht werden. Er hatte starke Schmerzen, konnte sich nicht mehr bewegen und hatte Schwierigkeiten beim Sprechen. Mehrere Wochen musste er in seiner Zelle liegen und von den Mitgefangenen betreut werden. Eine ärztliche und medikamentöse Behandlung wurde ihm verweigert. Als er nach längerer Zeit wieder gehen konnte, wurde er zusätzlich mit 21 Tagen Arrest wegen Arbeitsverweigerung bestraft. Nach seiner Entlassung in die Bundesrepublik 1972 stellte man in der dann erfolgenden ärztlichen Behandlung Veränderungen an der Wirbelsäule fest. Seit diesem Vorfall leidet er an Schmerzen und Beschwerden im Bereich der Wirbelsäule.[17]

---

15 Erardo Cristoforo Rautenberg, Die strafrechtliche Aufarbeitung des DDR-Systemunrechts im Land Brandenburg aus staatsanwaltschaftlicher Sicht, in: Klaus-Christoph Clavée/Wolf Kahl/Ramona Pisal (Hrsg.), 10 Jahre Brandenburgisches Oberlandesgericht. Festschrift zum 10-jährigen Bestehen, Baden-Baden, 2003, S. 33 f.

16 Anklageschrift der Staatsanwaltschaft Potsdam vom 23. 9. 1993, betreffend Kurt-Wedig V. Az 60/4 Js 16/93, S. 1.

17 Urteilsschrift des Landgerichts Potsdam, betreffend Kurt-Wedig V., Az. 60/4 Js 16/93, S. 6.

IV. Die juristische Verfolgung von Straftaten

Diese gewalttätigen Übergriffe des Strafvollzugsbediensteten auf Häftlinge setzten sich weiter fort. Im Februar 1979 z. B. befand sich der Strafgefangene H.-J. K., der wegen versuchten ungesetzlichen Grenzübertritts eine Freiheitsstrafe verbüßte, gemeinsam mit etwa 20 anderen Häftlingen in einer Zelle im Zugangsbereich. Sie saßen nach dem Einschluss in der Zelle an einem Tisch, spielten Karten und sangen. K. saß mit dem Rücken zur Zellentür. Um für „Ruhe und Ordnung" zu sorgen, begab sich der Aufseher V. gemeinsam mit einer Gruppe von insgesamt fünf Bediensteten zu dieser Zelle. Im gegenseitigen Einverständnis mit seinen Begleitern riss V. die Zellentür auf, schlug heftig mit seinem Schlagstock auf den Tisch und fegte alle Gegenstände auf den Boden. Dann packte er den Strafgefangenen K., versetzte ihm einen Rippenstoß und warf ihn auf den Korridor, wo die anderen Aufseher bereits auf ihn warteten. Sie schlugen den Gefangenen mit Schlagstöcken auf Kopf, Ohren und Rücken, bis er am Gitter des Korridors zusammenbrach. Dort wurde er weiter geschlagen und getreten und sodann unter Schlägen in seine Zelle zurückgetrieben.

Trotz mehrmaligen Bittens verweigerte man K. eine ärztliche Behandlung. Sein Rücken war durch Striemen gezeichnet, er litt unter starken Schmerzen, sodass er nicht auf dem Rücken liegen konnte. Seine Ohren begannen zu eitern. Dieses Ereignis und die schmerzhaften Folgen versetzten ihn in eine äußerst depressive Stimmung. Aus Furcht vor weiteren Misshandlungen durch den SV-Bediensteten beschwerte er sich nicht.[18]

Ein weiterer Vorfall mit diesem SV-Bediensteten spielte sich im Frühsommer 1979 ab, als mehrere Strafgefangene die Arbeit verweigerten, weil ihnen die Freistunde verwehrt worden war. Der Strafgefangene Z. wurde daraufhin in eine Einzelzelle verbracht. Der SV-Bedienstete V. betrat mit einem weiteren Wachtmeister seine Zelle und fragte Z. nach dem Grund seiner Verurteilung. Z. antwortete, dass er eine Strafe wegen ungesetzlichen Grenzübertritts verbüßen müsse. Daraufhin schlug ihn V. völlig überraschend mehrmals mit seinem schweren Schlüsselbund in den Magen, sodass er keine Luft mehr bekam. Danach bemerkte der Wachtmeister V.: „Jetzt hat sich's ausgeflüchtet." Der Strafgefangene Z. litt längere Zeit unter Schmerzen. Da er einer Beschwerde keine Erfolgsaussichten einräumte und Angst vor weiteren Schikanen hatte, beschwerte er sich nicht, wie das Gericht 1994 anmerkte.[19]

Insgesamt konnten dem Aufseher Kurt-Wedig V. 10 Fälle von körperlichen Misshandlungen nachgewiesen werden. Sie führten zu einer rechtskräftigen Verurteilung von zwei Jahren Freiheitsstrafe, die zur Bewährung ausgesetzt wurde. Die Zahl der Vorwürfe gegen ihn war jedoch weitaus größer. Sie konnten aber nicht zweifelsfrei belegt werden. Geurteilt wurde auf der Grundlage des § 115 (Vorsätzliche Körper-

---

18 Ebenda, S. 9 f.
19 Ebenda, S. 10 f.

verletzung) des DDR-Strafgesetzbuches und gemäß Artikel 315 Abs. 1 EGStGB über die Nichtverjährung von Straftaten, die auch gegen DDR-Recht verstießen, aber erst mit dem Beitritt zur Bundesrepublik geahndet werden konnten.[20]

Obwohl über den Bediensteten mehrere schriftliche Beschwerden von Gefangenen wegen seiner gewalttätigen Übergriffe existierten, die an die Mitarbeiter der Operativgruppe des MfS in der StVE Brandenburg gerichtet waren, hatten die Eingaben zu DDR-Zeiten keine Konsequenzen. Der ehemalige Leiter der Strafvollzugsanstalt gab in der Zeugenvernehmung zu Protokoll, er könne sich an den Bediensteten kaum erinnern; auch hätten dienstliche Beschwerden gegen ihn nicht vorgelegen. Zudem habe jeder Strafgefangene die Möglichkeit der Beschwerde bei seiner Entlassung gehabt, aber da sei nichts vorgebracht worden. Wenn er von diesen Vorfällen gewusst hätte, wäre umgehend eine Untersuchungskommission eingesetzt worden. Bei Bestätigung solcher Übergriffe wäre der Mitarbeiter keinen weiteren Tag länger beschäftigt worden.[21] Die Akten zeichnen dagegen ein anderes Bild.

Trotz der vorliegenden Beschwerden war der SV-Angehörige V. noch bis 1992 in der Justizvollzugsanstalt Brandenburg tätig. Erst als im Januar 1992 die Vorwürfe gegen ihn öffentlich wurden, führte das zur Suspendierung seines Dienstverhältnisses im Mai 1992 durch einen Auflösungsvertrag, d. h. im gegenseitigen Einvernehmen.

Nach diesem Pilotverfahren, dessen Rechtmäßigkeit vom Bundesgerichtshof bestätigt wurde, konnten Anklagen gegen weitere Beschuldigte erfolgen. In einer Vielzahl von angezeigten Vorkommnissen wegen gewalttätiger Übergriffe wurde jetzt ermittelt. Diese Ermittlungen zogen sich jedoch in die Länge.

Im Juli 1999 kam es u. a. zu einer Anklageerhebung gegen den Vollzugsbediensteten W., der seit 1950 zunächst als Wachtmeister und ab 1972 als Erzieher in der Strafvollzugsanstalt Brandenburg tätig war. Ihm wurden Körperverletzungen in neun Fällen vorgeworfen.[22] Der Angeklagte bestritt sämtliche Vorfälle – zur Hauptverhandlung erschien er nicht. Ein Fall bezog sich auf den ehemaligen politischen Strafgefangenen R., der 1978 wegen Spionage und Beeinträchtigung staatlicher Tätigkeit verurteilt worden war. Am 5. November 1979 verblieb er in seiner Zelle und ging nicht zum Arbeitseinsatz, weil er sich krank fühlte. Einige Stunden später betraten zehn Bedienstete, darunter der Angeschuldigte, die Zelle und begannen mit Schlagstöcken auf den Häftling einzuschlagen. Dieser griff als Abwehrmaßnahme zu einem Hocker, um sich vor den Schlägen zu schützen. Die Vollzugsbediensteten schlugen auf ihn so

---

20 Vgl. die Ausführungen zur gesetzlichen Grundlage der Verurteilung in: ebenda, S. 23 ff.
21 Zeugenvernehmung des ehemaligen Leiters der StVE Brandenburg Fritz A. vom 28. 7. 1993, Staatsanwaltschaft Potsdam, AZ 60/4 Js 16/93, Bl. 127–134. Vgl.: Nichts gehört, nichts gesehen, nichts gewusst. Ex-Gefängnisleiter als Zeuge vor Gericht, in: Berliner Zeitung vom 28. 4. 1994.
22 Vgl. Anklageschrift gegen den ehemaligen Vollzugsbediensteten Heinz Werner W. vom 2. 7. 1999, Staatsanwaltschaft Neuruppin, AZ 364 Js 205/93.

IV. Die juristische Verfolgung von Straftaten

lange ein, bis er bewusstlos zusammenbrach. Der Vorfall wurde in der Vollzugsakte des Betreffenden festgehalten. Dort war aber vermerkt, dass er mit dem Hocker die SV-Bediensteten angreifen wollte und sein Widerstand mit Hilfe des Schlagstocks gebrochen worden sei. Daneben fand sich ein Vermerk über eine ärztliche Untersuchung, in der mehrere Hämatome im Brustbereich, am linken Unterarm sowie am Kopf festgestellt wurden. Der Strafgefangene gab gegenüber dem Arzt an, grundlos von Vollzugsbediensteten geschlagen worden zu sein.[23]

Dieser Vorgang ließ sich aus verschiedenen Quellen bestätigen, weshalb das Gericht eine Verurteilung für gerechtfertigt ansah. In den anderen Fällen von Misshandlung, die dem Bediensteten vorgeworfen wurden, gab es keine schriftlichen Unterlagen sowie keine unmittelbaren Augenzeugen. So hatte der ehemalige Strafgefangene F., der wegen Spionage und ungesetzlichen Grenzübertritts zu acht Jahren Freiheitsstrafe verurteilt worden war, zu Protokoll gegeben, zwischen 1969 und 1972 mehrmals von dem Vollzugsbediensteten W. misshandelt worden zu sein. Da dafür aber keine unmittelbaren Zeugen vorhanden waren, gelangten nur zwei Vorfälle zur Anklage. Der ehemalige Strafgefangene berichtete, dass er mehrmals wegen angeblichen Verstoßes gegen die Hausordnung bzw. mangelhafter Arbeitsleistungen in das Stationsbüro von W. vorgeladen worden sei. Dabei habe W. ihm wiederholt mit der Faust gegen den Kopf geschlagen, in den Unterleib gestoßen oder aber auf die Zehen getreten. In der Regel vermied es der Angeklagte W. aber, sichtbare Verletzungen zuzufügen. Geschah dies dennoch, kam der Gefangene in Isolationshaft, bis diese Verletzungen abgeklungen waren. Während des mehrmals über ihn verhängten dreiwöchigen Arrests sei er zudem häufig mit Gummiknüppeln geschlagen worden. Diese Aussagen ließen sich nicht verifizieren. Auch die Kranken- und Vollzugsakte des Geschädigten war nicht auffindbar. Aus diesem Grund gelangte nur die o. g. Körperverletzung des angeklagten SV-Bediensteten zur Verurteilung.

Der ehemalige SV-Angehörige W., der im Übrigen im gegenseitigen Einvernehmen und mit guter Beurteilung 1990 das Dienstverhältnis beendete, wurde im Jahr 2000 rechtskräftig zu einer Bewährungsstrafe von einem Jahr und einer Geldstrafe von 1500,– DM verurteilt.[24]

Im gleichen Jahr 1999 kam es auch zur Anklage gegen einen ehemaligen Erzieher der Strafvollzugsanstalt Brandenburg. Er wurde beschuldigt, in zehn Fällen „vorsätzlich die Gesundheit eines Menschen geschädigt und ihn körperlich misshandelt zu haben".[25] Ein Fall bezog sich auf den Strafgefangenen F., der eine 4 1/2-jährige Frei-

---

23 Vgl. Anklageschrift gegen den ehemaligen Vollzugsbediensteten Heinz Werner W. vom 18. 11. 1999, Staatsanwaltschaft Neuruppin, AZ 364 Js 23508/99, S. 1–5.
24 Strafbefehl gegen Heinz Werner W. vom 14. 3. 2000, Amtsgericht Brandenburg.
25 Anklageschrift gegen den ehemaligen Strafvollzugsangehörigen Manfred M. vom 12. 7. 1999, Staatsanwaltschaft Neuruppin, Az. 364 Js 43/93, S. 1.

heitsstrafe wegen ungesetzlichen Grenzübertritts und unbefugten Waffenbesitzes verbüßte. Im November 1979 kam F. in eine Absonderungszelle, weil er sich gegen die vom Staatsrat verkündete Amnestie ausgesprochen hatte und aus diesem Grund Arbeitszurückhaltung übte. Die Zelle war unbeheizt. Er zog sich eine Kieferhöhlenvereiterung zu und verlangte wegen seiner starken Schmerzen nach einer ärztlichen Behandlung, die ihm jedoch verweigert wurde. Um eine ärztliche Untersuchung zu erzwingen, schnitt er sich die Pulsadern am linken Unterarm auf. Der Arzt versorgte jedoch lediglich seine Schnittverletzung.

Anschließend wurde er in die Absonderungszelle zurückgebracht. Nach etwa einer Stunde erschien der Angeklagte mit einem Rollkommando, dessen Truppführer er zu dieser Zeit war und das vor allem bei Widerstandsaktionen von Häftlingen zum Einsatz kam. Auf sein Kommando „Zieh" schlugen sie gemeinsam den Gefangenen F. mit langen Schlagstöcken auf Oberarme, Oberschenkel, den Kopf und in die Nierengegend, bis dieser zusammenbrach. Der fast bewusstlos Geschlagene konnte noch wahrnehmen, dass er aus der Zelle heraus und den Gang entlang zum Arrestbau geschleift wurde. Dort schlugen sie erneut mit dem Gummiknüppel auf ihn ein. Er erlitt eine Platzwunde am Kopf sowie blaue Flecken und Striemen am Körper. In seiner Vollzugsakte befand sich tatsächlich ein Eintrag, dass er am 9. 11. 1979 geschlagen wurde. Als Grund dafür hatte man jedoch aktive Widerstandshandlungen des Häftlings angeführt, weshalb die Anwendung des Schlagstocks als gerechtfertigt angesehen wurde. Wegen dieses Eintrags sowie der Glaubwürdigkeit des Zeugen F., der noch jahrelang wegen dieser Misshandlung unter psychischen Problemen litt, stand für das Gericht die Schuld des angeklagten Bediensteten zweifelsfrei fest.[26]

Letztlich konnte ihm jedoch nur die Hälfte der ursprünglich zehn von der Staatsanwaltschaft formulierten Anklagepunkte juristisch einwandfrei nachgewiesen werden. Als strafmildernd wertete das Gericht, dass die Taten viele Jahre zurücklagen und damit das „Sühnebedürfnis" abgenommen habe – eine Begründung, die auch in anderen Fällen herangezogen wurde. Als noch befremdlicher erscheint der strafmildernde Grund, die Geschädigten hätten immerhin einen „Anlass" in Form von Provokationen für die Misshandlungen gegeben. Zudem hätten sich die Bediensteten „möglicherweise" in einer Stresssituation befunden, da zu dieser Zeit die gesamte Situation in der Vollzugseinrichtung angespannt gewesen sei (vermutlich war damit die Überfüllung der Haftanstalt und die Amnestie 1979 gemeint). Schließlich habe der Angeklagte durch seine Taten seine gesicherte Existenz verloren.[27] Aus all diesen Gründen sprach das Gericht nur eine Bewährungsstrafe von einem Jahr aus.[28] Dass

---

26 Urteilsbegründung des Amtsgerichts Brandenburg an der Havel vom 19. 6. 2000, betreffend Manfred M., Az 364 Js 205/93, S. 4 und 7 f.
27 Ebenda, S. 14.
28 Ebenda, S. 15.

IV. Die juristische Verfolgung von Straftaten

der beschuldigte Bedienstete sämtliche Vorfälle bestritt und keinerlei Einsicht zeigte, wie aus den Ermittlungsakten hervorgeht, wertete das Gericht dagegen nicht.

Auch in anderen Anklageschriften gegen SV-Angehörige führte man als strafmildernden Umstand an, dass die misshandelten Gefangenen ja eine gewalttätige Reaktion selbst provoziert hätten. Wie problematisch eine solche Auslegung der Staatsanwaltschaft ist, belegen exemplarisch zwei Vorgänge:

In einem Fall hatte der Strafgefangene St. seine Mithäftlinge durch Rufen aufgefordert, sich in den Zellen zu verbarrikadieren, um die Ausreise in die Bundesrepublik zu erzwingen. Daraufhin packten die Bediensteten den Gefangenen und schleiften ihn eine Steintreppe herunter, sodass sein Kopf auf den Stufen aufschlug und St. schließlich verletzt am Boden liegen blieb. Auch wenn die Staatsanwaltschaft eine Schuld des Angeklagten anerkannte, so wertete sie jedoch als strafmildernd, dass der Gefangene St. durch seine Aufforderung an seine Mithäftlinge diese Reaktion erst provoziert habe. Aufgrund dessen und weil er keine gravierenden gesundheitlichen Schädigungen davongetragen hatte und die Tat fast 20 Jahre zurück lag, wurde das Verfahren nach § 153 a Abs. 1 StPO eingestellt.[29]

Ein weiterer Fall, der sich im Jahr 1984 ereignete, betraf den Strafgefangenen Sch., der wegen ungesetzlichen Grenzübertritts eine Freiheitsstrafe von viereinhalb Jahren verbüßen musste. Die Staatsanwaltschaft sah es als erwiesen an, dass mehrere Bedienstete der Vollzugsanstalt ihn geschlagen und dann über das Geländer auf ein Stahlgitter gestürzt hatten. Ein unbeteiligter Zeuge gab folgende Schilderung des Vorgangs, der auch die Staatsanwaltschaft folgte, ab: „Als der Sch. aus dem Dienstzimmer kam, hätte er eigentlich wieder in den Arrestbereich gemusst. An diesem Tag war es aber anders. Ich hörte plötzlich Geschrei und sah praktisch vom Erdgeschoß in die erste Etage hoch. Dort wurde der Sch. von SV-Bediensteten mit langen schwarzen Gummiknüppeln geschlagen und der Sch. versuchte, sich zu wehren. Während der Schläge wurde er dann immer wieder von den Bediensteten hochgerissen. Plötzlich wurde der Sch. von ca. 2–3 Bediensteten gegriffen und stürzte plötzlich über das Geländer. Er schlug dort im Erdgeschoß auf und blieb dort liegen. Meiner Meinung nach war dies ca. eine Höhe von 3 Metern. Ich blieb dann aber erst stehen, wartete ab, was die Bediensteten taten. Sie bewegten sich langsam in die untere Etage. Sie holten den Sani und der kümmerte sich um den Sch. Der Sch. schrie dann dort aber vor Schmerzen und der Sani, ein Strafgefangener, hatte ja keine Entscheidungsgewalt. Er rief dann selber seinen Meister. Als der dann dort vor Ort war, hat er gesagt, dass der Sch. in den Sani-Raum müsste. Der Sch. schrie dann aber immer noch und klagte über Schmerzen am Kopf und im Nacken [...]. In der Folge habe ich dann

---

29 Staatsanwaltschaft Neuruppin, Verfügung im Ermittlungsverfahren gegen Harald D. vom 21. 9. 1998, Az 64 Js 55/93, S. 5.

selber noch gesehen, wie der Sch. in das Haftkrankenhaus verbracht wurde, aus dem Sani-Raum heraus."[30]

Die Staatsanwaltschaft stellte im Ergebnis des Ermittlungsverfahrens fest, dass sich der angeklagte Harald D. der vorsätzlichen Körperverletzung schuldig gemacht habe, wobei die Tatausführung durchaus zum Tode des Strafgefangenen hätte führen können. Dennoch kam es zur Einstellung dieses Verfahrens nach § 153 a StPO, da es sich um einen schwierigen Gefangenen gehandelt habe, der häufig gegen die Anstaltsordnung verstieß. Durch seine Gegenwehr habe er zudem die übermäßige Gewaltanwendung provoziert.[31]

Folgt man dieser Logik, dann hätte jegliches Aufbegehren von Strafgefangenen gegen die Haftbedingungen und die menschenunwürdige Strafvollzugspraxis in der DDR eine Gewaltanwendung legitimiert. Letztlich hieße das, auch in einer Diktatur müsse schließlich Widerstand bestraft werden, was folglich die SV-Bediensteten stets ins Recht setzen würde. Diese Einschätzungen zeugen von einem äußerst problematischen Herangehen in politischen Strafverfahren. Denn damit macht sich die Rechtsprechung die Argumentationslogik der Herrschenden zu Eigen. Letztendlich geht es um die Frage, wie der Widerstand in einer Diktatur zu bewerten ist. Damit aber haben sich die Juristen offenbar kaum auseinander gesetzt, und deshalb ist es zu folgenschweren Fehleinschätzungen gekommen.

Vor den Urteilsverkündungen wären grundsätzliche Erörterungen, wie mit Widerstand nicht nur in einer totalitären Gesellschaft allgemein, sondern auch konkret im DDR-Strafvollzug umzugehen ist, notwendig gewesen. So drängt sich die Frage auf, ob die Staatsanwälte und Gerichte einen ähnlichen Maßstab bei der Urteilsfindung für die NS-Diktatur angelegt und ähnliche Entscheidungen getroffen hätten. Ohne hier beide Diktaturen gleichsetzen zu wollen, wird in dieser Zuspitzung der Fragestellung die Problematik deutlich. Immerhin waren im Zuchthaus Brandenburg zur NS-Zeit zahlreiche politische Gefangene inhaftiert, deren illegale Tätigkeit und Widerstandsaktionen heute noch gewürdigt werden und Respekt abverlangen. Erinnert sei nur an die jahrelange illegale Tätigkeit von Robert Havemann, der seine Mitgefangenen im Zuchthaus mit Informationen versorgte. Oder an die illegalen Gruppenbildungen, durch die sich die politischen Gefangenen nicht nur solidarisch unterstützten, sondern auch Widerstandsaktionen im Zuchthaus Brandenburg planten. Würden die Staatsanwälte und Richter, die über die Straftaten der DDR-Bediensteten urteilten, auch in diesen Fällen von „Provokationen" sprechen, die ein menschenrechtsverletzendes Handeln der Strafvollzugsbeamten nach sich zogen?

30   Ebenda, S. 12.
31   Ebenda, S. 14. Obwohl der Geschädigte angab, gesundheitliche Beeinträchtigungen davongetragen zu haben, wurde dies durch die Ermittlungen nicht bestätigt, da sich in den Akten keine Hinweise darauf fanden, was m. E. zweifelhaft ist. Zudem liege die Tatzeit bereits 13 Jahre zurück.

IV. Die juristische Verfolgung von Straftaten

Wie also geht man mit dem Protest, dem „Widersetzen gegen die Anstaltsordnung", wie das im DDR-Jargon hieß, in einer diktatorisch verfassten Gesellschaft um? Hätte der Strafgefangene St. nicht zum Verbarrikadieren in den Zellen aufrufen dürfen, um sein Menschenrecht auf Freizügigkeit einzufordern? Hätten die Gefangenen nicht in einen Hungerstreik treten sollen, um gegen Willkürmaßnahmen zu protestieren? War es unangebracht, dass politische Gefangene forderten, nicht mit Mördern auf eine Stufe gestellt zu werden? Wurden die politischen Häftlinge zu Recht bestraft, wenn sie die Arbeit verweigerten, weil sie nicht gewillt waren, für diesen Staat Leistungen zu erbringen, oder weil sie gegen unzumutbare Arbeitsbedingungen protestierten? Hatten sie durch ihr forderndes Auftreten die Übergriffe der SV-Angehörigen tatsächlich selbst provoziert? Diese Problematik ist von der Justiz kaum durchdacht worden und entsprechend unbefriedigend ist die Strafverfolgung nach 1989 ausgefallen.

Der bereits angeführte Fall des ehemaligen Strafgefangenen St. verweist auf ein weiteres Dilemma bei der Aufarbeitung von DDR-Unrecht: Der ehemalige Häftling hatte über seine Misshandlungen in einer „Salzgitter-Vernehmung" am 15. 2. 1990 berichtet. Am 4. 11. 1993 wurde er vom Landeskriminalamt Brandenburg zu diesem Vorfall vernommen, wobei er einen Strafantrag gegen den Beschuldigten D. stellte. Nochmals wurde er dazu am 22. 6. 1996 vernommen. Am 6. 3. 1997 erfolgte eine weitere Vernehmung. Immer wieder wurde er zum gleichen Sachverhalt befragt. Als er zu einer 5. Vernehmung am 9. 4. 1998 nochmals vorgeladen wurde, verweigerte er die weitere Zusammenarbeit und war zu keiner Aussage mehr bereit.[32] Der Vorgang dokumentiert die geringe Sensibilität von Polizei und Staatsanwaltschaft im Umgang mit den Opfern des SED-Staates. Die Befragten befanden sich in dem Verfahren wieder und wieder in einer Verhörsituation, die sie aus DDR-Zeiten nur zu gut kannten. Man glaubte ihnen also nicht, dachten sie, weshalb man sie wiederholt befragte. Sie empfanden, dass sie sich rechtfertigen müssten. Auch wurden die belastenden Erinnerungen, die man möglichst zu verdrängen suchte, immer wieder neu belebt. Wie hier mit dem Geschädigten umgegangen wurde, ist unangemessen und durch nichts zu rechtfertigen.

Nachdem das Urteil gegen K.-W. V. im Jahr 1994 gesprochen worden war, herrschte offenbar erst einmal Stillstand in der juristischen Aufarbeitung. Die Ermittlungen gingen zwar weiter, aber es kam nicht mehr zu Anklageerhebungen. Erst ab Ende der 90er-Jahre ergingen erneut Strafbefehle und rechtskräftige Verurteilungen.

Diese Praxis der Anklageerhebung und Rechtsprechung macht deutlich, dass eine juristische Aufarbeitung von DDR-Unrecht im Strafvollzug nicht nur für die Betroffenen höchst unbefriedigend geblieben ist, sondern auch generell für die Auseinander-

---

32 Vgl. Staatsanwaltschaft Neuruppin, Verfügung im Ermittlungsverfahren gegen Harald D. vom 21. 9. 1998, Az 64 Js 55/93, S. 7–11.

setzung mit den Menschenrechtsverletzungen in der DDR.[33] Das belegen auch die Zahlen der Staatsanwaltschaft Neuruppin, die diese Verfahren ab 1. 12. 1993 führte. Von den insgesamt 975 Ermittlungen gegen Bedienstete von Strafvollzugs- und Untersuchungshaftanstalten auf dem Gebiet des Landes Brandenburg wurden allein 935 mangels hinreichenden Tatnachweises oder Fehlens eines Anfangsverdachts eingestellt. In 23 Fällen wurden die Verfahren gegen Angehörige des Strafvollzugs gegen Zahlung von Geldauflagen eingestellt. Nur 18 Anklagen führten zu Verurteilungen von insgesamt 12 Angeklagten zu Freiheitsstrafen mit Bewährung. Lediglich zwei Angeklagte erhielten eine Freiheitsstrafe ohne Bewährung. Des Weiteren kam es zu zwei Freisprüchen sowie zu einer Verfahrenseinstellung nach Eröffnung des Hauptverfahrens gegen Zahlung einer Geldbuße und zu einer Verfahrenseinstellung wegen unbekannten Aufenthaltes.[34]

Zusammenfassend lassen sich folgende Fehlleistungen bei der Aufarbeitung von DDR-Unrecht im Strafvollzug benennen, die wesentlich auf die Unkenntnis der mit den Strafverfahren befassten Untersuchungsbehörden, Staatsanwälte und Richter mit der DDR-Wirklichkeit zurückzuführen sind:

1. Der Quellenwert der Strafvollzugsakten wurde völlig überschätzt. Da sich darin häufig keine Bestätigung von Gefangenenmisshandlungen und Willkürakten fand, führte das nicht selten zur Einstellung der Ermittlungsverfahren.

2. Die mit wenig Gespür erfolgten Zeugenbefragungen von ehemaligen politischen Gefangenen, die nicht selten von den Betroffenen als Verhöre empfunden wurden, ließen diese an der Zielstrebigkeit sowie dem Willen der ermittelnden Behörden bei der Aufarbeitung des DDR-Unrechts zweifeln. Das Ergebnis war eine Zurücknahme der Anzeige.

3. Die Ermittlungsverfahren zogen sich z. T. über viele Jahre hin, wodurch die Aussagekraft und das Erinnerungsvermögen der Zeugen beeinträchtigt wurden. Widersprüche taten sich dann in Bezug auf die lange zurückliegenden Vorfälle auf, worunter die Glaubwürdigkeit der Betroffenen litt.

4. Politisch begründete Protestaktionen, die eine „Verletzung der Hausordnung" der Strafvollzugsanstalt darstellten, wurden von Staatsanwaltschaft und Gericht nicht selten als Provokation seitens der politischen Häftlinge gewertet, die entsprechende Disziplinarmaßnahmen des SV-Personals rechtfertigten, wenn auch das Ausmaß an Gewalt abgelehnt wurde. Diese Sicht führte zu Strafmilderungen in der Urteilssprechung.

---

33 Vgl. dazu auch Peter Alexander Hussock, Erwartungen der Opfer/der Opferverbände, in: Urlich Baumann/Helmut Kury (Hrsg.), Politisch motivierte Verfolgung: Opfer von SED-Unrecht, Freiburg i. Br. 1998, S. 401–420.
34 Staatsanwaltschaft Neuruppin, Zur Aufarbeitung des DDR-Unrechts, vom 26. 2. 2002, unveröffentlichtes Manuskript, S. 2.

IV. Die juristische Verfolgung von Straftaten

5. Unterlagen des Ministeriums für Staatssicherheit wurden nur unzureichend ausgewertet. Man beschränkte sich auf Überprüfungen von Bediensteten, gegen die Ermittlungsverfahren liefen. Darüber hinausgehende Unterlagen, die das MfS gesammelt hatte, z. B. Beschwerden oder Informationen von Strafgefangenen über einzelne Bedienstete oder Eingaben von Angehörigen, wurden nicht herangezogen.

Aufgrund dieser Mängel ist die juristische Aufarbeitung von Menschenrechtsverletzungen in den DDR-Haftanstalten nur unzureichend erfolgt. Die Anwendung rechtsstaatlicher Prinzipien auf Verbrechen in einer Diktatur hat sich als nicht praktikabel erwiesen. Zu fragen ist, ob es nicht Alternativen zu dieser Form von Aufarbeitung gegeben hätte, wie z. B. eine öffentliche Auseinandersetzung zwischen Opfern und Tätern. In den vorliegenden Fällen blieb die Öffentlichkeit weitgehend auf den Gerichtssaal und damit auf einen kleinen Kreis beschränkt. Nur kurzzeitig befassten sich die Medien mit den Vorgängen. Eine wirkliche Auseinandersetzung über das Handeln und die Motive der Täter blieb aus. Zu schnell mussten sich die Menschen in den neuen Bundesländern mit anderen, existenziellen Dingen befassen, das öffentliche Interesse erlahmte oder reduzierte sich auf spektakuläre Fälle vornehmlich im Zusammenhang mit den Verbrechen der Staatssicherheit.

Eine Folge dieser unzureichenden und unbefriedigenden Aufarbeitung von DDR-Unrecht im Strafvollzug in Brandenburg waren die wiederholten Vorwürfe gegen Bedienstete der Justizvollzugsanstalt, die inzwischen sogar verbeamtet worden waren. So ging es z. B. im Mai 2004 um Gefangenenmisshandlungen in der JVA Brandenburg, die an die Öffentlichkeit gelangt waren und Politik und Medien intensiv beschäftigten. Dabei kam u. a. ein Vorfall zur Sprache, der sich am 14. Januar 2004 ereignet hatte. Ein Häftling klagte über heftige Schmerzen in der Herzgegend und verlangte nach einem Arzt. Die medizinische Hilfe wurde ihm jedoch – wie damals zu DDR-Zeiten – verweigert. Stattdessen stürmten nachts fünf mit Sturmmasken und Schlagstöcken versehene Aufseher in seine Zelle, drückten ihn mit einem Schutzschild nieder, fesselten ihn und schleiften ihn in eine Isolierzelle. Am nächsten Tag stellte sich heraus, dass der Gefangene einen schweren Herzinfarkt erlitten hatte.[35] Der Betreffende stellte Strafanzeige, die jedoch versackte. In diesem Zusammenhang kam ans Tageslicht, dass seit 1990 in der JVA Brandenburg insgesamt 57 Strafanzeigen gegen Aufsichtspersonal gestellt worden waren.[36] Die Häftlinge beschwerten sich über eine nicht korrekte und vermutlich gesetzeswidrige Behandlung. Eine Analogie zur

---

35 Vgl. Vermummt auf herzkranken Gefangenen eingeprügelt, in: Berliner Zeitung vom 7. 5. 2004, S. 22.
36 Vgl. Prügel-Affäre: Der Erste muss gehen, in: Berliner Zeitung vom 11. 5. 2004, S. 22. Im Übrigen waren alle Verfahren eingestellt worden. Offenbar war es schwierig, handfeste Beweise zu liefern, doch ist es schwer vorstellbar, dass bei dieser Zahl von Strafanzeigen alle unbegründet gewesen sein sollen.

DDR-Strafvollzugspraxis lag auf der Hand. Immerhin waren von den 1795 ehemaligen DDR-Bediensteten nach 1990 nur 90 infolge von Überprüfungen entlassen worden.[37] Damit kam die sehr oberflächliche und halbherzige Überprüfungspraxis des Dienstherren, des Justizministeriums des Landes Brandenburg, an die Öffentlichkeit. Die Überprüfung der Bediensteten bezog sich nämlich nur auf die Mitarbeit beim Ministerium der Staatssicherheit, nicht aber darauf, ob sich der Betreffende rechtswidriger Verfehlungen gegenüber Strafgefangenen schuldig gemacht hatte. Darüber geben nicht zuletzt die Unterlagen des MfS Auskunft, die jedoch nicht dafür herangezogen wurden.[38] Insofern waren nach 1990 zahlreiche Bedienstete im Amt, denen Misshandlungen und andere Willkürakte zu DDR-Zeiten vorgeworfen wurden.[39]

Die ungenügende Aufarbeitung von DDR-Unrecht im Strafvollzug hat bis heute schwerwiegende Folgen für das Ansehen und die Glaubwürdigkeit des Strafvollzuges unter der Regie des Ministeriums der Justiz. Sie führte bis zu Rücktrittsforderungen an die Justizministerin des Landes Brandenburg, zumal den zahlreichen Beschwerden von Strafgefangenen nicht nachgegangen worden war. Alles in allem machten diese Vorfälle deutlich, dass sich die Praxis im Strafvollzug von Brandenburg nicht grundlegend verändert zu haben schien.

Auch ehemalige politische Gefangene äußerten sich während meiner Interviews enttäuscht über die Verdrängung und mangelnde Aufarbeitung des DDR-Unrechts in der Haftanstalt Brandenburg. Vor allem auch dann, wenn sie erfuhren, dass ehemalige Bedienstete, die sie zur damaligen Zeit wegen ihrer Willkür, Menschenverachtung und Brutalität fürchteten, noch weiter nach 1990 tätig und inzwischen sogar verbeamtet worden waren. Vielfach herrscht unter den ehemaligen Häftlingen Resignation, da sich für diese Thematik ohnehin niemand mehr interessiere und die Täter von einst straffrei und in vielen Fällen sogar sozial besser gestellt als sie selbst ausgingen. Eine offene Auseinandersetzung mit den Tätern hat ohnehin bis heute nicht stattgefunden.

Das geflügelte Wort von Bärbel Bohley, der Mitbegründerin des Neuen Forums, man habe Gerechtigkeit gewollt und den Rechtsstaat bekommen, bringt die Enttäuschung über diesen Vorgang auf den Nenner. Aber auch die Möglichkeiten, die der Rechtsstaat bietet, wurden nicht genügend ausgeschöpft. Dies hätte ein größeres Engagement der Behörden, mehr Zeit und mehr Kraft erfordert.[40]

---

37 Darüber hinaus waren 350 Bedienstete aus ihrer Tätigkeit ausgeschieden. Vgl. ebenda.
38 Vgl. Mängel bei Überprüfungen in JVA Brandenburg. Historikerin benennt Fehler, in: Berliner Zeitung vom 12. 5. 2004, S. 20.
39 Diese Einschätzung mit Belegen von ehemaligen politischen Häftlingen wurde nicht zuletzt in der Sendung „Klartext" des ORB am 1. 7. 2003 erhoben.
40 Dabei hätte es durchaus Alternativen gegeben, etwa in Form eines „Sonderrechts für DDR-Regierungskriminalität", wie der damalige Generalstaatsanwalt Schaefgen vorschlug. Er war der Ansicht, „dass die Interessen der Opfer mindestens so schützenswert sind wie die der Täter",

IV. Die juristische Verfolgung von Straftaten

An positiver Bilanz bleibt, dass im Gegensatz dazu eine umfangreiche wissenschaftliche Aufarbeitung der DDR-Diktatur, auch wenn sie von heftigen Debatten begleitet worden ist, seit 1990 erfolgreich begonnen wurde. Die vorliegende Untersuchung versteht sich als ein Beitrag dazu.

---

weshalb man diese Interessenlage „durch eine Änderung des bestehenden Rechts und auch unserer Verfassung insofern Rechnung [hätte] tragen können." Zitiert nach Roman Grafe, Generalstaatsanwalt Christoph Schaefgen: „Wenig aufbauend ist die zahlenmäßige Bilanz unserer Arbeit." Die Strafverfolgung von SED-Unrecht 1990–1998, in: DA 32 (1999), S. 7.

Literaturverzeichnis

Agde, Günter, Die Greußener Jungs. Hitlers Werwölfe, Stalins Geheimpolizei und ein Prozeß in Thüringen, Berlin 1995.
Ahrberg, Edda, Mit gestutzten Flügeln. Jugend in der DDR. Materialband, hrsg. v. d. Landesbeauftragten für die Unterlagen des Staatssicherheitsdienstes der ehemaligen DDR Sachsen-Anhalt (Sachbeiträge 2), Magdeburg 1996.
Ammer, Thomas, Strafvollzug in der Strafvollzugsanstalt Brandenburg, in: Deutschland Archiv (DA) 35 (2002), S. 1006–1007.
Ansorg, Leonore, Strafvollzug an politischen Gefangenen in der DDR. Die Strafvollzugsanstalt Brandenburg-Görden, in: DA 35 (2002), S. 769–781.
– Zur Geschichte der Strafvollzugsanstalt (StVA) Brandenburg nach 1945, in: Über Grenzen und Zeiten – Für Freiheit, Recht und Demokratie. 7. Kongreß der Landesbeauftragten für die Unterlagen des Staatssicherheitsdienstes der ehemaligen DDR und der Stiftung zur Aufarbeitung der SED-Diktatur mit den Verfolgtenverbänden und Aufarbeitungsinitiativen, 23. bis 25. Mai 2003 Brandenburg an der Havel, Berlin 2004, S. 96–115.
– Die Entwicklung des Strafvollzuges und die Gefangenenstruktur in der Haftanstalt Brandenburg-Görden 1949–1989, in: Morsch, Günter/de Pasquale, Sylvia (Hrsg.), Perspektiven für die Dokumentationsstelle Brandenburg. Beiträge zur Tagung in der Justizschule der Justizvollzugsanstalt Brandenburg am 29/30. Oktober 2002, Materialien der Stiftung Brandenburgische Gedenkstätten, Bd. 2, Münster 2004, S. 197–214.
Auerbach, Thomas, Vorbereitung auf den Tag X. Die geplanten Isolierungslager des MfS, hrsg. v. BStU, Berlin 1995.
Bastian, Uwe/Neubert, Hildigund, Schamlos ausgebeutet. Das System der Haftzwangsarbeit politischer Gefangener des SED-Staates, hrsg. v. Bürgerbüro e. V., Berlin 2003.
Baumann, Ulrich/Kury, Helmut (Hrsg.), Politisch motivierte Verfolgung: Opfer von SED-Unrecht, Freiburg i. Br. 1998.
Bautzen-Komitee (Hrsg.), Das gelbe Elend. Bautzen-Häftlinge berichten. 1945–1956, Halle 1992.
Beckert, Rudi, Die erste und letzte Instanz. Schau- und Geheimprozesse vor dem Obersten Gericht der DDR, Goldbach 1995.
– Lieber Genosse Max. Aufstieg und Fall des ersten Justizministers der DDR Max Fechner, Berlin 2003.
Beckmann, Andreas/Kusch, Regina, Gott in Bautzen. Gefangenenseelsorge in der DDR, Berlin 1994.
Behnke, Klaus/Fuchs, Jürgen (Hrsg.), Zersetzung der Seele. Psychologie und Psychiatrie im Dienste der Stasi, Berlin 1995.

Beleites, Johannes, „Feinde bearbeiten wir!" Die Haftbedingungen im Untersuchungshaftvollzug des MfS, in: DA 32 (1999), S. 787–798.
- Schwerin, Demmlerplatz. Die Untersuchungshaftanstalt des Ministeriums für Staatssicherheit in Schwerin, hrsg. v. d. Landesbeauftragten für Mecklenburg-Vorpommern für die Unterlagen des Staatssicherheitsdienstes der ehemaligen DDR, Schwerin 2001.

Besier, Gerhard/Vollnhals, Clemens, Repression und Selbstbehauptung. Die Zeugen Jehovas unter der NS- und der SED-Diktatur, Berlin 2003.

Boll, Friedhelm (Hrsg.), Verfolgung und Lebensgeschichte. Diktaturerfahrungen unter nationalsozialistischer und stalinistischer Herrschaft in Deutschland, Berlin 1997.
- /Kaminsky, Annette (Hrsg.), Gedenkstättenarbeit und Oral History. Lebensgeschichtliche Beiträge zur Verfolgung in zwei Diktaturen, Berlin 1999.

Bouvier, Beatrix, Ausgeschaltet! Sozialdemokraten in der Sowjetischen Besatzungszone und der DDR 1945–1953, Bonn 1996.

Brundert, Willi, Es begann im Theater, Berlin/Hannover 1958.

Buddrus, Michael, „... im Allgemeinen ohne besondere Vorkommnisse". Dokumente zur Situation des Strafvollzugs der DDR nach der Auflösung der sowjetischen Internierungslager 1949–1951, in: DA 29 (1996), S. 10–33.

Buschfort, Wolfgang, Das Ostbüro der SPD. Von der Gründung bis zur Berlin-Krise, München 1991.
- Die Ostbüros der Parteien in den 50er Jahren, in: Schriftenreihe des Berliner Landesbeauftragten für die Unterlagen des Staatssicherheitsdienstes der ehemaligen DDR, Bd. 7, Berlin 1998, S. 29–76.

Ciesla, Burghard (Hrsg.), Freiheit wollen wir! Der 17. Juni 1953 in Brandenburg. Eine Dokumentenedition, Berlin 2003.

Detjen, Marion, Fluchthelfer nach dem Mauerbau, in: DA 35 (2002), S. 799–806.

Deutscher Bundestag, Stenographisches Protokoll der 36. Sitzung des Ausschusses für innerdeutsche Beziehungen vom 8. September 1982, Tagesordnung: Öffentliche Anhörung zum Thema: „Erfahrungen politischer Häftlinge betr. Zustände in den Haftanstalten der DDR".

Dirksen, Hans-Hermann, „Keine Gnade den Feinden unserer Republik". Die Verfolgung der Zeugen Jehovas in der SBZ/DDR 1945–1990, Berlin 2001.

Eberhardt, Andreas, Verschwiegene Jahre. Biographische Erzählungen von Gefangenschaft und dem Leben danach, Berlin 1998.

Eckert, Rainer, Widerstand und Opposition: Umstrittene Begriffe der deutschen Diktaturengeschichte, in: Neubert, Ehrhardt/Eisenfeld, Bernd, Macht – Ohnmacht – Gegenmacht. Grundfragen zur politischen Gegnerschaft in der DDR, Bremen 2001, S. 27–36.

Eisenfeld, Bernd, Die Ausreisebewegung – eine Erscheinungsform widerständigen Verhaltens, in: Ulrike Poppe/Rainer Eckert/Ilko-Sascha Kowalczuk (Hrsg.), Zwischen Selbstbehauptung und Anpassung. Formen des Widerstandes und der Opposition in der DDR, Berlin 1995, S. 192–223.

Literaturverzeichnis

- Die Verfolgung der Antragsteller auf Ausreise, in: Ulrich Baumann/Helmut Kury (Hrsg.), Politisch motivierte Verfolgung: Opfer von SED-Unrecht, Freiburg i. Br. 1998, S. 117–136.
- Gründe und Motive von Flüchtlingen und Ausreiseantragstellern aus der DDR, in: DA 37 (2004), S. 89–105.

Eisert, Wolfgang, Die Waldheimer Prozesse. Der stalinistische Terror 1950. Ein dunkles Kapitel der DDR-Justiz, München 1993.

Engelmann, Roger/Vollnhals, Clemens (Hrsg.), Justiz im Dienste der Parteiherrschaft. Rechtspraxis und Staatssicherheit in der DDR, Berlin 1999.

Erler, Peter, Zur Tätigkeit der Sowjetischen Militärtribunale (SMT) in der SBZ/DDR, in: Mironenko, Sergej/Niethammer, Lutz/von Plato, Alexander, Sowjetische Speziallager in Deutschland 1945 bis 1950, Bd. 1, Berlin 1998, S. 172–188.

Erler, Peter: „Lager X" – Das geheime Haftarbeitslager des MfS in Berlin-Hohenschönhausen (1952–1972). Arbeitspapiere des Forschungsverbunds SED-Staat 25/1997, Berlin 1997.

Faulenbach, Bernd/Meckel, Markus/Weber, Hermann (Hrsg.), Die Partei hat immer recht – Aufarbeitung von Geschichte und Folgen der SED-Diktatur, Essen 1994.

Fechner, Max (Hrsg.), Beiträge zur Demokratisierung der Justiz, Berlin (Ost) 1948.

Fichter, Horst, Verflucht sei die Menschenwürde. Erlebnisbericht aus den Zuchthäusern der ehemaligen DDR, Frankfurt a. M. 1996.

Finn, Gerhard, Die politischen Häftlinge der Sowjetzone, Köln 1989.
- Mauern, Gitter, Stacheldraht. Beispiele politischer Verfolgung in der Sowjetischen Besatzungszone, Bad Münstereifel 1996.
- /Fricke, Karl Wilhelm, Politischer Strafvollzug in der DDR, Köln 1981.

Flügge, Christoph, Wie war es wirklich in den DDR-Gefängnissen? Über die Schwierigkeiten einer amtlichen Auskunft, in: Horch und Guck 4 (1995), S. 21–25.

Foucault, Michel, Überwachen und Strafen. Die Geburt des Gefängnisses, Frankfurt a. M. 1977.

Frenzel, Max/Thiele, Wilhelm/Mannbar, Artur, Gesprengte Fesseln. Ein Bericht über den antifaschistischen Widerstand und die Geschichte der illegalen Parteiorganisation der KPD im Zuchthaus Brandenburg-Görden von 1933 bis 1945, Berlin (Ost) 1976.

Fricke, Karl Wilhelm, Politik und Justiz in der DDR. Zur Geschichte der politischen Verfolgung 1945–1968. Bericht und Dokumentation, Köln 1979.
- Opposition und Widerstand in der DDR. Ein politischer Report, Köln 1984.
- Zur Menschen- und Grundrechtssituation politischer Gefangener in der DDR, Köln 1988.
- Zur politischen Strafrechtssprechung des Obersten Gerichts, Heidelberg 1994.
- Akten-Einsicht. Rekonstruktion einer politischen Verfolgung, Berlin 1997.
- (Hrsg.)Humaner Strafvollzug und politischer Missbrauch. Zur Geschichte der Strafvollzugsanstalten in Bautzen 1904 bis 2000. Schriftenreihe des Sächsischen Staatsministeriums der Justiz, Bd. 10, Dresden 1999.

- Der Strafvollzug in Bautzen während der realsozialistischen Diktatur (1950 bis 1989), in: ders., Humaner Strafvollzug und politischer Missbrauch. Zur Geschichte der Strafvollzugsanstalten in Bautzen 1904 bis 2000 (= Schriftenreihe des Sächsischen Staatsministeriums für Justiz, Bd. 10), Dresden 1999, S 118–186.
- Spionage als antikommunistischer Widerstand. Zur Zusammenarbeit mit westlichen Nachrichtendiensten aus politischer Überzeugung, in: DA 35 (2002), S. 565–578.
- /Spittmann, Ilse (Hrsg.), 17. Juni – Arbeiteraufstand in der DDR, Köln 1988.
- /Engelmann, Roger: „Konzentrierte Schläge". Staatssicherheitsaktionen und politische Prozesse in der DDR 1953–1956, Berlin 1998.
- /Klewin, Silke, Bautzen II. Sonderhaftanstalt unter MfS-Kontrolle 1956 bis 1989. Bericht und Dokumentation (Schriftenreihe der Stiftung Sächsische Gedenkstätten zur Erinnerung an die Opfer politischer Gewaltherrschaft, Bd. 8), Leipzig 2001.
- /Steinbach, Peter/Tuchel, Johannes, Opposition und Widerstand in der DDR. Politische Lebensbilder, München 2002.

Fritzsch, Günter, Gesicht zur Wand. Willkür und Erpressung hinter Mielkes Mauern, Leipzig 1993.

Fuchs, Jürgen, Unter Nutzung der Angst: Die „leise Form" des Terrors – Zersetzungsmaßnahmen des MfS, Berlin 1994.

Furian, Gilbert, Der Richter und sein Lenker. Politische Justiz in der DDR, Berlin 1992.
- Auch im Osten trägt man Westen. Punks in der DDR, Berlin 2000.

Denis, Doris, Posttraumatische Störungen nach politischer Inhaftierung in der DDR, in: Müller, Klaus-Dieter/Stephan, Annegret (Hrsg.), Die Vergangenheit lässt uns nicht los. Haftbedingungen politischer Gefangener in der SBZ/DDR und deren gesundheitliche Folgen, Berlin 1998, S. 197–214.

Galenza, Roland/Havemeister, Heinz, Wir wollen immer artig sein. Punk, New Wave, Independent-Szene in der DDR 1980–1989, Berlin 1999.
- „Wir wollen immer artig sein". Punk und subkulturelle Musik in der DDR, in: DA 37 (2004), S. 611–622.

Garve, Roland, Unter Mördern. Ein Arzt erlebt den Schwerverbrecherknast, München 2000.

Gentz, Werner, Die praktische Ausgestaltung des Strafvollzuges, in: Frede, Lothar/Grünhut, Max (Hrsg.), Reform des Strafvollzuges. Kritische Beiträge zum Amtlichen Entwurf eines Strafvollzugsgesetzes, Berlin 1927.
- Reform des Strafvollzuges, in: Fechner, Max (Hrsg.), Beiträge zur Demokratisierung der Justiz, Berlin (Ost) 1948, S. 231–257.

Giebeler, Eckart, Hinter verschlossenen Türen. Vierzig Jahre als Gefängnisseelsorger in der DDR, Wuppertal/Zürich 1992.

Gieseke, Jens, Mielke-Konzern. Die Geschichte der Stasi 1945–1990, Stuttgart/München 2001.
- Die Einheit von Wirtschafts-, Sozial- und Sicherheitspolitik. Militarisierung und Überwachung als Probleme einer DDR-Sozialgeschichte der Ära Honecker, in: ZfG 51 (2003), S. 996–1021.

Literaturverzeichnis

Goffmann, Erving, Asyle, Frankfurt a. M. 1997.

Grabe, Kurt, Vier Stationen in Rot, St. Michael 1982.

Grafe, Roman, Generalstaatsanwalt Christoph Schaefgen: „Wenig aufbauend ist die zahlenmäßige Bilanz unserer Arbeit." Die Strafverfolgung von SED-Unrecht 1990–1998, in: DA 36 (2003), S. 6–9.

Gräf, Dieter, Die Missachtung der Menschenrechte und der rechtsstaatlichen Grundsätze durch die Justiz, in: Deutscher Bundestag (Hrsg.), Materialien der Enquete-Kommission „Aufarbeitung von Geschichte und Folgen der SED-Diktatur in Deutschland", Bd. IV, Baden-Baden 1995, S. 451–485.

Grashoff, Udo, Selbsttötungen in der DDR und das Wirken des Ministeriums für Staatssicherheit, hrsg. v. d. Landesbeauftragten für die Unterlagen des Staatssicherheitsdienstes der ehemaligen DDR in Sachsen-Anhalt (= Sachbeiträge 35), Magdeburg 2004.

Haase, Norbert/Oleschinski, Brigitte (Hrsg.), Das Torgau-Tabu. Wehrmachtstrafsystem, NKWD-Speziallager, DDR-Strafvollzug, Leipzig 1993.

– /Sack, Birgit (Hrsg.), Münchner Platz, Dresden. Die Strafjustiz der Diktaturen und der historische Ort (= Schriftenreihe der Stiftung Sächsische Gedenkstätten, Bd. 7), Leipzig 2001.

Hacke, Gerald, Die Zeugen Jehovas in der DDR. Verfolgung und Verhalten einer religiösen Minderheit (= Berichte und Studien, hrsg. v. Hannah-Arendt-Institut für Totalitarismusforschung, Nr. 24), Dresden 2000.

– Zwei Diktaturen – Ein Feind. Die Verfolgung der Zeugen Jehovas im nationalsozialistischen Deutschland und in der DDR, in: Heydemann, Günther/Oberreuter, Heinrich (Hrsg.), Diktaturen in Deutschland – Vergleichsaspekte. Strukturen, Institutionen und Verhaltensweisen, Bonn 2003, S. 283–308.

Hagemann, Frank, Der Untersuchungsausschuß Freiheitlicher Juristen 1949–1969, Frankfurt a. M. 1994.

Hanusch, Rolf (Hrsg.), Verriegelte Zeiten. Vom Schweigen über die Gefängnisse in der DDR, Tutzing 1993.

Henke, Klaus-Dietmar/Steinbach, Peter/Tuchel, Johannes (Hrsg.), Widerstand und Opposition in der DDR (= Schriften des Hannah-Arendt-Instituts für Totalitarismusforschung, Bd. 9), Köln 1999.

Heydemann, Günther/Oberreuter, Heinrich (Hrsg.), Diktaturen in Deutschland – Vergleichsaspekte. Strukturen, Institutionen und Verhaltensweisen, Bonn 2003.

Heyme, Torsten/Schumann, Felix, „Ich kam mir vor wie'n Tier". Knast in der DDR, Berlin 1991.

Hiekel, Frank, „Die wahre Geschichte": Das Gefängnisgeld in der DDR, unveröffentlichtes Manuskript 2003.

– DDR-Gefängnisgeld, in: Sächsische Zeitung vom 3. 1. 2004, Magazin, M2.

Hilger, Andreas/Schmidt, Ute/Wagenlehner, Günther (Hrsg.), Sowjetische Militärtribunale, Bd. 1: Die Verurteilung deutscher Kriegsgefangener 1941–1953 (= Schriften des Hannah-Arendt-Instituts für Totalitarismusforschung, Bd. 17), Köln/Weimar/Wien 2001.

Hilger, Andreas/Schmidt, Ute/Schmeitzner, Mike (Hrsg.), Sowjetische Militärtribunale, Bd. 2: Die Verurteilung deutscher Zivilisten 1945–1955/57 (= Schriften des Hannah-Arendt-Instituts für Totalitarismusforschung, Bd. 24), Köln/Weimar/Wien 2003.

- /Schmeitzner, Mike, Einleitung: Deutschlandpolitik und Strafjustiz. Zur Tätigkeit sowjetischer Militärtribunale in Deutschland 1945–1955, in: ders./Schmidt, Ute/Schmeitzner, Mike (Hrsg.), Sowjetische Militärtribunale, Bd. 2: Die Verurteilung deutscher Zivilisten 1945–1955/57 (= Schriften des Hannah-Arendt-Instituts für Totalitarismusforschung, Bd. 24), Köln/Weimar/Wien 2003, S. 7–33.

Hiller, Horst, Sturz in die Freiheit. Von Deutschland nach Deutschland, München 1986.

Hirch, Waldemar, Die Glaubensgemeinschaft der Zeugen Jehovas während der SED-Diktatur. Unter besonderer Berücksichtigung ihrer Oberservierung und Unterdrückung durch das Ministerium für Staatssicherheit, Frankfurt a. M. 2003.

Hodos, Georg Hermann, Schauprozesse. Stalinistische Säuberungen in Osteuropa 1948–54, Frankfurt a. M. 1988.

Hürtgen, Renate, „... wir wussten schon, dass sie im Betrieb waren ..." Operative Personenkontrollen des MfS im DDR-Betrieb, in: DA 36 (2003), S. 34–44.

Hussock, Peter Alexander, Erwartungen der Opfer/Opferverbände, in: Baumann Ulrich/Kury, Helmut (Hrsg.), Politisch motivierte Verfolgung: Opfer von SED-Unrecht, Freiburg i. Br. 1998, S. 401–420.

Im Namen des Volkes? Über die Justiz im Staat der SED. Wissenschaftlicher Begleitband zur Ausstellung des Bundesministeriums der Justiz, Leipzig 1994.

Janka, Walter, Spuren eines Lebens, Hamburg 1992.

- Die Unterwerfung, München/Wien 1994.

Jeske, Natalja, Die Repressionspraxis der sowjetischen Besatzungsmacht in Berlin-Brandenburg 1945–1949, in: Morsch, Günter/de Pasquale, Sylvia (Hrsg.), Perspektiven für die Dokumentationsstelle Brandenburg, Münster 2004, S. 159–167.

Kaff, Brigitte (Hrsg.), „Gefährliche politische Gegner". Widerstand und Verfolgung in der sowjetischen Zone/DDR, Düsseldorf 1995.

Kern, Herbert, Die Erziehung im Strafvollzug, Berlin (Ost) 1958.

Klewin, Silke/Wenzel, Kirsten (Bearb.), Wege nach Bautzen II. Biographische und autobiographische Porträts (Lebenszeugnisse – Leidenswege), Dresden 1998.

Knabe, Hubertus, Widerstand und Opposition in den sechziger und siebziger Jahren, in: Materialien der Enquete-Kommission „Aufarbeitung von Geschichte und Folgen der SED-Diktatur in Deutschland", Baden-Baden 1995, Bd. VII/I, S. 76–88.

- Was war die DDR-Opposition? Zur Typologisierung des politischen Widerstandes in Ostdeutschland, in: DA 29 (1996), S. 184–198.

- „Weiche" Formen der Verfolgung in der DDR. Zum Wandel repressiver Strategien in der Ära Honecker, in: DA 30 (1997), S. 709–719.

- Die deutsche Lubjanka. Das zentrale Untersuchungsgefängnis des DDR-Staatssicherheitsdienstes in Berlin-Hohenschönhausen, in: DA 35 (2002), S. 74–81.

Literaturverzeichnis

Knechtel, Rüdiger/Fiedler, Jürgen (Hrsg.), Stalins DDR. Berichte politisch Verfolgter, Leipzig 1991.

Kockrow, Wolfgang, „Nicht schuldig!" Der Versuch einer Aufarbeitung von 5 1/2 Jahren Zuchthaus in der DDR. (= Schriftenreihe des Berliner Landesbeauftragten für die Unterlagen des Staatssicherheitsdienstes der ehemaligen DDR, Bd. 11) Berlin 2000.

Kolk, Jürgen, Zwei Übergangsphasen ostdeutscher Kulturpolitik. Das Beispiel „Forschungsinstitut Brandenburg" – Verdrängung und Wiederentdeckung Walter Hammers, unveröffentlichte Magisterarbeit, Hamburg 1992.

Korzilius, Sven, „Asoziale" und „Parasiten" im Recht der SBZ/DDR. Arbeiten zur Geschichte des Rechts in der DDR, Köln 2005.

Kowalczuk, Ilko-Sascha, 17. 6. 1953: Volksaufstand in der DDR, Bremen 2003.

Kowalczyk, Günther, „749 Schwerst-Kriegsverbrecher" – ein Kapitel deutschen Leidens unter der Stalin-Justiz, Eigenverlag 2001.

Kuhrt, Eberhard in Verbindung mit Hannsjörg F. Buck und Gunter Holzweißig, im Auftrag des Bundesministeriums des Innern (Hrsg.), Opposition in der DDR von den 70er Jahren bis zum Zusammenbruch der SED-Herrschaft, Opladen 1999.

Lochen, Hans-Hermann/Meyer-Seitz, Christian (Hrsg.), Die geheimen Anweisungen zur Diskriminierung Ausreisewilliger – Dokumente der Stasi und des Ministerium des Innern, Bonn 1992.

Loest, Erich, Durch die Erde ein Riß. Ein Lebenslauf, Leipzig 1990.

Lindenberger, Thomas, Die Diktatur der Grenzen. Zur Einleitung, in: ders. (Hrsg.), Herrschaft und Eigensinn in der Diktatur. Studien zur Gesellschaftsgeschichte der DDR, Köln/Weimar/Wien 1999, S. 13–43.

– Volkspolizei. Herrschaftspraxis und öffentliche Ordnung im SED-Staat 1952–1968, Köln/Weimar/Wien 2003.

Maercker, Andreas, Psychische Folgen politischer Inhaftierung in der DDR, in: Aus Politik und Zeitgeschichte, Nr. 38/1995, S. 30–38.

Marquardt, Bernhard, Menschenrechtsverletzungen durch die Deutsche Volkspolizei, in: Deutscher Bundestag (Hrsg.), Materialien der Enquete-Kommission „Aufarbeitung von Geschichte und Folgen der SED-Diktatur in Deutschland", Bd. IV, Baden-Baden, 1995, S. 655–759.

Marxen, Klaus/Werle, Gerhard, Die strafrechtliche Aufarbeitung von DDR-Unrecht. Eine Bilanz, Berlin 1999.

Materialien der Enquete-Kommission „Aufarbeitung von Geschichte und Folgen der SED-Diktatur in Deutschland" (12. Wahlperiode des Deutschen Bundestages), hrsg. vom Deutschen Bundestag, 9 Bände in 18 Teilbänden, Baden-Baden 1995.

Matz-Donath, Annerose, Die Spur der Roten Sphinx, Koblenz 2003.

Mertens, Lothar/Voigt, Dieter (Hrsg.), Opfer und Täter im SED-Staat, Berlin 1998.

Meuschel, Sigrid, Legitimation und Parteiherrschaft in der DDR. Zum Paradox von Stabilität und Revolution in der DDR 1945–1989, Frankfurt a. M. 1992.

Meyer, Winfried, Ein stalinistischer Schauprozeß gegen KZ-Verbrecher? Der Berliner Sachsenhausen-Prozeß im Oktober 1947, in: Dachauer Hefte 13 (1997), S. 153–180.

Meyer-Seitz, Christian, Die Verfolgung von NS-Straftaten in der Sowjetischen Besatzungszone, Berlin 1998.

– Justizielle Aufarbeitung des NS-Unrechts in der Sowjetischen Besatzungszone, in: Morsch, Günter/de Pasquale, Sylvia (Hrsg.), Perspektiven für die Dokumentationsstelle Brandenburg, Münster 2004, S. 179–187.

Mihr, Anja, Amnesty International in der DDR. Der Einsatz für Menschenrechte im Visier der Stasi, Berlin 2002.

Mitter, Arnim/Wolle, Stefan, Untergang auf Raten. Unbekannte Kapitel der DDR-Geschichte, München 1993.

Mironenko, Sergej/Niethammer, Lutz/von Plato, Alexander in Verbindung mit Volkhard Knigge und Günter Morsch (Hrsg.), Sowjetische Speziallager in Deutschland 1945 bis 1950, 2 Bde., Berlin 1998.

Möbius, Sascha, „Grundsätzlich kann von jedem Beschuldigten ein Geständnis erlangt werden." Die MfS-Untersuchungshaftanstalt Magdeburg-Neustadt von 1957 bis 1970, hrsg. v. Ministerium des Innern des Landes Sachsen-Anhalt, Magdeburg 1999.

Moeller, Peter: ... sie waren noch Schüler. Repressalien – Widerstand – Verfolgung an der John-Brinckman-Schule in Güstrow 1945–1955, hrsg. v. Verband ehemaliger Rostocker Studenten (VERS), Rostock 1999.

Morsch, Günter/de Pasquale, Sylvia (Hrsg.), Perspektiven für die Dokumentationsstelle Brandenburg. Beiträge zur Tagung in der Justizschule des Justizvollzugsanstalt Brandenburg am 29/30. Oktober 2002 (= Materialien der Stiftung Brandenburgische Gedenkstätten, Bd. 2), Münster 2004.

Mühlberg, Felix, Bürger, Bitten und Behörden. Geschichte der Eingabe in der DDR, Berlin 2004.

Müller, Joachim, Für die Freiheit Berlins. Erinnerungen eines Widerstandskämpfers der ersten Stunde gegen das SED-Regime, Frankfurt a. M. 1991.

Müller, Klaus, Die Lenkung der Strafjustiz durch die SED-Staats- und Parteiführung der DDR am Beispiel der Aktion Rose, Frankfurt a. M. 1995.

Müller, Klaus-Dieter, „Jeder kriminelle Mörder ist mir lieber ..." Haftbedingungen für politische Häftlinge in der Sowjetischen Besatzungszone und der Deutschen Demokratischen Republik und ihre Veränderungen von 1945 – 1989, in: Ders./Stephan, Annegret (Hrsg.), Die Vergangenheit lässt uns nicht los. Haftbedingungen politischer Gefangener in der SBZ/DDR und deren gesundheitliche Folgen, Berlin 1998, S. 15–137.

– /Stephan, Annegret (Hrsg.), Die Vergangenheit lässt uns nicht los. Haftbedingungen politischer Gefangener in der SBZ/DDR und deren gesundheitliche Folgen, Berlin 1998.

Münch, Peter, Lager X, Gelnhausen 2004.

Naimark, Norman M., Die Russen in Deutschland. Die sowjetische Besatzungszone 1945–1949, Berlin 1997.

Literaturverzeichnis

Neubert, Ehrhart, Geschichte der Opposition in der DDR 1949–1989, Berlin 1997.
– /Eisenfeld, Bernd (Hrsg.), Macht – Ohnmacht – Gegenmacht. Grundfragen zur politischen Gegnerschaft in der DDR, Bremen 2001.
Niethammer, Lutz (Hrsg.), Der gesäuberte Antifaschismus. Die SED und die roten Kapos von Buchenwald, Berlin 1994.
Ochs, Christoph, Aktion „Banner". Operativer Einsatz, Taktik und Strategie des MfS während der X. Weltfestspiele 1973, in: DA 36 (2003), S. 981–991.
Oleschinski, Brigitte, Die Abteilung Strafvollzug der Deutschen Zentralverwaltung für Justiz in der Sowjetischen Besatzungszone 1945–1949. Ein Einblick in Akten der frühen deutschen Nachkriegsgeschichte, in: Zeitschrift für Strafvollzug und Straffälligenhilfe 2/1992, S. 83–90.
– „Heute: Haus der Erziehung". Zur Entwicklung des DDR-Strafvollzugs in Torgau seit 1950, in: Haase, Norbert/Oleschinski, Brigitte: (Hrsg.), Das Torgau-Tabu. Wehrmachtstrafsystem, NKWD-Speziallager, DDR-Strafvollzug, Leipzig 1993, S. 202–214.
– „Nur für den Dienstgebrauch"? Das Tabu Strafvollzug in der DDR, in: Hanusch, Rolf (Hrsg.), Verriegelte Zeiten. Vom Schweigen über die Gefängnisse in der DDR, Tutzing 1993, S. 7–13.
Pampel, Bert/Liebold, Cornelia, Hunger – Kälte – Isolation. Erlebnisberichte und Forschungsergebnisse zum sowjetischen Speziallager Bautzen, Dresden 1997.
Pieper, Bernd, Roter Terror in Cottbus. Siebzehn Monate in Gefängnissen der DDR, Berlin 1997.
Pingel-Schliemann, Sandra, Zersetzen. Strategie einer Diktatur, Berlin 2002.
– Lautlose Formen der Zerstörung. Zersetzungsmaßnahmen des MfS, in: DA 36 (2003), S. 233–242.
Pohl, Dieter, Justiz in Brandenburg 1945–1955. Gleichschaltung und Anpassung. München 2001.
Pollack, Detlef/Rink, Dieter (Hrsg.), Zwischen Verweigerung und Opposition. Politischer Protest in der DDR 1970–1989, Frankfurt a. M. 1997.
Poppe, Ulrike/Eckart, Rainer/Kowalczuk, Ilko-Sascha (Hrsg.), Zwischen Selbstbehauptung und Anpassung. Formen des Widerstandes und der Opposition in der DDR, Berlin 1995.
Possekel, Ralph, Einleitung: Sowjetische Lagerpolitik in Deutschland, in: Mironenko, Sergej/Niethammer, Lutz/von Plato, Alexander (Hrsg.), Sowjetische Speziallager in Deutschland 1945–1950, Bd. 2, Berlin 1998, S. 15–110.
Priebe, Stefan/Denis, Doris/Bauer, Michael (Hrsg.), Eingesperrt und nie mehr frei. Psychisches Leiden nach politischer Haft in der DDR, Darmstadt 1996.
Raschka, Johannes, „Für kleine Delikte ist kein Platz in der Kriminalitätsstatistik". Zur Zahl der politischen Häftlinge während der Amtszeit Honeckers (= Berichte und Studien Nr. 11), hrsg. v. Hannah-Arendt-Institut für Totalitarismusforschung, Dresden 1997.

- „Staatsverbrechen werden nicht genannt." Zur Zahl politischer Häftlinge während der Amtszeit Honeckers, in: DA 30 (1997), S. 196–208.
- Einschüchterung, Ausgrenzung, Verfolgung. Zur Zahl der politischen Häftlinge in der Amtszeit Honeckers (= Berichte und Studien Nr. 14), hrsg. v. Hannah-Arendt-Institut für Totalitarismusforschung. Dresden 1998.
- Die Ausreisebewegung – eine Form von Widerstand gegen das SED-Regime?, in: Baumann, Ulrich/Kury, Helmut (Hrsg.), Politisch motivierte Verfolgung: Opfer von SED-Unrecht, Freiburg i. Br. 1998, S. 257–274.
- Die Entwicklung des politischen Strafrechts im ersten Jahrzehnt der Amtszeit Honeckers, in: Engelmann, Roger/Vollnhals, Clemens (Hrsg.), Justiz im Dienste der Parteiherrschaft. Rechtspraxis und Staatssicherheit in der DDR, Berlin 1999, S. 273–302.
- Justizpolitik im SED-Staat. Anpassung und Wandel des Strafrechts während der Amtszeit Honeckers (Schriften des Hannah-Arendt-Instituts für Totalitarismusforschung, Bd. 13), Köln/Weimar/Wien 2000.
- Zwischen Überwachung und Repression – Politische Verfolgung in der DDR 1971 bis 1989, hrsg. v. Kuhrt, Eberhard in Verbindung mit Hannsjörg F. Buck und Gunter Holzweißig, im Auftrag des Bundesministeriums des Innern (Hrsg.), Opladen 2001.

Rautenberg, Erardo Cristoforo, Die strafrechtliche Aufarbeitung des DDR-Systemunrechts im Land Brandenburg aus staatsanwaltschaftlicher Sicht, in: Clavée, Klaus-Christoph/Kahl, Wolf/Pisal, Ramona (Hrsg.), 10 Jahre Brandenburgisches Oberlandesgericht. Festschrift zum 10-jährigen Bestehen, Baden-Baden 2003, S. 32–38.

Rehlinger, Ludwig A., Freikauf. Die Geschäfte der DDR mit politisch Verfolgten 1963–1989, Berlin/Frankfurt a. M. 1991.

Richter, Alexander, Das „Lindenhotel" oder sechs Jahre Z. für ein unveröffentlichtes Buch, Böblingen 1992.
- Zuchthaus Brandenburg. Roman, Emsdetten 2002.

Rink, Johannes, Im Namen des Volkes: 4 Jahre Zuchthaus, in: Ein Gespenst ging um. Erlebnisberichte aus dem „Sozialistischen Lager" 1945 bis 1989, hrsg. v. d. Landesbeauftragten für die Unterlagen des Staatssicherheitsdienstes der ehemaligen DDR Sachsen-Anhalt, Schriftenreihe: Betroffene erinnern sich (2), Magdeburg 1997, S. 54–61.

Ross, Corey, Grundmerkmal oder Randerscheinung? Dissens und Opposition in der DDR, in: DA 35 (2002), S. 747–760.

Rottleuthner, Hubert (Hrsg.), Steuerung der Justiz in der DDR. Einflussnahmen auf Richter, Staatsanwälte und Rechtsanwälte, Köln 1994.

Sauer, Heiner/Plumeyer, Hans-Otto, Der Salzgitter-Report. Die zentrale Erfassungsstelle berichtet über Verbrechen im SED-Staat, Esslingen 1991.

Rüddenklau, Wolfgang, Störenfried. DDR-Opposition 1986–1989, Berlin 1992.

Satzung Amnesty International, Sektion der Bundesrepublik Deutschland, Auflage 1992.

Schacht, Ulrich (Hrsg.), Hohenecker Protokolle. Aussagen zur Geschichte der politischen Verfolgung von Frauen in der DDR, Frankfurt a. M./Berlin 1989.

Literaturverzeichnis

- Brandenburgische Konzerte. Sechs Erzählungen um einen Menschen, Stuttgart 1989.
Schilde, Kurt, Jugendliche unter „Werwolf"-Verdacht. Anmerkungen zu einem schwierigen Thema, in: Haase, Norbert/Oleschinski, Brigitte (Hrsg.), Das Torgau-Tabu. Wehrmachtstrafsystem, NKWD-Speziallager, DDR-Strafvollzug, Leipzig 1993, S. 176–188.
Schmidt, Andreas, Leerjahre. Leben und Überleben im DDR-Gulag, Böblingen 1986.
Schneider, Horst, Bautzens „Gelbes Elend". Lager, Leiden, Legenden und Lehren, Berlin 1999.
Schöneburg, Volkmar, Freiheitsstrafen und Strafvollzug im Strafrecht der DDR, in: Hanusch, Rolf (Hrsg.), Verriegelte Zeiten. Vom Schweigen über die Gefängnisse in der DDR, Tutzing 1993, S. 14–21.
Schönefeld, Bärbel, Die Struktur des Strafvollzuges auf dem Territorium der DDR (1945–1950), in: Beiträge zur Geschichte der Arbeiterbewegung 6/1990, S. 808–816.
Schröder, Wilhelm Heinz/Wilke, Jürgen, Politische Gefangene in der DDR. Eine quantitative Analyse. Wissenschaftliche Expertise für die Enquete Kommission des deutschen Bundestages „Überwindung der Folgen der SED-Diktatur im Prozeß der deutschen Einheit" (Zentralinstitut für empirische Sozialforschung), unveröffentlichtes Manuskript, Köln 1997.
Schröder, Wilhelm Heinz/Wilke, Jürgen, Politische Strafgefangene in der DDR. Versuch einer statistischen Beschreibung, in: Historical Social Research 23 (1998), S. 3–38.
Shanghai: Der Punk im Schrank. Ein Report über die Einflussnahme des MfS auf die Punkrockszene in Sachsen-Anhalt, hrsg. v. d. Landesbeauftragten für die Unterlagen des Staatssicherheitsdienstes der ehemaligen DDR Sachsen-Anhalt, Magdeburg 1996.
Sélitrenny, Rita, Doppelte Überwachung. Geheimdienstliche Ermittlungsmethoden in den DDR-Untersuchungshaftanstalten, Berlin 2003.
Sperk, Alexander, Die MfS-Untersuchungshaftanstalt „Roter Ochse" Halle/Saale von 1950 bis 1989. Eine Dokumentation (= Gedenkstätten und Gedenkstättenarbeit im Land Sachsen-Anhalt, Heft 4), hrsg. v. Ministerium des Innern des Landes Sachsen-Anhalt, Halle/Saale 1998.
Stephan, Gerd-Rüdiger/Herbst, Andreas/Krauss, Christine/Nakath, Detlef (Hrsg.), Die Parteien und Organisationen der DDR, Ein Handbuch, Berlin 2002.
Stöver, Bernd, Der kalte Krieg, München 2003.
Suckut, Siegfried/Süß, Walter (Hrsg.), Staatspartei und Staatssicherheit. Zum Verhältnis von SED und MfS, Berlin 1997.
Templin, Wolfgang/Werner, Sigrun/Ebert, Frank, Der Umgang des Staates mit oppositionellem und widerständigem Verhalten, in: Materialien der Enquete-Kommission „Aufarbeitung von Geschichte und Folgen der SED-Diktatur in Deutschland", Baden-Baden 1995, Bd. VII/2, S. 1654–1705.
Timmermann, Heiner (Hrsg.), Diktaturen in Europa im 20. Jahrhundert – Der Fall DDR, Berlin 1996.

- (Hrsg.), Deutsche Fragen. Von der Teilung zur Einheit, Berlin 2001.
- (Hrsg.), Die DDR – Analysen eines aufgegebenen Staates, Berlin 2001.

Über Grenzen und Zeiten – Für Freiheit, Recht und Demokratie, 7. Kongress der Landesbeauftragten für die Unterlagen des Staatssicherheitsdienstes der ehemaligen DDR und der Stiftung zur Aufarbeitung der SED-Diktatur mit den Verfolgtenverbänden und Aufarbeitungsinitiativen, vom 23.–25. Mai 2003 in Brandenburg an der Havel, Berlin 2004.

Uhlmann, Walter (Hrsg.), Sterben um zu leben. Politische Gefangene im Zuchthaus Brandenburg-Görden 1933–1945, Köln 1983.

Wagner-Kyora, Georg, „Wenn man die Ohren in der Masse aufmacht und in ihr Bewusstsein blickt ...". Fragen nach dem Selbstverständnis von Generationen in IM-Berichten über die Karbidarbeiter der BUNA-Werke Schkopau, in: Rupieper, Hermann-J./Sattler, Friederike/ Wagner-Kyora, Georg (Hrsg.), Die mitteldeutsche Chemieindustrie und ihre Arbeiter im 20. Jahrhundert, Halle (Saale) 2005, S. 341–377.

Weber, Hermann, Zur Geschichte der DDR, München 1985.
- DDR. Grundriß der Geschichte 1945–1990, Hannover 1991.
- /Mählert, Ulrich (Hrsg.), Terror. Stalinistische Parteisäuberungen 1936–1953, Paderborn 1998.

Weber, Jürgen (Hrsg.), Der SED-Staat. Neues über eine vergangene Diktatur, München 1994.
- /Piazolo, Michael (Hrsg.), Eine Diktatur vor Gericht. Aufarbeitung von SED-Unrecht durch die Justiz, München 1995.

Weber, Petra, Justiz und Diktatur. Justizverwaltung und politische Strafjustiz in Thüringen 1945–1961, München 2000.

Weinke, Annette, Politische Verfolgung – das Beispiel SED-Unrecht, in: Baumann, Ulrich/Kury, Helmut (Hrsg.), Politisch motivierte Verfolgung: Opfer von SED-Unrecht, Freiburg i Br. 1998, S. 17–34.
- Die Verfolgung von NS-Tätern im geteilten Deutschland. Vergangenheitsbewältigungen 1949–1969 oder: Eine deutsch-deutsche Beziehungsgeschichte im Kalten Krieg, Paderborn 2002.
- /Hacke, Gerald, Die Untersuchungshaftanstalt der Bezirksverwaltung des Ministeriums für Staatssicherheit in Dresden 1945 bis 1989/90 (= Schriftenreihe der Stiftung Sächsische Gedenkstätten zur Erinnerung an die Opfer politischer Gewaltherrschaft, Bd. 9), Dresden 2004.

Wendt, Hartmut, Die deutsch-deutschen Wanderungen. Bilanz einer 40jährigen Geschichte von Flucht und Ausreise, in: DA 24 (1991), S. 386–395.

Wentker, Hermann, Die Neuordnung des Justizwesens in der SBZ/DDR 1945–1952/53, in: Engelmann, Roger/Vollnhals, Clemens (Hrsg.), Justiz im Dienste der Parteiherrschaft. Rechtspraxis und Staatssicherheit in der DDR, Berlin 1999, S. 93–114.
- Justiz in der SBZ/DDR 1945–1953. Transformation und Rolle ihrer zentralen Institutionen, München 2001.

Literaturverzeichnis

Werkentin, Falco, Politische Strafjustiz in der Ära Ulbricht. Vom bekennenden Terror zur verdeckten Repression, Berlin 1997.
- Das Ausmaß politischer Strafjustiz in der DDR, in: Baumann, Ulrich/Kury, Helmut (Hrsg.), Politisch motivierte Verfolgung: Opfer von SED-Unrecht, Freiburg i. Br. 1998, S. 49-74.
- „Souverän ist, wer über den Tod entscheidet." Die SED-Führung als Richter und Gnadeninstanz bei Todesurteilen, in: DA 31 (1998), S. 179-195.

Wieland, Günther, Der sowjetische Sachsenhausen-Prozeß 1947, in: Günter Agde (Hrsg.), Sachsenhausen bei Berlin, Speziallager Nr. 7, 1945-1950, Berlin 1994, S. 234-251.

Wolle, Stefan, Die heile Welt der Diktatur. Alltag und Herrschaft in der DDR 1971-1989, Bonn 1998.

Wüst, Jürgen, „Imperialistisches Menschenrechtsgeschrei". Der Kampf des MfS gegen die Internationale Gesellschaft für Menschenrechte (IGFM) und Amnesty International (AI), in: DA 31 (1998), S. 418-427.

Wunschik, Tobias, Der Strafvollzug als Aufgabe der Deutschen Volkspolizei in den fünfziger Jahren, in: Archiv für Polizeigeschichte 8/1997, S. 74-91.
- Der DDR-Strafvollzug unter dem Einfluß der Staatssicherheit in den siebziger und achtziger Jahren, in: Engelmann, Roger/Vollnhals, Clemens (Hrsg.), Justiz im Dienste der Parteiherrschaft. Rechtspraxis und Staatssicherheit in der DDR, Berlin 1999, S. 467-493.
- Selbstbehauptung und politischer Protest von Gefangenen im DDR-Strafvollzug, in: Neubert, Ehrhart/Eisenfeld, Bernd (Hrsg.), Macht – Ohnmacht – Gegenmacht. Grundfragen zur politischen Gegnerschaft in der DDR, Bremen 2001, S. 267-292.
- Die Haftanstalt Brandenburg-Görden unter der Leitung von Fritz Ackermann, in: Historischer Verein Bandenburg (Havel) e. V., 10. Jahresbericht 2000-2001, Brandenburg/Havel 2001, S. 28-45.
- „Überall wird der Stalinismus beseitigt, nur in unserer Dienststelle nicht!" Das autokratische Regime des Leiters der Haftanstalt Brandenburg-Görden Fritz Ackermann, in: Timmermann, Heiner (Hrsg.), Die DDR – Analysen eines aufgegebenen Staates, Berlin 2001, S. 321-342.
- Die Strafvollzugspolitik des SED-Regimes und die Behandlung der Häftlinge in den Gefängnissen der DDR, in: Timmermann, Heiner (Hrsg.), Deutsche Fragen. Von der Teilung zur Einheit, Berlin 2001, S. 257-284.
- Die Staatssicherheit und ihre Inoffiziellen Mitarbeiter unter den Häftlingen in Brandenburg-Görden, in: Morsch, Günter/de Pasquale, Sylvia (Hrsg.), Perspektiven für die Dokumentationsstelle Brandenburg, Beiträge der Tagung in der Justizschule der Justizvollzuganstalt Brandenburg am 29./30.Oktober 2002 (= Materialien der Stiftung Brandenburgische Gedenkstätten Bd. 2), Münster 2004, S. 189-196.

Zahn, Hans-Eberhard, Haftbedingungen und Geständnisproduktion in den Untersuchungshaftanstalten des MfS (= Schriftenreihe des Berliner Landesbeauftragten für die Unterlagen des Staatssicherheitsdienstes der ehemaligen DDR, Bd. 5), Berlin 1997.

Ziegler, Thomas, Der Strafvollzug in der DDR, in: Hinter Gittern. Drei Jahrhunderte Strafvollzug in Sachsen. Begleitband zur Ausstellung des Sächsischen Staatsministeriums der Justiz, des Stadtmuseums Dresden und des Strafvollzugsmuseums Ludwigsburg im Stadtmuseum Dresden vom 16. 7. bis 15. 10. 1998, S. 34–45.

Zur Mühlen, Patrik von, Der „Eisenberger Kreis". Jugendwiderstand und Verfolgung in der DDR 1953–1958, Bonn 1995.

Chronik der Haftanstalt Brandenburg von 1945 bis 1989

April 1945	Das Zuchthaus Brandenburg-Görden wird am 27. 4. 1945 von der Roten Armee befreit.
Juni 1945	Die Sowjetische Besatzungsmacht übernimmt die Haftanstalt und richtet das NKWD-Lager 226 für sowjetische Gefangene ein.
Januar 1948	Ab 27. Januar erfolgt die Übergabe eines Teils der Haftanstalt an das Ministerium des Innern des Landes Brandenburg.
September 1948	Auf Weisung der Sowjetischen Besatzungsmacht wird die Anstalt am 27. September in die Verantwortung des Ministeriums der Justiz des Landes Brandenburg gelegt.
Februar 1949	Die Haftanstalt wird direkt der Deutschen Justizverwaltung der SBZ unterstellt und zur Aufnahme von verurteilten NS-Tätern vorbereitet. Im Mai 1949 treffen die ersten Gefangenen ein.
Oktober 1949	Bildung der Hauptverwaltung Strafvollzug der Deutschen Volkspolizei, deren Aufgabe in der Übernahme von Gefangenen aus den Sowjetischen Speziallagern Sachsenhausen, Buchenwald und Bautzen besteht, um die weitere Strafverbüßung zu organisieren.
Juli 1950	Übernahme der Strafanstalt durch das Ministerium des Innern, Hauptverwaltung Deutsche Volkspolizei. Im Zuchthaus treffen Transporte mit Verurteilten von Sowjetischen Militärtribunalen aus der Haftanstalt Bautzen ein.
September 1950	Der VP-Inspektor Marquardt übernimmt die Leitung der Strafvollzugsanstalt.
August 1951	Die Belegung von Brandenburg-Görden steigt auf 2945 Gefangene bei einer Kapazität von 1 900 Haftplätzen.
Oktober 1951	Der Präsident der DDR erlässt anlässlich des 2. Jahrestages der DDR einen Gnadenakt, von dem aber nur wenige Gefangene des Zuchthauses betroffen sind.
Dezember 1952	Die Zahl der Gefangenen steigt in Brandenburg auf 3258.
März 1953	Der Justizterror in der DDR lässt die Häftlingszahlen weiterhin rasant anwachsen. In Brandenburg sind fast 4000, überwiegend politische Gefangene inhaftiert.
Juni 1953	Der 17. Juni führt zur Verunsicherung des Anstaltspersonals von Brandenburg-Görden. Erhöhte Alarmbereitschaft wird ausgerufen. Nach der Niederschlagung des Aufstandes werden Verurteilte des 17. Juni in das Zuchthaus eingewiesen.

Januar 1954	Die Sowjetunion beschließt die Freilassung von ca. 6000 Verurteilten der Sowjetischen Militärtribunale aus den Gefängnissen in der DDR. Zu einer größeren Entlassungswelle aus dem Zuchthaus Brandenburg kommt es jedoch nicht.
September 1954	Nach der Ablösung des bisherigen Anstaltsleiters Marquardt übernimmt VP-Oberrat Schroetter zum 1. September 1954 seine Tätigkeit.
Dezember 1955	Infolge der vom Politbüro der SED eingesetzten Überprüfungs-Kommissionen werden zahlreiche Strafgefangene aus den Gefängnissen der DDR entlassen, darunter auch aus Brandenburg-Görden.
April 1956	Nach dem XX. Parteitag der KPdSU im Februar 1956 bildet die SED-Führung unter Führung von Walter Ulbricht erneut eine Kommission zur Überprüfung der bisherigen strafrechtlichen Urteile, in deren Folge zahlreiche politische Gefangene freigelassen werden.
Januar 1957	Die Zahl der Häftlinge im Zuchthaus Brandenburg sinkt auf 1628 Strafgefangene.
September 1957	Mit Wirkung vom 1. 9. 1957 wird die Strafvollzugsanstalt der Bezirksbehörde der Deutschen Volkspolizei Potsdam unterstellt.
Dezember 1957	Die SED-Führung hat in Reaktion auf den Volksaufstand in Ungarn eine erneute Kurskorrektur vorgenommen, die in der Folge zu einem erneuten Anstieg der Häftlingszahlen in der DDR führt. Mit dem im Dezember 1957 verabschiedeten Strafrechtsergänzungsgesetz schafft sie sich die notwendige Grundlage zur Ausschaltung der politischen Gegner.
Oktober 1958	Ab 1. 10. 1958 übernimmt der als durchsetzungsfähiger Kader geltende Major der VP, Fritz Ackermann, die Leitung der Strafvollzugsanstalt.
Dezember 1959	Bis Ende des Jahres sind die Häftlingszahlen in Brandenburg-Görden wieder auf fast 2500 gestiegen.
Oktober 1960	Der Staatsrat der DDR beschließt eine Amnestie, in deren Folge 381 Strafgefangene aus dem Zuchthaus entlassen werden.
Dezember 1961	Nach dem Mauerbau erfolgt eine große Verhaftungswelle, die die Häftlingszahlen, insbesondere wegen „Verbrechen gegen die DDR" rasant ansteigen lässt.
April 1962	Angesichts der Überfüllung der Haftanstalten sieht sich das Politbüro der SED gezwungen, eine erneute Entlassungsaktion vorzunehmen, die 45 Prozent der Strafgefangenen auf freien Fuß setzt. Die Mehrzahl war wegen politischer Delikte verurteilt worden.

April 1963	Der Rechtspflegeerlass des Staatsrates vom 4. 4. 1963 betont die Erziehungsfunktion des Strafvollzuges und gliederte diesen in drei Kategorien. Danach ist Brandenburg-Görden vorwiegend für Strafgefangene der Kategorie I, die zu langjährigen Freiheitsstrafen verurteilt sind, vorgesehen.
Oktober 1964	Am 2. Oktober verabschiedet der Staatsrat erneut eine Amnestie, die eine rechtspolitische Entspannung demonstrieren sollte. Aus Brandenburg-Görden werden ca. 300 Gefangene entlassen.
März 1965	Am 1. März tritt die vom Minister des Innern und Chef der Deutschen Volkspolizei, Friedrich Dickel, erlassene „Vorläufige Strafvollzugsordnung" in Kraft, die den Erziehungscharakter des Strafvollzuges hervorhebt.
Dezember 1967	Die Haftanstalt Brandenburg zählt wieder über 2000 Gefangene und avanciert damit zur größten Strafvollzugsanstalt in der DDR. Gleichzeitig verändert sich die Gefangenenstruktur grundlegend: Zunehmend füllt sich die Haftanstalt mit zu langjährigen bis lebenslangen Freiheitsstrafen verurteilten kriminellen Straftätern.
Januar 1968	Die Volkskammer beschließt ein neues Strafgesetzbuch, das die politischen Delikte dezidierter erfasst. Gleichzeitig wird die erste gesetzliche Grundlage für den Strafvollzug, das Strafvollzugs- und Wiedereingliederungsgesetz erlassen.
August 1968	Einmarsch der Truppen des Warschauer Pakts in die ČSSR. Einige der in diesem Zusammenhang Verurteilten gelangen in die Strafvollzugsanstalt Brandenburg.
Oktober 1969	Der Leiter der Haftanstalt, Ackermann, wird von der übergeordneten Leitung dafür kritisiert, dass er sich zu sehr auf die ökonomischen Belange und weniger auf die Sicherheit und Ordnung der Anstalt konzentriere. Tatsächlich hat sich die Häftlingsarbeit unter seiner Leitung stark ausgeweitet und die Ausbeutung der Gefangenen, die vorwiegend in Produktionsbereichen von VEB innerhalb der Anstalt eingesetzt werden, enorm zugenommen.
Oktober 1972	Nach dem Machtwechsel im Mai 1971 verkündet der Staatsrat der DDR anlässlich des 23. Jahrestages der Republik eine umfassende Amnestie für politische und kriminelle Gefangene. Es ist die bisher umfassendste Amnestie in der DDR: 25 351 Strafgefangene werden entlassen, davon über 1000 aus Brandenburg-Görden.
Dezember 1974	Die Strafverfolgung unter Honecker nimmt wieder zu. Sprunghaft steigen die Gefangenenzahlen, die 1974 einen Höhepunkt von über 48 000 Häftlingen (davon über 30 000 Strafgefangene)

	erreichen. Die Strafvollzugseinrichtung Brandenburg ist mit 3231 Gefangenen absolut überbelegt. Sie steigt bis November 1975 auf fast 3500 an.
März 1975	Unter Honecker erfolgt ein enormer Ausbau des Staatssicherheitsapparates. Mit der Drucksache 2/75 des MfS werden die Aufgaben des MfS in Bezug auf den Strafvollzug detailliert festgelegt. In Brandenburg-Görden ist das MfS seit den 50er-Jahren mit einer Operativgruppe vor Ort tätig.
August 1975	In Helsinki findet die Abschlusskonferenz der KSZE statt, die das Recht auf Freizügigkeit und demokratische Grundrechte im Korb III verankert. Zunehmend wollen Bürger der DDR diese Rechte für sich in Anspruch nehmen, was zu einer verstärkten Strafverfolgung von Antragstellern auf Ausreise aus der DDR und zur Zunahme der wegen ungesetzlichen Grenzübertritts Verurteilten führt. Diese sind fortan in Brandenburg-Görden unter den politischen Gefangenen überrepräsentiert.
April 1977	Die Regierung der DDR erlässt neben dem 2. Strafrechtsergänzungsgesetz, das insbesondere die Ausreisebewegung bekämpfen soll, ein neues Strafvollzugsgesetz, das die bisherigen Kategorien des Strafvollzuges aufhebt und auf zwei Vollzugsarten, die erleichterte und die allgemeine, reduziert. Brandenburg-Görden ist für den allgemeinen Vollzug zuständig. Die Rechte der Strafgefangenen werden genauer geregelt.
April 1978	Die Strafvollzugseinrichtung Brandenburg weist eine Belegung von 2465 Häftlingen aus. Davon sind 336 Strafgefangene wegen Verbrechen gegen die DDR und 248 wegen Straftaten gegen die staatliche Ordnung verurteilt, 1021 Häftlinge wegen Straftaten gegen die Persönlichkeit (darunter 789 wegen Mordes). Damit befinden sich die politischen Häftlinge in der absoluten Minderzahl.
Oktober 1979	Anlässlich des 30. Jahrestages der DDR verkündet der Staatsrat der DDR eine Amnestie. Aus Brandenburg-Görden werden 510 Strafgefangene entlassen.
August 1982	Die Strafvollzugseinrichtung erhält als neuen Leiter den Oberst des SV Papenfuß, nachdem der bisherige Chef Ackermann wegen Unterschlagung und Bereicherung, ohne strafrechtliche Konsequenzen, seines Postens enthoben worden ist.
Juni 1985	Mit der Dienstanweisung 5/85 konzentriert das MfS seine Aufmerksamkeit auf die Aufdeckung „feindlich-negativer Handlungen" von Strafgefangenen, vor allem um Kontaktaufnahmen zum

Chronik der Haftanstalt Brandenburg von 1945 bis 1989

	Westen und Ausreisebegehren von Häftlingen zu unterbinden. Die Operativgruppe wird personell aufgestockt.
Juli 1987	Der Staatsrat der DDR verkündet im Vorfeld des Besuches Honeckers in Bonn eine Amnestie zum 38. Jahrestag der DDR im Oktober 1987. Die Gefängnisse werden fast vollständig geleert. Aus Brandenburg-Görden werden bis Dezember 1 410 Gefangene entlassen.
Juli 1988	Die Zeit der geringen Belegung sollte unter dem seit Anfang des Jahres eingesetzten neuen Anstaltsleiter Udo Jahn, Oberstleutnant des SV, zur Modernisierung eines Teils der Strafvollzugseinrichtung genutzt werden.
September 1989	Nach der Amnestie von 1987 haben sich die Gefängnisse wieder rasch gefüllt. Die StVE Brandenburg weist eine Gefangenenzahl von 2 280 Häftlingen aus, von denen knapp 10 Prozent politisch Verurteilte sind.
Oktober 1989	In der Strafvollzugseinrichtung kommt es zu einzelnen Arbeits- und Nahrungsverweigerungen. Nach dem Rücktritt Erich Honeckers am 18. Oktober und der überstürzt verkündeten Amnestie am 27. Oktober, die sich lediglich auf „Republikflüchtige" und wegen „Zusammenrottung" Verurteilter bezieht, nimmt der Protest der Strafgefangenen zu.
November 1989	Die Proteste der Strafgefangenen werden stärker, Forderungen nach grundsätzlichen demokratischen Veränderungen des Strafvollzuges werden formuliert. Die Leitung der StVE greift zunächst hart durch.
Dezember 1989	Am 1. Dezember kommt es zu einem Aufstand in der Haftanstalt. Der Arbeitsstreik wird z. T. mit Nahrungsverweigerung verbunden. Die Gefangenen erzwingen eine Pressekonferenz, auf der die Sprecher ihre Forderungen nach Überprüfung der Justizurteile, nach Verbesserung der Haftbedingungen sowie nach grundsätzlichen politischen Veränderungen erstmals der Öffentlichkeit präsentieren können. Am 5. Dezember findet erneut eine Pressekonferenz statt, das Fernsehen der DDR kann Aufnahmen aus der Haftanstalt senden. Der am 6. 12. gewählte Staatsrat der DDR verkündet am gleichen Tag einen Amnestiebeschluss, der für viele Strafgefangene enttäuschend ausfällt; daraufhin kommt es zu einzelnen Arbeits- und Hungerstreiks, die bis Anfang der 90er-Jahre anhalten. Bis zum Jahresende werden 332 Strafgefangene (darunter sämtliche politische Häftlinge) entlassen, weitere Entlassungen ziehen sich bis Mitte Februar 1990 hin. Der politische Strafvollzug in Brandenburg-Görden findet sein Ende.

Abkürzungsverzeichnis

Abt.	Abteilung
AdN	Allgemeine deutsche Nachrichtenagentur
AEB	Arbeitseinsatzbereich
AfNS	Amt für Nationale Sicherheit
AG	Arbeitsgebiet
AI	Amnesty International
AKG	Auswertungs- und Kontrollgruppe
AOPK	Archivierte OPK-Akte
Art.	Artikel
ASt.	Außenstelle
AU	Archivierter Untersuchungsvorgang
Az.	Aktenzeichen
BArchB	Bundesarchiv Berlin
BBW	Burger Bekleidungswerk
Bd.	Band
BDJ	Bund Deutscher Jugend
BDVP	Bezirksbehörde Deutsche Volkspolizei
BdL	Büro der Leitung
BKG	Bezirkskoordinierungsgruppe
Bl.	Blatt
BLHA	Brandenburgisches Landeshauptarchiv
BND	Bundesnachrichtendienst
BStU	Der/Die Bundesbeauftragte für die Unterlagen der Staatssicherheit der ehemaligen DDR
BSV	Bund Stalinistisch Verfolgter
BV	Bezirksverwaltung
BVDVP	Bezirksverwaltung der Deutschen Volkspolizei
BVfS	Bezirksverwaltung für Staatssicherheit
CDU	Christlich-Demokratische Union
DA	Deutschland Archiv
DB	Durchführungsbestimmung
DJV	Deutsche Zentralverwaltung für Justiz
Dok.	Dokument
DSF	Deutsch-Sowjetische Freundschaft
DSR	Deutsche Seereederei

Abkürzungsverzeichnis

DVdI	Deutsche Verwaltung des Innern
DVP	Deutsche Volkpolizei
Elmo	Elektromotorenwerk
EV	Ermittlungsverfahren
FDGB	Freier Deutscher Gewerkschaftsbund
FDJ	Freie Deutsche Jugend
FIM	Führungs-IM
GBl.	Gesetzblatt
GMS	Gesellschaftlicher Mitarbeiter für Sicherheit
GST	Gesellschaft für Sport und Technik
GVS	Geheime Verschlusssache
HA	Hauptabteilung
HA HS	Hauptabteilung Haftsachen
HKH	Haftkrankenhaus
Hrsg.	Herausgeber
HVB	Holzverarbeitungswerk Burg
HVDVP	Hauptverwaltung Deutsche Volkspolizei
HO	Handelsorganisation
IGfM	Internationale Gesellschaft für Menschenrechte e.V.
IM	Inoffizieller Mitarbeiter
IMB	Inoffizieller Mitarbeiter mit Feindverbindungen
IME	Inoffizieller Mitarbeiter im bzw. für einen besonderen Einsatz
JH	Jugendhaftanstalt
JVA	Justizvollzugsanstalt
KD	Kreisdienststelle
KD 10	Kontrollratsdirektive Nr. 10
KD 38	Kontrollratsdirektive Nr. 38
Kdo.	Kommando
KgU	Kampfgruppe gegen Unmenschlichkeit
KPD	Kommunistische Partei Deutschlands
KPD/ML	Kommunistische Partei Deutschland/Marxismus-Leninismus
KPdSU	Kommunistische Partei der Sowjetunion
LPG	Landwirtschaftliche Produktionsgenossenschaft
KSZE	Konferenz für Sicherheit und Zusammenarbeit
KVP	Kasernierte Volkspolizei
KW	Konspirative Wohnung bzw. Einrichtung
KZ	Konzentrationslager
LBDVP	Landesbehörde Deutsche Volkspolizei
LDP(D)	Liberaldemokratische Partei (Deutschlands)

LKA	Landeskriminalamt
MdI	Ministerium des Innern
MdJ	Ministerium der Justiz
MDN	Mark der deutschen Notenbank
MfS	Ministerium für Staatssicherheit
ND	Neues Deutschland
NKWD	Narodnyj komissariat wnutrennych del (Volkskommissariat für Inneres)
NÖP	Neue Ökonomische Politik
NS	Nationalsozialismus
NSDAP	Nationalsozialistische Deutsche Arbeiterpartei
NVA	Nationale Volksarmee
OG	Oberstes Gericht
OibE	Offizier im besonderen Einsatz
OPG	Operativgruppe
OPK	Operative Personenkontrolle
OV	Operativer Vorgang
OVD	Offizier vom Dienst
RAW	Reichsbahnausbesserungswerk
RIAS	Rundfunk im amerikanischen Sektor
SA	Sturmabteilung
SAPMO-BArch	Stiftung Archiv der Parteien und Massenorganisationen der DDR im Bundesarchiv Berlin
SBZ	Sowjetische Besatzungszone
SED	Sozialistische Einheitspartei Deutschlands
SG	Strafgefangener
SKET	Schwermaschinenbaukombinat Ernst Thälmann
SKK	Sowjetische Kontrollkommission
SMA	Sowjetische Militäradministration (in Brandenburg)
SMAD	Sowjetische Militäradministration in Deutschland
SMT	Sowjetisches Militärtribunal
SPD	Sozialdemokratische Partei Deutschlands
SS	Schutzstaffel
StA	Staatsanwalt(schaft)
StÄG	Strafrechtsänderungsgesetz
StEG	Strafrechtsergänzungsgesetz
StGB	Strafgesetzbuch
StPO	Strafprozessordnung

Abkürzungsverzeichnis

StVA	Strafvollzugsanstalt
StVE	Strafvollzugseinrichtung
SV	Strafvollzug
SVG	Strafvollzugsgesetz
SVO	Strafvollzugsordnung
SVWG	Strafvollzugs- und Wiedereingliederungsgesetz
ÜSE	Übersiedlungsersucher
UfJ	Untersuchungsausschuss freiheitlicher Juristen
UHA	Untersuchungshaftanstalt
VA	Vollzugsabteilung
VD	Vertrauliche Dienstsache
VEB	Volkseigener Betrieb
VESchG	Gesetz zum Schutz des Volkseigentums
VP	Volkspolizei
VPKA	Volkspolizeikreisamt
VR	Verwahrraum
VS	Verschlusssache
VSV	Verwaltung Strafvollzug
VVN	Vereinigung der Verfolgten des Naziregimes
VVS	Vertrauliche Verschlusssache
ZA	Zentralarchiv
ZAIG	Zentrale Auswertungs- und Informationsgruppe
ZK	Zentralkomitee
ZKG	Zentrale Koordinierungsgruppe zur Bekämpfung von Flucht und Übersiedlung
ZMA	Zentrale Materialablage